초보 직장인을
일잘러로 만드는

구글 스프레드시트 활용법

머리말

업무 자동화부터 비즈니스 기획, 모바일 업무환경 구성까지!

일반적으로 스프레드시트는 단순 반복업무를 자동화하거나 간단한 데이터 분석 및 시각화를 하는 데 사용됩니다. 팬데믹 이후로 시간과 장소에 구애를 받지 않는 온라인 업무환경이 보편화되면서 개인 PC에서 사용되는 엑셀과 달리 클라우드 플랫폼으로 개발된 구글 스프레드시트가 두각을 나타내고 있습니다. 특히, 온라인과 공동작업에 거부감이 없는 MZ세대에게 있어서는 엑셀을 대신하는 필수 업무 도구가 되었습니다.

필자는 과거 신규사업본부나 지식경영팀을 맡으면서 효율적인 조직설계와 업무 시스템을 구성하기 위해 수많은 IT 솔루션이나 생산성 도구를 검토하고 도입했습니다. 그 과정에서 해결해야 했던 가장 큰 문제점은 경영진을 비롯한 사무관리직원, 현장직원, 개발팀 모두에게 원활한 커뮤니케이션 환경을 제공하는 일이었습니다. 각기 다른 지식과 경험을 가지고 있는 사람들이 쉽게 접근하고 테스트할 수 있는 도구가 필요했는데, 그 해결책이 바로 '구글 스프레드시트'였습니다. 구글 스프레드시트를 통해 업무 개선과 생산성 증대를 경험한 것을 바탕으로 직원 대상으로 교육을 진행했고, 일부 자료를 블로그에 공유해 온 것이 책을 출간하는 계기가 되었습니다.

구글 스프레드시트의 가장 큰 장점은 클라우드 기반에서 모든 데이터를 실시간으로 연결한다는 것입니다. 이로 인해 이메일, 보고서 등 단순 반복작업이 불필요해졌고, 필요한 정보만 실시간으로 취합한 대시보드를 구성할 수 있게 되었습니다. 최근에는 앱시트가 구글 스프레드시트의 확장 프로그램으로 이어지면서 모바일 앱 구성까지도 가능하게 되었습니다. 필자는 개발자가 아닌 일반 사무직이나 관리자 입장에서도 충분히 접근 가능한 함수와 기본 기능을 최대한 활용하는 방향으로 구글 스프레드시트를 사용하게 되었습니다.

구글 스프레드시트는 여러분이 업무 도구로 사용할 수 있는 선택지 중 하나입니다. 도구의 가치는 사용자가 어떻게 활용할지에 대한 기획 방향에 따라 달라집니다. 여러분이 가지고 있는 생각을 구글 스프레드시트를 통해 구체화할 때 어떤 기능을 우선적으로 알아야 하는지를 고려하여 이 책을 구성했습니다. 따라서 구글 계정 설정과 같은 너무나 기초적인 부분, 그리고 코딩을 다뤄야 하는 앱스 스크립트는 다루지 않습니다. 제가 실무에서 주로 사용했던 함수와 기능, 그리고 알아 두어야 할 사항에 대해서 집중적으로 소개했습니다.

처음부터 끝까지 책을 정독해도 좋지만, 구글 스프레드시트를 사용하는 도중 발생한 문제의 해결법을 찾거나 필요한 챕터만 골라 내용을 확인해도 좋습니다. 다만, 실시간 업무 모니터링 시스템을 만드는 데 있어 '조건검색'과 '파일 연결' 내용은 필히 익히길 바랍니다. 이 책이 여러분에게 구글 스프레드시트를 단순한 스프레드시트로서가 아니라 다양한 업무에 활용할 수 있는 계기가 되었으면 합니다.

지난 몇 개월 동안 책 쓴다고 방에만 있던 저를 이해해 준 가족들에게 가장 먼저 감사의 인사를 보냅니다. 이렇게 책을 집필하고 수많은 이야기를 할 수 있을 정도로 도전과 경험의 기회를 준 기존의 회사와 임직원분들, 아직 미완성이었던 커리큘럼의 방향성이나 내용을 잡을 수 있도록 도움을 주셨던 오픈강의 참석자분들에게도 감사드립니다. 그리고 독립 이후 미국에 머물 때 여러 가지 생각을 정리할 수 있게 도와준 친구들과 항상 제 이야기를 듣고 조언해 주시는 정광열 대표님에게도 감사드립니다. 마지막으로 책 집필을 제안하고 팔로업해 주신 시대인 출판사의 이수경 편집자님을 비롯한 모든 직원분들에게도 정말 감사드립니다.

이중용

추천의 글

이 책의 저자와 처음 인연이 된 것은 저자가 경영본부장으로 근무하던 회사의 경영혁신교육을 진행하면서였습니다. 저자가 기획 단계에서 경영정보시스템과 대시보드를 설명해 준 적이 있었는데, 경영자라면 누구나 원하는 '눈으로 보는 실시간 경영관리시스템'이었습니다. 저자는 회사의 모든 정보가 정상인지 객관적이고 투명하게 확인할 수 있으면서도 연관된 부서끼리 서로 연결되는 시스템을 1년도 채 걸리지 않아 만들어냈습니다.

직장인이라면 누구나 느끼겠지만 엑셀 같은 스프레드시트는 없어서는 안 되는 필수 업무 도구입니다. 인공지능, 머신러닝 기반의 ICT 솔루션들의 등장으로 기존의 직무나 업무가 없어질지도 모르는 시대임에도, 실제 부서나 담당자들은 업무의 상당 시간을 엑셀을 붙잡고 씨름하고 있는 것이 현실입니다.

이 책은 구글 스프레드시트의 실시간 업무 협업 도구로서의 기능뿐만 아니라 데이터 입력, 취합, 가공, 분석, 시각화 그리고 모바일 앱 변환까지 다양하게 다룹니다. 저자가 현업에서 구글 스프레드시트를 활용하기 위해 다양하게 사용했던 함수와 기능들이 알기 쉽게 소개되어 있습니다. 30년 넘게 경영컨설턴트로써 수많은 회사들의 경영혁신을 봐왔지만, 그중에서도 구글 스프레드시트로 구성한 업무환경이 회사와 조직에 얼마나 큰 변화와 업무혁신을 줄 수 있는지 성과를 직접 눈으로 확인할 수 있었습니다. 그리고 본 사례를 널리 알리기 위해 저술을 권고했고 추천사도 쓰게 되었습니다.

이제는 모든 회사가 디지털 전환을 통한 '실시간 데이터 기반의 효율적인 의사결정'을 필요로 하는 시대입니다. 이 책은 중소기업은 물론 중견기업에서 업무혁신을 위해 고군분투하는 실무자들이 '쉽게 접근할 수 있는 구글 스프레드시트를 활용한 업무의 생산성 향상과 통합'으로 나아갈 수 있도록 도와주는 좋은 가이드북이 될 것입니다. 경영자는 물론, 혁신을 추진하는 실무자들의 적극적 일독을 권합니다.

KPEC 한국산업교육센터 대표이사
제5회 컨설팅 大賞 대통령상 수상자
공학박사 **정 광 열**

시공간의 제약이 없어진 클라우드 업무환경에서 구글 시트는 단순한 스프레드시트를 넘어 앱시트를 통한 모바일 앱 제작, 앱스스크립트 통한 자동화, 구글 빅쿼리에 연결하여 수십억 개에 달하는 데이터 행을 분석하는 등 많은 기능을 제공합니다.

이 책은 그중에서도 구글 스프레드시트를 업무에 사용할 때 가장 기본이 되고 핵심적으로 알아야 하는 내용을 담고 있습니다. 무엇보다 가장 큰 차별점이라면 경영기획 및 조직관리자 입장에서 1,500여 개의 업무관련 시트를 만들어 ERP를 대체하는 시스템을 만든 저자의 경험이 담겨 있다는 점입니다. 저자가 어떤 함수를 주로 사용했는지, 어떻게 업무에 응용했는지를 독자 여러분이 책을 통해 경험하게 된다면 업무에 있어 한 단계 더 발전을 이룰 수 있을 것입니다.

Global Lead
구글 클라우드 앱시트 글로벌 비즈니스
박사 임 형 준

일반적으로 구글 시트에 대해 예산이나 손익을 계산하는 도구로 생각하지만, 실제로 구글 시트의 구조와 기능은 스마트워크 환경에 있어 커뮤니케이션, 프로젝트 관리, 생산성 도구, 데이터 분석, 시각화를 비롯해 앱시트를 통한 모바일 업무환경 및 RPA의 영역으로까지 광범위하게 사용될 수 있도록 맞춰져 있습니다.

이 책은 잘 사용하지 않는 기능 소개는 최대한 걷어내고, 업무 협업부터 시작하여 데이터를 연결하고 시각화하는 과정에 저자가 직접 사용하는 기능들이 압축되어 담겨 있습니다. 업무 현장에서의 문제점은 본인 스스로가 가장 잘 알고 있는 만큼, 이 책은 스스로 문제를 해결하고 업무를 개선하는 데 훌륭한 가이드가 될 것입니다.

구글 클라우드 앱시트 한국 파트너
GMW 글로벌
CEO 이 영 기

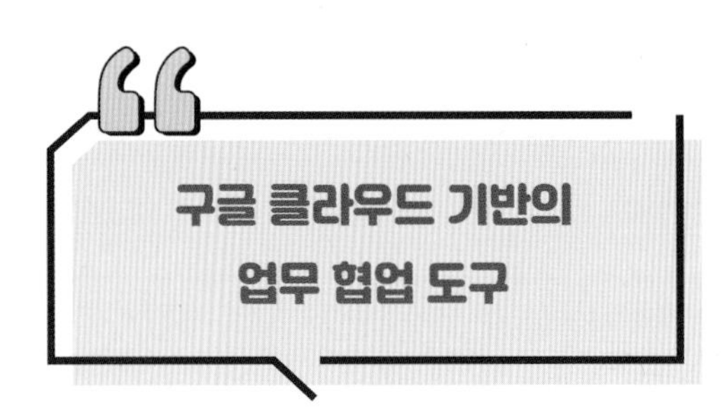

업무 협업이 가능한 만능 도구

공동 작업자들과 구글 스프레드시트 파일을 공유할 수 있음은 물론이고, 댓글 · 업무 할당 · 알림 기능을 통해 업무를 지시하고 의견을 지속적으로 주고받을 수 있습니다. 하나의 파일에서 여러 사람이 공동 작업을 할 수 있어 파일을 주고받지 않아도 협업이 가능합니다. 또한, 측면 패널에 있는 구글 앱을 연계하여 사용하면 업무 생산성을 훨씬 더 향상시킬 수 있습니다.

무료로 최신의 버전을 사용할 수 있다

구글 스프레드시트는 웹 브라우저에서 구동되는 서비스이기 때문에 업데이트가 자동으로 이루어집니다. 엑셀 역시 2016, 2019, 2021, 오피스 365 버전 등 지속해서 업데이트가 이루어지지만, 일정 금액의 구독료를 지불해야 한다는 아쉬움이 있죠. 하지만 구글 스프레드시트는 '무료로 최신의 버전'을 사용할 수 있습니다!

파일을 저장하지 않아도 실시간 반영

구글 스프레드시트는 클라우드를 기반으로 하기 때문에 한 사용자가 파일을 닫더라도 다른 사용자들이 해당 파일을 언제 어디서나 수정할 수 있습니다. 파일을 변경할 수 있는 권한을 직접 부여할 수 있어 특정 사용자에게만 접근이 가능하도록 할 수도 있죠. 이때 변경된 데이터는 실시간으로 반영되며, 누가 언제 어떤 내용을 변경했는지 시간대별로 기록이 남습니다.

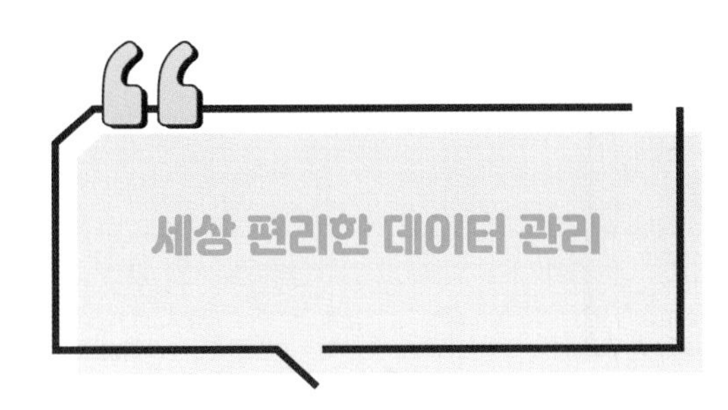

고유의 URL을 가지고 있다

구글 스프레드시트는 브라우저에서 열리기 때문에 고유의 URL 주소를 갖습니다. 파일뿐만 아니라 파일 내 특정 범위 또는 셀에도 고유 URL을 생성할 수 있습니다. 따라서 같은 폴더 내에 같은 이름의 파일이 존재할 수 있고, 폴더를 이동하거나 파일명이 바뀌더라도 데이터가 끊기지 않는답니다.

셀 단위의 세부적인 데이터 관리가 가능하다

구글 스프레드시트는 데이터를 셀 단위로 정확히 구분하고 관리합니다. 예를 들어 엑셀에서는 '0'이 입력된 셀과 공란을 모두 '0'으로 인식하지만, 구글 스프레드시트는 이를 구분합니다. 또한, 셀 단위로 데이터 변경이력을 관리할 수 있습니다.

행과 열의 개수를 마음대로 조절할 수 있다

구글 스프레드시트의 기본 행은 1,000행이지만, 시트의 맨 아랫부분에 행의 개수를 몇 개로 만들지 설정할 수 있는 입력란이 있어 필요한 만큼 계속해서 행을 추가할 수 있습니다.

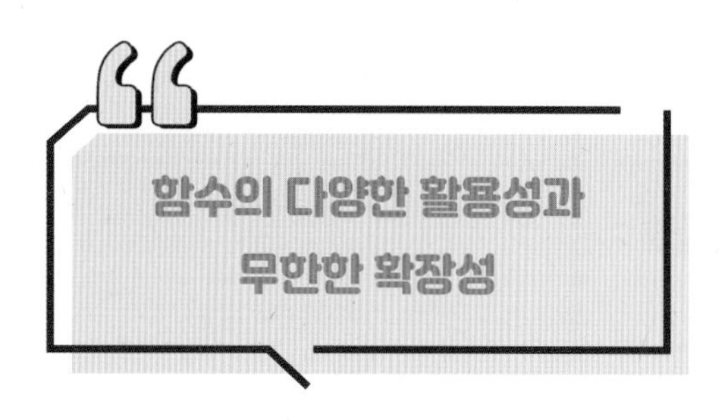

계산 범위를 자동으로 확장시킨다

엑셀에서는 데이터가 계속해서 추가되어 함수에 입력한 범위를 벗어나면 추가된 데이터에는 함수가 적용되지 않습니다. 하지만 구글 스프레드시트에서는 '오픈참조' 기능을 사용하여 함수를 적용할 행 또는 열의 범위를 오픈할 수 있는데, 그 결과 계산 범위를 무한정으로 설정할 수 있습니다.

내 마음대로 범위를 배열할 수 있다

기존에 떨어져 있는 열을 콤마를 사이에 두고 중괄호로 묶어 배열로 입력하면 연속되는 열로 반환할 수 있습니다. 행 범위도 마찬가지로 세미콜론을 사이에 두고 중괄호로 묶어 입력하면 데이터를 하나의 열에 이어서 반환할 수 있습니다. 또한, VLOOKUP 함수를 사용할 때 기준이 되는 열의 좌측에 위치한 열을 반환하고자 할 때에도 중괄호를 사용하면 마음대로 배열을 바꿀 수 있습니다.

데이터 입력 이렇게 편하다고?

구글 스프레드시트에서 날짜를 입력하면 자동으로 캘린더가 활성화되고, 체크박스 기능을 사용하면 체크박스를 생성할 수 있습니다. URL 링크 또는 이메일을 입력하면 링크된 페이지를 미리 보거나 이메일 소유자의 정보를 확인할 수 있습니다.

구글 스프레드시트에만 있는 전용함수들

구글 스프레드시트에만 있는 함수들 중에 가장 핵심이 되는 함수는 ARRAYFORMULA, IMPORTRANGE, QUERY입니다. ARRAYFORMULA 함수를 사용하면 자동으로 데이터가 입력되고, IMPORTRANGE 함수를 사용하면 외부로부터 데이터를 불러오는 것이 편리해집니다. QUERY 함수는 조건검색을 가장 효율적으로 만들어주는 아주 중요한 함수입니다!

구글 설문지? 앱스 스크립트? 앱시트? 구글 스프레드시트의 무한 확장

구글 스프레드시트를 단독으로 사용해도 되지만, 구글 설문지, 앱스 스크립트, 앱시트와 연결하면 업무의 효율을 훨씬 더 높일 수 있습니다!

구글 인공지능을 통한 스마트 입력과 탐색

셀에 데이터를 일부 입력하면 이전에 입력되었던 데이터들을 기반으로 구글의 인공지능이 발현되며 나머지 부분이 자동으로 입력됩니다. 또한, 탐색 기능을 이용하면 인공지능이 데이터를 자동으로 분석해 줍니다.

엑셀과의 특별한 호환

엑셀 파일을 구글 드라이브에 업로드한 상태에서 열면 구글 스프레드시트의 기능을 써서 엑셀을 편집할 수 있습니다. 물론 구글 스프레드시트 파일로 변환하는 것도 가능하죠! 아쉬운 점은 구글 스프레드시트를 다시 엑셀로 다운받게 되면 구글 스프레드시트의 전용함수들을 사용하지 못하고 데이터 값만 남는다는 것입니다.

이 책의 구성

이 책은 구글 스프레드시트를 업무 협업 도구로 100% 활용할 수 있는 방법을 담고 있습니다. 구글 스프레드시트의 다양한 기능과 함수를 직접 사용해 보면 왜 엑셀이 아닌 구글 스프레드시트를 써야 하는지 확실히 알 수 있습니다. 필자가 소개하는 노하우와 함께 구글 스프레드시트를 시작해 보세요!

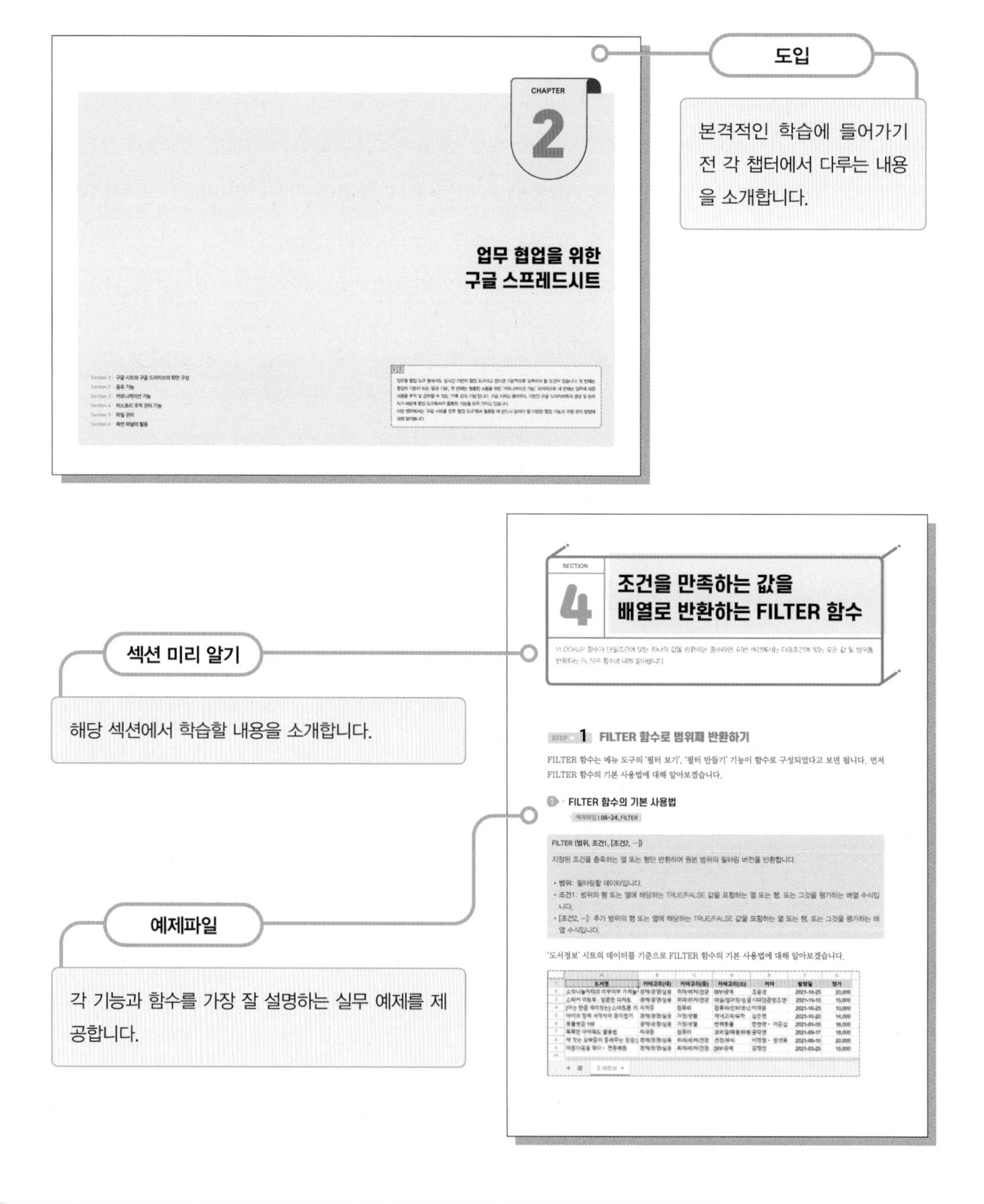

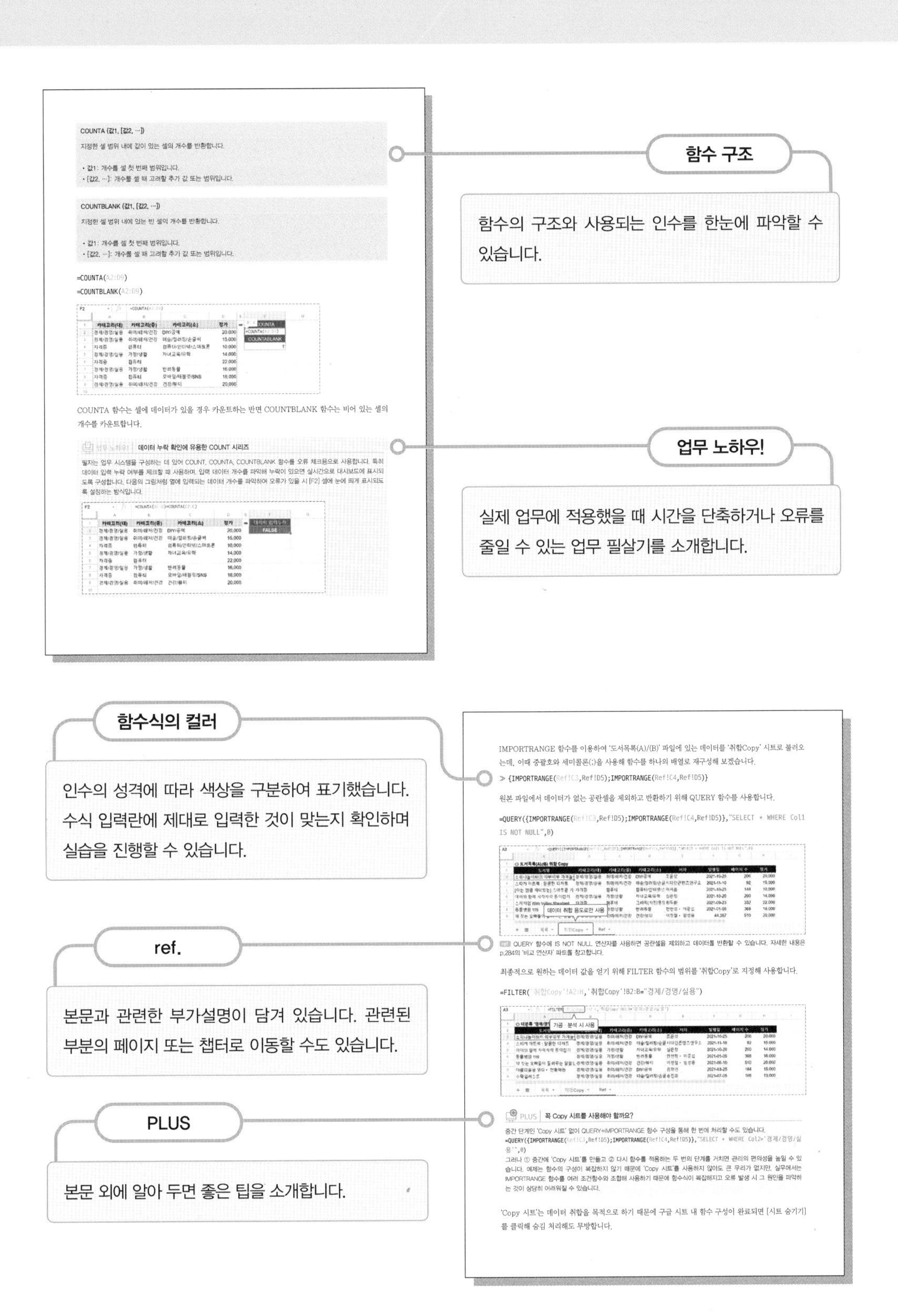

함수 구조
함수의 구조와 사용되는 인수를 한눈에 파악할 수 있습니다.
업무 노하우!
실제 업무에 적용했을 때 시간을 단축하거나 오류를 줄일 수 있는 업무 필살기를 소개합니다.
함수식의 컬러
인수의 성격에 따라 색상을 구분하여 표기했습니다. 수식 입력란에 제대로 입력한 것이 맞는지 확인하며 실습을 진행할 수 있습니다.
ref.
본문과 관련한 부가설명이 담겨 있습니다. 관련된 부분의 페이지 또는 챕터로 이동할 수도 있습니다.
PLUS
본문 외에 알아 두면 좋은 팁을 소개합니다.

학습 로드맵

Chapter 1-3

구글 스프레드시트가 업무 협업 도구로서 어떤 역할을 하는지, 왜 엑셀보다 구글 스프레드시트를 사용하는 것이 좋은지 등을 소개하는 챕터입니다.

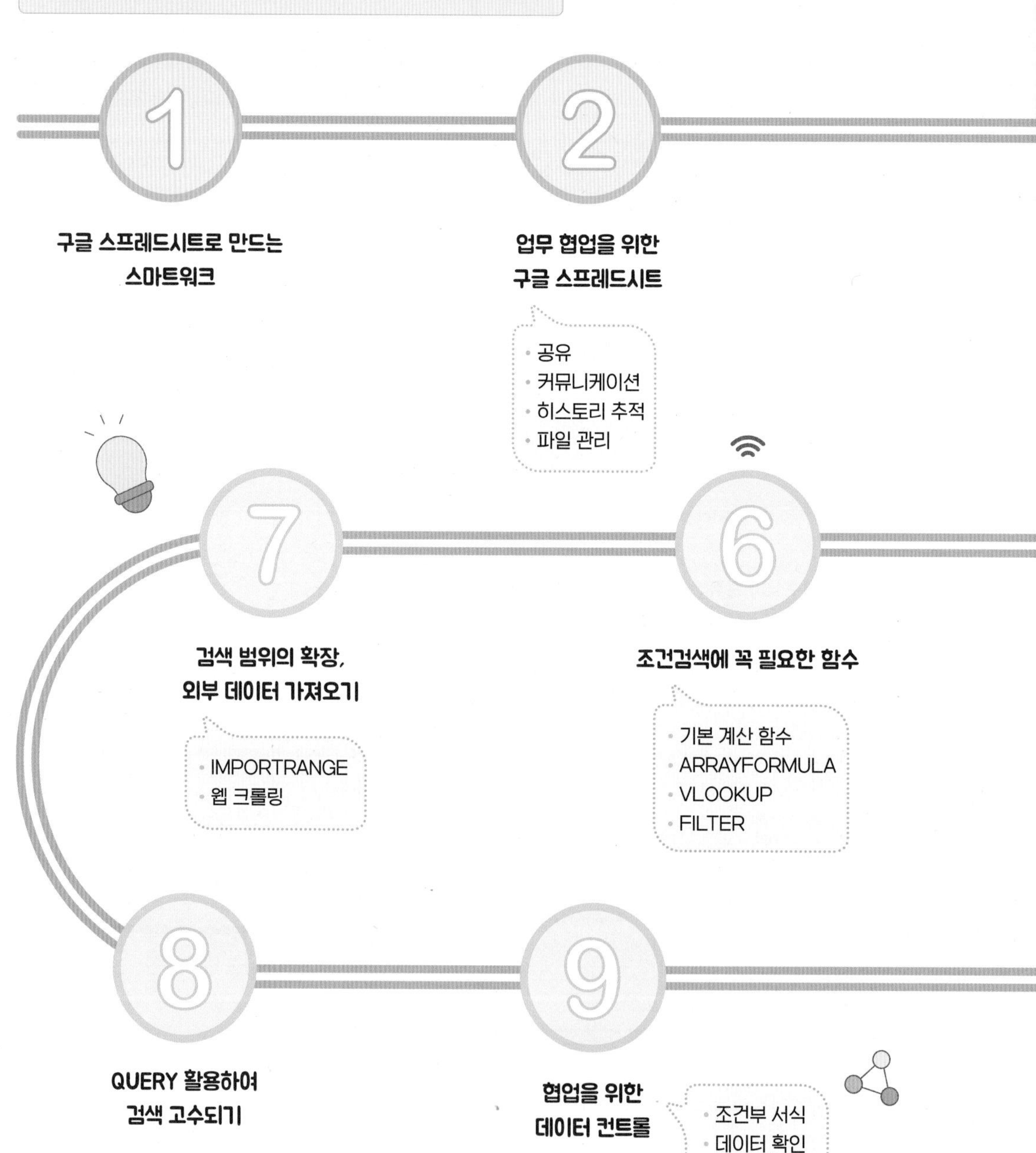

3

스프레드시트로써
구글 시트가 가지는 강점
(Feat. 엑셀)

4

기본 기능으로도
가능한 데이터 분석

본격적으로 데이터 다루기
(Feat. 문자와 숫자)

5

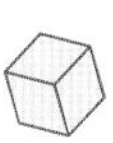

QR코드 이미지 시간 날짜 문자

Chapter 4-9

데이터를 입력하고 분석하는 과정을 학습합니다. 구글 스프레드시트의 기본 기능만으로 데이터를 분석해 보고, 함수를 통해 조건검색 수준을 향상시키는 방법을 알아봅니다.

앱시트를 통한
모바일 환경으로의 확장

10

11

필요한 정보를 한눈에!
데이터 시각화

- 차트
- 실시간 대시보드
- 대화형 대시보드

Chapter 10-11

분석한 데이터를 차트 및 대시보드로 시각화하고, 업무환경을 모바일로 확장하는 방법을 학습합니다.

목차

Section 1 스마트워크를 통한 업무 효율화 26
Step 1 스마트워크를 위한 업무 도구의 필요성 26
Step 2 효율적인 업무 도구의 조건 28

Section 2 구글 스프레드시트의 활용 30
Step 1 구글 시트의 활용 범위 30
Step 2 구글 시트가 가져온 업무 생산성의 변화 33
Step 3 업무 시스템, 내가 어디까지 만들 수 있을까? 33

Section 1 구글 시트와 구글 드라이브의 화면 구성 36
Step 1 구글 시트의 화면 구성 36
Step 2 구글 드라이브의 화면 구성 37

Section 2 공유 기능 39
Step 1 공유 권한 부여하기 39
Step 2 웹에 공유하기 44

Section 3 커뮤니케이션 기능 49
Step 1 공동 작업자와의 커뮤니케이션 49
채팅 화상회의
Step 2 업무진행 관리를 위한 커뮤니케이션 53
메모 댓글 업무 할당

Section 4 히스토리 추적 관리 기능 58
Step 1 파일 정보 및 변경이력 확인하기 58
Step 2 데이터 변경이력 확인하기 59
버전 기록 수정 기록 알림 규칙

Section 5 파일 관리 65

Step 1 파일 분류하기 65
Step 2 파일 검색하기 68
Step 3 오프라인으로 작업하기 71

Section 6 측면 패널의 활용 73

Step 1 측면 패널 활용하기 73

Section 1 편리한 데이터 관리 78

Step 1 항상 최신의 데이터 반영 78
Step 2 고유 URL에 따른 데이터 연결성 79
Step 3 '공란'과 '0'의 구분 83
Step 4 행/열 관리 기능 83
행/열 추가 행/열 삭제 셀 삽입 행/열 이동

Section 2 함수의 활용성 및 확장성 87

Step 1 계산 범위 자동 확장 - 행/열 범위 오픈 87
Step 2 중괄호를 이용한 배열 생성 88
Step 3 특정 데이터의 입력 편의성 91
캘린더 체크박스 링크 미리보기 사용자 칩
Step 4 구글 시트만의 기능 - 전용함수/확장/인공지능 94
Step 5 엑셀과의 호환 96
엑셀 변환

목차

Section 1 커스텀 필터 만들기 100

Step 1 구글 시트의 필터 메뉴 100
필터 만들기 필터 보기 슬라이서

Step 2 필터 조건에 따른 소계 계산하기 107
SUBTOTAL

Section 2 피봇 테이블과 슬라이서 111

Step 1 피봇 테이블 111

Step 2 피봇 테이블과 슬라이서의 조합 115

Section 3 인공지능을 활용한 열 통계와 시뮬레이션 118

Step 1 열 통계 검토하기 118

Step 2 탐색 기능을 통한 시뮬레이션 120

Section 1 데이터 작업 전 확인사항 124

Step 1 같은 듯 다른, 다른 듯 같은 서식에 따른 차이 124
문자 숫자 시간 통화

Step 2 소수점 이하 자릿수에 대한 이해 127

Step 3 맞춤 서식 129

Step 4 중복 데이터 제거 131
정리 제안사항 중복 항목 삭제 UNIQUE

Step 5 공백 문자 제거 137
TRIM

Step 6 데이터 정렬 138
SORT

Step 7 지역/시간대에 따른 차이 143
GOOGLEFINANCE

Section 2 문자 다루기 144

Step 1 메뉴 도구를 이용한 문자 다루기 144
문자 추출 문자 찾기 문자 바꾸기

Step 2 인공지능 패턴 인식을 통한 스마트 입력 147

Step 3 원하는 문자 분리/추출하기 151
SPLIT INDEX

Step 4 원하는 문자 찾기 155
FIND SEARCH

Step 5 특정 문자를 원하는 문자로 바꾸기 158
SUBSTITUTE REPLACE

Step 6 정규 표현식을 사용하는 REGEX 시리즈 160
REGEXEXTRACT REGEXMATCH REGEXREPLACE

Step 7 이모지 사용하기 164

Section 3 날짜 다루기 165

Step 1 날짜 추출하기 165
TODAY YEAR MONTH DAY WEEKNUM EOMONTH

Step 2 월에 따른 날짜와 요일 테이블 만들기 167
MONTH

Section 4 시간 다루기 170

Step 1 경과시간 계산하고 반올림하기 170
QUOTIENT MOD ROUND ROUNDUP ROUNDDOWN MROUND

Step 2 타임 스탬프로 시간 자동 기록하기 175
NOW

Section 5 데이터 형식의 변환 178

Step 1 문자열을 날짜/시간 형식으로 바꾸기 178
DATE TIME

Step 2 문자열을 숫자 형식으로 바꾸기 179
VALUE

Step 3 숫자를 문자 형식으로 바꾸기 180
TEXT

Section 6 문자열 만들기 182

Step 1 문자와 함수 조합하기 182

CONCATENATE TEXTJOIN

Section 7 이미지 다루기 186

Step 1 PC에서 이미지 가져오기 186

Step 2 인터넷에서 이미지 가져오기 188

IMAGE

Section 8 QR코드 다루기 192

Step 1 QR코드 생성 및 변환하기 192

ENCODEURL

Step 2 QR코드 스캔 및 편집하기 195

Section 1 계산 및 비교에 필요한 기본 함수 202

Step 1 기본 계산 함수 202

합계 개수 평균 최댓값 최솟값

SUM COUNT AVERAGE MAX MIN

Step 2 IF 조건이 붙은 계산 함수의 변형 207

SUMIF(S) COUNTIF(S) AVERAGEIF(S) MAXIFS MINIFS

Step 3 기타 계산 함수의 변형 212

COUNTA COUNTBLANK AVERAGE.WEIGHTED

Step 4 기본 논리 함수 215

IF(S) AND OR NOT IFERROR

Section 2 함수의 자동 반복, ARRAYFORMULA 함수 220

Step 1 셀 참조 방식 220

Step 2 ARRAYFORMULA 함수를 통한 함수 자동 반복 222

ARRAYFORMULA

Step 3 앱시트를 통한 함수 자동 반복 226

Section 3 조건검색의 기본, VLOOKUP 함수 228

Step 1 조건검색 함수 비교하기 228

Step 2 VLOOKUP 함수로 조건에 맞는 데이터 반환하기 229

VLOOKUP HLOOKUP

Step 3 배열 수식으로 검색 범위 넓히기 232

Step 4 다른 함수와의 조합 236

MATCH OFFSET ARRAYFORMULA

Section 4 조건을 만족하는 값을 배열로 반환하는 FILTER 함수 241

Step 1 FILTER 함수로 범위째 반환하기 241

FILTER

Step 2 인수 재구성하여 필터링 범위 넓히기 242

일부만 만족 범위 재구성 시트 합치기

Step 3 다른 함수와의 조합 245

AVERAGE.WEIGHTED TEXTJOIN

Section 1 파일 밖으로 참조 범위를 넓히는 IMPORT 함수 250

Step 1 IMPORT 시리즈 함수 250

Section 2 다른 시트를 참조할 땐 IMPORTRANGE 함수 251

Step 1 IMPORTRANGE 함수로 외부 시트 연결하기 251

IMPORTRANGE

Step 2 배열 수식과 참조셀 조합으로 활용 범위 넓히기 255

Step 3 데이터 취합 시스템 만들기 259

Section 3 웹 크롤링으로 인터넷에서 데이터 가져오기 269

Step 1 웹 페이지에서 데이터 가져오기 269

IMPORTHTML IMPORTXML

Section 1 조건검색의 끝판왕, QUERY 함수 276

Step 1 QUERY 함수의 구성과 필수 쿼리문 276
QUERY

Section 2 쿼리 옵션 100% 활용하기 279

Step 1 여러 개의 시트를 취합하는 방법 279
Step 2 비교/논리 연산자로 만드는 다중 검색 조건 282
Step 3 날짜/시간을 기준으로 검색하기 286
Step 4 쿼리를 더욱 풍부하게 만드는 구문들 289
ORDER BY LIMIT OFFSET GROUP BY PIVOT
스칼라 함수 FORMAT LABEL 헤더
Step 5 검색 시스템 만들기 303

Section 1 조건부 서식으로 특이사항 표시하기 310

Step 1 조건부 서식 310
Step 2 맞춤 수식을 통한 조건부 서식 일괄 적용 315
주말 색상 적용 중복값 표시 교차 색상

Section 2 데이터 확인으로 입력 제한하기 321

Step 1 데이터 확인 321
Step 2 변수에 따라 조건이 바뀌는 반응형 입력 제한 331
입력 제한 경고
Step 3 종속된 드롭다운 목록 구성하기 333
TRANSPOSE

Section 3 시트 보호를 통한 셀 단위 입력 컨트롤 340

Step 1 시트 보호 - 시트/범위 340
Step 2 시트 보호 중복 사용하기 344

Section 4 기타 입력 컨트롤 348

Step 1 행/열 컨트롤 348

행/열 고정 행/열 숨기기 행/열 그룹화

Step 2 기타 알아두면 좋은 입력 방법 352

GOOGLETRANSLATE

Section 5 범위 인수를 자유자재로 바꾸기 354

Step 1 범위 인수를 바꾸는 방법 354

INDIRECT

Section 1 데이터 시각화의 목적 362

Step 1 시각화는 어떻게 하는 게 좋을까? 362

Section 2 데이터 시각화의 기본, 차트 364

Step 1 함수로 만드는 차트 364

REPT SPARKLINE

Step 2 차트의 기본 활용 369

Step 3 기타 유용한 기능형 차트 375

Section 3 데이터 시각화의 완성, 실시간 대시보드 380

Step 1 구글 시트로 만드는 실시간 대시보드 380

Section 4 데이터 스튜디오로 만드는 대화형 대시보드 393

Step 1 구글 시트 데이터 연결하기 393

Step 2 보고서 구성하기 395

목차

Section 1 구글 시트의 확장 404

Step 1 앱스 스크립트와 앱시트 404

Section 2 앱시트로 구현하는 모바일 업무환경 406

Step 1 앱시트로 앱 만들기 406

Step 2 앱시트의 다양한 기능 416

- 구글 스프레드시트의 '연결성' 및 '확장성' 420
- 필수 단축키 421
- INDEX 422

예제파일을 실행하여 구글 스프레드시트의 기능을 익히고, 책 또는 완성파일과 비교하여 기능을 알맞게 사용하였는지 확인해 봅니다.

예제파일 ▶ https://bit.ly/3lRJmD7 완성파일 ▶ https://bit.ly/3PNso6M

01 폴더에 들어간 후 파일 위에서 마우스 오른쪽 버튼을 클릭하고 [사본 만들기]를 선택합니다. 생성된 복사본이 〈내 드라이브〉에 저장됩니다.

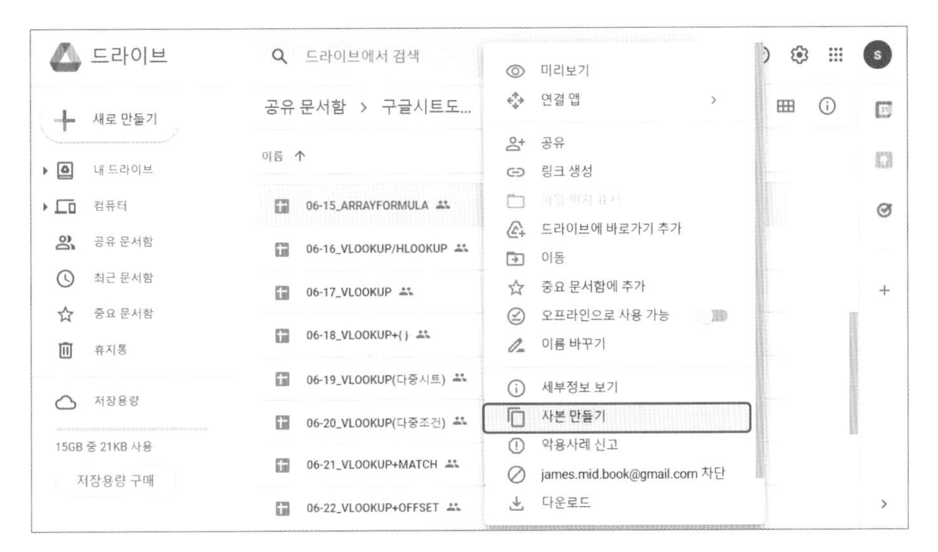

02 복사한 파일을 열어 기능 또는 함수를 실행해 봅니다.

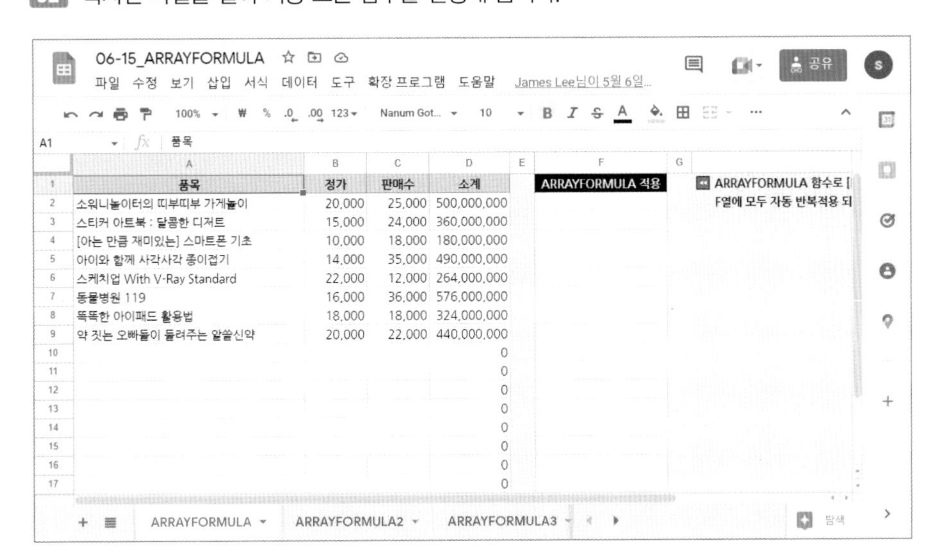

Section 1 | 스마트워크를 통한 업무 효율화
Section 2 | 구글 스프레드시트의 활용

구글 스프레드시트로 만드는 스마트워크

'효율적인 경영관리', '업무 생산성 향상'은 '기획'이라는 포지션 내에서 반드시 해결해야 하는 사안입니다. 이번 챕터에서는 필자가 그 과제를 해결하기 위해 구글 시트를 어떤 관점에서 바라보고 접근했는지, 그리고 실제로 어떤 부서, 어떤 업무에 적용함으로써 업무 생산성을 향상시킬 수 있었는지에 대해 소개합니다.
구글 시트를 단순히 엑셀을 대체하는 온라인 버전의 스프레드시트가 아니라 '효율적인 스마트워크(Smartwork)의 도구'로써 바라볼 수 있도록 보다 넓은 관점에서 접근해 보겠습니다.

SECTION

1 스마트워크를 통한 업무 효율화

업무에 있어서 가장 필요한 것은 '필요한 정보를 언제, 어디서나, 어떤 환경에서든 실시간으로 원하는 형태로 볼 수 있는 환경'입니다. 그리고 이를 시뮬레이션(Simulation)하기 위해 개인이 손쉽게 활용할 수 있는 업무 도구가 바로 '구글 스프레드시트(Google Spreadsheets)'입니다.

STEP 1 스마트워크를 위한 업무 도구의 필요성

누구나 효율적인 업무를 위해 '스마트워크(Smartwork)'를 도입해야 한다고 말하지만 'SMART'라는 단어만 붙었을 뿐 '일(WORK)'이라는 본질은 바뀌지 않습니다. 일을 바라볼 때 회사 및 조직은 '생산성'을 추구하지만 개인의 입장에서는 '워라밸(Work & Life Balance)'을 추구합니다. 즉, 회사와 개인이 공통적으로 추구하는 바는 '일을 효율적으로 수행'하는 것입니다.

SMART + WORK = 일

디지털 전환(Digital Transformation)을 비롯해 클라우드(Cloud), 빅데이터(Big Data), 데이터 분석(Data Analysis), 인공지능(AI), 머신러닝(ML), 데이터 리터러시(Data Literacy) 등 수많은 마케팅 용어들이 등장하고 있지만 그 기준이 되는 '데이터'는 변하지 않습니다. **다시 말해 업무환경의 변화는 '데이터'를 어떻게 다루는지에 따른 문제입니다.**

디지털 전환으로 인한 데이터 기반의 의사결정 과정은 다음과 같습니다. 그리고 '업무 자동화' 시스템의 투입으로 인해 '데이터를 기반으로 하는 의사결정'의 효율성이 증폭하게 됩니다.

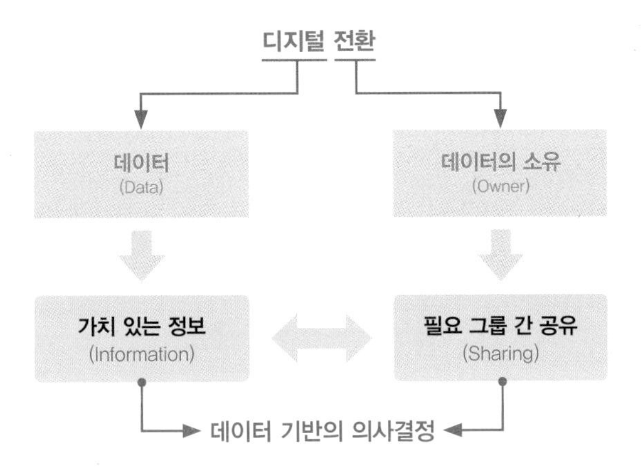

디지털 전환 → 데이터 분석과 시각화 → 데이터 기반의 의사결정

업무 자동화 → 효율적인 데이터 기반의 의사결정

결국에 모든 업무처리는 '**데이터를 기반으로 하는 효과적인 의사결정**'으로 수렴하며, 이를 위한 ICT 기술이 발전함에 따라 요구되는 업무환경도 지속적으로 바뀌고 있습니다. 현재는 그 중심에 '**실시간 협업**(Realtime Collaboration)'이 자리합니다.

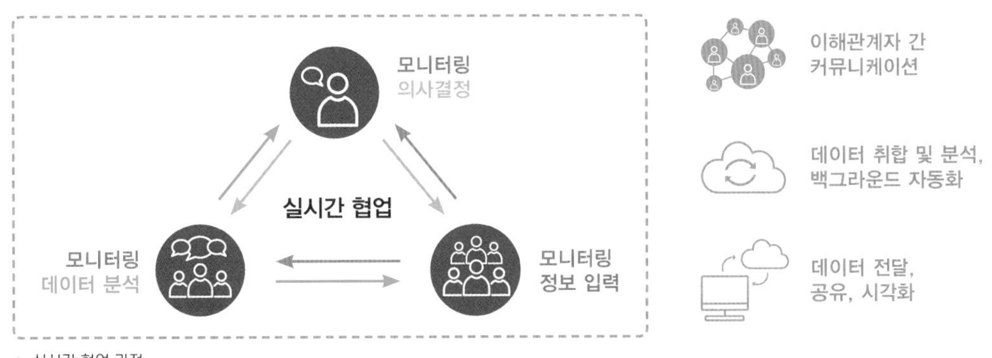

▲ 실시간 협업 과정

STEP 2 효율적인 업무 도구의 조건

그렇다면 데이터 기반의 의사결정을 위한 '효율적인 업무 도구'로 무엇을 사용해야 할까요? 이 질문에 대한 대답을 하기 전에 먼저 '업무 협업 도구가 필요한 이유'를 알아보겠습니다.

조직을 포지션에 따라 분리했을 때 리더(대표)는 의사결정의 위치에 있습니다. 리더가 올바른 의사결정을 하기 위해서는 정확한 판단을 위한 정보가 필요하며, 직원들이 보고한 자료를 중간관리자층이 필터링한 결과물이 그 정보가 됩니다.

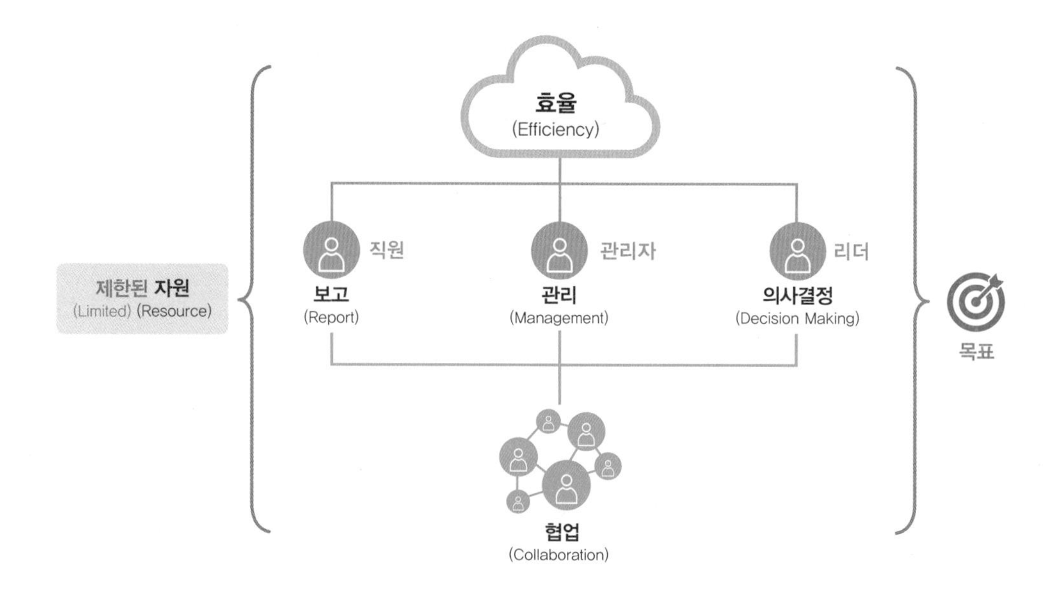

업무의 효율을 높인다는 것은 예시와 같이 연결되는 업무 단계나 구성을 간소화한다는 의미이기도 합니다. 그리고 이 모든 일련의 활동은 회사나 조직이 추구하는 목표를 달성하기 위함인데, **문제는 '가용할 수 있는 자원이 제한적'이라는 것입니다.** 따라서 이를 극복하기 위해 우리 조직 또는 회사에 가장 적합한 업무 도구를 사용하는 것이 중요한 요소로 떠오르게 됩니다.

기업의 규모와 상관없이 이미 많은 회사들이 업무 협업 도구를 사용하고 있습니다. 또한, 이메일을 비롯해 그룹웨어, ERP, MES, EIS 등 현재도 수많은 업무 도구들이 개발되고 있습니다. 하지만 대기업과 다르게 활용할 수 있는 자원이 제한적인 중소기업이나 스타트업에서는 자원 투자를 줄이기 위해 패키지형 업무 도구를 도입하는 경우가 일반적입니다. 업무의 효율을 높이기 위해 IT 솔루션을 도입했지만, 실제로 개인 입장에서는 업무가 더 복잡해지는 것입니다.

개인 입장에서 업무 생산성을 높이기 위한 현실적인 방법은 **'보조도구'를 효과적으로 활용**하는 것이며, 그에 대한 대표적인 보조도구로 필자는 **'엑셀' 대신 '구글 스프레드시트'**를 선택했습니다.

필자가 정의하는 '업무 협업 도구'의 조건은 다음과 같습니다.

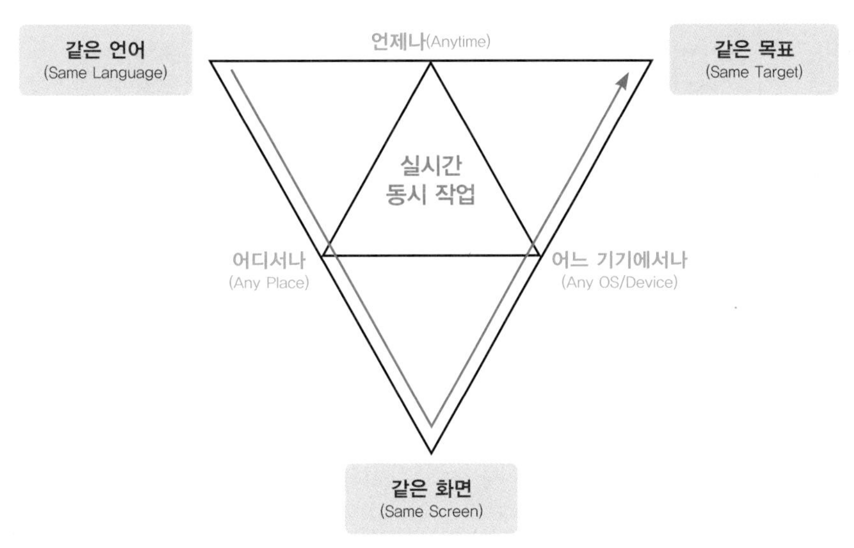

▲ 스마트워크를 위한 협업 도구의 조건

여기서의 핵심 조건은 '언제, 어디서나, 어느 기기에서나 실시간 동시 작업'이며, 모든 구성원들이 항상 **'같은 언어**(Same Language)'를 **쓰고**, **'같은 화면**(Same Screen)'을 **보고**, **'같은 목표**(Same Target)'를 지향하도록 도와주는 플랫폼이어야만 합니다. 그리고 이를 시뮬레이션(Simulation)하기 위해 개인이 손쉽게 활용할 수 있는 업무 도구가 바로 **'구글 스프레드시트**(Google Spreadsheets)' 입니다. 이 책에서는 구글 스프레드시트를 '구글 시트'로 줄여 칭하겠습니다.

SECTION

2 구글 스프레드시트의 활용

구글 스프레드시트는 간단하게는 '엑셀'을 대체하는 보조도구부터 사내 업무 프로세스를 설계하는 '시뮬레이션' 툴, 그리고 사업의 성격이나 규모에 따라 IT 솔루션을 대체하는 '업무 시스템'으로도 사용됩니다.

STEP ▶ 1 구글 시트의 활용 범위

일반적으로 구글 시트를 엑셀의 온라인 버전 즈음으로 생각하지만, 실제로는 클라우드를 베이스로 개발되었기 때문에 '업무 도구'로서 갖춰야 할 조건을 모두 가지고 있습니다.
다음은 필자가 구글 시트를 이용해 전체 업무를 시뮬레이션하고 기존에 몸에 맞지 않던 IT 솔루션을 구글 시트로 바꿔 적용한 회사의 실제 사례입니다.

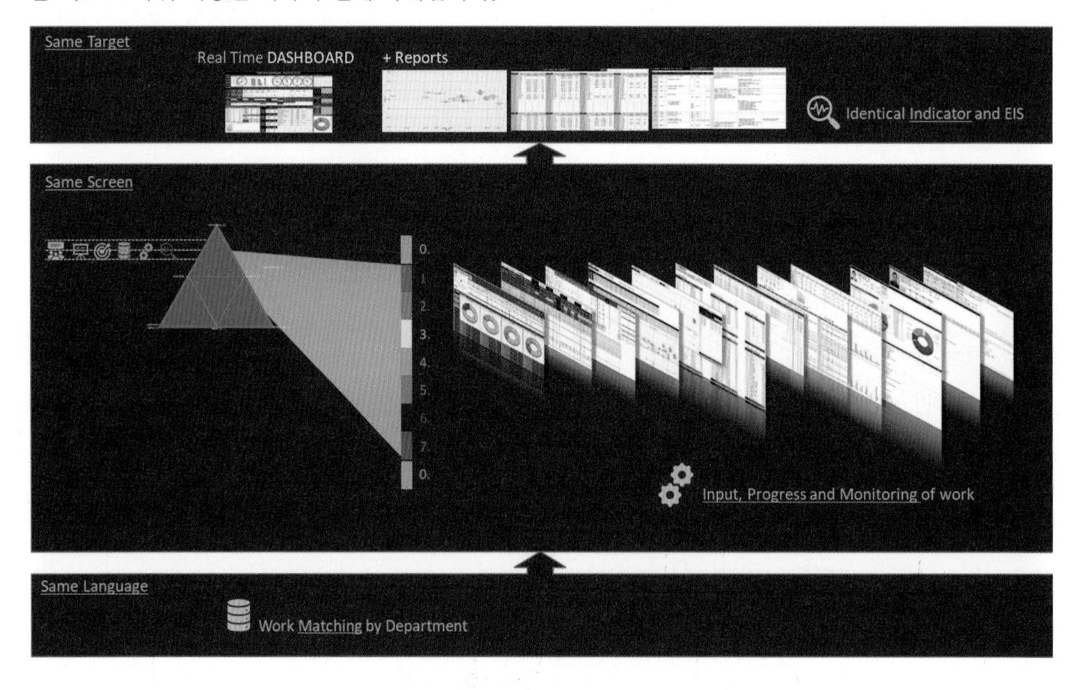

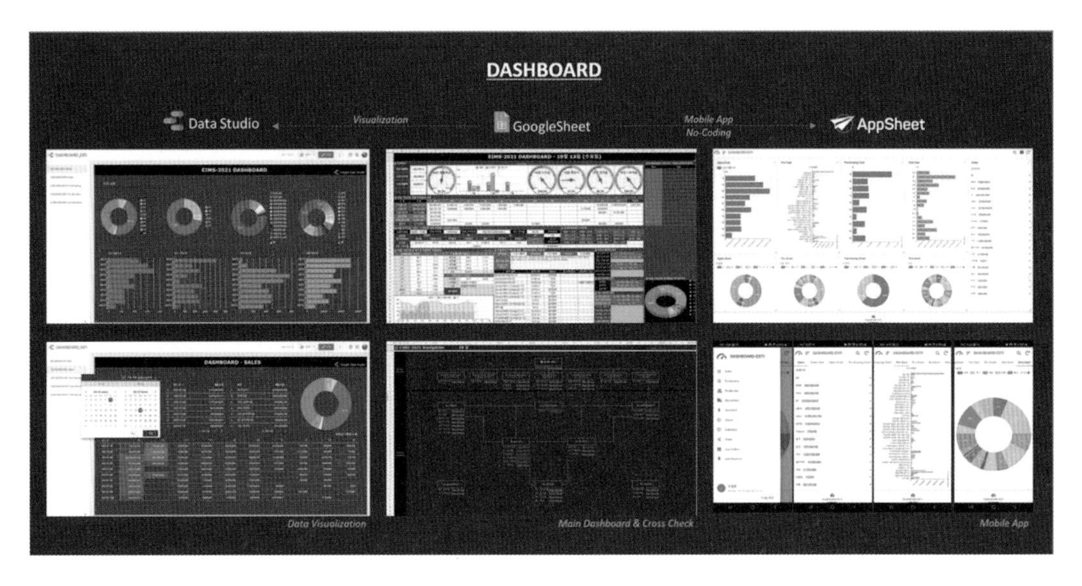

위 시스템을 구글 시트로 구성해 놓은 주요 업무별 포인트는 다음과 같습니다.

분류	주요파트	내용
Navigation	Structure	(Organizer) 전체업무 구성 카테고리, 시트, 권한관리
	Navigation	(Auto) 주간업무 / 연간활동 리뷰 / 개별활동 리뷰 – ABC분석
같은 목표	DASHBOARD	(Auto) 경영정보 메인 대시보드
	계획/실적	(Input Screen) 매출계획 (Auto) 계획대비 실적 / 사업군별 분석 / 5개년도 비교
	MDI	(Auto) 사이트 · 담당자별 분석 / MDI 월보고 / 보고화면
	구매관리	(Auto) 구매 진행현황 대시보드 / 수입통계 / 국내통계
	재고 및 물류	(Auto) 월별 재고추이 / 발주시점관리 / 물류통계
	품질관리	(Auto) QC이력추적
	관리결산	(Semi-Auto) 13개 품목군(3개 사업군)별 제조원가명세서 / 손익계산서
같은 언어	협력업체 관리	(Input Screen) 국내외 협력사 등록
	영업 기초정보	(Input Screen) 고객정보 등록
	품목코드	(Input Screen) 품목코드/품목 매칭
같은 화면	수주관리	(Input Screen) 수주서 (Auto) 인수증 / 거래명세표
	재고관리	(Input Screen) 입 · 출고 처리 / QR코드 처리 (Semi-Auto) Lot별 QR 생성 (Auto) 공정별 원자재 재고수불장 / 원자재별 재고 통계 / 원자재 검색
	출고관리	(Input Screen) 출하내역 (Auto) 재고출하요청서, 출고내역
	구매관리	(Input Screen) 구매내역 (Auto) 국내외 발주서 / 결제내역 (Semi-Auto) 관부가세 정리
	생산관리	(Input Screen) 생산진행관리 (Auto) 생산요청 / 작업지시서 / 소요량 / 부하율 / 원자재소모량 / 작업현황

같은 화면	BOM	(Input Screen) 품목별 BOM 관리 (Semi-Auto) 품목별 제조원가
	재무 회계	(Input Screen) 법인카드 / 개인비용 (Semi-Auto) 매출계산서 / 자금계획 (Auto) 비용통계
	총무	(Organizer) 총무관련 업무 분류관리
	HRM	(Input Screen) 업무일지 (Semi-Auto) 사업계획 평가 / 코칭능력 평가 / 직무만족도 / 조직경쟁력 / 이해관계도 / 급여시스템 / OKR / 인적성검사

※ Auto: 자동화로 인해 데이터 입력이 필요 없거나, 원하는 리포트를 보기 위해 기본적인 값만 입력하는 정도의 구성
※ Semi-Auto: 일부 다른 데이터를 가져와 붙여 넣거나 입력이 필요한 부분
※ Input Screen: 해당 업무 파트에서 메인으로 작업하는 업무화면

실제 전체 시스템 구성에 연결된 구글 시트는 1,500여 개가 됩니다. 다만 이 시스템에서 유의깊게 볼 점은 **구글 시트와 드라이브에서 제공하는 기본 기능과 함수만을 사용**했다는 것입니다. 함수는 엑셀을 사용해 본 사람이라면 쉽게 접근할 수 있는 영역이지만, 앱스 스크립트(Apps Script)로 들어가는 순간 코딩(Coding)을 다뤄야 하기 때문에 기획자의 업무에는 적합하지 않습니다. 그리고 이를 구성하기 위해 사용한 함수와 기능을 이 책에 소개하게 되었습니다.

구글 시트는 특정 부서, 특정 업무에 치우치지 않고 회사의 모든 영역에 활용될 수 있습니다. 일반 직원들도 쉽게 본인의 아이디어를 구글 시트에 반영할 수 있기 때문에 시간이 지날수록 점점 더 효율적인 시스템으로 발전해 가는 구조가 됩니다. 따라서 **작게는 개인의 업무 자동화부터, 스타트업이나 중소기업의 전사적자원관리(ERP, Enterprise Resource Planning)를 대체할 정도의 가치가 있다고** 확신합니다. 차이가 나는 부분은 '어떻게 구성할 것인가?'에 대한 기획의 영역으로, 이는 개인의 지식과 경험에 따라 달라집니다.

STEP 2 구글 시트가 가져온 업무 생산성의 변화

그렇다면 구글 시트로 구성한 업무 시스템이 정말로 효과가 있었을까요?

클라우드 기반으로 움직이는 구글 시트와 구글 드라이브는 데이터가 실시간으로 반영됩니다. 그 결과 경영에 필요한 모든 정보가 실시간으로 대시보드에 반영되어 '업무 현황 및 부서간 크로스 체크, 지표 관리'가 이루어지면서, **의사결정자, 중간관리자, 직원 모두가 실시간으로 '같은 화면, 같은 지표'를 보고 움직이기 때문에 불필요한 사내보고 업무가 사라지게 되죠.** 실제로 외부고객과 소통하기 위한 작업을 제외하고는 엑셀, 파워포인트, 이메일과 같이 보고를 위한 업무를 없앨 수 있었습니다.

STEP 3 업무 시스템, 내가 어디까지 만들 수 있을까?

'디지털 전환'으로 다양한 업무 플랫폼이 등장하면서 '사무직, 현장직, 개발자'를 구분 짓는 경계는 무너지고 비개발자도 코딩을 배우는 시대가 되었습니다. 이에 맞춰 코딩은 점점 더 전문가들의 영역으로 포지션되고 일반 분야는 노코드 플랫폼 이용으로 방향을 잡아가고 있습니다. 어떻게 보면 노코딩에 있어 가장 앞선 플랫폼이 '구글 시트'가 아닐까 싶습니다. '앱시트(AppSheet)'라는 노코드 앱 개발 플랫폼이 구글 시트와 연결되면서 이제는 일반 사용자 누구나 코딩없이 모바일 앱을 만들 수 있기 때문입니다.
필자가 이 책에서 설명하고자 하는 방향 역시 **구글 시트가 단순한 스프레드시트가 아닌 노코드 플랫폼으로써, 간단하게는 개인의 업무 생산성 향상부터 팀, 부서, 조직으로까지 협업으로 활용되는 부분을 염두에 둔 것입니다.**

필자는 구글 시트를 '레고(LEGO) 블록'에 비유합니다. 이 책의 후반부에 간단히 소개하는 '데이터 스튜디오'나 '앱시트' 같은 플랫폼도 마찬가지입니다. 본인의 아이디어가 있다면 얼마든지 필요한 '기능 블록'을 가져다가 원하는 바를 구현할 수 있습니다.

Section 1 | 구글 시트와 구글 드라이브의 화면 구성
Section 2 | 공유 기능
Section 3 | 커뮤니케이션 기능
Section 4 | 히스토리 추적 관리 기능
Section 5 | 파일 관리
Section 6 | 측면 패널의 활용

업무 협업을 위한 구글 스프레드시트

업무용 협업 도구 중에서도 실시간 기반의 협업 도구라고 한다면 기본적으로 갖추어야 할 조건이 있습니다. 첫 번째는 협업의 기본이 되는 '공유 기능', 두 번째는 원활한 소통을 위한 '커뮤니케이션 기능', 마지막으로 세 번째는 업무에 대한 내용을 추적 및 관리할 수 있는 '기록 관리 기능'입니다. 구글 시트는 클라우드 기반인 구글 드라이브에서 생성 및 관리되기 때문에 협업 도구로서의 훌륭한 기능을 모두 가지고 있습니다.
이번 챕터에서는 '구글 시트를 업무 협업 도구'로써 활용할 때 반드시 알아야 할 다양한 협업 기능과 파일 관리 방법에 대해 알아봅니다.

SECTION

1 구글 시트와 구글 드라이브의 화면 구성

가장 먼저 구글 시트와 구글 드라이브의 화면이 어떻게 구성되어 있는지 알아보겠습니다.

STEP ▶ 1 구글 시트의 화면 구성

구글 시트 역시 스프레드시트인 관계로 화면 구성 및 메뉴는 전반적으로 엑셀과 유사합니다. 하지만 클라우드 기반의 협업을 위해 개발되었기 때문에 그 목적을 중심으로 메뉴가 구성되어 있습니다.

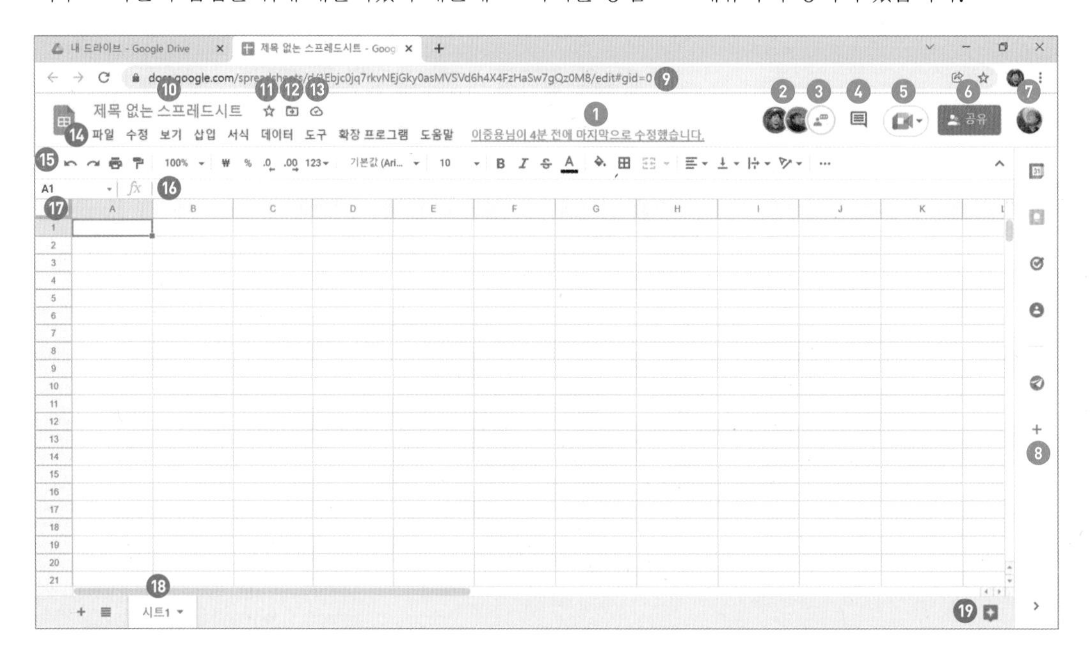

■ 협업 메뉴

① 버전 기록 열기: 구글 시트의 수정내역을 확인하는 버전 기록 화면으로 들어갑니다.

② 현재 접속자: 현재 구글 시트에 접속한 공동 작업자를 확인합니다.

③ 채팅 표시: 채팅 창을 열어 접속한 공동 작업자와 대화를 나눌 수 있습니다.

④ 댓글 기록 열기: 댓글 기록을 열람하거나 설정할 수 있습니다.

⑤ 회의에서 표시: 현재의 구글 시트 화면을 구글 미트(Meet) 화상회의 화면에 띄웁니다.

⑥ 공유: 구글 시트 파일에 대해 다른 사용자와의 공유를 설정합니다.

⑦ 계정: 본인이 현재 접속한 계정을 확인합니다.

⑧ 측면 패널: 구글 캘린더, KEEP 등의 애드온(Add-On) 앱을 바로 사용할 수 있습니다.

■ 파일 관리 메뉴

⑨ URL: 현재 구글 시트의 URL을 표시합니다.

⑩ 이름 바꾸기: 구글 시트의 파일명을 지정합니다.

⑪ 별표: 현재 구글 시트를 구글 드라이브의 〈중요 문서함〉에 추가할 경우 선택합니다.

⑫ 이동: 구글 시트 파일의 저장 위치를 변경합니다.

⑬ 문서 상태 확인: 문서의 온/오프라인 상태를 확인합니다.

■ 스프레드시트 메뉴

⑭ 메뉴: 구글 시트가 제공하는 각종 기능을 선택합니다. 선택 시 하위메뉴가 표시됩니다.

⑮ 리본메뉴: 메뉴에서 자주 사용하는 기능이 아이콘으로 배치되어 있습니다.

⑯ 수식 입력줄: 선택한 셀에 내용을 입력하거나 확인할 수 있습니다.

⑰ 행과 열: 시트의 행과 열 번호가 표시되어 있습니다.

⑱ 시트 탭: 워크시트를 선택 또는 추가하거나 이름을 바꿀 수 있습니다.

⑲ 탐색: 인공지능 기능을 통해 차트나 서식, 데이터 등을 분석할 수 있습니다.

STEP 2 구글 드라이브의 화면 구성

구글 드라이브는 윈도우 탐색기와 같은 역할로, 생성된 구글 시트뿐 아니라 다양한 파일에 대한 관리 및 공유 기능을 제공합니다.

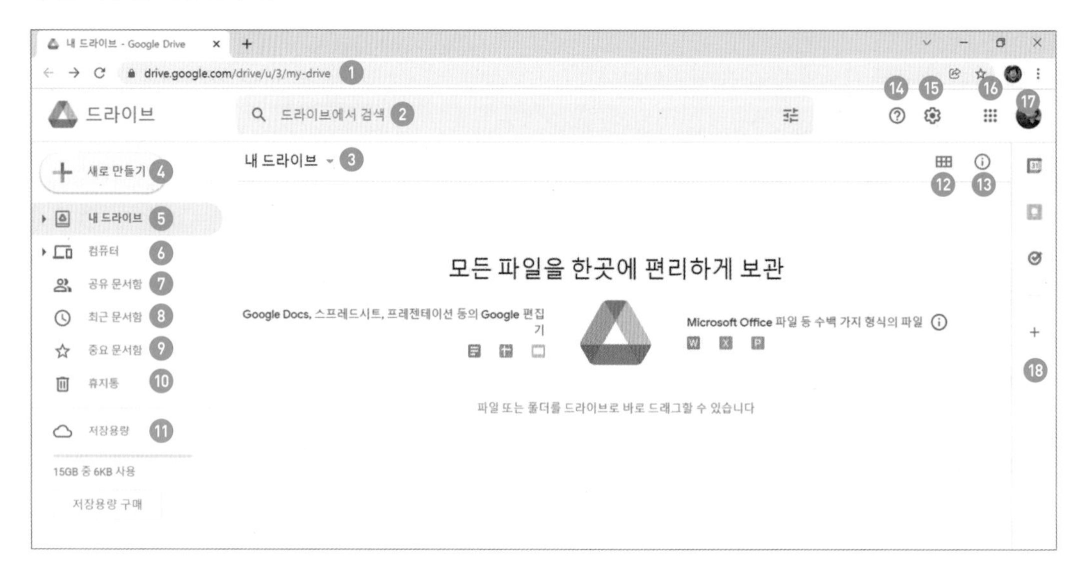

① URL: 현재 폴더의 URL을 표시합니다.

② 검색: 다양한 조건으로 구글 드라이브 내 파일을 검색합니다.

③ 폴더 위치: 현재 폴더의 위치를 보여 줍니다.

④ 새로 만들기: 폴더나 문서를 구글 드라이브에 새로 생성하거나 PC에서 업로드합니다.

⑤ 내 드라이브: 구글 드라이브에 구성된 폴더를 보여 줍니다.

⑥ 컴퓨터: 구글 드라이브와 동기화 중인 PC의 폴더를 보여 줍니다.

⑦ 공유 문서함: 다른 사용자로부터 공유받은 폴더나 파일을 보여 줍니다.

⑧ 최근 문서함: 최근에 작업한 문서를 보여 줍니다.

⑨ 중요 문서함: 구글 시트나 문서에서 '별표' 표시한 파일을 보여 줍니다.

⑩ 휴지통: 삭제한 파일들이 30일간 보관됩니다.

⑪ 저장용량: 현재 사용 중인 구글 드라이브의 용량을 보여 줍니다.

⑫ 보기 방식: 파일 목록을 '바둑판 보기' 또는 '목록 보기'로 전환합니다.

⑬ 세부정보 보기: 선택된 파일, 폴더의 세부정보를 보여 줍니다.

⑭ 지원: 구글의 온라인 도움말, 교육, 업데이트 등을 확인합니다.

⑮ 설정: 구글 드라이브 설정 및 PC용 드라이브를 다운로드합니다.

⑯ Google 앱: 다양한 구글 앱을 선택할 수 있습니다.

⑰ 계정: 본인이 현재 접속한 계정을 확인합니다.

⑱ 측면 패널: 구글 캘린더, KEEP 등의 애드온(Add-On) 앱을 바로 사용할 수 있습니다.

SECTION

2 공유 기능

협업 도구의 조건으로 가장 우선시 되는 것은 사용자별로 해당 파일에 대한 접근 권한을 관리하는 '공유 기능'입니다. 구글 시트에서는 '구글 드라이브 내 사용자(내부)'와 '인터넷 상의 모든 사용자(외부)'에게 자료를 공유할 수 있는 기능을 제공합니다. 구글 시트에서 어떤 방식으로 공유 기능을 사용하는지에 대해 알아보겠습니다.

STEP 1 공유 권한 부여하기

구글 시트와 구글 드라이브에서 사용자 간의 파일 공유여부를 확인하고 공유 권한을 설정하는 방법을 알아봅니다.

1 공유여부 확인하기

▪ 구글 시트에서 공유여부를 확인하는 방법

구글 시트에서는 우측 상단의 [공유] 버튼을 통해 해당 파일의 공유여부를 확인할 수 있습니다.

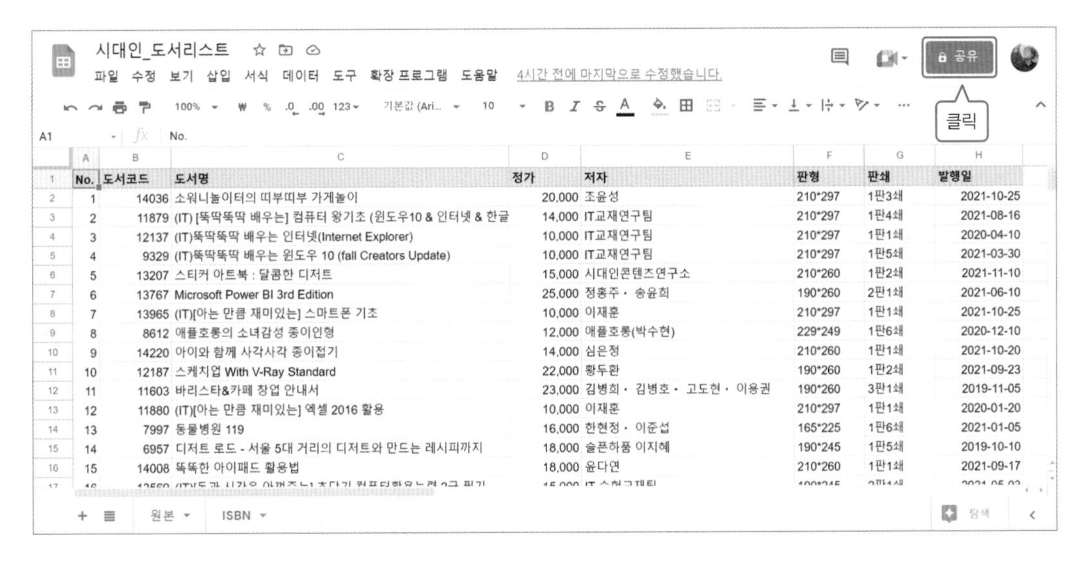

No.	도서코드	도서명	정가	저자	판형	판쇄	발행일
1	14036	소워니놀이터의 띠부띠부 가게놀이	20,000	조윤성	210*297	1판3쇄	2021-10-25
2	11879	(IT) [뚝딱뚝딱 배우는] 컴퓨터 왕기초 (윈도우10 & 인터넷 & 한글	14,000	IT교재연구팀	210*297	1판4쇄	2021-08-16
3	12137	(IT)뚝딱뚝딱 배우는 인터넷(Internet Explorer)	10,000	IT교재연구팀	210*297	1판1쇄	2020-04-10
4	9329	(IT)뚝딱뚝딱 배우는 윈도우 10 (fall Creators Update)	10,000	IT교재연구팀	210*297	1판5쇄	2021-03-30
5	13207	스티커 아트북 : 달콤한 디저트	15,000	시대인콘텐츠연구소	210*260	1판2쇄	2021-11-10
6	13767	Microsoft Power BI 3rd Edition	25,000	정홍주 · 송윤희	190*260	2판1쇄	2021-06-10
7	13965	(IT)[아는 만큼 재미있는] 스마트폰 기초	10,000	이재훈	210*297	1판1쇄	2021-10-25
8	8612	애플호롱의 소녀감성 종이인형	12,000	애플호롱(박수현)	229*249	1판6쇄	2020-12-10
9	14220	아이와 함께 사각사각 종이접기	14,000	심은정	210*260	1판1쇄	2021-10-20
10	12187	스케치업 With V-Ray Standard	22,000	황두환	190*260	1판2쇄	2021-09-23
11	11603	바리스타&카페 창업 안내서	23,000	김병희 · 김병호 · 고도현 · 이용권	190*260	3판1쇄	2019-11-05
12	11880	(IT)[아는 만큼 재미있는] 엑셀 2016 활용	10,000	이재훈	210*297	1판1쇄	2020-01-20
13	7997	동물병원 119	16,000	한현정 · 이준섭	165*225	1판6쇄	2021-01-05
14	6957	디저트 로드 - 서울 5대 거리의 디저트와 만드는 레시피까지	18,000	슬픈하품 이지혜	190*245	1판5쇄	2019-10-10
15	14008	똑똑한 아이패드 활용법	18,000	윤다연	210*260	1판1쇄	2021-09-17

① 나에게만 공개(공유): 공유되지 않은 파일인 경우 표시됩니다.

② N명과 공유함(공유): 지정한 사용자와 공유(마우스 커서를 올리면 현재 몇 명과 공유 중인지 나타납니다)된 경우 표시됩니다.

③ 웹에 공개(공유): 링크가 있는 인터넷 상의 모든 사용자가 접근 가능한 경우 표시됩니다.

▪ 구글 드라이브에서 공유여부를 확인하는 방법

구글 드라이브 상에서도 시트의 공유여부를 확인할 수 있습니다. 구글 드라이브의 보기 방식이 '목록 보기'일 경우 파일명 옆의 공유 아이콘(👥)을 통해 공유여부를 확인할 수 있으며, 폴더는 공유폴더 아이콘(📁)으로 구분할 수 있습니다.

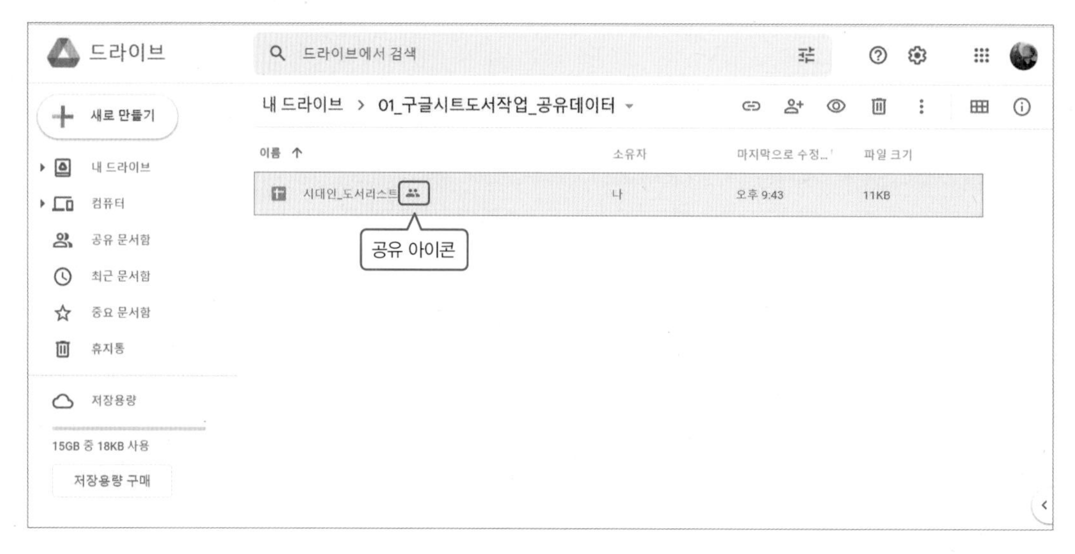

ref. '세부정보 보기'를 통해서도 공유여부를 확인할 수 있는데, 이 부분은 Section 4의 '히스토리 추적 관리'에서 자세히 다룹니다.

2 · 공유 권한 설정하기

■ 신규 사용자 추가하기

신규 사용자를 추가하려면 우측 상단의 [공유] 버튼을 클릭하고 초대하고자 하는 대상자의 이메일을 등록합니다. '이메일 알림 보내기'에 체크하면 대상자에게 이메일로 알람이 전송되며, '메시지' 란에 이메일 본문을 작성하여 보낼 수 있습니다.

신규 사용자를 추가할 경우 세 가지의 권한을 부여할 수 있습니다.

① 뷰어: 해당 파일에 대해 오직 보기 권한만 주어집니다.

② 댓글 작성자: 뷰어와 마찬가지로 수정 권한은 없지만 댓글을 작성할 수 있습니다.

③ 편집자: 해당 파일에 대한 편집 권한이 주어집니다.

ref. 댓글 작성 방법은 커뮤니케이션 기능과 관련하여 p.54에서 자세히 다룹니다.

■ 사용자 권한 수정하기 - 소유권 이전

기존 사용자에 대해 권한을 수정할 경우 신규 추가와 달리 '소유권 이전'과 '삭제' 항목이 나타납니다.

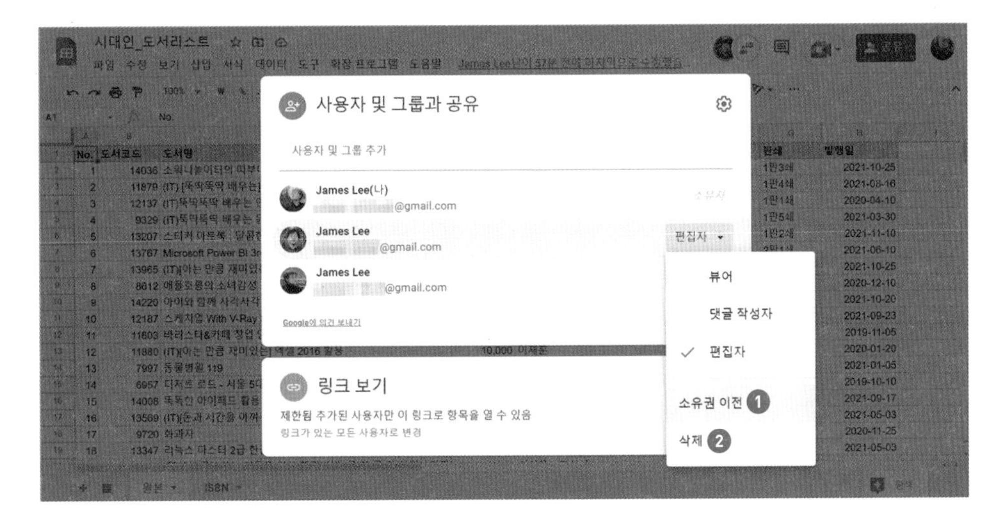

① **소유권 이전**: 해당 파일에 대한 모든 권한을 지정한 사용자에게 이전합니다. 대상자가 소유권을 수락할 때까지 기존의 소유권이 유지됩니다.
② **삭제**: 기존에 부여된 공유 권한을 삭제하여 해당 파일에 접근하지 못하도록 합니다.

■ 링크된 URL 주소로 공유 설정하기

공유 설정 화면에서 '링크 보기'를 클릭하면 파일의 링크 주소가 있는 인터넷 상의 모든 사용자가 파일에 접근할 수 있습니다. 이 경우에도 마찬가지로 뷰어, 댓글 작성자, 편집자의 권한을 설정할 수 있습니다.

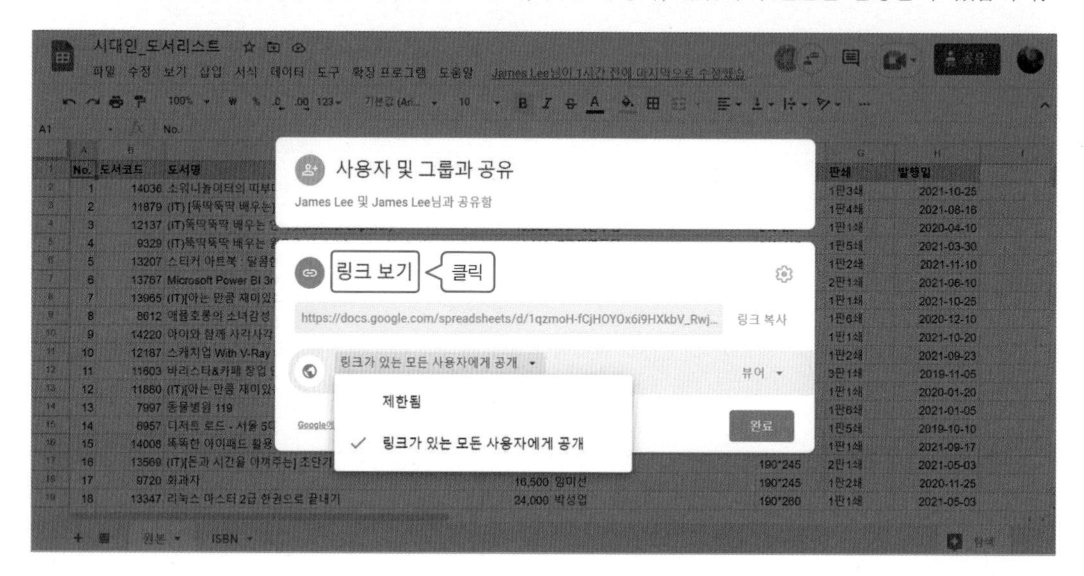

■ 추가 권한 설정하기 - 다운로드/인쇄/복사

공유된 사용자에 대해 추가적인 권한 설정이 가능합니다.

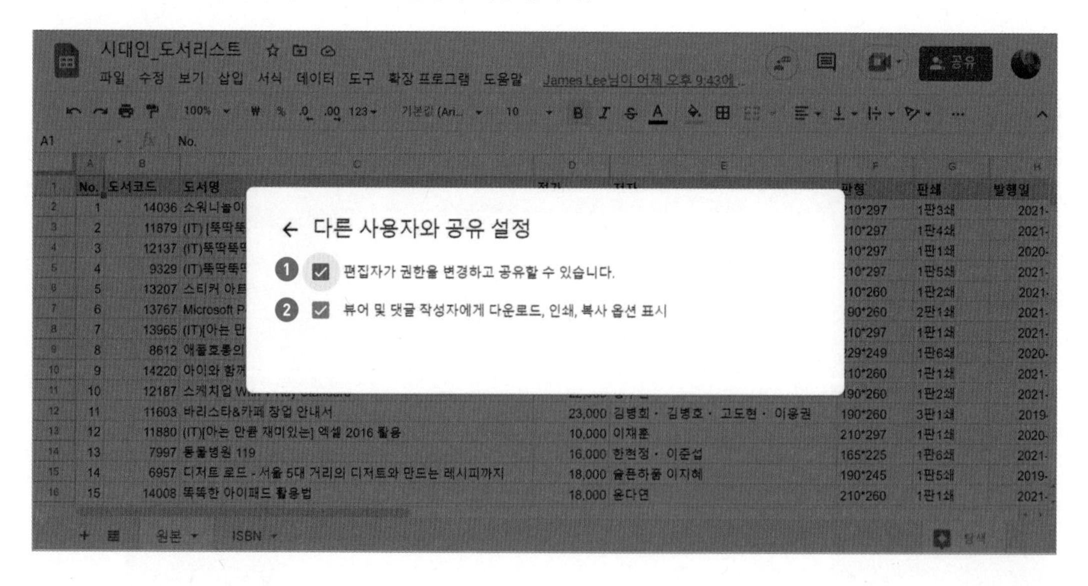

① **편집자가 권한을 변경하고 공유할 수 있습니다**: 편집자에게 사용자를 초대할 수 있는 권한을 부여합니다.

② 뷰어 및 댓글 작성자에게 다운로드, 인쇄, 복사 옵션 표시: 뷰어/댓글 작성자에게 다운로드, 인쇄, 복사 권한을 부여합니다.

■ 구글 드라이브에서 공유 권한 설정하기

구글 드라이브에서는 파일뿐 아니라 폴더에도 공유 권한을 설정할 수 있습니다. 마우스 오른쪽 버튼을 클릭하고 항목 중 [공유]를 선택하면 앞선 구글 시트와 동일한 설정 화면이 나타납니다.

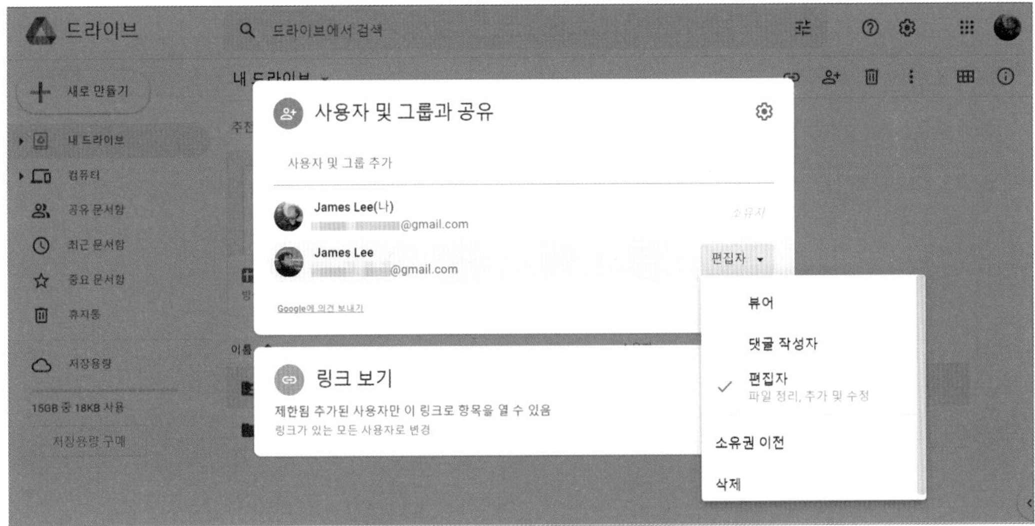

PLUS 상위 폴더에 자동으로 종속되는 공유 권한

폴더에 공유 권한이 부여될 경우 해당 폴더 내에 새로 생성되는 하위 폴더나 파일, 그리고 다른 폴더에서 이동한 폴더나 파일에도 동일한 공유 권한이 자동으로 적용됩니다. 물론 하위 폴더와 해당 파일마다 각각 권한을 설정하는 것도 가능하기 때문에 자동으로 부여된 공유 권한을 개별적으로 수정할 수 있습니다.

STEP 2 웹에 공유하기

구글 시트는 웹 페이지, PDF 등 다양한 형식으로 인터넷 상에 공유할 수 있는 기능을 제공합니다.

1 · 구글 시트를 웹 페이지로 만들어 공유하기

■ 웹 페이지로 변환하여 인터넷에 공유하기

구글 시트를 웹 페이지로 변환하여 인터넷에 공유해 보겠습니다. 구글 시트가 여러 개의 워크시트로 구성되어 있다면 모든 워크시트를 웹 페이지로 변환할지 특정 워크시트만 변환할지 선택할 수 있습니다. 메뉴에서 [파일] – [공유] – [웹에 게시]를 선택합니다.

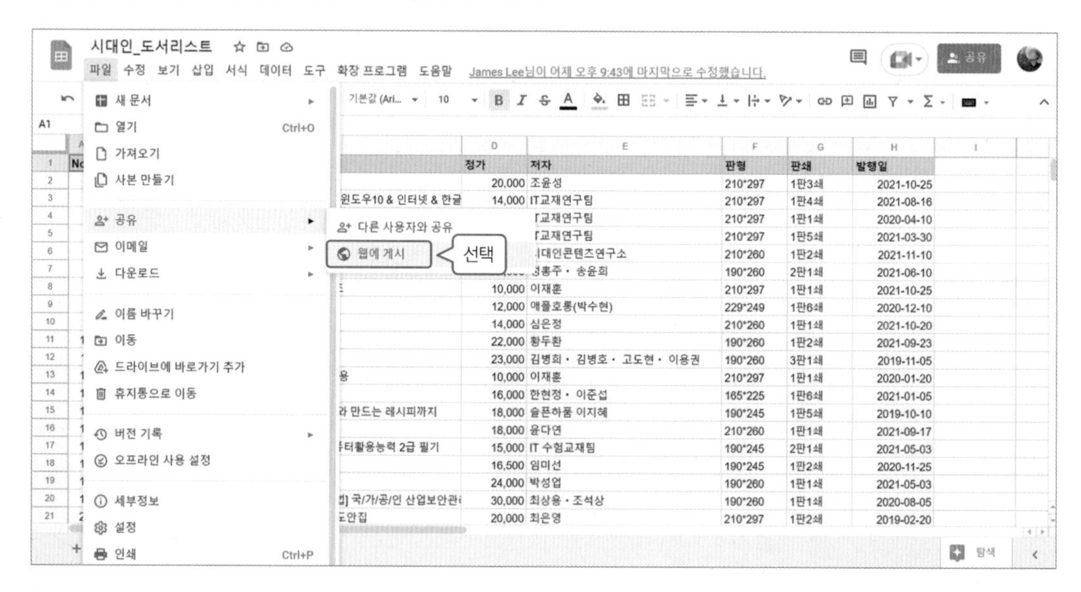

'웹에 게시' 창이 나타나면 기본 설정인 '전체 문서' 또는 게시하고자 하는 '워크시트'를 선택하고 [게시] 버튼을 클릭합니다. 변환된 웹 페이지의 URL 링크가 생성되며, 이 주소를 통해 누구나 생성된 웹 페이지에 접근할 수 있습니다.

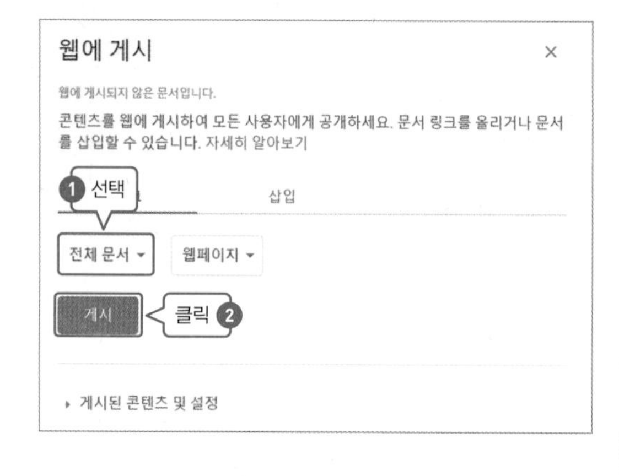

구글 시트 화면에서 하단에 있던 워크시트 탭은 웹 페이지로 바뀌면서 상단으로 이동합니다.

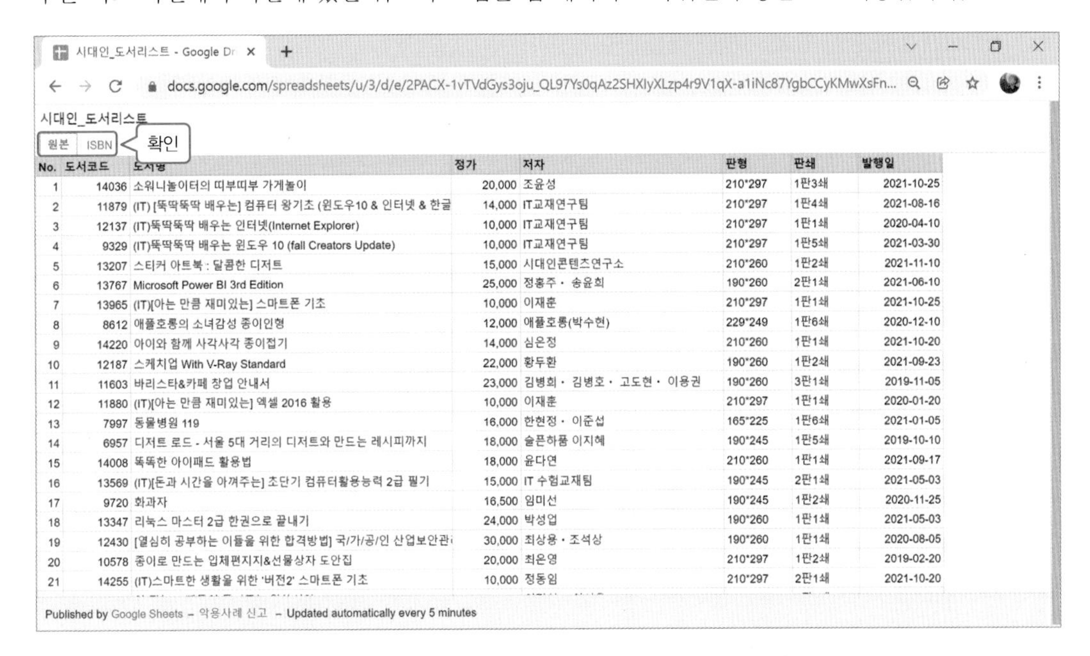

No.	도서코드	도서명	정가	저자	판형	판쇄	발행일
1	14036	소워니놀이터의 띠부띠부 가게놀이	20,000	조윤성	210*297	1판3쇄	2021-10-25
2	11879	(IT) [뚝딱뚝딱 배우는] 컴퓨터 왕기초 (윈도우10 & 인터넷 & 한글	14,000	IT교재연구팀	210*297	1판4쇄	2021-08-16
3	12137	(IT)뚝딱뚝딱 배우는 인터넷(Internet Explorer)	10,000	IT교재연구팀	210*297	1판1쇄	2020-04-10
4	9329	(IT)뚝딱뚝딱 배우는 윈도우 10 (fall Creators Update)	10,000	IT교재연구팀	210*297	1판5쇄	2021-03-30
5	13207	스티커 아트북 : 달콤한 디저트	15,000	시대인콘텐츠연구소	210*260	1판2쇄	2021-11-10
6	13767	Microsoft Power BI 3rd Edition	25,000	정홍주 · 송윤희	190*260	2판1쇄	2021-06-10
7	13965	(IT)[아는 만큼 재미있는] 스마트폰 기초	10,000	이재훈	210*297	1판1쇄	2021-10-25
8	8612	애플호롱의 소녀감성 종이인형	12,000	애플호롱(박수현)	229*249	1판6쇄	2020-12-10
9	14220	아이와 함께 사각사각 종이접기	14,000	심은정	210*260	1판1쇄	2021-10-20
10	12187	스케치업 With V-Ray Standard	22,000	황두환	190*260	1판2쇄	2021-09-23
11	11603	바리스타&카페 창업 안내서	23,000	김병희 · 김병호 · 고도현 · 이용권	190*260	3판1쇄	2019-11-05
12	11880	(IT)[아는 만큼 재미있는] 엑셀 2016 활용	10,000	이재훈	210*297	1판1쇄	2020-01-20
13	7997	동물병원 119	16,000	한현정 · 이준섭	165*225	1판6쇄	2021-01-05
14	6957	디저트 로드 - 서울 5대 거리의 디저트와 만드는 레시피까지	18,000	슬픈하품 이지혜	190*245	1판5쇄	2019-10-10
15	14008	똑똑한 아이패드 활용법	18,000	윤다연	210*260	1판1쇄	2021-09-17
16	13569	(IT)[돈과 시간을 아껴주는] 초단기 컴퓨터활용능력 2급 필기	15,000	IT 수험교재팀	190*245	2판1쇄	2021-05-03
17	9720	화과자	16,500	임미선	190*245	1판2쇄	2020-11-25
18	13347	리눅스 마스터 2급 한권으로 끝내기	24,000	박성업	190*260	1판1쇄	2021-05-03
19	12430	[열심히 공부하는 이들을 위한 합격방법] 국/가/공/인 산업보안관	30,000	최상용 · 조석상	190*260	1판1쇄	2020-08-05
20	10578	종이로 만드는 입체편지지&선물상자 도안집	20,000	최은영	210*297	1판2쇄	2019-02-20
21	14255	(IT)스마트한 생활을 위한 '버전2' 스마트폰 기초	10,000	정동임	210*297	2판1쇄	2021-10-20

▪ 공유된 웹 페이지 수정하기

공유된 웹 페이지의 게시를 중지하거나 특정 워크시트만 게시하고 싶다면 '웹에 게시' 창의 '게시된 콘텐츠 및 설정'에서 설정을 바꿀 수 있습니다. 또한, 해당 파일이 수정되면 자동으로 다시 게시할지의 여부도 선택할 수 있습니다.

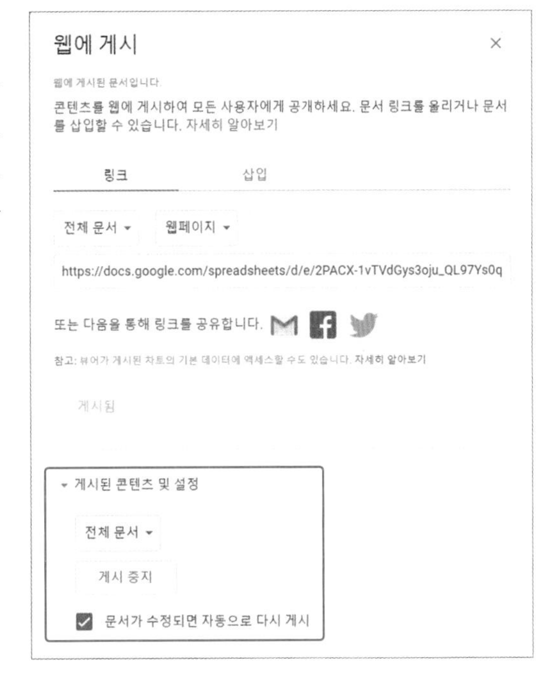

■ **웹 페이지를 다른 사이트 내에 삽입하기**

구글 시트에서는 변환한 웹 페이지를 다른 사이트나 블로그에 내에 삽입할 수 있도록 HTML 소스를 생성할 수 있습니다. '웹에 게시' 창에서 '삽입' 탭을 클릭하고 생성된 HTML을 복사하여 주소창에 붙여 넣습니다.

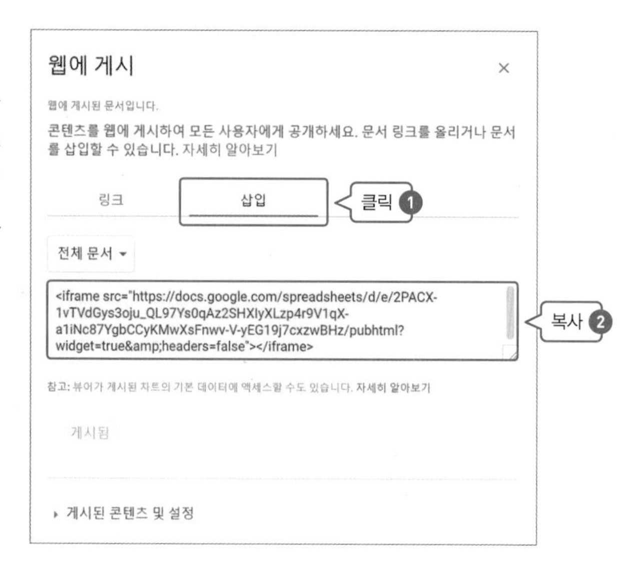

HTML을 수정하면 구글 시트 내용의 일부만 표시할 수도 있는데, 자주 사용되는 추가 코드는 다음과 같습니다.

① gid=: 삽입할 워크시트 ID로 전체 워크시트를 게시한다면 HTML 상에는 생략됩니다.
② range=: 웹에 게시되는 행과 열입니다. 예 A1:B14
③ widget=: true 또는 false입니다. true인 경우 하단에 시트 탭이 표시됩니다.
④ headers=: true 또는 false입니다. true인 경우 행 번호와 열 문자가 표시됩니다.
⑤ chrome=: true 또는 false입니다. true인 경우 제목과 바닥글이 표시됩니다.

예를 들어, '원본' 시트에서 셀 범위 C15:C30의 데이터를 행열번호와 붙여 표시하고, 하단의 시트 탭과 제목, 바닥글이 보이지 않도록 구성하려면 다음과 같이 코드를 수정해야 합니다.

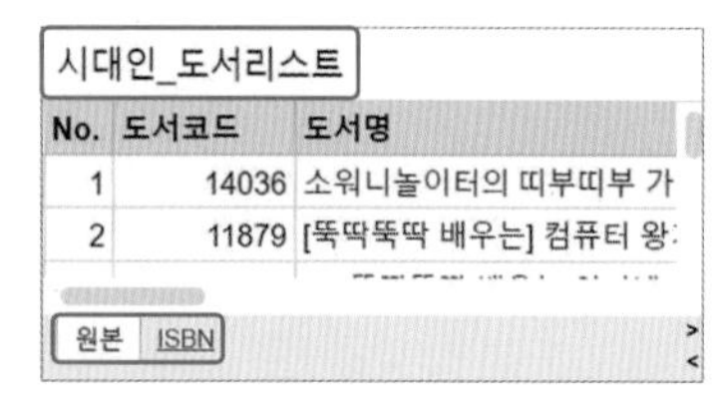

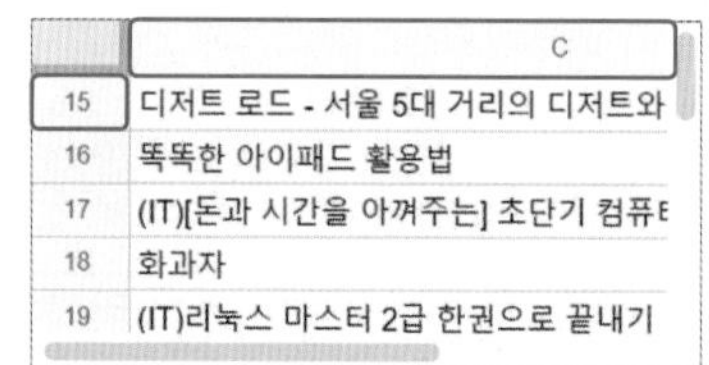

① 기본값(좌측)

〈iframe src="https://docs.google.com/spreadsheets/d/e/2PACX-1vTVdGys3oju_QL97Ys0qAz2SHXIyXLzp4r9V1qX-a1iNc87YgbCCyKMwXsFnwv-V-yEG19j7cxzwBHz/pubhtml?widget=true&headers=false"〉〈/iframe〉

② 수정한 값(우측)

〈iframe src="https://docs.google.com/spreadsheets/d/e/2PACX-1vTVdGys3oju_QL97Ys0qAz2SHXIyXLzp4r9V1qX-a1iNc87YgbCCyKMwXsFnwv-V-yEG19j7cxzwBHz/pubhtml?gid=0&range=C15:C30&widget=false&chrome=false&headers=true"〉〈/iframe〉

2 · 다운로드 방식으로 공유하기

구글 시트를 PDF나 엑셀(Excel) 같은 특정 파일 형식으로 변환하여 웹에 공유할 수 있습니다. 이 경우에는 웹 페이지와 달리, 생성된 링크로 접속하여 해당 파일을 바로 다운로드할 수 있습니다.

01 ⁄ '웹에 게시' 창에서 문서 형식으로 'PDF 문서(.pdf)'를 선택하고 [게시] 버튼을 클릭합니다.

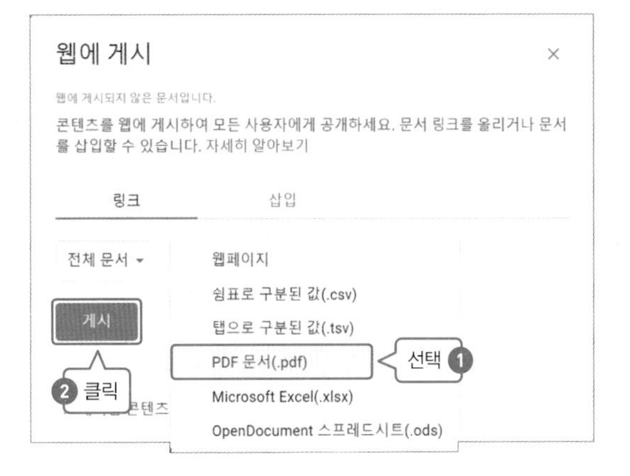

02 ⁄ PDF 문서를 다운받을 수 있는 링크 주소가 생성됩니다.

03 ⁄ 생성된 주소로 접속하면 PDF 문서가 자동으로 다운로드됩니다.

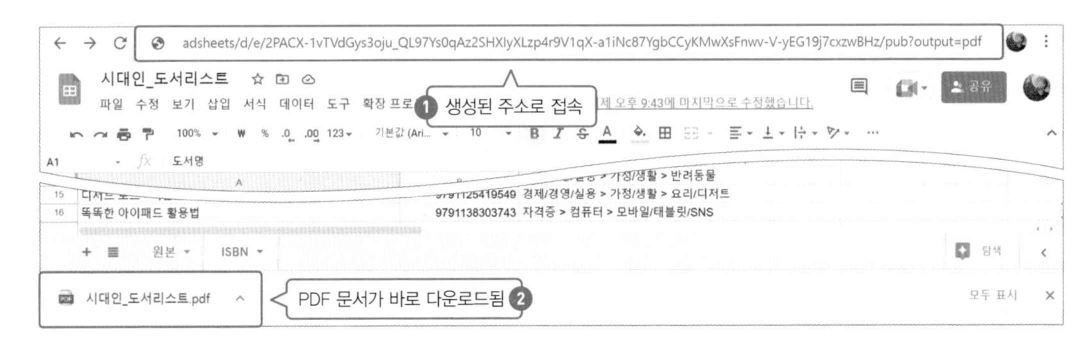

업무 노하우! | QR코드로 URL 공유하기

URL 주소를 복잡한 링크 대신 QR코드로 공유할 수 있습니다. 크롬(Chrome) 브라우저 주소창 우측의 '이 페이지 공유' 아이콘(🔗)을 클릭하여 해당 URL 주소를 QR코드로 다운받을 수 있습니다. 단, QR코드는 영문 기준 250자 이하로만 가능합니다.

SECTION

3 커뮤니케이션 기능

특정 프로그램이 협업 도구로 사용되기 위해서는 공동 작업자들 간에 원활한 소통을 가능하게 하는 커뮤니케이션 기능을 제공해야 합니다. 모두가 실시간 공동 작업을 할 때도 있지만 각자의 업무 스케줄이나 근무 장소에 따라 시차를 두고 원격 업무를 진행하는 경우도 있기 때문입니다. 구글 시트에서는 사람을 중심으로 하는 '공동 작업자 간의 커뮤니케이션'과 업무에 중심을 둔 '업무진행을 관리하는 커뮤니케이션' 기능을 제공합니다.

STEP ▶ 1 공동 작업자와의 커뮤니케이션

먼저 공동 작업자 간 커뮤니케이션을 지원하는 기능에 대해 알아보겠습니다. 구글 시트는 현재 접속한 상대방과의 실시간 커뮤니케이션 외에도 구글의 커뮤니케이션 도구로 바로 연결할 수 있는 기능을 제공합니다.

1 · 접속한 사람과의 커뮤니케이션

■ 현재 접속한 사람은 뭐하고 있을까?

구글 시트에 공동 작업자가 접속하면 우측 상단에 접속자의 프로필 아이콘이 나타납니다.

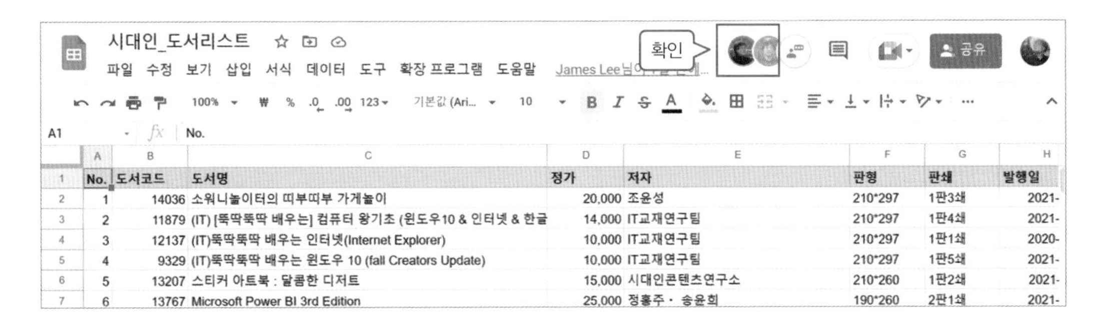

PLUS | 아이콘 색상이 반투명으로 바뀌었어요!

해당 작업자가 구글 시트를 열어둔 상태에서 일정 시간(약 10분) 이상 손대지 않고 있음을 의미합니다. 다른 화면에서 작업을 하고 있다거나 자리를 비운 상태입니다.

접속자 아이콘을 클릭하면 접속자가 현재 작업 중인 화면으로 이동합니다. 접속자 아이콘의 테두리 색과 셀에 표시되는 커서의 색상이 동일하므로 작업자가 현재 정확히 어느 셀에서 작업 중인지 확인할 수 있습니다.

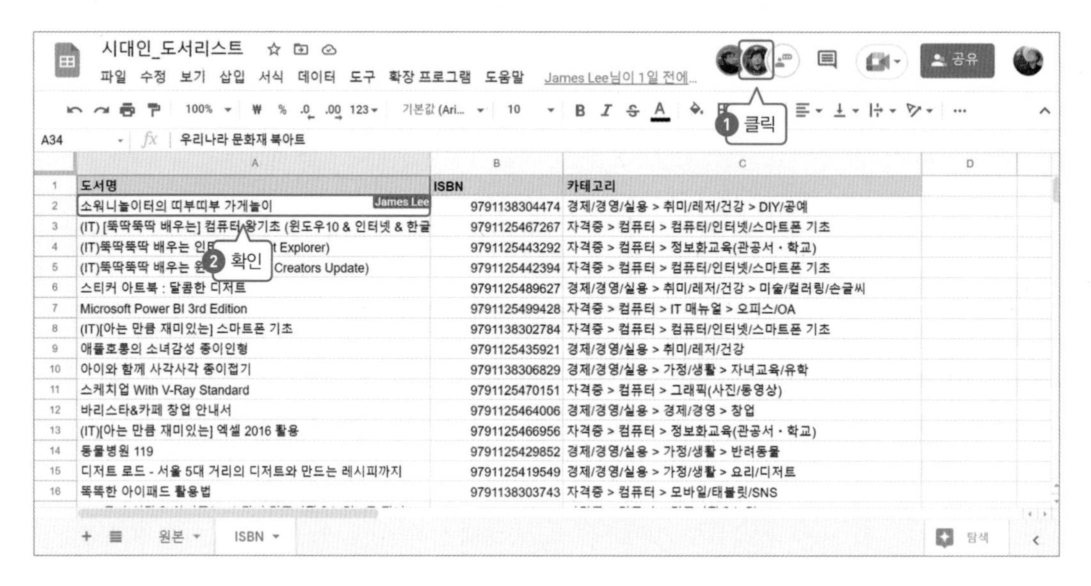

■ 공동 작업자와의 커뮤니케이션

접속자 아이콘 위에 마우스 커서를 올려 놓으면 세부정보가 표시되며, 다양한 구글 커뮤니케이션 도구를 함께 사용할 수 있습니다.

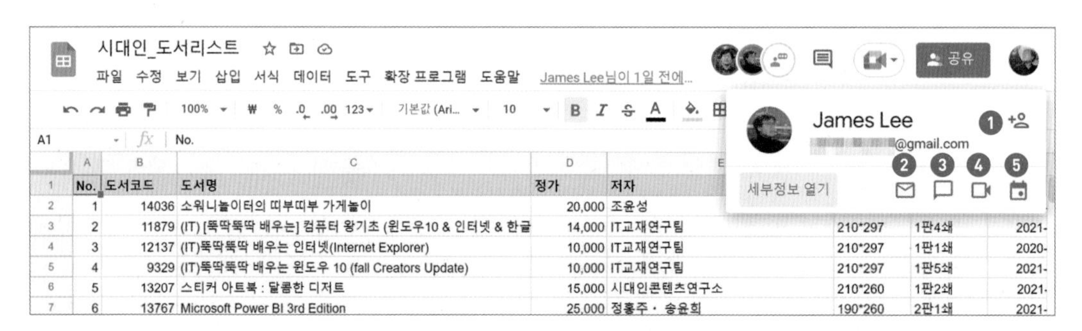

① 주소록에 추가(+👤): 대상자를 내 주소록에 추가하여 관리합니다.

② 이메일 보내기(✉): 구글 지메일 창을 바로 열어 메일을 보낼 수 있습니다.

③ 메시지 보내기(□): 구글 Chat을 통해 메시지를 보낼 수 있습니다.

④ 화상통화 시작(□◂): 구글 Meet을 통해 바로 화상통화(회의)를 시작할 수 있습니다.

⑤ 일정 예약(📅): 구글 캘린더를 통해 일정을 공유할 수 있습니다.

2 · 구글 시트 내에서 채팅하기

작업 중인 구글 시트에 공동 작업자가 접속하면 접속자 프로필 아이콘과 함께 '채팅' 표시 아이콘( )이 활성화됩니다.

▲ 공동 작업자가 접속하지 않은 경우

▲ 공동 작업자가 접속한 경우

채팅 표시 아이콘을 클릭하여 화면 우측에 채팅창이 나타나면 현재 접속자들과 실시간 채팅을 할 수 있습니다.

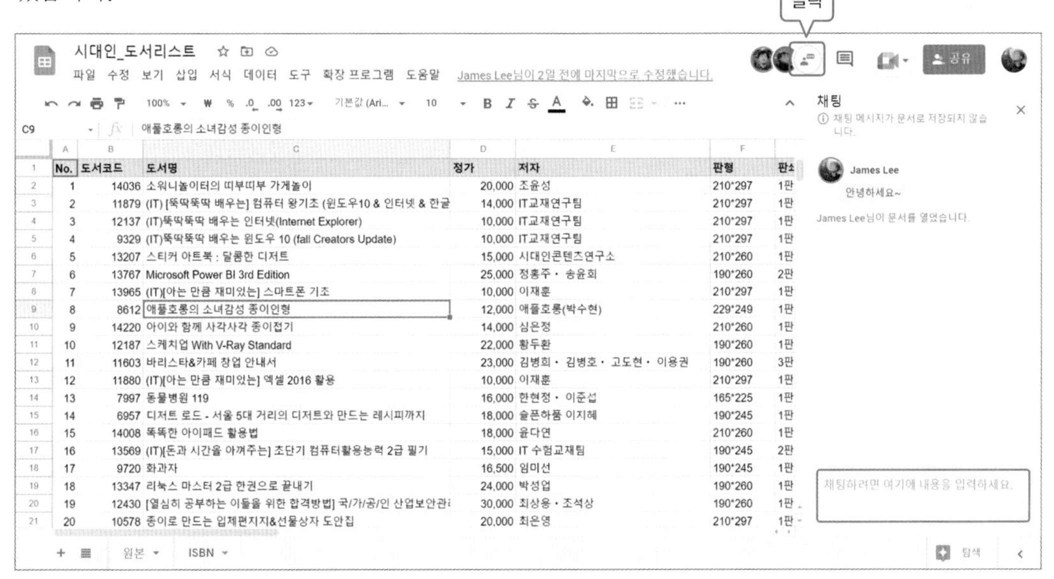

상대방이 채팅 메시지를 보내면 채팅 표시 아이콘에 빨간색 점이 표시됩니다. 채팅창에는 신규 접속자가 들어오는지, 나가는지에 대한 추가 메시지도 표시됩니다.

PLUS | 구글 시트의 채팅 내용은 저장되지 않아요!

구글 시트 내에서의 채팅 내용은 따로 저장되지 않기 때문에 파일을 닫으면 사라집니다. 만약 업무상으로 기록을 남겨야 한다면 Step 2에서 다루는 '댓글과 업무 할당 기능'을 사용합니다.

3 · 구글 Meet으로 화상회의 진행하기

구글 Meet을 통해 온라인 화상회의를 할 때 구글 시트를 화상회의 화면에 띄워 놓고 진행할 수 있습니다.

01 ∕ 시트 우측 상단의 '회의에서 표시' 아이콘( ) 을 클릭한 후 [회의에 탭 표시] 버튼을 클릭합니다.

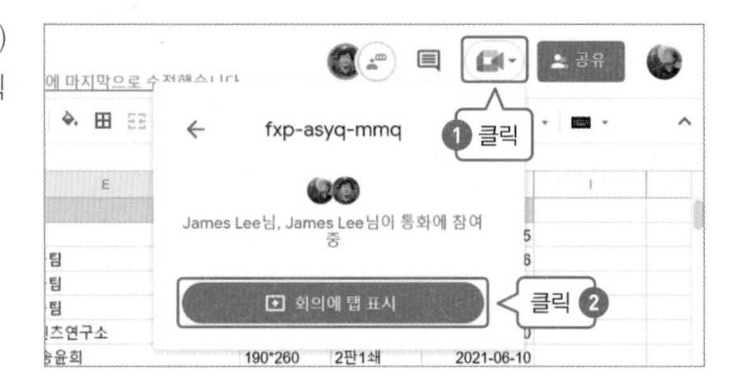

02 ∕ 회의 화면에 띄울 창을 선택하고 [공유] 버튼을 클릭합니다.

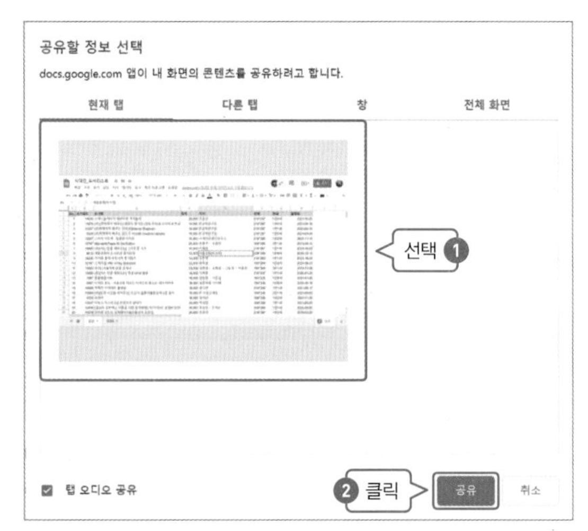

03 ∕ 회의 참여자들이 실시간으로 구글 시트의 작업과정을 같이 보면서 회의를 진행할 수 있습니다.

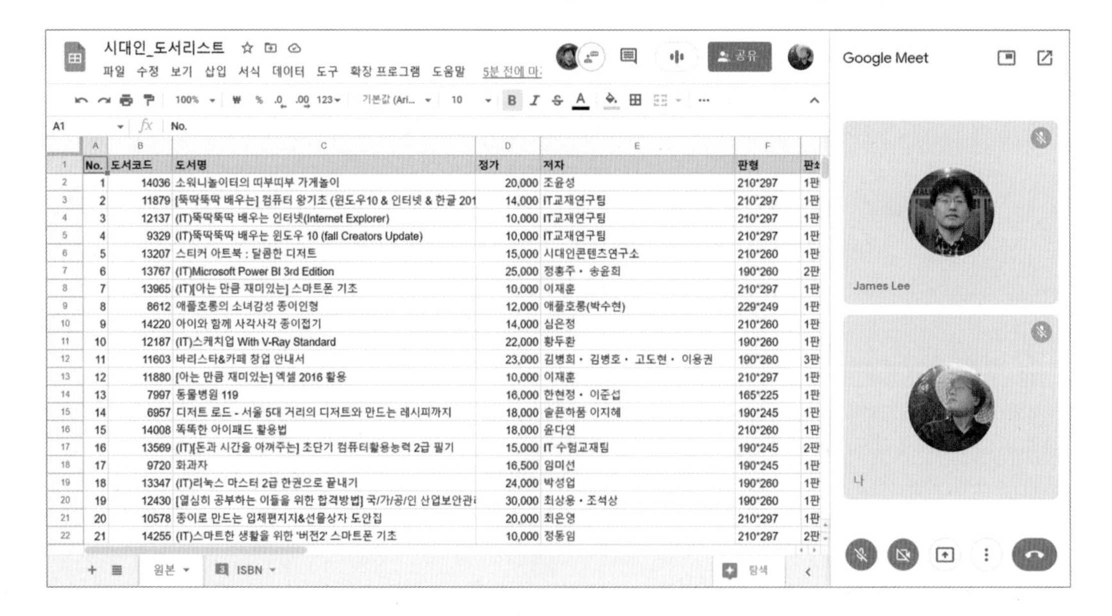

04 ⁄ 회의코드를 사용해 구글 Meet에 접속할 수 있지만, 구글 캘린더에 예정된 회의가 등록되어 있다면 회의 목록 리스트에서도 선택하여 접속할 수 있습니다.

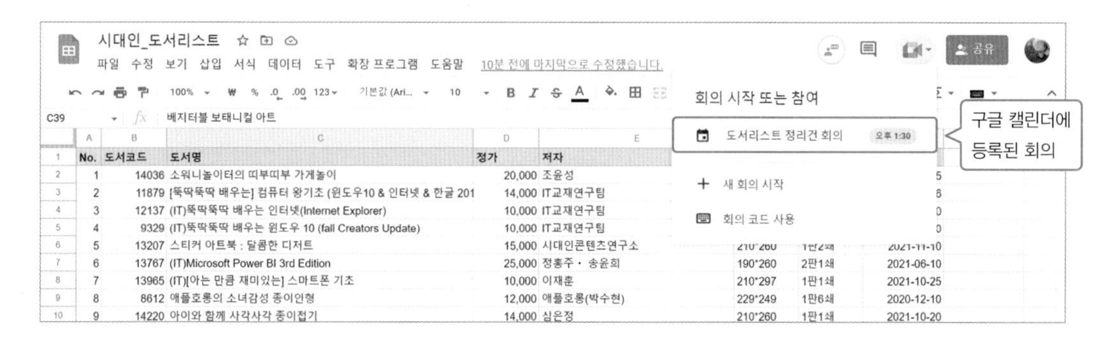

STEP 2 업무진행 관리를 위한 커뮤니케이션

실시간 커뮤니케이션도 중요하지만 업무진행의 관점에서는 누구에게 업무가 부여되고 어떻게 진행되고 있는지 시간의 흐름대로 파악할 수 있는 커뮤니케이션 도구가 필요합니다. 구글 시트에서는 댓글 기능을 통해 특정 작업자에게 업무를 부여하고 다양한 알림을 통해 업무 진행사항을 확인할 수 있습니다.

1 셀에 메모 삽입하기

엑셀과 마찬가지로 지정한 셀에 메모를 삽입할 수 있습니다. 메모는 업무진행 관리의 역할보다는 주로 해당 셀에 대한 추가 설명용으로 사용합니다.

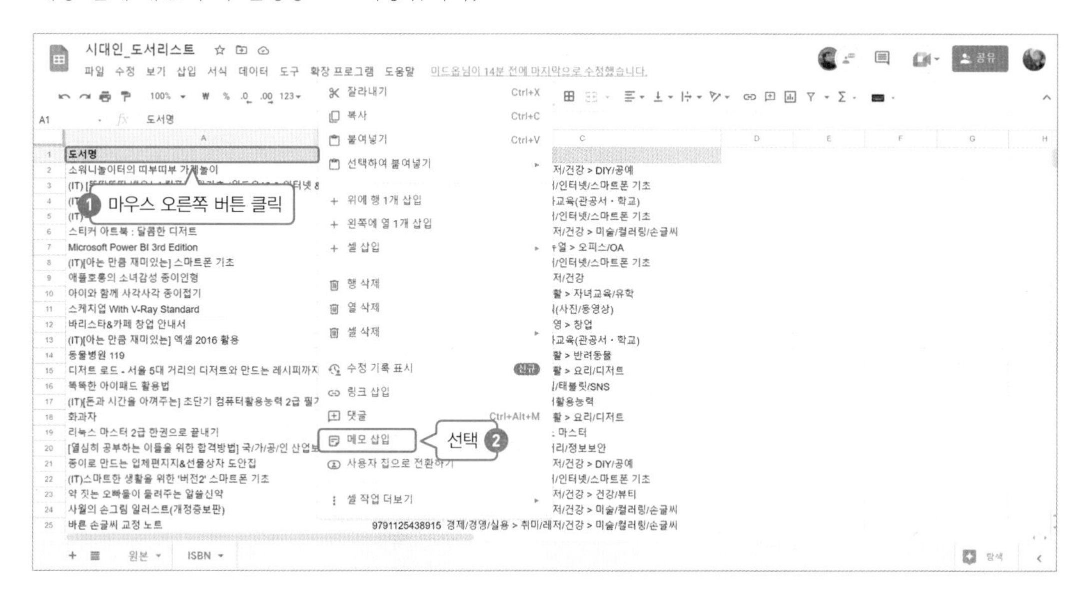

메모가 삽입된 셀에는 우측 코너에 검은색으로 메모 표시가 나타나며, 셀 위에 마우스를 갖다 대면 메모 내용이 나타납니다.

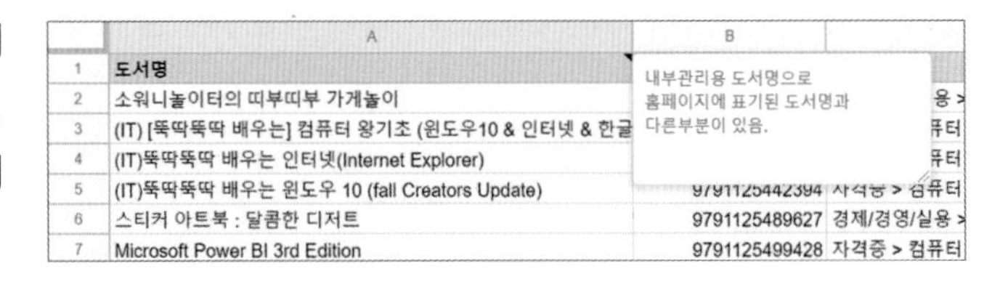

2 · 댓글로 업무 할당하기

■ 댓글 작성하기

구글 시트에서 작업자 간 업무진행을 확인할 수 있는 핵심기능은 '댓글'입니다. 필요한 셀 위치에 댓글을 등록하고 문제가 해결될 때까지 지속적으로 의사소통할 수 있습니다.

댓글을 삽입하려면 원하는 셀 위치에서 마우스 오른쪽 버튼을 클릭하고 [댓글]을 선택하거나, 리본메뉴에서 '댓글' 아이콘(⊞) 또는 단축키 Ctrl + Alt + M을 누릅니다. 댓글이 생성되면 하단의 워크시트 탭에 댓글이 달린 개수가 표시됩니다.

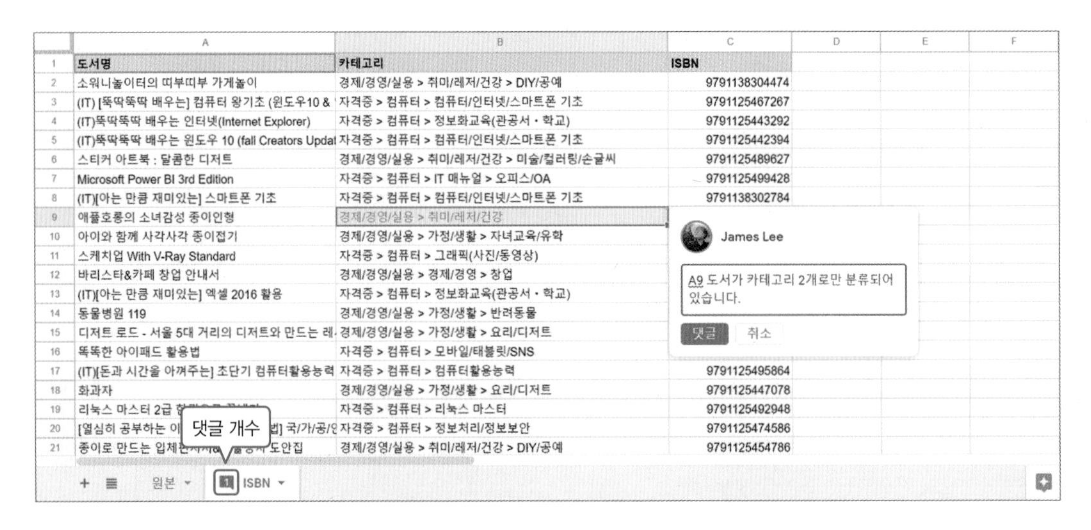

내용의 수정 및 삭제는 댓글을 생성한 사람만 할 수 있으며, [이 댓글에 링크하기]를 선택하면 댓글을 URL 주소로 공유할 수 있습니다.

	A	B	C
1	도서명	카테고리	ISBN
2	소워니놀이터의 띠부띠부 가계놀이	경제/경영/실용 > 취미/레저/건강 > DIY/공예	9791138304474
3	(IT) [뚝딱뚝딱 배우는] 컴퓨터 왕기초 (윈도우10 &	자격증 > 컴퓨터 > 컴퓨터/인터넷/스마트폰 기초	9791125467267
4	(IT)뚝딱뚝딱 배우는 인터넷(Internet Explorer)	자격증 > 컴퓨터 > 정보화교육(관공서 · 학교)	9791125443292
5	(IT)뚝딱뚝딱 배우는 윈도우 10 (fall Creators Updat	자격증 > 컴퓨터 > 컴퓨터/인터넷/스마트폰 기초	9791125442394
6	스티커 아트북 : 달콤한 디저트	경제/경영/실용 > 취미/레저/건강 > 미술/컬러링/손글씨	9791125489627
7	Microsoft Power BI 3rd Edition	자격증 > 컴퓨터 > IT 매뉴얼 > 오피스/OA	9791125499428
8	(IT)[아는 만큼 재미있는] 스마트폰 기초	자격증 > 컴퓨터 > 컴퓨터/인터넷/스마트폰 기초	9791138302784
9	애플호롱의 소녀감성 종이인형	경제/경영/실용 > 취미/레저/건강	
10	아이와 함께 사각사각 종이접기	경제/경영/실용 > 가정/생활 > 자녀교육/유학	
11	스케치업 With V-Ray Standard	자격증 > 컴퓨터 > 그래픽(사진/동영상)	
12	바리스타&카페 창업 안내서	경제/경영/실용 > 경제/경영 > 창업	
13	(IT)[아는 만큼 재미있는] 엑셀 2016 활용	자격증 > 컴퓨터 > 정보화교육(관공서 · 학교)	
14	동물병원 119	경제/경영/실용 > 가정/생활 > 반려동물	9791125429852
15	디저트 로드 - 서울 5대 거리의 디저트와 만드는 레	경제/경영/실용 > 가정/생활 > 요리/디저트	9791125419549
16	똑똑한 아이패드 활용법	자격증 > 컴퓨터 > 모바일/태블릿/SNS	9791138303743
17	(IT)[돈과 시간을 아껴주는] 초단기 컴퓨터활용능력	자격증 > 컴퓨터 > 컴퓨터활용능력	9791125495864
18	화과자	경제/경영/실용 > 가정/생활 > 요리/디저트	9791125447078

James Lee
오후 10:59 오늘
A9 도서가 카테고리 2개로만 분류되어 습니다.
수정
삭제
이 댓글에 링크하기...

작성된 댓글은 접속한 사람이면 누구나 확인할 수 있으며 계속해서 추가 댓글을 작성할 수 있습니다. 완료된 항목에 대해서는 체크 표시(✓)를 클릭해 완료된 토론으로 처리하여 숨길 수 있습니다.

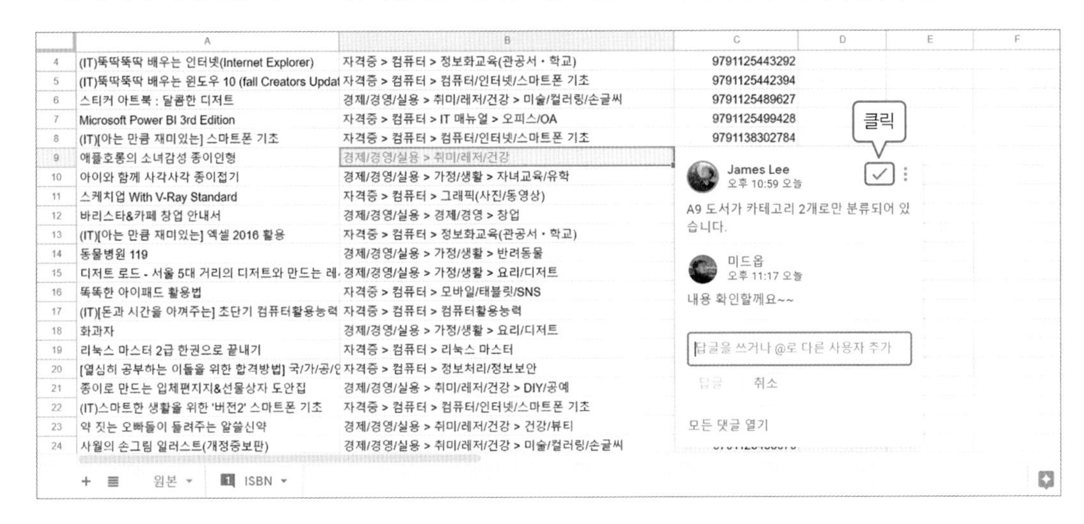

■ 댓글로 업무 할당하기

댓글 작성 시 '+' 또는 '@' 기호로 이메일을 입력하면 해당 업무의 담당자를 지정할 수 있습니다. 이렇게 업무를 할당받은 사람은 알림을 받게 되고 업무처리 이후 완료 표시를 해야 합니다.

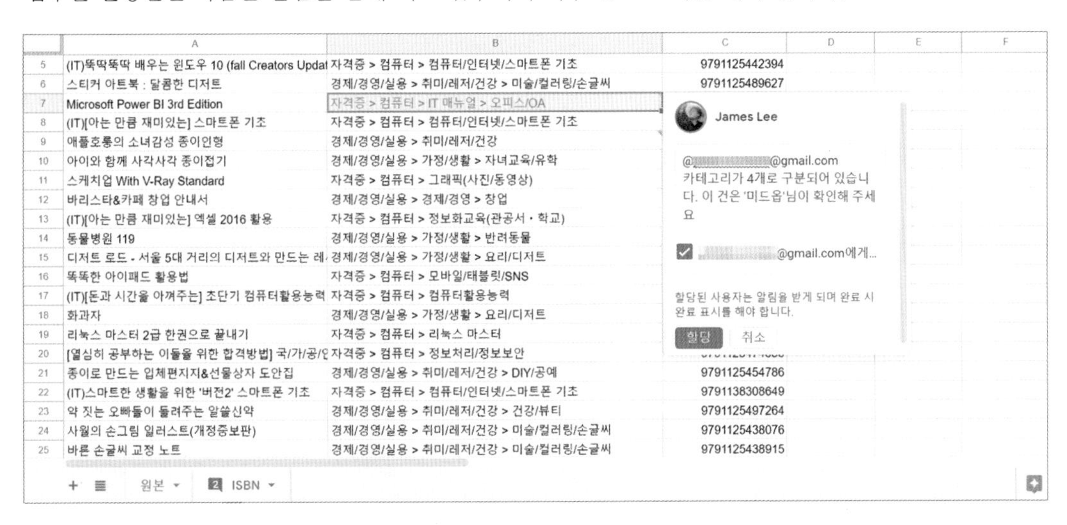

일반 댓글과 달리 특정인이 지정된 업무 할당 댓글은 상단에 '할당 대상'이 명시되어 있습니다.

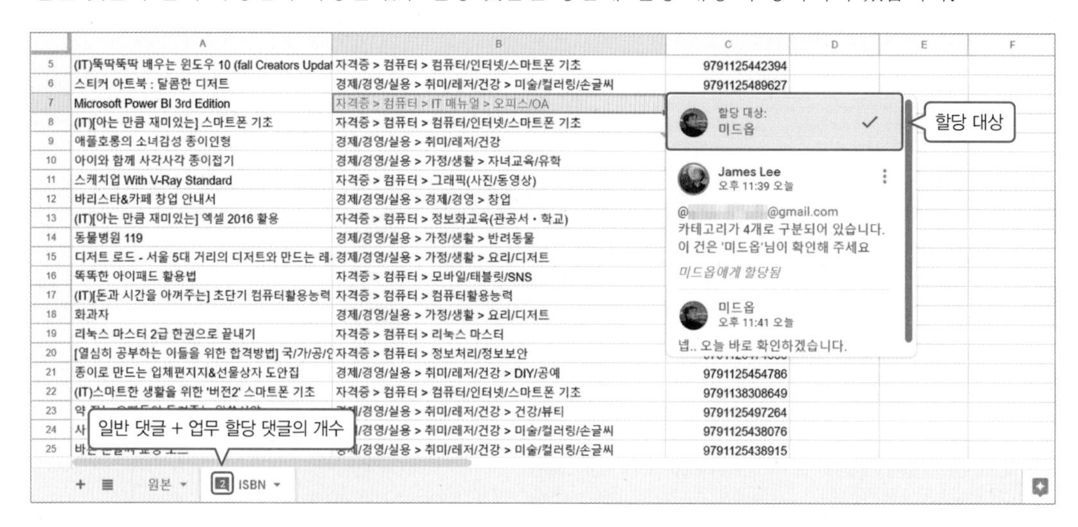

또한, 구글 드라이브에서 해당 파일명 옆에 본인에게 할당된 업무의 개수가 추가로 표시됩니다.

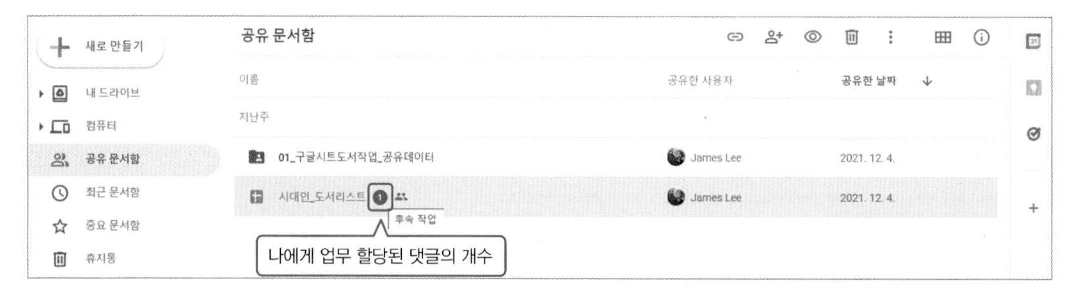

예제에서 작성한 두 개의 댓글은 일반 댓글 한 개와 업무 할당 댓글 한 개로, 구글 시트 하단의 탭에는 두 개로 표시되지만, 구글 드라이브에서는 본인에게 업무가 할당된 댓글만 표시됩니다.

■ 댓글/업무 할당 기록 확인하기

구글 시트 내에서 작성된 댓글은 완료(✓) 처리가 되어 숨겨집니다. 우측 상단의 '댓글 기록 열기' 아이콘(▣)을 클릭해 모든 댓글 기록을 열람할 수 있습니다.

댓글 기록 창에서는 필터를 걸어 원하는 댓글을 선택하여 볼 수 있습니다. 댓글의 속성에 따라 '전체', '나와 관련됨', '해결되지 않음', '해결됨'으로 나뉘며, 워크시트가 여러 개일 경우 '모든 시트', '현재 시트'로 구분하여 볼 수 있습니다.

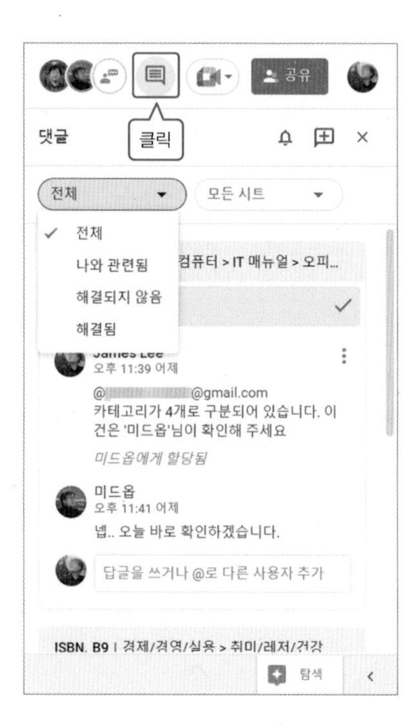

■ 알림 설정하기

댓글이 생성되면 공동 작업자 또는 업무 할당을 받은 사람은 이메일이나 크롬 브라우저를 통해 알림을 받습니다. 댓글 기록 창에서는 댓글에 대한 이메일 알림 설정을 '전체', '나와 관련됨', '선택 안 함' 중에 택할 수 있습니다.

또한, 구글 드라이브의 설정 창에서 이메일 및 크롬 브라우저 상의 알림 여부를 설정할 수 있습니다.

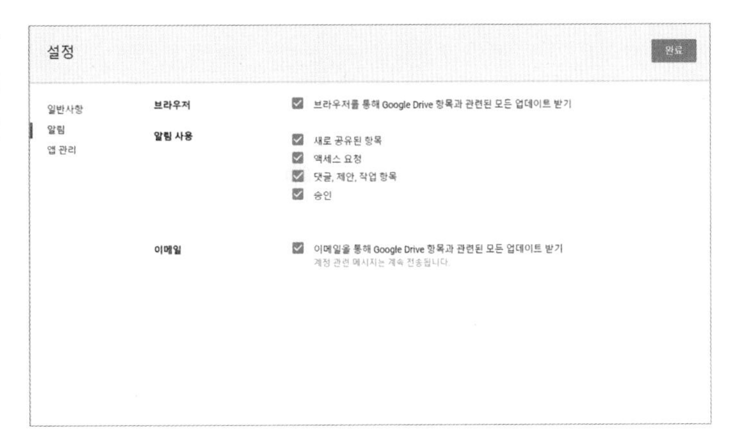

업무 노하우! 동적 이메일 기능으로 바로바로 확인하기

일부 구글 플랫폼에서 자동 발송되는 지메일이 '동적 이메일(Dynamic E-mail)'인 경우가 있습니다. 동적 이메일의 가장 큰 특징은 메일 내용 자체가 해당 플랫폼과 연동되기 때문에 메일 상에서 직접 피드백과 함께 업데이트 내용을 확인할 수 있다는 것입니다. 동적 이메일은 메일 발송 시간 앞에 표시된 동적 이메일 아이콘(⚡)으로 구분할 수 있습니다.
'댓글 알림'에 대해서도 구글 시트에 재접속할 필요 없이 이메일 내에서 바로 댓글 피드백 및 완료(☑) 처리를 수행할 수 있습니다.

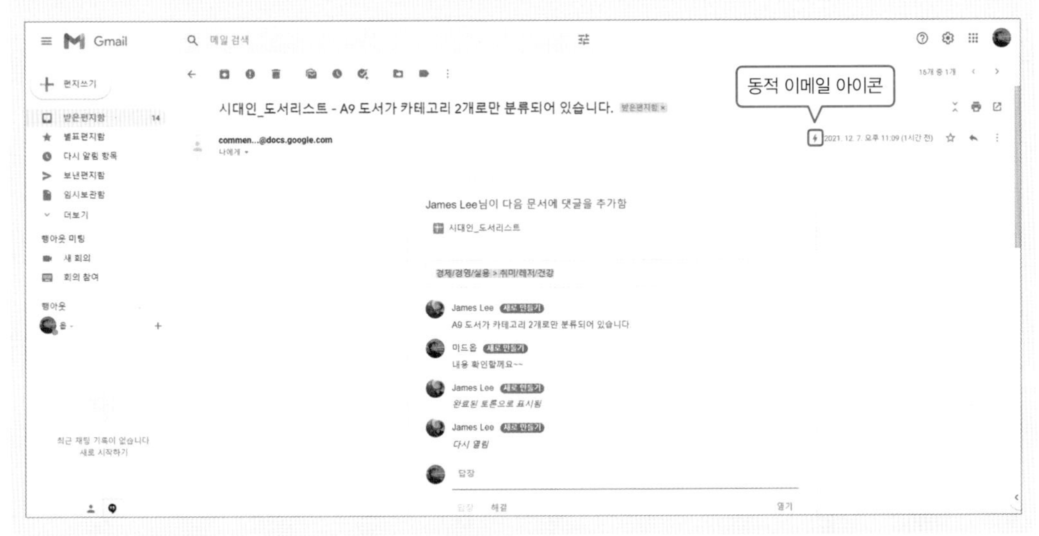

SECTION 4

히스토리 추적 관리 기능

협업을 하다 보면 하나의 파일에 여러 사람이 접속하면서 많은 데이터의 생성/수정/삭제 작업이 이루어집니다. 또한, 자동 저장이 수시로 진행되기 때문에 필요에 따라 파일이 어떻게 바뀌어 왔고 어떤 데이터가 언제, 누구에 의해 수정되었는지 과거의 변경 기록을 확인하는 기능이 필수로 요구됩니다. 이번 섹션에서는 구글 시트에서 제공하는 '파일과 데이터'의 변경이력을 확인할 수 있는 추적 관리 기능을 알아보겠습니다.

STEP 1 파일 정보 및 변경이력 확인하기

먼저 구글 시트 파일의 변경이력을 확인하는 방법에 대해 알아봅니다. 파일에 대한 세부정보와 변경내역은 구글 드라이브에서 확인할 수 있습니다.

1 · 파일 세부정보 확인하기

구글 드라이브 우측 상단의 '세부정보 보기' 아이콘(ⓘ)을 클릭하면 화면 우측에 세부정보 보기 창이 열립니다. 파일 세부정보에는 기본 시스템 속성 외에 Section 2에서 설명했던 공유 및 추가 권한에 대한 정보도 표시됩니다. 필요한 경우 '설명 수정' 아이콘(✎)을 클릭해 파일에 대한 설명을 추가할 수 있습니다.

❷ 파일 변경이력 확인하기

구글 드라이브 세부정보 창에서 '활동' 탭을 클릭하면 해당 파일에 대한 모든 변경이력이 나타납니다. 파일명을 변경한 시간부터 공유 권한 변경 상태, 그리고 어떤 접속자가 데이터를 수정했는지에 대해서도 날짜, 시간의 순서대로 추적할 수 있습니다.

파일 세부정보와 변경이력은 파일뿐 아니라 폴더에도 동일하게 적용됩니다.

STEP 2 데이터 변경이력 확인하기

앞선 스텝에서 '파일'에 대한 변경이력을 살펴봤다면, 파일 내부로 들어와 누가, 언제, 어떤 데이터를 변경했는지에 대해 알려주는 '셀' 단위에서의 추적 관리 기능에 대해 알아봅니다.

❶ 원하는 시점으로 되돌리기

■ 버전 기록 보기

구글 시트는 '버전 기록 보기'를 통해 원하는 파일을 특정 과거 시점으로 되돌리거나 사본으로 저장할 수 있습니다. 메뉴에서 [파일] – [버전 기록] – [버전 기록 보기]를 선택하거나 '버전 기록 열기'를 클릭하면 화면이 바뀌면서 우측에 '버전 기록' 창이 나타납니다.

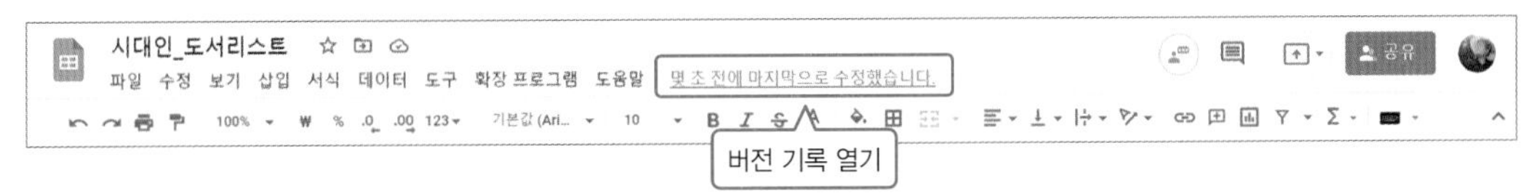

ref. '버전 기록 보기'는 아이콘으로 변경되었고, 우측 상단에 위치합니다.

'버전 기록' 창에는 파일이 수정된 날짜와 시간 그리고 사용자별 색상이 지정되는데, 해당 시간에 누가, 어떤 셀의 데이터를 변경했는지 파악할 수 있도록 셀에도 동일한 색상으로 표시됩니다. 버전 기록 창 하단의 '변경사항 표시'에 체크를 해제하면 변경된 셀에 색상이 표시되지 않습니다.
날짜 앞의 우측(▶) 표시를 클릭하면 아래로(▼) 내용이 펼쳐지면서 사용자가 변경했던 내용을 상세하게 검토할 수 있습니다.

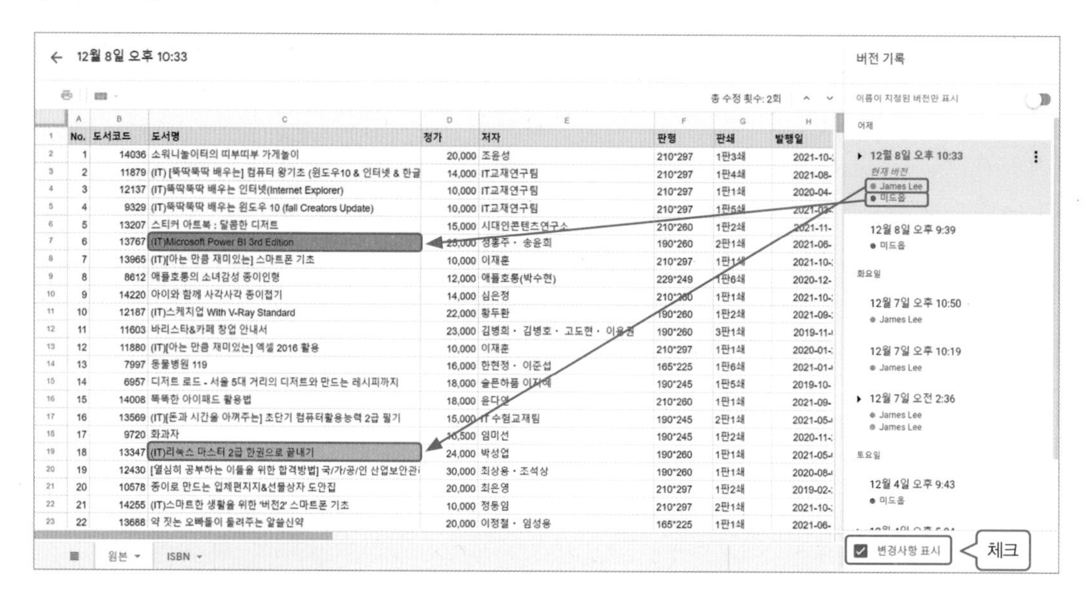

■ 버전 복원 및 사본 생성하기

버전이 기록된 시간을 선택하고 [이 버전 복원하기]를 선택하면 선택한 시점으로 구글 시트의 모든 데이터가 되돌아갑니다.
만약 현재 시점의 데이터는 그대로 두고 복사본 저장으로 복원하고 싶다면 [사본 생성]을 선택합니다.

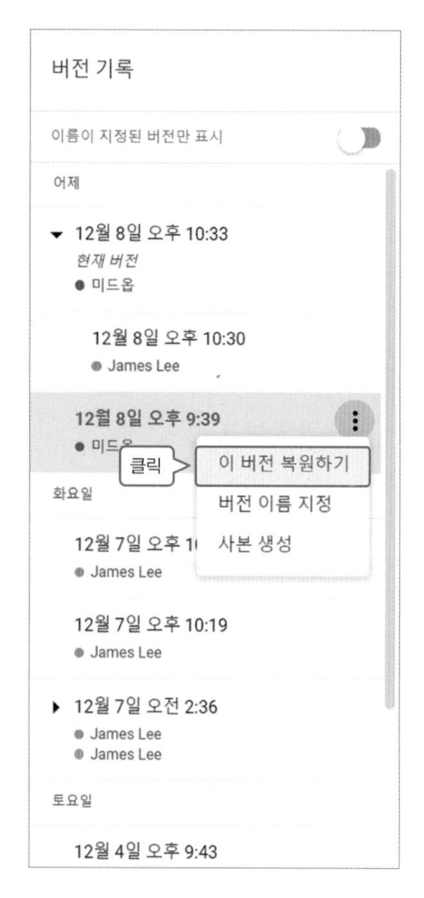

사본 저장 시 원본의 폴더 위치와 공유 권한을 그대로 따를지 여부를 선택할 수 있습니다.

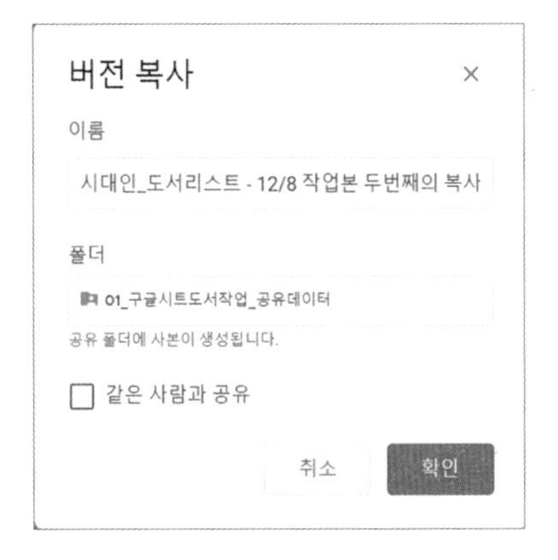

▪ 이름이 등록된 버전만 보기

'버전 기록' 창에서 특정 지점에 대해 이름을 지정한 후 '이름이 지정된 버전만 표시' 토글 버튼( )을 활성화하면 해당 버전만 필터링하여 볼 수 있습니다. 이름 지정은 최대 15개까지 추가할 수 있고, 구글 시트에 대한 편집 권한이 없으면 '버전 기록'을 볼 수 없습니다.

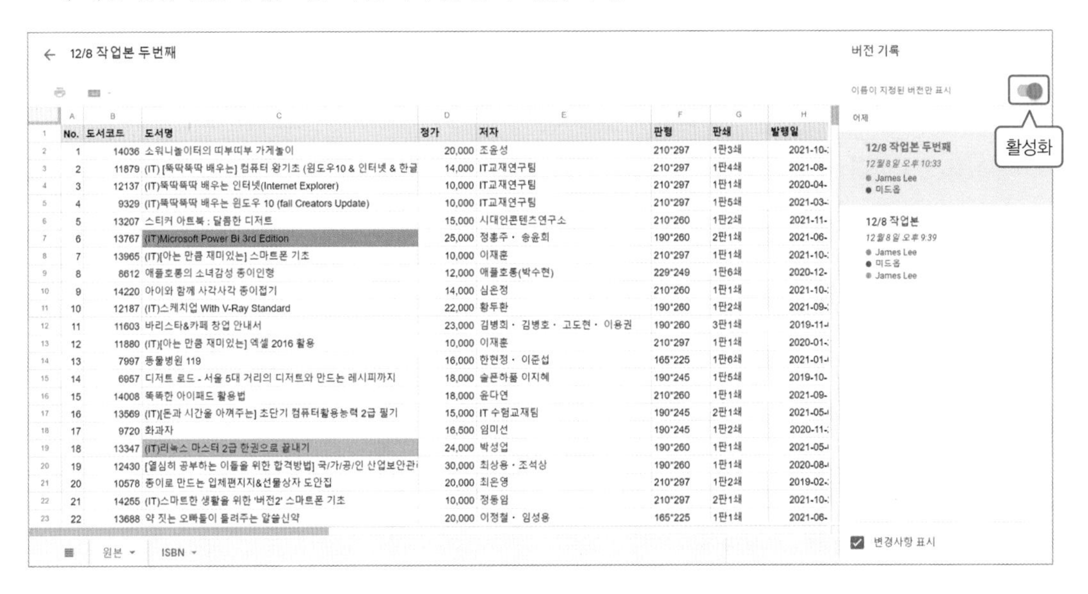

No.	도서코드	도서명	정가	저자	판형	판쇄	발행일
1	14036	소워니놀이터의 띠부띠부 가게놀이	20,000	조윤성	210*297	1판3쇄	2021-10-
2	11879	(IT) [뚝딱뚝딱 배우는] 컴퓨터 왕기초 (윈도우10 & 인터넷 & 한글	14,000	IT교재연구팀	210*297	1판4쇄	2021-08-
3	12137	(IT)뚝딱뚝딱 배우는 인터넷(Internet Explorer)	10,000	IT교재연구팀	210*297	1판1쇄	2020-04-
4	9329	(IT)뚝딱뚝딱 배우는 윈도우 10 (fall Creators Update)	10,000	IT교재연구팀	210*297	1판5쇄	2021-03-
5	13207	스티커 아트북 : 달콤한 디저트	15,000	시대인콘텐츠연구소	210*260	1판2쇄	2021-11-
6	13767	(IT)Microsoft Power BI 3rd Edition	25,000	정홍주 · 송윤희	190*260	2판1쇄	2021-06-
7	13965	(IT)[아는 만큼 재미있는] 스마트폰 기초	10,000	이재훈	210*297	1판1쇄	2021-10-
8	8612	애플호롱의 소녀감성 종이인형	12,000	애플호롱(박수현)	229*249	1판6쇄	2020-12-
9	14220	아이와 함께 사각사각 종이접기	14,000	심은정	210*260	1판1쇄	2021-10-
10	12187	(IT)스케치업 With V-Ray Standard	22,000	황두환	190*260	1판2쇄	2021-09-
11	11603	바리스타&카페 창업 안내서	23,000	김병희 · 김병호 · 고도현 · 이용권	190*260	3판1쇄	2019-11-
12	11880	(IT)[아는 만큼 재미있는] 엑셀 2016 활용	10,000	이재훈	210*297	1판1쇄	2020-01-
13	7997	동물병원 119	16,000	한현정 · 이준섭	165*225	1판6쇄	2021-01-
14	6957	디저트 로드 - 서울 5대 거리의 디저트와 만드는 레시피까지	18,000	술픈하품 이지혜	190*245	1판5쇄	2019-10-
15	14008	똑똑한 아이패드 활용법	18,000	윤다연	210*260	1판1쇄	2021-09-
16	13569	(IT)[돈과 시간을 아껴주는] 초단기 컴퓨터활용능력 2급 필기	15,000	IT 수험교재팀	190*245	2판1쇄	2021-05-
17	9720	화과자	16,500	임미선	190*245	1판2쇄	2020-11-
18	13347	(IT)리눅스 마스터 2급 한권으로 끝내기	24,000	박성업	190*260	1판1쇄	2021-05-
19	12430	[열심히 공부하는 이들을 위한 합격방법] 국/가/공/인 산업보안관	30,000	최상용 · 조석상	190*260	1판1쇄	2020-08-
20	10578	종이로 만드는 입체편지지&선물상자 도안집	20,000	최은영	210*297	1판2쇄	2019-02-
21	14255	(IT)스마트한 생활을 위한 '버전2' 스마트폰 기초	10,000	정동임	210*297	2판1쇄	2021-10-
22	13688	약 짓는 오빠들이 들려주는 알쓸신약	20,000	이정철 · 임성용	165*225	1판1쇄	2021-06-

2 · 수정 기록 표시 - 셀의 데이터 변경내역 확인하기

구글 시트에서는 누가, 언제, 어떻게 데이터를 변경했는지 등의 데이터 변경내역을 셀 단위로 확인할 수 있습니다. 확인하고자 하는 셀에서 마우스 오른쪽 버튼을 클릭하고 [수정 기록 표시]를 선택합니다.

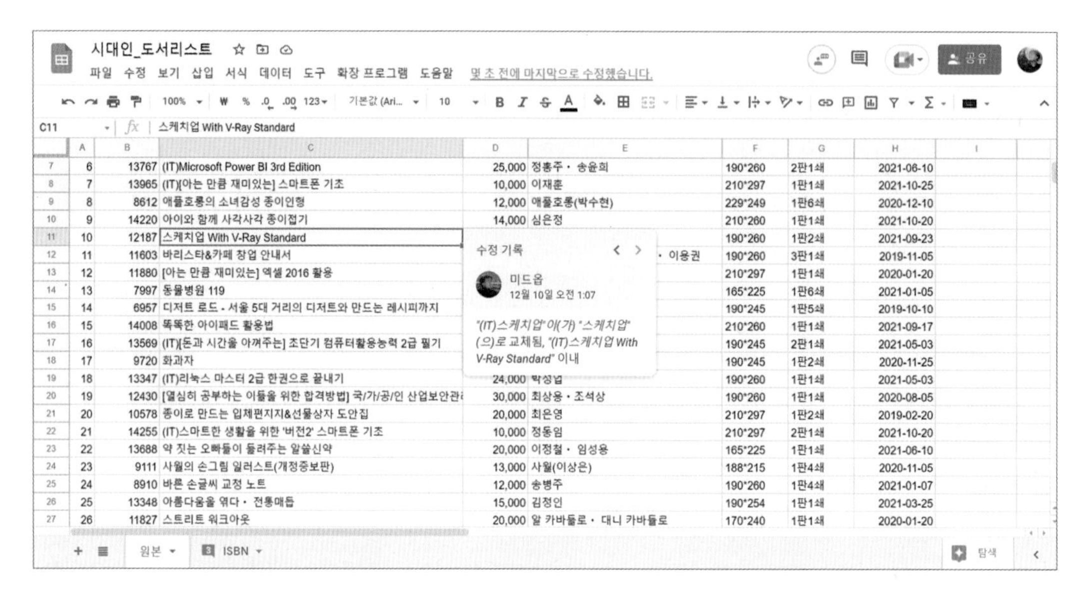

'<'과 '>'를 클릭하면 해당 셀에 대한 모든 변경내역을 수정 시간 단위로 상세하게 확인할 수 있습니다. 단, 행/열 추가 또는 삭제, 수식에 의한 변경 등 일부 사항에 대해서는 수정 기록에 표시되지 않을 수 있습니다.

3 · 이메일로 데이터 변경내역 받아보기

■ 알림 규칙 설정하기

구글 시트에서 알림 규칙을 설정하면 누가, 언제, 어떤 데이터를 수정했는지 등을 이메일로 받아볼 수 있습니다. 메뉴에서 [도구] – [알림 규칙]을 선택하면 '알림 규칙 설정' 창이 나타납니다.

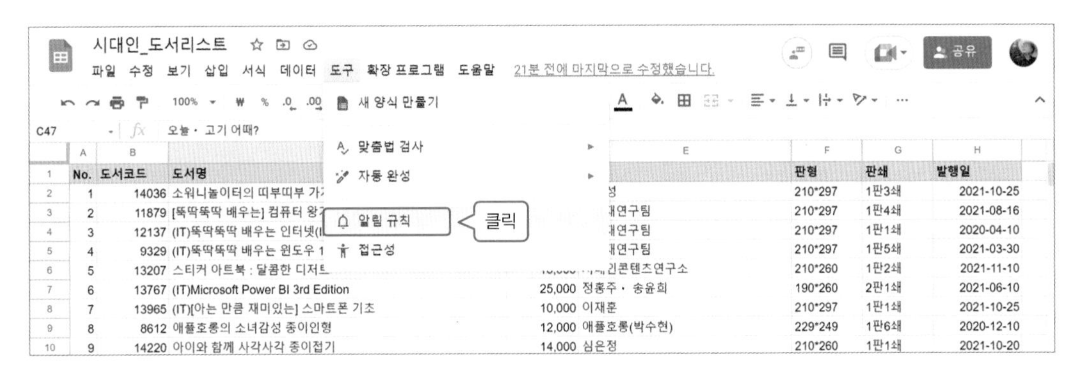

알림 규칙은 본인 기준으로 적용되므로 다른 사용자가 해당 파일을 수정했을 경우에만 알림 메일이 발송되며, 내가 설정한 알림 규칙을 다른 사용자가 볼 수 없습니다. 보기 권한만 있는 사용자는 알림 설정은 할 수 있지만 누가 변경했는지는 확인할 수 없습니다.

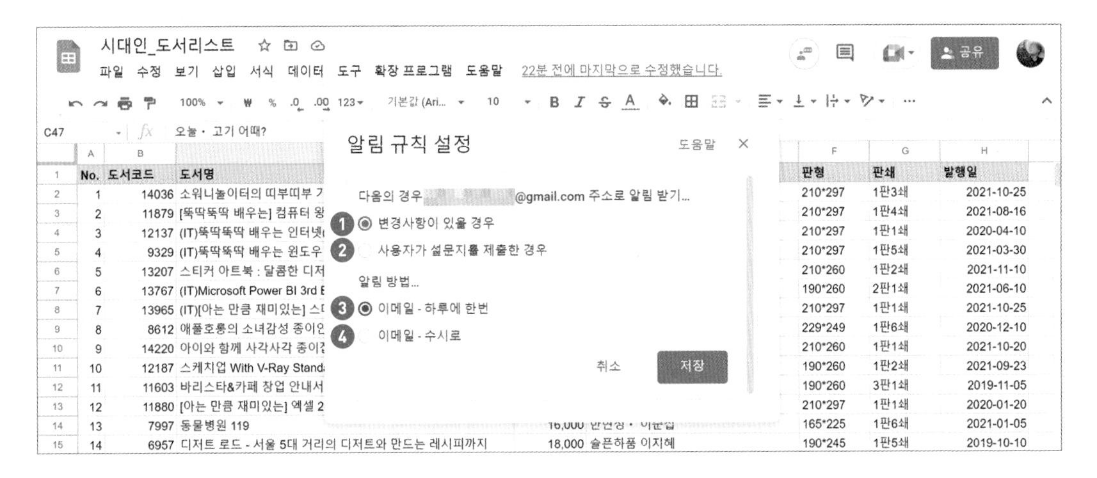

① **변경사항이 있을 경우:** 내가 아닌 다른 사용자 누군가가 파일을 변경했을 경우 메일이 전송됩니다.

② **사용자가 설문지를 제출한 경우:** 구글 시트에 연결된 구글 설문지를 누군가가 작성한 경우 전송됩니다.

③ **이메일 – 하루에 한 번:** 변경내역이 일 단위로 요약되어 전송됩니다.

④ **이메일 – 수시로:** 변경사항이 생길 때마다 이메일로 전송됩니다.

■ 알림 메일 확인하기

알림 규칙이 적용되면 데이터 변경 시 설정 조건에 따라 메일을 받게 됩니다. 누가 언제 데이터를 변경했다는 내용과 함께 링크가 전달되는데, '여기를 클릭하세요'를 클릭하면 어떤 셀의 데이터가 변경되었는지 확인할 수 있습니다.

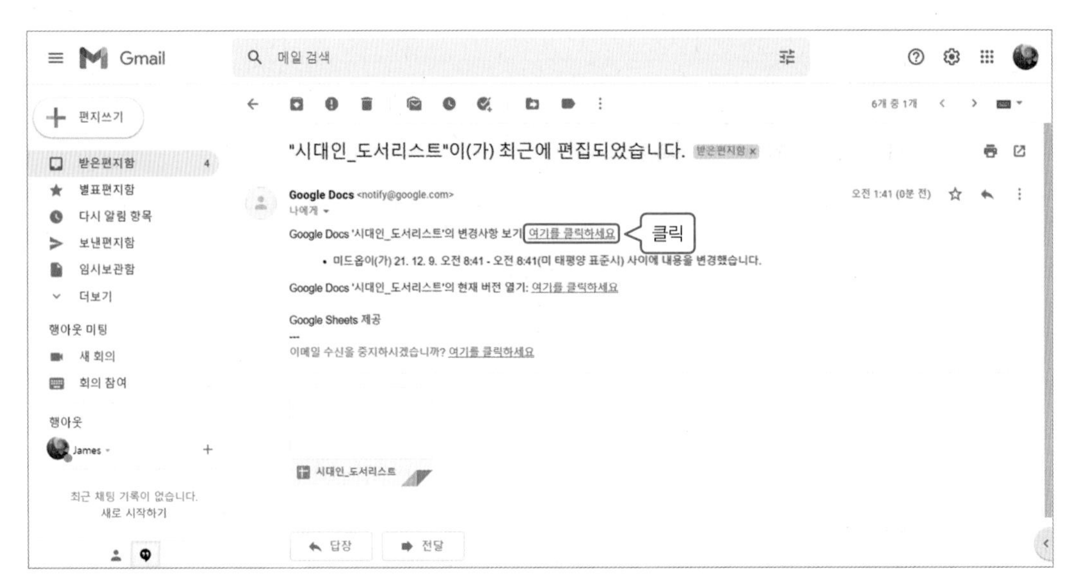

	A	B	C	D	E	F	G	H
1	No.	도서코드	도서명	정가	저자	판형	판쇄	발행일
2	1	14036	소워니놀이터의 띠부띠부 가게놀이	20,000	조윤성	210*297	1판3쇄	2021-10-25
3	2	11879	[뚝딱뚝딱 배우는] 컴퓨터 왕기초 (윈도우10 & 인터넷 & 한글 201	14,000	IT교재연구팀	210*297	1판4쇄	2021-08-16
4	3	12137	(IT)뚝딱뚝딱 배우는 인터넷(Internet Explorer)	10,000	IT교재연구팀	210*297	1판1쇄	2020-04-10
5	4	9329	(IT)뚝딱뚝딱 배우는 윈도우 10 (fall Creators Update)	10,000	IT교재연구팀	210*297	1판5쇄	2021-03-30
6	5	13207	스티커 아트북 : 달콤한 디저트	15,000	시대인콘텐츠연구소	210*260	1판2쇄	2021-11-10
7	6	13767	(IT)Microsoft Power BI 3rd Edition	25,000	정홍주 · 송윤희	190*260	2판1쇄	2021-06-10
8	7	13965	(IT)[아는 만큼 재미있는] 스마트폰 기초	10,000	이재훈	210*297	1판1쇄	2021-10-25
9	8	8612	애플호롱의 소녀감성 종이인형	12,000	애플호롱(박수현)	229*249	1판6쇄	2020-12-10
10	9	14220	아이와 함께 사각사각 종이접기	14,000	심은정	210*260	1판1쇄	2021-10-20
11	10	12187	(IT)스케치업 With V-Ray Standard	22,000	황두환	190*260	1판2쇄	2021-09-23
12	11	11603	바리스타&카페 창업 안내서	23,000	김병희 · 김병호 · 고도현 · 이용권	190*260	3판1쇄	2019-11-05
13	12	11880	[아는 만큼 재미	10,000	이재훈	210*297	1판1쇄	2020-01-20
14	13	7997	동물병원 119	16,000	한현정 · 이준섭	165*225	1판6쇄	2021-01-05
15	14	6957	디저트 로드 - 서울 5대 거리의 디저트와 만드는 레시피까지	18,000	슬픈하품 이지혜	190*245	1판5쇄	2019-10-10
16	15	14008	똑똑한 아이패드 활용법	18,000	윤다연	210*260	1판1쇄	2021-09-17
17	16	13569	(IT)[돈과 시간을 아껴주는] 초단기 컴퓨터활용능력 2급 필기	15,000	IT 수험교재팀	190*245	2판1쇄	2021-05-03
18	17	9720	화과자	16,500	임미선	190*245	1판2쇄	2020-11-25
19	18	13347	(IT)리눅스 마스터 2급 한권으로 끝내기	24,000	박성업	190*260	1판1쇄	2021-05-03

함수나 수식에 의해 셀 데이터가 변경된 경우에는 알림 규칙이 동작하지 않습니다. 만약 해당 셀에 알림 기능이 반드시 필요하다면 함수나 앱시트 기능을 이용해 구성할 수 있습니다.

SECTION

5 파일 관리

구글 시트 파일은 구글 드라이브 내에서 관리할 수 있습니다. 실시간 협업을 하다 보면 수많은 자료가 공유되기 때문에 파일/폴더 관리는 구글 시트를 사용하는 데 있어 매우 중요한 포인트입니다. 이번 섹션에서는 효과적인 파일 관리를 위한 다양한 기능과 팁에 대해 알아봅니다.

STEP ▷ 1 파일 분류하기

구글 드라이브에서 구글 시트 파일을 분류하는 방법에 대해서 알아보겠습니다.

1 · 공유받은 파일과 폴더를 정리하는 방법

공동작업을 위해 다른 사용자로부터 공유받은 파일의 숫자나 종류가 많아지면 공유받은 파일 또는 폴더에 대한 관리가 불가피합니다. 드라이브에 바로가기를 추가하여 파일과 폴더를 정리해 보겠습니다.

■ 드라이브에 바로가기 추가하기

공유받은 파일과 폴더는 구글 드라이브의 〈공유 문서함〉에 보관됩니다. 이때 구글 시트뿐 아니라 공유받은 파일과 폴더는 모두 〈공유 문서함〉으로 저장되기 때문에 시간이 지남에 따라 필요한 파일/폴더별로 분류하여 관리할 필요가 있습니다.

공유된 파일이나 폴더를 효율적으로 관리하기 위해서는 '드라이브에 바로가기 추가' 기능을 사용해 내 구글 드라이브로 옮긴 후 사용하는 것이 좋습니다.

01 ⁄ 드라이브로 옮기고자 하는 파일 위에서 마우스 오른쪽 버튼을 클릭하고 [드라이브에 바로가기 추가]를 선택합니다.

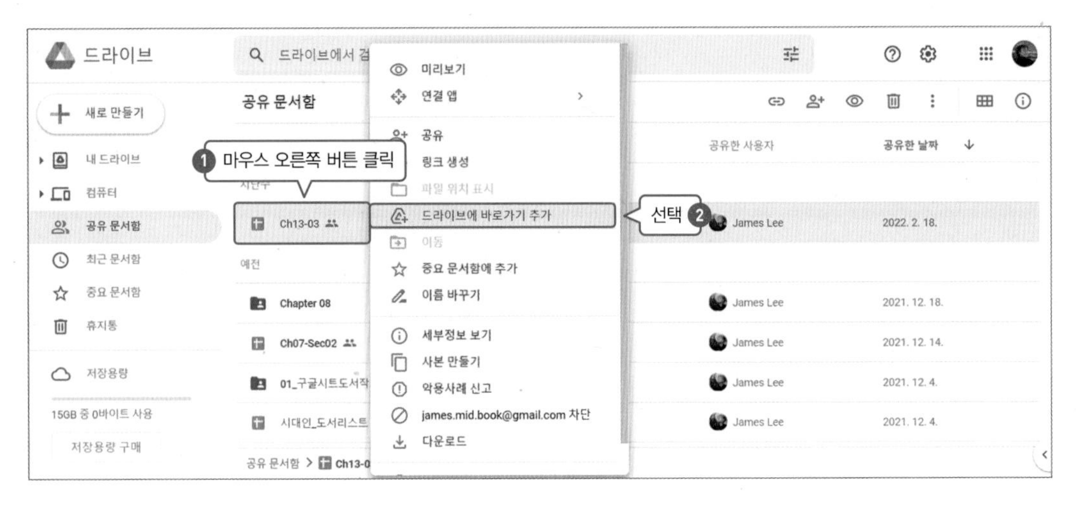

02 ⁄ 옮기려는 폴더 위치를 지정한 후 [바로가기 추가] 버튼을 클릭합니다.

'드라이브에 바로가기 추가' 기능으로 옮긴 파일과 폴더는 〈내 드라이브〉에서 확인할 수 있습니다.

'바로가기'를 추가한다 해서 실제 파일이 옮겨지는 것은 아닙니다. 따라서 파일을 원하는 위치에 추가하더라도 〈공유 문서함〉에 파일이 그대로 남습니다. 그리고 다른 파일 또는 폴더를 참조하는 링크라는 의미로 내 드라이브 파일의 아이콘에 '바로가기 화살표( )'가 표시됩니다.
'바로가기'를 통해 옮겨진 파일/폴더에는 소유자나 마지막으로 수정한 날짜, 파일 크기 등 정보가 표시되지 않습니다. 대신 우측의 '세부정보' 아이콘을 클릭하여 파일 정보를 확인할 수 있습니다.

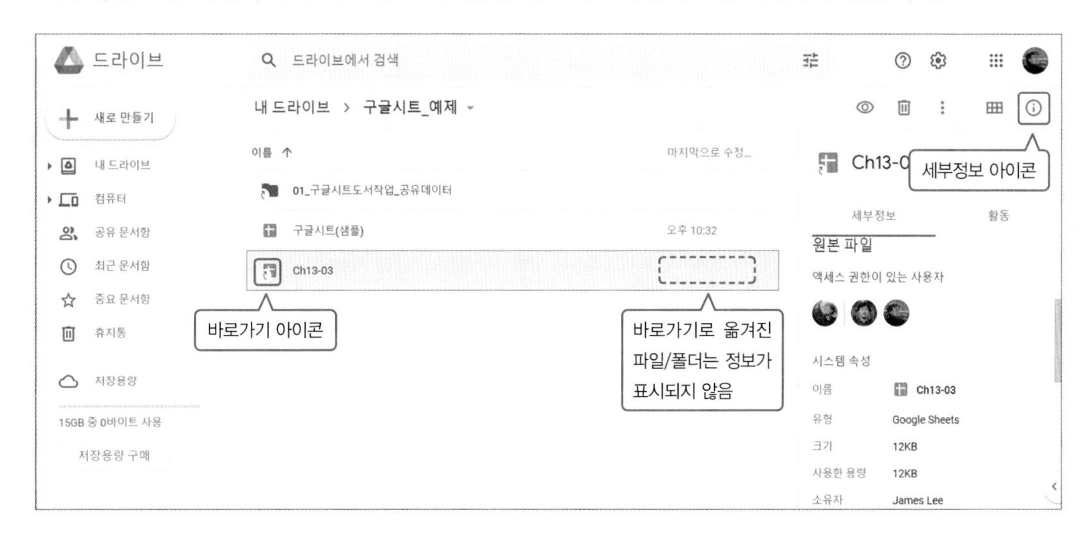

2 · 파일 분류 기능

구글 드라이브는 〈중요 문서함〉과 〈최근 문서함〉을 통한 파일 관리 기능을 제공합니다.

■ 중요 문서함

구글 시트에서 파일 제목 우측의 '별표' 아이콘을 활성화하면 해당 파일을 〈중요 문서함〉에서 확인할 수 있습니다. 드라이브 상에서 해당 파일이 중요 문서일 경우에는 파일명 옆에 '별표' 아이콘이 표시됩니다. '즐겨찾기' 기능과 마찬가지로 자주 열어보는 파일이나 중요한 파일을 관리할 때 사용합니다.

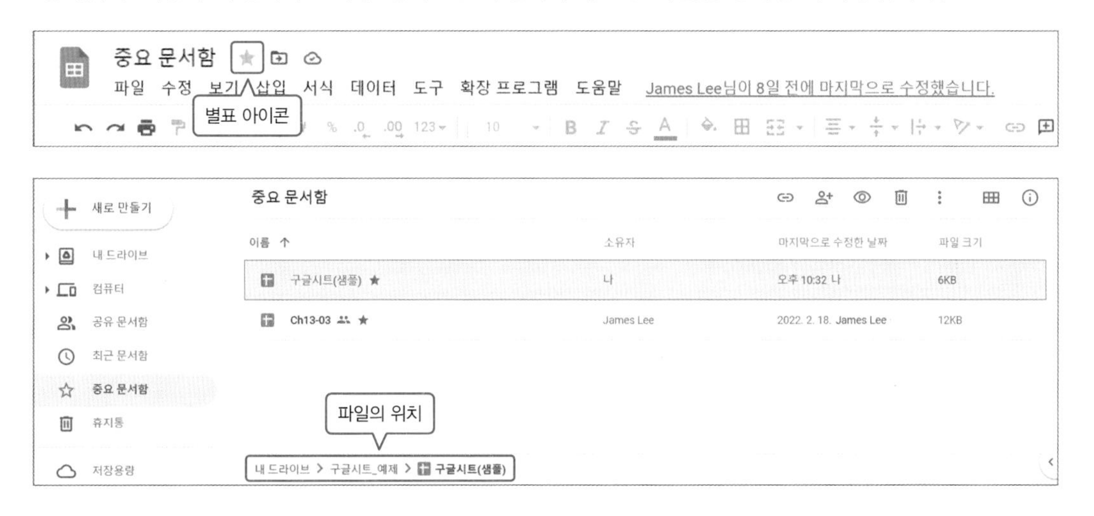

■ 최근 문서함

〈최근 문서함〉에서는 최근에 작업한 파일들을 순서대로 볼 수 있습니다. 일반 보기와 다른 점은 폴더 구분에 상관없이 시간 기준으로 파일에 대한 목록을 보여 준다는 것입니다.

업무 노하우! 북마크(BOOKMARK)로 파일/폴더 관리하기

〈공유 문서함〉, 〈최근 문서함〉, 〈중요 문서함〉 모두 파일을 효과적으로 관리하기 위한 기능이지만 필자는 크롬 브라우저의 '북마크'를 주로 사용합니다. 카테고리별로 북마크 폴더를 만들어 놓고 중요하거나 자주 열어야 하는 파일을 해당 북마크 폴더로 지정합니다. 뿐만 아니라 여러 개의 구글 계정을 사용할 경우 북마크를 사용하면 해당 계정으로 자동 전환되어 파일이 열리는 장점이 있습니다. 특히 메일을 계정별로 각각 지정해 두면 해당 북마크 클릭 시 해당 계정의 지메일 화면으로 바뀌어 이동합니다. 파일이나 폴더 역시 북마크 폴더로 묶어 계정과 상관없이 관리할 수 있습니다.

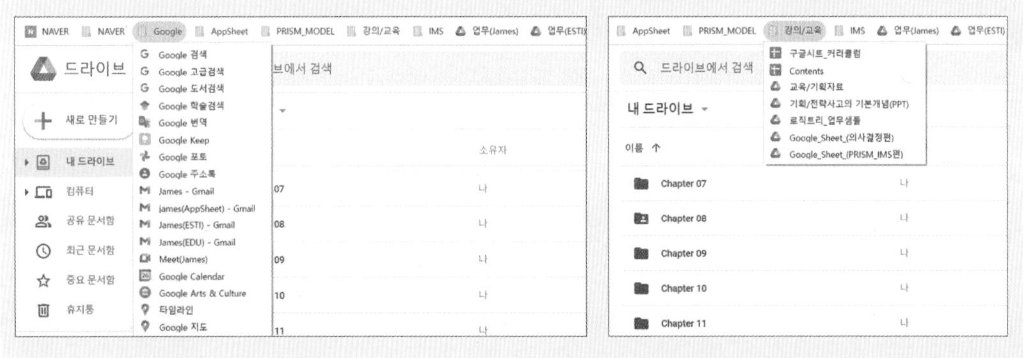

북마크는 단축키 Ctrl + Shift + B를 눌러 숨김 및 표시할 수 있으며, 크롬 브라우저 우측 상단의 ⋮을 클릭해 '북마크' 메뉴에서 추가적인 설정을 할 수 있습니다.

STEP 2 파일 검색하기

구글 드라이브 내에 구글 시트 및 기타 파일이 많을 경우 조건검색을 통해 필요한 파일만 필터링해 볼 필요가 있습니다. 이번에는 구글 드라이브의 검색 기능에 대해 알아보겠습니다.

1 · 원하는 조건의 파일 찾기

구글 드라이브 검색을 통해 원하는 조건의 파일을 찾는 방법에 대해 알아봅니다.

■ 파일 검색하기

드라이브에서 키워드로 파일을 찾으려면 먼저 상단의 검색창에 키워드를 입력합니다. 검색 결과가 화면에 나타나면 위치, 파일 형식, 사람 등 추가 검색 옵션을 설정할 수 있습니다.

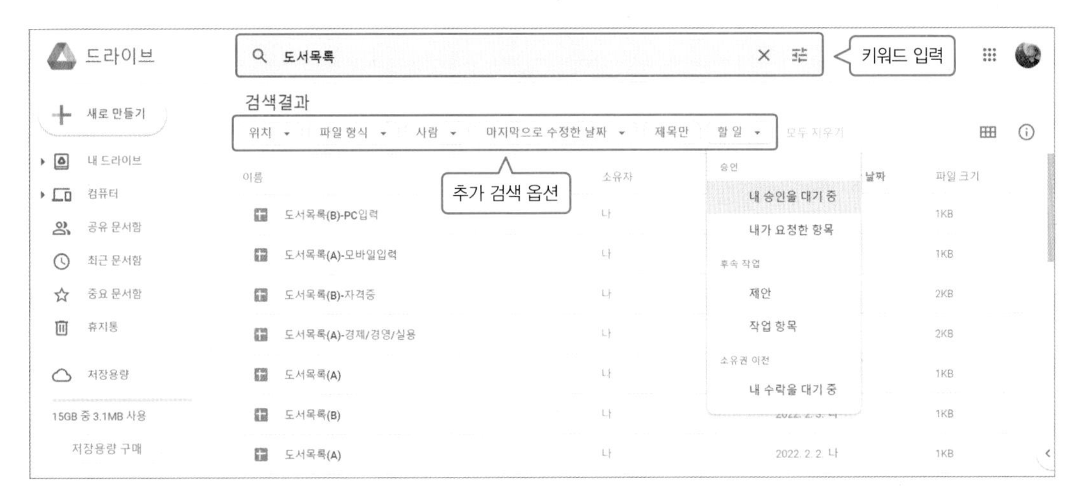

처음부터 검색 옵션을 상세하게 적용하려면 검색창 우측의 '검색 옵션' 아이콘(☷)을 클릭하고 나타나는 팝업창에서 옵션을 설정합니다.

■ 고급 검색 옵션

구글 드라이브에서는 기본 검색 옵션 외에도 키워드를 사용한 고급 검색을 수행할 수 있습니다. 구글 시트는 공동 작업자와 공유를 통해 작업해야 하는 협업 도구이므로, 그 목적에 맞게 여러 키워드 중에서도 공유자와 관련된 검색 키워드만 간단하게 소개하겠습니다.

검색 키워드	검색 방향
owner:	특정 사용자가 소유한 문서를 찾습니다.
pendingowner:	소유권을 요청받은 파일을 찾습니다.
creator:	특정 사용자가 만든 문서를 찾습니다.
to:	내가 특정 사용자와 공유한 문서 또는 나와 공유된 문서를 찾습니다. to: ×××@gmail.com　　to: me
from:	특정 사용자가 나와 공유한 문서나 내가 공유한 문서를 찾습니다. from: ×××@gmail.com　　from: me
sharedwith:	특정 계정에서 액세스할 수 있는 문서를 찾습니다.

업무 노하우! **공유 대상 검색을 통해 주기적으로 공유 권한을 관리하세요!**

구글 드라이브와 구글 시트는 클라우드 기반의 서비스로 공유를 통한 실시간 협업이 가능하다는 점이 강점입니다. 따라서 중요한 문서일 경우 해당 파일에 대한 공유 권한 관리가 필수적입니다. 작업이 끝났거나 더 이상 공유할 필요가 없는 사용자가 있다면 공유 권한을 삭제해야 하지만 모든 파일마다 꼼꼼하게 권한 관리를 하는 것이 쉽지만은 않습니다. 이때 유료 버전의 구글 워크스페이스(Google Workspace)를 사용하면 관리자 계정에서 손쉽게 관리할 수 있는데, 그렇지 않은 일반 사용자라면 정기적으로 검색 키워드 sharewith:를 사용하여 특정 사용자가 접근하면 안 되는 파일이 있는지 체크해야 합니다.

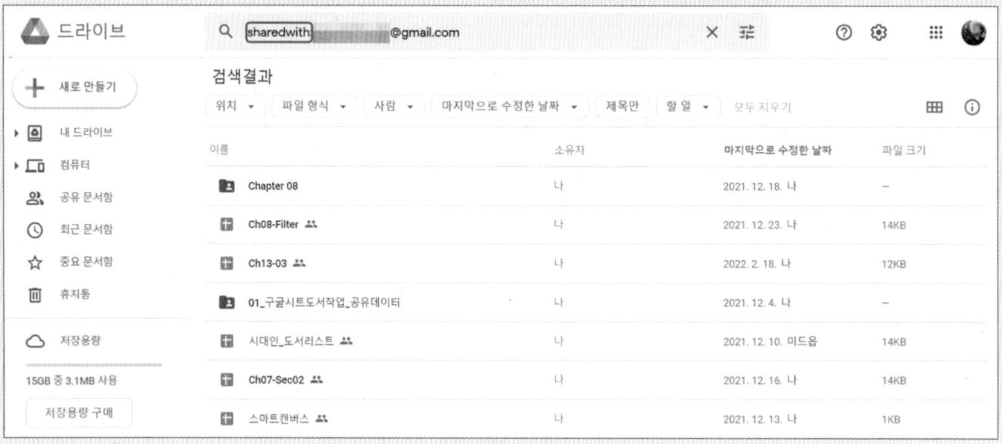

STEP 3 오프라인으로 작업하기

오프라인 설정을 하면 인터넷이 연결되지 않은 상태에서도 구글 시트 작업을 할 수 있습니다. 구글 드라이브와 구글 시트에서 오프라인 설정하는 방법을 알아봅니다.

1 · 구글 드라이브 오프라인 사용 설정하기

01 ⁄ 구글 드라이브에서 '설정' 아이콘(⚙)을 클릭한 후 [설정]을 선택합니다.

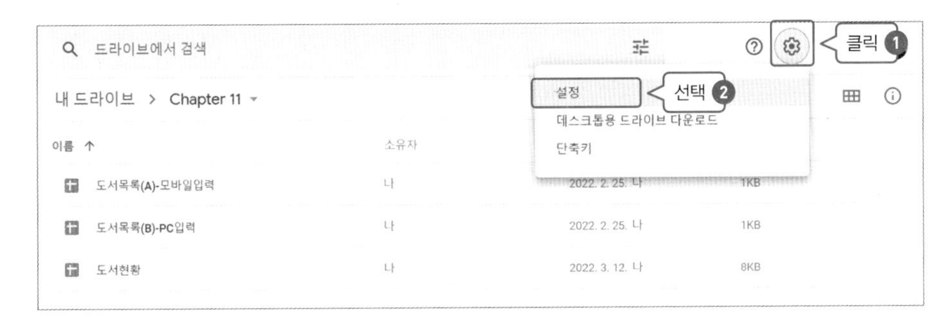

02 ⁄ 설정 창에서 '오프라인' 항목에 체크한 후 [완료] 버튼을 클릭합니다.

03 ⁄ 해당 구글 드라이브가 오프라인으로 설정되면 우측에 '오프라인 사용 가능' 아이콘(⊘)이 생성됩니다.

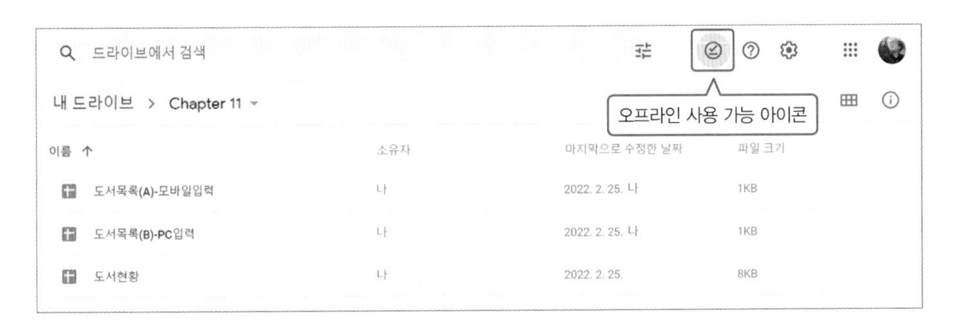

2 · 구글 시트 오프라인 사용 설정하기

특정 구글 시트를 오프라인에서 사용할 수 있도록 설정하려면 파일을 선택한 후 마우스 오른쪽 버튼을 클릭하고 [오프라인으로 사용 가능]의 토글 버튼을 활성화합니다. 해당 구글 시트의 오프라인 사용 설정이 완료되면 구글 드라이브 파일명 옆에 아이콘이 추가됩니다.

구글 시트를 오프라인으로 사용하기 전에 구글 드라이브의 오프라인 사용을 먼저 설정해야 합니다.

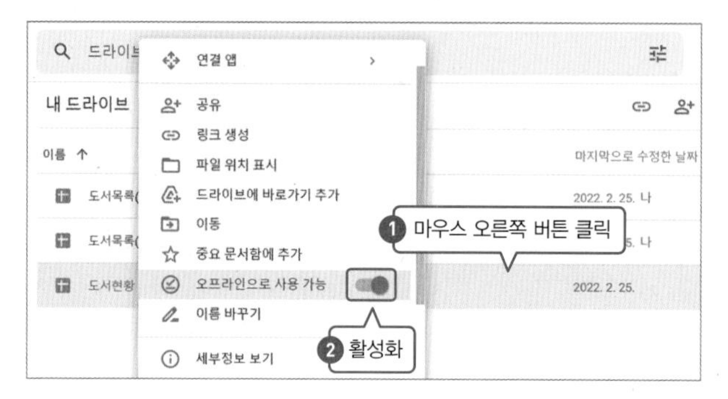

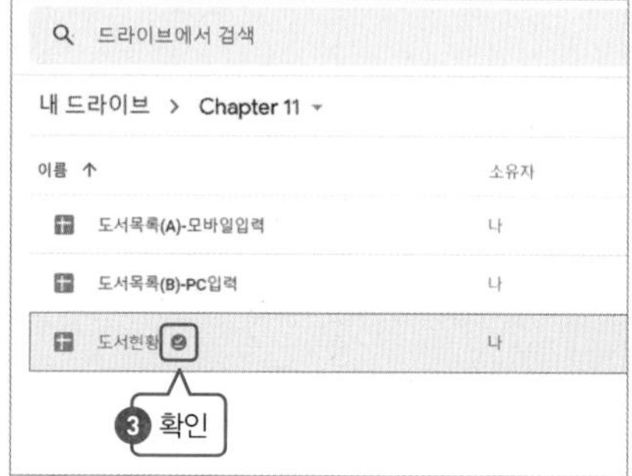

구글 시트를 열고 메뉴에서 [파일] - [오프라인 사용 설정]을 선택해도 같은 기능이 실행됩니다. 구글 시트 내에서는 '문서 상태 확인' 아이콘을 통해서 오프라인 사용 여부를 확인할 수 있습니다.

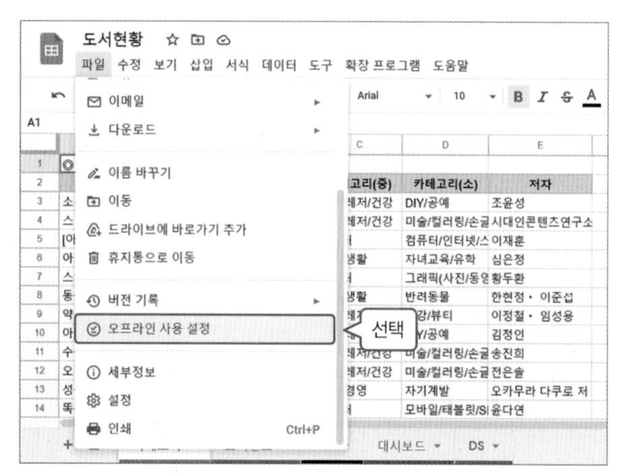

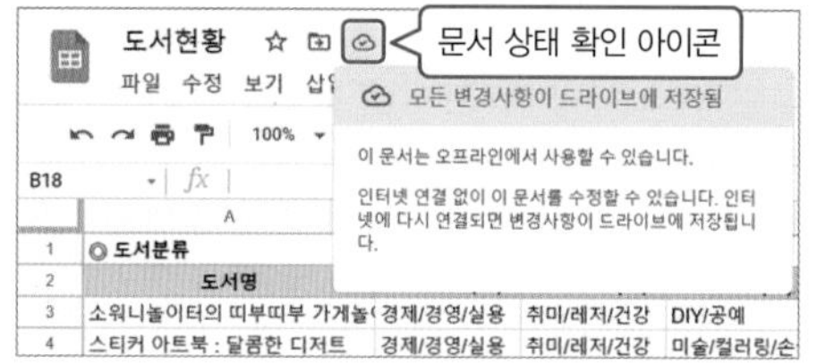

SECTION

6 측면 패널의 활용

구글 플랫폼의 장점은 같은 플랫폼 애플리케이션들과 호환이 가능하다는 것입니다. 구글 시트 외에도 구글 캘린더, 메모장(KEEP), 할 일 목록(Tasks), 주소록 등 구글 애플리케이션을 측면 패널에 두고 바로 작업할 수 있어 필요 시 앱을 따로 실행하거나 다른 화면으로 이동할 필요가 없습니다. 또한, 마켓 플레이스에서 제공하는 다양한 애플리케이션을 설치한 후 구글 시트에 추가하여 사용할 수 있습니다.

STEP 1 측면 패널 활용하기

측면 패널은 우측 하단의 [<] [>]를 클릭해 열고 닫을 수 있습니다.

1 기본 애플리케이션 - 캘린더 / KEEP / 할 일 목록 / 주소록 / 지도

측면 패널에 나타나는 기본 구글 애플리케이션에는 캘린더, KEEP, 할 일 목록, 주소록, 지도가 있습니다.

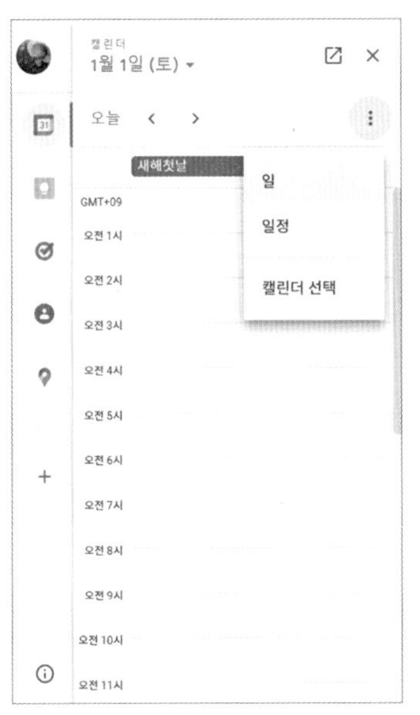

▲ 캘린더

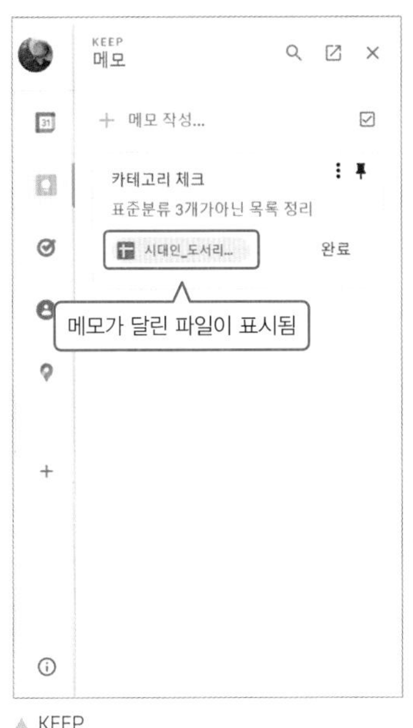

▲ KEEP

▲ 할 일 목록

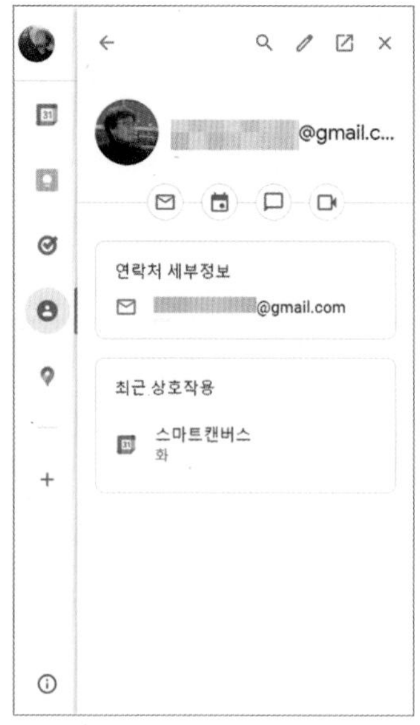

▲ 주소록

▲ 지도

① **캘린더**: 캘린더를 바로 열어 일정을 확인하거나 등록할 수 있습니다.

② **KEEP**: 구글 시트에서 작성하면 메모 하단에 해당 파일이 바로가기로 연결되어 메모 앱에서 보더라도 이 내용이 어떤 파일과 연결된 것인지 바로 확인할 수 있습니다.

③ **할 일 목록**: 해야 할 일을 등록하는 앱으로, 구글 캘린더의 Tasks에서도 내용을 확인할 수 있습니다.

④ **주소록**: 주소록에 등록된 사람들의 기본 정보와 함께 최근 같이 한 업무를 확인할 수 있습니다.

⑤ **지도**: 구글 지도를 바로 검색하고 확인할 수 있습니다.

업무 노하우! **애플리케이션 연계 활용에 따라 업무 생산성이 달라집니다.**

구글 캘린더, 지메일, 구글 드라이브를 중심으로 상호연동되는 구글의 애플리케이션은 '조직 전체를 통합하고 관리하는 데 유리하다'는 장점을 가지고 있습니다. 이중에서 지메일, KEEP, 캘린더 세 개의 애플리케이션이 어떤 방식으로 상호작용 및 활용되는지만 정확히 알아도 개인 업무에 있어서 높은 생산성 향상을 이룰 수 있습니다.

▲ 지메일

▲ KEEP

▲ 캘린더

2 · 구글 워크스페이스 마켓 플레이스

측면 패널에 기본 제공되는 앱 이외에도 마켓 플레이스에서 애플리케이션을 추가로 설치하여 구글 시트와 함께 사용할 수 있습니다.

■ '애플리케이션 추가' 설치하기

측면 패널의 '부가기능 설치하기' 아이콘(+)을 클릭해 마켓 플레이스에 접속할 수 있습니다.

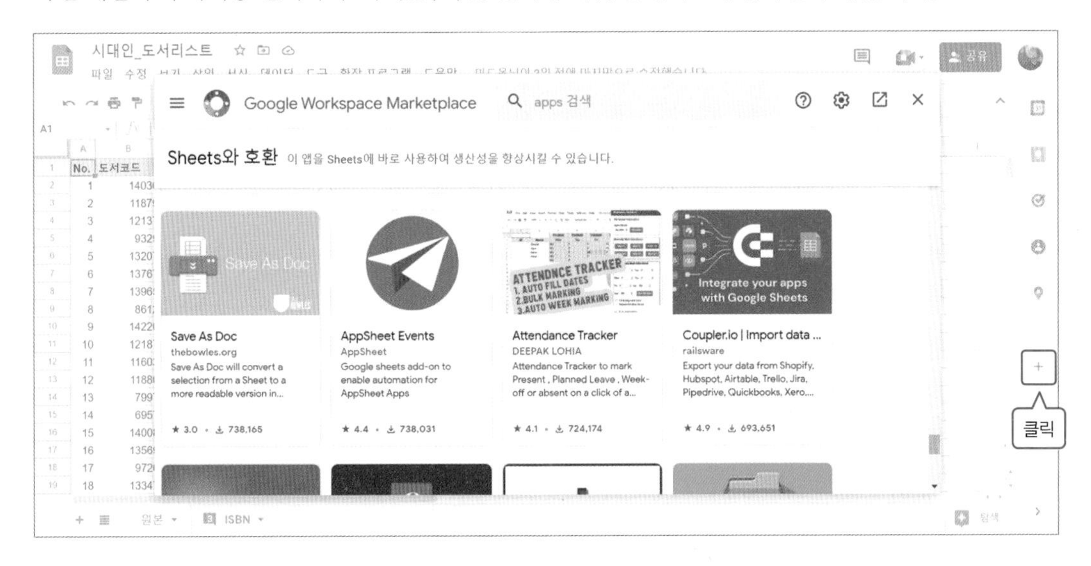

■ 애플리케이션 삭제하기

설치된 애플리케이션은 마켓 플레이스 창 우측 상단의 '설정' 아이콘(⚙)을 클릭하면 나타나는 앱 관리 창에서 삭제할 수 있습니다.

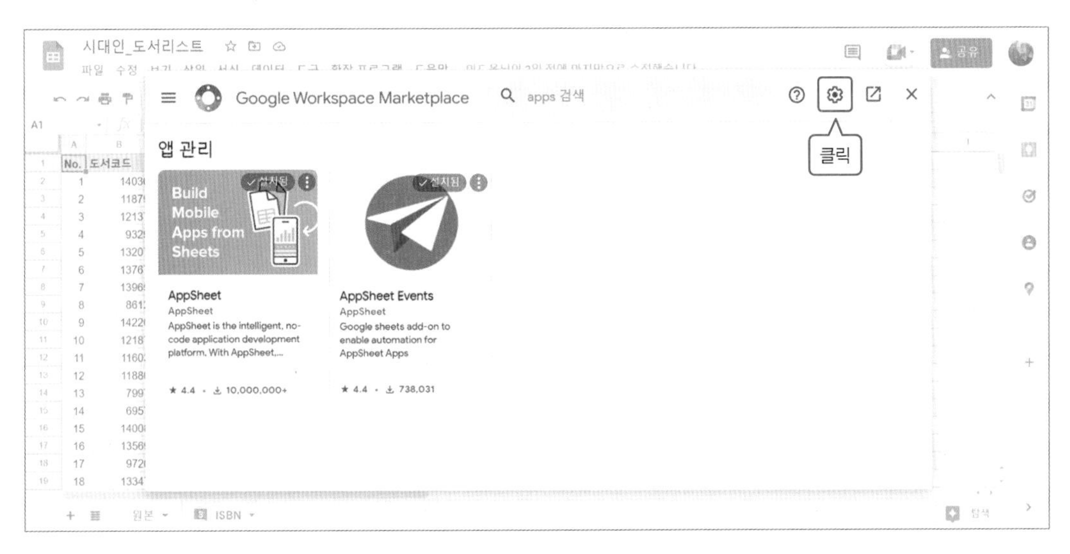

Section 1 | 편리한 데이터 관리
Section 2 | 함수의 활용성 및 확장성

스프레드시트로써 구글 시트가 가지는 강점 (Feat. 엑셀)

본격적인 '데이터 분석'의 장으로 들어가기 전에 구글 시트가 스프레드시트로써 가지는 강점에 대해 이해할 필요가 있습니다. 국내에서는 해외와 달리 스프레드시트 하면 엑셀(Excel)을 기본으로 생각합니다. 그러나 필자의 경험상 대부분이 엑셀에 익숙해져 구글 시트로 넘어가는 것을 망설일 뿐 구글 시트에 익숙해지면 다시 엑셀로 복귀하는 사람은 보지 못했습니다.

이번 챕터에서는 구글 시트와 엑셀의 차이점을 비교해 보고, 구글 시트만이 가지고 있는 특징이 어떻게 장점으로 부각되는지 살펴보겠습니다.

SECTION

1 편리한 데이터 관리

클라우드 기반의 구글 시트가 제공하는 실시간 데이터 반영과 연결성, 관리 영역에 대해 알아봅니다.

STEP 1 항상 최신의 데이터 반영

1 누구나 동일한 버전을 사용

구글 시트는 온라인 연결 상태로 웹 브라우저에서 구동됩니다. 따라서 프로그램의 버전 또한 백그라운드에서 자동으로 업데이트되고, 그 결과 누구나 동일한 버전으로 새로 추가되는 기능을 사용할 수 있습니다. 즉, 구글 시트는 모두가 하나의 동일한 최신의 버전을 사용합니다.

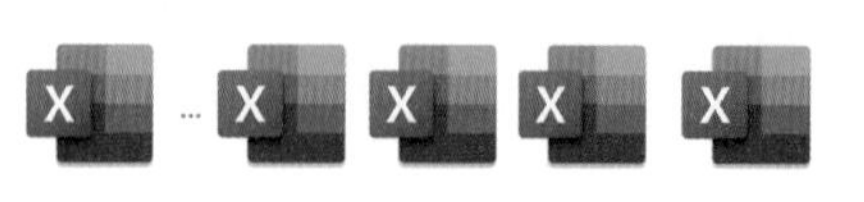

2 파일을 닫아도 실시간 데이터 반영

클라우드에 저장된 구글 시트는 사용자가 파일을 닫더라도 백그라운드에서는 멈추지 않고 온라인 상태로 작업을 수행합니다. 따라서 다른 사용자 또는 연결된 다른 프로그램을 통해 데이터가 추가/수정될 수 있고 변경된 데이터가 자동으로 반영됩니다. 구글 시트로 실시간 데이터를 취합 및 분석하고 대시보드를 만들 수 있는 이유가 바로 이것입니다.

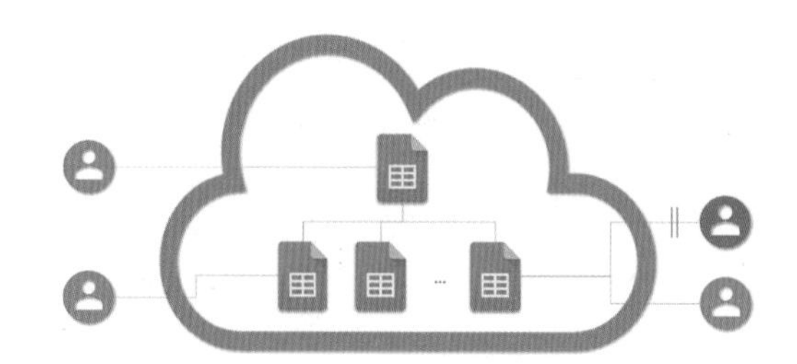

STEP 2 고유 URL에 따른 데이터 연결성

1 · 고유의 URL 주소를 가지는 구글 시트

구글 시트를 비롯한 모든 파일이나 폴더는 구글 드라이브 내에서 고유의 URL 주소를 가집니다. 이를 기반으로 파일을 공유하거나 함수를 이용해 다른 파일에서 데이터를 가져올 수 있습니다.

블록 지정된 부분이 파일의 주소이며 기본적으로 파일 내 첫 번째 워크시트로 열립니다.

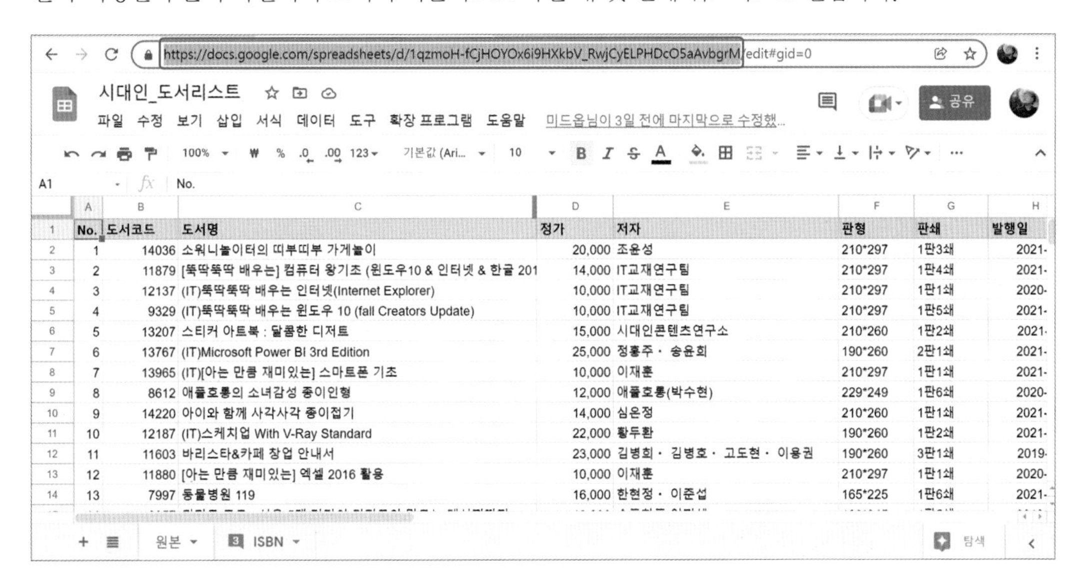

만약 다른 워크시트 화면에서 파일을 열고 싶다면 원하는 워크시트를 선택하고 주소창에 URL 전체를 복사하여 붙여 넣습니다.

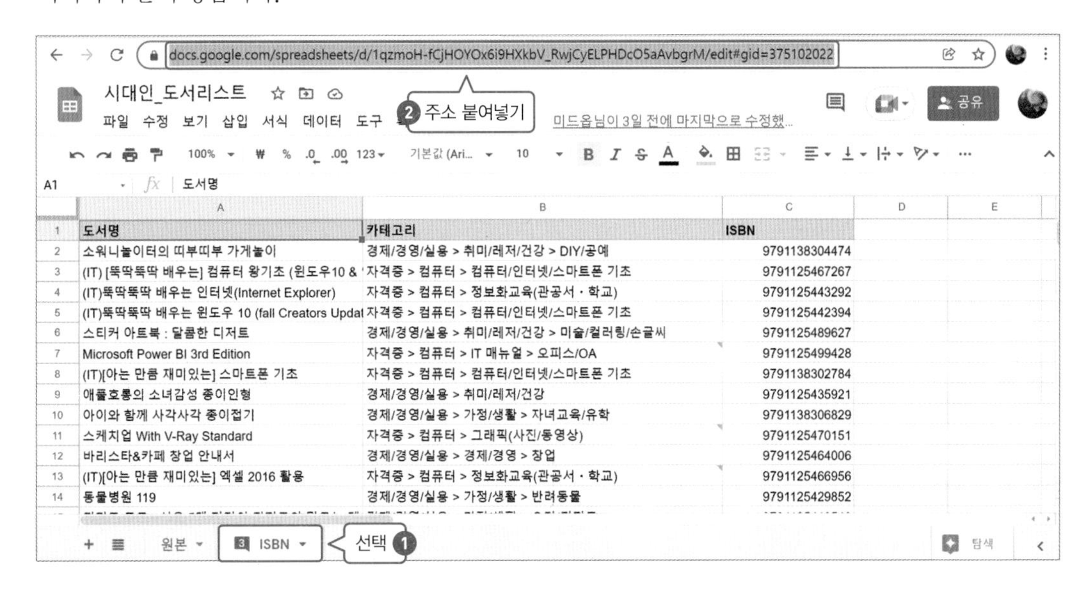

② · 특정 범위나 셀의 URL 생성

URL 주소는 시트뿐 아니라 특정 범위나 셀에도 지정할 수 있습니다. 주소 링크를 생성하고 싶은 범위를 블록 지정한 후 마우스 오른쪽 버튼을 클릭하고 [셀 작업 더보기] – [이 범위에 링크 생성]을 선택합니다.

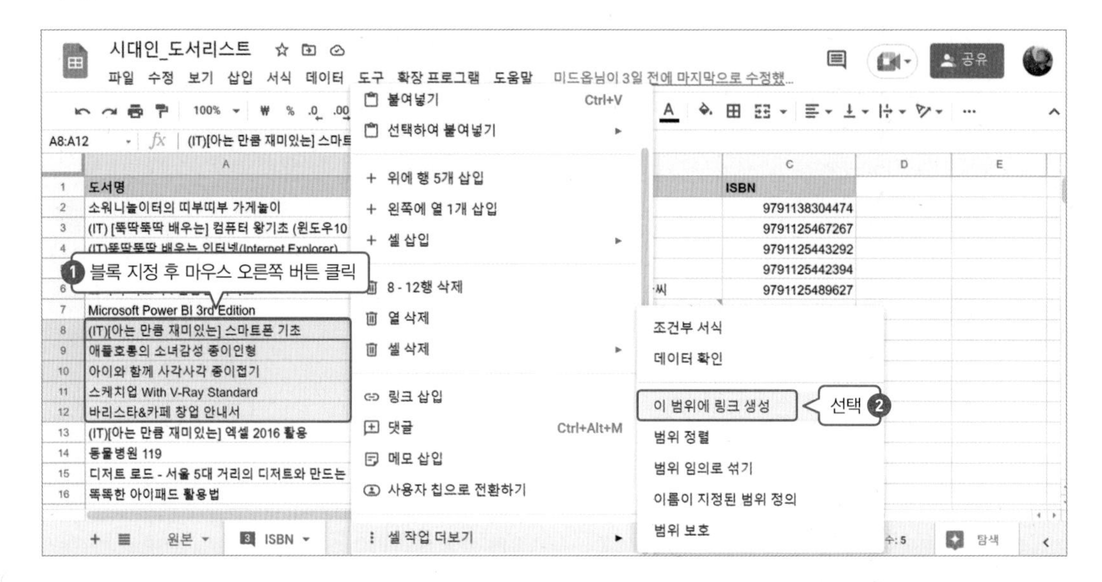

셀 하나에 대한 링크를 생성하고자 한다면 셀 위에서 마우스 오른쪽 버튼을 클릭하고 [셀 작업 더보기] – [이 셀의 링크 얻기]를 선택합니다.

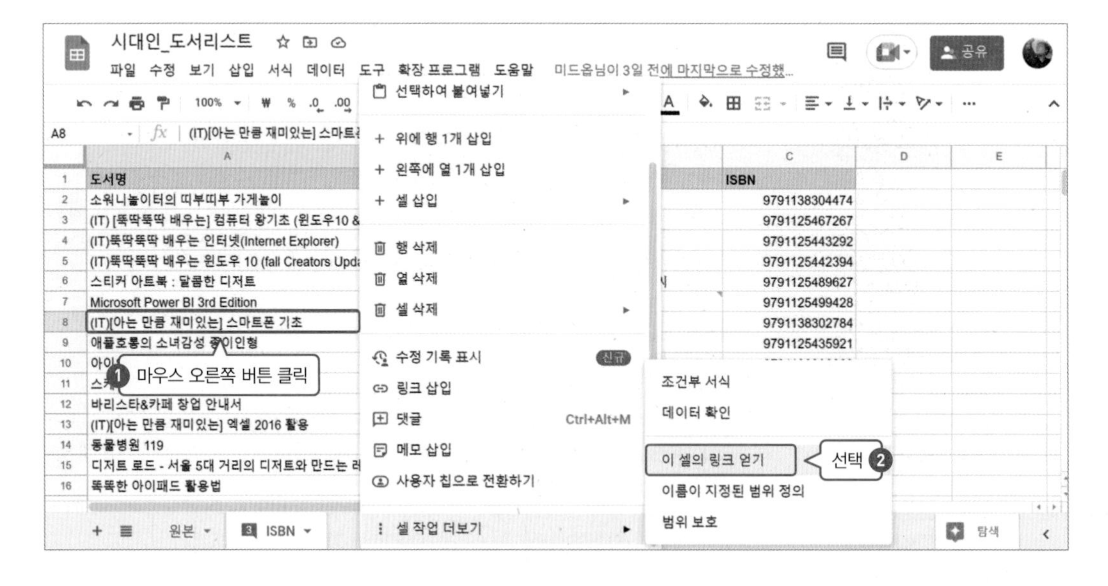

이렇게 생성된 주소로 파일을 열면 해당 범위와 셀 위치에서 구글 시트가 열립니다. 워크시트 주소 뒤에 각각 **&range=A8:A12**, **&range=A8**이 추가된 것을 확인할 수 있습니다.

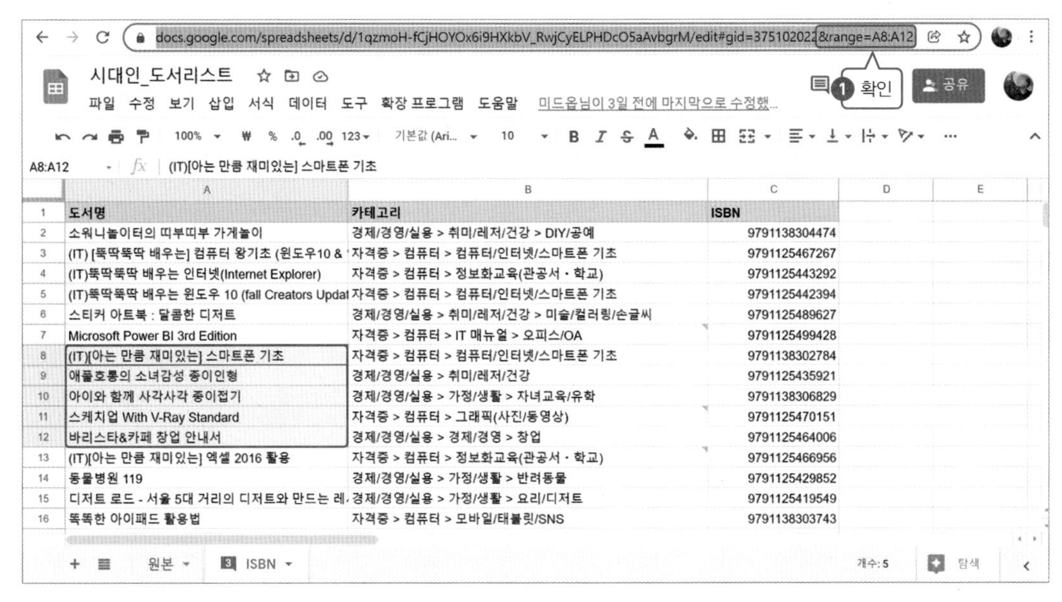

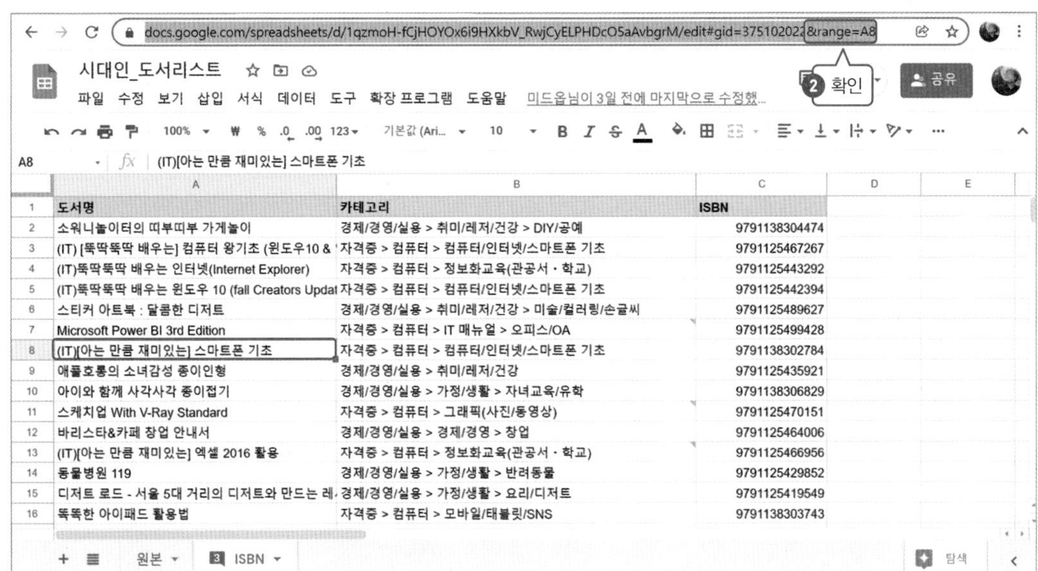

③ · 같은 폴더 내 동일한 파일명/특수문자 사용

구글 시트의 URL 주소는 해당 파일을 구분 짓는 기준이 됩니다. 시스템은 파일의 URL을 인식하기 때문에 윈도우와 달리 폴더 내에 동일한 이름의 파일이 여러 개 있어도 되고 파일명에 특수문자를 사용할 수도 있습니다. 폴더나 파일명은 동일하지만 모두 다른 URL 주소를 가지고 있습니다.

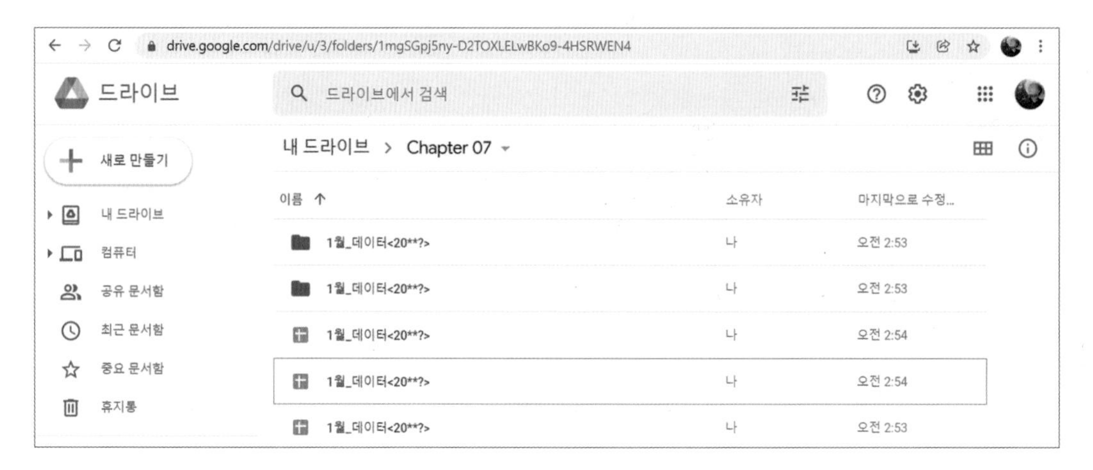

이처럼 고유의 URL을 가지는 구글 시트의 특징으로 인해 폴더를 이동하거나 파일명이 바뀌더라도 **다른 파일과 연결된 데이터가 끊기거나 오류가 나지 않습니다.** 이 부분이 엑셀과 달리 구글 시트를 업무 시스템으로 활용할 수 있는 이유입니다.

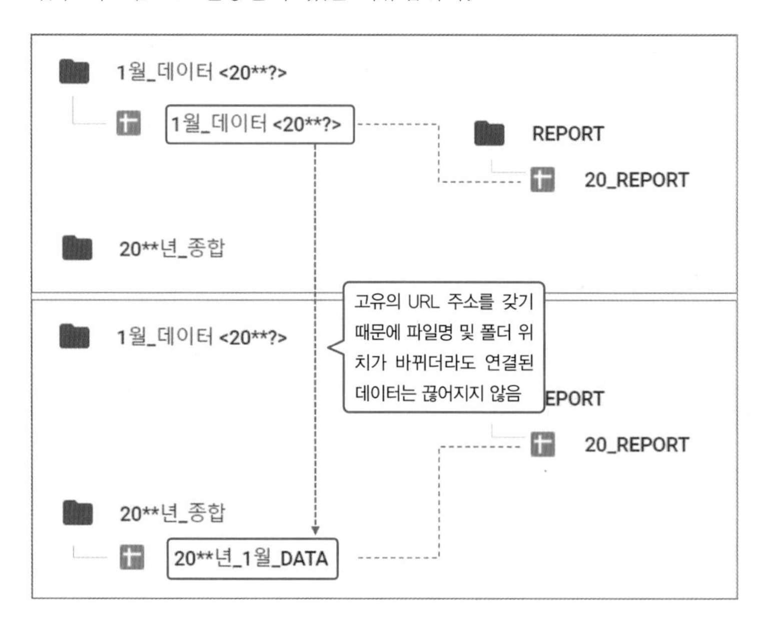

STEP 3 '공란'과 '0'의 구분

1 공란과 0을 구분하는 구글 시트

셀이 비어 있는 것과 '0'이라는 숫자가 있는 것은 완전히 다른 데이터 값입니다. 그러나 엑셀에서는 이를 구분하지 않고 모두 '0'으로 처리합니다. 이로 인해 엑셀에서는 공란을 구분해야 할 경우 함수를 추가로 사용합니다. 즉, 엑셀의 경우 공란셀을 참조했을 때 0 값을 반환하지만 구글 시트는 공란을 그대로 반환합니다.

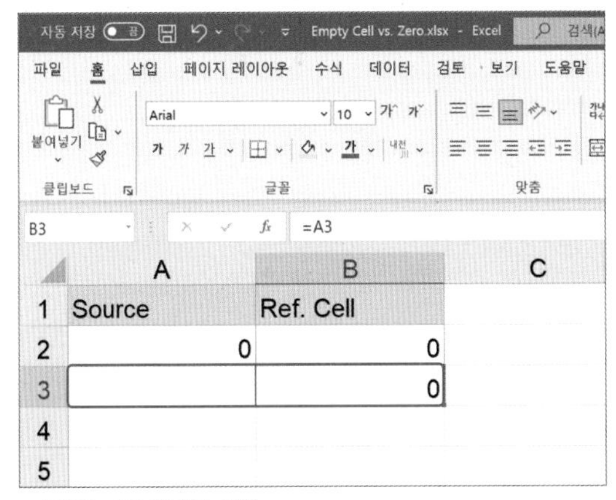

▲ 공란을 0으로 처리하는 엑셀

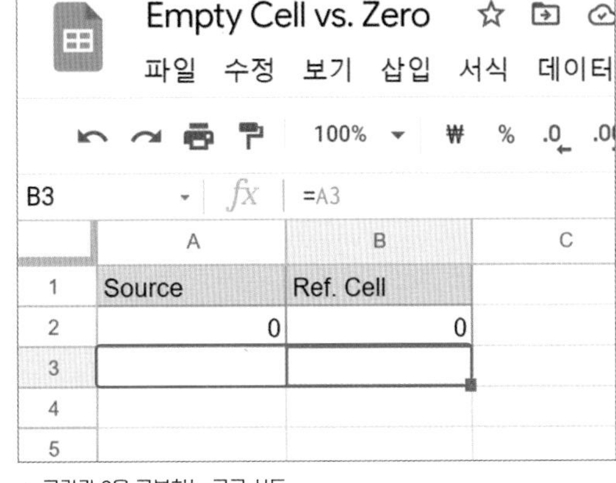

▲ 공란과 0을 구분하는 구글 시트

STEP 4 행/열 관리 기능

구글 시트는 파일 하나 당 최대 '1,000만' 개의 셀을 지원합니다. 엑셀에 비해 최대 지원 셀의 개수가 적은 편이기는 하지만 소규모 데이터베이스로 사용할 수 있을 만큼 충분한 크기입니다.

1 최대 행 크기를 사용자가 조절

구글 시트를 열면 기본적으로 1,000행 - Z열까지 세팅되어 있습니다. 마우스 오른쪽 버튼을 클릭하여 행과 열을 간단히 삽입/삭제할 수 있습니다.

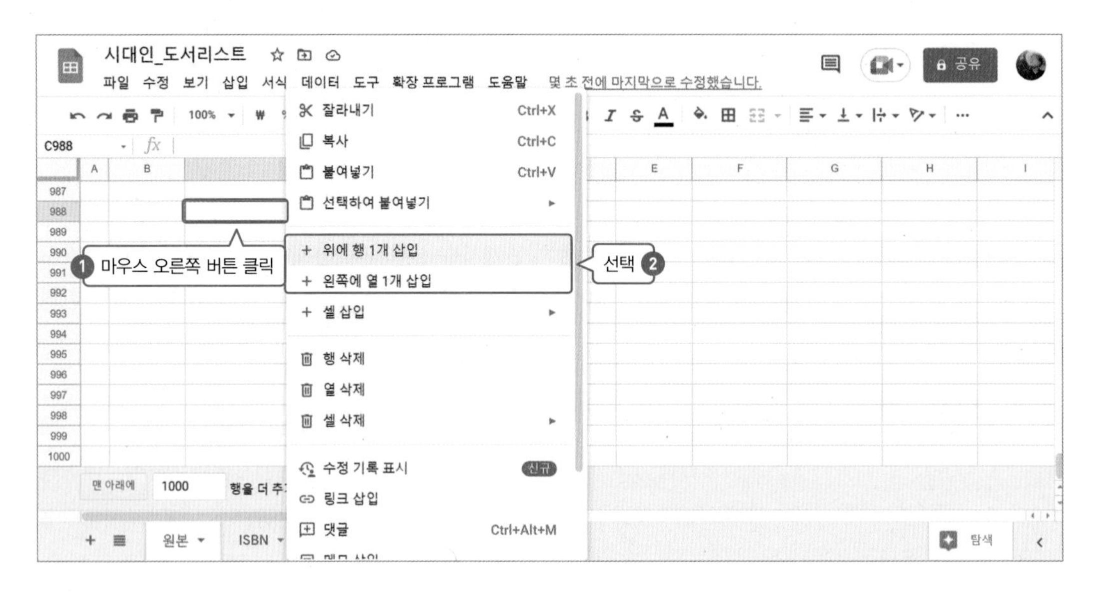

또한, 워크시트의 맨 마지막 행으로 내려가면 필요한 수만큼 행을 추가할 수 있는 입력란이 있습니다. 입력한 숫자만큼 행이 추가됩니다.

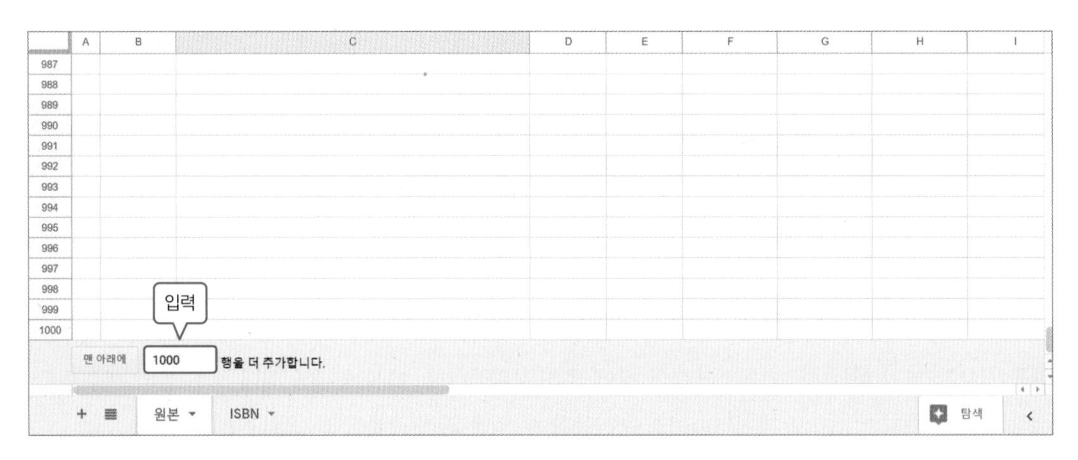

업무 노하우! 필요없는 행과 열은 삭제해 주세요!

데이터를 분석 및 편집하기 위해 하나의 시트에 함수가 많이 사용되면 그만큼 계산량이 많아져 속도가 느려집니다. 이 현상은 사용하지 않는 공란셀이 많아도 동일하게 나타나므로 필요없는 행과 열은 삭제하는 것이 최적화의 첫걸음입니다. 구글 시트가 '공란'과 '0'을 구분하는 특징을 생각해 봅시다! 특히 엑셀로 작업하던 파일을 구글 시트로 변환할 경우 구글 시트에서는 수많은 공란셀을 인식해야 합니다. 따라서 처리할 셀 개수가 많아지게 되고, 처리 속도 역시 상대적으로 느려집니다. 이 역시 필요치 않은 공란셀을 없애야 하는 이유입니다.

2 • 셀 삽입에 따른 이동

구글 시트에서는 셀 단위로도 삽입/삭제를 할 수 있습니다. 셀을 삽입할 경우 마우스 오른쪽 버튼을 클릭한 후 [셀 삽입]을 선택하고 기존 셀을 이동시킬 방향을 선택합니다.

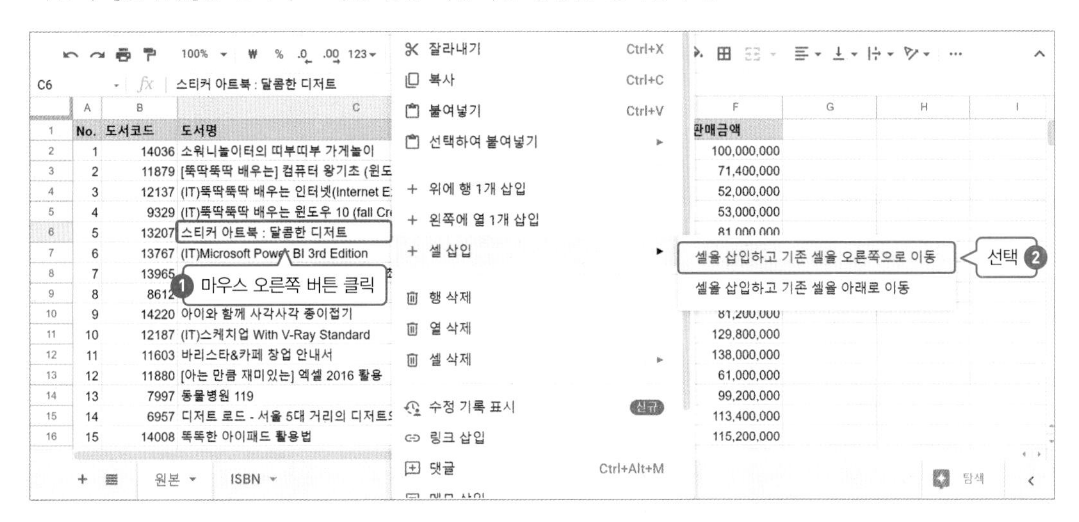

[C6] 위치에서 [셀을 삽입하고 기존 셀을 오른쪽으로 이동]을 선택했기 때문에 기존 [C6], [D6], [E6], [F6] 셀의 데이터가 각각 [D6], [E6], [F6], [G6] 셀로 하나씩 밀려납니다.

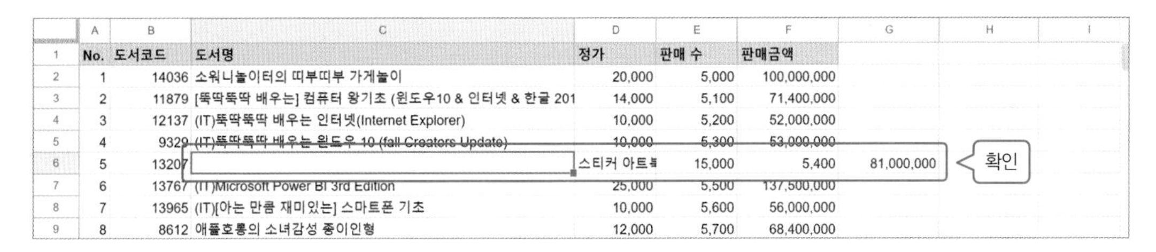

셀을 삭제할 경우 마우스 오른쪽 버튼을 클릭하고 [셀 삭제]를 선택한 다음 기존 셀을 왼쪽 또는 윗방향으로 이동시킬 수 있습니다.

3 · 행과 열 통째로 이동하기

구글 시트의 행 또는 열 전체를 이동시킬 수 있습니다. 수식이나 함수가 걸려 있더라도 이동한 위치에 맞춰 자동으로 변경됩니다.

행/열을 선택한 후 마우스 커서가 손바닥 모양(✋)으로 바뀌면 이동하고자 하는 위치로 드래그합니다.

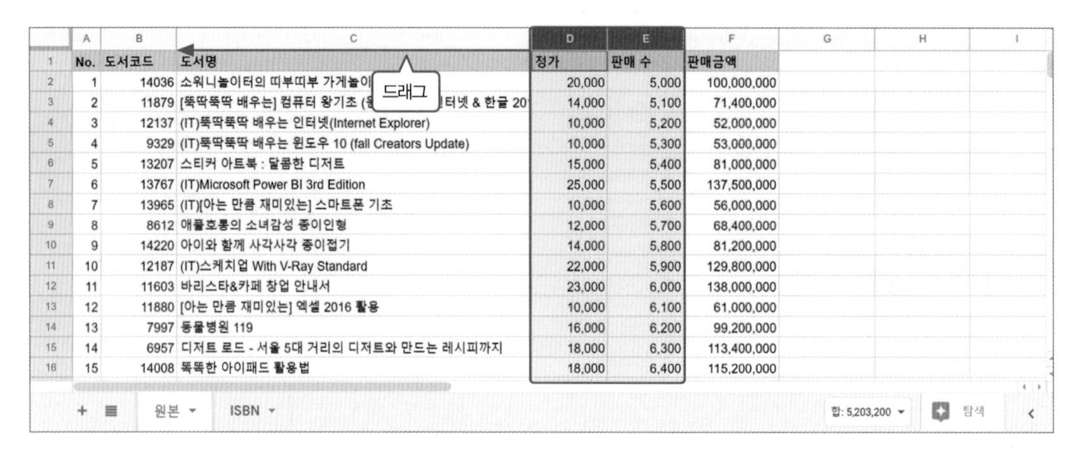

	A	B	C	D	E	F
1	No.	도서코드	도서명	정가	판매 수	판매금액
2	1	14036	소워니놀이터의 띠부띠부 가게놀이	20,000	5,000	100,000,000
3	2	11879	[뚝딱뚝딱 배우는] 컴퓨터 왕기초 (윈 … 터넷 & 한글 20	14,000	5,100	71,400,000
4	3	12137	(IT)뚝딱뚝딱 배우는 인터넷(Internet Explorer)	10,000	5,200	52,000,000
5	4	9329	(IT)뚝딱뚝딱 배우는 윈도우 10 (fall Creators Update)	10,000	5,300	53,000,000
6	5	13207	스티커 아트북 : 달콤한 디저트	15,000	5,400	81,000,000
7	6	13767	(IT)Microsoft Power BI 3rd Edition	25,000	5,500	137,500,000
8	7	13965	(IT)[아는 만큼 재미있는] 스마트폰 기초	10,000	5,600	56,000,000
9	8	8612	애플호롱의 소녀감성 종이인형	12,000	5,700	68,400,000
10	9	14220	아이와 함께 사각사각 종이접기	14,000	5,800	81,200,000
11	10	12187	(IT)스케치업 With V-Ray Standard	22,000	5,900	129,800,000
12	11	11603	바리스타&카페 창업 안내서	23,000	6,000	138,000,000
13	12	11880	[아는 만큼 재미있는] 엑셀 2016 활용	10,000	6,100	61,000,000
14	13	7997	동물병원 119	16,000	6,200	99,200,000
15	14	6957	디저트 로드 - 서울 5대 거리의 디저트와 만드는 레시피까지	18,000	6,300	113,400,000
16	15	14008	뚝뚝한 아이패드 활용법	18,000	6,400	115,200,000

원본 ISBN 합: 5,203,200 탐색

D~E열 전체가 C~D열로 이동하면서 F열의 수식 '정가×판매 수'가 이동한 열에 맞춰 자동으로 적용됩니다.

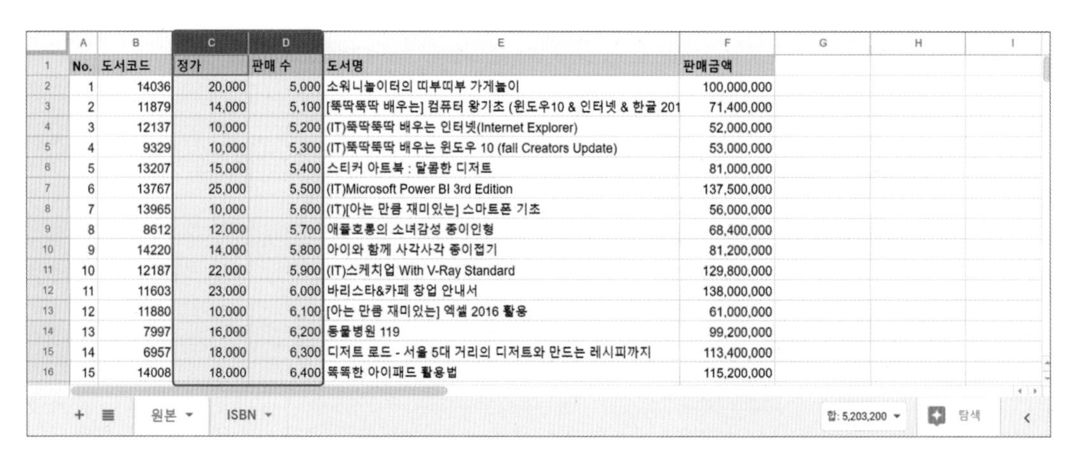

	A	B	C	D	E	F
1	No.	도서코드	정가	판매 수	도서명	판매금액
2	1	14036	20,000	5,000	소워니놀이터의 띠부띠부 가게놀이	100,000,000
3	2	11879	14,000	5,100	[뚝딱뚝딱 배우는] 컴퓨터 왕기초 (윈도우10 & 인터넷 & 한글 201	71,400,000
4	3	12137	10,000	5,200	(IT)뚝딱뚝딱 배우는 인터넷(Internet Explorer)	52,000,000
5	4	9329	10,000	5,300	(IT)뚝딱뚝딱 배우는 윈도우 10 (fall Creators Update)	53,000,000
6	5	13207	15,000	5,400	스티커 아트북 : 달콤한 디저트	81,000,000
7	6	13767	25,000	5,500	(IT)Microsoft Power BI 3rd Edition	137,500,000
8	7	13965	10,000	5,600	(IT)[아는 만큼 재미있는] 스마트폰 기초	56,000,000
9	8	8612	12,000	5,700	애플호롱의 소녀감성 종이인형	68,400,000
10	9	14220	14,000	5,800	아이와 함께 사각사각 종이접기	81,200,000
11	10	12187	22,000	5,900	(IT)스케치업 With V-Ray Standard	129,800,000
12	11	11603	23,000	6,000	바리스타&카페 창업 안내서	138,000,000
13	12	11880	10,000	6,100	[아는 만큼 재미있는] 엑셀 2016 활용	61,000,000
14	13	7997	16,000	6,200	동물병원 119	99,200,000
15	14	6957	18,000	6,300	디저트 로드 - 서울 5대 거리의 디저트와 만드는 레시피까지	113,400,000
16	15	14008	18,000	6,400	뚝뚝한 아이패드 활용법	115,200,000

원본 ISBN 합: 5,203,200 탐색

SECTION

2 함수의 활용성 및 확장성

함수 사용에 있어 구글 시트가 엑셀에 비해 보다 편리하고 확장성이 넓은 특징에 대해 자세히 알아봅니다.

STEP 1 계산 범위 자동 확장 - 행/열 범위 오픈

1 계산 범위를 얼마나 더 잡아야 할까?

'계산 범위'나 '참조 범위'를 인수로 갖는 함수는 셀 범위를 지정해 사용합니다. '엑셀'에서는 데이터가 얼마나 추가될지 알 수 없는 경우 셀 범위를 넉넉하게 잡는 것이 일반적입니다.

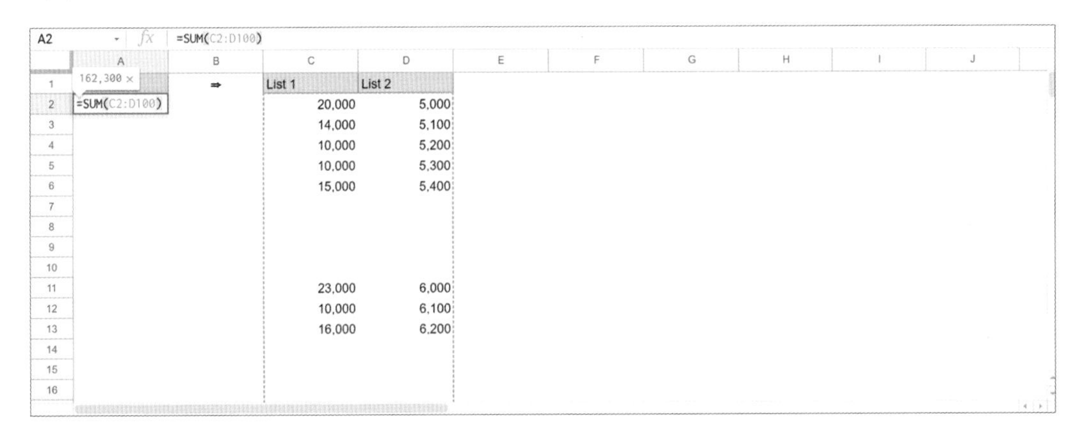

예제처럼 C열과 D열에 계속적으로 데이터를 추가할 때 몇 번째 행이 최대가 될지 모른다면 =SUM(C2:D100) 또는 =SUM(C2:D1000)처럼 넉넉하게 행 범위를 잡습니다. 만약 데이터가 이 범위를 벗어난다면 다시 셀 범위를 =SUM(C2:D5000)으로 수정해 주어야 합니다.

2 · 오픈참조

예제파일 I 03-01_오픈참조

엑셀과 달리 구글 시트에서는 수식이나 함수 내에서 셀 범위를 지정할 때 행/열을 오픈할 수 있습니다. 앞선 예제처럼 데이터가 얼마나 추가될지 모른다면 계산 범위의 마지막 행을 오픈시켜 데이터가 추가되는 만큼 자동으로 계산 범위를 잡도록 합니다.

=SUM(C2:D)

A2 | fx | =SUM(C2:D)

	A	B	C	D	E	F	G	H	I	J
1	168,800 ×	⇒	List 1	List 2						
2	=SUM(C2:D)		20,000	5,000						
3			14,000	5,100						
4			10,000	5,200						
5			10,000	5,300						
6			15,000	5,400						
7										
8										
9										
10										
11			23,000	6,000						
12			10,000	6,100						
13			16,000	6,200						
14										
15				6,500						
16										

열을 오픈할 경우 =SUM(D1:2)

A2 | fx | =SUM(D1:2)

	A	B	C	D	E	F	G	H	I	J	K	L	M	N	O	P	Q
1	168,800 ×	⇒	List 1	20,000	14,000	10,000	10,000	15,000			23,000	10,000	16,000				
2	=SUM(D1:2)		List 2	5,000	5,100	5,200	5,300	5,400			6,000	6,100	6,200		6,500		
3																	
4																	
5																	
6																	
7																	
8																	

STEP 2 중괄호를 이용한 배열 생성

예제파일 I 03-02_중괄호 배열

구글 시트에서는 중괄호를 사용해 배열을 만들 수 있습니다. 배열을 구성함으로써 여러 개의 셀 범위를 하나의 행/열로 만들어 실시간 사본을 만들거나 배열 자체를 함수 내의 참조/계산 범위로 사용할 수 있습니다.

1 · 열로 연결: { } + ,(콤마)

A열과 C열의 도서명을 F열과 G열에 복사해 보겠습니다. 일반적으로 1:1로 복사할 모든 셀에 수식을 걸

어 줍니다.

[F2] 셀에 =A2, [G2] 셀에 =C2, [F3] 셀에 =A3, [G3] 셀에 =C3, … [F16] 셀에 =A16, [G16] 셀에 =C16을 입력해 보겠습니다.

떨어져 있는 열을 이웃한 열로 실시간 복사

G15 | fx =C15

	A	B	C	D	E	F	G
1	도서명	정가	도서명	정가	⇒	도서명	도서명
2	소워니놀이터의	20,000	바리스타&카페	23,000		소워니놀이터의	바리스타&카페
3	[뚝딱뚝딱 배우는	14,000	[아는 만큼 재미	10,000		[뚝딱뚝딱 배우는	[아는 만큼 재미
4	(IT)뚝딱뚝딱 배	10,000	동물병원 119	16,000		(IT)뚝딱뚝딱 배	동물병원 119
5	(IT)뚝딱뚝딱 배	10,000	디저트 로드 - 서	18,000		(IT)뚝딱뚝딱 배	디저트 로드 - 서
6	스티커 아트북 :	15,000	똑똑한 아이패드	18,000		스티커 아트북 :	똑똑한 아이패드
7	(IT)Microsoft Po	25,000	(IT)[돈과 시간을	15,000		(IT)Microsoft Po	(IT)[돈과 시간을
8	(IT)[아는 만큼 재	10,000	화과자	16,500		(IT)[아는 만큼 재	화과자
9	애플호롱의 소녀	12,000	(IT)리눅스 마스	24,000		애플호롱의 소녀	(IT)리눅스 마스
10	아이와 함께 사	14,000	[열심히 공부하는	30,000		아이와 함께 사	[열심히 공부하는
11	(IT)스케치업 Wit	22,000	종이로 만드는	20,000		(IT)스케치업 Wit	종이로 만드는
12							
13			약 짓는 오빠들이	20,000			약 짓는 오빠들이
14			사월의 손그림	13,000			사월의 손그림
15							=C15
16							

이때 A열과 C열에 계속해서 도서명이 추가된다면 몇 번째 행까지를 범위로 잡아둘지 파악하기 어렵습니다. 이와 같은 경우 오픈참조와 함께 A열과 C열을 중괄호로 묶어 하나의 배열로 만든 후 사본을 생성하면 됩니다.

[F2] 셀 한 곳에만 수식을 걸어주면 되는데, A열은 A2:A로 오픈참조 범위를 잡고 C열 역시 C2:C로 오픈참조 범위를 잡습니다. 중간에 낀 B열로 인해 떨어져 있는 A열과 C열을 연속된 F열, G열로 복사하기 위해 복사하는 각 셀 범위를 중괄호{ }와 ,(콤마)로 연결합니다.

```
={A2:A,C2:C}
```

이 셀에만 입력

F2 | fx ={A2:A,C2:C}

	A	B	C	D	E	F	G	H
1	도서명	정가	도서명	정가	⇒	도서명	도서명	
2	소워니놀이터의	20,000	바리스타&카페	23,000		={A2:A,C2:C}	바리스타&카페	
3	[뚝딱뚝딱 배우는	14,000	[아는 만큼 재미	10,000		[뚝딱뚝딱 배우는	[아는 만큼 재미	
4	(IT)뚝딱뚝딱 배	10,000	동물병원 119	16,000		(IT)뚝딱뚝딱 배	동물병원 119	
5	(IT)뚝딱뚝딱 배	10,000	디저트 로드 - 서	18,000		(IT)뚝딱뚝딱 배	디저트 로드 - 서	
6	스티커 아트북 :	15,000	똑똑한 아이패드	18,000		스티커 아트북 :	똑똑한 아이패드	
7	(IT)Microsoft Po	25,000	(IT)[돈과 시간을	15,000		(IT)Microsoft Po	(IT)[돈과 시간을	
8	(IT)[아는 만큼 재	10,000	화과자	16,500		(IT)[아는 만큼 재	화과자	
9	애플호롱의 소녀	12,000	(IT)리눅스 마스	24,000		애플호롱의 소녀	(IT)리눅스 마스	
10	아이와 함께 사	14,000	[열심히 공부하는	30,000		아이와 함께 사	[열심히 공부하는	
11	(IT)스케치업 Wit	22,000	종이로 만드는	20,000		(IT)스케치업 Wit	종이로 만드는	
12								
13			약 짓는 오빠들이	20,000			약 짓는 오빠들이	
14			사월의 손그림	13,000			사월의 손그림	
15								
16								

범위를 모두 오픈참조로 구성했기 때문에 이후 A열과 C열에 도서명이 추가될 때마다 F열과 G열에도 자동으로 도서명이 복사됩니다.

2 · 행으로 연결: { } + ;(세미콜론)

A열과 C열의 도서명을 F열 한 곳으로 복사하는 경우에는 각 셀 범위를 ;(세미콜론)으로 구분하여 행으로 배치할 수 있습니다.

={A2:A14;C2:C14}

F2 | fx | ={A2:A14;C2:C14}

	A	B	C	D	E	F	G	H
1	도서명	정가	도서명	정가	⇒	도서명		
2	소워니놀이터의	20,000	바리스타&카페 경	23,000		={A2:A14;C2:C14}		
3	[뚝딱뚝딱 배우는	14,000	[아는 만큼 재미있	10,000		[뚝딱뚝딱 배우는		
4	(IT)뚝딱뚝딱 배우	10,000	동물병원 119	16,000		(IT)뚝딱뚝딱 배우		
5	(IT)뚝딱뚝딱 배우	10,000	디저트 로드 - 서	18,000		(IT)뚝딱뚝딱 배우		
6	스티커 아트북 :	15,000	똑똑한 아이패드	18,000		스티커 아트북 :		
7	(IT)Microsoft Po	25,000	(IT)[돈과 시간을	15,000		(IT)Microsoft Po		
8	(IT)[아는 만큼 재	10,000	화과자	16,500		(IT)[아는 만큼 재	A2:A14	
9	애플호롱의 소녀	12,000	(IT)리눅스 마스터	24,000		애플호롱의 소녀		
10	아이와 함께 사각	14,000	[열심히 공부하는	30,000		아이와 함께 사각		
11	(IT)스케치업 Wit	22,000	종이로 만드는 입	20,000		(IT)스케치업 Wit		
12								
13			약 짓는 오빠들이	20,000				
14			사월의 손그림 일	13,000				
15						바리스타&카페 경		
16						[아는 만큼 재미있	C2:C14	

배치 순서는 'A열 → C열'입니다. 복사하려는 셀의 범위를 14행까지 잡았으므로 A열의 12~14행까지의 공란셀이 그대로 복사되고, 그 다음인 [F15] 셀부터 C열의 도서명이 배치된 것입니다.

3 · 함수와 중괄호 배열 조합

'중괄호'와 '오픈참조'는 이후 소개할 함수에 있어 편의성을 높이고 활용 범위를 넓힙니다.

=VLOOKUP(E3,{B2:B,A2:A},2,0)

	A	B	C	D	E	F	G	H
1	카테고리	도서명	저자	⇒	VLOOKUP			
2	DIY/공예	소워니놀이터의 띠부띠부 가계놀	조윤성		도서명	반려동물 ×		
3	미술/컬러링/손글씨	스티커 아트북 : 달콤한 디저트	시대인콘텐츠연구소		동물병원 119	=VLOOKUP(E3,{B2:B,A2:A},2,0)		
4	컴퓨터/인터넷/스마트폰 기초	[아는 만큼 재미있는] 스마트폰 기	이재훈					
5	자녀교육/유학	아이와 함께 사각사각 종이접기	심은정					
6	그래픽(사진/동영상)	스케치업 With V-Ray Standard	황두환					
7	반려동물	동물병원 119	한현정 · 이준섭					
8	모바일/태블릿/SNS	똑똑한 아이패드 활용법	윤다연					
9	건강/뷰티	약 짓는 오빠들이 들려주는 알쓸신	이정철 · 임성용					
10	DIY/공예	아름다움을 엮다 · 전통매듭	김정인					
11	미술/컬러링/손글씨	수묵일러스트	송진희					
12	미술/컬러링/손글씨	오일파스텔로 그리는 오늘의 풍경	전은솔					
13	자기계발	성공하는 사람들의 비밀 · PDCA	오카무라 다쿠로 저					
14								
15								

중괄호를 이용해 열의 순서를 바꿈으로써 VLOOKUP 함수의 검색 범위를 기준열로부터 좌측에 위치한 열로 설정할 수 있습니다.

ref. VLOOKUP 함수는 열 방향 검색 함수로, 검색하고자 하는 키워드를 특정 범위에서 찾아 반환합니다. 중괄호를 사용하여 배열을 자유자재로 구성할 수 있으면 VLOOKUP 함수의 활용도가 훨씬 더 높아집니다. VLOOKUP 함수는 Chapter 6에서 자세히 다룹니다.

STEP 3 특정 데이터의 입력 편의성

예제파일 | 03-03_특정데이터 입력

구글 시트에서는 캘린더, 체크박스 등 특정 데이터 형식에 입력 편의성을 제공합니다.

1 캘린더로 날짜 데이터 입력하기

데이터가 날짜일 경우 자동으로 데이터를 날짜 형식으로 인식합니다. 더블클릭으로 캘린더 창을 띄워 날짜를 수정할 수 있습니다.

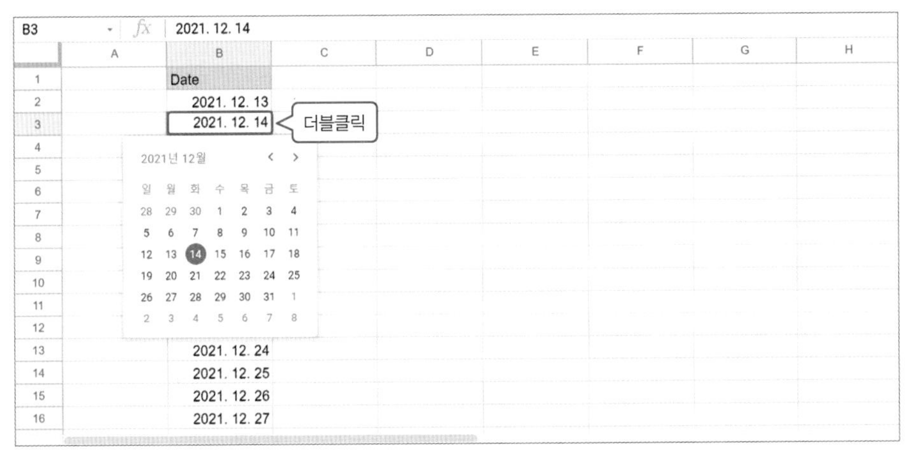

ref. 데이터 확인 기능을 사용하면 캘린더 입력에 제한을 둘 수 있습니다. 자세한 내용은 p.328을 참고합니다.

2 체크박스 입력하기

메뉴에서 [삽입] - [체크박스]를 선택하여 체크박스를 셀에 삽입할 수 있습니다. 체크 여부에 따라 TRUE 또는 FALSE 반환값을 갖습니다.

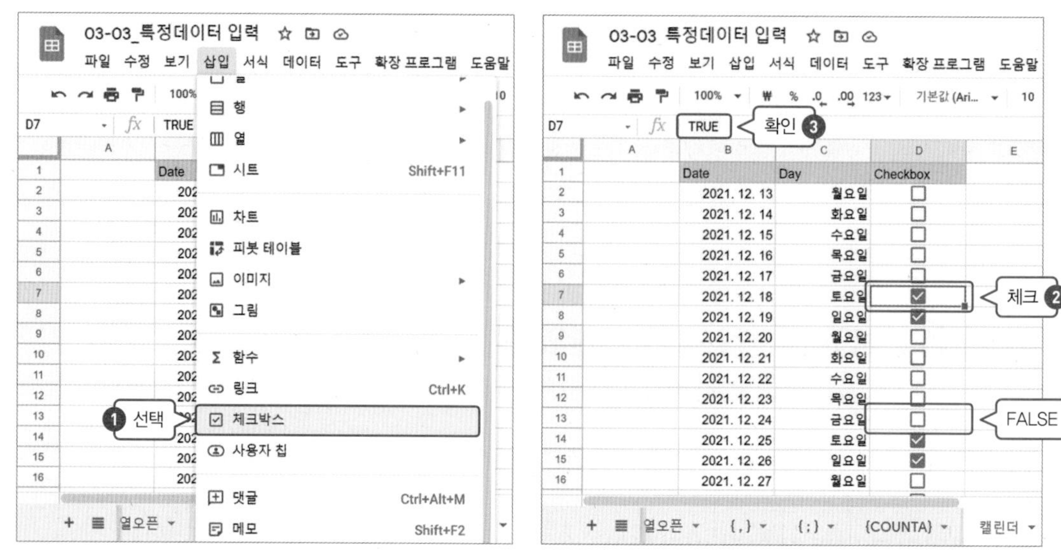

ref. 체크박스는 기본적으로 TRUE와 FALSE로 표현됩니다. 사용자 지정으로 바꾸고 싶다면 p.330을 참고하여 체크박스의 반환값을 직접 설정합니다.

3 · 링크된 파일 미리보기

셀 내에 URL 링크 주소를 입력하면 해당 파일에 대한 미리보기가 자동으로 활성화됩니다. 마우스를 셀 위에 올리면 미리보기 창이 나타나며 링크를 복사/수정/삭제할 수 있습니다.

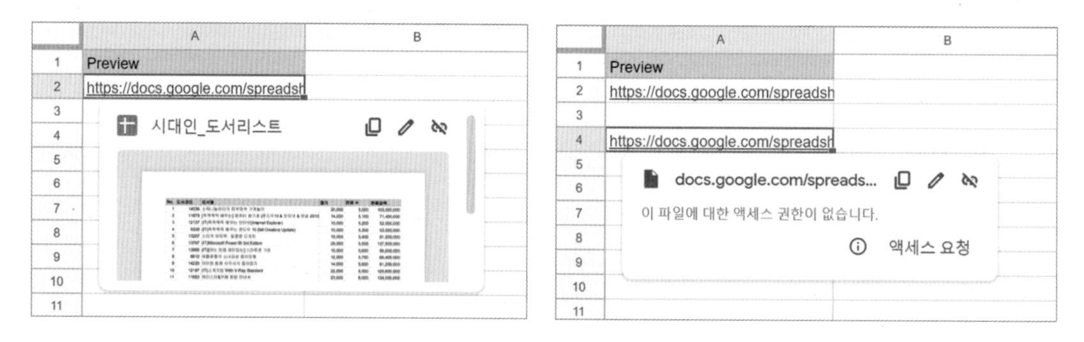

이때 공동 작업자가 링크된 파일에 대한 권한을 가지고 있지 않다면 미리보기 화면이 나타나지 않습니다.

4 · 사용자 칩 기능을 통한 사용자 연결

링크된 파일 미리보기 기능처럼 셀의 데이터가 '이메일'인 경우 해당 메일 사용자에 대한 세부정보 창이 활성화됩니다. 이는 '사용자 칩(SMART CHIPS)' 기능으로, @을 입력하면 연결된 이메일 리스트가 생성됩니다. '사용자 칩'으로 입력된 이메일은 일반 이메일 입력과 달리 배경색이 회색으로 나타납니다.

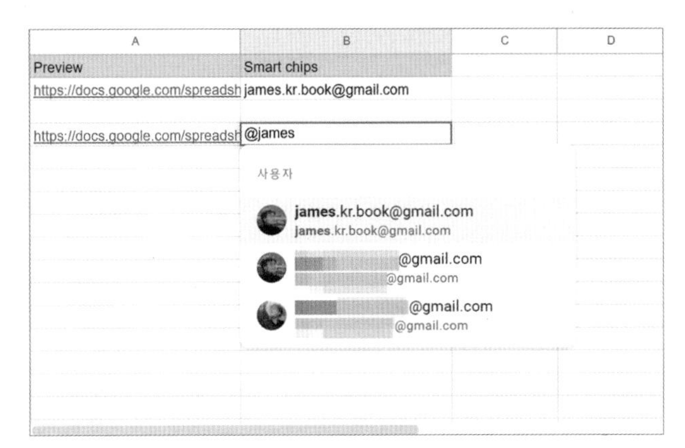

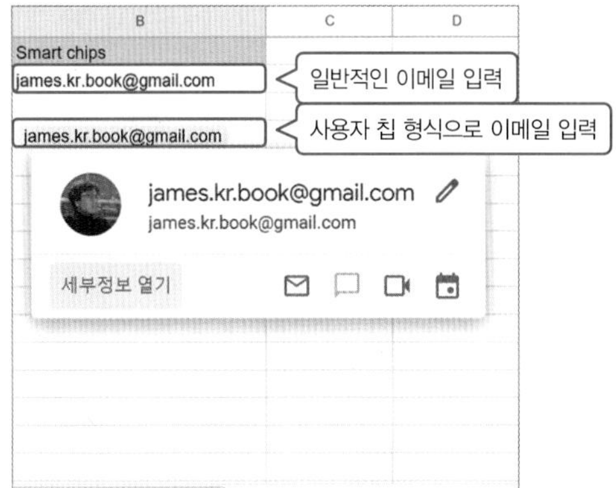

일반 이메일 형식을 사용자 칩 형식으로 변경하기 위해서는 셀 위에서 마우스 오른쪽 버튼을 클릭하고 [사용자 칩으로 전환하기]를 선택합니다. 사용자 칩 이메일을 사용하면 해당 이메일 소유자가 현재의 구글 시트 파일에 대한 접속 권한이 없을 경우 안내 메시지 창이 나타납니다.

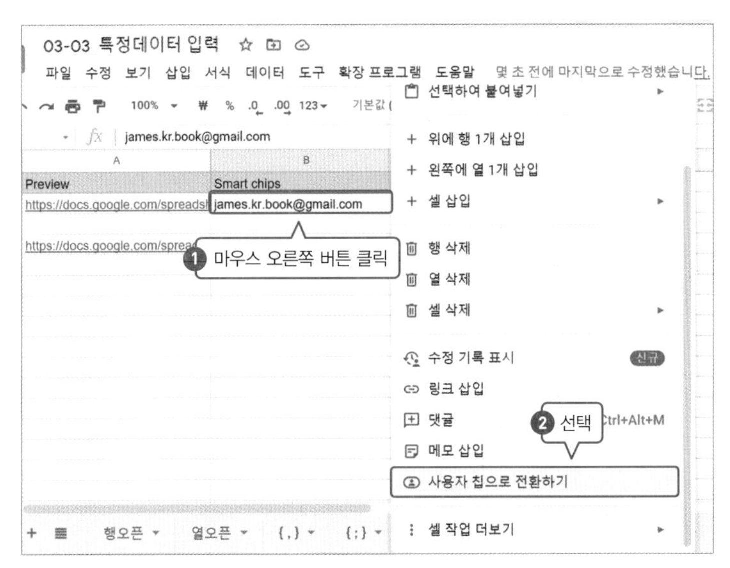

업무 노하우! 업무 시스템을 만들 때 간단하지만 필수적인 기능

캘린더, 체크박스, 미리보기는 간단한 기능이지만 필자가 구글 시트로 업무 시스템을 만드는 데 필수로 사용하는 기능들입니다. 대화형(Interactive) 데이터 분석 리포트나 차트, 대시보드 구성 시 캘린더와 체크박스는 옵션 선택 버튼 역할을 하며, 미리보기는 연결된 파일로 바로 이동시켜주는 역할을 합니다. 또한 사용자 칩을 통해 대상자와의 커뮤니케이션을 원활하게 만듭니다.

STEP 4 구글 시트만의 기능 - 전용함수/확장/인공지능

구글 시트에서만 제공하는 전용함수를 사용하면 구글 시트를 보다 효율적으로 사용할 수 있습니다. 앱스 스크립트(Apps Script) 및 매크로(MACRO)를 통해 직접 함수나 기능을 만들어 사용할 수도 있습니다.

1 · 구글 시트에서 사용되는 함수 - 구글 시트 함수 3대장

구글 시트 전용함수 중에서도 ARRAYFORMULA, IMPORTRANGE, QUERY 함수는 필자가 생각하는 구글 시트 함수 3대장으로, 이 함수들을 얼마나 응용할 줄 아느냐에 따라 원하는 업무 시스템을 만들 수 있을지의 여부가 결정됩니다. 이 함수들은 Chapter 6~8에서 자세히 다룹니다.

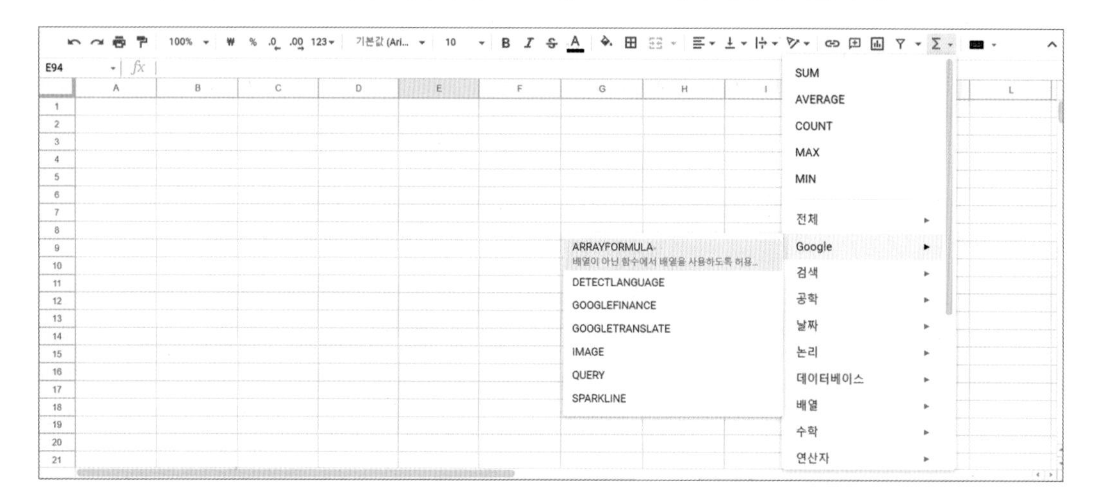

2 · 도구 및 확장 프로그램

구글 시트에서는 [도구]나 [확장 프로그램]을 통해 구글 설문지, 앱스 스크립트, 매크로, 앱시트를 사용할 수 있습니다.

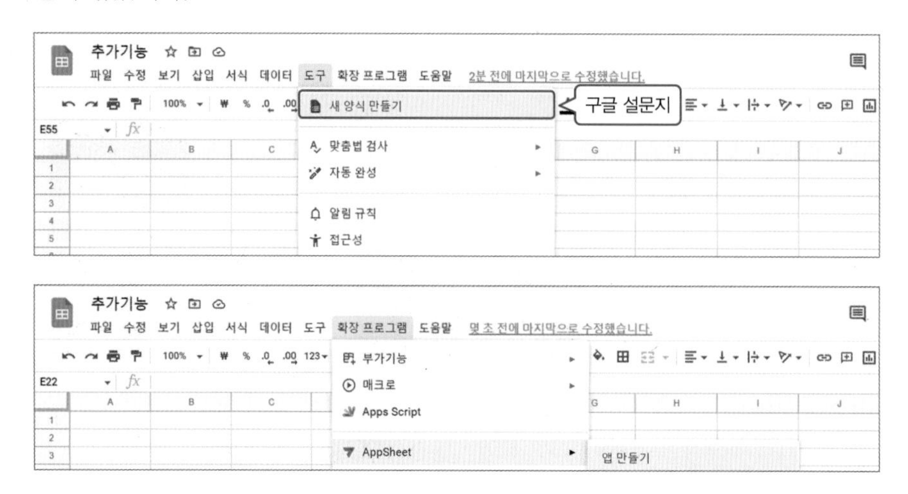

앱스 스크립트는 사용자가 스크립트를 직접 짜서 원하는 기능을 추가하거나 자동화할 수 있는 기능입니다. 이는 코딩의 영역에 속하기 때문에 일반 사용자들은 웹상에 오픈되어 있는 소스를 가져다 일부만 변경해 사용합니다.
그러나 노코드(No-Code) 앱시트(AppSheet)가 기본 확장 프로그램으로 도입되면서, 기존에 스크립트를 만들어 자동화해야 했던 부분과 더불어 모바일 앱으로의 확장이 가능해졌습니다. 따라서 일반 사용자들에게는 스크립트 코드를 파고드는 것보단 앱시트 사용법을 익히는 것을 추천합니다. 앱스 스크립트를 통한 자동화와 모바일 업무 확장을 겸한 자동화는 활용 범위가 다릅니다. 모바일 자동화를 구현하는 역할의 앱시트는 Chapter 11에서 소개합니다.

3 · 구글의 인공지능 활용

구글 시트에서는 데이터의 패턴을 분석해서 함수를 생성하는 '스마트 입력' 기능과 차트를 생성 및 분석하는 '탐색' 기능을 제공합니다.

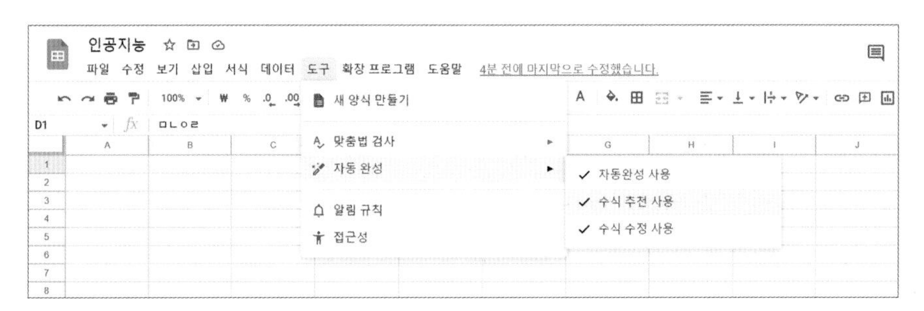

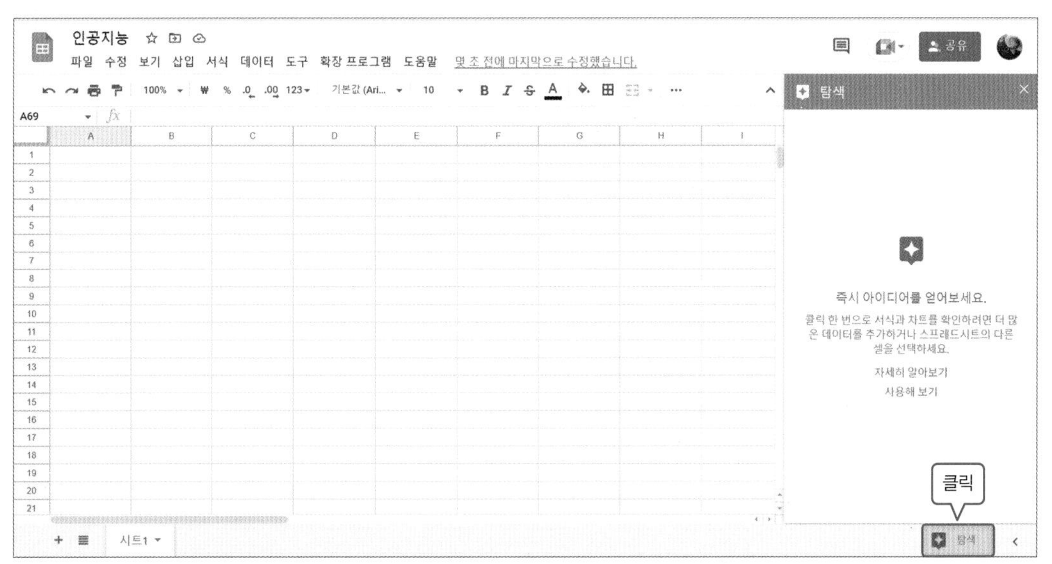

ref. 유사한 패턴을 인식하여 데이터를 자동으로 입력하는 '스마트 입력' 기능은 p.147을, 차트를 자동으로 구성해 주는 '탐색' 기능은 p.120을 참고합니다.

STEP 5 엑셀과의 호환

엑셀과 구글 시트는 서로 호환이 되기 때문에 엑셀을 업로드해서 구글 시트에서 작업하거나 구글 시트를 엑셀로 다운로드한 후 엑셀에서 수정할 수 있습니다.

1 · 변환 없이 엑셀 상태로 편집 VS. 강제 변환

엑셀을 구글 드라이브에 업로드하면 구글 시트로 변환하지 않고 엑셀 상태로 바로 편집할 수 있습니다. 이 경우 파일 제목 옆에 .XLSX 확장자가 표시됩니다.

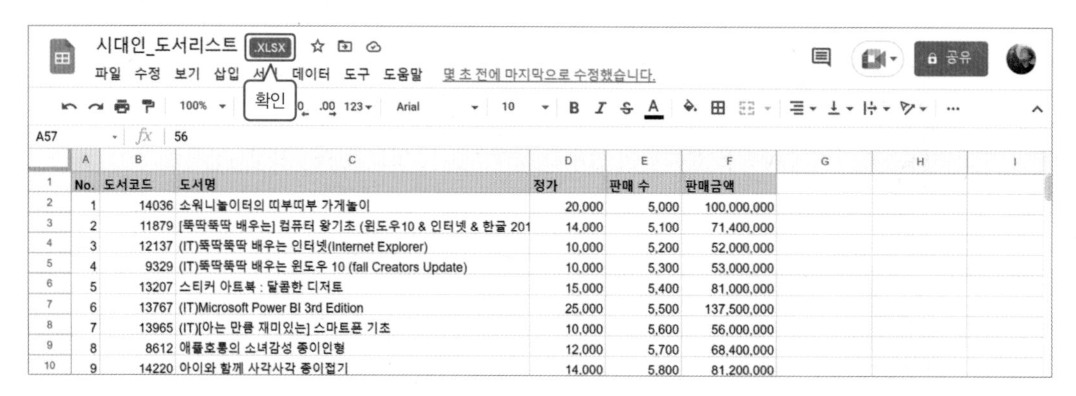

No.	도서코드	도서명	정가	판매 수	판매금액
1	14036	소워니놀이터의 띠부띠부 가게놀이	20,000	5,000	100,000,000
2	11879	[뚝딱뚝딱 배우는] 컴퓨터 왕기초 (윈도우10 & 인터넷 & 한글 201	14,000	5,100	71,400,000
3	12137	(IT)뚝딱뚝딱 배우는 인터넷(Internet Explorer)	10,000	5,200	52,000,000
4	9329	(IT)뚝딱뚝딱 배우는 윈도우 10 (fall Creators Update)	10,000	5,300	53,000,000
5	13207	스티커 아트북 : 달콤한 디저트	15,000	5,400	81,000,000
6	13767	(IT)Microsoft Power BI 3rd Edition	25,000	5,500	137,500,000
7	13965	(IT)[아는 만큼 재미있는] 스마트폰 기초	10,000	5,600	56,000,000
8	8612	애플호롱의 소녀감성 종이인형	12,000	5,700	68,400,000
9	14220	아이와 함께 사각사각 종이접기	14,000	5,800	81,200,000

만약 구글 드라이브에 엑셀 업로드 시 구글 시트 파일로 강제 자동 변환하려면 구글 드라이브 설정에서 '업로드 변환' 항목에 체크합니다.

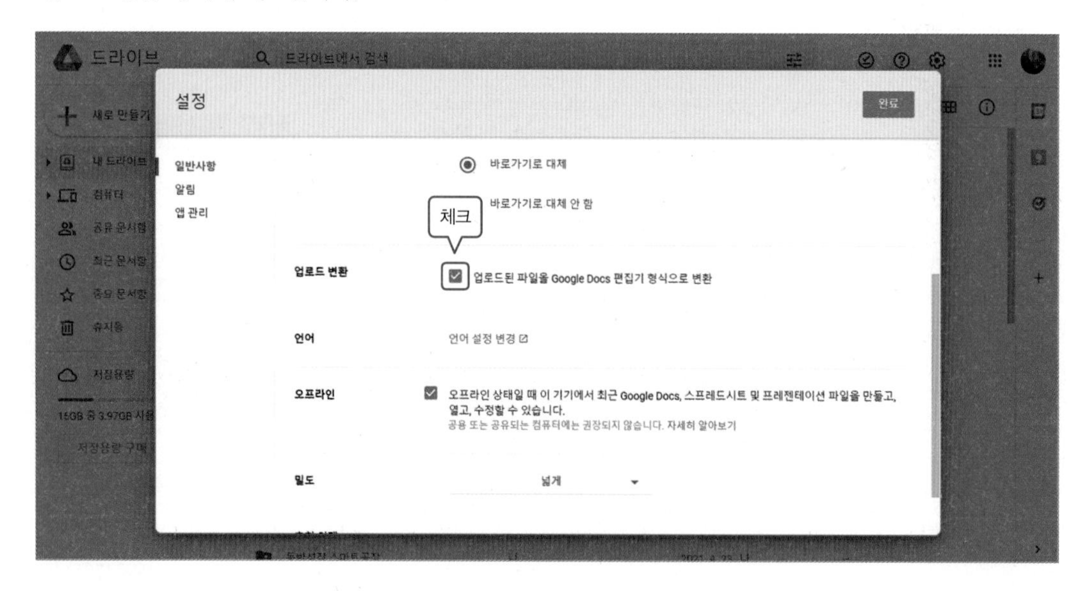

2 · 엑셀 다운로드 시 구글 시트 고유함수의 처리

전용함수가 사용된 구글 시트를 엑셀로 다운받을 경우, 해당 함수는 사용하지 못하고 결괏값인 텍스트 및 숫자만 반영된 상태로 저장됩니다.

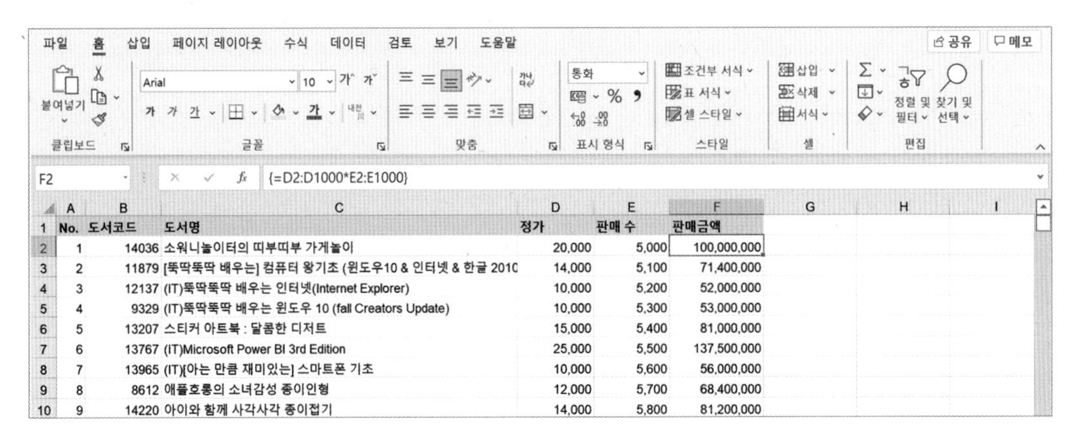

	A	B	C	D	E	F
1	No.	도서코드	도서명	정가	판매 수	판매금액
2	1	14036	소워니놀이터의 띠부띠부 가게놀이	20,000	5,000	100,000,000
3	2	11879	[뚝딱뚝딱 배우는] 컴퓨터 왕기초 (윈도우10 & 인터넷 & 한글 2010	14,000	5,100	71,400,000
4	3	12137	(IT)뚝딱뚝딱 배우는 인터넷(Internet Explorer)	10,000	5,200	52,000,000
5	4	9329	(IT)뚝딱뚝딱 배우는 윈도우 10 (fall Creators Update)	10,000	5,300	53,000,000
6	5	13207	스티커 아트북 : 달콤한 디저트	15,000	5,400	81,000,000
7	6	13767	(IT)Microsoft Power BI 3rd Edition	25,000	5,500	137,500,000
8	7	13965	(IT)[아는 만큼 재미있는] 스마트폰 기초	10,000	5,600	56,000,000
9	8	8612	애플호롱의 소녀감성 종이인형	12,000	5,700	68,400,000
10	9	14220	아이와 함께 사각사각 종이접기	14,000	5,800	81,200,000

위 예제의 경우 구글 시트의 [F2] 셀에 =ARRAYFORMULA(D2:D*E2:E) 함수를 적용하여 나머지 행에 자동으로 수식이 적용되게끔 구성하였으나, 다운받은 엑셀에서는 이 함수가 없어 결괏값만 그대로 반영하고 함수는 제외되었습니다.

ref. ARRAYFORMULA 함수는 구글 시트에만 존재하는 함수로, 하나의 셀에만 적용해도 해당 열 전체에 명령이 동일하게 적용되는 특징을 가지고 있습니다. ARRAYFORMULA 함수는 Chapter 6에서 자세히 다룹니다.

업무 노하우! 구글 시트와 엑셀의 구분은 명확하게!

엑셀 업로드, 다운로드 모두 큰 문제는 없지만 되도록이면 구글 시트에서 작업할 파일과 엑셀에서 작업할 파일을 명확히 구분하는 것이 좋습니다.

엑셀의 고급차트 기능이 사용된 경우 구글 시트에서 그 부분이 반영이 되지 않거나, 반대로 전용함수가 복잡하게 작업된 구글 시트를 엑셀로 다운받는 과정에서 데이터가 다른 값으로 바뀔 수 있기 때문에 구성이 복잡한 파일을 다운로드할 땐 이 부분을 반드시 확인해야 합니다.

Section 1 | 커스텀 필터 만들기
Section 2 | 피봇 테이블과 슬라이서
Section 3 | 인공지능을 활용한 열 통계와 시뮬레이션

기본 기능으로도 가능한 데이터 분석

문제의 답을 찾을 때 가장 좋은 선택지는 이미 있는 기능을 최대한 활용하는 것입니다. 우리가 스프레드시트를 사용하는 이유도 스프레드시트의 데이터 가공 및 편집 기능을 통해 원하는 데이터 값을 찾거나 업무 효율을 높이기 위한 업무 자동화를 추구할 수 있기 때문입니다.
이후 본격적으로 설명할 함수와 기능을 사용하면 좀 더 입맛에 맞는 결과를 얻을 수 있지만, 간단한 수준의 분석은 구글 시트에서 제공하는 기본 기능만으로도 충분히 처리할 수 있습니다. 이번 챕터에서는 구글 시트의 기본 기능만을 사용하여 간단한 데이터 분석을 진행해 보겠습니다.

SECTION

1 커스텀 필터 만들기

데이터를 분석한다는 것은 '필요한 조건을 걸어 내가 원하는 데이터를 추출하는 작업'을 수행하는 것입니다. 분석 결과로 추출된 데이터는 숫자/문자와 같은 하나의 값, 그리고 여러 데이터를 가지는 배열 또는 다양한 차트로 보여지게 됩니다. 결국, 조건을 걸 수 있는 '필터' 기능이 데이터 분석의 핵심이며, 가장 간단한 데이터 분석 방법은 필터 메뉴를 사용하는 것입니다.

STEP 1 구글 시트의 필터 메뉴

구글 시트에서는 세 가지 타입의 필터 기능을 사용할 수 있습니다.

① 필터 만들기

메뉴에서 [데이터] – [필터 만들기]를 선택하거나 리본메뉴에서 '필터 만들기' 아이콘(▼)을 클릭해 기본 필터를 설정할 수 있습니다.

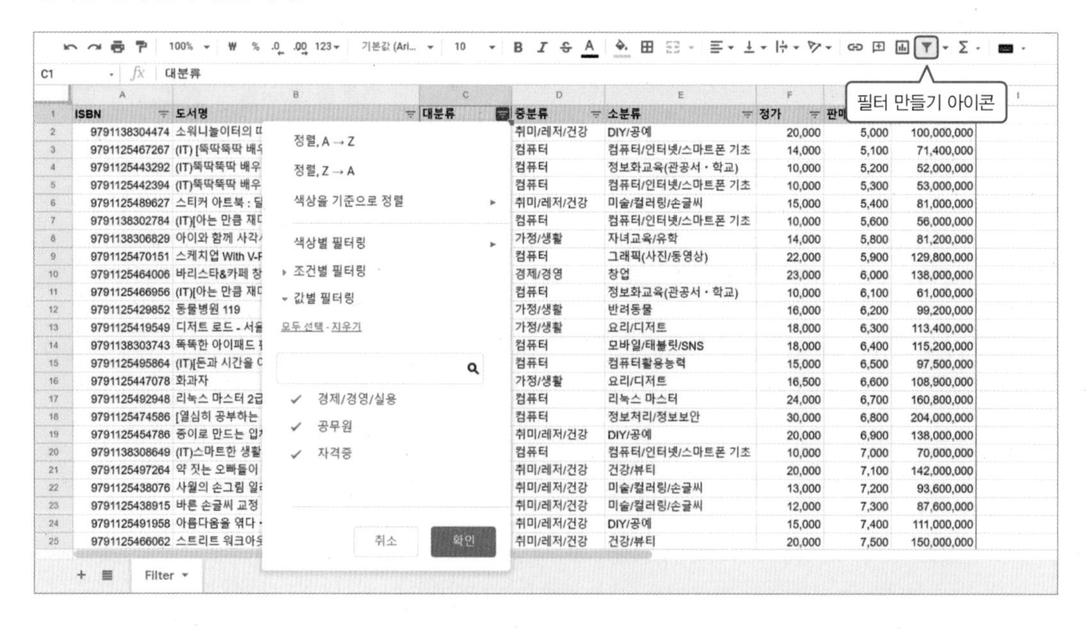

하지만 구글 시트가 공유되어 있는 상황에서 '필터 만들기' 기능을 사용하면 내가 걸어둔 필터 조건이 다른 작업자에도 동일하게 적용되는 문제가 발생합니다. 공동 작업자가 편집 권한이 있어 필터를 해제하면 되겠지만, 반대로 내가 지금 보고 있는 구글 시트 화면에서도 필터가 해제된다는 불편함이 있습니다.

이때 심지어 시트나 셀에 보호가 걸린 상태에서 경고 안내 메시지 창을 무시하고 [모든 사용자용 필터] 버튼을 클릭하면 다른 작업자는 필터를 수정할 수 없게 되어 작업이 어려워집니다. 이를 보완하기 위한 필터 옵션이 바로 [나만을 위해 필터링] 기능인 '필터 보기'입니다.

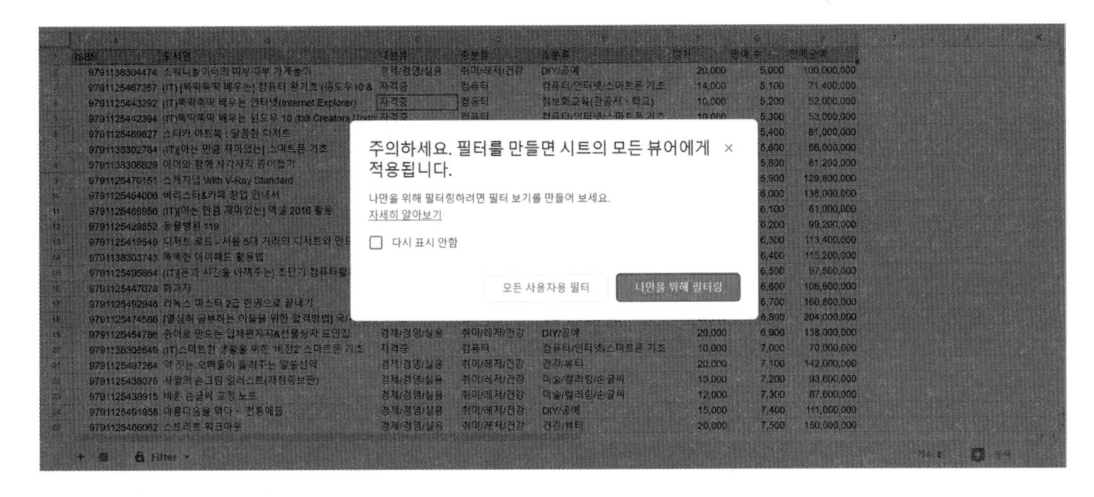

2 · 필터 보기 - 나만 보는 필터

현재 내가 보고 있는 구글 시트 화면에만 필터링을 적용하고 다른 사용자 화면에는 영향을 미치지 않게 하려면 '필터 보기' 기능을 사용합니다.

메뉴에서 [데이터] - [필터 보기]를 선택하거나 리본메뉴에서 '필터 만들기' 아이콘(▽)의 ▼을 클릭하고 [새 필터 보기 만들기]를 선택합니다.

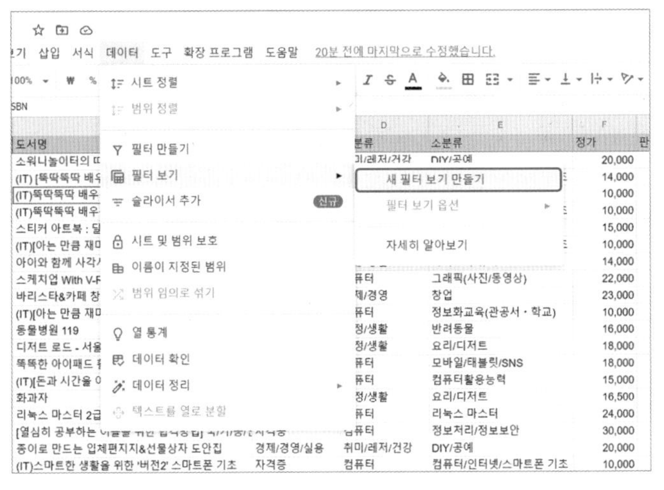

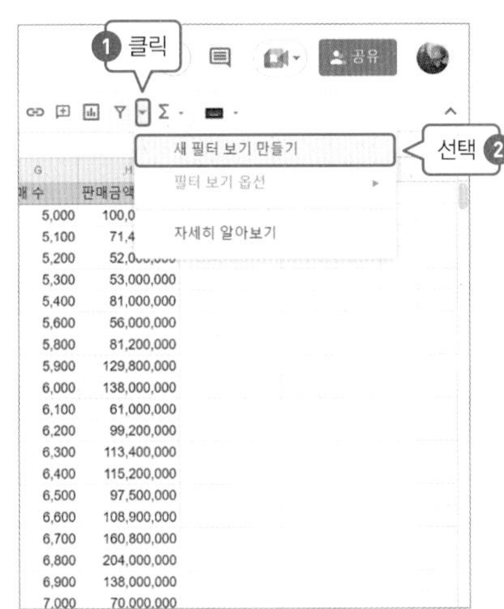

필터를 건 사용자의 화면에만 필터가 적용되고, 다른 공동 작업자의 화면에는 필터가 적용되지 않습니다.

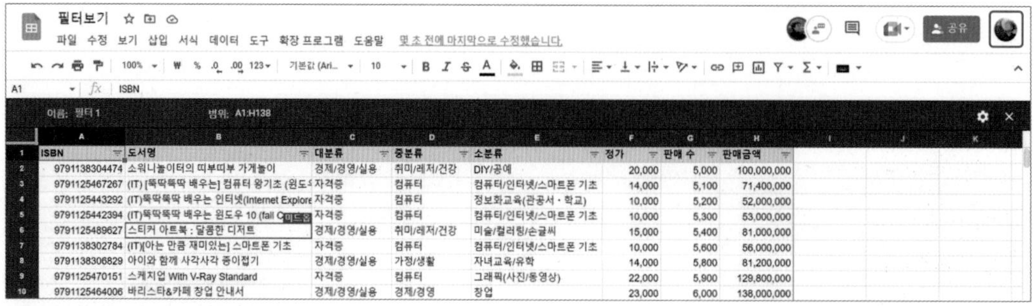

▲ 필터를 건 사용자의 작업화면

필터보기

파일 수정 보기 삽입 서식 데이터 도구 확장 프로그램 도움말 James Lee님이 몇 초 전에 마지막으로 수정했습니다.

B6 스티커 아트북 : 달콤한 디저트

	A	B	C	D	E	F	G	H
1	ISBN	도서명	대분류	중분류	소분류	정가	판매 수	판매금액
2	97911	소워니놀이터의 띠부띠부 가게놀이	경제/경영/실용	취미/레저/건강	DIY/공예	20,000	5,000	100,000,000
3	9791125467267	(IT) [뚝딱뚝딱 배우는] 컴퓨터 왕기초 (윈도	자격증	컴퓨터	컴퓨터/인터넷/스마트폰 기초	14,000	5,100	71,400,000
4	9791125443292	(IT)뚝딱뚝딱 배우는 인터넷(Internet Explore	자격증	컴퓨터	정보화교육(관공서・학교)	10,000	5,200	52,000,000
5	9791125442394	(IT)뚝딱뚝딱 배우는 윈도우 10 (fall Creators	자격증	컴퓨터	컴퓨터/인터넷/스마트폰 기초	10,000	5,300	53,000,000
6	9791125489627	스티커 아트북 : 달콤한 디저트	경제/경영/실용	취미/레저/건강	미술/컬러링/손글씨	15,000	5,400	81,000,000
7	9791138302784	(IT)[아는 만큼 재미있는] 스마트폰 기초	자격증	컴퓨터	컴퓨터/인터넷/스마트폰 기초	10,000	5,600	56,000,000
8	9791138306829	아이와 함께 사각사각 종이접기	경제/경영/실용	가정/생활	자녀교육/유학	14,000	5,800	81,200,000
9	9791125470151	스케치업 With V-Ray Standard	자격증	컴퓨터	그래픽(사진/동영상)	22,000	5,900	129,800,000
10	9791125464006	바리스타&카페 창업 안내서	경제/경영/실용	경제/경영	창업	23,000	6,000	138,000,000

▲ 필터가 걸리지 않은 공동 작업자의 작업화면

3 · 원하는 필터 조건을 메뉴에 추가하기

'필터 보기'의 또 다른 중요한 특징은 해당 필터에 대해 이름과 범위를 지정할 수 있다는 것입니다.

다음은 대분류 '경제/경영/실용'에 정가 20,000원 이상이라는 필터 조건을 걸고, 이 필터 보기의 이름을 '경제/경영/실용,>=20000'으로 바꾼 결과입니다.

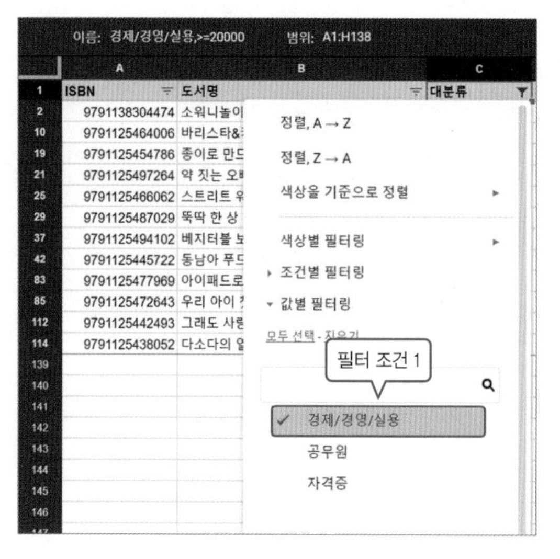

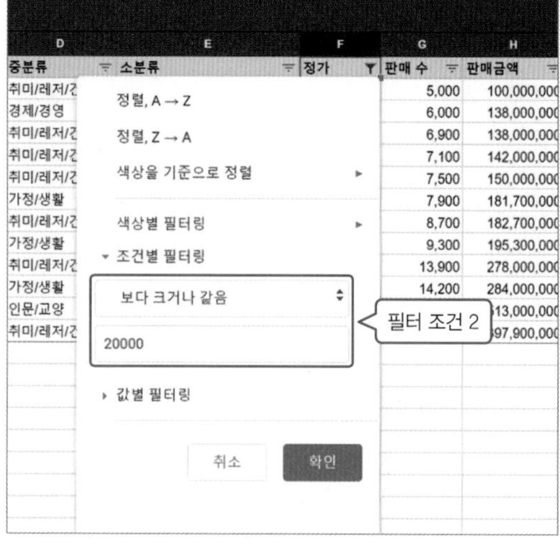

이번에는 '설정' 아이콘(⚙)을 클릭하고 [복사]를 선택해 필터 보기를 하나 더 추가해 보겠습니다.

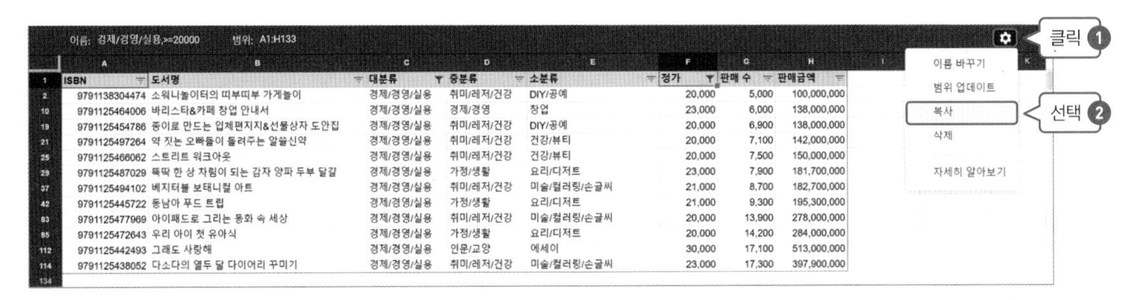

두 번째 필터 보기는 도서명에 '(IT)'가 포함되고 중분류가 '컴퓨터'인 조건을 적용합니다.

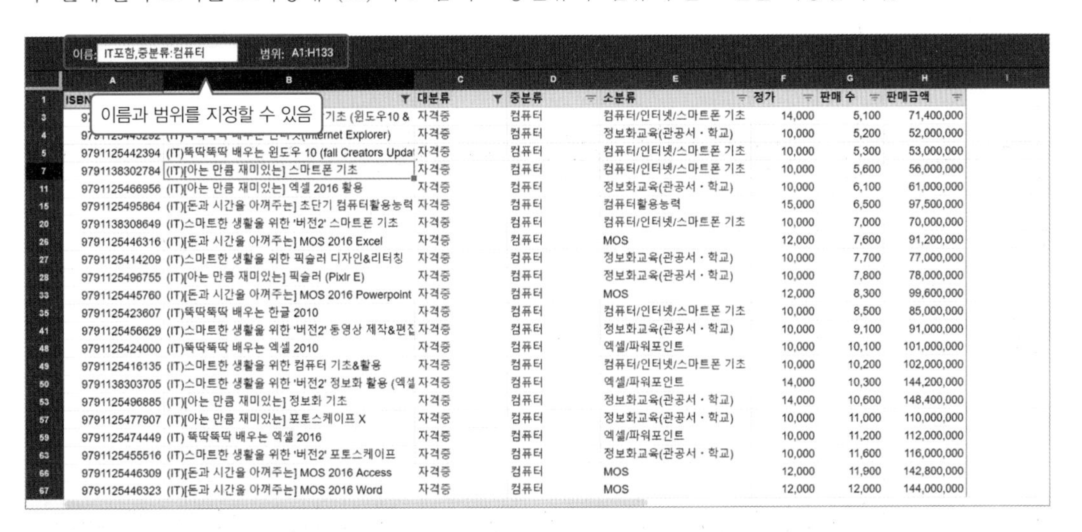

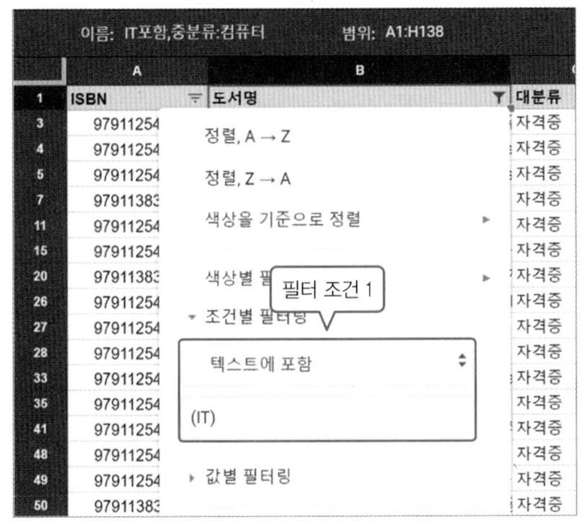

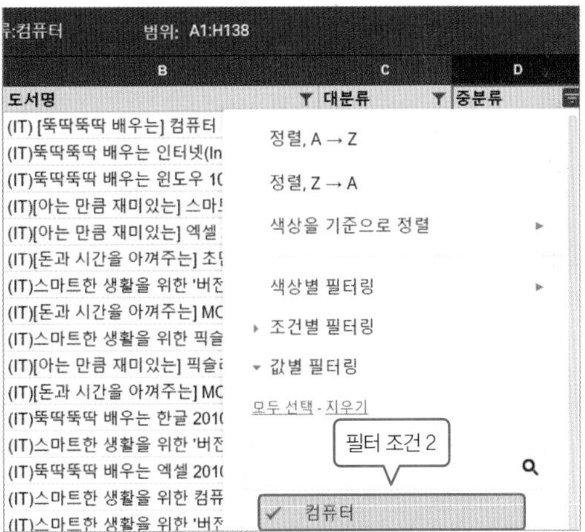

다른 사용자 화면에서 [필터 보기]를 선택했을 때 앞서 만든 두 필터 조건이 메뉴 목록에 추가된 것을 확인할 수 있습니다. 이렇게 만들어 놓은 **필터 보기 목록은 공동 작업자와 공유되어 사용자 누구나 메뉴에서 필터 보기 목록을 선택할 수 있고, 설정된 필터값을 바로 적용할 수 있습니다.**

즉, 원하는 필터 설정을 미리 메뉴 목록으로 만들어 놓을 수 있는 '필터 보기' 기능은 하나의 데이터에서 여러 가지 필터 조건을 자주 걸었다 풀었다 하는 경우 매우 유용하게 사용됩니다.

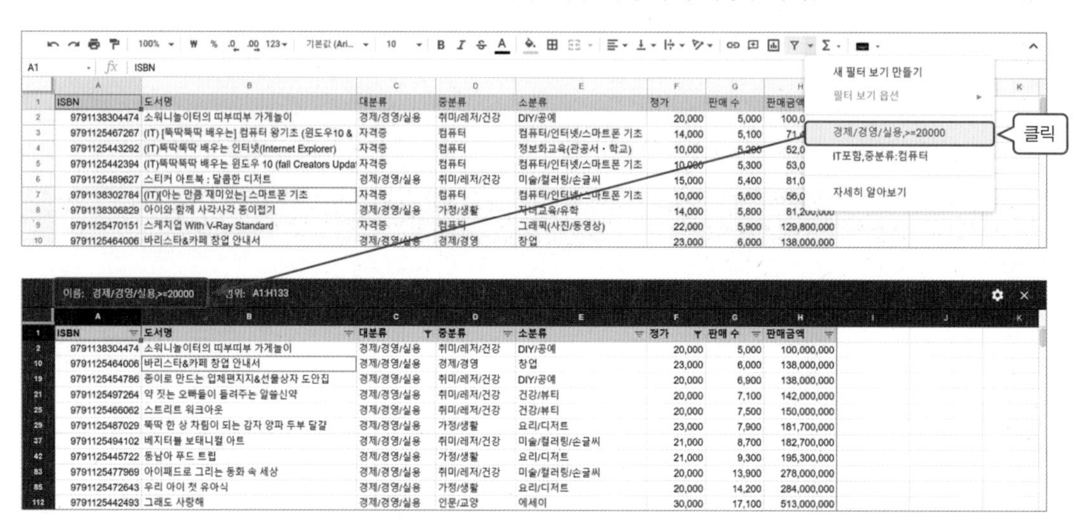

필터 보기의 삭제는 해당 필터 보기를 만든 사람만 할 수 있습니다. 다른 사용자의 화면에서는 [삭제] 메뉴가 비활성화됩니다.

4 • 슬라이서(SLICER) - 원하는 조건으로 필터 버튼 구성하기

필터는 '슬라이서' 기능을 이용해 구성할 수도 있습니다. 메뉴에서 [데이터] – [슬라이서 추가]를 선택합니다. 슬라이서 버튼과 설정 창이 나타나면 필터를 적용할 열을 선택합니다. 예제에서는 '대분류'를 선택했습니다. 이때 데이터 범위의 첫 행이 해당 열의 제목이어야 슬라이서에서 열 제목으로 선택할 수 있음을 유의합니다.

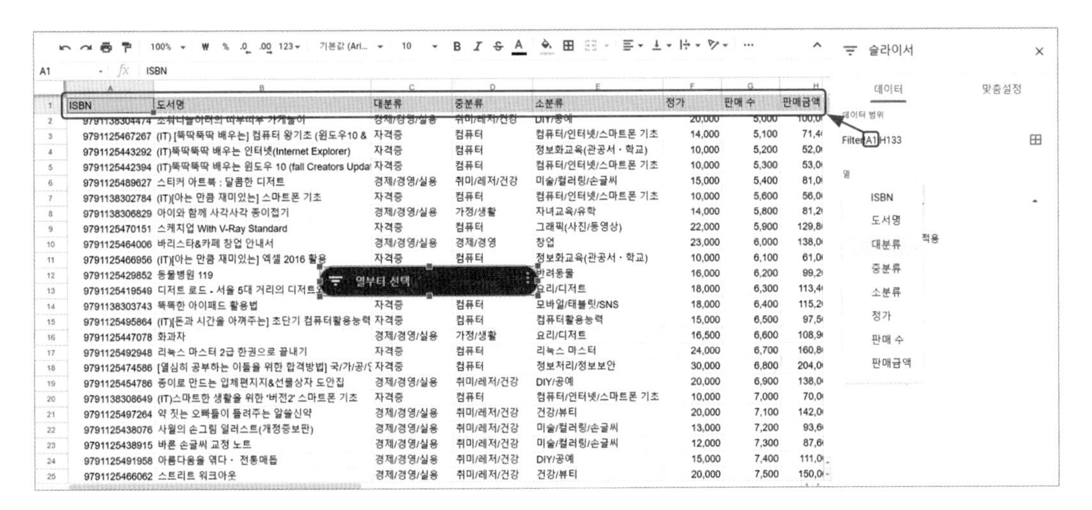

슬라이서의 특징은 '맞춤설정' 탭에서 슬라이서의 이름, 글꼴, 색상을 설정할 수 있다는 것입니다. 슬라이서를 드래그하여 원하는 위치로 이동시킬 수도 있습니다.

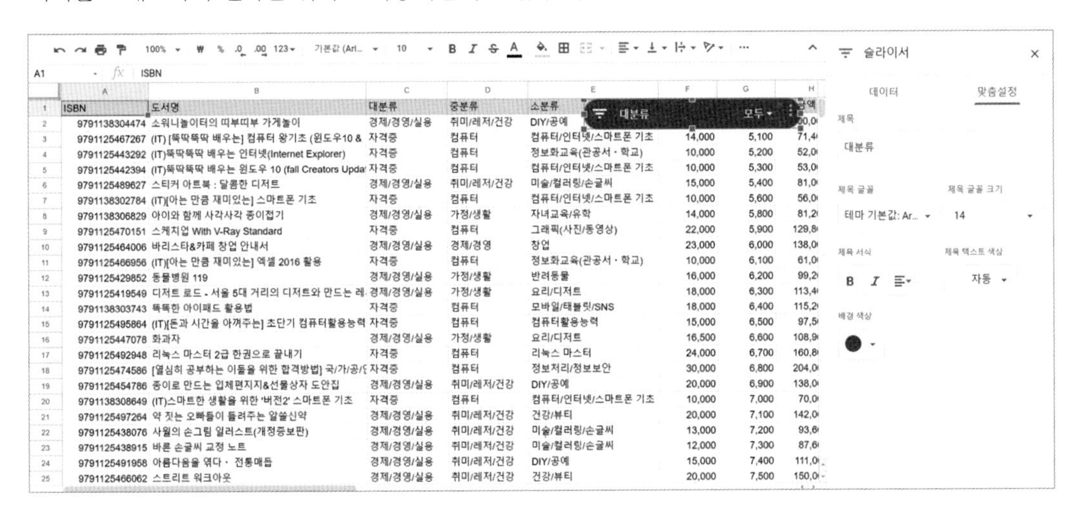

복사(Ctrl + C)와 붙여넣기(Ctrl + V)를 통해 손쉽게 여러 개의 슬라이서를 만들고 필터 조건을 선택할 수 있습니다.

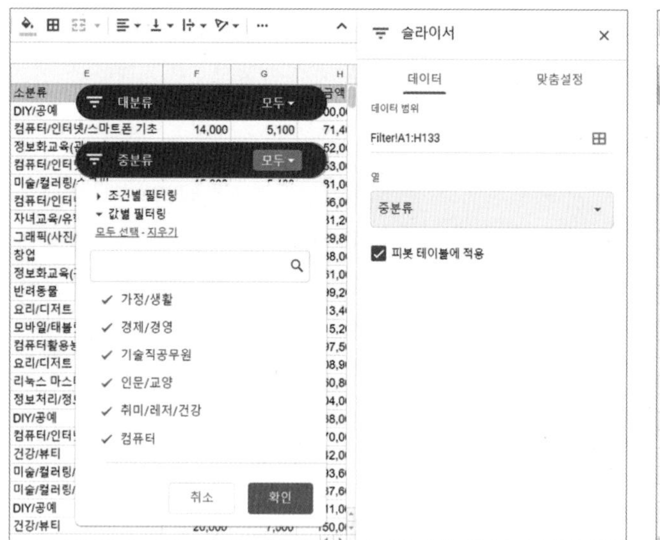

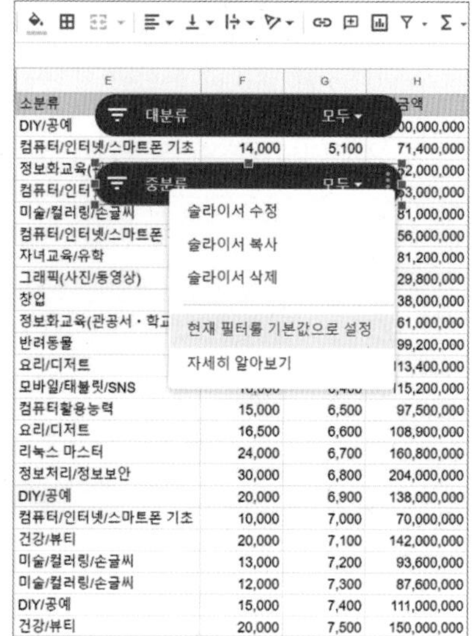

'필터 보기' 기능과 마찬가지로 다른 공동 작업자 화면에도 슬라이서를 독립적으로 사용할 수 있습니다.

5 · 기능별 필터 비교

다음은 앞서 설명한 세 가지 필터 메뉴에 대해 기능을 비교한 표입니다. 각각 어떤 차이점이 있는지 이해하고 사용하면 좋습니다.

기능	필터 만들기	필터 보기	슬라이서
나만을 위한 필터링	×	○	○
정렬(오름/내림차순)	○	○	×
색상 기준 정렬(셀 배경색, 텍스트 색)	○	○	×
색상별 필터링(셀 배경색, 텍스트 색)	○	○	×
조건별 필터링(공란, 텍스트, 날짜, 값의 크기, 맞춤 수식)	○	○	○
값별 필터링	○	○	○

STEP 2 필터 조건에 따른 소계 계산하기

예제파일 | 04-01_필터보기+SUBTOTAL

기능별 필터 비교 표를 보면 알 수 있듯이 모든 기능을 갖춘 '필터 보기'가 가장 유용합니다. 필터 보기를 통해 리스트를 추출하고 이에 맞는 값을 계산하는 것이 구글 시트에서 할 수 있는 기본적인 데이터 분석의 과정입니다.

데이터 분석 전문가가 아닌 이상 데이터를 통해 추출하는 계산값은 합계(SUM), 평균(AVERAGE), 개수(COUNT), 최댓값(MAX), 최솟값(MIN) 이렇게 다섯 가지 내에서 움직입니다. 이 다섯 가지 기본 함수는 Chapter 6에서 본격적으로 다루며, 이번 스텝에서는 필터와 연계해 사용하는 SUBTOTAL 함수에 대해서 소개합니다.

1 · 필터 조건에 맞는 값 계산하기

판매금액의 합을 계산할 때는 SUM 함수를 사용합니다.

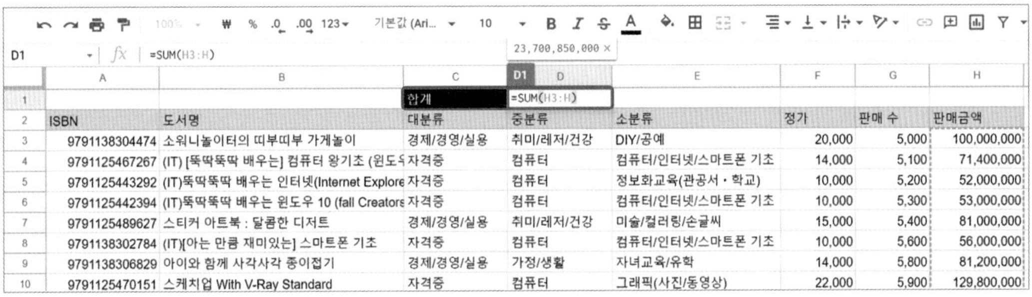

D1 | =SUM(H3:H) | 23,700,850,000

	A	B	C	D	E	F	G	H
1			합계	=SUM(H3:H)				
2	ISBN	도서명	대분류	중분류	소분류	정가	판매 수	판매금액
3	9791138304474	소워니놀이터의 띠부띠부 가게놀이	경제/경영/실용	취미/레저/건강	DIY/공예	20,000	5,000	100,000,000
4	9791125467267	(IT) [뚝딱뚝딱 배우는] 컴퓨터 왕기초 (윈도약	자격증	컴퓨터	컴퓨터/인터넷/스마트폰 기초	14,000	5,100	71,400,000
5	9791125443292	(IT)뚝딱뚝딱 배우는 인터넷(Internet Explore	자격증	컴퓨터	정보화교육(관공서 · 학교)	10,000	5,200	52,000,000
6	9791125442394	(IT)뚝딱뚝딱 배우는 윈도우 10 (fall Creators	자격증	컴퓨터	컴퓨터/인터넷/스마트폰 기초	10,000	5,300	53,000,000
7	9791125489627	스티커 아트북 : 달콤한 디저트	경제/경영/실용	취미/레저/건강	미술/컬러링/손글씨	15,000	5,400	81,000,000
8	9791138302784	(IT)[아는 만큼 재미있는] 스마트폰 기초	자격증	컴퓨터	컴퓨터/인터넷/스마트폰 기초	10,000	5,600	56,000,000
9	9791138306829	아이와 함께 사각사각 종이접기	경제/경영/실용	가정/생활	자녀교육/유학	14,000	5,800	81,200,000
10	9791125470151	스케치업 With V-Ray Standard	자격증	컴퓨터	그래픽(사진/동영상)	22,000	5,900	129,800,000

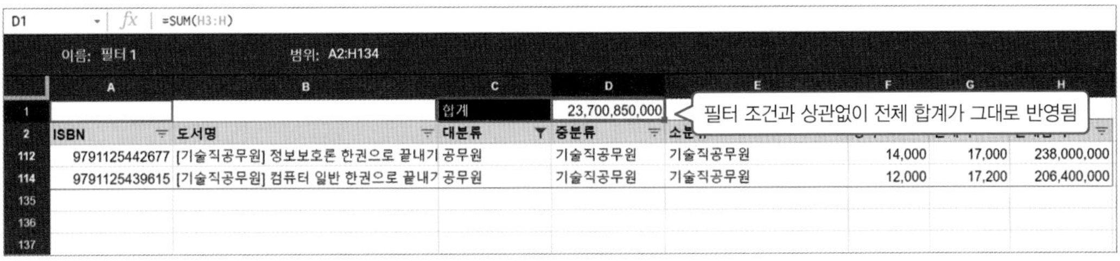

D1 | =SUM(H3:H)

이름: 필터 1　　범위: A2:H134

	A	B	C	D	E	F	G	H
1			합계	23,700,850,000				
2	ISBN	도서명	대분류	중분류	소분류			
112	9791125442677	[기술직공무원] 정보보호론 한권으로 끝내기	공무원	기술직공무원	기술직공무원	14,000	17,000	238,000,000
114	9791125439615	[기술직공무원] 컴퓨터 일반 한권으로 끝내7	공무원	기술직공무원	기술직공무원	12,000	17,200	206,400,000
135								
136								
137								

필터 조건과 상관없이 전체 합계가 그대로 반영됨

여기서 문제는 대분류가 '공무원'인 것을 필터 조건으로 걸어도 전체 판매금액의 합계가 반영되었다는 것입니다. 실제로 필터의 결괏값으로 대분류 '공무원'에 해당하는 2건의 도서가 반환되어 판매금액의 합계는 444,400,000여야 합니다. 그러나 SUM 함수는 필터와 상관없이 전체 판매금액인 23,700,850,000을 그대로 반환합니다.

필터 조건에 따른 값을 정확히 계산하기 위해서는 SUBTOTAL 함수를 사용해야 합니다.

2 · SUBTOTAL 함수

SUBTOTAL 함수를 적용해 필터 조건에 따른 판매금액 소계를 계산할 수 있습니다.

SUBTOTAL (함수코드, 범위1, [범위2, …])

지정된 집계 함수를 사용하여 열 방향 범위의 셀에 대한 소계를 반환합니다.

- **함수코드**: 소계 집계에 사용할 함수번호입니다.
- **범위1**: 소계를 계산할 범위입니다.
- **[범위2, …]**: 계산할 범위가 여러 개일 경우 추가로 범위를 지정할 수 있습니다.

함수코드	적용함수	설명
1	AVERAGE	텍스트를 제외한 평균값을 반환합니다.
2	COUNT	숫자값의 개수를 반환합니다.
3	COUNTA	값의 개수를 반환합니다.
4	MAX	최댓값을 반환합니다.
5	MIN	최솟값을 반환합니다.
6	PRODUCT	숫자를 곱한 결과를 반환합니다.
7	STDEV	표본을 기준으로 표준편차를 계산합니다.
8	STDEVP	전체 모집단의 표준편차를 계산합니다.
9	SUM	합계를 반환합니다.
10	VAR	표본을 기준으로 분산을 계산합니다.
11	VARP	전체 모집단의 분산을 계산합니다.

▲ SUBTOTAL( ) 함수코드

3 · 필터와 SUBTOTAL 함수의 구성

예제에 SUBTOTAL 함수를 적용해 필터 조건에 따른 판매금액의 소계를 계산할 수 있습니다. 합계(SUM)를 구하는 것이므로 SUBTOTAL 함수코드로 '9'를 입력해야 합니다.

```
=SUBTOTAL(9,H4:H)
```

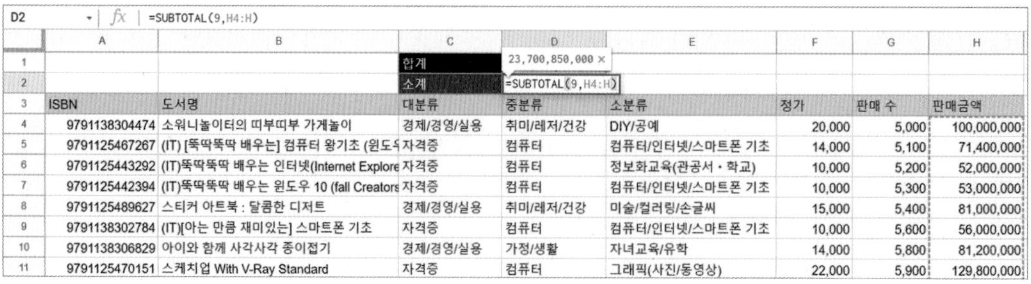

D2 | fx | =SUBTOTAL(9,H4:H)

	A	B	C	D	E	F	G	H
1			합계	23,700,850,000 ×				
2			소계	=SUBTOTAL(9,H4:H)				
3	ISBN	도서명	대분류	중분류	소분류	정가	판매 수	판매금액
4	9791138304474	소워니놀이터의 띠부띠부 가게놀이	경제/경영/실용	취미/레저/건강	DIY/공예	20,000	5,000	100,000,000
5	9791125467267	(IT) [뚝딱뚝딱 배우는] 컴퓨터 왕기초 (윈도우	자격증	컴퓨터	컴퓨터/인터넷/스마트폰 기초	14,000	5,100	71,400,000
6	9791125443292	(IT)뚝딱뚝딱 배우는 인터넷(Internet Explore	자격증	컴퓨터	정보화교육(관공서 · 학교)	10,000	5,200	52,000,000
7	9791125442394	(IT)뚝딱뚝딱 배우는 윈도우 10 (fall Creators	자격증	컴퓨터	컴퓨터/인터넷/스마트폰 기초	10,000	5,300	53,000,000
8	9791125489627	스티커 아트북 : 달콤한 디저트	경제/경영/실용	취미/레저/건강	미술/컬러링/손글씨	15,000	5,400	81,000,000
9	9791138302784	(IT)[아는 만큼 재미있는] 스마트폰 기초	자격증	컴퓨터	컴퓨터/인터넷/스마트폰 기초	10,000	5,600	56,000,000
10	9791138306829	아이와 함께 사각사각 종이접기	경제/경영/실용	가정/생활	자녀교육/유학	14,000	5,800	81,200,000
11	9791125470151	스케치업 With V-Ray Standard	자격증	컴퓨터	그래픽(사진/동영상)	22,000	5,900	129,800,000

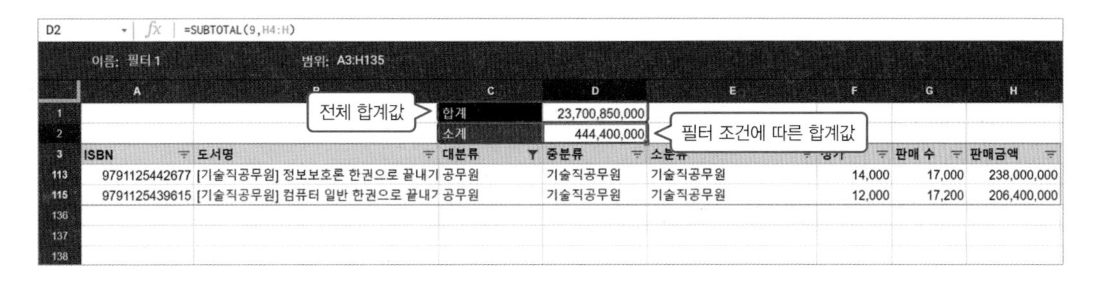

필터가 걸리지 않은 상태에서는 SUM 함수와 SUBTOTAL 함수가 동일한 결괏값을 도출하지만, 필터가 걸릴 경우 SUBTOTAL 함수만 필터 조건에 맞는 합계값을 도출합니다.

4 · 필터와 차트 연결하기

구글 시트는 필터링된 데이터를 바탕으로 차트를 구성할 때 필터 조건에 맞는 데이터 값을 정확히 반영합니다. 따라서 필터 보기를 사용해 데이터 분석을 할 경우 필터 보기 목록 중 무엇을 선택하냐에 따라 계산값 및 차트가 다르게 나타납니다.

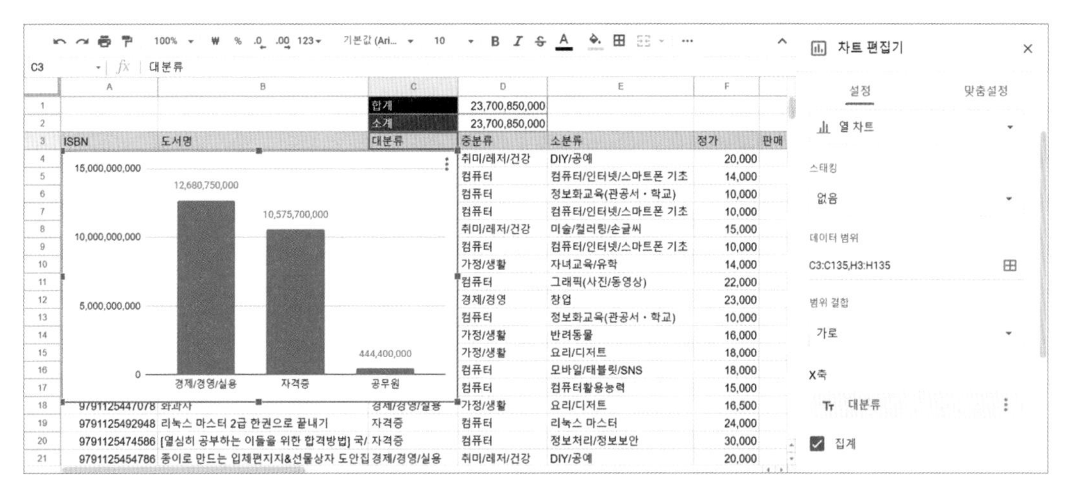

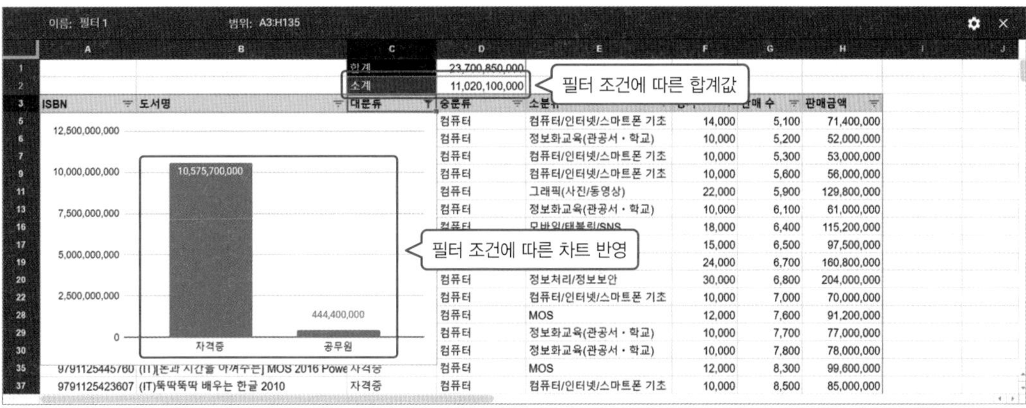

PLUS 필터 사용 시 필터 적용 범위를 주의하세요!

필터 적용 범위는 처음 필터를 걸 때 자동으로 설정됩니다. 이후 데이터가 추가된다면 필터 범위를 수정해야 하는데, 추가된 데이터에는 필터 적용 범위가 자동으로 확장되지 않기 때문입니다. 따라서 필터 기능을 사용할 때에는 나중에 추가되는 데이터가 있는지 먼저 확인한 후 필요한 만큼 넉넉하게 범위를 잡는 것이 좋습니다.

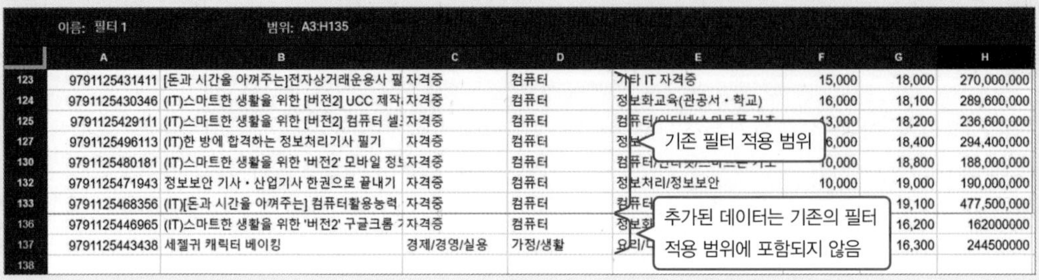

이름: 필터 1　　범위: A3:H135

	A	B	C	D	E	F	G	H
123	9791125431411	[돈과 시간을 아껴주는]전자상거래운용사 필	자격증	컴퓨터	기타 IT 자격증	15,000	18,000	270,000,000
124	9791125430346	(IT)스마트한 생활을 위한 [버전2] UCC 제작	자격증	컴퓨터	정보화교육(관공서・학교)	16,000	18,100	289,600,000
125	9791125429111	(IT)스마트한 생활을 위한 [버전2] 컴퓨터 셀	자격증	컴퓨터	컴퓨터[illegible]	[illegible]3,000	18,200	236,600,000
127	9791125496113	(IT)한 방에 합격하는 정보처리기사 필기	자격증	컴퓨터	정[illegible]	[illegible]6,000	18,400	294,400,000
130	9791125480181	(IT)스마트한 생활을 위한 '버전2' 모바일 정보	자격증	컴퓨터	컴퓨터[illegible]	[illegible]0,000	18,800	188,000,000
132	9791125471943	정보보안 기사・산업기사 한권으로 끝내기	자격증	컴퓨터	정보처리/정보보안	10,000	19,000	190,000,000
133	9791125468356	(IT)[돈과 시간을 아껴주는] 컴퓨터활용능력	자격증	컴퓨터	컴퓨터[illegible]	[illegible]	19,100	477,500,000
136	9791125446965	(IT)스마트한 생활을 위한 '버전2' 구글크롬 7	자격증	컴퓨터	정보화[illegible]	[illegible]	16,200	162000000
137	9791125443438	세젤귀 캐릭터 베이킹	경제/경영/실용	가정/생활	요리/[illegible]	[illegible]	16,300	244500000
138								

기존 필터 적용 범위

추가된 데이터는 기존의 필터 적용 범위에 포함되지 않음

SECTION

2 피봇 테이블과 슬라이서

데이터 편집과 분석에 있어 가장 보편적으로 사용하는 기능은 피봇 테이블입니다. 이번 섹션에서는 구글 시트에서 피봇 테이블과 슬라이서를 연계하여 데이터를 다루는 방법에 대해 설명합니다.

STEP 1 피봇 테이블

예제파일 I 04-02_피봇테이블

먼저 피봇 테이블의 생성과 설정에 대해 알아보겠습니다.

1 · 피봇 테이블 생성하기

메뉴에서 [삽입] – [피봇 테이블]을 선택하여 피봇 테이블을 생성할 수 있습니다. 이때 데이터의 범위는 구글 시트가 자동으로 설정하긴 하지만, 이후 계속해서 데이터가 추가되는 파일이라면 범위를 넉넉하게 잡아두는 것이 좋습니다. 또한, 생성한 피봇 테이블을 '새 시트'에 삽입할지 '기존 시트'에 삽입할지 선택할 수 있는데, 기존 시트에 삽입 시에는 피봇 테이블의 위치를 직접 입력해야 합니다.

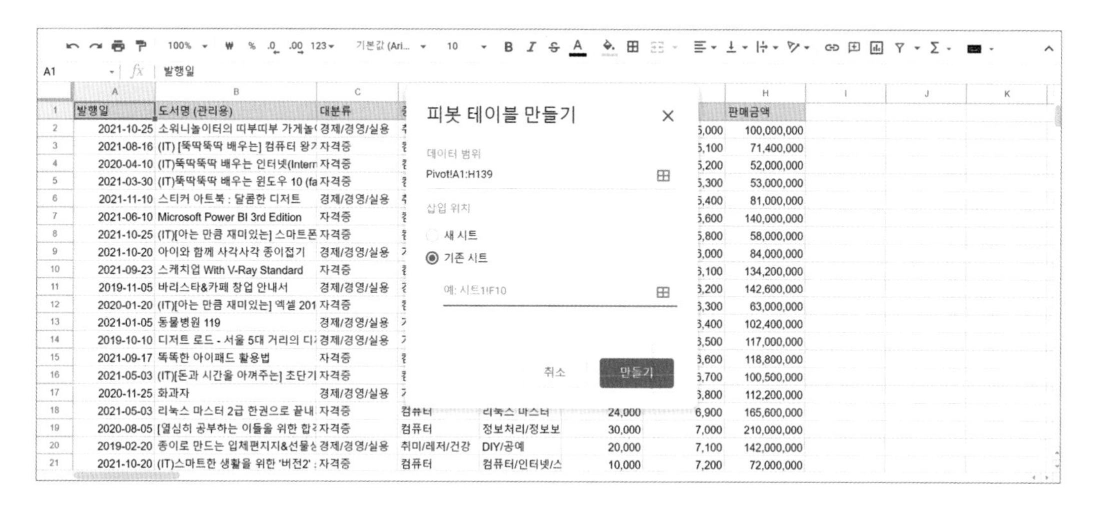

예제에서는 피봇 테이블을 새 시트로 진행하며, 데이터 범위는 Pivot!A1:H800으로 변경하여 넓게 설정하겠습니다.

2 • 피봇 테이블 편집하기

피봇 테이블을 새 시트에 생성하면 화면 우측에 '피봇 테이블 편집기' 창이 나타납니다. 피봇 테이블을 만들기 위해서는 먼저 행과 열을 정한 후 보고자 하는 값을 선택해야 합니다. 기본적으로 인공지능이 피봇 테이블을 추천해 주는데, '피봇 테이블 미리보기' 아이콘(🔍)을 클릭해 피봇 테이블을 미리 볼 수 있습니다. 예제에서는 이 추천 기능을 사용하지 않고 직접 피봇 테이블을 선택하겠습니다.

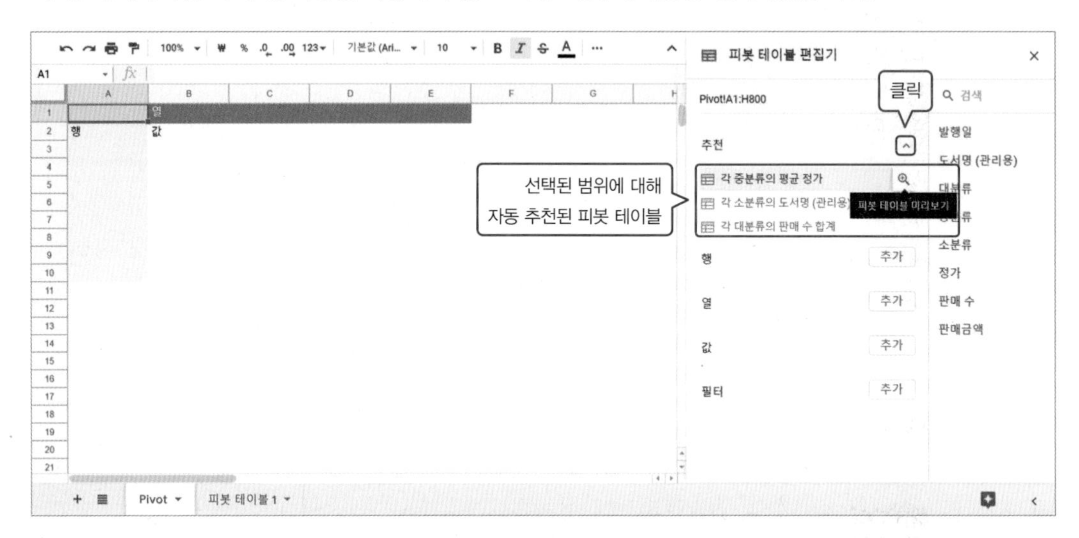

행은 '발행일', 열은 '대분류'를 선택하고, 보고자 하는 값은 '판매금액'의 합계를 선택합니다. 각 항목은 [추가] 버튼을 클릭하거나 검색 목록에서 드래그하여 선택할 수 있습니다.

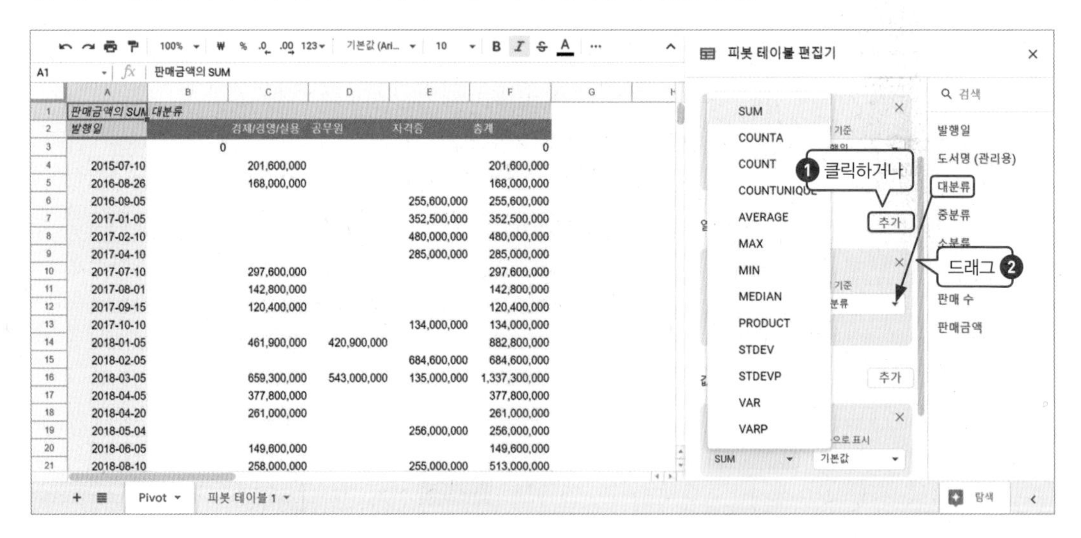

PLUS 합계 숨기기

'합계 표시'를 체크 해제하면 해당 항목의 총계가 나타나지 않습니다. 대분류 열의 '합계 표시'를 체크 해제하면 F열의 총계가 피봇 테이블에 반영되지 않습니다.

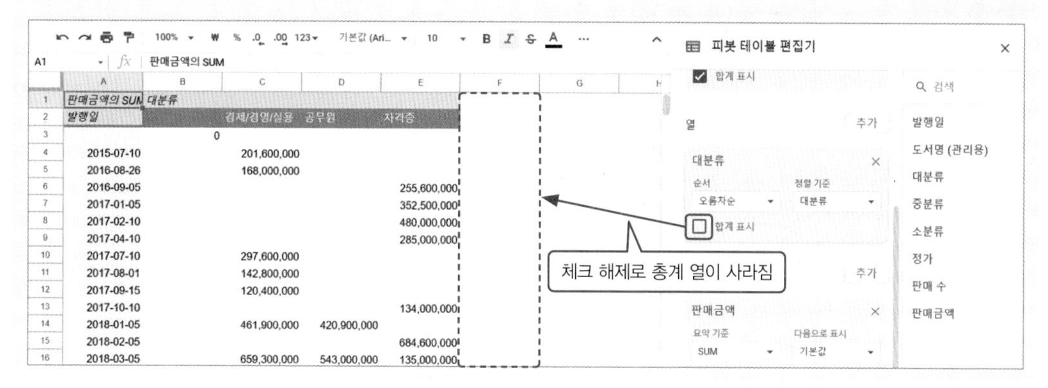

데이터가 추가될 경우를 고려하여 피봇 테이블의 범위를 **Pivot!A1:H800**으로 넓게 잡았기 때문에 데이터가 없는 경우 0 값이 그대로 피봇 테이블에 반영됩니다. 발행일의 셀이 공백인 경우를 제외하고 반환하기 위해 '상태: 셀이 비어있지 않음' 필터를 추가합니다.

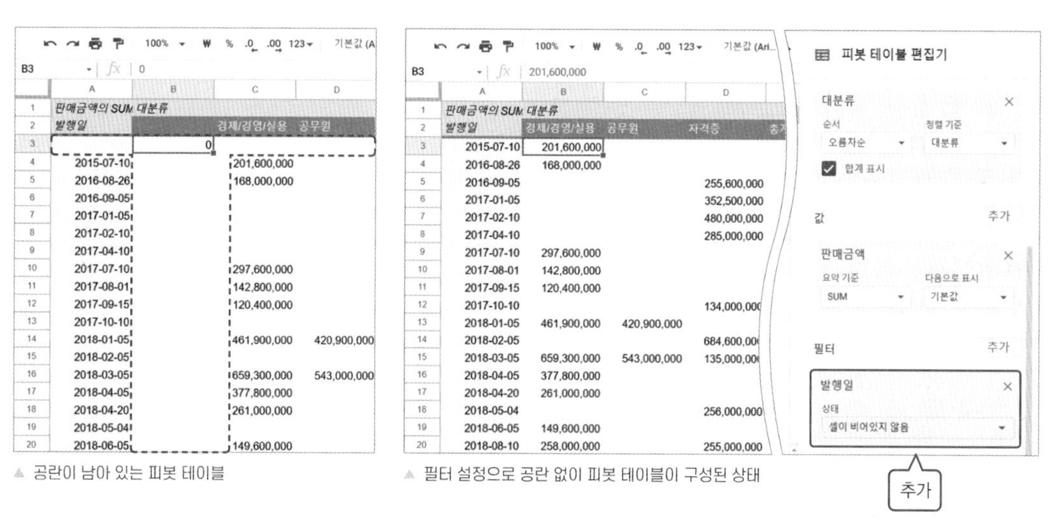

▲ 공란이 남아 있는 피봇 테이블

▲ 필터 설정으로 공란 없이 피봇 테이블이 구성된 상태

3 • 피봇 테이블에서 그룹 설정하기

피봇 테이블에서 행 구분이 날짜로 구성된 경우 데이터를 일정한 간격만큼 그룹화하여 볼 수 있습니다. 해당 셀에서 마우스 오른쪽 버튼을 클릭하고 보고자 하는 그룹을 선택합니다.

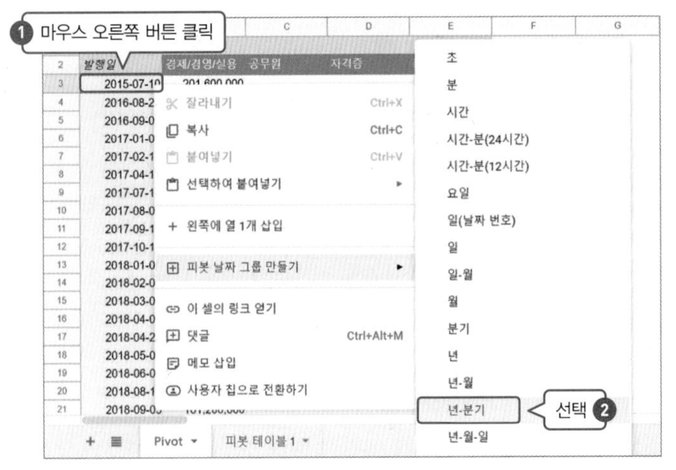

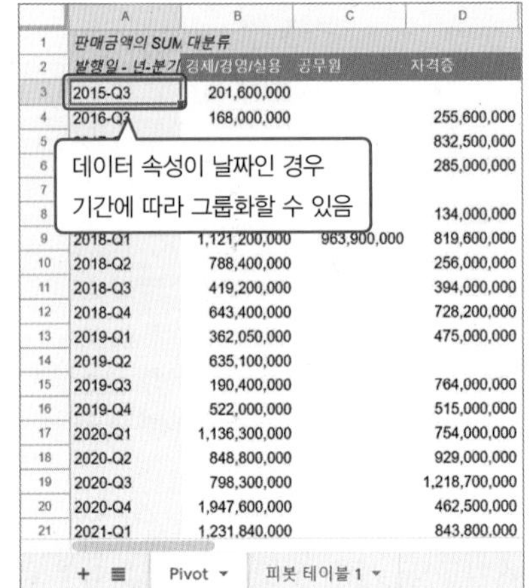

데이터가 숫자일 경우 그룹화 규칙을 통해 최솟값, 최댓값, 간격을 직접 설정할 수 있습니다. 셀 위에서 마우스 오른쪽 버튼을 클릭하고 [피봇 그룹 규칙 만들기]를 선택하면 '그룹화 규칙' 창이 나타납니다. 예제에서는 피봇 테이블 행 구분을 '날짜'에서 '정가'로 바꾸고 그룹 설정에서 간격 크기를 '5000'으로 재구성했습니다.

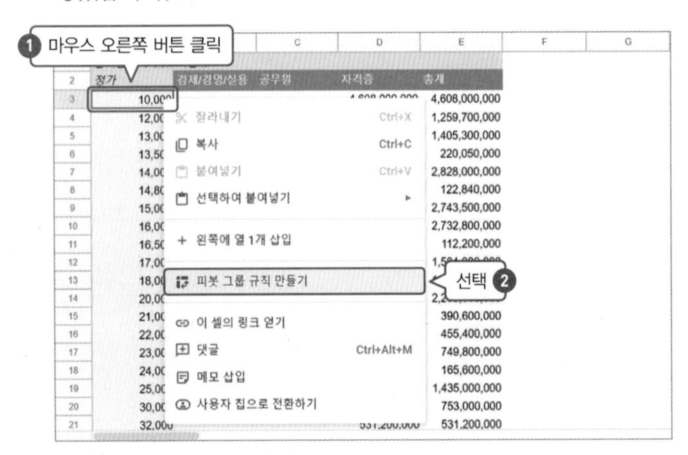

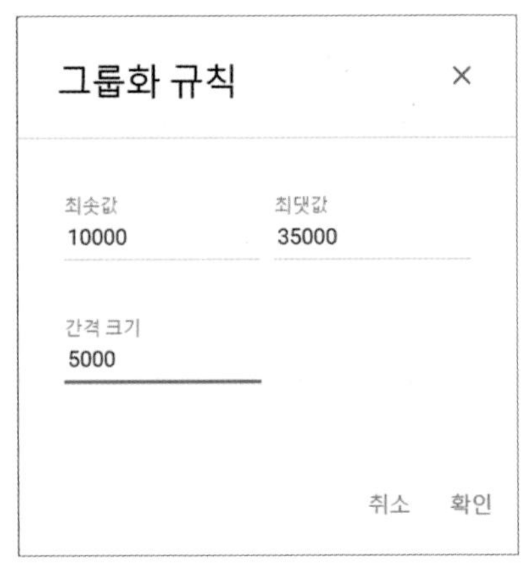

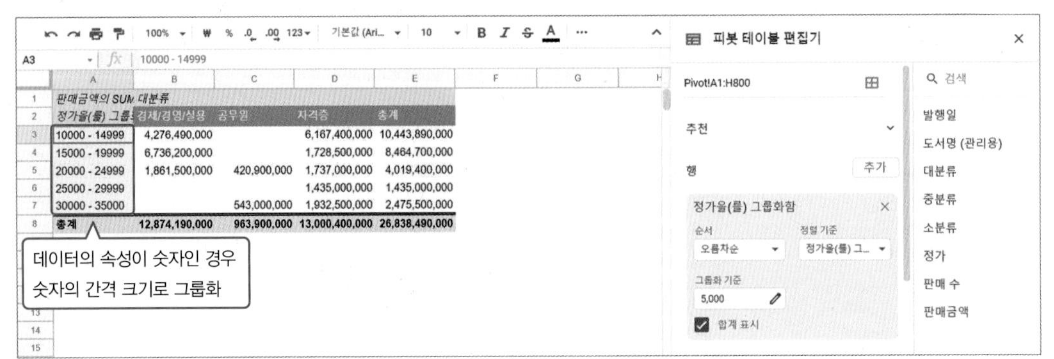

STEP 2 피봇 테이블과 슬라이서의 조합

피봇 테이블 사용 시 행이나 열을 이중으로 선택하여 복잡하게 구성하는 경우가 있습니다. 이때 슬라이서(SLICER)를 피봇 테이블과 같이 활용하면 좋습니다.

1 · 피봇 테이블에 슬라이서 활용하기

피봇 테이블을 구성하고 사용자가 원하는 조건에 따라 슬라이서를 활용해 보겠습니다. 행은 '소분류', 열은 '대분류'를 1차, '중분류'를 2차로 설정하고 값은 '판매금액'으로 설정합니다.

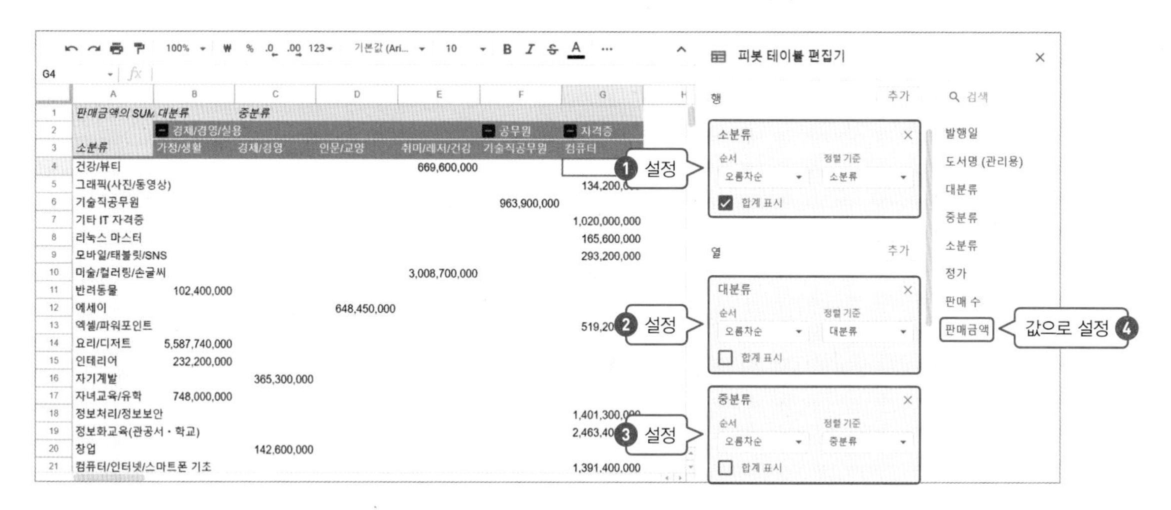

슬라이서를 사용해 피봇 테이블을 조건에 따라 컨트롤할 수 있습니다. 이때, 슬라이서의 데이터 범위나 열을 쉽게 선택하기 위해서는 데이터 원본이 있는 워크시트에서 슬라이서를 생성한 후 피봇 테이블 시트로 복사해 오는 것이 좋습니다. 그리고 피봇 테이블에 슬라이서를 연동시키려면 슬라이서 설정 창에서 '피봇 테이블에 적용'을 체크해야 합니다.

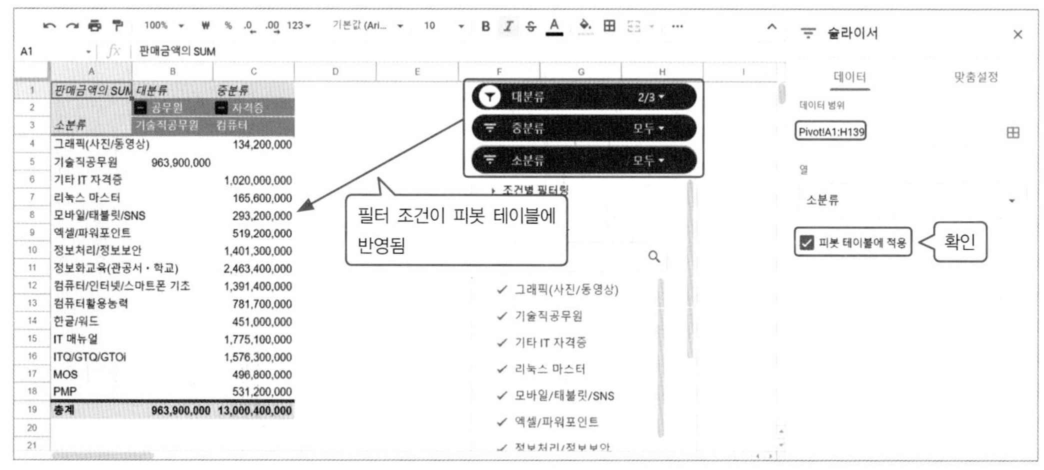

ref. 슬라이서에 대한 자세한 설명은 p.105의 '슬라이서'를 참고합니다.

2 • 피봇 테이블과 차트 연결하기

피봇 테이블에 슬라이서를 활성화하면 슬라이서 조건과 연동되는 차트를 구성할 수 있습니다.

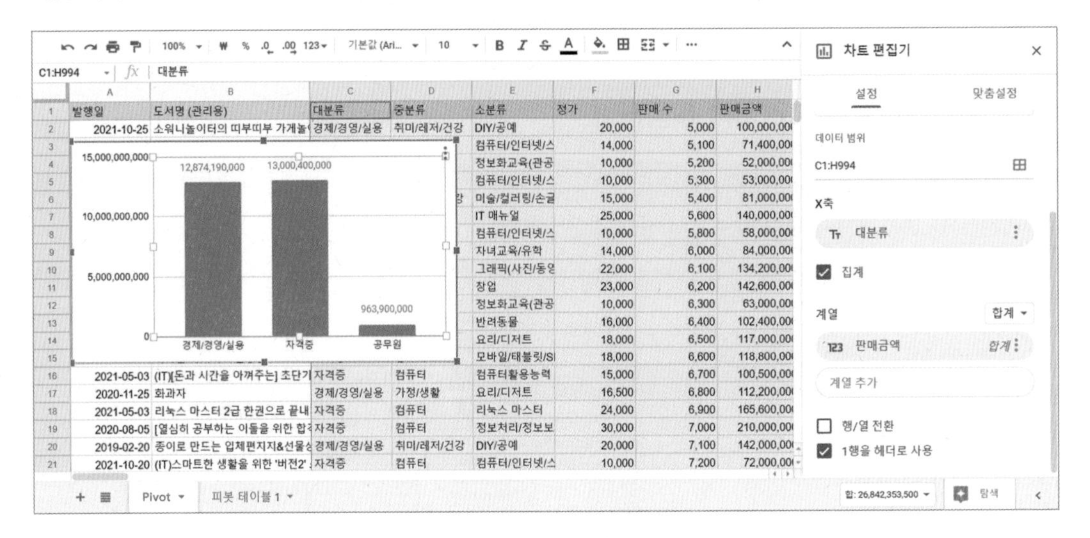

이때 원본 데이터가 있는 시트에서 차트를 만든 후 피봇 테이블 시트로 복사해 오는 것을 추천합니다. 원본 시트에서 차트를 구성해야 데이터 범위 설정 및 맞춤 설정 작업을 하는 데 훨씬 편하기 때문입니다.

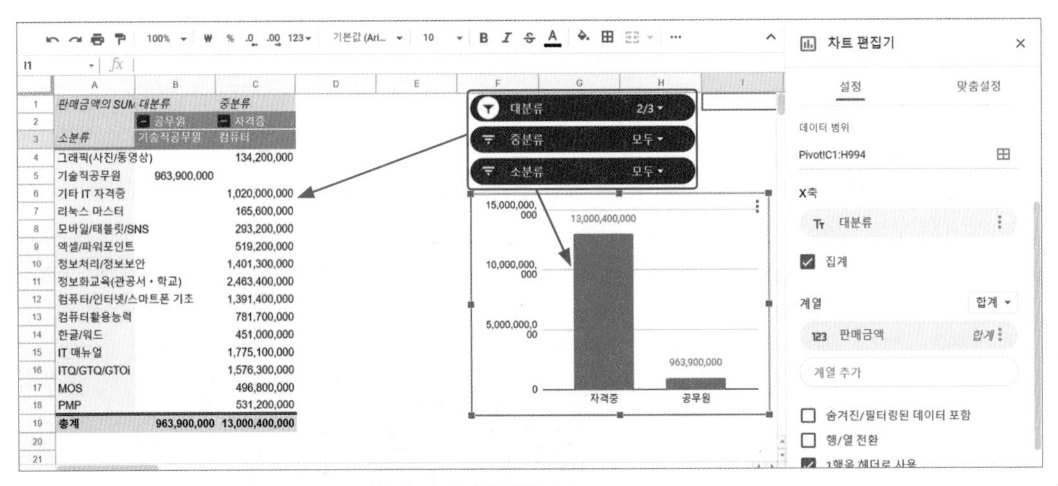

ref. 차트 구성은 Chapter 10의 데이터 시각화에서 자세히 다룹니다.

업무 노하우! '슬라이서', '차트' 삽입 시 원본 시트에서 생성한 후 복사하는 이유

슬라이서나 차트를 원본 데이터가 있는 시트에서 삽입한 후 피봇 테이블이 구성된 시트로 복사해 오는 이유는 슬라이서나 차트의 데이터가 원본 데이터를 범위로 하기 때문입니다. 따라서 슬라이서 또는 차트를 원본 시트(Pivot)에서 구성한 후 피봇 테이블 시트(피봇 테이블1)로 복사해 옴으로써 슬라이서나 차트의 데이터 범위를 수월하게 설정할 수 있습니다.

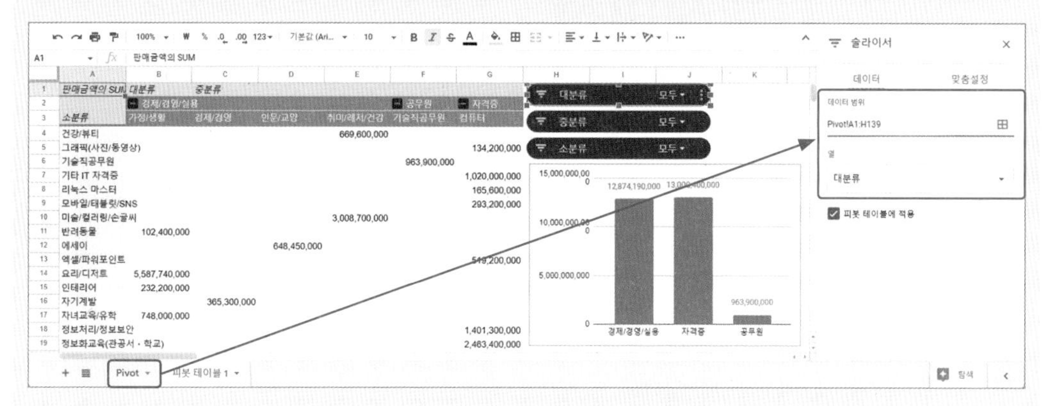

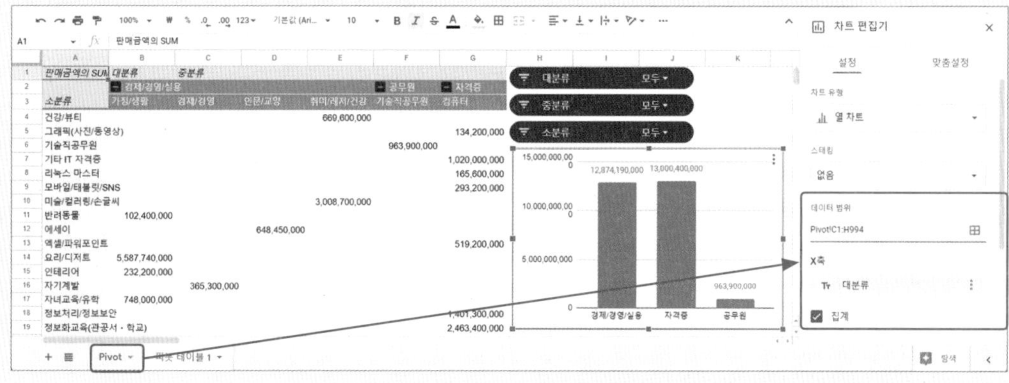

SECTION

3 인공지능을 통한 열 통계와 시뮬레이션

구글 시트에서 지원하는 인공지능을 활용하면 데이터 분석을 손쉽게 할 수 있습니다.

STEP 1 열 통계 검토하기

메뉴에서 [데이터] - [열 통계]를 선택하면 '열 통계' 창이 나타나며 해당 열별로 관련 통계를 만들어 사용자에게 제안해 줍니다.

	A	B	C	D	E	F	G	H
1	발행일	도서명 (관리용)				정가	판매 수	판매금액
2	2021-10-25	소워니놀이터의 띠부			계	20,000	5,000	100,000,000
3	2021-08-16	(IT) [뚝딱뚝딱 배우는			인터넷/스	14,000	5,100	71,400,000
4	2020-04-10	(IT)뚝딱뚝딱 배우는			교육(관공	10,000	5,200	52,000,000
5	2021-03-30	(IT)뚝딱뚝딱 배우는			인터넷/스	10,000	5,300	53,000,000
6	2021-11-10	스티커 아트북 : 달콤			러링/손글	15,000	5,400	81,000,000
7	2021-06-10	Microsoft Power BI 3			얼	25,000	5,600	140,000,000
8	2021-10-25	(IT)[아는 만큼 재미있			인터넷/스	10,000	5,800	58,000,000
9	2021-10-20	아이와 함께 사각사각			육/유학	14,000	6,000	84,000,000
10	2021-09-23	스케치업 With V-Ray			사진/동영	22,000	6,100	134,200,000
11	2019-11-05	바리스타&카페 창업				23,000	6,200	142,600,000
12	2020-01-20	(IT)[아는 만큼 재미있			교육(관공	10,000	6,300	63,000,000
13	2021-01-05	동물병원 119			물	16,000	6,400	102,400,000
14	2019-10-10	디저트 로드 - 서울 5			저트	18,000	6,500	117,000,000
15	2021-09-17	똑똑한 아이패드 활용			태블릿/S	18,000	6,600	118,800,000
16	2021-05-03	(IT)[돈과 시간을 아껴			활용능력	15,000	6,700	100,500,000
17	2020-11-25	화과자			저트	16,500	6,800	112,200,000
18	2021-05-03	리눅스 마스터 2급 한권으로 끝내	자격증	컴퓨터	리눅스 마스터	24,000	6,900	165,600,000
19	2020-08-05	[열심히 공부하는 이들을 위한 합	자격증	컴퓨터	정보처리/정보보	30,000	7,000	210,000,000
20	2019-02-20	종이로 만드는 입체편지지&선물	경제/경영/실용	취미/레저/건강	DIY/공예	20,000	7,100	142,000,000
21	2021-10-20	(IT)스마트한 생활을 위한 '버전2'	자격증	컴퓨터	컴퓨터/인터넷/스	10,000	7,200	72,000,000

열 통계 창의 [< >]를 클릭하거나 구글 시트 상에서 열 번호를 선택하면 해당 열의 통계로 바뀝니다. F열의 '정가'에 대해 구글 시트가 제안한 열 통계 내용을 확인해 보겠습니다.

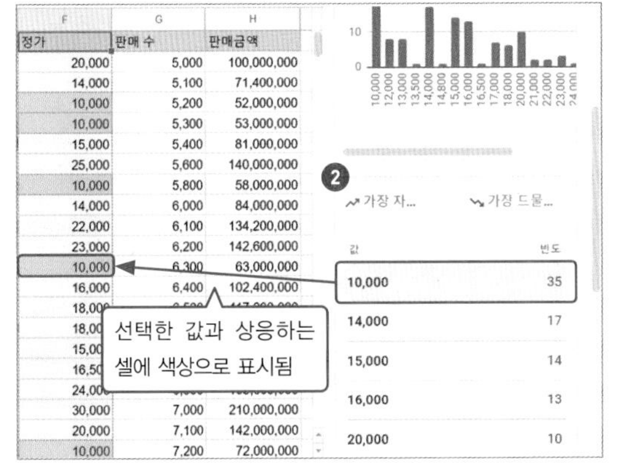

① 차트: 기본적으로 열의 데이터 개수를 보여 주는 막대 그래프가 표시됩니다. 해당 데이터가 숫자일 경우 구간이 설정된 차트가 나타납니다.

② 빈도: 해당 열에서 중복값의 빈도 수를 보여 주며, 통계값에 마우스를 올리면 해당 값을 갖는 셀의 색상이 반전되어 표시됩니다.

③ 행 값: 기본적으로 해당 열의 전체 행 수, 빈 셀, 고유 데이터 값의 개수가 나타납니다. 해당 데이터가 숫자일 경우 추가적인 계산값이 표시됩니다.

STEP ▶ 2 탐색 기능을 통한 시뮬레이션

구글 시트에서는 '탐색' 기능을 통해 여러 가지의 피봇 테이블이나 차트의 구성 및 분석 내용을 미리 시뮬레이션해 보고 적용할 수 있습니다. 우측 상단의 '수정'을 클릭하면 데이터 범위를 수정할 수 있는 '데이터 범위 수정' 창이 나타납니다.

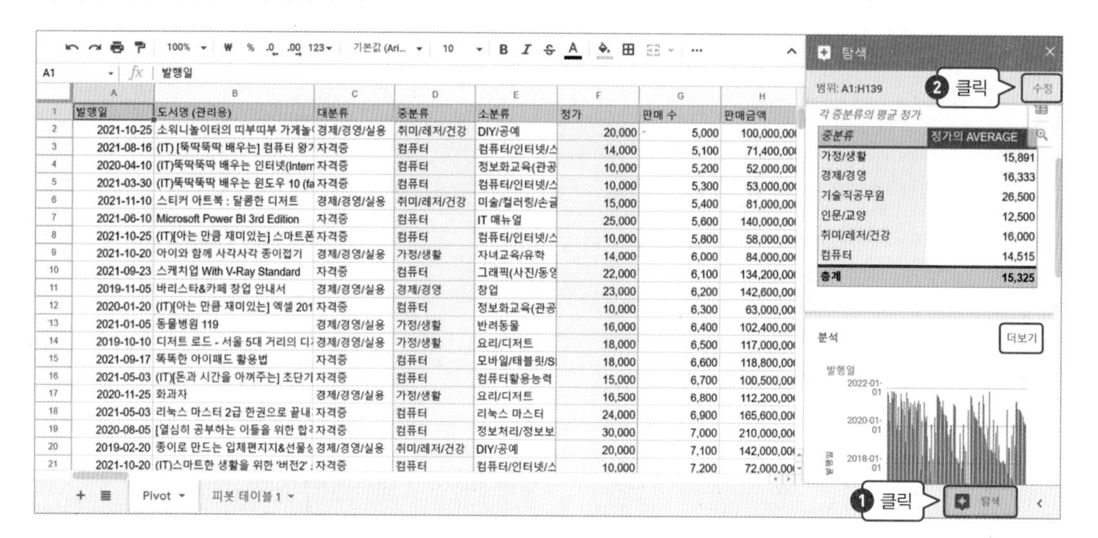

'데이터 범위 수정' 창에서 데이터 범위와 헤더의 수를 수정하면 본인에게 맞는 분석을 할 수 있습니다.

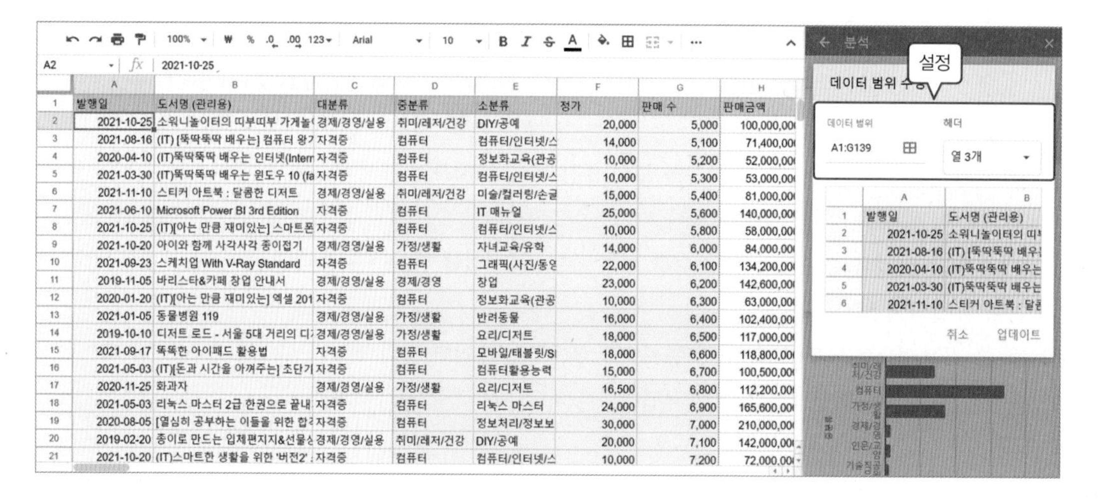

데이터의 구성에 따라 서식 지정, 피봇 테이블, 분석 등 몇 가지 샘플 데이터를 보여 주는데, '더보기'를 통해 보다 많은 차트와 분석 내역을 살펴볼 수 있습니다. 각 분석 탭에서 '차트 삽입' 아이콘(📊)을 클릭하면 해당 차트를 시트에 바로 반영할 수 있습니다.

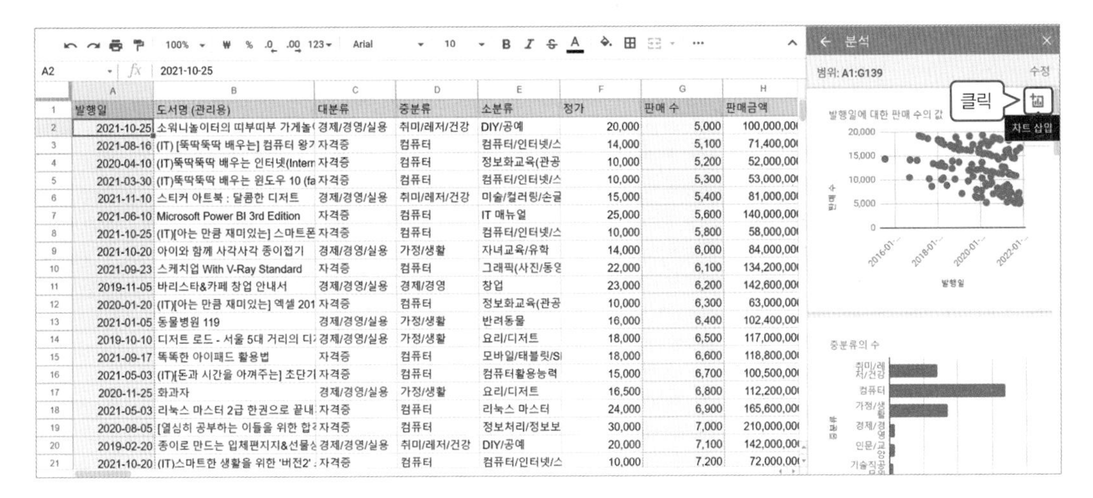

'전체 크기로 보기' 아이콘(🔍)을 클릭하면 차트를 전체 화면에서 세부적으로 확인할 수 있습니다.

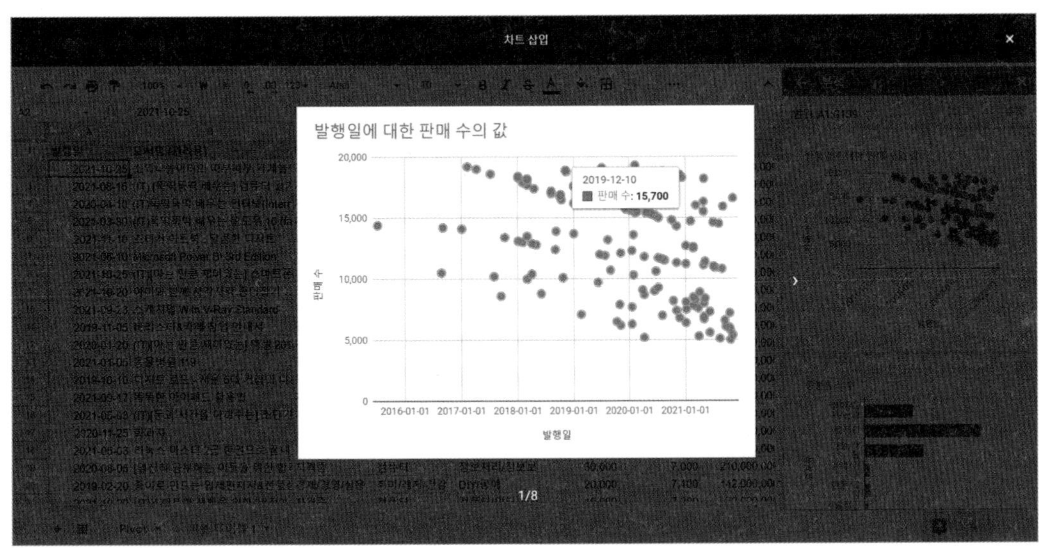

Section 1 | 데이터 작업 전 확인사항
Section 2 | 문자 다루기
Section 3 | 날짜 다루기
Section 4 | 시간 다루기
Section 5 | 데이터 형식의 변환
Section 6 | 문자열 만들기
Section 7 | 이미지 다루기
Section 8 | QR코드 다루기

CHAPTER

5

본격적으로 데이터 다루기 (Feat. 문자와 숫자)

기획에 있어 중요한 것 중 하나는 복잡한 것을 단순화하여 접근하는 것으로, 이는 데이터 분석에 있어서도 동일하게 적용됩니다. 구글 시트에 입력하는 데이터는 크게 '문자(Text)'와 '숫자(Number)'로 구분되며, 날짜(Date)와 시간(Time) 역시 기본 속성인 숫자로 계산됩니다.

이번 챕터에서는 문자와 숫자 데이터를 다루는 데 있어 기본적으로 알아 두어야 할 내용과 다양한 함수들에 대해 살펴보겠습니다.

SECTION

1 데이터 작업 전 확인사항

문자와 숫자의 차이점과 본격적인 데이터 편집/분석 작업 전에 확인해 두어야 할 사항들에 대해 알아봅니다.

STEP ▶ 1 같은 듯 다른, 다른 듯 같은 서식에 따른 차이

데이터를 대할 때 유의할 점은 화면 상에 보여지는 것만으로 해당 데이터가 문자인지 숫자인지 파악하면 안 된다는 것입니다. 데이터의 실제 속성이 보여지는 것과 다를 수 있기 때문인데, 이 사실을 무시하고 함수를 적용한다면 잘못된 결괏값이 반환될 수 있습니다.

1 · 문자는 좌측 정렬, 숫자는 우측 정렬

예제파일 | 05-01_문자/숫자

구글 시트에서는 기본적으로 문자(Text) 속성을 가진 데이터는 셀의 좌측을 기준으로, 숫자(Number) 속성을 가진 데이터는 셀의 우측을 기준으로 정렬됩니다. 숫자 속성을 갖는 날짜와 시간 데이터도 우측으로 정렬되는 것을 확인할 수 있습니다.

E2 | fx =TEXT(C2,"DDDD")

	A	B	C	D	E	F	G	H	I
1	숫자	가격	날짜와 시간	요일(숫자)	요일(문자)	도서명	이미지 URL	이미지(함수)	
2	14036	20,000	2021-10-25 오후 11:30:33	월요일	월요일	소워니놀이터의 띠부띠	https://www.edus		
3	11879	14,000	2021-08-16 오전 10:20:13	월요일	월요일	(IT) [뚝딱뚝딱 배우는] ?	https://www.edus		
4	12137	10,000	2020-04-10 오전 9:11:55	금요일	금요일	(IT)뚝딱뚝딱 배우는 인	https://www.edus		
5	9329	10,000	2021-03-30 오후 2:22:56	화요일	화요일	(IT)뚝딱뚝딱 배우는 윈	https://www.edus		
6	13207	15,000	2021-11-10 오후 4:00:00	수요일	수요일	스티커 아트북 : 달콤한	https://www.edus		
7									

D열과 E열은 C열의 날짜 데이터를 요일로 변환한 값입니다. 두 열의 차이점은 'D열의 반환값은 C열의 날짜/시간 데이터를 서식 변환한 것'이고, 'E열의 반환값은 =TEXT(C2,"DDDD")라는 함수를 사용한 값'이라는 것입니다. D열과 E열 모두 동일하게 요일을 나타내지만 D열은 '숫자', E열은 '문자'의 속성을 갖습니다.

C~E열을 선택하고 메뉴에서 [서식] - [숫자]를 선택하여 강제로 서식을 변경하면 다음과 같이 변환됩니다.

C:E | fx | 날짜와 시간

	A	B	C	D	E	F	G	H	I
1	숫자	가격	날짜와 시간	요일(숫자)	요일(문자)	도서명	이미지 URL	이미지(함수)	
2	14036	20,000	44,494.98	44,494.98	월요일	소워니놀이터의 띠부띠	https://www.edus		
3	11879	14,000	44,424.43	44,424.43	월요일	(IT) [뚝딱뚝딱 배우는] ᄎ	https://www.edus		
4	12137	10,000	43,931.38	43,931.38	금요일	(IT)			
5	9329	10,000	44,285.60	44,285.60	화요일	(IT)			
6	13207	15,000	44,510.67	44,510.67	수요일	[illegible]			
7									

C열의 '날짜/시간'과 D열의 서식 변환을 통한 '요일' 데이터는 모두 숫자로 변환되었으나, E열의 TEXT 함수로 변환한 요일 데이터는 문자 형식이라 숫자로 바뀌지 않습니다.

이와 같이 데이터의 속성을 파악하지 않은 채 보여지는 값만 보고 '월요일'의 개수를 함수로 카운트할 경우, D열과 E열은 전혀 다른 결괏값을 반환하게 됩니다. 동일하게 COUNTIF 함수를 사용하여 D열과 E열에 있는 월요일의 개수를 카운트하면 D열은 보여지는 것만 문자일 뿐 실제 속성은 숫자인 관계로 0 값을 반환합니다.

=COUNTIF(D2:D6,"월요일") ➜ 반환값: 0

=COUNTIF(E2:E6,"월요일") ➜ 반환값: 2

E9 | fx | =COUNTIF(E2:E6,"월요일")

	A	B	C	D	E	F	G	H	I
1	숫자	가격	날짜와 시간	요일(숫자)	요일(문자)	도서명	이미지 URL	이미지(함수)	
2	14036	20,000	2021-10-25 오후 11:30:33	월요일	월요일	소워니놀이터의 띠부띠	https://www.edus		
3	11879	14,000	2021-08-16 오전 10:20:13	월요일	월요일	(IT) [뚝딱뚝딱 배우는] ᄎ	https://www.edus		
4	12137	10,000	2020-04-10 오전 9:11:55	금요일	금요일	(IT)뚝딱뚝딱 배우는 인	https://www.edus		
5	9329	10,000	2021-03-30 오후 2:22:56	화요일	화요일	(IT)뚝딱뚝딱 배우는 윈	https://www.edus		
6	13207	15,000	2021-11-10 오후 4:00:00	수요일	수요일	스티커 아트북 : 달콤한	https://www.edus		
7									
8					2 ×				
9			'월요일' 개수 파악	0	=COUNTIF(E2:E6,"월요일")				
10									

업무 노하우! 작업 전 '서식 포맷'부터!

여러 데이터를 취급하는 경우 데이터의 속성은 매우 중요한 문제입니다. 사용된 함수나 수식의 문제라면 오류 메시지를 통해 바로 확인할 수 있지만 앞선 상황은 오류를 걸러내지 못하고 오히려 잘못된 결괏값을 반영합니다. 따라서 각각 다른 곳에서 데이터를 받은 경우에는 메뉴에서 [서식] - [서식 지우기] 또는 [서식] - [숫자] - [자동]을 선택해 기본 서식으로 포맷한 후에 작업하는 것이 좋습니다.

2 · 시간 형식에 따른 차이

예제파일 | 05-02_시간형식

시간 데이터는 서식에 따라 어떤 차이가 있는지 알아보겠습니다.

=B2-A2

C2 | fx | =B2-A2

	A	B	C	D
1	시간 1	시간 2	경과시간 (시간2-시간1)	
2	2021-10-25 오후 11:30:33	2021-10-25 오후 11:55:13	0.01712962963	
3	2021-08-16 오전 10:20:13	2021-08-16 오후 8:00:56	0.403275463	
4	2020-04-10 오전 9:11:55	2020-04-10 오후 2:26:11	0.2182407407	
5	2021-03-30 오후 2:22:56	2021-03-31 오전 10:06:06	0.8216435185	
6	2021-11-10 오후 4:00:00	2021-11-10 오후 8:41:44	0.1956481482	
7				

'시간 2' 값에서 '시간 1' 값을 빼면 경과시간이 숫자로 반환됩니다.

계산된 숫자를 서식을 통해 시간으로 표현할 경우 메뉴에서 [서식] – [숫자] – [24시간]을 선택해야만 경과시간이 정상적으로 표시됩니다.

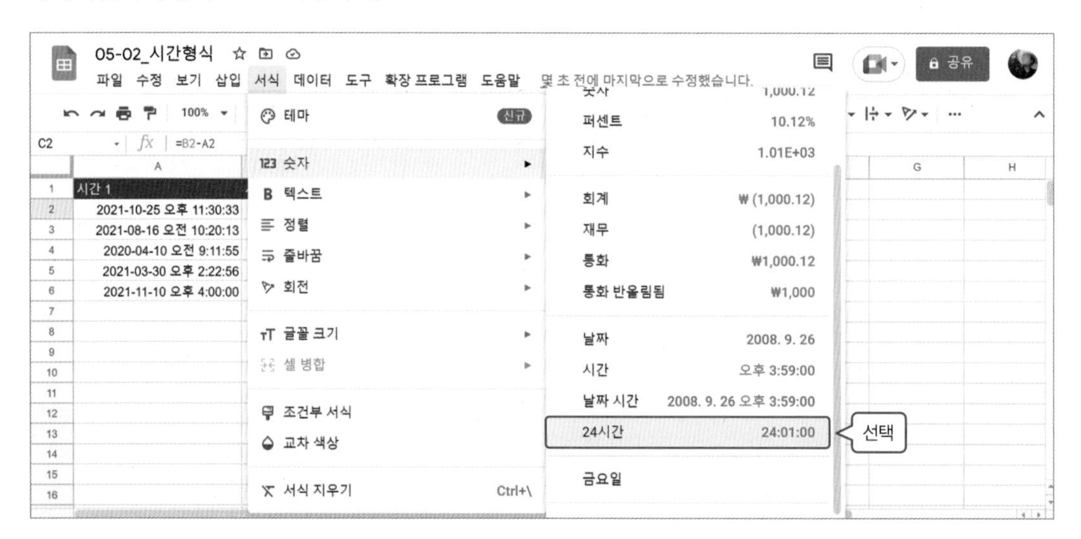

다음은 [시간]과 [24시간] 선택에 따른 결괏값의 차이를 보여줍니다. D열은 [시간]을 선택할 경우 반환되는 값이고, E열은 기간(경과시간)을 표시하는 [24시간]을 선택할 경우 반환되는 값입니다.

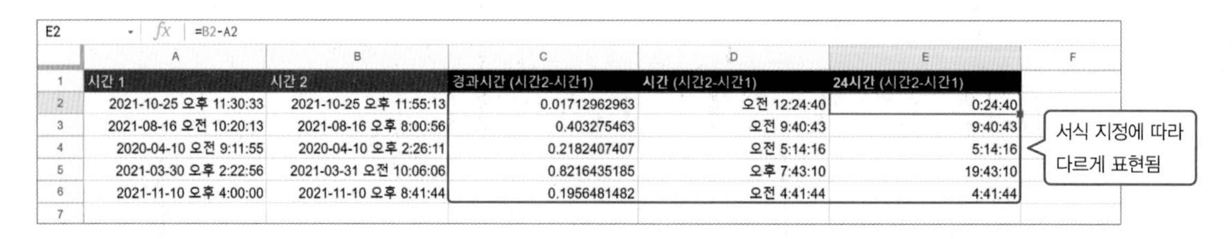

E2 | fx | =B2-A2

	A	B	C	D	E	F
1	시간 1	시간 2	경과시간 (시간2-시간1)	시간 (시간2-시간1)	24시간 (시간2-시간1)	
2	2021-10-25 오후 11:30:33	2021-10-25 오후 11:55:13	0.01712962963	오전 12:24:40	0:24:40	
3	2021-08-16 오전 10:20:13	2021-08-16 오후 8:00:56	0.403275463	오전 9:40:43	9:40:43	
4	2020-04-10 오전 9:11:55	2020-04-10 오후 2:26:11	0.2182407407	오전 5:14:16	5:14:16	
5	2021-03-30 오후 2:22:56	2021-03-31 오전 10:06:06	0.8216435185	오후 7:43:10	19:43:10	
6	2021-11-10 오후 4:00:00	2021-11-10 오후 8:41:44	0.1956481482	오전 4:41:44	4:41:44	
7						

③ 통화 형식에 따른 차이 - 회계/재무/통화

예제파일 | 05-03_통화형식

숫자는 통화 형식에 따라 차이나기도 합니다. 통화 형식이 회계, 재무, 통화 중 무엇이냐에 따라 각각 다르게 표시됩니다. 특히 [통화 반올림됨]의 경우 소수점 이하는 반올림되어 셀에 표시되지만 실제 데이터는 소수점 이하의 값을 그대로 가지고 있습니다.

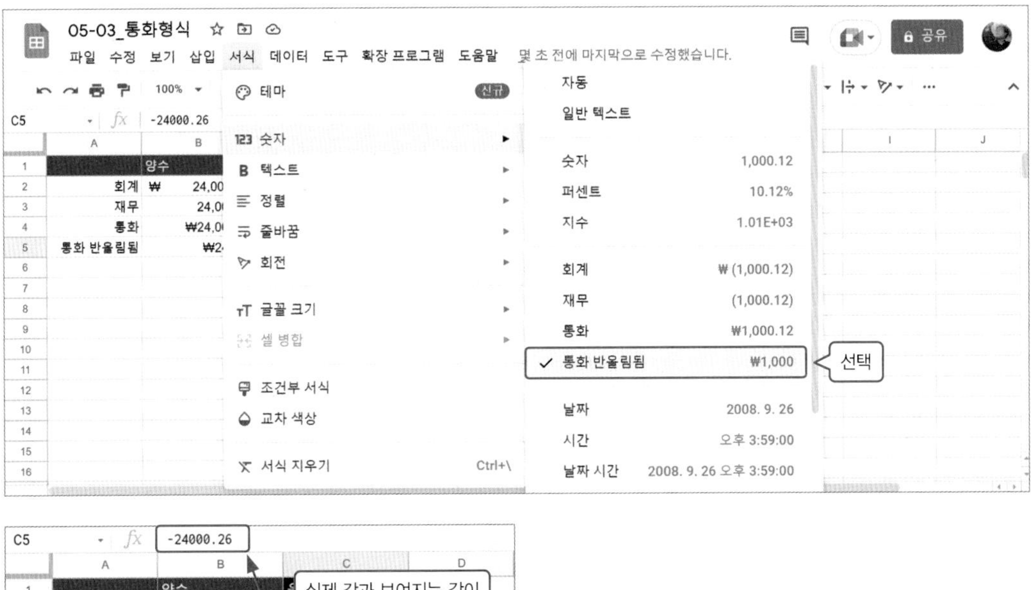

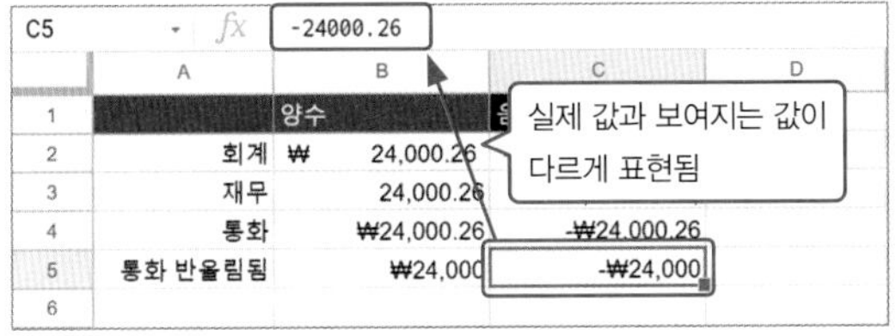

STEP 2 소수점 이하 자릿수에 대한 이해

스프레드시트에서 '숫자' 계산에 어려움을 겪는 대부분의 이유는 보이는 것과 다른 속성을 갖고 있는 숫자 데이터를 다뤄야 하기 때문입니다. 그중에서도 전문 분야인 '수학'이나 '공학 함수'를 제외하고는 자릿수에 대한 부분이 주요 고려사항이 됩니다.

소수점 단위를 가지는 숫자의 경우 서식에서 지정한 소수점 자릿수에 따라 어떤 차이가 발생하는지 알아보겠습니다.

1 · 소수점 이하 자릿수 변경하기

구글 시트에서 숫자는 기본적으로 소수점 이하 두 번째 자리까지 표현됩니다. 리본메뉴에서 시트에 표시되는 소수점 자릿수를 변경할 수 있습니다.

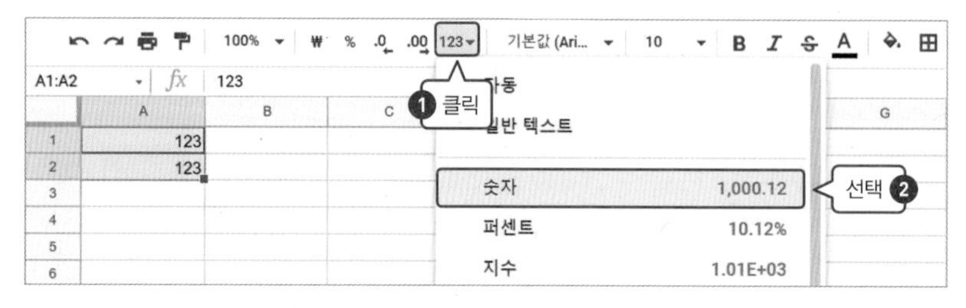

▲ 소수점 이하 자릿수 증가 아이콘을 누른 경우

2 · 셀에 보여지는 자릿수에 따른 차이

다음의 [A1] 셀과 [A2] 셀은 둘 다 소수점 두 번째 자리까지 표시되어 '44,583.10'으로 같아 보이지만 논리 비교를 했을 때(=A1=A2)에는 'FALSE'라는 결괏값이 도출됩니다. 실제로 [A1] 셀은 [D1] 셀에 표시된 것과 같이 소수점 두 번째 자리 이하에도 값이 존재합니다. 그러나 자릿수 설정이 소수점 두 번째 자리까지로 지정되어 반올림 값으로 나타난 것입니다.

B2 =A1=A2

	A	B	C	D	E
1	44,583.10	A1=A2 ?		44583.0963069907	
2	44,583.10	FALSE		44583.1000000000	
3					

이 사실을 무시하면 이후 수식이나 함수 계산 값에서 차이가 발생하게 됩니다. 따라서 재고 금액이나 회계 데이터의 경우 자릿수를 지정하고 결괏값에 반올림(올림/내림) 함수를 사용하여 강제로 자릿수를 맞춰 주어야 합니다.

STEP 3 맞춤 서식

예제파일 | 05-04_맞춤서식

수식이나 함수에서 날짜, 시간, 숫자는 주로 계산 인수로 사용됩니다. 따라서 데이터의 형식은 그대로 두고 사용자에게 보여지는 모습만 바꿔주는 맞춤 서식을 적용하는 것이 좋습니다.

① 맞춤 날짜 및 시간

메뉴에서 [서식] – [숫자] – [맞춤 날짜 및 시간]를 선택하면 보여지는 시간의 형태를 설정할 수 있습니다. 서식 즉, 보여지는 형태만 다를 뿐 데이터의 속성과 실제 값이 바뀐 것은 아니므로 수식이나 함수에는 그대로 적용됩니다.

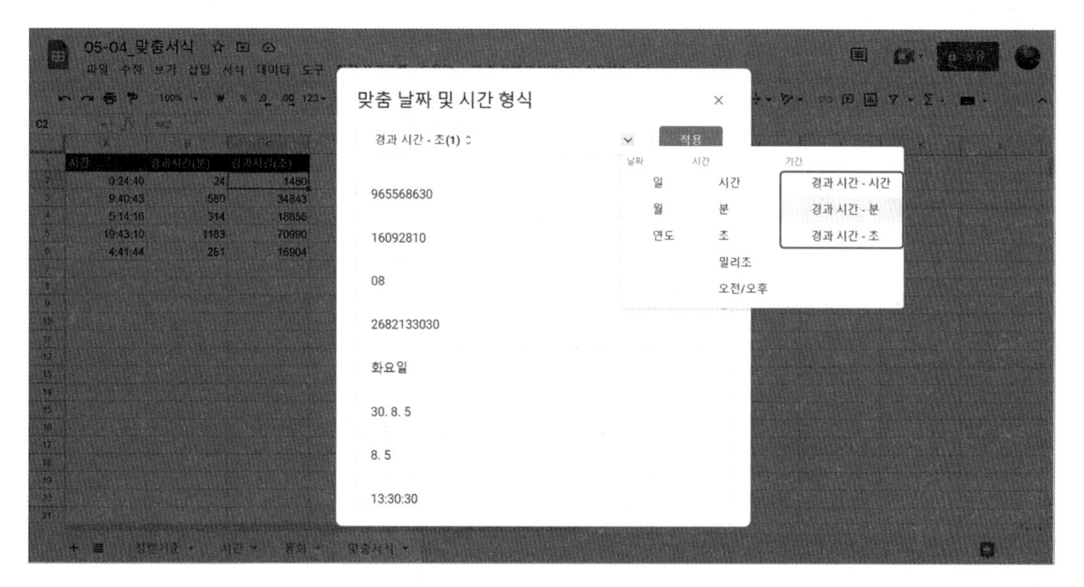

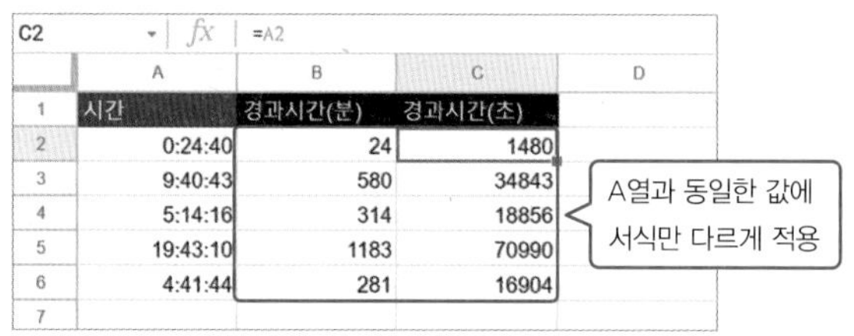

C2 =A2

	A	B	C	D
1	시간	경과시간(분)	경과시간(초)	
2	0:24:40	24	1480	
3	9:40:43	580	34843	
4	5:14:16	314	18856	
5	19:43:10	1183	70990	
6	4:41:44	281	16904	
7				

② 맞춤 숫자 형식

메뉴에서 [서식] – [숫자] – [맞춤 숫자 형식]을 선택하여 숫자가 보여지는 형태를 바꿀 수 있습니다. 맞춤 숫자 형식으로 **[red]▲ #,##0; [blue]▼ –#,##0;[black]0**을 입력하여 양수일 땐 ▲ 빨간색 숫자, 음수일 땐 ▼ –파란색 숫자, 0일 땐 검은색의 서식을 적용할 수 있습니다.

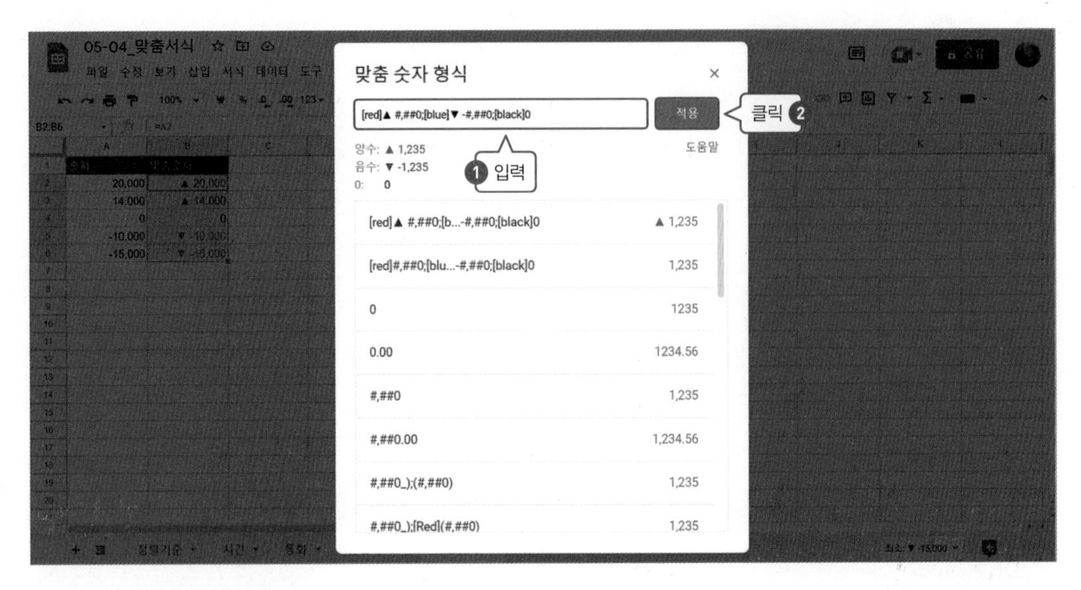

B2 | fx | =A2

	A	B	C
1	숫자	맞춤숫자	
2	20,000	▲ 20,000	
3	14,000	▲ 14,000	
4	0	0	
5	-10,000	▼ -10,000	
6	-15,000	▼ -15,000	
7			

이외에도 맞춤 숫자 형식을 만들 때 사용하는 구분자를 이용하면 더 많은 숫자 형식을 만들 수 있습니다.

구분자	설명
색상	56개의 문자 컬러를 지정할 수 있고 영문으로 입력합니다. 기본 8색은 [Black], [White], [Red], [Green], [Blue], [Yellow], [Magenta], [Cyan]으로, 나머지 색은 [Color 9]~[Color 56]으로 입력합니다.
0	숫자의 자릿수로, 무의미한 0도 결과에 표시됩니다.
#	숫자의 자릿수로, 무의미한 0은 결과에 표시되지 않습니다.
?	숫자의 자릿수로, 무의미한 0은 결과에 공백으로 표시됩니다.
$	숫자에 달러 형식을 지정합니다.
.	숫자에 소수점 형식을 지정합니다.
,(콤마)	숫자의 천 단위 구분자를 지정합니다.
/	숫자에 분수 형식을 지정합니다.
%	숫자에 백분율 형식을 지정합니다.
E	숫자에 지수 형식을 지정합니다.
" "	큰따옴표 안에 텍스트를 삽입하면 해당 텍스트가 표시됩니다.
@	셀에 입력한 텍스트를 표시합니다.
*	셀에 남아 있는 공간을 채우기 위해 다음 문자를 반복합니다.
–	다음 문자와 너비가 동일한 공간을 추가합니다.

▲ 맞춤 숫자 형식에 사용되는 구분자

업무 노하우! | **자릿수는 동일한 형식으로 맞추자!**

날짜 데이터가 각각 다른 형태로 표시되어 있습니다. 특히 월과 일이 한 자릿수인 경우와 두 자릿수인 경우가 있는데, 되도록이면 [A2], [A4], [A6] 셀처럼 강제 두 자릿수로 형식을 통일하는 것이 좋습니다. 이는 날짜뿐 아니라 문자나 숫자에도 적용되는데, 일정한 자릿수나 패턴을 가지도록 형식을 맞춰 구성하는 것이 이후 데이터의 편집/분석/시각화에 유리합니다.

	A
1	2021-3-30
2	2020-04-10
3	2021. 8. 16
4	2021. 06. 10
5	2021년 5월 3일
6	2021년 09월 23일

STEP 4 중복 데이터 제거

예제파일 | 05-05_중복 항목 삭제

데이터 작업을 수행할 때는 기본적으로 원본 데이터의 포맷을 맞추는 것이 중요합니다. 앞에서 작업 전 데이터의 서식을 지우고 시작하는 것이 좋다고 한 것도 같은 맥락입니다. 문자와 서식에 따른 차이 외에도 체크해야 할 것 중 하나는 **불필요한 중복 데이터를 제거**함으로써 작업 과정을 간소화하고 중복으로 인한 오류를 사전에 방지하는 것입니다.

1 정리 제안사항 - 여러 개의 열에 공통으로 중복된 항목 삭제

A열, B열, C열이 대분류, 중분류, 소분류 순으로 구성되어 있습니다. 이 중 4행과 12행은 세 열에 걸쳐 '자격증 – 컴퓨터 – 정보화교육(관공서 · 학교)'라는 동일한 데이터 값을 갖습니다. 또한, 3행, 5행, 8행은 '자격증 – 컴퓨터 – 컴퓨터/인터넷/스마트폰 기초'라는 동일한 데이터 값을 갖습니다.

	A	B	C	D
1	대분류	중분류	소분류	
2	경제/경영/실용	취미/레저/건강	DIY/공예	
3	자격증	컴퓨터	컴퓨터/인터넷/스마트폰 기초	
4	자격증	컴퓨터	정보화교육(관공서 · 학교)	
5	자격증	컴퓨터	컴퓨터/인터넷/스마트폰 기초	
6	경제/경영/실용	취미/레저/건강	미술/컬러링/손글씨	
7	자격증	컴퓨터	IT 매뉴얼	
8	자격증	컴퓨터	컴퓨터/인터넷/스마트폰 기초	
9	경제/경영/실용	가정/생활	자녀교육/유학	
10	자격증	컴퓨터	그래픽(사진/동영상)	
11	경제/경영/실용	경제/경영	창업	
12	자격증	컴퓨터	정보화교육(관공서 · 학교)	
13				

이처럼 중복된 행을 삭제할 경우에는 메뉴에서 [데이터] – [데이터 정리] – [정리 제안사항]을 선택합니다. 인공지능이 세 열에 공통으로 중복된 항목을 보여 줍니다. 화면 우측에 나타나는 '정리 제안사항' 창에 마우스를 올리면 삭제할 항목은 빨간 배경색으로, 반대로 남길 항목은 초록 배경색으로 표시됩니다.

4행과 12행, 3행과 5행과 8행이라는 두 가지 중복 항목에 대해, 12행과 5행, 8행에 취소선(−)이 그어지며 삭제 대상 항목으로 표시됩니다.

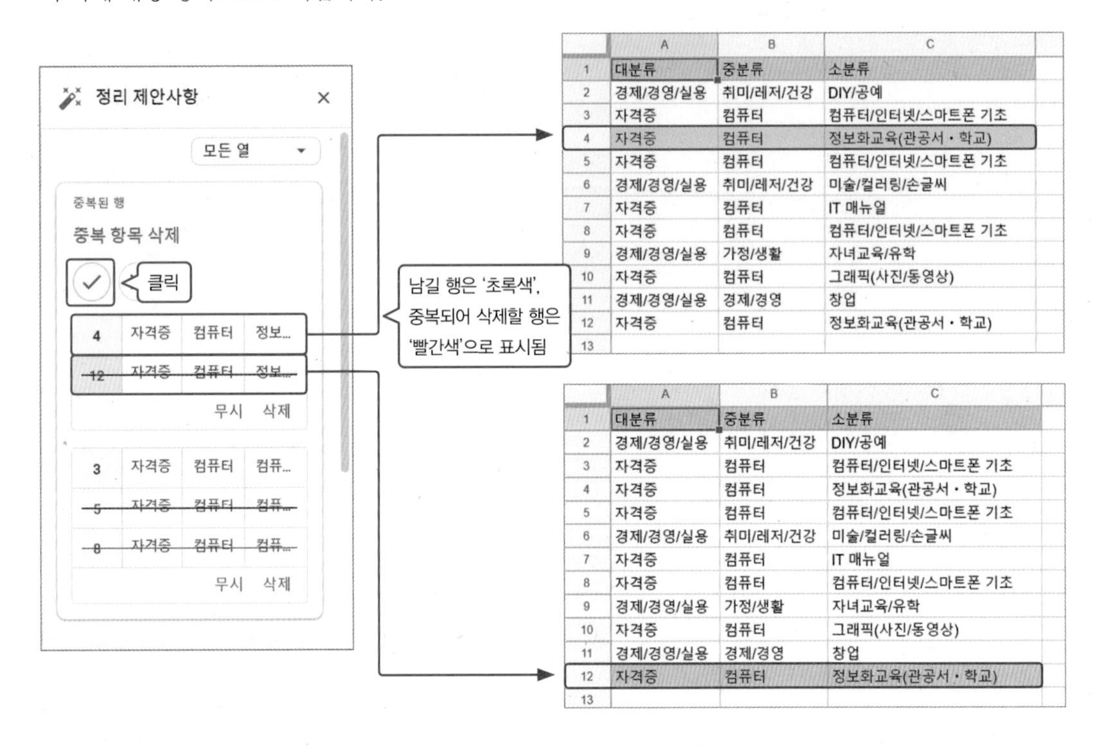

내용을 검토한 후 '정리 제안사항' 창에서 중복 항목 삭제(✓)를 클릭하면 하나의 행만 남기고 중복된 항목은 일괄 삭제됩니다.

	A	B	C	D
1	대분류	중분류	소분류	
2	경제/경영/실용	취미/레저/건강	DIY/공예	
3	자격증	컴퓨터	컴퓨터/인터넷/스마트폰 기초	
4	자격증	컴퓨터	정보화교육(관공서・학교)	
5	경제/경영/실용	취미/레저/건강	미술/컬러링/손글씨	
6	자격증	컴퓨터	IT 매뉴얼	
7	경제/경영/실용	가정/생활	자녀교육/유학	
8	자격증	컴퓨터	그래픽(사진/동영상)	
9	경제/경영/실용	경제/경영	창업	
10				

이때 중복 셀들을 일괄적으로 삭제하지 않고 중복 항목별로 무시 또는 삭제할 수 있습니다.

2 · 중복 항목 삭제

동일한 데이터에 대해 '중복 항목 삭제'를 실행해 보겠습니다. 메뉴에서 [데이터] - [데이터 정리] - [중복 항목 삭제]를 선택합니다. 구글 시트에서는 자동으로 열 범위를 잡고 분석할 열을 선택할 수 있습니다.

■ 여러 개의 열에 적용

중복 항목을 삭제할 때 각 1행이 해당 데이터의 헤더(머리글)라면 '데이터에 머리글 행이 있습니다'에 체크한 후 [중복 항목 삭제] 버튼을 클릭해야 합니다.

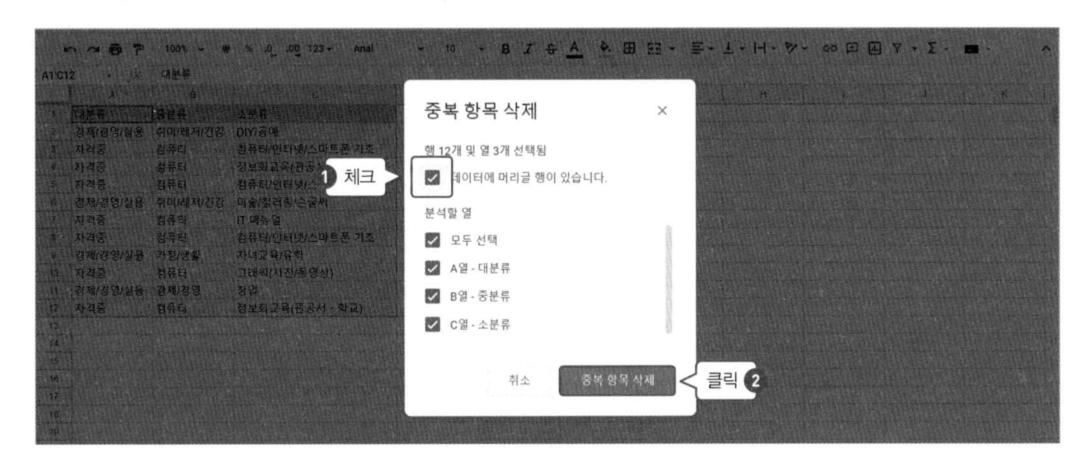

중복된 세 개의 행 모두에 대해 중복 항목 삭제를 실행하면 '정리 제안사항'과 마찬가지로 A열, B열, C열 세 개의 열에 걸쳐 중복된 항목이 제거됩니다.

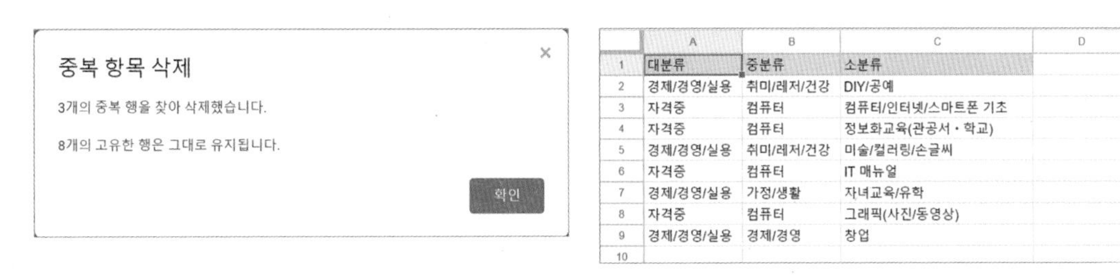

	A	B	C	D
1	대분류	중분류	소분류	
2	경제/경영/실용	취미/레저/건강	DIY/공예	
3	자격증	컴퓨터	컴퓨터/인터넷/스마트폰 기초	
4	자격증	컴퓨터	정보화교육(관공서・학교)	
5	경제/경영/실용	취미/레저/건강	미술/컬러링/손글씨	
6	자격증	컴퓨터	IT 매뉴얼	
7	경제/경영/실용	가정/생활	자녀교육/유학	
8	자격증	컴퓨터	그래픽(사진/동영상)	
9	경제/경영/실용	경제/경영	창업	
10				

열을 선택적으로 체크해 보겠습니다. A열과 B열을 선택하고 중복 항목 삭제를 실행하면 A열과 B열 모두에 중복인 항목이 삭제됩니다.

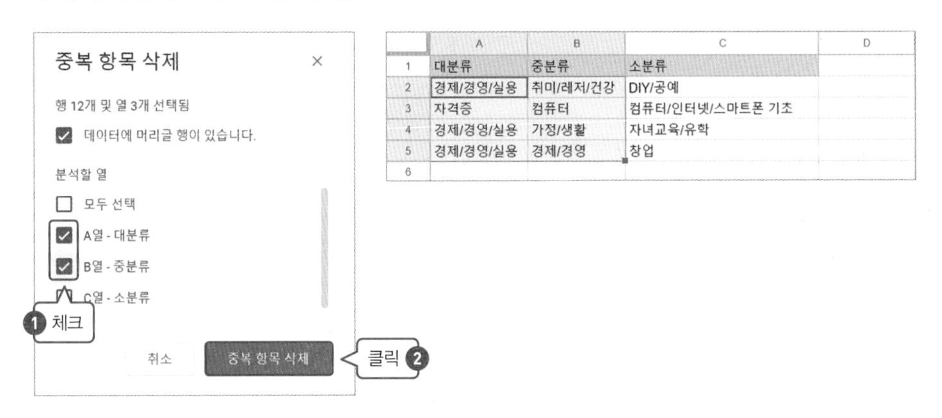

	A	B	C	D
1	대분류	중분류	소분류	
2	경제/경영/실용	취미/레저/건강	DIY/공예	
3	자격증	컴퓨터	컴퓨터/인터넷/스마트폰 기초	
4	경제/경영/실용	가정/생활	자녀교육/유학	
5	경제/경영/실용	경제/경영	창업	
6				

같은 방법으로 A열만 선택하고 중복 항목을 삭제하면 A열에 중복인 항목이 삭제됩니다.

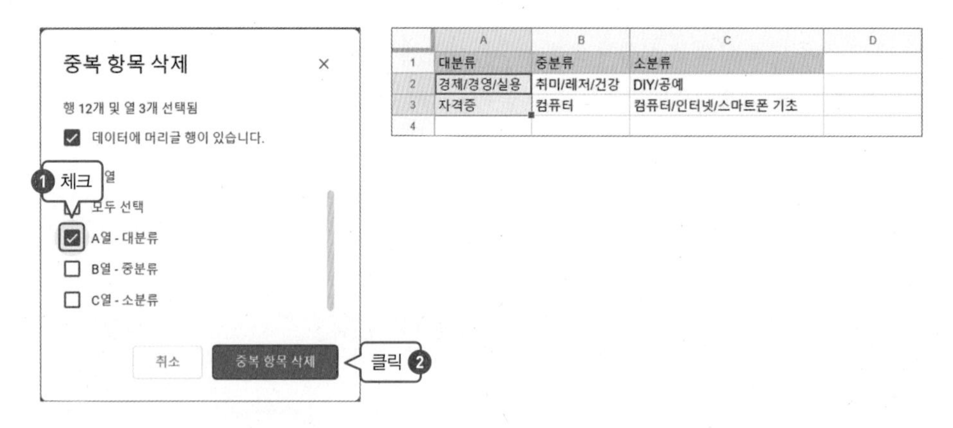

■ **하나의 열에 대해서만 적용**

여기서 확인해야 할 것은 **중복 항목 삭제는 해당 행 전체를 삭제**한다는 점입니다. A열에만 체크하더라도 해당 A열의 중복된 데이터만 삭제되는 것이 아니라 해당 행 전체가 삭제됩니다. 이는 '중복 항목 삭제'를 적용하는 데 열 범위를 자동 설정했기 때문입니다.

B열 하나에 대해서만 중복 항목을 삭제하기 위해서는 화면에서 B열만 선택하고 중복 항목 삭제를 실행하면 됩니다.

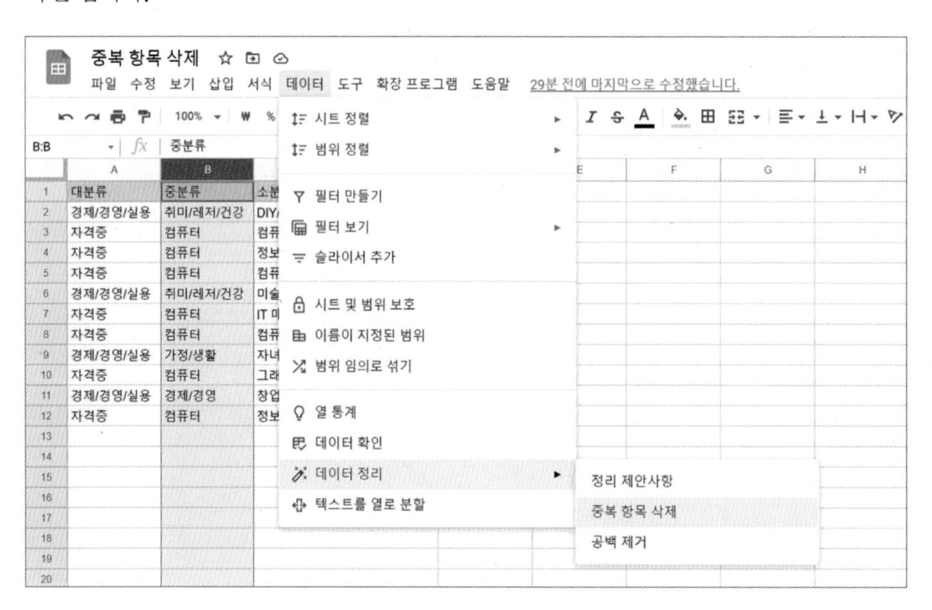

B열로 범위를 지정하고 중복 항목 삭제를 실행하면 행 전체가 아닌 B열에 대해서만 중복값이 삭제됩니다.

	A	B	C	D
1	대분류	중분류	소분류	
2	경제/경영/실용	취미/레저/건강	DIY/공예	
3	자격증	컴퓨터	컴퓨터/인터넷/스마트폰 기초	
4	자격증	가정/생활	정보화교육(관공서 · 학교)	
5	자격증	경제/경영	컴퓨터/인터넷/스마트폰 기초	
6	경제/경영/실용		미술/컬러링/손글씨	
7	자격증		IT 매뉴얼	
8	자격증		컴퓨터/인터넷/스마트폰 기초	
9	경제/경영/실용		자녀교육/유학	
10	자격증		그래픽(사진/동영상)	
11	경제/경영/실용		창업	
12	자격증		정보화교육(관공서 · 학교)	
13				

업무 노하우! 정리 제안사항 = 중복 항목 삭제?

중복 항목 삭제 기능으로 '정리 제안사항'과 '중복 항목 삭제' 두 가지를 소개했으나 실제로 '정리 제안사항'은 '중복 제거, 공백 제거'를 모두 포괄하는 기능입니다. '정리 제안사항'을 중복 제거 기능으로 소개한 이유는 같은 중복 제거라도 삭제할 대상에 대해 보다 자세하게 몇 번 행이 중복인지를 색상으로 표시해 주기 때문입니다. 또한, 일괄 삭제만 되는 것이 아니라 작업자가 직접 데이터를 삭제할지 남겨둘지를 선택할 수 있습니다. 즉, 같은 중복 제거의 기능을 갖더라도 삭제할 항목 자체를 훨씬 더 세부적으로 컨트롤 할 수 있다는 점에 차이가 있습니다.

3 · UNIQUE 함수

'중복 항목 삭제' 명령을 함수로 자동화하려면 UNIQUE 함수를 사용합니다.

UNIQUE (범위)

입력된 원본 범위에서 중복된 것은 버리고 고유 행만 반환합니다. 원본 범위에 처음 표시되는 순서대로 행을 반환합니다.

- **범위**: 필터링할 데이터 범위 또는 배열입니다.

UNIQUE 함수를 사용하여 A열에서 중복된 데이터를 제외한 고유의 값을 반환해 보겠습니다. 범위를 A2:A로 지정하여 종료행을 오픈했기 때문에 이후 A열에 데이터가 추가될 때마다 자동으로 중복 여부를 체크하여 반환값을 업데이트합니다.

```
=UNIQUE(A2:A)
```

C2 | fx | =UNIQUE(A2:A)

	A	B	C	D	E	F	G	H
1	분류.2		중복 항목 제거					
2	취미/레저/건강		=UNIQUE(A2:A)					
3	컴퓨터		컴퓨터					
4	컴퓨터		가정/생활					
5	컴퓨터		경제/경영					
6	취미/레저/건강							
7	컴퓨터							
8	컴퓨터							
9	가정/생활							
10	컴퓨터							
11	경제/경영							
12	컴퓨터							
13								

4 · 범위 설정, 배열 구성에 따른 UNIQUE 함수 비교

UNIQUE 함수의 범위 설정에 따라 반환값이 어떻게 달라지는지 확인해 보겠습니다. A열, B열, C열에 대해 범위를 지정하고 UNIQUE 함수를 적용하면 세 열 모두 중복된 행에 대해 함수가 적용됩니다.

```
=UNIQUE(A2:C)
```

E2 | fx | =UNIQUE(A2:C)

	A	B	C	D	E	F	G	H
1	분류.1	분류.2	분류.3		중복 항목 제거			
2	경제/경영/실용	취미/레저/건강	DIY/공예		=UNIQUE(A2:C)	취미/레저/건강	DIY/공예	
3	자격증	컴퓨터	컴퓨터/인터넷/스		자격증	컴퓨터	컴퓨터/인터넷/스마트폰 기초	
4	자격증	컴퓨터	정보화교육(관공		자격증	컴퓨터	정보화교육(관공서・학교)	
5	자격증	컴퓨터	컴퓨터/인터넷/스		경제/경영/실용	취미/레저/건강	미술/컬러링/손글씨	
6	경제/경영/실용	취미/레저/건강	미술/컬러링/손글		자격증	컴퓨터	IT 매뉴얼	
7	자격증	컴퓨터	IT 매뉴얼		경제/경영/실용	가정/생활	자녀교육/유학	
8	자격증	컴퓨터	컴퓨터/인터넷/스		자격증	컴퓨터	그래픽(사진/동영상)	
9	경제/경영/실용	가정/생활	자녀교육/유학		경제/경영/실용	경제/경영	창업	
10	자격증	컴퓨터	그래픽(사진/동영					
11	경제/경영/실용	경제/경영	창업					
12	자격증	컴퓨터	정보화교육(관공					
13								

각각의 열에 대해 중복된 값을 제거할 경우 중괄호로 배열을 만들어 적용합니다. 중괄호와 세미콜론(;)의 조합으로 A열, B열, C열이 하나의 열로 재구성되어 함수 범위에 적용됩니다. 반환값 역시 재구성 순서로 A~C열을 따릅니다. 각 열의 범위를 오픈했기 때문에 공백 역시 하나의 고윳값으로 함수 결과에 반영됩니다.

```
=UNIQUE({A2:A;B2:B;C2:C})
```

E2 | fx | =UNIQUE({A2:A;B2:B;C2:C})

	A	B	C	D	E	F	G	H
1	분류.1	분류.2	분류.3		중복 항목 제거			
2	경제/경영/실용	취미/레저/건강	DIY/공예		=UNIQUE({A2:A;B2:B;C2:C})			
3	자격증	컴퓨터	컴퓨터/인터넷/스		자격증			
4	자격증	컴퓨터	정보화교육(관공					
5	자격증	컴퓨터	컴퓨터/인터넷/스		취미/레저/건강			
6	경제/경영/실용	취미/레저/건강	미술/컬러링/손글		컴퓨터			
7	자격증	컴퓨터	IT 매뉴얼		가정/생활			
8	자격증	컴퓨터	컴퓨터/인터넷/스		경제/경영			
9	경제/경영/실용	가정/생활	자녀교육/유학		DIY/공예			
10	자격증	컴퓨터	그래픽(사진/동영		컴퓨터/인터넷/스마트폰 기초			
11	경제/경영/실용	경제/경영	창업		정보화교육(관공서・학교)			
12	자격증	컴퓨터	정보화교육(관공		미술/컬러링/손글씨			
13					IT 매뉴얼			
14					자녀교육/유학			
15					그래픽(사진/동영상)			
16					창업			
17								

STEP 5 공백 문자 제거

예제파일 | 05-06_공백 문자 제거

문자 데이터가 함수 내에서 비교 조건이나 데이터 확인 대상으로 사용될 경우 문자 앞이나 뒤에 공백이 있다면 결괏값에 큰 영향을 미치게 됩니다. 따라서 반드시 작업을 실행하기 전에 미리 공백을 제거해 주어야 합니다.

1 · 공백 제거로 앞, 뒤 또는 반복 공백 삭제

A열을 보면 [A6], [A7] 셀에만 공백이 있는 것으로 보입니다. 그러나 UNIQUE 함수를 사용해 중복 여부를 체크하면 [C3], [C4] 셀에 동일하게 '자격증'이 반환된 것을 확인할 수 있습니다. 원인은 [A4] 셀의 데이터 뒷부분에 공백이 있기 때문입니다. 실제로는 '자격증 '으로 입력되어 있는 것입니다.

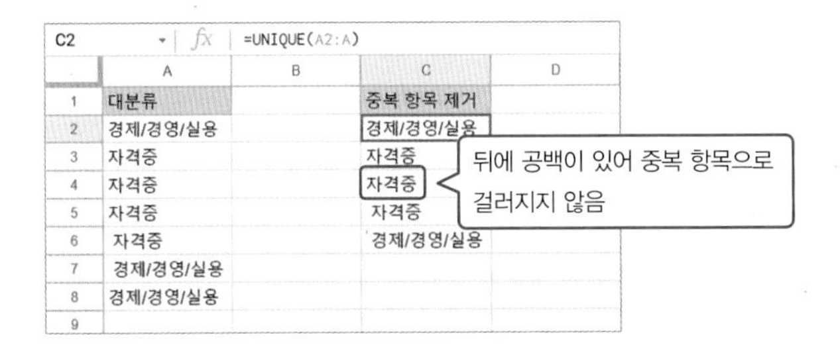

메뉴에서 [데이터] – [데이터 정리] – [공백 제거]를 선택하면 공백 문자를 제거할 수 있습니다.

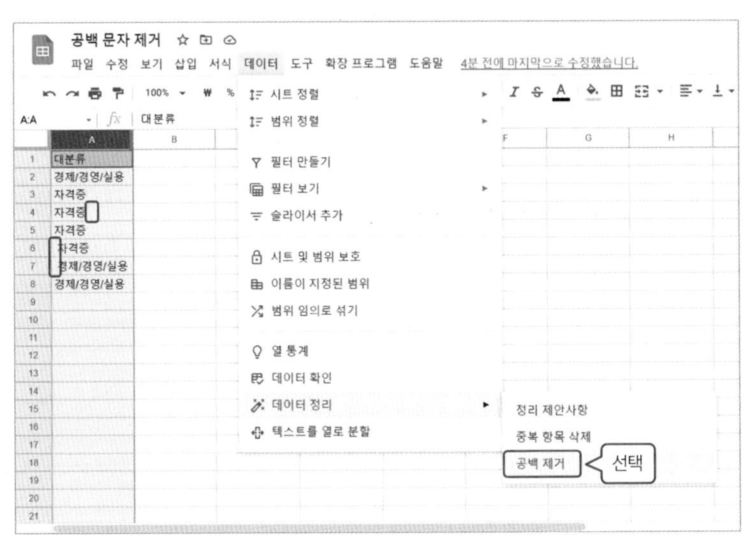

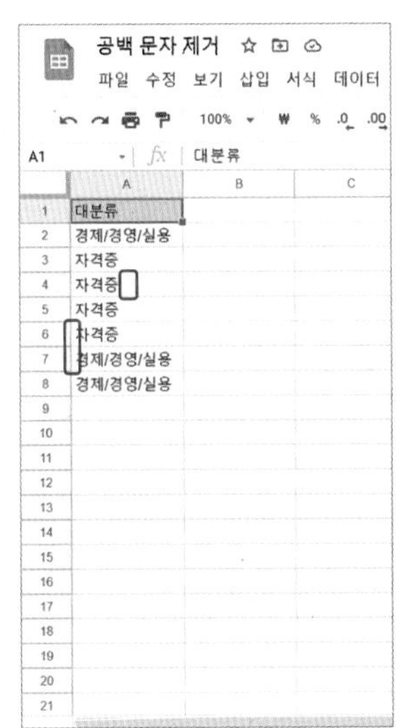

공백 제거 기능은 **문자열을 기준으로 단어와 단어 사이의 공백은 한 칸만 남기고 나머지 공백(반복 공백)을 제거합니다.** 다음은 [A2] 셀이 표준 데이터일 때 '공백 제거'를 통해 [A3], [A4], [A5] 셀의 반복 공백이 제거되고, 앞, 뒤, 반복 공백 중 어느 조건도 해당하지 않는 [A6], [A7] 셀은 그대로 반환된 결괏값입니다.

	A	B
1	반복 공백 확인	
2	구글 스프레드시트, 업무에 어디까지 활용 가능할까?	
3	구글 스프레드시트, 업무에 어디까지 활용 가능할까?	
4	구글 스프레드시트, 업무에 어디까지 활용 가능할까?	
5	구글 스프레드시트, 업무에 어디까지 활용 가능할까?	
6	구글 스프레드 시트, 업무에 어디까지 활용 가능할까?	
7	구글 스프레드시트, 업무에 어디까지 활용 가능할까?	
8		

	A	B
1	반복 공백 확인	
2	구글 스프레드시트, 업무에 어디까지 활용 가능할까?	
3	구글 스프레드시트, 업무에 어디까지 활용 가능할까?	
4	구글 스프레드시트, 업무에 어디까지 활용 가능할까?	
5	구글 스프레드시트, 업무에 어디까지 활용 가능할까?	
6	구글 스프레드 시트, 업무에 어디까지 활용 가능할까?	
7	구글 스프레드시트, 업무에 어디까지 활용 가능할까?	
8		

반복 공백이 아니기 때문에 공백 제거가 적용되지 않음

② · TRIM 함수

예제파일 | 05-06_TRIM

TRIM (텍스트)

텍스트 또는 문자열에서 앞, 뒤, 반복 공백을 삭제합니다. 문자열에서는 단어와 단어 사이의 공백 하나만 남기고 모든 공백을 제거합니다.

- **텍스트**: 공백을 없애고자 하는 문자 또는 문자열입니다.

공백 문자를 함수를 통해 제거하려면 TRIM 함수를 사용합니다.

=TRIM(A4)

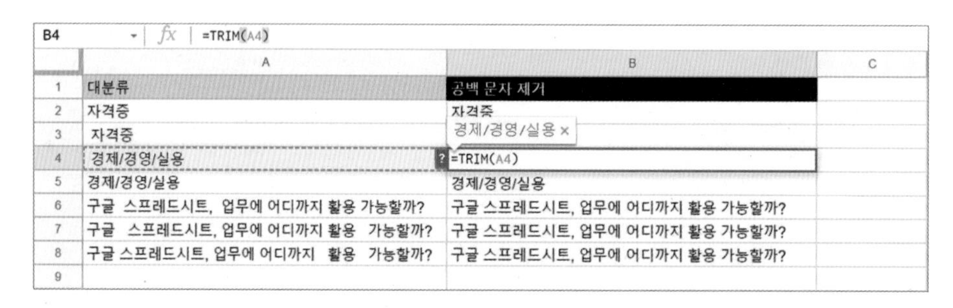

B4 | fx | =TRIM(A4)

	A	B	C
1	대분류	공백 문자 제거	
2	자격증	자격증	
3	자격증	경제/경영/실용 ×	
4	경제/경영/실용	=TRIM(A4)	
5	경제/경영/실용	경제/경영/실용	
6	구글 스프레드시트, 업무에 어디까지 활용 가능할까?	구글 스프레드시트, 업무에 어디까지 활용 가능할까?	
7	구글 스프레드시트, 업무에 어디까지 활용 가능할까?	구글 스프레드시트, 업무에 어디까지 활용 가능할까?	
8	구글 스프레드시트, 업무에 어디까지 활용 가능할까?	구글 스프레드시트, 업무에 어디까지 활용 가능할까?	
9			

STEP ▶ 6 데이터 정렬

예제파일 | 05-07_데이터 정렬

데이터 작업에 있어 사전에 확인해야 할 작업 중 또 하나는 '데이터 정렬'입니다. 어떤 파일이든 정리가 잘 되어 있는 것이 시인성과 작업성 모두에 좋습니다.

1 시트 정렬과 범위 정렬

구글 시트에서 제공하는 기본 데이터 정렬에는 '시트 정렬'과 '범위 정렬'이 있습니다. [A1] 셀을 클릭하고 메뉴에서 [데이터] - [시트 정렬] - [A열을 기준으로 시트 정렬(오름차순)]을 선택하면 모든 열에 대해 행이 오름차순으로 정렬됩니다.

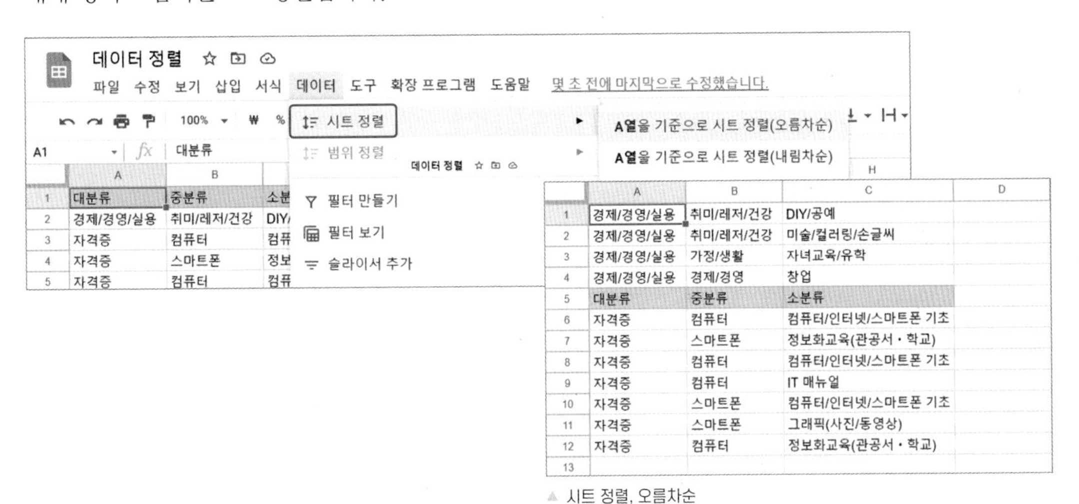

▲ 시트 정렬, 오름차순

반면, A열을 범위 지정한 후 메뉴에서 [데이터] - [범위 정렬] - [A열을 기준으로 범위 정렬(오름차순)]을 선택하면 A열 데이터만 오름차순으로 정렬됩니다.

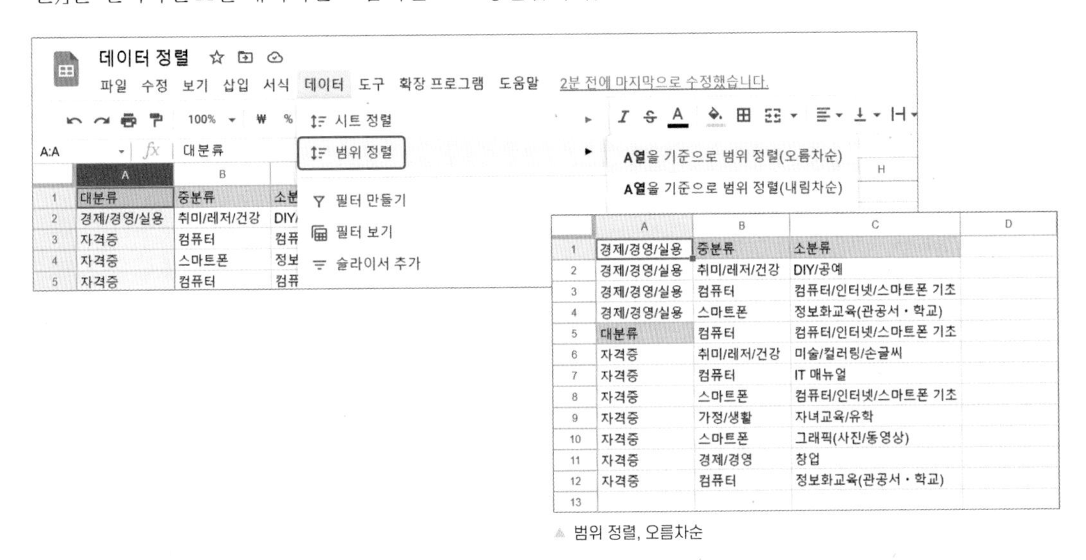

▲ 범위 정렬, 오름차순

열에 숫자, 한글, 영문의 데이터가 섞여 있다면 숫자 크기를 우선으로, 한글의 가나다순, 영문의 A~Z 순서로 오름차순 정렬됩니다.

❷ · 다중 범위 기준 행 정렬 - 고급 범위 정렬 옵션

'범위 정렬' 역시 '시트 정렬'과 마찬가지로 제목(헤더)까지 포함하여 행을 정렬하므로, 여러 개의 열에 대한 행을 정렬하려면 '고급 범위 정렬 옵션'을 사용해야 합니다. 정렬할 범위를 지정하고 메뉴에서 [데이터] - [범위 정렬] - [고급 범위 정렬 옵션]을 선택합니다. '데이터에 머리글 행이 있습니다'에 체크하면 정렬 기준이 '열 이름'에서 '열의 제목'으로 바뀝니다.

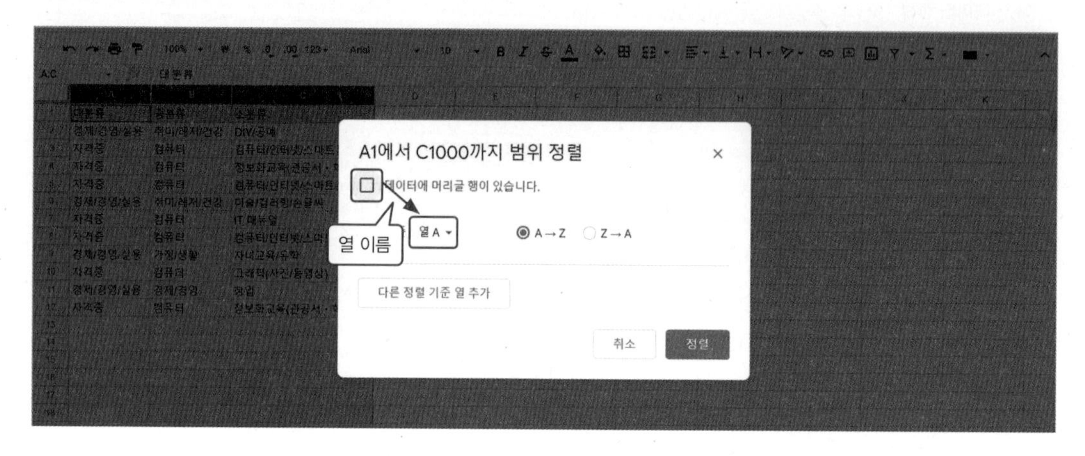

정렬 기준 열의 개수에 따라 어떤 차이점이 있는지 비교해 보겠습니다. 첫 번째의 경우 A열(대분류)을 기준으로 행이 정렬되었지만, 두 번째의 경우 A~C열에 다중 정렬을 걸었으므로 지정한 열의 순서에 따라 다음 열이 앞의 열에 종속되어 행이 정렬됩니다.

3 • SORT 함수

데이터 정렬을 함수로 수행하려면 SORT 함수를 사용합니다.

SORT (범위, 열_정렬, 오름차순, [열_정렬2, …], [오름차순2, …])

하나 이상의 열의 값을 기준으로 지정된 범위의 행을 정렬합니다. 정렬할 범위가 '하나의 열'일 경우 범위를 제외한 나머지 인수는 생략할 수 있습니다.

- **범위**: 정렬한 범위 또는 배열입니다.
- **열_정렬**: 정렬의 기준이 될 값을 포함하는 열의 색인입니다. 열_정렬로 지정된 범위는 '범위'와 동일한 수의 행을 가지고 있어야 합니다.
- **오름차순**: 오름차순 정렬은 TRUE(1), 내림차순 정렬은 FALSE(0)입니다.
- **[열_정렬2, …], [오름차순2, …]**: 열과 정렬 순서를 추가할 수 있습니다.

SORT 함수는 중복값을 제거하는 UNIQUE 함수와 함께 자주 사용됩니다.

```
=SORT(UNIQUE(A2:A))
```

C2 | fx | =SORT(A2:A)

	A	B	C
1	소분류		정렬(오름차순)
2	DIY/공예		=SORT(A2:A)
3	컴퓨터/인터넷/스마트폰 기초		미술/컬러링/손글씨
4	정보화교육(관공서・학교)		자녀교육/유학
5	컴퓨터/인터넷/스마트폰 기초		정보화교육(관공서・학교)
6	미술/컬러링/손글씨		정보화교육(관공서・학교)
7	IT 매뉴얼		창업
8	컴퓨터/인터넷/스마트폰 기초		컴퓨터/인터넷/스마트폰 기초
9	자녀교육/유학		컴퓨터/인터넷/스마트폰 기초
10	그래픽(사진/동영상)		컴퓨터/인터넷/스마트폰 기초
11	창업		DIY/공예
12	정보화교육(관공서・학교)		IT 매뉴얼
13			

C2 | fx | =SORT(UNIQUE(A2:A))

	A	B	C
1	소분류		정렬(중복제거+오름차순)
2	DIY/공예		=SORT(UNIQUE(A2:A))
3	컴퓨터/인터넷/스마트폰 기초		미술/컬러링/손글씨
4	정보화교육(관공서・학교)		자녀교육/유학
5	컴퓨터/인터넷/스마트폰 기초		정보화교육(관공서・학교)
6	미술/컬러링/손글씨		창업
7	IT 매뉴얼		컴퓨터/인터넷/스마트폰 기초
8	컴퓨터/인터넷/스마트폰 기초		DIY/공예
9	자녀교육/유학		IT 매뉴얼
10	그래픽(사진/동영상)		
11	창업		
12	정보화교육(관공서・학교)		
13			

4 · 범위 설정 및 옵션에 따른 SORT 함수 비교

SORT 함수의 인수 설정에 따라 '고급 범위 정렬 옵션'과 동일한 옵션을 구성할 수 있습니다.

SORT 함수에 다른 옵션 없이 범위만 여러 개의 열로 지정하면 지정한 열의 순서에 따라 다음 열이 앞 열에 종속되어 행이 정렬됩니다.

```
=SORT(A2:C)
```

E2 | fx | =SORT(A2:C)

	A	B	C	D	E	F	G	H	I
1	대분류	중분류	소분류		정렬(범위만 여러개의 열로 지정)				
2	경제/경영/실용	취미/레저/건강	DIY/공예		=SORT(A2:C)	가정/생활	자녀교육/유학		
3	자격증	컴퓨터	컴퓨터/인터넷/스마트폰 기초		경제/경영/실용	경제/경영	창업		
4	자격증	스마트폰	정보화교육(관공서・학교)		경제/경영/실용	취미/레저/건강	미술/컬러링/손글씨		
5	자격증	컴퓨터	컴퓨터/인터넷/스마트폰 기초		경제/경영/실용	취미/레저/건강	DIY/공예		
6	경제/경영/실용	취미/레저/건강	미술/컬러링/손글씨		자격증	스마트폰	그래픽(사진/동영상)		
7	자격증	컴퓨터	IT 매뉴얼		자격증	스마트폰	정보화교육(관공서・학교)		
8	자격증	스마트폰	컴퓨터/인터넷/스마트폰 기초		자격증	스마트폰	컴퓨터/인터넷/스마트폰 기초		
9	경제/경영/실용	가정/생활	자녀교육/유학		자격증	컴퓨터	정보화교육(관공서・학교)		
10	자격증	스마트폰	그래픽(사진/동영상)		자격증	컴퓨터	컴퓨터/인터넷/스마트폰 기초		
11	경제/경영/실용	경제/경영	창업		자격증	컴퓨터	컴퓨터/인터넷/스마트폰 기초		
12	자격증	컴퓨터	정보화교육(관공서・학교)		자격증	컴퓨터	IT 매뉴얼		
13									

A열 기준으로 행을 오름차순 정렬하려면 범위에서의 첫 번째 열(A열)을 뜻하는 1, 오름차순 1을 함수의 인수로 추가 입력합니다.

```
=SORT(A2:C,1,1)
```

E2 | fx | =SORT(A2:C,1,1)

	A	B	C	D	E	F	G	H	I
1	대분류	중분류	소분류		정렬('열_정렬'옵션 적용)				
2	경제/경영/실용	취미/레저/건강	DIY/공예		=SORT(A2:C,1,1)	미/레저/건강	DIY/공예		
3	자격증	컴퓨터	컴퓨터/인터넷/스마트폰 기초		경제/경영/실용	취미/레저/건강	미술/컬러링/손글씨		
4	자격증	스마트폰	정보화교육(관공서・학교)		경제/경영/실용	가정/생활	자녀교육/유학		
5	자격증	컴퓨터	컴퓨터/인터넷/스마트폰 기초		경제/경영/실용	경제/경영	창업		
6	경제/경영/실용	취미/레저/건강	미술/컬러링/손글씨		자격증	컴퓨터	컴퓨터/인터넷/스마트폰 기초		
7	자격증	컴퓨터	IT 매뉴얼		자격증	스마트폰	정보화교육(관공서・학교)		
8	자격증	스마트폰	컴퓨터/인터넷/스마트폰 기초		자격증	컴퓨터	컴퓨터/인터넷/스마트폰 기초		
9	경제/경영/실용	가정/생활	자녀교육/유학		자격증	컴퓨터	IT 매뉴얼		
10	자격증	스마트폰	그래픽(사진/동영상)		자격증	스마트폰	컴퓨터/인터넷/스마트폰 기초		
11	경제/경영/실용	경제/경영	창업		자격증	스마트폰	그래픽(사진/동영상)		
12	자격증	컴퓨터	정보화교육(관공서・학교)		자격증	컴퓨터	정보화교육(관공서・학교)		
13									

STEP 7 지역/시간대에 따른 차이

1 지역/시간대에 따른 차이 확인하기

구글 시트를 작업하다 보면 지역이나 시간대 설정에 따라 원치 않는 값이 반영되는 경우가 종종 있습니다.

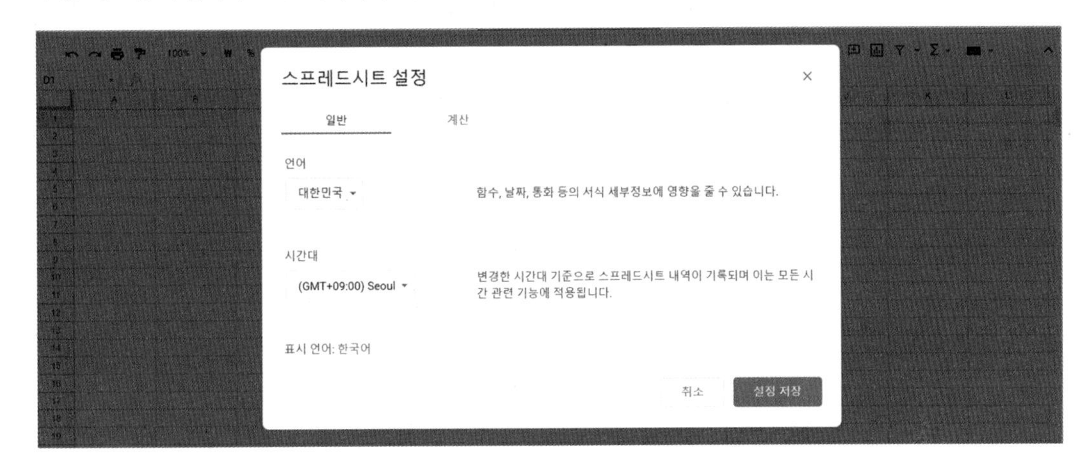

언어 형식은 통화 표기 형식이나 소수점 자리와 같은 부분에 크게 영향을 미치지 않으나, 함수 사용이나 날짜의 기본 표기법에 따라 오류가 발생하기도 합니다.

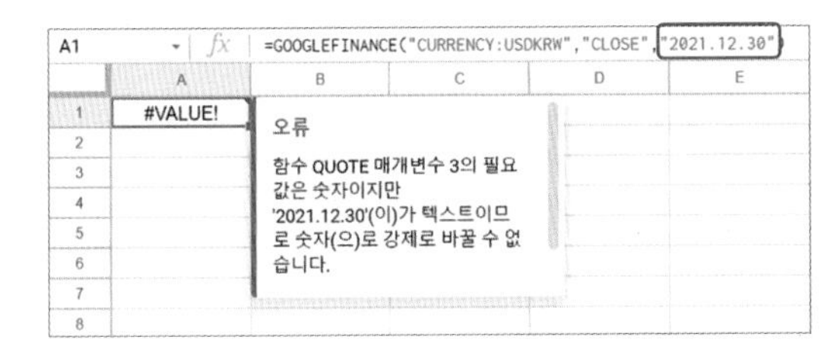

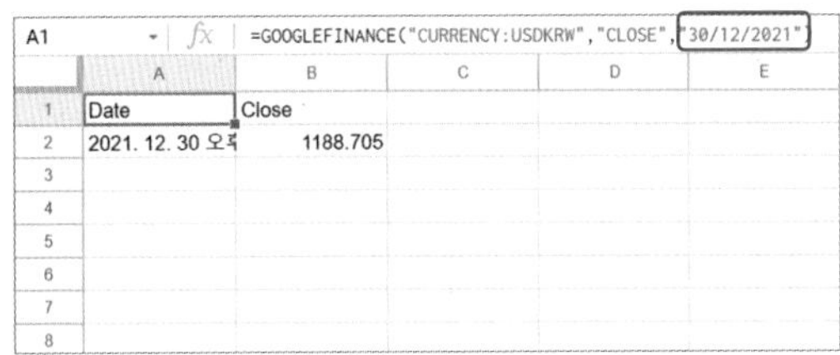

GOOGLEFINANCE 함수의 경우 날짜 인수를 기입했을 때 날짜 표준 형식에 따라 오류가 나기도 하고 정상적으로 적용되기도 합니다. 또한 함수에 적용되는 기준 시간에 따라 특정 시간대에 오류값을 반환하기도 합니다. 특히 원본 소스가 해외 자료인 경우 가공 또는 분석하려는 데이터 중에 시간대로 인해 날짜나 시간을 다시 계산해야 하는 경우도 있으니 반드시 확인해야 합니다.

GOOGLEFINANCE (시세_표시, [속성], [시작일], [종료일|일수], [간격])

구글 파이낸스(Google Finance)에서 현재 또는 과거의 유가증권 정보를 가져옵니다.

- **시세_표시**: 고려할 유가증권의 시세 표시로 거래소 약자와 주식 약자를 모두 사용해야 합니다.
- **[속성]**: 시세_표시에 대해 가져올 속성이며 날짜가 지정된 경우 필수입니다.
- **[시작일]**: 과거 데이터를 가져올 기간의 시작일입니다.
- **[종료일|일수]**: 과거 데이터를 가져올 기간의 종료일 또는 데이터를 반환할 [시작일]로부터의 일수입니다.
- **[간격]**: 데이터 반환 빈도로 'DAILY'(1) 또는 'WEEKLY'(7) 중 하나를 선택할 수 있습니다.

※ 증권거래소에 따라 실시간 또는 20분 지연된 정보가 반영됩니다.
※ 날짜는 정오 UTC 시간을 기준으로 처리되므로, 해당 시간 전에 마감하는 거래소는 다음 날짜로 넘어갈 수 있습니다.

SECTION

2 문자 다루기

업무에 있어 문자를 다루는 경우는 세 가지입니다. 보통 원본 데이터(Raw Data)를 재가공하는 과정에서 ① 내가 원하는 문자를 추출하거나 ② 내가 원하는 문자로 바꾸거나 ③ 내가 원하는 문자가 있는지 확인하는 경우입니다. 이번 섹션에서는 세 가지 항목에 대한 메뉴 도구, 인공지능의 사용부터 함수를 이용하는 방법까지 다양하게 살펴봅니다.

STEP 1 메뉴 도구를 이용한 문자 다루기

예제파일 | 05-08_문자 메뉴

먼저 구글 시트에서 제공하는 메뉴 기능을 이용해 문자를 다루는 방법에 대해 알아보겠습니다.

1 · 원하는 문자 추출하기 - 텍스트를 열로 분할

가장 흔하게 접하는 상황을 살펴보겠습니다. 이메일에서 ID만 추출할 경우 열을 범위 지정한 후 메뉴에서 [데이터] - [텍스트를 열로 분할]을 선택합니다. 구분선 목록에서 [맞춤]을 선택하고 '@'를 입력하면 '@'를 기준으로 열이 분할되고 추출하고자 하는 ID는 첫 번째 열에 배치됩니다.

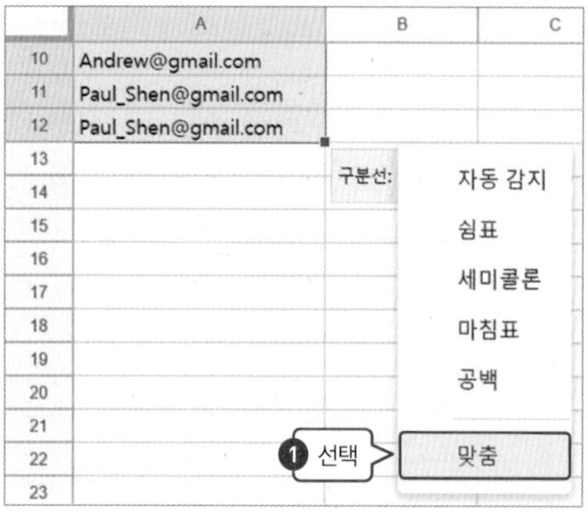

	A	B	C
10	Andrew@gmail.com		
11	Paul_Shen@gmail.com		
12	Paul_Shen@gmail.com		

구분선: 자동 감지 / 쉼표 / 세미콜론 / 마침표 / 공백 / 맞춤

❶ 선택

	A	B	C	D
1	이메일 주소			
2	james	gmail.com		
3	Jay.Kim	naver.com		
4	Simon.SH.Ahn	gmail.com		
5	Liu_Ying	gmail.com		
6	Mark	naver.com		
7	Moon	gmail.com		
8	Peter	gmail.com		
9	Steffen	gmail.com		
10	Andrew	gmail.com		
11	Paul_Shen	gmail.com		

구분선: 맞춤 @

❷ 입력

2 · 원하는 문자 찾기

해당 데이터에 내가 원하는 문자를 포함한 셀이 어디에 몇 개가 있는지 찾으려면 '찾기' 단축키 Ctrl + F를 누릅니다. 검색할 문자를 입력하면 해당 문자가 포함된 셀이 몇 개가 있는지와 함께 해당 셀의 배경색이 초록색으로 표시됩니다.

'자격증'을 검색한 결과 총 69개의 셀이 해당 문자를 포함하고 있음을 알 수 있고, 검색창에서 ∧와 ∨를 눌러 셀을 이동할 수 있습니다. ∨를 세 번 클릭하면 '4/69'가 되고, [A7] 셀이 네 번째임을 알려주기 위해 굵은 검은색 테두리로 표시됩니다.

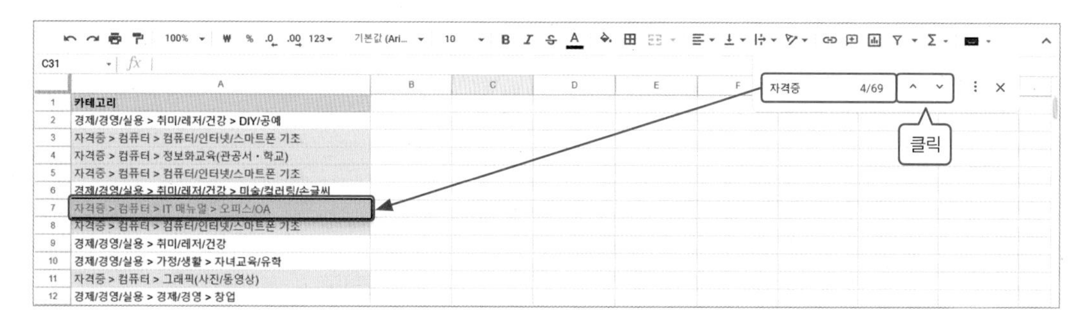

만약 좀 더 상세한 조건으로 검색하려면 '찾기 및 바꾸기' 기능을 사용합니다. 검색창 우측의 '옵션 더보기' 아이콘(⋮)을 클릭하거나 단축키 Ctrl + H를 누릅니다.

3 · 원하는 문자로 바꾸기

메뉴에서 [수정] – [찾기 및 바꾸기]를 선택하거나 Ctrl + H를 누르면 '찾기 및 바꾸기' 창이 나타납니다. 다음의 예제는 '관공서 · 학교' 라고 기입된 문자를 '관공서/학교'로 바꾼 것입니다.

검색할 범위는 '검색'에서 '모든 시트, 이 시트, 특정 범위' 중에 선택할 수 있습니다. 영문일 경우에는 '대소문자 일치'에 체크하여 대소문자를 구분할 수 있고, 일부 문자가 아닌 셀 전체의 문자가 일치해야 할 경우에는 '전체 일치'에 체크합니다.

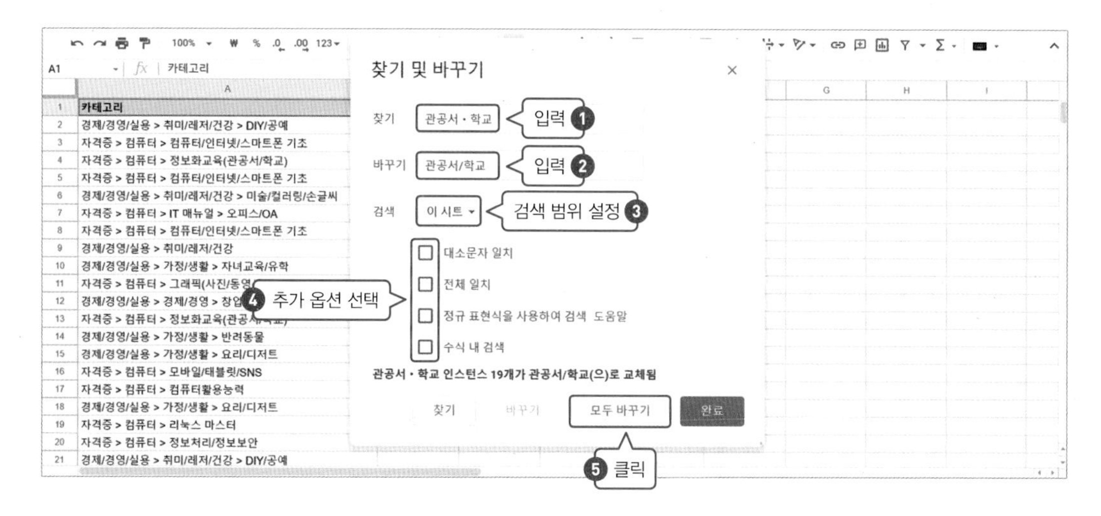

PLUS 수식/함수 일괄 변경하기

'찾기 및 바꾸기'의 '수식 내 검색' 항목은 데이터가 입력된 셀에 대해 수식이나 함수의 일부를 일괄적으로 변경해야 할 때 유용하게 사용됩니다.

D47:L53 | fx | =SUMIFS('Total(예산)'!$H$3:$H,'Total(예산)'!$J$3:$J,$B$47,'Total(예산)'!$L$3:$L,D23)

	D	E	F	G	H	I	J	K	L	M	N
46											
47	0	0	0	0	0	0	0	0	0	0	
48	0	0	0	0	0	0	0	0	0	0	
49	0	0	0	0	0	0	0	0	0	0	
50	0	0	0	0	0	0	0	0	0	0	
51	0	0	0	0	0	0	0	0	0	0	
52	0	0	0	0	0	0	0	0	0	0	
53	0	0	0	0	0	0	0	0	0	0	
54											
55	0	0	0	0	0	0	0	0	0	0	
56	0	0	0	0	0	0	0	0	0	517,065	
57	0	0	0	0	0	0	0	0	0	0	
58	0	0	0	0	0	0	0	0	0	0	
59	0	0	0	0	0	0	0	0	0	0	
60	0	0	0	0	0	0	0	0	0	0	
61	0	0	0	0	0	0	0	0	0	0	
62											

'수식 내 검색'을 체크하면 화면이 '수식 보기'로 전환되고, 수많은 셀에 SUMIFS 함수가 적용된 것을 확인할 수 있습니다. 그중 일부 셀에 대한 함수의 적용 범위를 '수식 내 검색'을 이용하여 'Total(예산)!$H$3:$H'에서 'Total(집행)!$K$3:$K'로 일괄 변경할 수 있습니다.

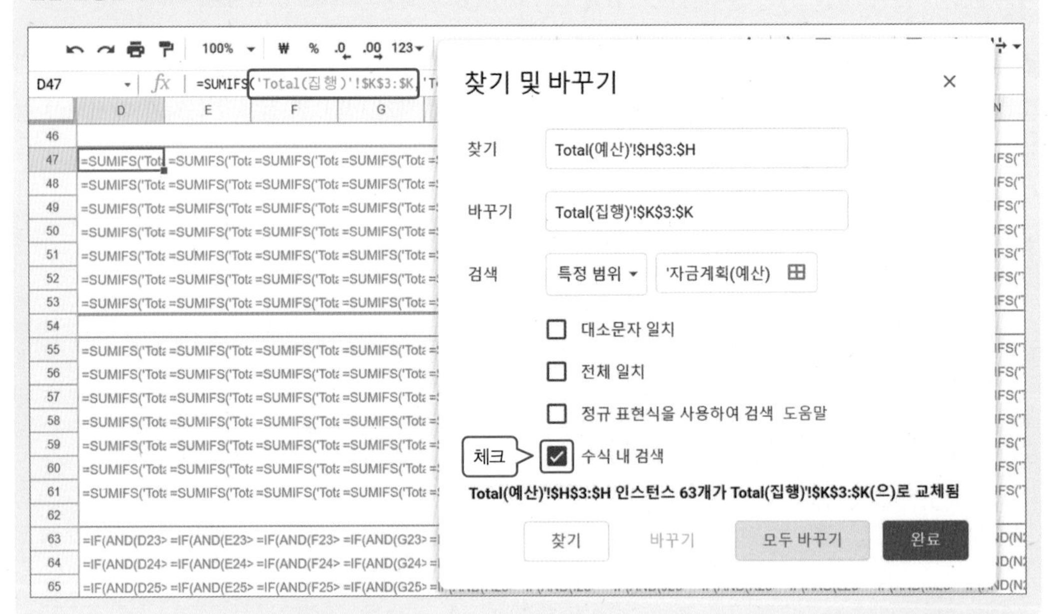

STEP 2 인공지능 패턴 인식을 통한 스마트 입력

예제파일 | 05-09_스마트입력

원하는 문자를 추출하거나 바꿀 때에는 보통 해당 데이터를 구분 짓는 구분자나 패턴을 기준으로 사용합니다. 이번에는 구글 시트에서 패턴을 인식하여 자동으로 함수를 생성해 주는 '스마트 입력'에 대해 알아보겠습니다.

1 · 문자 수 카운트는 아주 간단한 경우에만 사용하기

문자를 추출할 때 가장 흔하게 사용하는 함수는 LEFT, MID, RIGHT와 같이 문자 수를 카운트하는 함수입니다. 하지만 다음과 같이 관공서 주소에서 '도시명'만 추출해야 할 경우에는 함수의 구성이 아주 복잡해집니다.

```
=MID(A2,FIND(" ",A2)+1,FIND(" ",A2,FIND(" ",A2)+1)-(FIND(" ",A2)+1))
```

B2 | fx | =MID(A2,FIND(" ",A2)+1,FIND(" ",A2,FIND(" ",A2)+1)-(FIND(" ",A2)+1))

	A	B	C	D	E	F
1	관공서 주소	수원시 ×				
2	경기도 수원시 팔달구 효원로 241	=MID(A2,FIND(" ",A2)+1,FIND(" ",A2,FIND(" ",A2)+1)-(FIND(" ",A2)+1))				
3	경기도 부천시 길주로 210	부천시				
4	경기도 안양시 동안구 시민대로 235	안양시				
5	경기도 의정부시 시민로 1	의정부시				
6	경기도 과천시 관문로 69	과천시				
7	충청남도 천안시 서북구 번영로 156	천안시				
8	경기도 군포시 청백리길 6	군포시				
9	경기도 시흥시 시청로 20	시흥시				
10	경기도 의왕시 시청로11	의왕시				
11	경기도 고양시 덕양구 고양시청로 10	고양시				
12	경기도 파주시 시청로 50	파주시				
13						

함수 구성이 복잡해진 이유는 '도'나 '시'가 세 자리 또는 네 자리로 글자 수가 다르고, '시'를 기준으로 카운트하려고 해도 '시흥시'처럼 도시명 자체에 '시'가 있어 '공백'을 기준으로 카운트를 해야 하기 때문입니다. 따라서 필자는 아주 간단한 경우를 제외하고는 '스마트 입력'이나 '문자 분리 함수'를 사용합니다.

2 · 문자 추출 함수 자동 생성

구글 시트에서 지원하는 인공지능은 문자를 추출하는 데에도 유용합니다. 원본 데이터에서 추출하고자 하는 단어만 몇 차례 수기로 입력하면 함수 생성과 함께 나머지는 자동으로 채워지기 때문입니다.

주소 데이터에서 '도시명'을 추출해 보겠습니다. 추출하고자 하는 도시명을 세 번째까지 입력하니 '스마트 입력' 창이 나타납니다. ✓를 클릭하면 해당 열에 도시명이 추출되어 자동으로 채워집니다. 핵심은 인공지능이 수기로 입력했던 단어의 패턴을 인식하여 도시명을 추출하는 함수를 자동으로 만들었다는 점입니다.

```
=MID(A4,FIND(" ",A4) + 1,FIND(CHAR(160),SUBSTITUTE(A4," ",CHAR(160),2)) - 1 - (FIND(" ",A4)))
```

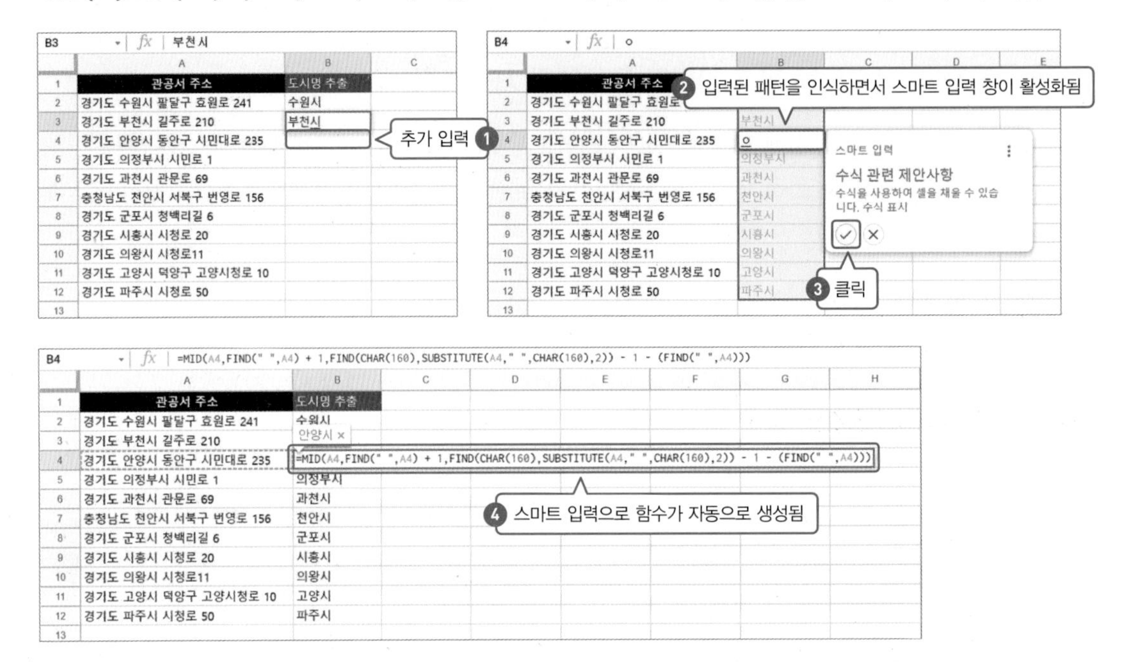

인공지능이 만들어 준 도시명 추출 함수로 MID, FIND 함수 외에도 CHAR, SUBSTITUTE 함수가 사용되었습니다. 짧게는 3회, 길게는 7회까지 직접 입력하면 그 이후의 데이터는 자동으로 완성됩니다. 만약 이 이상으로 입력하는데도 '스마트 입력' 창이 나타나지 않는다면 아쉽게도 인공지능이 해당 데이터의 패턴을 인식하지 못하는 것입니다.
그렇다고 다시 복잡한 함수 조합을 고민할 필요는 없습니다. 이후에 설명하는 문자 분리 함수를 사용하면 쉽게 원하는 문자를 추출할 수 있습니다.

3 · 문자 바꾸기 함수 자동 생성

인공지능은 문자를 바꾸는 경우에도 사용합니다. 도시명 이후의 상세 주소를 ******로 블라인드 처리할 경우 어떤 함수가 만들어지는지 살펴보겠습니다.

바꾸고자 하는 문자열을 몇 차례 입력하면 마찬가지로 '스마트 입력' 창이 나타나고, ✓를 클릭하면 해당 열의 문자열이 모두 바뀌면서 함수가 자동으로 생성됩니다.

```
=CONCATENATE(LEFT(A4,FIND(CHAR(160),SUBSTITUTE(A4," ",CHAR(160),2))),"******")
```

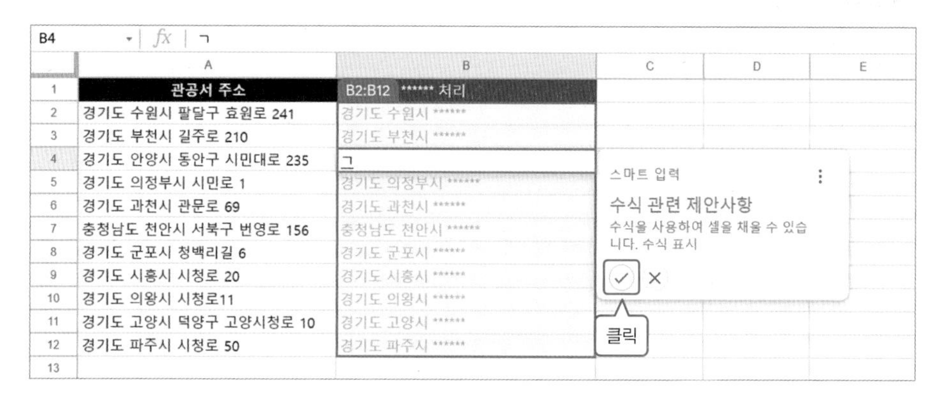

B4 fx =CONCATENATE(LEFT(A4,FIND(CHAR(160),SUBSTITUTE(A4," ",CHAR(160),2))),"******")

	A	B
1	관공서 주소	상세주소 ****** 처리
2	경기도 수원시 팔달구 효원로 241	경기도 수원시 ******
3	경기도 부천시 길주로 210	경기도 안양시 ****** ×
4	경기도 안양시 동안구 시민대로 235	=CONCATENATE(LEFT(A4,FIND(CHAR(160),SUBSTITUTE(A4," ",CHAR(160),2))),"******")
5	경기도 의정부시 시민로 1	경기도 의정부시 ******
6	경기도 과천시 관문로 69	경기도 과천시 ******
7	충청남도 천안시 서북구 번영로 156	충청남도 천안시 ******
8	경기도 군포시 청백리길 6	경기도 군포시 ******
9	경기도 시흥시 시청로 20	경기도 시흥시 ******
10	경기도 의왕시 시청로11	경기도 의왕시 ******
11	경기도 고양시 덕양구 고양시청로 10	경기도 고양시 ******
12	경기도 파주시 시청로 50	경기도 파주시 ******
13		

4 · '스마트 입력' 비활성화하기

만약 인공지능(AI)을 통한 자동 함수 생성 기능을 해제하고 싶다면 메뉴에서 [도구] - [자동 완성]의 [자동완성 사용]을 선택 해제합니다.

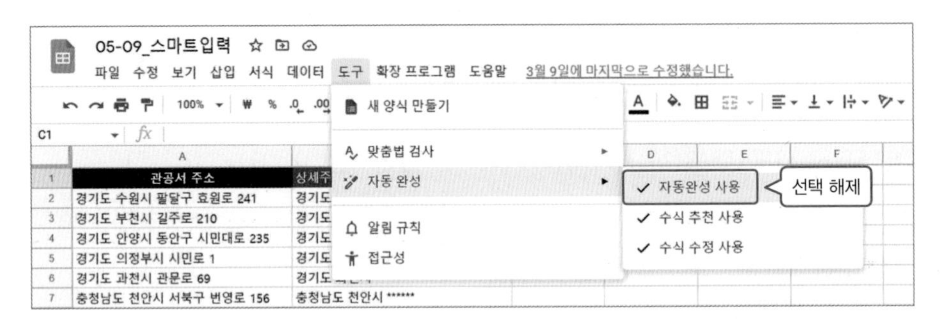

PLUS | 매칭 함수 자동 생성하기

인공지능에 의한 자동 함수 생성은 단순히 문자 추출이나 변경에 그치는 것이 아니라 일정한 패턴이 있는 모든 경우에 적용됩니다. 심지어 다른 시트에서 조건에 맞는 데이터를 찾아 반환하는 VLOOKUP 함수 구문도 자동 생성되기 때문에 아직 함수가 어려운 초보 사용자에게도 유용합니다.

'목록' 시트에 '소분류'에 맞는 '중분류' 기준 값이 구성되어 있을 때 '매칭' 시트의 A열에 '소분류'를, B열에 매칭되는 중분류를 수기로 몇 번 입력하면 '스마트 입력' 창이 나타나면서 '목록' 시트를 검색 범위로 하는 VLOOKUP 함수 구문이 자동으로 생성됩니다.

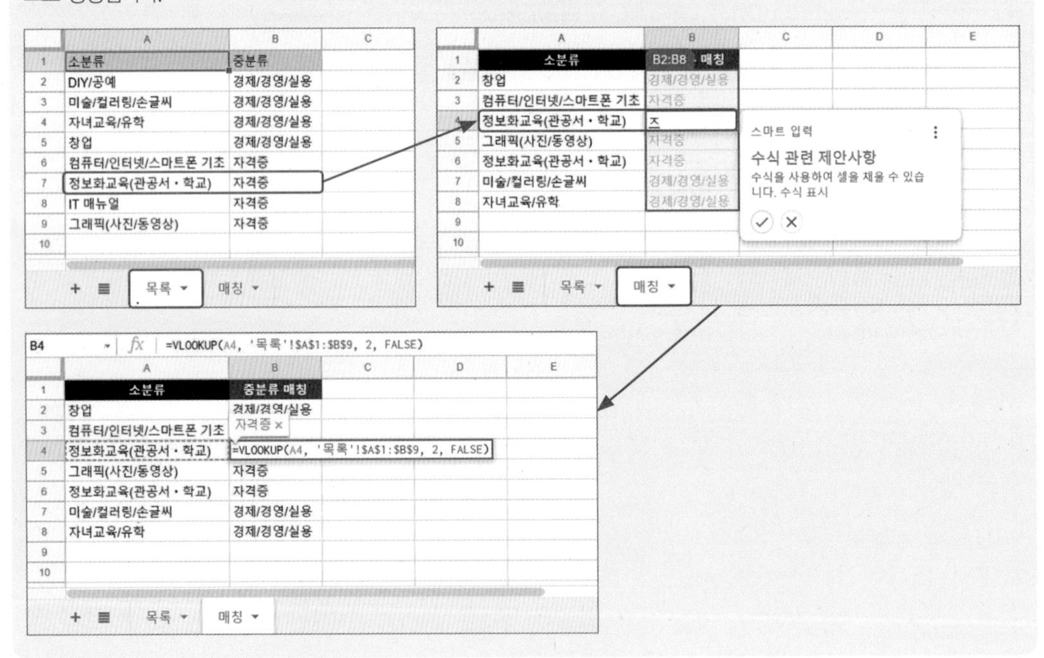

STEP 3 원하는 문자 분리/추출하기

예제파일 | 05-10_SPLIT/INDEX

앞서 '메뉴 도구'와 인공지능 '스마트 입력'을 사용해 문자를 추출했다면 이번에는 함수를 사용해 복잡한 조건에서의 문자 추출을 수행해 보겠습니다.

1 '스마트 입력'으로 문자 추출이 안 되는 경우

'스마트 입력'이 함수를 자동으로 생성하지만 중간에 예외가 발생하기도 합니다. 다음의 예제에서 두 번째 카테고리 데이터만을 추출하는 경우입니다. A열의 데이터는 세 개의 카테고리로 구성되어 있는데, [A9] 셀은 두 개의 카테고리로 구성되어 있어 '스마트 입력'이 생성한 문자 추출 함수가 적용되지 않습니다.

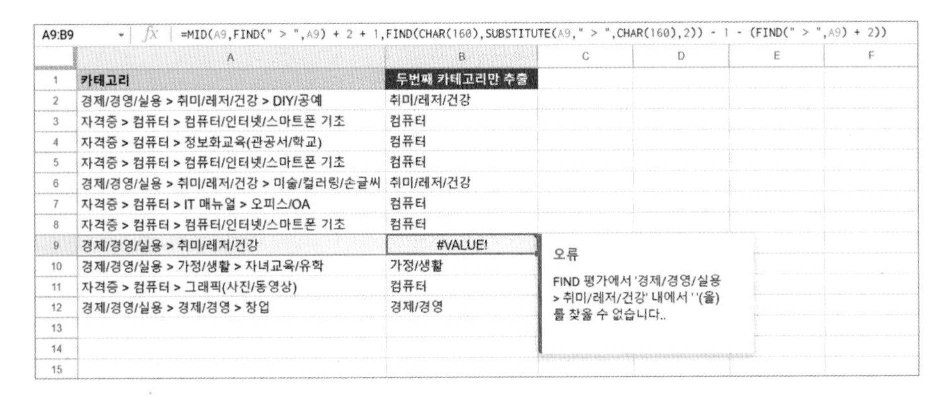

A9:B9 =MID(A9,FIND(" > ",A9) + 2 + 1,FIND(CHAR(160),SUBSTITUTE(A9," > ",CHAR(160),2)) - 1 - (FIND(" > ",A9) + 2))

	A	B	C	D	E	F
1	카테고리	두번째 카테고리만 추출				
2	경제/경영/실용 > 취미/레저/건강 > DIY/공예	취미/레저/건강				
3	자격증 > 컴퓨터 > 컴퓨터/인터넷/스마트폰 기초	컴퓨터				
4	자격증 > 컴퓨터 > 정보화교육(관공서/학교)	컴퓨터				
5	자격증 > 컴퓨터 > 컴퓨터/인터넷/스마트폰 기초	컴퓨터				
6	경제/경영/실용 > 취미/레저/건강 > 미술/컬러링/손글씨	취미/레저/건강				
7	자격증 > 컴퓨터 > IT 매뉴얼 > 오피스/OA	컴퓨터				
8	자격증 > 컴퓨터 > 컴퓨터/인터넷/스마트폰 기초	컴퓨터				
9	경제/경영/실용 > 취미/레저/건강	#VALUE!				
10	경제/경영/실용 > 가정/생활 > 자녀교육/유학	가정/생활				
11	자격증 > 컴퓨터 > 그래픽(사진/동영상)	컴퓨터				
12	경제/경영/실용 > 경제/경영 > 창업	경제/경영				
13						
14						
15						

이처럼 '스마트 입력'에 부분적으로 오류가 나거나 아예 함수 생성을 하지 못하는 경우에는 직접 문자 추출 함수를 조합해야 합니다. 그러나 문자 수를 카운트 하는 MID 함수와 FIND 함수의 조합은 구성이 어려운 편입니다.

2 · SPLIT 함수 - 문자를 열로 분리

SPLIT (텍스트, 구분자, [개별 문자 구분], [빈 문자 반환])

텍스트를 지정된 구분자로 나누고 구분된 텍스트를 행에서 각 셀 별로 배치합니다.

- **텍스트**: 분할 대상으로, 텍스트 또는 셀입니다.
- **구분자**: 텍스트를 분할하기 위해 사용할 문자입니다.
- **[개별 문자 구분]**: 기본값 TRUE(1)는 구분자로 사용되는 문자를 개별적으로 간주하고, FALSE(0)는 구분자로 사용되는 문자를 하나의 묶음으로 간주합니다.
- **[빈 문자 반환]**: 기본값 TRUE(1)는 분할된 텍스트가 비어 있을 경우 반환값에서 제외합니다. FALSE(0)는 분할된 텍스트가 비어 있을 경우 공란을 반환합니다.

옵션에 따른 결괏값을 비교해 보겠습니다.

```
=SPLIT(A2," > ",1,1)
=SPLIT(A2," > ")
```

B2 | fx | =SPLIT(A2," > ")

	A	B	C	D	E	F
1	카테고리	SPLIT 함수				
2	경제/경영/실용 > 취미/레저/건강 > DIY/공예	=SPLIT(A2," > ")	취미/레저/건강	DIY/공예		
3	자격증 > 컴퓨터 > 컴퓨터/인터넷/스마트폰 기초	자격증	컴퓨터	컴퓨터/인터넷/스	기초	
4	자격증 > 컴퓨터 > 정보화교육(관공서/학교)	자격증	컴퓨터	정보화교육(관공서/학교)		
5	자격증 > 컴퓨터 > 컴퓨터/인터넷/스마트폰 기초	자격증	컴퓨터	컴퓨터/인터넷/스	기초	
6	경제/경영/실용 > 취미/레저/건강 > 미술/컬러링/손글씨	경제/경영/실용	취미/레저/건강	미술/컬러링/손글씨		
7	자격증 > 컴퓨터 > IT 매뉴얼 > 오피스/OA	자격증	컴퓨터	IT	매뉴얼	오피스/OA
8	자격증 > 컴퓨터 > 컴퓨터/인터넷/스마트폰 기초	자격증	컴퓨터	컴퓨터/인터넷/스	기초	
9	경제/경영/실용 > 취미/레저/건강		취미/레저/건강			
10	경제/경영/실용 > 가정/생활 > 자녀교육/유학		가정/생활	자녀교육/유학		
11	자격증 > 컴퓨터 > 그래픽(사진/동영상)	자격증	컴퓨터	그래픽(사진/동영상)		
12	경제/경영/실용 > 경제/경영 > 창업	경제/경영/실용	경제/경영	창업		
13						

공란에 의해 분리됨

"(공란)〉(공란)" 각각의 문자를 개별 구분자로 인식하고, 분할된 문자가 비어 있을 경우 반환값에서 제외하는 옵션입니다. 7행의 'IT'와 '매뉴얼'이 공란 구분자로 인해 분리됩니다.

```
=SPLIT(A2," > ",0,0)
```

B2 | fx | =SPLIT(A2," > ",0,0)

	A	B	C	D	E
1	카테고리	SPLIT 함수			
2	경제/경영/실용 > 취미/레저/건강 > DIY/공예	=SPLIT(A2," > ",0,0)	취미/레저/건강	DIY/공예	
3	자격증 > 컴퓨터 > 컴퓨터/인터넷/스마트폰 기초	자격증	컴퓨터	컴퓨터/인터넷/스마트폰 기초	
4	자격증 > 컴퓨터 > 정보화교육(관공서/학교)	자격증	컴퓨터	정보화교육(관공서/학교)	
5	자격증 > 컴퓨터 > 컴퓨터/인터넷/스마트폰 기초	자격증	컴퓨터	컴퓨터/인터넷/스마트폰 기초	
6	경제/경영/실용 > 취미/레저/건강 > 미술/컬러링/손글씨	경제/경영/실용	취미/레저/건강	미술/컬러링/손글씨	
7	자격증 > 컴퓨터 > IT 매뉴얼 > 오피스/OA	자격증	컴퓨터	IT 매뉴얼	오피스/OA
8	자격증 > 컴퓨터 > 컴퓨터/인터넷/스마트폰 기초	자격증	컴퓨터	컴퓨터/인터넷/스마트폰 기초	
9	경제/경영/실용 > 취미/레저/건강	경제/경영/실용	취미/레저/건강		
10	경제/경영/실용 > 가정/생활 > 자녀교육/유학	경제/경영/실용	가정/생활	자녀교육/유학	
11	자격증 > 컴퓨터 > 그래픽(사진/동영상)	자격증	컴퓨터	그래픽(사진/동영상)	
12	경제/경영/실용 > 경제/경영 > 창업	경제/경영/실용	경제/경영	창업	
13					

"(공란)〉(공란)" 세 개의 문자를 하나의 구분자로 인식하고 분할된 문자가 비어 있을 경우에는 공란을 반환합니다.

3 · INDEX 함수 - 값과 일치하는 위치의 내용 반환

INDEX (참조, [행], [열])

오프셋으로 지정된 위치의 셀 내용을 반환합니다. [행]과 [열]을 기본값 0으로 설정하면 전체 열, 행의 값 배열을 각각 반영합니다.

- **참조**: 셀의 범위입니다.
- **[행]**: 반환할 행의 번호로, 기본값은 0입니다.
- **[열]**: 반환할 열의 번호로, 기본값은 0입니다.

SPLIT 함수를 사용하여 카테고리를 열로 분리한 결과에 INDEX 함수를 적용해 보겠습니다.

우리가 원하는 것은 선택 영역에서 두 번째 카테고리이므로, INDEX 함수로 두 번째 열만 반환하도록 열 번호를 지정해야 합니다. [F2] 셀에 함수 범위를 B2:E2로, 행을 0으로 설정하여 영역 내 2번째 열의 모든 값을 반영하도록 합니다(이 경우 행의 인수 값을 생략할 수 있습니다).

```
=INDEX(B2:E2,0,2)
=INDEX(B2:E2,2)
```

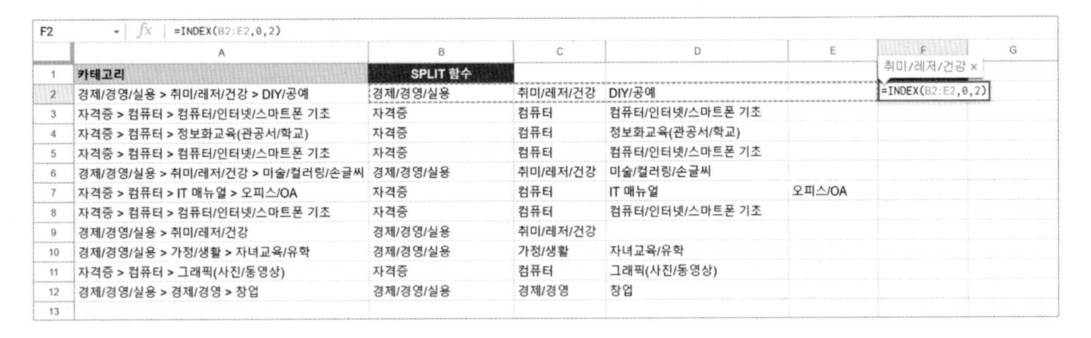

F2 | fx | =INDEX(B2:E2,0,2)

	A	B	C	D	E	F	G
1	카테고리	SPLIT 함수				취미/레저/건강 ×	
2	경제/경영/실용 > 취미/레저/건강 > DIY/공예	경제/경영/실용	취미/레저/건강	DIY/공예		=INDEX(B2:E2,0,2)	
3	자격증 > 컴퓨터 > 컴퓨터/인터넷/스마트폰 기초	자격증	컴퓨터	컴퓨터/인터넷/스마트폰 기초			
4	자격증 > 컴퓨터 > 정보화교육(관공서/학교)	자격증	컴퓨터	정보화교육(관공서/학교)			
5	자격증 > 컴퓨터 > 컴퓨터/인터넷/스마트폰 기초	자격증	컴퓨터	컴퓨터/인터넷/스마트폰 기초			
6	경제/경영/실용 > 취미/레저/건강 > 미술/컬러링/손글씨	경제/경영/실용	취미/레저/건강	미술/컬러링/손글씨			
7	자격증 > 컴퓨터 > IT 매뉴얼 > 오피스/OA	자격증	컴퓨터	IT 매뉴얼	오피스/OA		
8	자격증 > 컴퓨터 > 컴퓨터/인터넷/스마트폰 기초	자격증	컴퓨터	컴퓨터/인터넷/스마트폰 기초			
9	경제/경영/실용 > 취미/레저/건강	경제/경영/실용	취미/레저/건강				
10	경제/경영/생활 > 가정/생활 > 자녀교육/유학	경제/경영/실용	가정/생활	자녀교육/유학			
11	자격증 > 컴퓨터 > 그래픽(사진/동영상)	자격증	컴퓨터	그래픽(사진/동영상)			
12	경제/경영/실용 > 경제/경영 > 창업	경제/경영/실용	경제/경영	창업			
13							

이처럼 SPLIT 함수와 INDEX 함수를 사용해 원하는 데이터를 추출할 수 있습니다. 이 구성은 매우 유용해서 'SPLIT으로 분리한 후 INDEX로 선택'한다는 하나의 공식처럼 사용하면 좋습니다.

4 • INDEX(SPLIT) 함수 조합으로 원하는 문자 추출하기

먼저 SPLIT 함수를 사용해 "(공란)>(공란)"을 하나의 구분자로 ① 분리한 후 2번째 카테고리가 위치하는 B열을 INDEX 함수로 ② 선택해 반환합니다.

```
=INDEX(SPLIT(A2," > ",0),2)
```

B12 | fx | =INDEX(SPLIT(A12," > ",0),2)

	A	B	C	D
1	카테고리	SPLIT(INDEX)		
2	경제/경영/실용 > 취미/레저/건강 > DIY/공예	취미/레저/건강		
3	자격증 > 컴퓨터 > 컴퓨터/인터넷/스마트폰 기초	컴퓨터		
4	자격증 > 컴퓨터 > 정보화교육(관공서/학교)	컴퓨터		
5	자격증 > 컴퓨터 > 컴퓨터/인터넷/스마트폰 기초	컴퓨터		
6	경제/경영/실용 > 취미/레저/건강 > 미술/컬러링/손글씨	취미/레저/건강		
7	자격증 > 컴퓨터 > IT 매뉴얼 > 오피스/OA	컴퓨터		
8	자격증 > 컴퓨터 > 컴퓨터/인터넷/스마트폰 기초	컴퓨터		
9	경제/경영/실용 > 취미/레저/건강	취미/레저/건강		
10	경제/경영/실용 > 가정/생활 > 자녀교육/유학	가정/생활		
11	자격증 > 컴퓨터 > 그래픽(사진/동영상)	경제/경영 ×		
12	경제/경영/실용 > 경제/경영 > 창업	=INDEX(SPLIT(A12," > ",0),2)		
13				

❷ ❶

INDEX 함수의 '행' 인수를 0으로 설정하고 ARRAYFORMULA 함수를 조합하여 사용하면 해당 함수가 자동으로 모든 행에 반복 적용됩니다.

```
=ARRAYFORMULA(INDEX(SPLIT(A2:A," > ",0),0,2))
```

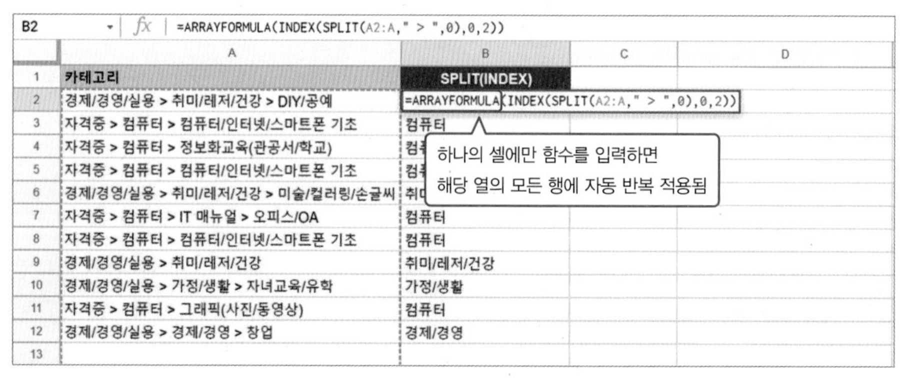

B2 | fx | =ARRAYFORMULA(INDEX(SPLIT(A2:A," > ",0),0,2))

	A	B	C	D
1	카테고리	SPLIT(INDEX)		
2	경제/경영/실용 > 취미/레저/건강 > DIY/공예	=ARRAYFORMULA(INDEX(SPLIT(A2:A," > ",0),0,2))		
3	자격증 > 컴퓨터 > 컴퓨터/인터넷/스마트폰 기초	컴퓨터		
4	자격증 > 컴퓨터 > 정보화교육(관공서/학교)	컴		
5	자격증 > 컴퓨터 > 컴퓨터/인터넷/스마트폰 기초	컴		
6	경제/경영/실용 > 취미/레저/건강 > 미술/컬러링/손글씨	취미		
7	자격증 > 컴퓨터 > IT 매뉴얼 > 오피스/OA	컴퓨터		
8	자격증 > 컴퓨터 > 컴퓨터/인터넷/스마트폰 기초	컴퓨터		
9	경제/경영/실용 > 취미/레저/건강	취미/레저/건강		
10	경제/경영/실용 > 가정/생활 > 자녀교육/유학	가정/생활		
11	자격증 > 컴퓨터 > 그래픽(사진/동영상)	컴퓨터		
12	경제/경영/실용 > 경제/경영 > 창업	경제/경영		
13				

하나의 셀에만 함수를 입력하면
해당 열의 모든 행에 자동 반복 적용됨

ref. ARRAYFORMULA 함수는 조합된 함수를 자동으로 반복 적용하는 함수로, 조건검색과 관련하여 Chapter 6에서 자세히 다룹니다.

5 · INDEX(SPLIT) 두 번 사용하여 복잡한 조건에서의 문자 추출하기

이번에는 더 복잡한 조건에서의 문자 추출 방식을 살펴보겠습니다. 보통 우리가 특정 데이터를 추출하고자 할 때는 필요한 정보가 들어 있는 데이터를 시스템에서 엑셀 형식으로 다운받아 재가공하는 경우가 많습니다. 이렇게 전산 시스템에서 생성된 데이터는 구성이 복잡하더라도 일정한 규칙을 가지고 있기 때문에 INDEX(SPLIT) 함수를 사용하기에 적절합니다.

'도서코드', '제목', '페이지 수', 정가'라는 네 개의 정보가 하나로 합쳐진 데이터에서 '페이지 수'만 추출해 보겠습니다. 각각의 데이터를 살펴보면 도서코드, 제목, 페이지 수는 '/'로, 정가는 '–'로 구분되는 일정한 규칙을 가지고 있습니다. 이 경우에도 'SPLIT으로 분리한 후 INDEX로 선택'하는 공식을 그대로 적용하면 됩니다.

B5 =INDEX(SPLIT(INDEX(SPLIT(A5,"/"),3),"-"),1)

	A	B	C	D	E
1	도서코드,제목,페이지 수,정가	페이지 수 분리			
2	14036/소워니놀이터의 띠부띠부 가게놀이/206-20000	206			
3	6957/디저트 로드 - 서울 5대 거리의 디저트와 만드는 레시피까지/352-18000	352			
4	13347/리눅스 마스터 2급 한권으로 끝내기/464-24000	464			
5	10578/종이로 만드는 입체편지지&선물상자 도안집/242-20000	=INDEX(SPLIT(INDEX(SPLIT(A5,"/"),3),"-"),1)			
6	13207/스티커 아트북 : 달콤한 디저트/92-15000	92			
7	13767/Microsoft Power BI 3rd Edition/460-25000	460			
8	13965/(IT)[아는 만큼 재미있는] 스마트폰 기초/148-10000	148			
9	8612/애플호롱의 소녀감성 종이인형/64-12000	64			
10	14220/아이와 함께 사각사각 종이접기/200-14000	200			
11	12187/스케치업 With V-Ray Standard/332-22000	332			
12	11603/바리스타&카페 창업 안내서/472-23000	472			
13					

① (분리_1) / 구분자를 기준으로 분리합니다. ≫ SPLIT(A5,"/")

② (선택_1) '/'로 분리되면 '페이지 수–정가(242–20000)'가 위치한 세 번째 열을 선택합니다.
≫ INDEX(SPLIT(A5,"/"),3)

③ (분리_2) 다시 '–'로 페이지 수와 정가를 분리합니다. ≫ SPLIT(INDEX(SPLIT(A5,"/"),3),"-")

④ (선택_2) 분리된 '페이지 수'가 위치한 첫 번째 열을 선택합니다.
≫ INDEX(SPLIT(INDEX(SPLIT(A5,"/"),3),"-"),1) ➜ 반환값: 242

STEP 4 원하는 문자 찾기

원하는 문자의 위치를 찾을 때 주로 사용하는 FIND 함수와 SEARCH 함수에 대해 알아봅니다.

1 · FIND 함수 - 문자 위치 반환하기

예제파일 | 05-11_FIND

FIND (찾을_문자열, 검색할_텍스트, [검색_시작_위치])

텍스트 내에서 문자열이 처음으로 발견된 위치를 반환하며, 대소문자를 구분합니다.

- **찾을_문자열**: '검색할_텍스트'를 기준으로 검색할 대상 문자열입니다.
- **검색할_텍스트**: 검색할 텍스트입니다.
- **[검색_시작_위치]**: 검색을 시작할 문자 위치입니다.

셀에 life 단어가 포함된 경우 단어가 시작된 문자의 위치를 반환해 보겠습니다.

=FIND("life",A8)

B8 | fx | =FIND("life",A8)

	A	B	C
1	The Holstee Manifesto	life의 위치	
2	This is your life	14	
3	Do what you love	#VALUE!	
4	And do it often	#VALUE!	
5	if you don't like something, change it.	#VALUE!	
6	If you don't like your job, Quit.	#VALUE!	
7	if you don't have enough time, Stop watching TV	41 × ALUE!	
8	If you are looking for the love of your life, Stop	=FIND("life",A8)	
9	They will be waiting for you when you start doing things you love	#VALUE!	
10	Stop ov	#VALUE!	
11	Life	#VALUE!	

'L'이 대문자라서 제외됨

[A2] 셀과 [A8] 셀의 경우 각각 14번째, 41번째 위치를 반환합니다. 단, FIND 함수가 대소문자를 구분하기 때문에 Life 단어가 있는 [A11] 셀은 반환값에서 제외됩니다. 이때 찾는 문자가 없을 경우 #VALUE! 오류값을 반환하므로, 오류 시 공란을 반환하도록 IFERROR 함수를 같이 사용합니다.

=IFERROR(FIND("life",A8))

B8 | fx | =IFERROR(FIND("life",A8))

	A	B	C
1	The Holstee Manifesto	IFERROR(FIND)	
2	This is your life	14	
3	Do what you love		
4	And do it often		
5	if you don't like something, change it.		
6	If you don't like your job, Quit.		
7	if you don't have enough time, Stop watching TV	41 ×	
8	If you are looking for the love of your life, Stop	=IFERROR(FIND("life",A8))	
9	They will be waiting for you when you start doing things you love		
10	Stop over ananlyzing		
11	Life is simple		

이처럼 FIND 함수는 반환값을 숫자로 반환합니다. 따라서 찾는 데이터가 있는지의 여부만 확인하고 싶다면 'FIND 함수의 결괏값이 0보다 크다'라는 조건을 추가해 TRUE 또는 FALSE를 반환하도록 구성합니다.

다음은 FIND 함수의 '검색_시작_위치' 인수를 15(번째 자리)로 지정하여 [A8] 셀에 대해서만 TRUE 값을 반환한 결과입니다.

=IFERROR(FIND("life",A11,15)>0)

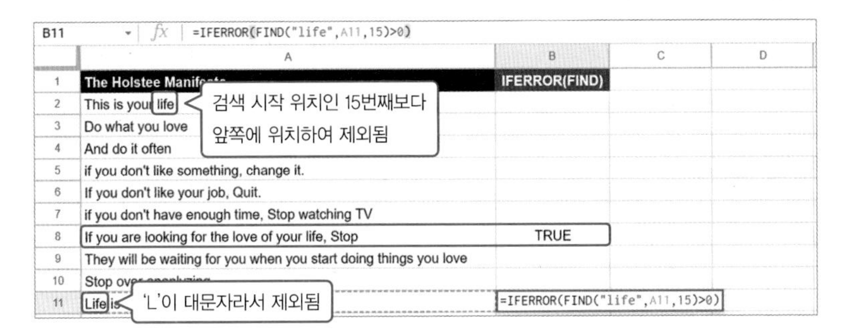

또는, TRUE, FALSE 값을 모두 반환하도록 ISNUMBER 함수를 사용해도 됩니다.

=ISNUMBER((FIND("life",A15)))

PLUS **0 이외의 숫자는 모두 논리적으로 TRUE!**

숫자 0은 논리적으로 FALSE을 의미하며, 음수를 포함한 그 밖의 모든 숫자는 TRUE를 뜻합니다. 따라서 FIND 함수가 찾는 단어의 첫 문자 위치를 반환하므로 찾는 문자가 있을 경우 무조건 TRUE 값을 반환하게 되는 것입니다.

2 · SEARCH 함수 - 와일드 카드 문자를 사용

예제파일 | 05-12_SEARCH

SEARCH (찾을_문자열, 검색할_텍스트, [검색_시작_위치])

텍스트 내에서 문자열이 처음으로 발견된 위치를 반환합니다. 대소문자를 구분하지 않으며, 와일드 카드 문자를 사용할 수 있습니다. 검색 결과가 없는 경우 #VALUE! 오류가 반환되므로, IFERROR 함수를 조합해 사용하는 것이 좋습니다.

- **찾을_문자열**: '검색할_텍스트'를 기준으로 검색할 대상 문자열입니다.
- **검색할_텍스트**: 검색할 텍스트입니다.
- **[검색_시작_위치]**: 검색을 시작할 문자의 위치입니다.

SEARCH 함수를 사용할 때 '찾을_문자열' 인수에 와일드 카드 문자를 넣으면 특정 형식을 가진 데이터를 검색할 수 있습니다.

와일드 카드 문자	설명
?	임의의 문자 한 개를 검색할 때 사용합니다.
*	임의의 일련의 여러 문자를 검색할 때 사용합니다.
~	와일드 카드 문자인 ? 또는 *를 실제 문자로 인식하여 사용할 경우 두 문자 앞에 ~을 추가로 입력합니다.

SEARCH 함수의 기본적인 사용법은 FIND 함수와 동일하지만 대소문자를 구분하지 않는다는 차이점이 있습니다. SEARCH 함수만의 특징인 '와일드 카드 문자'가 사용된 예제를 살펴보겠습니다.

	A	B	C
1	The Holstee Manifesto	e?e	
2	This is your life		
3	Do what you love		
4	And do it often		
5	if you don't like something, change it.		
6	If you don't like your job, Quit.	=IFERROR(SEARCH("e?e",A6))	
7	if you don't have enough time, Stop watching TV	17	
8	If you are looking for the love of your life, Stop		
9	They will be waiting for you when you start doing things you love		
10	Stop over ananlyzing		
11	Life is simple		

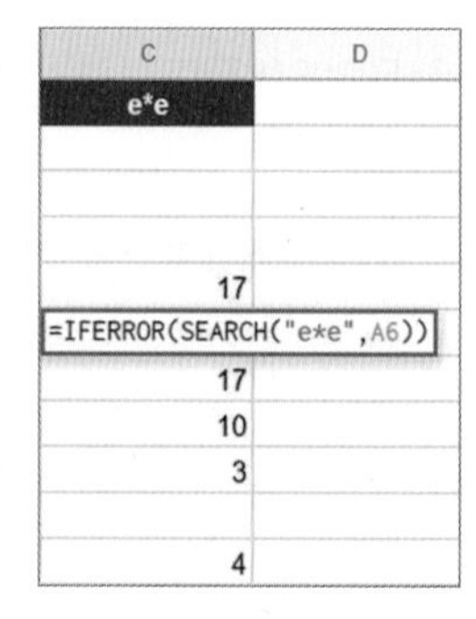

C	D
e*e	
17	
=IFERROR(SEARCH("e*e",A6))	
17	
10	
3	
4	

① e?e

e와 e 사이에 임의의 문자 하나가 구성된 경우이므로 [A7] 셀의 **have**와 **enough** 사이에 있는 'e e'의 시작 위치 값을 반환합니다.

② e*e

문자 수와 상관없이 e와 e 사이에 문자가 있는 경우를 모두 반환합니다. 따라서 [A5] 셀의 '**e some**'처럼 [A7], [A8], [A9], [A11] 셀에 대해 e의 시작 위치 값을 반환합니다.

STEP 5 특정 문자를 원하는 문자로 바꾸기

특정 문자를 내가 원하는 문자로 바꿀 때 사용하는 SUBSTITUTE 함수와 REPLACE 함수에 대해 알아보겠습니다.

1 · SUBSTITUTE 함수

예제파일 | 05-13_SUBSTITUTE

SUBSTITUTE (검색할_텍스트, 찾을_문자열, 새_문자열, [발견횟수])

텍스트에서 바꿀 문자(열)을 찾아 새 문자(열)로 바꾼 결과를 반환합니다. 검색 결과가 없는 경우 #VALUE! 오류가 반환되므로, IFERROR 함수를 조합해 사용하는 것이 좋습니다.

- **검색할_텍스트**: 검색할 대상으로, 텍스트 또는 셀입니다.
- **찾을_문자열**: '검색할_텍스트' 내에서 찾아 바꿀 문자(열)입니다.
- **새_문자열**: '찾을_문자열'을 대체할 새로운 문자(열)입니다.
- **[발견횟수]**: '찾을_문자열'이 '검색할_텍스트' 내에 여러 개 있을 경우 몇 번째에 발견된 문자열을 바꿀 것인지 지정하는 인덱스 값입니다. 생략 시 '찾을 문자열' 모두에 적용됩니다.

발견횟수 값의 여부에 따른 차이를 비교해 보겠습니다.

=SUBSTITUTE(A4,">","▶")

	A	B
1	카테고리	카테고리 구분 >를 ▶로 변환
2	경제/경영/실용 > 취미/레저/건강 > DIY/공예	경제/경영/실용 ▶ 취미/레저/건강 ▶ DIY/공예
3	자격증 > 컴퓨터 > 컴퓨터/인터넷/스마트폰 기초	자격증 ▶ 컴퓨터 ▶ 정보화교육(관공서/학… ×
4	자격증 > 컴퓨터 > 정보화교육(관공서/학교)	=SUBSTITUTE(A4,">","▶")
5	자격증 > 컴퓨터 > 컴퓨터/인터넷/스마트폰 기초	자격증 ▶ 컴퓨터 ▶ 컴퓨터/인터넷/스마트폰 기초
6	경제/경영/실용 > 취미/레저/건강 > 미술/컬러링/손글씨	경제/경영/실용 ▶ 취미/레저/건강 ▶ 미술/컬러링/손글씨
7	자격증 > 컴퓨터 > IT 매뉴얼 > 오피스/OA	자격증 ▶ 컴퓨터 ▶ IT 매뉴얼 ▶ 오피스/OA
8	자격증 > 컴퓨터 > 컴퓨터/인터넷/스마트폰 기초	자격증 ▶ 컴퓨터 ▶ 컴퓨터/인터넷/스마트폰 기초
9	경제/경영/실용 > 취미/레저/건강	경제/경영/실용 ▶ 취미/레저/건강
10	경제/경영/실용 > 가정/생활 > 자녀교육/유학	경제/경영/실용 ▶ 가정/생활 ▶ 자녀교육/유학
11	자격증 > 컴퓨터 > 그래픽(사진/동영상)	자격증 ▶ 컴퓨터 ▶ 그래픽(사진/동영상)
12	경제/경영/실용 > 경제/경영 > 창업	경제/경영/실용 ▶ 경제/경영 ▶ 창업
13		

=SUBSTITUTE(A4,">","▶",2)

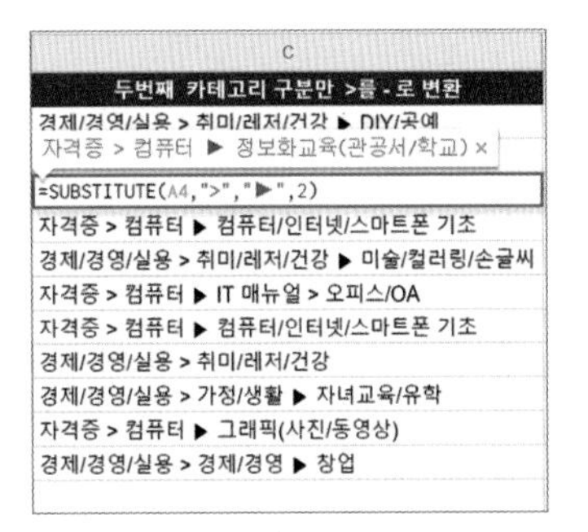

C
두번째 카테고리 구분만 >를 ▶로 변환
경제/경영/실용 > 취미/레저/건강 ▶ DIY/공예
자격증 > 컴퓨터 ▶ 정보화교육(관공서/학교) ×
=SUBSTITUTE(A4,">","▶",2)
자격증 > 컴퓨터 ▶ 컴퓨터/인터넷/스마트폰 기초
경제/경영/실용 > 취미/레저/건강 ▶ 미술/컬러링/손글씨
자격증 > 컴퓨터 ▶ IT 매뉴얼 > 오피스/OA
자격증 > 컴퓨터 ▶ 컴퓨터/인터넷/스마트폰 기초
경제/경영/실용 > 취미/레저/건강
경제/경영/실용 > 가정/생활 ▶ 자녀교육/유학
자격증 > 컴퓨터 ▶ 그래픽(사진/동영상)
경제/경영/실용 > 경제/경영 ▶ 창업

좌측은 '[발견횟수]' 인수를 넣지 않아 카테고리 구분이 '>'로 되어 있는 것을 모두 ▶로 변환한 반면, 우측은 [발견횟수]를 2로 지정했기 때문에 두 번째 카테고리 구분자만 ▶로 변환합니다.

2 · REPLACE 함수 - 주어진 길이만큼 문자 바꾸기

예제파일 | 05-14_REPLACE

REPLACE (검색할_텍스트, 시작_위치, 문자_개수, 새_텍스트)

기존 텍스트에서 바꿀 문자(열)의 시작 위치를 기준으로 지정한 문자 수만큼 새 문자(열)로 바꾼 결과를 반환합니다. REPLACE 함수는 텍스트를 반환하므로, 숫자를 반환하려면 VALUE 함수를 중복하여 사용합니다.

- **검색할_텍스트**: 검색할 대상으로, 텍스트 또는 셀입니다.
- **시작_위치**: '검색할_텍스트'에서 바꿀 문자(열)의 시작 위치입니다.
- **문자_개수**: '시작_위치'에서부터 바꾸려는 문자 개수입니다.
- **새_텍스트**: 새로 바꿔 넣을 문자(열)입니다.

REPLACE 함수는 SUBSTITUTE 함수와 달리 특정 문자(열)의 위치를 기준으로 동작하기 때문에 검색할 대상의 문자(열) 개수가 일정할 경우 사용하기 편합니다.

=REPLACE(A4,5,4,"****")

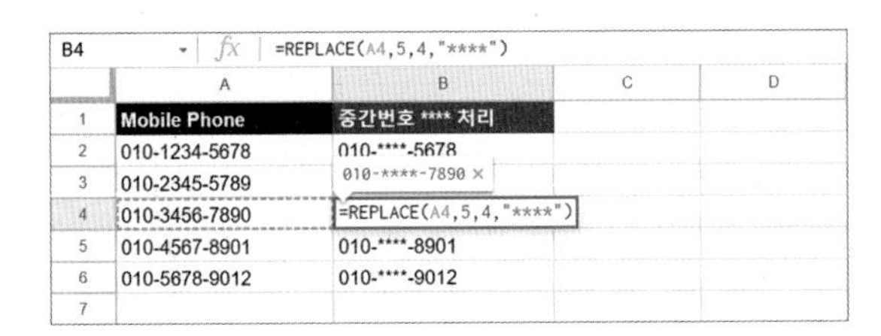

B4 fx =REPLACE(A4,5,4,"****")

	A	B	C	D
1	Mobile Phone	중간번호 **** 처리		
2	010-1234-5678	010-****-5678		
3	010-2345-5789	010-****-7890 ×		
4	010-3456-7890	=REPLACE(A4,5,4,"****")		
5	010-4567-8901	010-****-8901		
6	010-5678-9012	010-****-9012		
7				

REPLACE 함수로 인해 핸드폰 번호의 중간 네 자리만 ****로 블라인드 처리됩니다.

숫자 데이터에 REPLACE 함수를 적용하면 데이터 속성이 문자 형식으로 바뀝니다. 다음의 백 단위 이하 숫자를 모두 '555'로 변환한 값 역시 문자 형식(셀 내에서 좌측 정렬)으로 반환됩니다. 이때 반환 값을 강제로 숫자(셀 내에서 우측 정렬)로 변환하고자 한다면 VALUE 함수를 사용합니다.

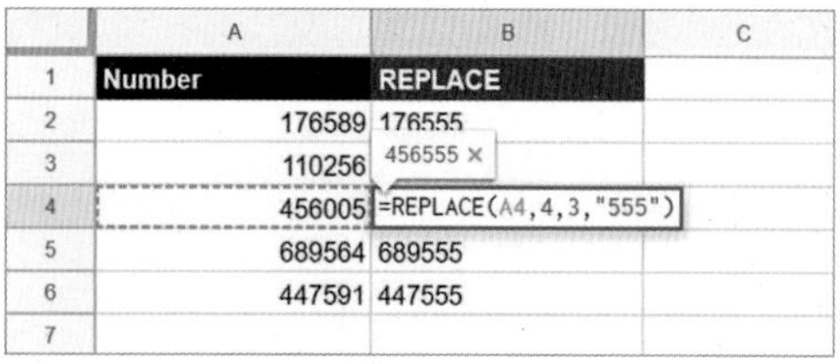

	A	B	C
1	Number	REPLACE	
2	176589	176555	
3	110256	456555 ×	
4	456005	=REPLACE(A4,4,3,"555")	
5	689564	689555	
6	447591	447555	
7			

▲ 문자 형식으로 반환(좌측 정렬)

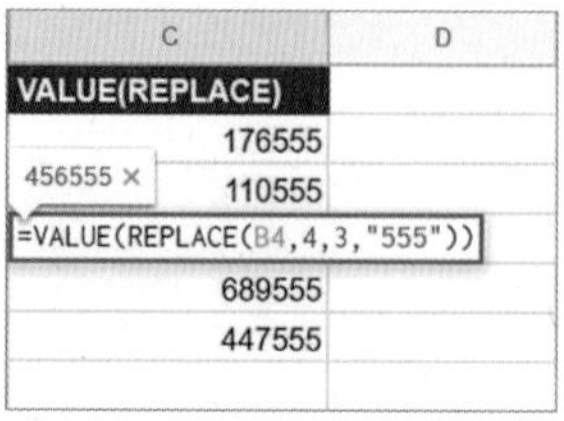

C	D
VALUE(REPLACE)	
176555	
456555 × 110555	
=VALUE(REPLACE(B4,4,3,"555"))	
689555	
447555	

▲ 숫자 형식으로 변환(우측 정렬)

ref. VALUE 함수는 문자를 숫자 형식으로 바꿔 주는 함수입니다.

STEP 6 정규 표현식을 사용하는 REGEX 시리즈

예제파일 | 05-15_REGEX

이번에는 구글 시트에서 문자를 더 세부적으로 컨트롤할 수 있는 고급 함수인 REGEX 시리즈에 대해 소개합니다. 그러나 일반 사용자가 정규 표현식에 익숙해지는 것이 어렵기 때문에 이 책에서는 정규 표현식을 어떻게 사용할 수 있는지 정도만 간단한 예제를 통해 알아보겠습니다.

1 · 정규 표현식이란?

정규 표현식(Regular Expression)은 텍스트 내에서 특정한 규칙을 가진 문자(열)를 찾기 위해 패턴을 정의한 형식 언어입니다. 주로 프로그래밍에 사용되며, 엑셀과 달리 구글 시트에는 정규 표현식이 가능한 함수나 메뉴 도구가 있어 문자를 다루는 데 있어 엄청난 편의성을 제공합니다.

구문	설명
.	마침표는 지정된 위치에 있는 문자를 나타냅니다. 예 you. → your 등
*	문자 뒤에 별표를 입력하면 별표 앞에 있는 문자가 0회 이상 표시되는 단어를 검색합니다. 예 so*n → sn, son, sooon 등
+	문자 뒤에 더하기 기호를 입력하면 더하기 기호 앞에 있는 문자가 1회 이상 표시되는 단어를 검색합니다. 예 so+n → son, soon 등
?	이전 표현식이 선택적으로 포함되는 문자열을 검색합니다. 예 [0-9]?[a-c] → 3a, b(유효) 1, d(유효하지 않음)
^	캐럿 기호는 정규 표현식의 맨 앞에 배치해야 하며, 캐럿 기호 뒤에 위치한 문자들 또는 그 문자들의 순서로 시작하는 문자열을 검색합니다. 예 ^[bc]ook → book, cook(유효) a book, my book(유효하지 않음)
$	달러 기호는 정규 표현식의 맨 끝에 배치해야 하며, 달러 기호 앞에 위치한 문자들 또는 그 문자들의 순서로 끝나는 문자열을 검색합니다. 예 [bc]ook$ → book, cook(유효) books(유효하지 않음)
{A,B}	앞의 표현식이 A와 B 사이의 횟수만큼 반복됩니다(A와 B는 숫자). 예 s(o{1,3})n → son, soon, sooon만 유효

[ ]	문자 집합을 입력하면 지정된 문자 중 한 개만 현재 위치에서 반복되는 경우를 표시합니다. 예 h[om]e → hoe 또는 hme만 유효
[a-z]	문자 집합 범위를 입력하면 주어진 범위 내에서 문자를 검색합니다. 일반적인 범위에는 a~z, A~Z 및 0~9가 있습니다. 범위는 [a-zA-Z0-9]와 같이 단일 범위로 결합할 수도 있습니다. 예 b[e-s]t → bet(유효) bat(유효하지 않음)
( )	표현식의 일부를 그룹화합니다.
|	둘 중 하나를 나타내며 '또는'을 의미합니다. 예 love|LOVE → love 또는 LOVE만 유효
\	다음 문자가 특수문자가 아닌 문자 그대로의 의미임을 나타냅니다. 예 정규 표현식 $를 문자 그대로 $(달러)로 사용하고 싶다면 \$로 입력
\w	다음과 같은 단어 문자(문자, 숫자 또는 밑줄)를 매칭합니다. a-z, A-Z, 0-9 또는 _ 예 \w\w → ab, Abc(유효) a@, 1@, a(유효하지 않음)
\W	단어가 아닌 문자(문자, 숫자 또는 밑줄이 아닌 문자)를 매칭합니다.
\s	공백 문자를 매칭합니다.
\S	공백 이외의 문자를 매칭합니다. 예 \S\S → ab, Abc, a@, 1@(유효) a(유효하지 않음)
\d	0-9 사이의 숫자를 매칭합니다. 예 (\d{1,2})/\d{1,2}/(\d{4}) → 3/31/2022, 03/31/2022(유효) 003/031/2022(유효하지 않음)
\D	0-9 사이의 숫자 외의 문자를 매칭합니다.

구글 시트의 정규 표현식에는 RE2 표현식을 사용합니다. 이에 대한 모든 표현식은 GitHub에서 확인할 수 있습니다.

- https://github.com/google/re2/blob/main/doc/syntax.txt

2 · REGEXEXTRACT 함수 - 정규 표현식으로 원하는 문자 추출하기

REGEXEXTRACT (검색할_텍스트, 정규_표현식)

정규 표현식에 따라 첫 번째로 일치하는 하위 문자열을 추출하여 반환합니다.

- **검색할_텍스트**: 검색할 대상으로, 텍스트 또는 셀입니다.
- **정규_표현식**: 문자열에서 정규 표현식과 일치하는 첫 번째 부분이 반환됩니다.

```
=IFERROR(REGEXEXTRACT(A5,"you.+"))
```

B5 | fx | =IFERROR(REGEXEXTRACT(A5,"you.+"))

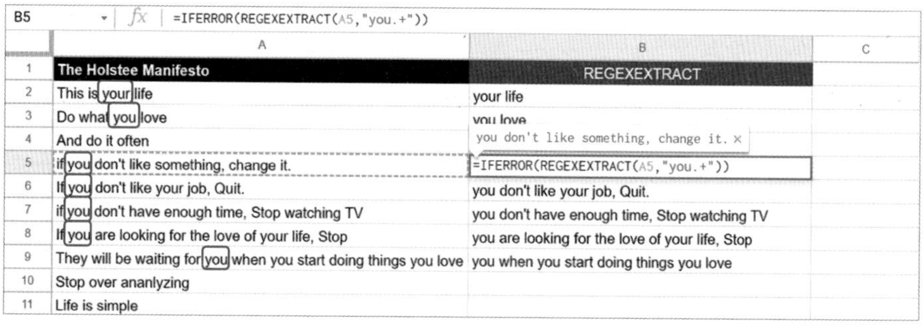

	A	B	C
1	The Holstee Manifesto	REGEXEXTRACT	
2	This is your life	your life	
3	Do what you love	you love	
4	And do it often	you don't like something, change it. ×	
5	if you don't like something, change it.	=IFERROR(REGEXEXTRACT(A5,"you.+"))	
6	If you don't like your job, Quit.	you don't like your job, Quit.	
7	if you don't have enough time, Stop watching TV	you don't have enough time, Stop watching TV	
8	If you are looking for the love of your life, Stop	you are looking for the love of your life, Stop	
9	They will be waiting for you when you start doing things you love	you when you start doing things you love	
10	Stop over ananlyzing		
11	Life is simple		

'you'를 포함하는 문자가 있다면 그 이후의 모든 문자를 같이 반환합니다. 반환값이 없을 경우에는 #N/A 오류가 반환되므로 IFERROR 함수를 사용하여 공란을 반환합니다.

3 · REGEXMATCH 함수 - 정규 표현식으로 원하는 문자가 있는지 확인하기

REGEXMATCH (검색할_텍스트, 정규_표현식)

텍스트 일부가 정규 표현식과 일치하는지 여부를 반환합니다.

- **검색할_텍스트**: 검색할 대상으로, 텍스트 또는 셀입니다.
- **정규_표현식**: 텍스트를 테스트할 정규 표현식입니다.

```
=REGEXMATCH(A9,"love\.{0,1}$")
```

B5 | fx | =REGEXMATCH(A5,"love\.{0,1}$")

	A	B	C	D
1	The Holstee Manifesto	REGEXMATCH		
2	This is your love	TRUE		
3	Do what you love?	FALSE		
4	And do it often	FALSE		
5	if you don't like something, change it.	=REGEXMATCH(A5,"love\.{0,1}$")		
6	If you don't like your job, Quit.	FALSE		
7	if you don't have enough time, Stop watching TV	FALSE		
8	If you are looking for the love of your life, Stop	FALSE		
9	They will be waiting for you when you start doing things you love.	TRUE		
10	Stop over...	FALSE		
11	Life is simple	FALSE		

'?'로 끝나서 제외됨

문장 중간에 위치해 제외됨

문장의 끝이 'love' 또는 'love.'로 끝날 경우 TRUE를 반환합니다. [A2], [A9] 셀은 조건에 부합해 TRUE를 반환했지만, [A8] 셀은 'love'가 문장 중간에 있고, [A3] 셀은 '.' 대신 '?'가 있어 FALSE를 반환합니다.

4 · REGEXREPLACE 함수 - 정규 표현식으로 원하는 문자로 바꾸기

REGEXREPLACE (검색할_텍스트, 정규_표현식, 새_문자열)

정규 표현식을 사용하여 텍스트 문자열의 일부를 다른 문자열로 바꾼 결과를 반환합니다.

- **검색할_텍스트**: 검색할 대상으로, 텍스트 또는 셀입니다.
- **정규_표현식**: 정규 표현식으로, 문자열에서 일치하는 모든 부분이 바뀝니다.
- **새_문자열**: 새로 바꿔 넣을 문자(열)입니다.

```
=REGEXREPLACE(A9,"love$","'LOVE'")
```

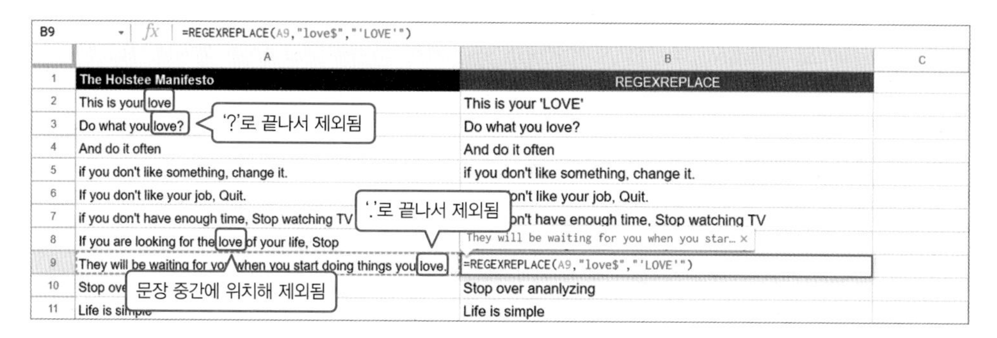

문장의 마지막이 'love'로 끝날 경우 'LOVE'로 바꾸는 조건식입니다. [A2] 셀만 'LOVE'로 바뀌었으며, [A3] 셀과 [A9] 셀은 문장의 끝이 각각 '.'와 '?'로 끝나고 [A8] 셀은 'love'가 문장 중간에 위치해 있어 조건 대상에서 제외됩니다.

업무 노하우! 정규 표현식을 통한 셀 일괄 삭제

정규 표현식은 REGEX 시리즈 함수 외에 '찾기 및 바꾸기'에서도 적용할 수 있습니다. 다음은 수많은 데이터가 입력된 시트에서 대부분의 셀은 함수로 구성되고, 일부 셀에 불규칙적으로 데이터가 수기 입력된 경우입니다. 수기로 입력된 셀의 데이터만 일괄적으로 삭제할 경우에는 정규 표현식을 사용하면 됩니다.

함수로 데이터가 입력된 셀은 모두 '='로 시작하고, 수기로 데이터가 입력된 셀은 '='이 없습니다. 따라서 수기로 입력된 셀에 대해서 '찾기'에 =로 시작되지 않을 경우라는 의미의 ^[^=].* 정규 표현식을 입력하고, '바꾸기'는 공란으로 둡니다. [모두 바꾸기] 버튼을 클릭하면 수기로 입력된 셀의 데이터가 일괄 삭제됩니다.

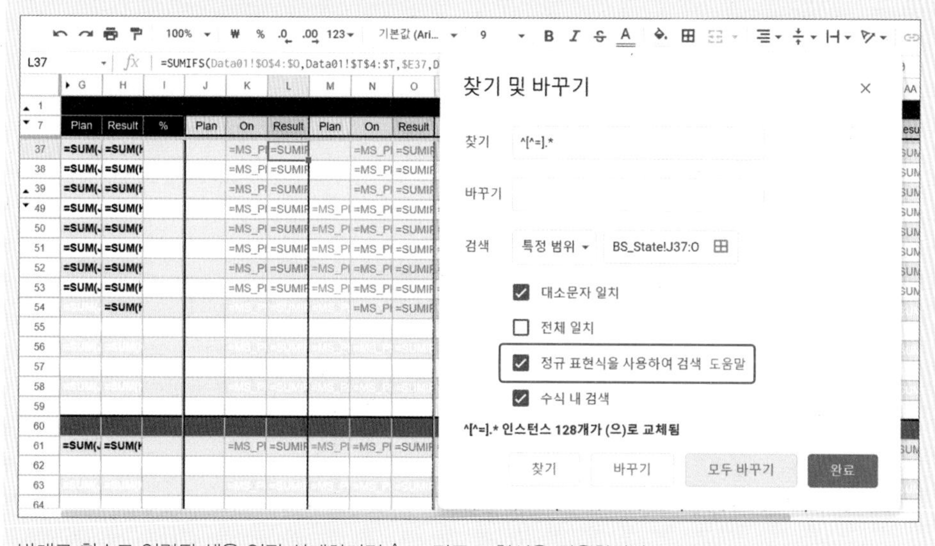

반대로 함수로 입력된 셀을 일괄 삭제하려면 ^=.* 정규 표현식을 적용합니다.

STEP 7 이모지 사용하기

윈도우에서 지원되는 이모지(Emoji)나 카오모지(Kaomoji) 역시 문자이므로 구글 시트에서도 문자와 동일하게 사용할 수 있습니다.

1 이모지/카오모지 입력하기

윈도우에서 단축키 ⊞ + .를 눌러 이모지를 비롯해 카오모지나 기호를 삽입할 수 있습니다.

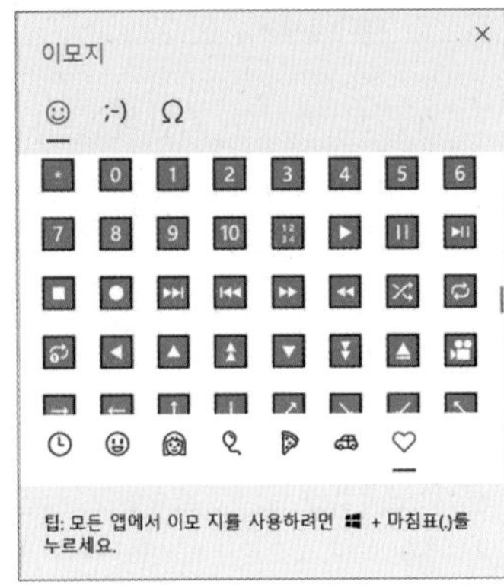

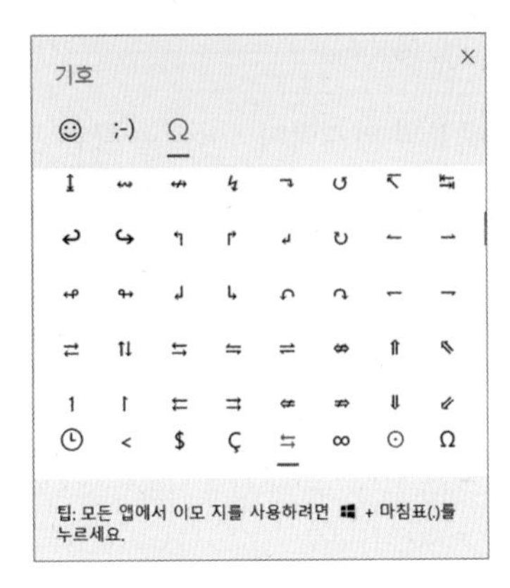

2 함수에 이모지 적용하기

예제파일 | 05-16_이모지

구글 시트에서는 이모지도 문자로 인식하기 때문에 함수 내 인수로 사용할 수 있습니다. 특히 여러 사람이 구글 시트를 통해 보고서 데이터를 올리고 이를 실시간 취합하는 구성이라면 특정 이모지를 규칙으로 정해 둠으로써 데이터를 좀 더 효과적으로 관리할 수 있습니다.

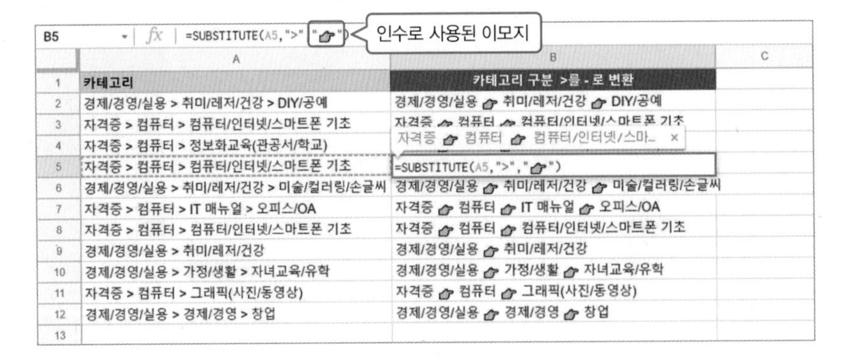

B5 | fx | =SUBSTITUTE(A5,">","👉")

인수로 사용된 이모지

	A	B	C
1	카테고리	카테고리 구분 >를 - 로 변환	
2	경제/경영/실용 > 취미/레저/건강 > DIY/공예	경제/경영/실용 👉 취미/레저/건강 👉 DIY/공예	
3	자격증 > 컴퓨터 > 컴퓨터/인터넷/스마트폰 기초	자격증 👉 컴퓨터 👉 컴퓨터/인터넷/스마트폰 기초	
4	자격증 > 컴퓨터 > 정보화교육(관공서/학교)	자격증 👉 컴퓨터 👉 컴퓨터/인터넷/스마... ×	
5	자격증 > 컴퓨터 > 컴퓨터/인터넷/스마트폰 기초	=SUBSTITUTE(A5,">","👉")	
6	경제/경영/실용 > 취미/레저/건강 > 미술/컬러링/손글씨	경제/경영/실용 👉 취미/레저/건강 👉 미술/컬러링/손글씨	
7	자격증 > 컴퓨터 > IT 매뉴얼 > 오피스/OA	자격증 👉 컴퓨터 👉 IT 매뉴얼 👉 오피스/OA	
8	자격증 > 컴퓨터 > 컴퓨터/인터넷/스마트폰 기초	자격증 👉 컴퓨터 👉 컴퓨터/인터넷/스마트폰 기초	
9	경제/경영/실용 > 취미/레저/건강	경제/경영/실용 👉 취미/레저/건강	
10	경제/경영/실용 > 가정/생활 > 자녀교육/유학	경제/경영/실용 👉 가정/생활 👉 자녀교육/유학	
11	자격증 > 컴퓨터 > 그래픽(사진/동영상)	자격증 👉 컴퓨터 👉 그래픽(사진/동영상)	
12	경제/경영/실용 > 경제/경영 > 창업	경제/경영/실용 👉 경제/경영 👉 창업	
13			

SECTION

3 날짜 다루기

이번 섹션에서는 날짜와 관련된 기본 함수와 실제 업무에서 자주 접하게 되는 사항들을 중심으로 설명합니다.

STEP 1 날짜 추출하기

구글 시트에서는 날짜도 숫자의 속성을 갖기 때문에 날짜 데이터에 대해서 덧셈(+), 뺄셈(–)의 수식 계산을 직접적으로 사용할 수 있습니다.

1 하루는 숫자 1, 오늘은 TODAY

TODAY ( )

현재 날짜를 날짜 형식으로 반환합니다.

구글 시트에서 오늘 날짜를 반환하는 함수는 TODAY 함수입니다. 이렇게 반환된 날짜를 서식을 통해 강제로 숫자로 변환할 경우 **하루는 숫자 '1'로 카운트**합니다.

날짜 데이터를 선택하고 메뉴에서 [서식] – [숫자] – [숫자]를 선택하면 해당 날짜가 강제로 숫자로 변환되는 것을 확인할 수 있습니다. 날짜 역시 숫자 속성의 데이터이기 때문에 셀 내에서 우측 정렬됩니다.

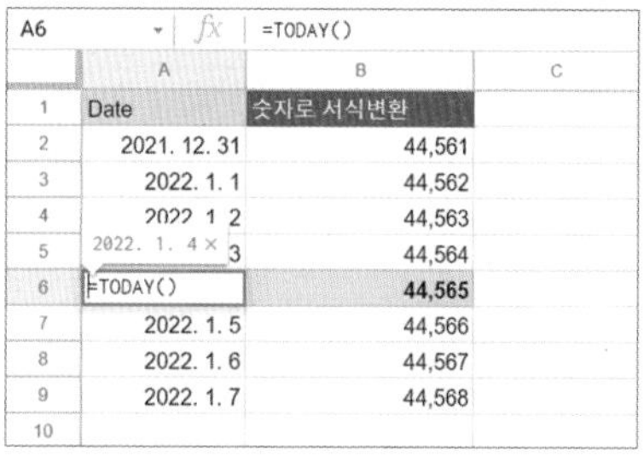

A6 | fx | =TODAY()

	A	B	C
1	Date	숫자로 서식변환	
2	2021. 12. 31	44,561	
3	2022. 1. 1	44,562	
4	2022. 1. 2	44,563	
5	2022. 1. 4 × 3	44,564	
6	=TODAY()	44,565	
7	2022. 1. 5	44,566	
8	2022. 1. 6	44,567	
9	2022. 1. 7	44,568	
10			

실제로 문자열을 만들거나 날짜 셀을 참조로 수식이나 함수를 연결하면 날짜가 숫자로 인식되는 것을 확인할 수 있습니다. 따라서 날짜를 계산할 경우 필요에 따라 숫자로 생각하고 함수를 사용하는 것이 편할 때가 많습니다.

예를 들어 2021.12.31부터 2022.1.4까지 근무한 일수를 계산할 때 날짜를 숫자로 생각하고 바로 마이너스(–) 수식을 적용하면 **결괏값이 숫자로 반환**됩니다. 근무일수의 경우 근무한 당일을 감안해야 하므로 하루를 더하여(+1) 계산합니다.

=A6-A2+1

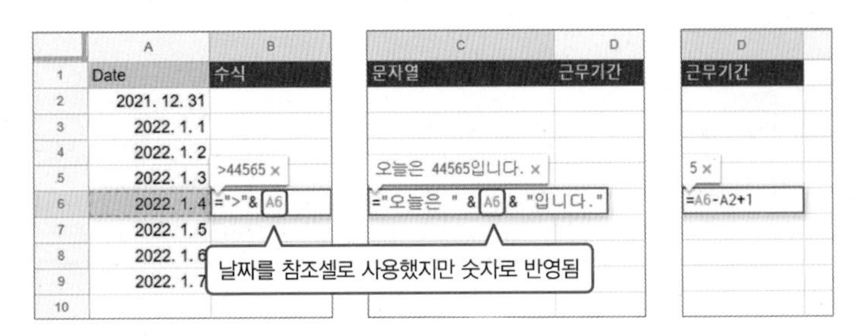

2 · YEAR / MONTH / DAY / WEEKNUM 함수

예제파일 | 05-17_Y/M/D/W

YEAR ( ) / MONTH ( ) / DAY ( )

주어진 날짜의 연도/월/일자를 숫자 형식으로 반환합니다.

WEEKNUM ( )

주어진 날짜가 한 해 중 몇 번째 주인지 나타내는 숫자를 반환합니다.

=WEEKNUM(B6)

F6 | fx | =WEEKNUM(B6)

	A	B	C	D	E	F	G
1	Date	숫자로 서식변환	년	월	일	주차	
2	2021. 12. 31	44,561	2021	12	31	53	
3	2022. 1. 1	44,562	2022	1	1	1	
4	2022. 1. 2	44,563	2022	1	2	2	
5	2022. 1. 3	44,564	2022	1	3	2 × 2	
6	2022. 1. 4	44,565	2022	1	4	=WEEKNUM(B6)	
7	2022. 1. 5	44,566	2022	1	5	2	
8	2022. 1. 6	44,567	2022	1	6	2	
9	2022. 1. 7	44,568	2022	1	7	2	
10							

날짜와 관련된 모든 함수는 결괏값을 숫자로 반환합니다.

3 · EOMONTH 함수 - 월별 말일 계산하기

예제파일 | 05-18_EOMONTH

EOMONTH (시작일, 개월수)

지정된 날짜의 특정 개월 전후에 해당하는 월의 마지막 날짜를 반환합니다.

- **시작일**: 기준 날짜입니다.
- **개월수**: 시작일을 기준으로 적용할 전(-), 후(+) 개월수입니다. 정수가 아닌 소수점 이하 자릿수는 생략합니다.

EOMONTH 함수는 실제 업무에 있어 월말일을 고려해야 하는 경우 유용하게 사용되는 함수 중 하나입니다. EOMONTH 함수 설정에 따른 차이점을 비교해 보겠습니다.

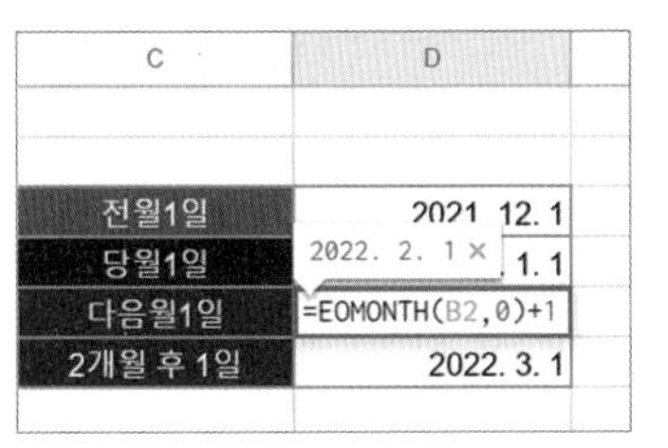

날짜	함수식	날짜	함수식
전월 말일	=EOMONTH(B2,-1)	전월 1일	=EOMONTH(B2,-2)+1
당월 말일	=EOMONTH(B2,0)	당월 1일	=EOMONTH(B2,-1)+1
다음 월 말일	=EOMONTH(B2,1)	다음 월 1일	=EOMONTH(B2,0)+1
2개월 후 말일	=EOMONTH(B2,2)	2개월 후 1일	=EOMONTH(B2,1)+1

STEP 2 월에 따른 날짜와 요일 테이블 만들기

예제파일 | 05-19_MONTH

월이 바뀔 때마다 1일부터 말일까지의 날짜에 따라 요일이 자동으로 변경되는 테이블을 구성해 보겠습니다.

1 · 월말은 28일부터 31일까지

매월 날짜와 요일을 자동으로 구성하는 데 있어 가장 먼저 고려해야 하는 것은 월의 말일이 28일부터 31일까지 유동적이라는 점입니다. 월의 날짜 구성을 최대 31일로 AE열까지 설정해 둔 후 [A1] 셀부터 2022-02-01을 시작으로 마우스 드래그로 열을 옮겨가며 +1씩 적용합니다.

	A	B	C	D	E	…	AE
1	2022-02-01	=A1+1	=B1+1	=C1+1	=D1+1	…	=AD1+1

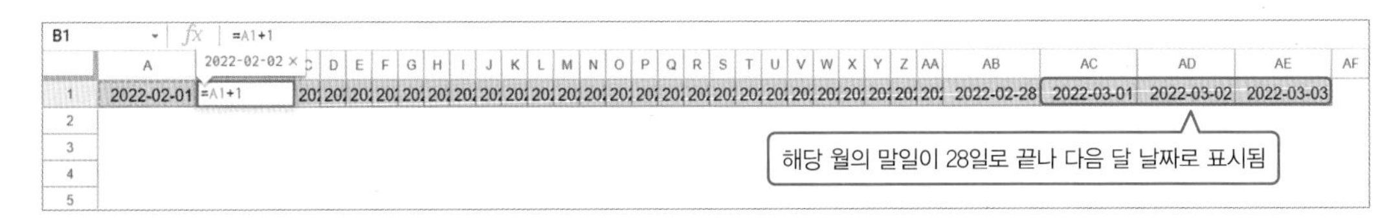

2022년 2월의 경우 28일까지만 있어 [AC1], [AD1], [AE1] 셀은 3월의 날짜로 반환됩니다. 이때 변경되는 월에 맞춰 월말이 며칠로 끝나는지 확인하기 위해 MONTH 함수를 사용합니다.

[AC1], [AD1], [AE1] 셀에는 계산된 날짜가 지정한 월과 동일한 월일 경우에만 날짜를 반환하도록 조건을 걸어 줍니다. MONTH(AB1+1)로 반환되는 월의 숫자와 해당 월의 1일에 대해 MONTH($A$1)로 반환되는 월의 숫자가 같은지를 비교하여 같은 경우(TRUE)에만 AB1+1 값을 반환하고 그렇지 않을 경우(FALSE)엔 공란을 반환하는 구성입니다.

AC1	AD1	AE1
=IF(MONTH(AB1+1)=MONTH($A$1), AB1+1,"")	=IF(MONTH(AC1+1)=MONTH($A$1), AC1+1,"")	=IF(MONTH(AD1+1)=MONTH($A$1), AD1+1,"")

AC1 fx =IF(MONTH(AB1+1)=MONTH($A$1),AB1+1,"")

	A	B	C	D	E	F	G	H	I	J	K	L	M	N	O	P	Q	R	S	T	U	V	W	X	Y	Z	AA	AB	AC	AD	AE	AF
1	2022-02-01	2022-02-02	20	20	20	20	20	20	20	20	20	20	20	20	20	20	20	20	20	20	20	20	20	20	20	20	20	2022-02-28	=IF(MONTH(AB1+1)=MONTH($A$1),AB1+1,"")			
2																																
3																																
4																																
5																																

AC4 fx =IF(MONTH(AB4+1)=MONTH($A$4),AB4+1,"")

	A	B	C	D	E	F	G	H	I	J	K	L	M	N	O	P	Q	R	S	T	U	V	W	X	Y	Z	AA	AB	AC	AD	AE	AF
1	2022-02-01	2022-02-02	20	20	20	20	20	20	20	20	20	20	20	20	20	20	20	20	20	20	20	20	20	20	20	20	20	2022-02-28				
2	2022-03-01	2022-03-02	20	20	20	20	20	20	20	20	20	20	20	20	20	20	20	20	20	20	20	20	20	20	20	20	20	2022-03-28	2022-03-29	2022-03-30	2022-03-31	
3	2022-04-01	2022-04-02	20	20	20	20	20	20	20	20	20	20	20	20	20	20	20	20	20	20	20	20	20	20	20	20	20	2022-04-28	2022-04-29	2022-04-30		
4	2024-02-01	2024-02-02	20	20	20	20	20	20	20	20	20	20	20	20	20	20	20	20	20	20	20	20	20	20	20	20	20	2024-02-28	2024-02-29			
5																																

말일이 자동으로 반영됨

윤달이 있는 29일의 경우에도 문제없이 날짜를 반환할 수 있습니다.

2 · 서식 지정으로 요일 표시하기

날짜에 맞춰 요일이 표시되도록 추가 작업을 해 보겠습니다. 먼저 중괄호를 사용하여 1행의 날짜를 2행에 복사합니다.

={A1:AE1}

A2 fx ={A1:AE1}

	A	B	C	D	E	F	G	H	I	J	K	L	M	N	O	P	Q	R	S	T	U	V	W	X	Y	Z	AA	AB	AC	AD	AE	AF
1	2022-02-01	2022-02-02	20	20	20	20	20	20	20	20	20	20	20	20	20	20	20	20	20	20	20	20	20	20	20	20	20	2022-02-28				
2	={A1:AE1}	2022-02-02	20	20	20	20	20	20	20	20	20	20	20	20	20	20	20	20	20	20	20	20	20	20	20	20	20	2022-02-28				
3																																
4																																
5																																
6																																

반환된 2행을 요일 형식으로 나타내 보겠습니다. 함수를 사용할 필요 없이 메뉴를 통해 설정할 수 있습니다. 메뉴의 [서식] – [숫자] – [맞춤 날짜 및 시간]을 선택하여 '맞춤 날짜 및 시간 형식' 창을 연 후 목록에서 '1930년 8월 5일 화요일'을 선택합니다. 창 상단의 [일(화요일)] 옵션을 클릭하고 목록에서 '요일 축약형(화)'을 선택하면 셀에 요일만 표시됩니다.

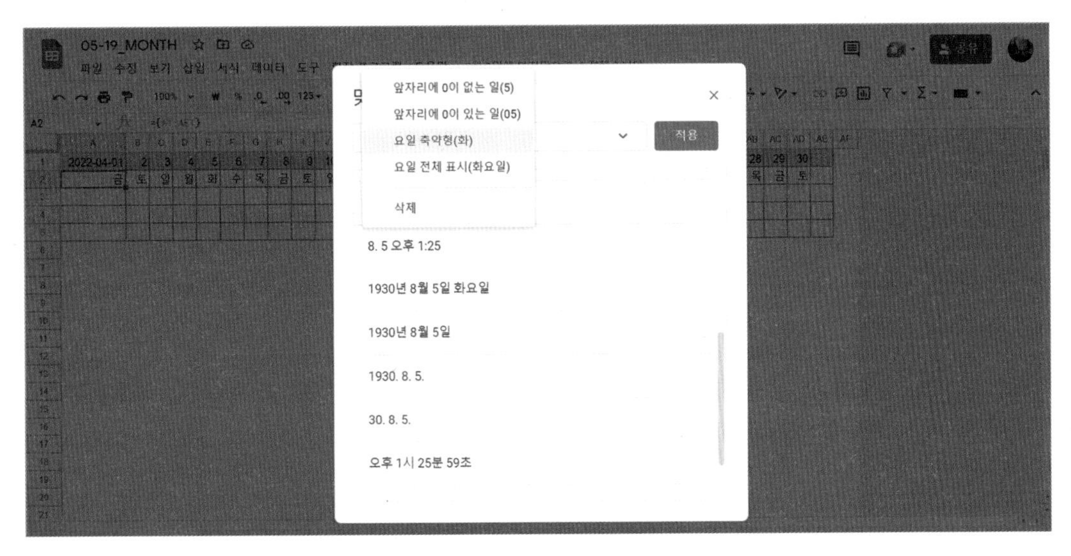

A2:AE2 ={A1:AE1}

	A	B	C	D	E	F	G	H	I	J	K	L	M	N	O	P	Q	R	S	T	U	V	W	X	Y	Z	AA	AB	AC	AD	AE	AF
1	2022-02-01	2	3	4	5	6	7	8	9	10	11	12	13	14	15	16	17	18	19	20	21	22	23	24	25	26	27	28				
2	화	수	목	금	토	일	월	화	수	목	금	토	일	월	화	수	목	금	토	일	월	화	수	목	금	토	일	월				

동일한 데이터 값을 갖지만 보여지는 형태만 다름

1행에 대해서는 [일(5)] 옵션을 클릭하고 '앞자리에 0이 없는 일(5)'을 선택하여 일만 표시되도록 설정합니다. 이제 [A1] 셀에 원하는 월의 1일만 지정하면 나머지 행의 날짜와 요일이 자동으로 변경됩니다.

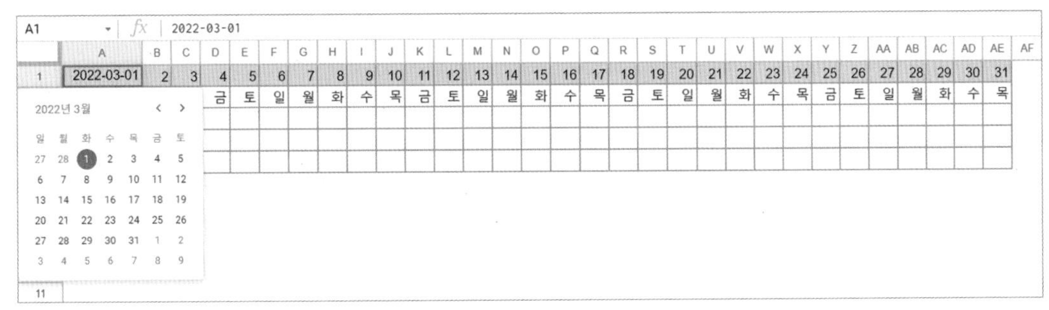

ref. 조건부 서식을 사용하면 토/일 셀의 색상이 자동으로 바뀌도록 설정할 수 있습니다. p.316의 '조건에 따른 특정 셀 색상 변경'을 참고합니다.

SECTION

4 시간 다루기

이번 섹션에서는 시간과 관련된 기본 함수와 실제 업무에서 자주 접하게 되는 경과시간 계산을 중심으로 설명합니다.

STEP ▶ 1 경과시간 계산하고 반올림하기

예제파일 | 05-20_경과시간

구글 시트에서는 날짜와 마찬가지로 시간도 숫자로 인식하기 때문에 덧셈(+)과 뺄셈(−)의 수식 계산을 직접적으로 사용할 수 있습니다.

1 · 하루 24시간의 표시는 소수점 이하로 표시

날짜 개념에서 하루를 숫자 '1'로 표시하기 때문에 시간은 소수점 이하로 표시합니다. 즉, '1일=24시간'으로 구성되기 때문에 그에 맞는 비율로 환산한 값이 숫자로 반영됩니다.

	A	B	C	D	E	F	G
1	날짜,시간 표기	숫자변환		시간표기	숫자변환	비율(%)	
2	2022. 1. 11 오후 12:00:00	44,572.50		0:00:00	0.0000	0.0%	
3				3:00:00	0.1250	12.5%	
4				6:00:00	0.2500	25.0%	
5				9:00:00	0.3750	37.5%	
6				12:00:00	0.5000	50.0%	
7				15:00:00	0.6250	62.5%	
8				18:00:00	0.7500	75.0%	
9				21:00:00	0.8750	87.5%	
10				24:00:00	1.0000	100.0%	
11							

2 · 경과시간 계산 - 24시간

시간도 숫자의 형식을 가지므로 경과(소요)시간을 계산할 경우 역시 일반 수식을 적용합니다.

C4 | fx | =B4-A4

	A	B	C	D
1	시작시간	종료시간	경과시간	
2	2022. 1. 11 오전 9:00:00	2022. 1. 11 오후 6:00:00	0.3750	
3	2022. 1. 11 오전 8:15:48	2022. 1. 11 오후 4:59:16	0.3138 × .3635	
4	2022. 1. 11 오후 11:57:32	2022. 1. 12 오전 7:29:24	=B4-A4	
5	2022. 1. 11 오후 12:23:57	2022. 1. 15 오후 7:37:12	4.3009	
6				

하지만 결괏값이 숫자로 반환되기 때문에 다시 시간 형식으로 변경해 주어야 합니다. 메뉴에서 [서식] - [숫자] - [24시간]을 선택하면 숫자가 경과시간(Duration)으로 표시됩니다.

D4 | fx | =B4-A4

	A	B	C	D	E
1	시작시간	종료시간	경과시간	24시간(Duration)	
2	2022. 1. 11 오전 9:00:00	2022. 1. 11 오후 6:00:00	0.3750	9:00:00	
3	2022. 1. 11 오전 8:15:48	2022. 1. 11 오후 4:59:16	0.3635	7:31:52 × 43:28	
4	2022. 1. 11 오후 11:57:32	2022. 1. 12 오전 7:29:24	0.3138	=B4-A4	
5	2022. 1. 11 오후 12:23:57	2022. 1. 15 오후 7:37:12	4.3009	103:13:15	
6					

3 · QUOTIENT 함수 - '일'은 몫

앞서 경과시간을 계산한 예제에서 [D5] 셀을 보면 '103:13:15'로 표시되어 있는데, 경과시간을 '일'과 '나머지 시간'으로 분리하여 표시해 보겠습니다.

C5 | fx | =B5-A5

	A	B	C	D
1	시작시간	종료시간	24시간(Duration)	
2	2022. 1. 11 오전 9:00:00	2022. 1. 11 오후 6:00:00	9:00:00	
3	2022. 1. 11 오전 8:15:48	2022. 1. 11 오후 4:59:16	8:43:28	
4	2022. 1. 11 오후 11:57:32	2022. 1. 12 오전 7:29:24	7:31:52	
5	2022. 1. 11 오후 12:23:57	2022. 1. 15 오후 7:37:12	103:13:15	
6				

QUOTIENT (피제수, 제수)

하나의 숫자를 다른 숫자로 나눈 값(몫)을 반환하고 나머지는 표시하지 않습니다.

- **피제수**: 나뉘는 대상 값입니다.
- **제수**: 나누는 값입니다.

경과시간에 대해 '경과일'만 분리하려면 QUOTIENT 함수를 사용하여 1로 나눕니다. 나머지는 표시되지 않으므로 경과일만 반환합니다.

=QUOTIENT(C5,1)

D5 | fx | =QUOTIENT(C5,1)

	A	B	C	D	E	F
1	시작시간	종료시간	24시간(Duration)	경과일 / 경과시간 분리		
2	2022. 1. 11 오전 9:00:00	2022. 1. 11 오후 6:00:00	9:00:00	0		
3	2022. 1. 11 오전 8:15:48	2022. 1. 11 오후 4:59:16	8:43:28	0		
4	2022. 1. 11 오후 11:57:32	2022. 1. 12 오전 7:29:24	7:31:52	4 × 0		
5	2022. 1. 11 오후 12:23:57	2022. 1. 15 오후 7:37:12	103:13:15	=QUOTIENT(C5,1)	1(하루)로 나눈 몫=일수	
6						

QUOTIENT 함수 대신 =ROUNDDOWN(C5)을 입력해도 동일한 결괏값을 얻을 수 있습니다.

4 • MOD 함수 - '시간:분:초'는 나머지

'경과일'이 나누기의 몫이라면 경과일을 제외한 나머지는 '시간'이 됩니다.

MOD (피제수, 제수)

나누기 연산 후 나머지를 반환합니다.

- **피제수**: 나뉘는 대상 값입니다.
- **제수**: 나누는 값입니다.

경과시간에 대해 경과일을 제외한 '시간'만 분리하려면 MOD 함수를 사용해 1로 나눈 나머지를 반환합니다.

```
=MOD(C5,1)
```

E5 | fx | =MOD(C5,1)

	A	B	C	D	E	F
1	시작시간	종료시간	24시간(Duration)	경과일 / 경과시간 분리		
2	2022. 1. 11 오전 9:00:00	2022. 1. 11 오후 6:00:00	9:00:00	0	9:00:00	
3	2022. 1. 11 오전 8:15:48	2022. 1. 11 오후 4:59:16	8:43:28	0	8:43:28	
4	2022. 1. 11 오후 11:57:32	2022. 1. 12 오전 7:29:24	7:31:52	0	7:31:52	
5	2022. 1. 11 오후 12:23:57	2022. 1. 15 오후 7:37:12	103:13:15	4	=MOD(C5,1)	
6						

7:13:15 ×

1(하루)로 나눈 나머지
=경과일수를 제외한 나머지 시간

따라서, [C5] 셀의 경과시간 '103:13:15'는 '4일 7:13:15'가 됩니다.

5 • ROUND / ROUNDUP / ROUNDDOWN 함수 - 반올림하기

ROUND (값, [소수점_이하_자릿수]) / ROUNDUP (값, [소수점_이하_자릿수]) / ROUNDDOWN (값, [소수점_이하_자릿수])

숫자를 특정 소수점 이하 자릿수로 반올림/올림/내림합니다.

- **값**: 지정한 '소수점_이하_자릿수'로 반올림/올림/내림할 값입니다.
- **[소수점_이하_자릿수]**: 반올림/올림/내림 후 표시되는 소수점 이하 자릿수입니다. 음수일 경우 지정된 자릿수로 적용되며 생략 시 기본값 0이 적용됩니다.

일반적인 숫자에 대해 반올림/올림/내림할 경우 ROUND 시리즈 함수를 사용합니다. 그렇다면 시간에 대해 반올림을 적용할 경우엔 어떻게 할까요?

30분을 기준으로 반올림하는 경우를 살펴보겠습니다. 30분을 기준으로 반올림하려면 숫자로 반환된 D열을 사용합니다. '1일=24시간' 기준으로 맞추기 위해 D열의 데이터 값에 24를 곱합니다.

=(B5-A5)*24

D5 fx =(B5-A5)*24

	A	B	C	D	E
1	시작시간	종료시간	경과시간(시간)	경과시간(숫자)	
2	2022. 1. 11 오전 9:00:00	2022. 1. 11 오후 6:05:00	9:05:00	9.0833	
3	2022. 1. 11 오전 8:15:48	2022. 1. 11 오후 4:59:16	8:43:28	8.7244	
4	2022. 1. 11 오전 7:29:24	2022. 1. 11 오후 11:57:32	16:28:08	4.3125 × 16.4689	
5	2022. 1. 11 오후 7:37:12	2022. 1. 11 오후 11:55:57	4:18:45	=(B5-A5)*24	
6					

30분을 반올림하려면 서식을 숫자로 바꿔야 함

30분을 숫자로 반환하면 0.5가 되므로 숫자로 반환된 D열에 ROUND 함수를 적용하면 30분을 기준으로 반올림된 시간만 숫자로 반환됩니다.

=ROUND(D5)

E5 fx =ROUND(D5)

	A	B	C	D	E	F
1	시작시간	종료시간	경과시간(시간)	경과시간(숫자)	ROUND	
2	2022. 1. 11 오전 9:00:00	2022. 1. 11 오후 6:05:00	9:05:00	9.0833	9.0000	
3	2022. 1. 11 오전 8:15:48	2022. 1. 11 오후 4:59:16	8:43:28	8.7244	9.0000	
4	2022. 1. 11 오전 7:29:24	2022. 1. 11 오후 11:57:32	16:28:08	16.4689	4.0000 × 16.0000	
5	2022. 1. 11 오후 7:37:12	2022. 1. 11 오후 11:55:57	4:18:45	4.3125	=ROUND(D5)	
6						

0.5(30분)를 기준으로 반올림이 적용됨

6 · MROUND 함수 - 정수배로 반올림하기

MROUND (값, 인수)

한 숫자를 다른 숫자의 가장 가까운 정수배로 반올림합니다.

- **값**: 반올림할 숫자입니다.
- **인수**: 반올림한 배수 값을 반환할 숫자입니다. 값과 인수는 모두 동일하게 양수(+)이거나 음수(-)여야 합니다.

이번에는 다른 기준으로 시간을 반올림하는 경우를 살펴보겠습니다. E열의 데이터 값은 15분 기준 반올림이 아닌 매 15분에 가까운 시간으로 반올림된 결과입니다.

	A	B	C	D	E	F
1	시작시간	종료시간	경과시간(숫자)	경과시간(시간)	15분 반올림	
2	2022. 1. 11 오전 9:00:00	2022. 1. 11 오후 6:05:00	9.0833	9:05:00	9:00:00	
3	2022. 1. 11 오전 8:15:48	2022. 1. 11 오후 4:59:16	8.7244	8:43:28	8:45:00	
4	2022. 1. 11 오전 7:29:24	2022. 1. 11 오후 11:57:32	16.4689	16:28:08	16:30:00	
5	2022. 1. 11 오후 7:37:12	2022. 1. 11 오후 11:55:57	4.3125	4:18:45	4:15:00	
6						

매시간 00/15/30/45분 기준으로 반올림

MROUND 함수는 ROUND 함수의 반올림과 달리 계산이 복잡하긴 하지만 시간의 경과에서는 더 유용하게 사용됩니다. 15분은 1시간(60분)의 25%이므로 MROUND 함수의 인수에 0.25를 적용합니다.

```
=MROUND(C5,0.25)
```

D5 | fx | =MROUND(C5,0.25)

	A	B	C	D	E	F
1	시작시간	종료시간	경과시간(숫자)	MROUND		
2	2022. 1. 11 오전 9:00:00	2022. 1. 11 오후 6:05:00	9.0833	9.0000		
3	2022. 1. 11 오전 8:15:48	2022. 1. 11 오후 4:59:16	8.7244	8.7500		
4	2022. 1. 11 오전 7:29:24	2022. 1. 11 오후 11:57:32	16.4689	4.2500 × 16.5000		
5	2022. 1. 11 오후 7:37:12	2022. 1. 11 오후 11:55:57	4.3125	=MROUND(C5,0.25)		
6						

MROUND 함수로 반환된 숫자를 MOD 함수에 적용하여 '분:초'에 해당하는 소수점 부분만 추출하고, 60분 숫자 기준을 맞추기 위해 60을 곱합니다.

```
=MOD(D5,1)*60
```

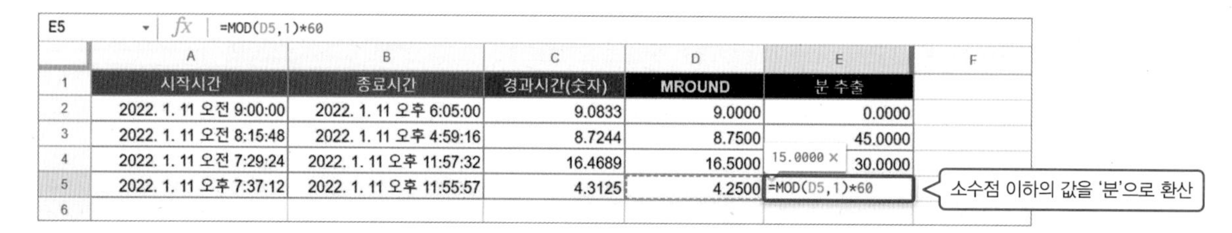

E5 | fx | =MOD(D5,1)*60

	A	B	C	D	E	F
1	시작시간	종료시간	경과시간(숫자)	MROUND	분 추출	
2	2022. 1. 11 오전 9:00:00	2022. 1. 11 오후 6:05:00	9.0833	9.0000	0.0000	
3	2022. 1. 11 오전 8:15:48	2022. 1. 11 오후 4:59:16	8.7244	8.7500	45.0000	
4	2022. 1. 11 오전 7:29:24	2022. 1. 11 오후 11:57:32	16.4689	16.5000	15.0000 × 30.0000	
5	2022. 1. 11 오후 7:37:12	2022. 1. 11 오후 11:55:57	4.3125	4.2500	=MOD(D5,1)*60	
6						

마지막으로 시간 표현으로 반환하기 위해 TIME 함수를 사용합니다. 이때 경과시간을 반환하기 위해 QUOTIENT 함수를 함께 사용합니다.

```
=TIME(QUOTIENT(D5,1),E5,0)
```

F5 | fx | =TIME(QUOTIENT(D5,1),E5,0)

	A	B	C	D	E	F	G
1	시작시간	종료시간	경과시간(숫자)	MROUND	분 추출	15분 반올림	
2	2022. 1. 11 오전 9:00:00	2022. 1. 11 오후 6:05:00	9.0833	9.0000	0.0000	9:00:00	
3	2022. 1. 11 오전 8:15:48	2022. 1. 11 오후 4:59:16	8.7244	8.7500	45.0000	8:45:00	
4	2022. 1. 11 오전 7:29:24	2022. 1. 11 오후 11:57:32	16.4689	16.5000	30.0000	4:15:00 × 16:30:00	
5	2022. 1. 11 오후 7:37:12	2022. 1. 11 오후 11:55:57	4.3125	4.2500	15.0000	=TIME(QUOTIENT(D5,1),E5,0)	
6							

ref. TIME 함수는 숫자를 시간 형식으로 바꿔 주는 함수입니다.

STEP 2 타임 스탬프로 시간 자동 기록하기

예제파일 | 05-21_타임스탬프

구글 시트에서 데이터를 관리하거나 자동화할 때 필요한 기능이 바로 데이터가 입력된 시점을 자동으로 기록해 주는 '타임 스탬프(Time Stamp)'입니다. Chapter 2에서 학습한 '수정 기록 표시'를 이용해 기록을 확인할 수도 있지만 이번에는 함수를 이용해 해당 기능을 구성해 보겠습니다.

1 · NOW 함수 - 현재 시간 기록

NOW ( )

현재 날짜 및 시간을 값으로 반환합니다. 스프레드시트에 변경사항이 있을 때마다 업데이트되는 변동 함수입니다.

NOW 함수를 사용해 입력 시간을 기록하는 타임 스탬프 기능을 예제를 통해 살펴보겠습니다. 데이터가 입력된 시간을 기록해야 하므로 먼저 IF 함수를 사용하여 입력 셀의 공란 여부를 판단해야 합니다.

=IF(B2="","",NOW())

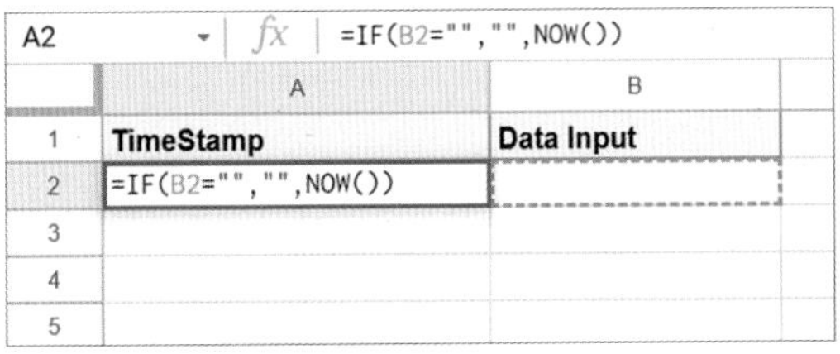

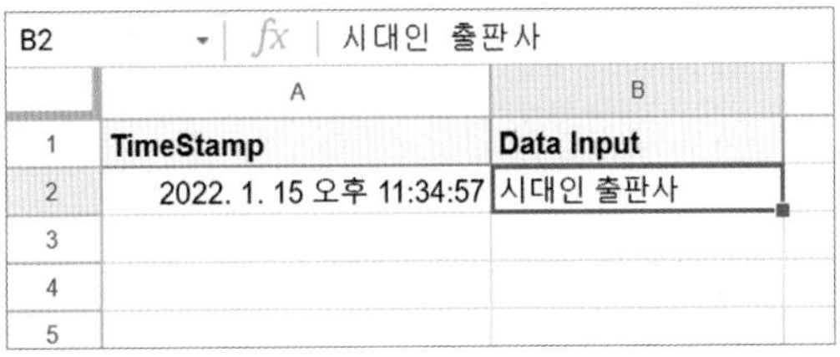

A2 | fx | =IF(B2="","",NOW())

	A	B
1	TimeStamp	Data Input
2	=IF(B2="","",NOW())	
3		
4		
5		

B2 | fx | 시대인 출판사

	A	B
1	TimeStamp	Data Input
2	2022. 1. 15 오후 11:34:57	시대인 출판사
3		
4		
5		

그런데 위와 같이 IF 함수로 실행 조건을 걸었더라도 NOW **함수는 시트에 변경사항이 있을 때마다 업데이트되는** 특성이 있기 때문에 **함수가 사용된 모든 셀의 시간 기록이 수시로 바뀌는 문제**가 발생합니다.

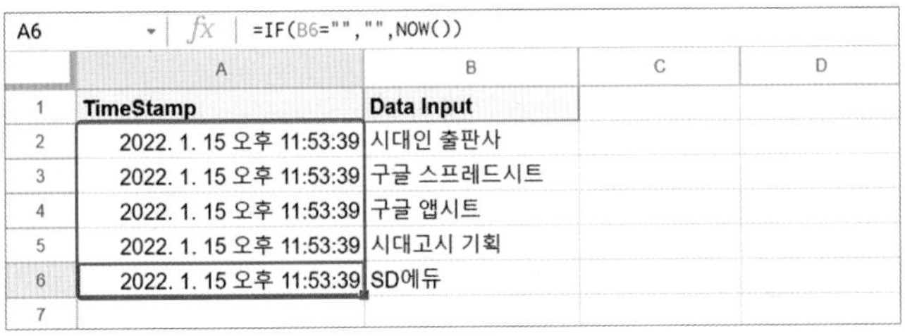

A6 | fx | =IF(B6="","",NOW())

	A	B	C	D
1	TimeStamp	Data Input		
2	2022. 1. 15 오후 11:53:39	시대인 출판사		
3	2022. 1. 15 오후 11:53:39	구글 스프레드시트		
4	2022. 1. 15 오후 11:53:39	구글 앱시트		
5	2022. 1. 15 오후 11:53:39	시대고시 기획		
6	2022. 1. 15 오후 11:53:39	SD에듀		
7				

이와 같은 문제를 해결하기 위해서는 다시 IF 함수를 사용해 B열의 셀이 공란이 아닌 경우 시간이 기록될 A열의 셀 공란 여부를 판단해야 합니다.

```
=IF(B2<>"",IF(A2<>"",A2,NOW()),"")
```

A2 | fx | =IF(B2<>"",IF(A2<>"",A2,NOW()),"")

	A	B	C
1	TimeStamp	Data Input	
2	=IF(B2<>"",IF(A2<>"",A2,NOW()),"")		
3			
4			
5			
6			
7			
8			
9			

A4 | fx | =IF(B4<>"",IF(A4<>"",A4,NOW()),"")

	A	B	C
1	TimeStamp	Data Input	
2	#REF!	시대인 출판사	
3	#REF!	구글 스프레드시트	
4	#REF!		
5	#REF!		
6	#REF!		
7			
8			
9			

오류
순환 종속성이 감지되었습니다. 반복 계산으로 해결하려면 파일 > 스프레드시트 설정을 참조하세요.

하지만 이 함수 구성 역시 '순환 종속성'에 따른 오류가 발생하므로 구글 시트에서 추가 설정을 따로 해 주어야 합니다.

2 · 스프레드시트 '반복 계산' 설정

순환 종속성 오류를 해결하려면 메뉴에서 [파일] – [설정]을 선택하고 '계산' 탭을 클릭한 후 '반복 계산' 항목을 '사용'으로 설정합니다.

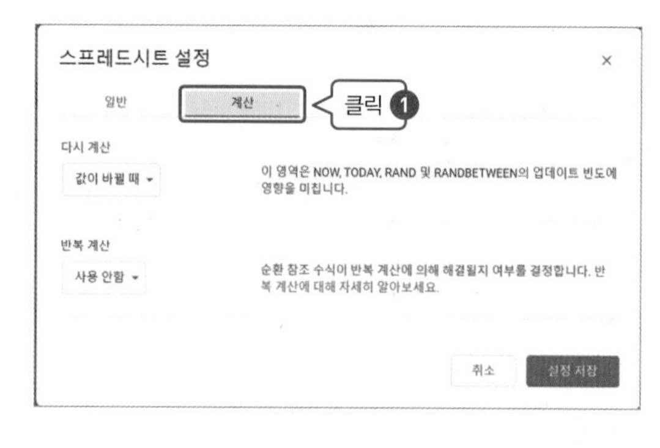

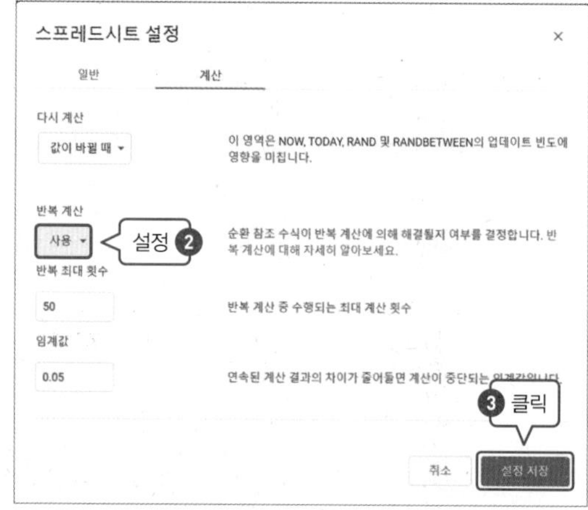

이제 타임 스탬프가 정상적으로 작동하는 것을 확인할 수 있습니다.

A6 | fx | =IF(B6<>"",IF(A6<>"",A6,NOW()),"")

	A	B	C	D
1	TimeStamp	Data Input		
2	2022. 1. 16 오전 12:35:21	시대인 출판사		
3	2022. 1. 16 오전 12:35:50	구글 스프레드시트		
4	2022. 1. 16 오전 12:36:22	구글 앱시트		
5	2022. 1. 16 오전 12:37:11	시대고시 기획		
6	2022. 1. 16 오전 12:38:10	SD에듀		
7				

IF 함수와 NOW 함수로 구성한 타임 스탬프는 데이터 입력 셀이 공란일 경우 작동하는 조건입니다. 즉, 데이터 추가(Add) 시에만 시간이 기록되기 때문에 기존에 입력된 데이터를 수정(Update)하는 경우에는 타임 스탬프의 시간이 바뀌지 않습니다.

3 · 타임 스탬프 기록 방법 - 구글 설문지, 앱시트

데이터가 추가, 수정, 삭제되는 모든 경우에 시간을 기록하고자 한다면 구글 시트의 확장 프로그램인 '앱스 스크립트(Apps Script)'를 사용해 직접 기능을 만들어야 합니다. 앱스 스크립트는 코딩에 익숙한 고급 사용자 영역이므로 이 책에서는 소개하지 않습니다. 대신 타임 스탬프 기능을 제공하는 '구글 설문지(Google Forms)'나 '앱시트(AppSheet)'를 통해 손쉽게 시간을 기록할 수 있습니다.

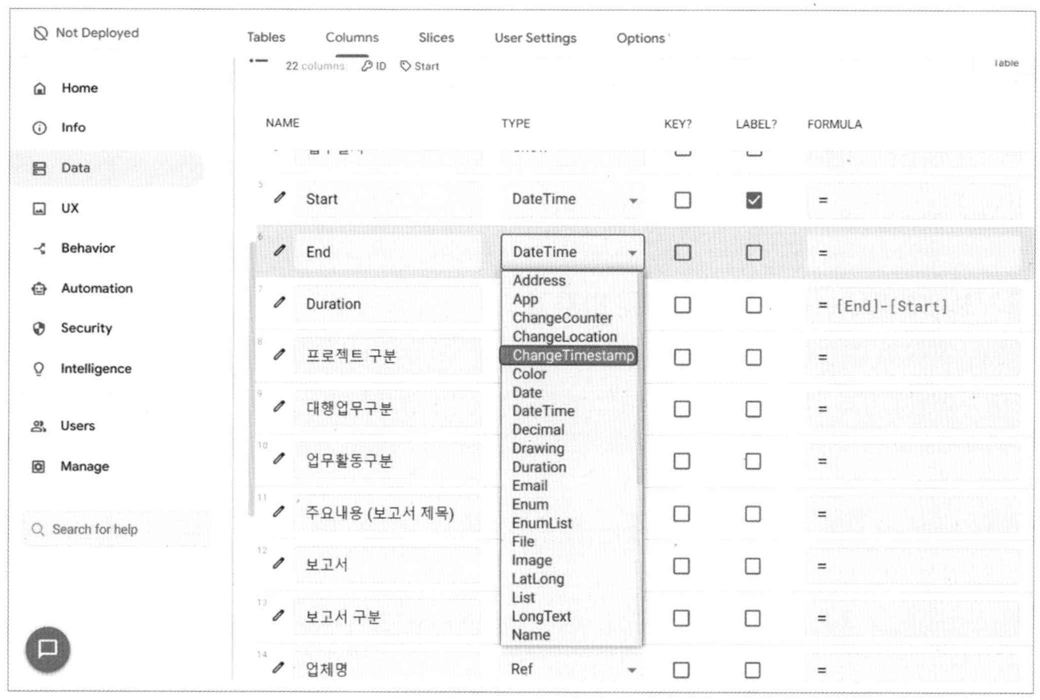

▲ 구글 앱시트를 통한 데이터 추가/변경/삭제 시간 기록

SECTION

5 데이터 형식의 변환

데이터를 가공하다 보면 데이터 형식을 강제로 바꿔야 하는 경우가 종종 발생합니다. 이번 섹션에서는 데이터 형식을 바꾸는 데 주로 사용되는 함수를 소개합니다.

STEP 1 문자열을 날짜/시간 형식으로 바꾸기

예제파일 | 05-22_DATE/TIME

텍스트나 숫자를 날짜 및 시간 형식으로 바꾸는 함수에 대해 알아봅니다.

1 DATE 함수 - 문자열을 날짜로 바꾸기

DATE (년, 월, 일)

주어진 년, 월, 일을 날짜로 전환합니다.

- **년**: 연도 구성요소입니다.
- **월**: 월 구성요소입니다.
- **일**: 일 구성요소입니다.

3행의 데이터는 숫자처럼 보이지만 좌측 정렬된 것으로 보아 강제로 텍스트 서식이 지정된 상태입니다. 텍스트라고 하더라도 '숫자의 문자열'이라면 DATE 함수는 일반적으로 해당 값을 숫자로 인식하여 오류 없이 날짜로 반환합니다. 그러나 QUERY 함수처럼 텍스트와 숫자의 속성을 명확히 구분하는 함수는 잘못된 결괏값을 그대로 반영하기 때문에 텍스트 및 숫자에 대한 서식은 정확히 설정해야 합니다.

D3 | fx | =DATE(A3,B3,C3)

	A	B	C	D	E
1	년	월	일	DATE	
2	2022	1	15	2022. 1. 15	
3	2022	1	16	=DATE(A3,B3,C3)	
4					

(툴팁: 2022. 1. 16 ×)

2 · TIME 함수 - 문자열을 시간으로 바꾸기

TIME (시, 분, 초)

주어진 시, 분, 초를 시간으로 변환합니다.

- **시**: 시 구성요소입니다.
- **분**: 분 구성요소입니다.
- **초**: 초 구성요소입니다.

TIME 함수 역시 텍스트(셀 내 좌측 정렬) 형식을 갖는 데이터라도 해당 값이 '숫자의 문자열'이라면 오류 없이 숫자로 인식하여 시간으로 반환합니다.

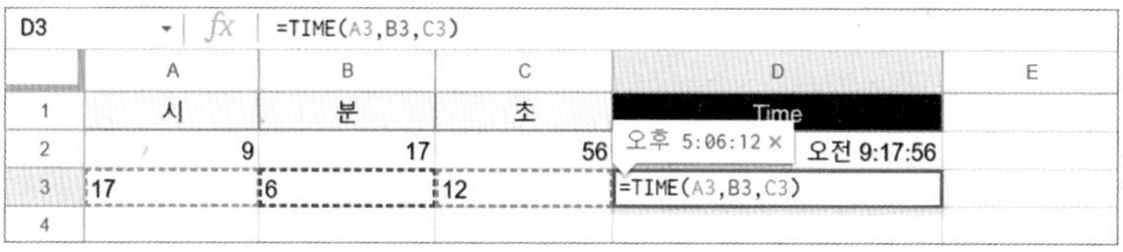

D3 | fx | =TIME(A3,B3,C3)

	A	B	C	D	E
1	시	분	초	Time	
2	9	17	56	오전 9:17:56	
3	17	6	12	=TIME(A3,B3,C3)	
4					

(오후 5:06:12 ×)

STEP 2 문자열을 숫자 형식으로 바꾸기

예제파일 | 05-23_VALUE

텍스트를 숫자로 바꾸는 함수에 대해 알아봅니다.

1 · VALUE 함수

VALUE (텍스트)

날짜, 시간 또는 숫자 서식으로 인식되는 문자열을 숫자 서식으로 변환합니다.

- **텍스트**: 값을 포함하는 변환될 문자열입니다.

엑셀과 달리 구글 시트는 공란과 숫자 0을 구분하기 때문에 공란인 [A2] 셀을 [B2] 셀에 '0'으로 반환하기 위해서는 VALUE 함수를 사용해 강제로 숫자 0을 반환해야 합니다. 데이터 속성이 숫자로 바뀌었기 때문에 결괏값이 셀 내에서 우측 정렬됩니다.

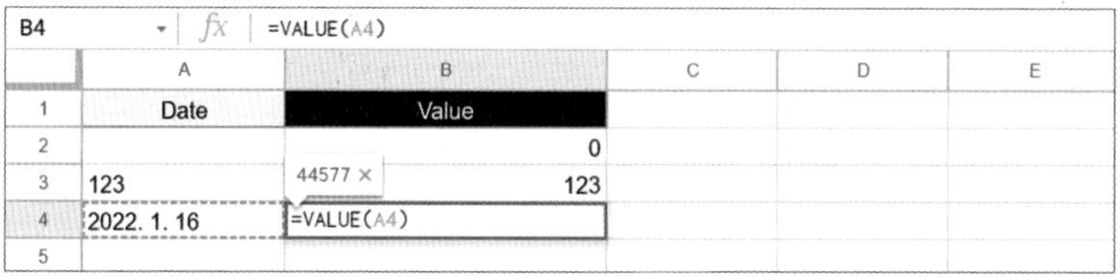

B4 | fx | =VALUE(A4)

	A	B	C	D	E
1	Date	Value			
2		0			
3	123	123			
4	2022. 1. 16	=VALUE(A4)			
5					

(44577 ×)

STEP ▶ 3 숫자를 문자 형식으로 바꾸기

예제파일 I 05-24_TEXT

숫자나 날짜를 텍스트로 변환하는 함수에 대해 알아봅니다.

1 · TEXT 함수

TEXT (숫자, 서식)

숫자를 지정된 서식에 따라 텍스트로 변환합니다.

- **숫자**: 서식을 지정할 숫자, 날짜 또는 시간입니다.
- **서식**: 숫자의 서식을 지정할 패턴으로, 큰따옴표 안에 표시됩니다.

TEXT 함수는 숫자 속성의 데이터를 지정한 서식의 텍스트로 변환합니다. 따라서 필요에 따라 서식 내에 문자를 추가하여 새로운 문자열을 만들 수 있습니다.

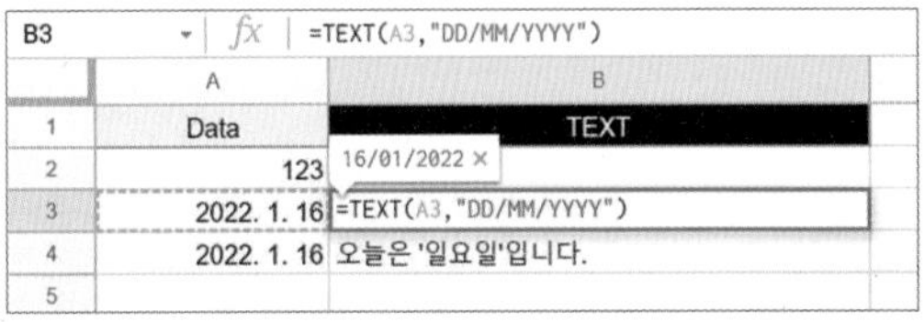

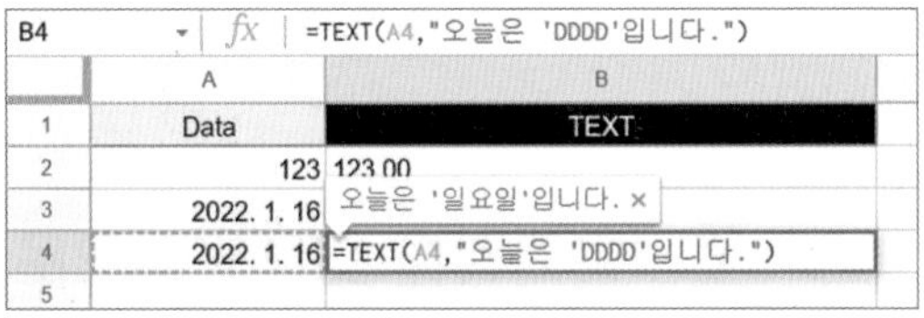

B3 | fx | =TEXT(A3,"DD/MM/YYYY")

	A	B
1	Data	TEXT
2	123	16/01/2022 ×
3	2022. 1. 16	=TEXT(A3,"DD/MM/YYYY")
4	2022. 1. 16	오늘은 '일요일'입니다.
5		

B4 | fx | =TEXT(A4,"오늘은 'DDDD'입니다.")

	A	B
1	Data	TEXT
2	123	123.00
3	2022. 1. 16	오늘은 '일요일'입니다. ×
4	2022. 1. 16	=TEXT(A4,"오늘은 'DDDD'입니다.")
5		

2 · TEXT 함수의 주요 서식

TEXT 함수에 사용되는 주요 서식은 다음과 같습니다.

서식	용도
d	일(한 자릿수 또는 두 자릿수)
dd	일(두 자릿수)
ddd	요일(한 글자)
dddd	요일
m	월(한 자릿수 또는 두 자릿수) 시간의 한 요소로 표시될 경우를 제외하고는 월로 사용합니다.
mm	월(두 자릿수) 시간의 한 요소로 표시될 경우를 제외하고는 월로 사용됩니다.
mmm	월 단위까지 표기합니다.
yy	년(두 자릿수)
yyyy	년(네 자릿수)
HH	24시간 체계의 시를 표시합니다.
AM/PM	12시간 체계를 사용하여 오전/오후를 표시합니다.

SS	초
0.00	숫자의 자릿수가 서식에서 지정한 것보다 작을 경우 강제로 0을 표시합니다.
#.##	0.00과 유사하지만 소수점 위아래 어느 쪽으로도 0을 강제로 표시하지 않습니다.

TEXT 함수 내 서식 인수는 *을 포함하지 않고 ? 패턴을 사용할 수 없습니다.

	A	B	C	D
1	Data	TEXT 함수 결과값	TEXT 서식	
2	2022. 1. 16	오늘은 2022/01/16 입니다.	=TEXT(A2 , "오늘은 YYYY/MM/DD 입니다.")	
3	2022. 1. 16	오늘은 22/1/16 입니다.	=TEXT(A3 , "오늘은 YY/M/D 입니다.")	
4	오후 5:06:12	지금 시간은 17:06:30 입니다.	=TEXT(A4 , "지금 시간은 HH:MM:DD 입니다.")	
5	오후 5:06:12	지금 시간은 오후 5시6분30초 입니다.	=TEXT(A5 , "지금 시간은 AM/PM H시M분D초 입니다.")	
6	12.3	012.300	=TEXT(A6, "000.000")	
7	12.3	12.3	=TEXT(A7 , "#.###")	
8				

SECTION

6 문자열 만들기

함수를 폭넓게 사용하는 방법으로는 둘 이상의 함수를 조합하여 사용하는 방법과 함수 내 인수로 셀 참조된 문자열을 사용하는 방법이 있습니다. 이번 섹션에서는 문자열을 조합하는 함수에 대해 알아보겠습니다.

STEP 1 문자와 함수 조합하기

문자와 함수를 연결하여 문자열을 구성하는 방법에 대해 알아보겠습니다.

1 문자열 " "과 &의 조합

예제파일 | 05-25_문자열조합(" "/&)

" "와 &의 조합은 문자열을 만드는 가장 기본적인 방법으로, **함수를 조합하여 만드는 '동적(Dynamic) 문자열'**을 생성할 수 있습니다. 이 방법은 실시간 메시지를 보여줄 수 있다는 장점을 가집니다. 만약 생성되는 보고서(Report)에 실시간 데이터가 반영된다면 보고서 내의 다양한 정보 또한 능동적으로 바뀌어야 합니다. 실시간 현황판(DASHBOARD)을 예로 들어 보겠습니다.

수식이나 함수 결과를 문자열로 표시할 때 문자는 큰따옴표 안에 입력하고, 문자와 TEXT 함수는 &(Ampersand)로 연결합니다. 참고로 TEXT 함수 내부에 있는 큰따옴표는 함수 내에서 사용되는 지정 서식입니다.

① 함수 연동 문자열 조합(&)

```
="◎ 운영현황 DASHBOARD - " & TEXT(TODAY(),"MM월 DD일 (DDDD)")
```

② 함수, 참조셀 연동 문자열 조합(&)

```
="◎ " & TEXT(TODAY(),"MM월 DD일 생산진행현황 : ") & Production!A2 & "건(" & Production!B2
& "품목) 진행 중"
```

③ 함수 연동 문자열 조합(&)

```
="◎ 실시간 당월 누계 REPORT - ( " & TEXT(TODAY(),"YYYY.MM.01 ~") & TEXT(TODAY(),"MM.DD )")
```

B1	fx	="◎ 운영현황 DASHBOARD - " & TEXT(TODAY(),"MM월 DD일 (DDDD)")

	A	B	C
		◎ 운영현황 DASHBOARD - 01월 18일 (화요일) ×	
1	1) 함수연동 문자열 조합(&) ⇒	="◎ 운영현황 DASHBOARD - " & TEXT(TODAY(),"MM월 DD일 (DDDD)")	
2			
3	2) 함수,참조셀 연동 문자열 조합(&) ⇒	◎ 01월 18일 생산진행현황 : 34건(91품목) 진행 중	
4			
5	3) 함수연동 문자열 조합(&) ⇒	◎ 실시간 당월 누계 REPORT - (2022.01.01 ~ 01.18)	
6			

④ 함수 내 참조셀 사용 조합(&)

=COUNTIF(A37:B,">" & C9)

			참조셀
8			
9	4) 함수내 참조셀 사용 조합(&) ⇒	=COUNTIF(A37:B,">" & C9)	20
10			
11			
12			
13			

⑤ 함수 내 참조셀 사용 조합(&)

=IMPORTRANGE(B38,C14 & "!A10:D")

			Dropdown
13			
14	5) 함수내 참조셀 사용 조합(&) ⇒	=IMPORTRANGE(B38,C14 & "!A10:D")	7월
15			

특히 이후에 설명할 IMPORTRANGE나 QUERY 함수처럼 문자열을 인수로 사용하는 경우 문자열을 어떻게 구성하느냐가 함수의 활용 범위와 직접적으로 연결됩니다.

필자는 함수 조합을 대시보드 제목이나 알람/오류 메시지를 구성하는 데 적극적으로 사용합니다. 다음은 실제로 근무했던 회사에서 구성했던 실시간 대시보드로, 문자열 조합을 이용해 업무 오류 메시지를 표시했던 내용입니다.

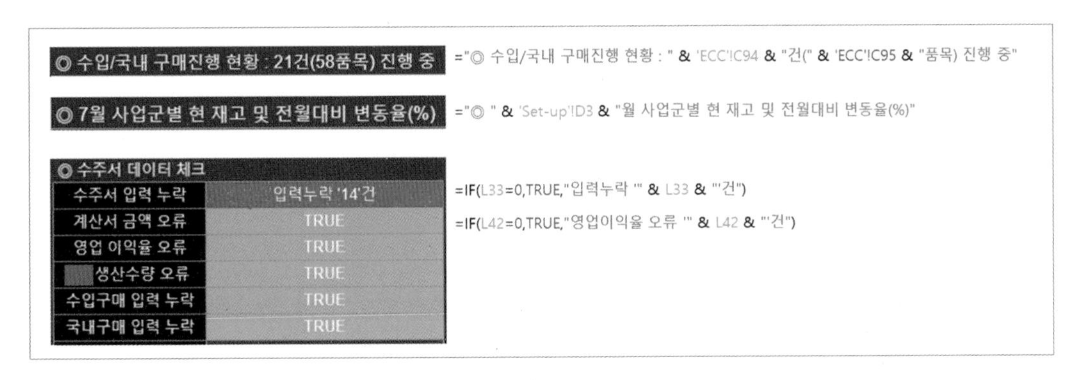

2 · CONCATENATE 함수

예제파일 | 05-26_CONCATENATE

CONCATENATE (문자열1, [문자열2, …])

문자열을 다른 문자열에 추가합니다.

- **문자열1**: 첫 번째 문자열입니다.
- **[문자열2, …]**: 순차적으로 표시될 추가 문자열입니다.

" "와 &의 조합 외에도 CONCATENATE 함수를 사용하여 간단히 문자열을 만들 수 있습니다.

```
=CONCATENATE(A2:B2)
```

C2 | fx | =CONCATENATE(A2:B2)

	A	B	C	D
1	Data 1	Data 2	◎ 운영현황 DASHBOARD -01월 18일 (화요일) ×	
2	◎ 운영현황 DASHBOARD -	01월 18일 (화요일)	=CONCATENATE(A2:B2)	
3				
4				

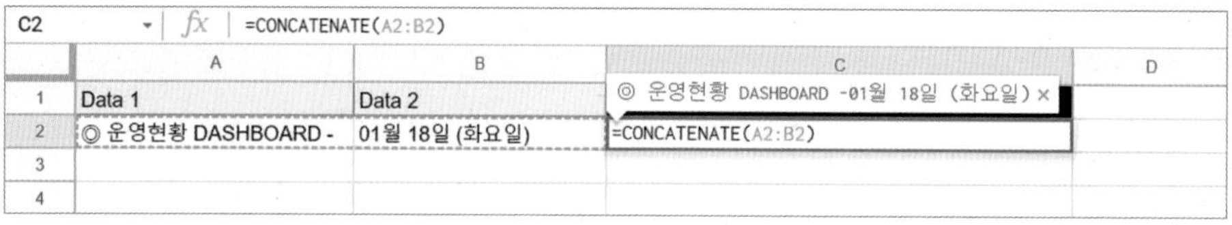

3 · TEXTJOIN 함수 - 구분자로 문자 합치기

예제파일 | 05-27_TEXTJOIN

TEXTJOIN (구분자, 빈칸_무시, 텍스트1, [텍스트2, …])

지정된 구분자로 여러 문자열 또는 배열의 텍스트를 연결합니다.

- **구분자**: 연결할 문자열 사이에 들어갈 구분자입니다. 비어 있을 경우 텍스트가 하나로 연결됩니다.
- **빈칸_무시**: TRUE(1)일 경우 비어 있는 셀을 건너뛰고 연결합니다.
- **텍스트1**: 연결할 문자열의 범위입니다. 문자열 또는 범위 내의 문자열 배열입니다.
- **[텍스트2, …]**: 추가로 연결할 문자열의 범위입니다.

다음 두 예제를 통해 옵션에 따른 차이를 비교해 보겠습니다.

```
=TEXTJOIN(" - ",TRUE,A5:D5)
```

E5 | fx | =TEXTJOIN(" - ",TRUE,A5:D5)

	A	B	C	D	E
1	카테고리 1	카테고리 2	카테고리 3	카테고리 4	TEXTJOIN
2	경제/경영/실용	취미/레저/건강	DIY/공예		경제/경영/실용 - 취미/레저/건강 - DIY/공예
3	자격증	컴퓨터	컴퓨터/인터넷/스마트폰 기초		자격증 - 컴퓨터 - 컴퓨터/인터넷/스마트폰 기초
4	자격증	컴퓨터	정보화교육(관공서/학교)		자격증 - 컴퓨터 - 컴퓨터/인터넷/스마트폰 … ×
5	자격증	컴퓨터	컴퓨터/인터넷/스마트폰 기초		=TEXTJOIN(" - ",TRUE,A5:D5)
6	경제/경영/실용	취미/레저/건강	미술/컬러링/손글씨		경제/경영/실용 - 취미/레저/건강 - 미
7	자격증		IT 매뉴얼	오피스/OA	자격증 - IT 매뉴얼 - 오피스/OA
8	자격증	컴퓨터	컴퓨터/인터넷/스마트폰 기초		자격증 - 컴퓨터 - 컴퓨터/인터넷/스마
9					

공란인 셀을 제외함

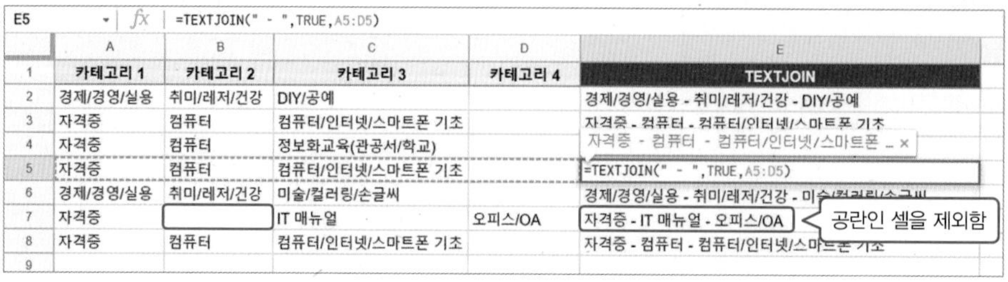

```
=TEXTJOIN(" - ",FALSE,A5:D5)
```

E5 | =TEXTJOIN(" - ",FALSE,A5:D5)

	A	B	C	D	E
1	카테고리 1	카테고리 2	카테고리 3	카테고리 4	TEXTJOIN
2	경제/경영/실용	취미/레저/건강	DIY/공예		경제/경영/실용 - 취미/레저/건강 - DIY/공예 -
3	자격증	컴퓨터	컴퓨터/인터넷/스마트폰 기초		자격증 - 컴퓨터 - 컴퓨터/인터넷/스마트폰 기초 -
4	자격증	컴퓨터	정보화교육(관공서/학교)		자격증 - 컴퓨터 - 컴퓨터/인터넷/스마트폰 ... ×
5	자격증	컴퓨터	컴퓨터/인터넷/스마트폰 기초		=TEXTJOIN(" - ",FALSE,A5:D5)
6	경제/경영/실용	취미/레저/건강	미술/컬러링/손글씨		경제/경영/실용 - 취미/레저/건강 - 미술/컬러링/손글씨
7	자격증		IT 매뉴얼	오피스/OA	자격증 - - IT 매뉴얼 - 오피스/OA
8	자격증	컴퓨터	컴퓨터/인터넷/스마트폰 기초		자격증 - 컴퓨터 - 컴퓨터/인터넷/스마트폰 기초 -
9					

공란인 셀을 반영함

'빈칸_무시' 인수가 FALSE일 경우 공란인 셀까지 모두 반영하여 문자열로 조합합니다.

ref. TEXTJOIN 함수는 SPLIT 함수와 반대되는 개념으로, 이 두 가지 함수는 QR코드 활용에 핵심 함수로 사용됩니다.

4 · TEXTJOIN 함수의 응용

예제파일 | 05-28_TEXTJOIN

TEXTJOIN 함수는 구분자를 통해 데이터를 하나의 문자열로 만들기 때문에 UNIQUE, FILTER, QUERY 함수처럼 배열을 반환값으로 갖는 함수와 연결해 사용하기도 합니다. UNIQUE 함수를 이용하여 중복 데이터를 제거하고, TEXTJOIN 함수로 데이터를 하나의 셀 안에 나열할 수 있습니다.

```
=TEXTJOIN(", ",TRUE,UNIQUE(A2:A))
```

B2 | =TEXTJOIN(", ",TRUE,UNIQUE(A2:A))

	A	B	C
1	분류	UNIQUE + TEXTJOIN	
2	컴퓨터	컴퓨터, 자격증, 가정/생활, 경제/경영	
3	자격증		
4	자격증		
5	컴퓨터		
6	가정/생활		
7	컴퓨터		
8	경제/경영		
9			

FILTER 함수로 대분류 '경제/경영/실용'의 조건에 맞는 중분류 열의 값을 추출하고 UNIQUE 함수로 중복 데이터를 제거한 후 마지막으로 TEXTJOIN 함수를 사용하여 하나의 셀에 결괏값을 반환합니다.

```
=TEXTJOIN(", ",TRUE,UNIQUE(FILTER(B2:B,A2:A="경제/경영/실용")))
```

C2 | =TEXTJOIN(", ",TRUE,UNIQUE(FILTER(B2:B,A2:A="경제/경영/실용")))

	A	B	C	D
1	대분류	중분류	FILTER + UNIQUE + TEXTJOIN	
2	경제/경영/실용	취미/레저/건강	취미/레저/건강, 가정/생활, 경제/경영	
3	자격증	컴퓨터		
4	경제/경영/실용	취미/레저/건강		
5	자격증	컴퓨터		
6	경제/경영/실용	취미/레저/건강		
7	경제/경영/실용	가정/생활		
8	자격증	컴퓨터		
9	경제/경영/실용	경제/경영		
10				

ref. FILTER 함수는 조건을 만족하는 값을 배열로 반환하는 함수입니다. 조건검색과 관련하여 Chapter 6에서 자세히 다룹니다.

SECTION

7 이미지 다루기

이번 섹션에서는 구글 시트에서 지원하는 이미지 함수와 이를 관리하는 방법에 대해 소개합니다.

STEP 1 PC에서 이미지 가져오기

예제파일 | 05-29_PC이미지

먼저 PC에서 이미지를 불러와 삽입하는 방법에 대해 살펴보겠습니다.

1 · 이미지 복사/붙여넣기

기본적으로는 메뉴에서 [삽입] - [이미지]를 선택해 이미지를 삽입할 수 있지만, Ctrl + C, Ctrl + V 가 지원되기 때문에 윈도우 탐색기에서 원하는 이미지를 복사/붙여넣기 하는 것이 훨씬 편리합니다.

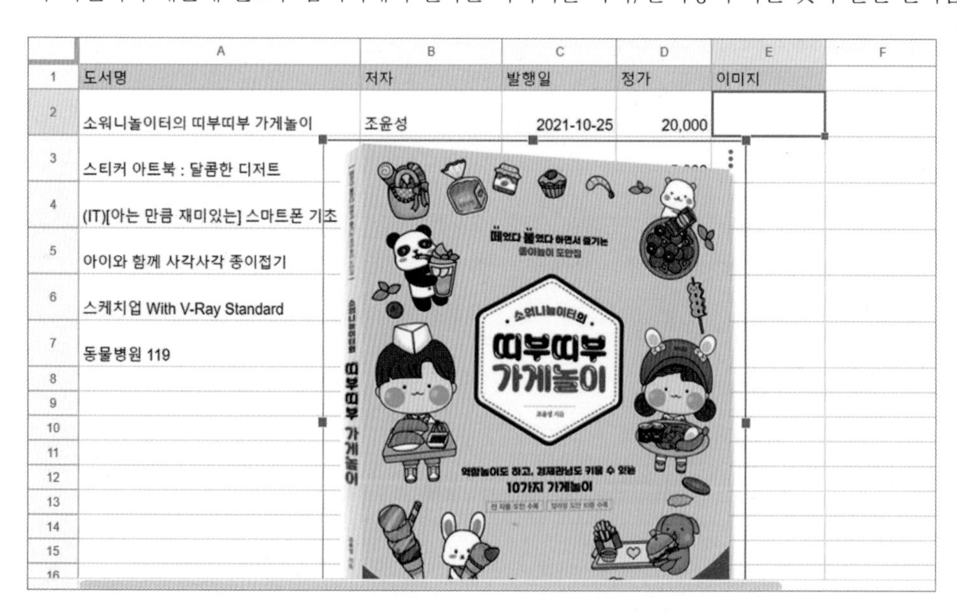

2 셀 내/셀 위 이미지

구글 시트에 이미지를 삽입할 때 메뉴 도구를 사용하면 삽입 위치를 셀 내 또는 셀 위 중에 선택할 수 있습니다. 하지만 단축키 복사/붙여넣기로 삽입할 경우엔 기본적으로 셀 위에 배치됩니다. 이 상태에서 마우스를 이용해 이미지의 크기와 위치를 조정할 수 있습니다.

셀 위에 배치된 이미지를 특정 셀 내에 삽입하려면 먼저 이미지를 삽입할 셀을 마우스로 선택한 후 이미지 우측 상단에 있는 ⋮ 을 클릭하고 [선택한 셀에 이미지 배치]를 선택합니다.

	A	B	C	D	E	F
1	도서명	저자	발행일	정가	이미지	
2	소워니놀이터의 띠부띠부 가게놀이	조윤성	2021-10-25	20,000		
3	스티커 아트북 : 달콤한 디저트					
4	(IT)[아는 만큼 재미있는] 스마트폰 기초					
5	아이와 함께 사각사각 종이접기					
6	스케치업 With V-Ray Standard					
7	동물병원 119					
8						
9						

셀 내에 배치된 이미지는 열과 행의 크기에 맞춰 크기가 변경됩니다.

	A	B	C	D	E	F
1	도서명	저자	발행일	정가	이미지	
2	소워니놀이터의 띠부띠부 가게놀이	조윤성	2021-10-25	20,000		
3	스티커 아트북 : 달콤한 디저트	시대인콘텐츠연구소	2021-11-10	15,000		

	A	B	C	D	E	F
1	도서명	저자	발행일	정가	이미지	
2	소워니놀이터의 띠부띠부 가게놀이	조윤성	2021-10-25	20,000		
3	스티커 아트북 : 달콤한 디저트	시대인콘텐츠연구소	2021-11-10	15,000		

3 함수로 이미지 반환하기

이미지가 셀 내에 삽입되면 구글 시트 내에서 함수를 이용하여 조건에 맞는 이미지를 불러올 수 있습니다. VLOOKUP 함수를 통해 도서명에 맞는 도서 이미지를 반환해 보겠습니다.

```
=VLOOKUP(G2,A2:E,5,0)
```

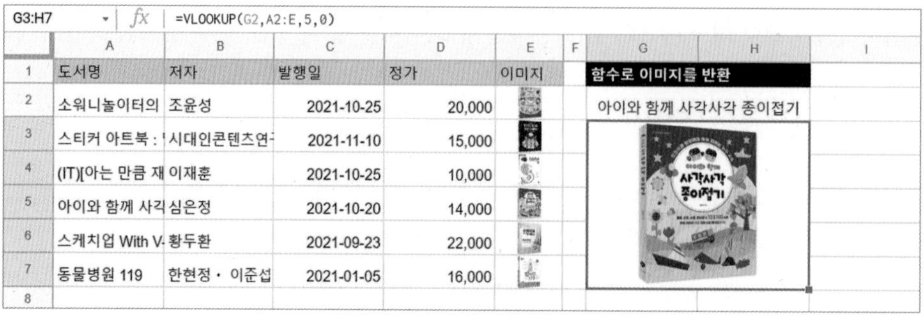

G3:H7 | fx | =VLOOKUP(G2,A2:E,5,0)

	A	B	C	D	E	F	G	H	I
1	도서명	저자	발행일	정가	이미지		함수로 이미지를 반환		
2	소워니놀이터의	조윤성	2021-10-25	20,000			아이와 함께 사각사각 종이접기		
3	스티커 아트북 :	시대인콘텐츠연	2021-11-10	15,000					
4	(IT)[아는 만큼 재	이재훈	2021-10-25	10,000					
5	아이와 함께 사각	심은정	2021-10-20	14,000					
6	스케치업 With V	황두환	2021-09-23	22,000					
7	동물병원 119	한현정 · 이준섭	2021-01-05	16,000					
8									

VLOOKUP 함수는 조건에 맞는 값을 반환하는 함수 중 하나로, 열 방향 검색 용도로 사용합니다. 지정한 범위(A2:E)의 첫 번째 열을 기준으로 다음 키가 있는 5번째 열(E열)에서 지정된 셀의 값을 반환합니다.

ref. VLOOKUP 함수는 조건검색의 기본이라 할 수 있는 스프레드시트의 주요 함수로, Chapter 6에서 자세히 다룹니다.

STEP 2 인터넷에서 이미지 가져오기

예제파일 | 05-30_IMAGE

구글 시트에서 제공하는 함수를 이용하여 인터넷 상의 이미지를 불러오는 방법에 대해 알아보겠습니다.

1 · IMAGE 함수 - 인터넷 상의 이미지 가져오기

IMAGE (URL, [모드], [높이], [너비])

URL 주소 상의 이미지를 셀에 삽입합니다.

- URL : 프로토콜(예 http://)을 포함한 이미지의 URL입니다.
- [모드] : 이미지의 크기 모드로, 숫자에 따라 달라집니다.
- [높이] : 모드4 설정에서 픽셀로 표시되는 이미지의 높이입니다.
- [너비] : 모드4 설정에서 픽셀로 표시되는 이미지의 너비입니다.

모드	이미지 크기	이미지 비율
1	셀에 맞춰 자동 조정	가로세로 비율 유지
2	셀에 맞춰 자동 조정	가로세로 비율 무시
3	원본 크기로 유지, 이미지가 잘릴 수 있음	
4	• [높이], [너비]로 맞춤 크기를 직접 지정할 수 있음 • 이미지의 크기에 맞춰 셀의 크기가 맞춰지지는 않음	

▲ '모드' 인수에 따른 이미지 속성

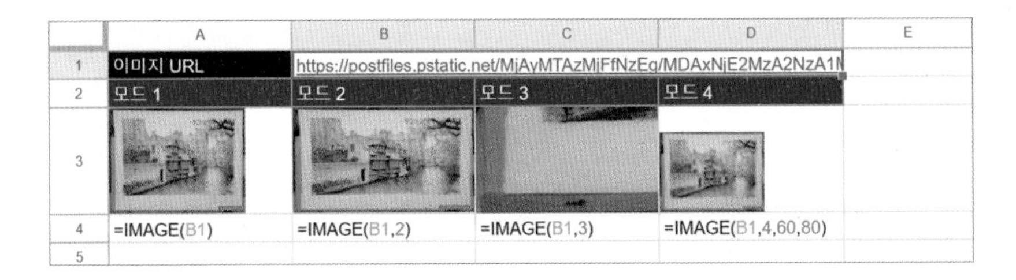

IMAGE 함수로 이미지를 삽입할 경우 기본적으로 '셀 내에 삽입'되기 때문에 추후 조건검색을 통해 원하는 이미지를 불러올 수 있습니다.

HLOOKUP 함수를 통해 '모드 1~4' 중 해당하는 이미지를 반환할 수 있습니다.

```
=HLOOKUP(F2,A2:D3,2,0)
```

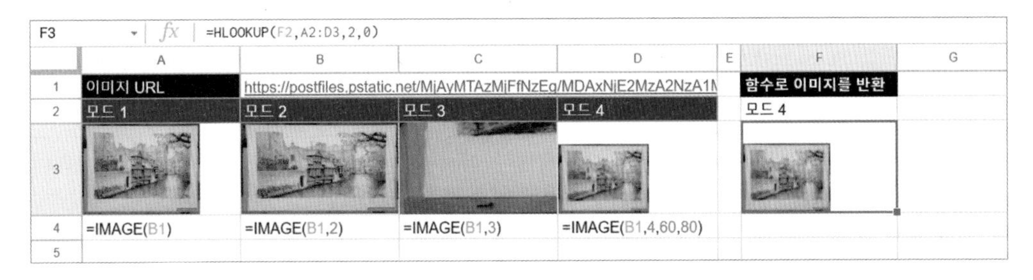

HLOOKUP 함수는 행 방향 검색으로, 범위(A2:D3)의 첫 번째 행을 기준으로 다음 키가 있는 2번째 행(3행)에서 지정된 셀의 값을 반환합니다.

2 · 다른 구글 시트/구글 드라이브에 있는 이미지 가져오기

Chapter 2에서 구글 시트 및 구글 드라이브를 URL로 공유하는 방법에 대해 설명했습니다. 그렇다면 다른 구글 시트나 구글 드라이브에 있는 이미지도 URL을 통해 IMAGE 함수에 적용할 수 있을까요?

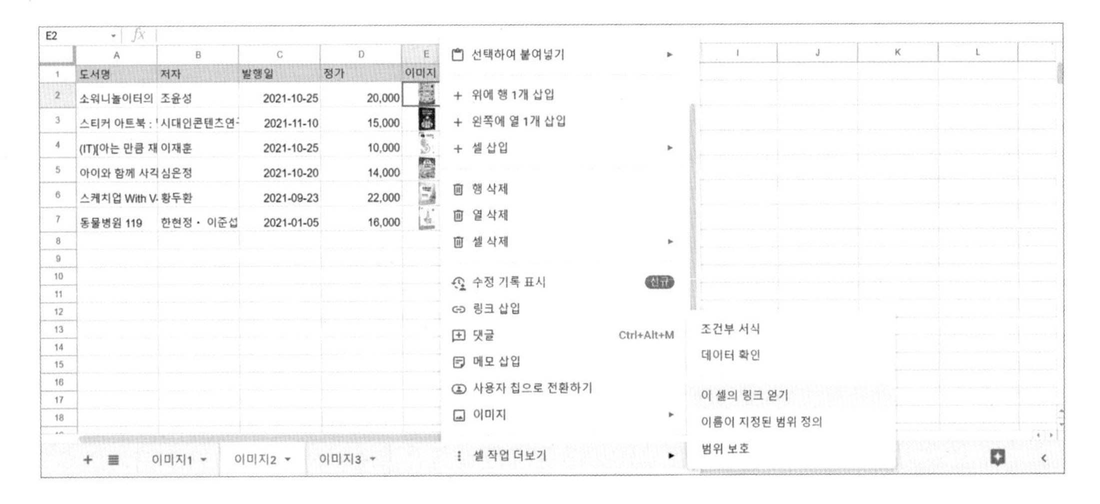

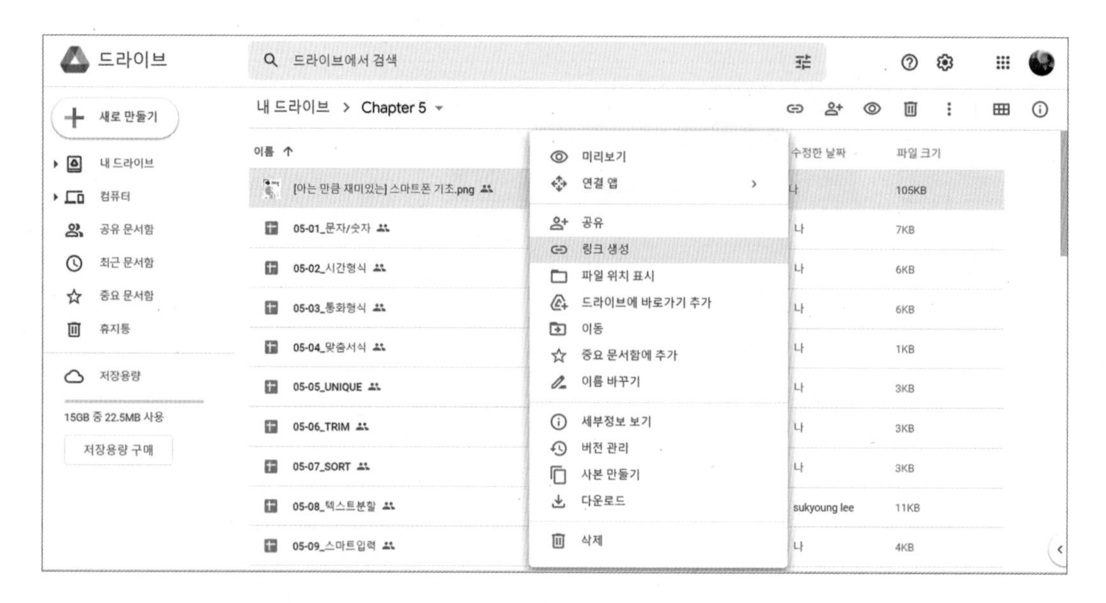

안타깝지만 시트나 이미지를 '링크가 있는 모든 사용자에게 공개'로 설정하더라도 IMAGE 함수로는 이미지를 불러올 수 없습니다. 앱스 스크립트로 기능을 만들어 추가한다면 가능하겠지만 전문가의 영역이라 쉽지 않습니다.

그러나 해당 시트를 선택한 후 메뉴에서 [파일] – [공유] – [웹에 게시]를 선택해 공유한 후에 그 결과로 생성된 웹 페이지 상의 이미지 주소는 IMAGE 함수에 사용할 수 있습니다.

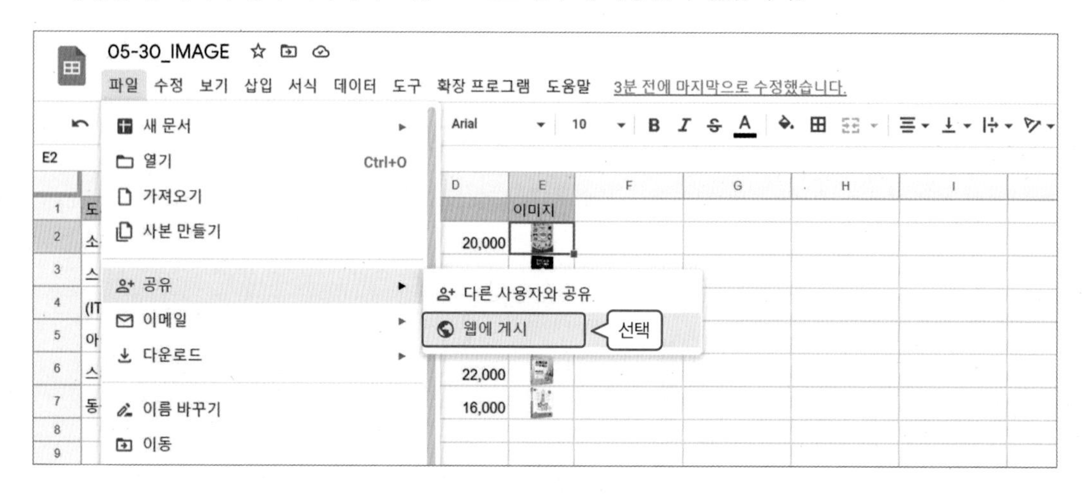

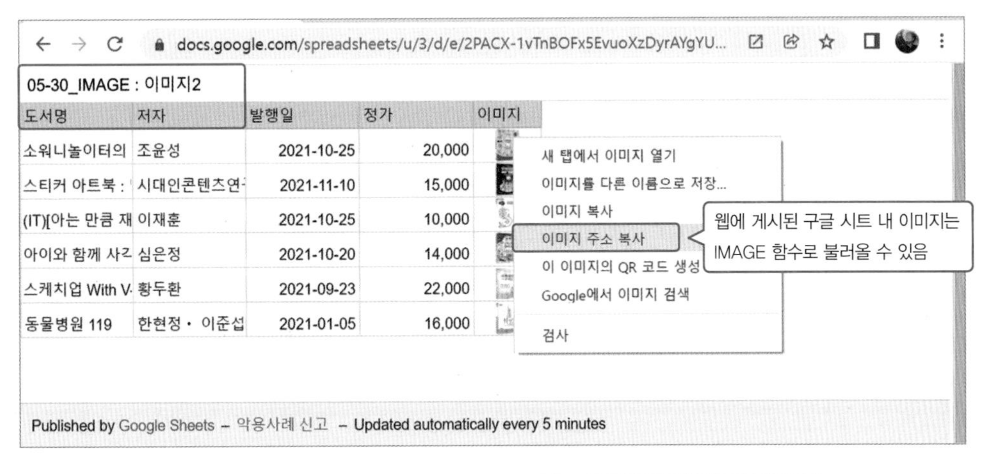

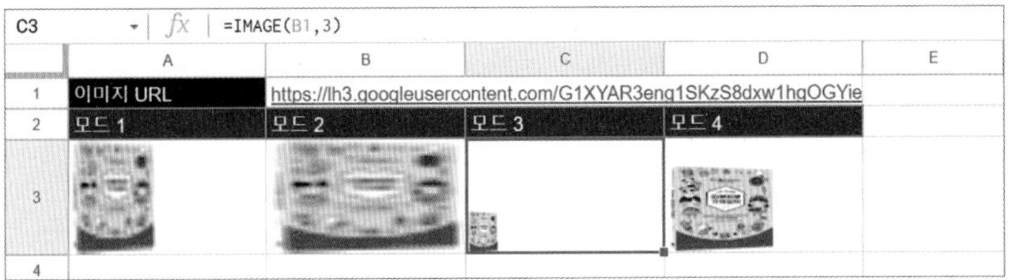

이 방법 외에도 구글 시트 기반으로 앱시트를 사용한다면 구글 드라이브에 저장된 이미지를 앱 화면 상에서 바로 불러올 수 있습니다.

업무 노하우! 이미지와 구글 시트 용량

이미지를 직접 업로드하여 셀 내/셀 위에 이미지를 삽입할 경우 이미지 크기에 비례하여 파일의 용량도 커지게 되는데, 이는 구글 시트의 로딩 속도에도 영향을 미칩니다. 또한, 구글 시트는 버전 관리를 위해 과거의 히스토리를 모두 가지고 있으므로 이후 이미지를 삭제하더라도 파일 용량은 줄어들지 않습니다.

반대로 IMAGE 함수를 사용해 이미지를 삽입할 경우 URL로 불러오는 구조이므로 구글 시트의 파일 용량이 작은 상태로 유지됩니다. 물론 이 경우에도 이미지의 용량이 크고 개수가 많다면 이미지를 불러오는 시간이 그만큼 더 소요됩니다. 따라서 구글 시트에 이미지를 삽입할 경우 목적에 따라 직접 업로드할지 IMAGE 함수를 사용할지 구분하여 활용하는 것이 좋습니다.

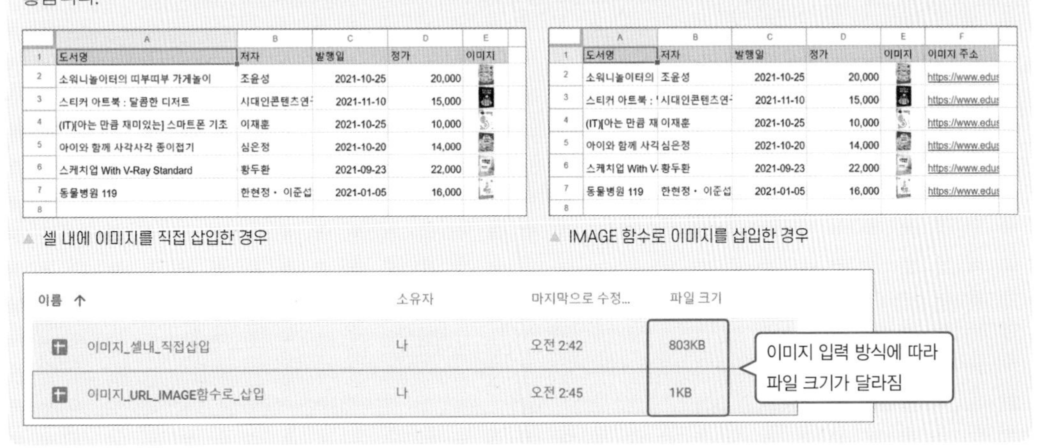

▲ 셀 내에 이미지를 직접 삽입한 경우

▲ IMAGE 함수로 이미지를 삽입한 경우

SECTION 8

QR코드 다루기

클라우드 기반의 구글 시트의 장점을 잘 보여줄 수 있는 것 중의 하나가 바로 QR코드입니다. 이번 섹션에서는 구글 시트에서 원하는 정보를 QR코드로 만들고, QR코드를 스캔하여 정보를 추출하는 방법에 대해 알아보겠습니다.

STEP 1 QR코드 생성 및 변환하기

예제파일 | 05-31_QR코드

먼저 정보를 QR코드로 변환하는 방법에 대해 알아보겠습니다.

1 · QR코드 생성하기

구글 시트에서 QR코드를 생성하기 위해서는 IMAGE 함수를 사용하는데, 이때 함수의 인수에 들어가는 URL에는 QR코드를 만들어 주는 API 주소를 연결해 줘야 합니다. 책에서는 구글에서 제공하는 API를 사용하지만, 이 외에도 QR Code Generator 등 QR코드 생성 API를 제공하는 곳은 더 있습니다.

IMAGE 함수에 API URL 주소를 넣고 데이터가 있는 참조셀 번호를 넣습니다.

```
=IMAGE("https://chart.googleapis.com/chart?chs=250x250&cht=qr&chl=" & A2)
```

URL 중간의 '250x250'은 QR코드 이미지의 크기로, 본인이 원하는 크기로 바꿔도 무관합니다.

다음은 QR코드를 생성하고 그것을 스캔한 결과입니다. D열은 네이버 앱의 QR코드, E열은 앱시트로 직접 만든 앱에서 스캔한 결괏값을 캡처한 모습입니다.

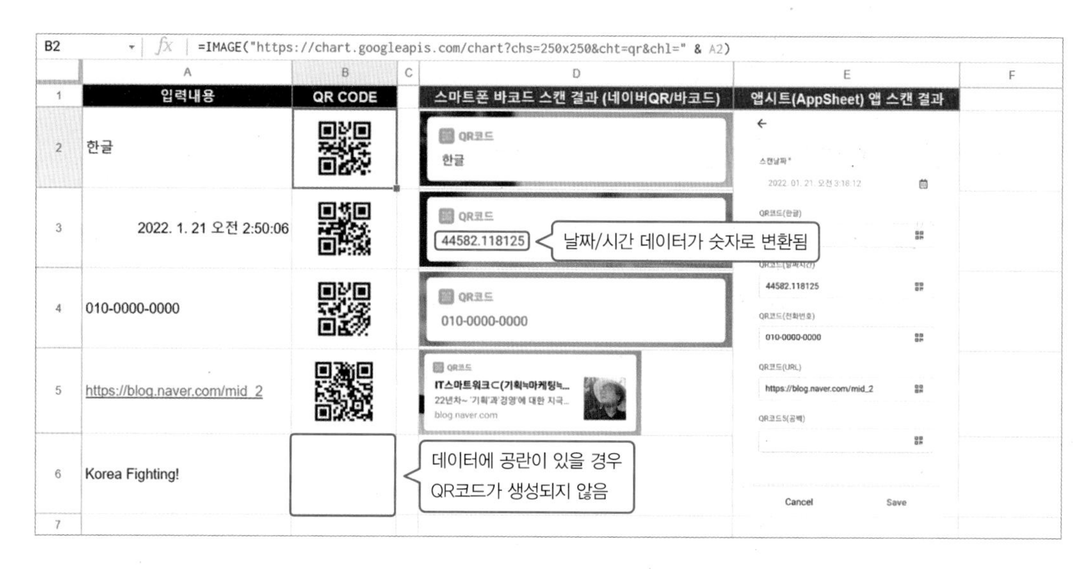

[B2], [B4], [B5] 셀의 QR코드를 스캔한 결괏값은 정상적으로 반환되었으나, [B3] 셀의 날짜/시간은 숫자로 반환되었으며 문자열에 공란이 있는 [B6] 셀은 QR코드가 아예 생성되지 않았습니다.

2 · ENCODEURL 함수 - 인코딩하기

ENCODEURL (텍스트)

UTF-8 인코딩을 사용하여 입력된 텍스트를 인코딩합니다.

- **텍스트**: URL로 인코딩할 텍스트입니다.

IMAGE 함수에 입력했던 내용을 ENCODEURL 함수에 적용하면 다음과 같이 도출됩니다.

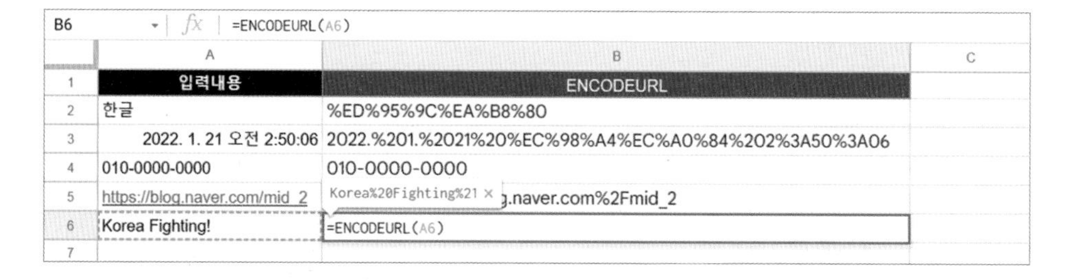

	A	B
1	입력내용	ENCODEURL
2	한글	%ED%95%9C%EA%B8%80
3	2022. 1. 21 오전 2:50:06	2022.%201.%2021%20%EC%98%A4%EC%A0%84%202%3A50%3A06
4	010-0000-0000	010-0000-0000
5	https://blog.naver.com/mid_2	Korea%20Fighting%21 ×].naver.com%2Fmid_2
6	Korea Fighting!	=ENCODEURL(A6)
7		

이처럼 QR코드에는 ENCODEURL 함수로 인코딩한 데이터를 넣어야 올바른 스캔 값을 반환할 수 있습니다.

=IMAGE("https://chart.googleapis.com/chart?chs=250x250&cht=qr&chl=" & ENCODEURL(A6))

[B3] 셀의 날짜와 시간, [B6] 셀의 공란 있는 문자열 모두 정상적으로 스캔 값을 반환합니다.

3 · 복잡한 정보를 QR코드에 넣기

좀 더 복잡한 정보를 QR코드에 넣는 방법을 살펴보겠습니다. 바로 일정한 구분자로 데이터를 묶어 QR코드에 넣는 방식입니다.

QR코드에 넣을 정보는 TEXTJOIN 함수를 이용하여 하나의 문자열로 만들며, 이때 구분자로는 잘 사용하지 않는 문자나 기호를 사용합니다. 예제에서는 '\'를 사용합니다.

=TEXTJOIN("\",FALSE,A4:E4)

G4 =TEXTJOIN("\",FALSE,A4:E4)

	A	B	C	D	E	F	G	H
1	도서명 (관리용)	저자	발행일	정가	카테고리		QR코드에 넣을 데이터 생성	
2	동물병원 119	한현정 · 이준섭	2021-01-05	16,000	가정/생활		동물병원 119\한현정 · 이준섭\2021-01-05\16,000\가정/생활	
3	똑똑한 아이패드	윤다연	2021-09-17	18,000	컴퓨터		화과자\임미선\2020-11-25\16,500\가정/생활 × 0\컴퓨터	
4	화과자	임미선	2020-11-25	16,500	가정/생활		=TEXTJOIN("\",FALSE,A4:E4)	
5	소워니놀이터의	조윤성	2021-10-25	20,000	취미/레저/건강		소워니놀이터의 띠부띠부 가게놀이\조윤성\2021-10-25\20,000\취미	
6	스티커 아트북 :	시대인콘텐츠연	2021-11-10	15,000	취미/레저/건강		스티커 아트북 : 달콤한 디저트\시대인콘텐츠연구소\2021-11-10\15,	
7								

새로 만든 문자열에 대해 IMAGE 함수와 ENCODEURL 함수를 사용하여 QR코드를 생성합니다.

```
=IMAGE("https://chart.googleapis.com/chart?chs=250x250&cht=qr&chl=" & ENCODEURL(G4))
```

H4 | fx =IMAGE("https://chart.googleapis.com/chart?chs=250x250&cht=qr&chl=" & ENCODEURL(G4))

	A	B	C	D	E	F	G	H
1	도서명 (관리용)	저자	발행일	정가	카테고리		QR코드에 넣을 데이터 생성	QR CODE
2	동물병원 119	한현정 · 이준섭	2021-01-05	16,000	가정/생활		동물병원 119\한현정 · 이준섭\2021-01-05\16,000\가정/생활	
3	똑똑한 아이패드	윤다연	2021-09-17	18,000	컴퓨터		똑똑한 아이패드 활용법\윤다연\2021-09-17\18,000\컴퓨터	
4	화과자	임미선	2020-11-25	16,500	가정/생활		화과자\임미선\2020-11-25\16,500\가정/생활	
5	소워니놀이터의	조윤성	2021-10-25	20,000	취미/레저/건강		소워니놀이터의 띠부띠부 가게놀이\조윤성\2021-10-25\20,000\취미	
6	스티커 아트북 :	시대인콘텐츠연	2021-11-10	15,000	취미/레저/건강		스티커 아트북 : 달콤한 디저트\시대인콘텐츠연구소\2021-11-10\15,(	
7								

STEP 2 QR코드 스캔 및 편집하기

예제파일 | 05-32_QR스캔

이번에는 QR코드를 스캔한 정보를 구글 시트에 입력하고 편집하는 방법에 대해 알아보겠습니다.

1 · QR코드 스캔 정보를 구글 시트에 직접 입력하기

QR코드를 활용하는 가장 효율적인 방법은 스캔한 데이터가 구글 시트에 직접적으로 입력되는 것입니다. 블루투스 USB 바코드 리더기를 사용하면 별도의 세팅 없이 스캔한 정보를 구글 시트에 바로 등록할 수 있습니다.

스캔 정보가 들어갈 셀을 선택하고 바코드 리더기로 QR코드를 스캔하면 읽힌 데이터가 셀에 입력되고 셀이 자동으로 다음 행으로 이동합니다. 따라서 많은 양의 QR코드를 스캔할 경우 바코드 리더기를 사용하면 시간을 크게 단축시킬 수 있습니다.

▲ 바코드 리더기

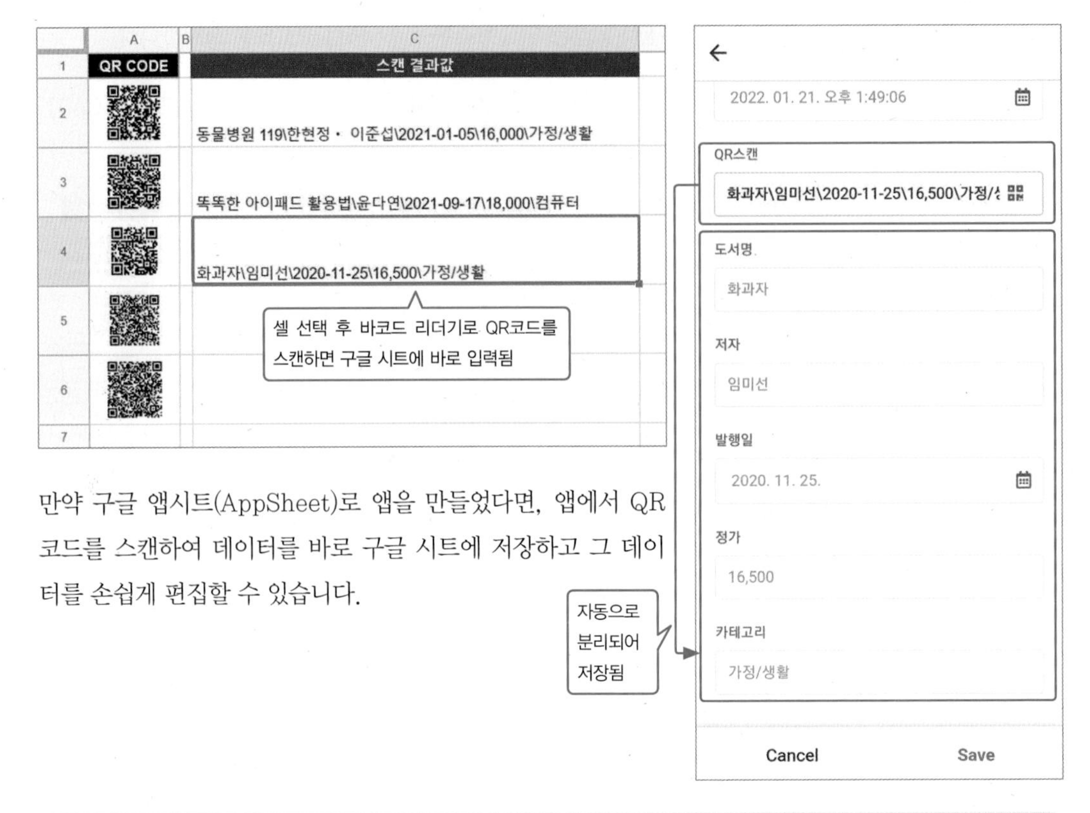

만약 구글 앱시트(AppSheet)로 앱을 만들었다면, 앱에서 QR코드를 스캔하여 데이터를 바로 구글 시트에 저장하고 그 데이터를 손쉽게 편집할 수 있습니다.

PLUS **바코드 리더기의 한글 인식 문제 해결하기**

바코드 리더기 중엔 한글 정보 자체를 인식하지 못하는 제품들이 많습니다. 이 경우에는 우선 QR코드에 들어가는 정보를 영문 문자열이나 영문 약어를 사용해 생성한 후, '영문 약어'와 이에 대응하는 '한글 정보'로 구성된 테이블을 만들고 VLOOKUP 함수를 통해 매칭시켜야 합니다.

2 · QR코드의 스캔 정보 가공하기

앞서 여러 정보를 하나의 QR코드에 넣기 위해 \ 구분자를 사용했습니다. QR코드 스캔으로 구글 시트에 입력된 데이터는 SPLIT 함수를 사용하여 손쉽게 분리할 수 있습니다.

E4 =SPLIT(C4,"\",0,0)

	A	B	C	D	E	F	G	H	I
1	QR CODE		스캔 결과값	스캔 결과값 분리	도서명 (관리용)	저자	발행일	정가	카테고리
2			동물병원 119\한현정 · 이준섭\2021-01-05\16,000\가정/생활		동물병원 119	한현정 · 이준섭	2021-01-05	16,000	가정/생활
3			똑똑한 아이패드 활용법\윤다연\2021-09-17\18,000\컴퓨터		똑똑한 아이패드	윤다연	2021-09-17	18,000	컴퓨터
4			화과자\임미선\2020-11-25\16,500\가정/생활		=SPLIT(C4,"\",0,0)	선	2020-11-25	16,500	가정/생활
5			소워니놀이터의 띠부띠부 가게놀이\조윤성\2021-10-25\20,000\취미		소워니놀이터의	조윤성	2021-10-25	20,000	취미/레저/건강
6			스티커 아트북 : 달콤한 디저트\시대인콘텐츠연구소\2021-11-10\15,		스티커 아트북 :	시대인콘텐츠연	2021-11-10	15,000	취미/레저/건강

③ QR코드로 모바일 입출고 및 재고 관리 자동화하기

QR코드를 생성하고 스캔하고 읽는 모든 기능을 가장 효율적으로 사용할 수 있는 대표적인 업무 분야는 바로 '재고 입출고 관리'입니다. 특히 단순 수량 관리가 아닌 랏(Lot) 단위의 수량이거나 기간 관리 등 세부적으로 관리해야 할 주요 품목에 사용하면 더욱 좋습니다.

다음은 QR코드를 사용하여 재고 입출고 시스템을 만든 실제 화면으로, 모두 이 책에서 소개하는 기능과 함수로 구성한 것입니다.

① QR코드 생성 시트: TEXTJOIN 함수로 필요한 정보를 조합하여 QR코드를 구성한 것으로, 우측에는 라벨 인쇄 위치를 설정하는 기능을 같이 구성해 두었습니다.

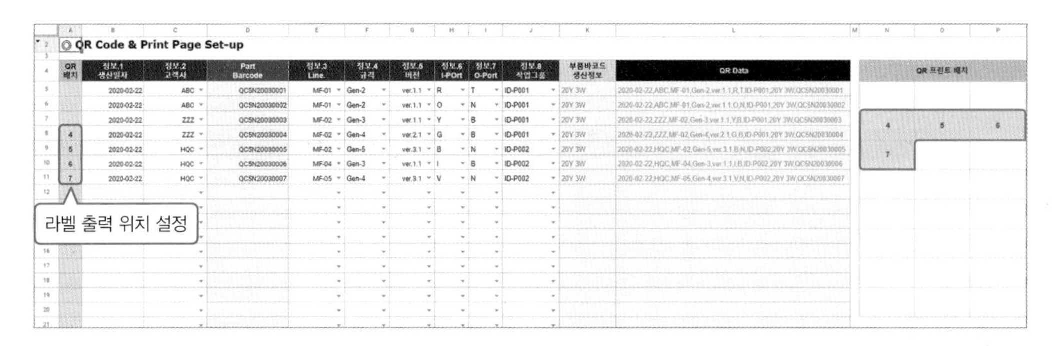

② QR 출력 페이지 시트: 우측의 라벨 출력 페이지에는 생성된 QR코드와 함께 출력할 추가 정보가 담겨 있습니다. QR코드 생성 페이지에서 출력은 4~7번까지만 선택했으므로 4~7번 위치의 라벨만 생성됩니다.

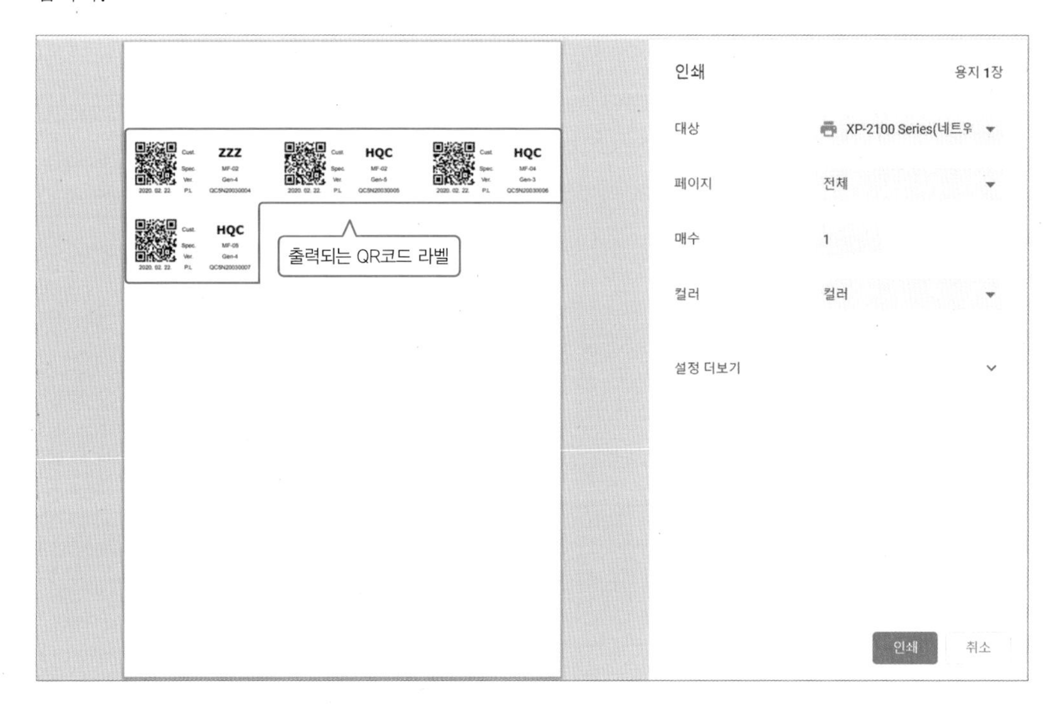

③ **입고 처리 시트:** QR코드를 스캔하여 제품을 입고시키는 화면입니다. SPLIT 함수를 사용해 스캔한 QR코드의 정보를 다시 분리하고, VLOOKUP 함수를 사용하여 Matching 시트의 영문 정보를 한글로 변환합니다.

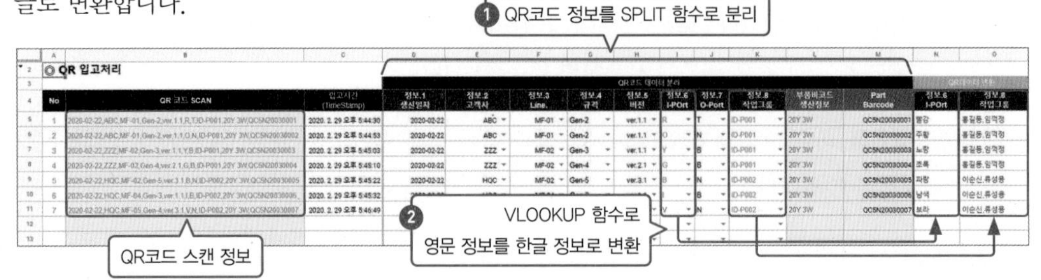

④ **Matching 시트:** 영문 정보에 대응하는 한글 정보를 매칭시킨 테이블로, 입고 처리 화면에서 이 Matching 시트를 참조합니다.

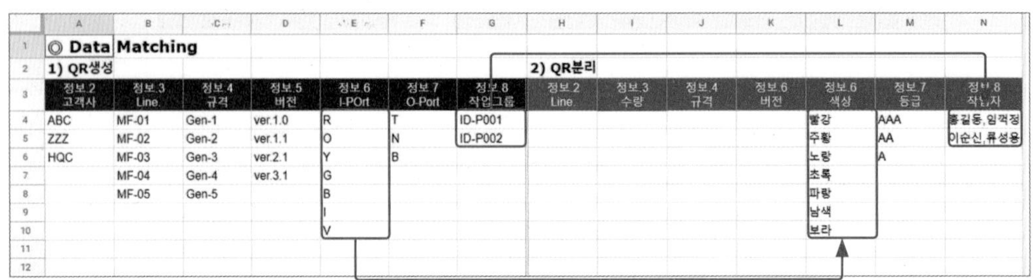

◎ Data Matching

1) QR생성							2) QR분리						
정보 2 고객사	정보 3 Line	정보 4 규격	정보 5 버전	정보 6 I-POrt	정보 7 O-Port	정보 8 작업그룹	정보 2 Line	정보 3 수량	정보 4 규격	정보 6 버전	정보 6 색상	정보 7 등급	정보 8 작업자
ABC	MF-01	Gen-1	ver.1.0	R	T	ID-P001					빨강	AAA	홍길동,임꺽정
ZZZ	MF-02	Gen-2	ver.1.1	O	N	ID-P002					주황	AA	이순신,류성용
HQC	MF-03	Gen-3	ver.2.1	Y	B						노랑	A	
	MF-04	Gen-4	ver.3.1	G							초록		
	MF-05	Gen-5		B							파랑		
				I							남색		
				V							보라		

⑤ **앱시트를 통한 모바일 시스템으로의 확장:** 앱시트를 이용해 구글 시트를 모바일 앱으로 변환하면 실시간 모바일 입출고 관리 시스템을 만들 수 있습니다.

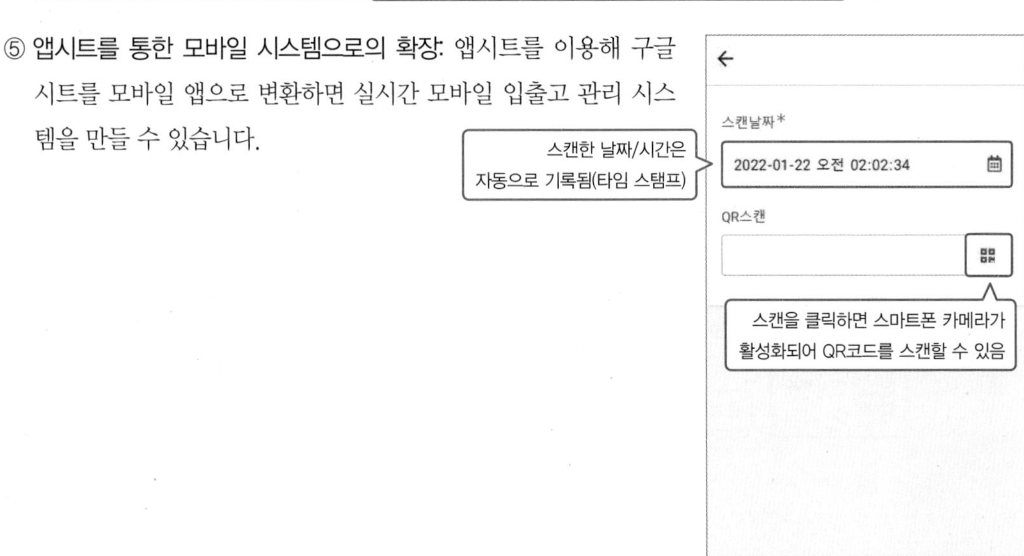

⑥ **바코드, QR코드, NFC 인식:** 앱시트의 'SCAN?', 'NFC?' 항목에 체크하면 바코드, QR코드, NFC 스캔 기능을 바로 사용할 수 있습니다.

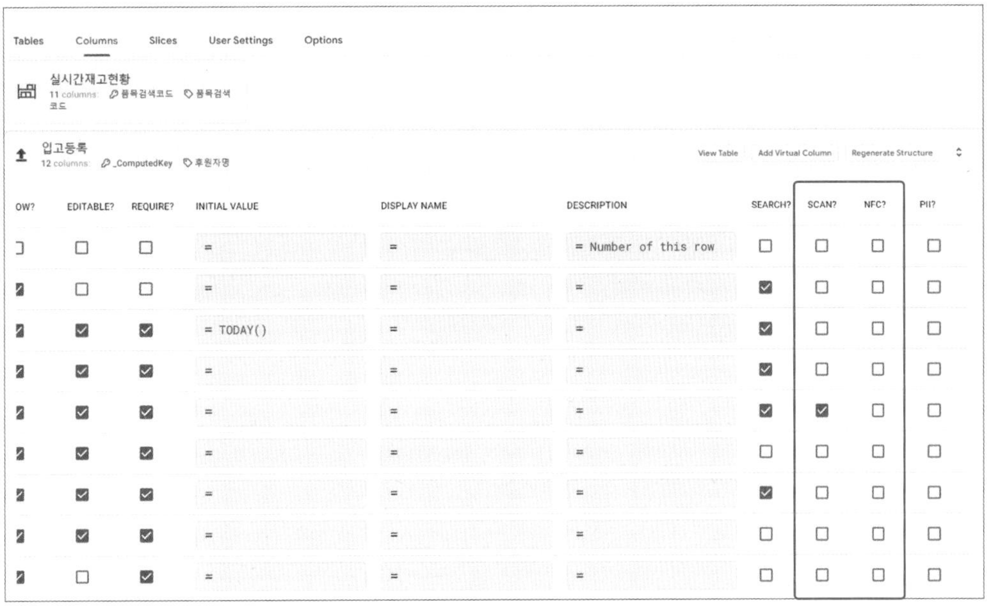

Tables Columns Slices User Settings Options

실시간재고현황
11 columns 품목검색코드 품목검색코드

입고등록
12 columns _ComputedKey 후원자명

View Table Add Virtual Column Regenerate Structure

OW?	EDITABLE?	REQUIRE?	INITIAL VALUE	DISPLAY NAME	DESCRIPTION	SEARCH?	SCAN?	NFC?	PII?
☐	☐	☐	=	=	= Number of this row	☐	☐	☐	☐
☑	☐	☐	=	=	=	☑	☐	☐	☐
☑	☑	☑	= TODAY()	=	=	☑	☐	☐	☐
☑	☑	☑	=	=	=	☑	☐	☐	☐
☑	☑	☑	=	=	=	☑	☑	☐	☐
☑	☑	☑	=	=	=	☐	☐	☐	☐
☑	☑	☑	=	=	=	☑	☐	☐	☐
☑	☑	☑	=	=	=	☐	☐	☐	☐
☑	☐	☑	=	=	=	☐	☐	☐	☐

Section 1 | 계산 및 비교에 필요한 기본 함수
Section 2 | 함수의 자동 반복, ARRAYFORMULA 함수
Section 3 | 조건검색의 기본, VLOOKUP 함수
Section 4 | 조건을 만족하는 값을 배열로 반환하는 FILTER 함수

조건검색에 꼭 필요한 함수

데이터를 분석, 즉 내가 원하는 값을 반환하는 프로세스를 '단순화'한다는 것은 ① 원하는 조건의 데이터가 어디에 있는지 찾고, ② 계산을 통해 필요한 조건에 맞는 데이터만 반환하는 과정이라 할 수 있습니다. 이때 ③ 반환되는 데이터는 하나의 결괏값 또는 배열이 될 수 있습니다.
이번 챕터에서는 필자가 조건검색 시 가장 기본으로 사용하는 함수들에 대해서 중점적으로 설명합니다.

SECTION

1 계산 및 비교에 필요한 기본 함수

이번 섹션에서는 일반적으로 스프레드시트에서 가장 자주 사용되는 기본 함수인 계산 · 논리 · 비교 함수에 대해 살펴보겠습니다.

STEP ▶ 1 기본 계산 함수

스프레드시트에서 가장 기본이 되는 계산 함수(SUM, COUNT, AVERAGE, MAX, MIN)에 대해 알아보겠습니다. 다섯 함수 모두 숫자에 대한 계산값을 반환하는 함수로, 계산 범위 내의 데이터 속성에 따라 반환값이 달라집니다.

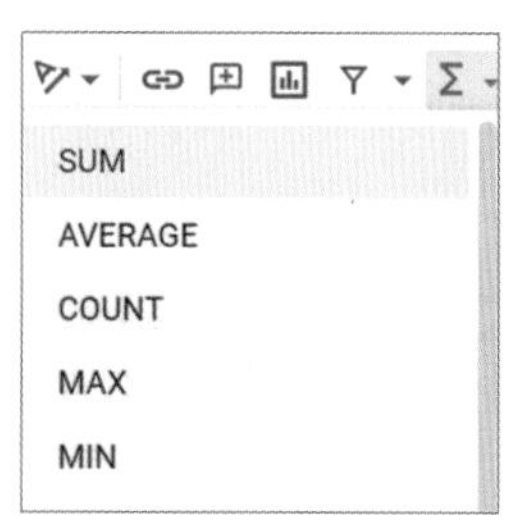

① SUM 함수 - 합계 구하기

예제파일 | 06-01_SUM

SUM (값1, [값2, …])

숫자들 또는 지정한 셀 범위 내의 숫자 합계를 구합니다.

- 값1 : 더하려는 첫 번째 숫자 또는 범위입니다.
- [값2, …] : 값1에 더하려는 추가 숫자 또는 범위입니다.

SUM 함수가 적용된 다음의 예제를 살펴보겠습니다.

=SUM(C2:D6)

계산 범위로 입력한 [C2]~[D6] 셀에 대한 합계 값을 반환합니다.

A2 | fx =SUM(C2:D6)

	A	B	C	D	E
1	95,000 ×	⇒	Data1	Data2	
2	=SUM(C2:D6)		20,000	5,000	
3			14,000	5,100	
4			10,000	5,200	
5			10,000	5,300	
6			15,000	5,400	
7					

=SUM(C2:D)

계산 범위의 행을 오픈해 이후 C열과 D열에 값이 추가될 때마다 반영되어 합계 값이 자동으로 업데이트됩니다.

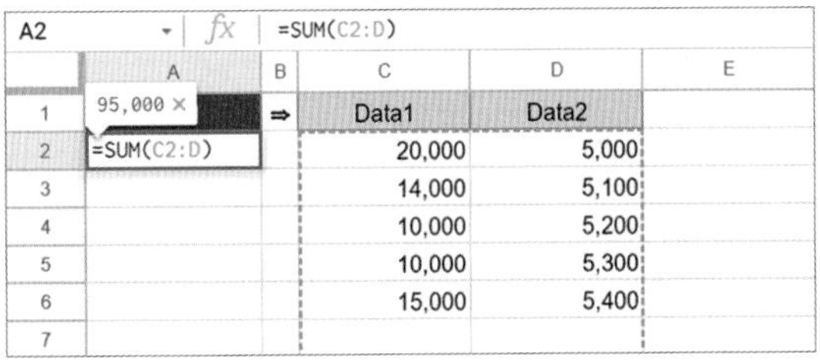

A2 | fx | =SUM(C2:D)

	A	B	C	D	E
1	95,000 ×	⇒	Data1	Data2	
2	=SUM(C2:D)		20,000	5,000	
3			14,000	5,100	
4			10,000	5,200	
5			10,000	5,300	
6			15,000	5,400	
7					

=SUM(C:D)

계산 범위를 C열과 D열 전체로 선택했으나 열 제목(헤더)은 텍스트인 관계로 합계값에서 제외하고 계산됩니다.

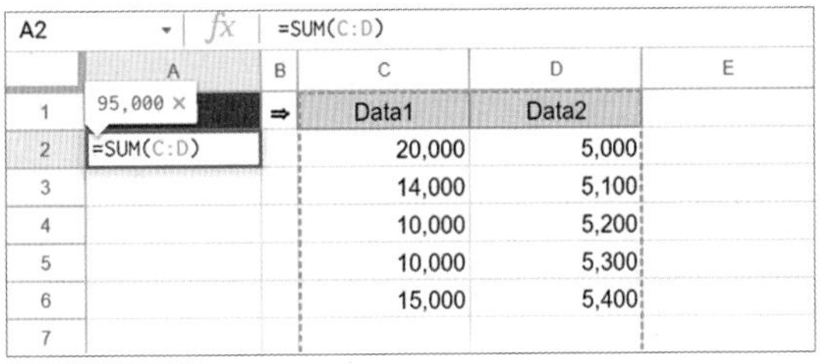

A2 | fx | =SUM(C:D)

	A	B	C	D	E
1	95,000 ×	⇒	Data1	Data2	
2	=SUM(C:D)		20,000	5,000	
3			14,000	5,100	
4			10,000	5,200	
5			10,000	5,300	
6			15,000	5,400	
7					

=SUM(C:C,C:C)

계산 범위로 C열을 두 번 중복 적용했으므로 SUM(C:C)*2와 동일한 결괏값을 반환합니다.

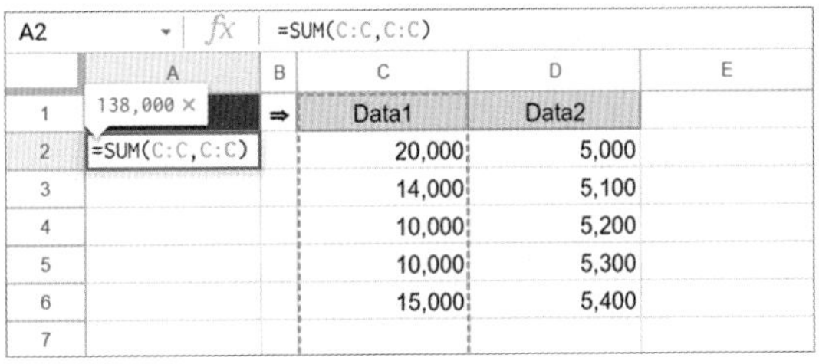

A2 | fx | =SUM(C:C,C:C)

	A	B	C	D	E
1	138,000 ×	⇒	Data1	Data2	
2	=SUM(C:C,C:C)		20,000	5,000	
3			14,000	5,100	
4			10,000	5,200	
5			10,000	5,300	
6			15,000	5,400	
7					

=SUM(C:E)

날짜가 숫자의 속성을 갖기 때문에 E열의 날짜도 숫자로 인식하여 합계값에 반영됩니다.

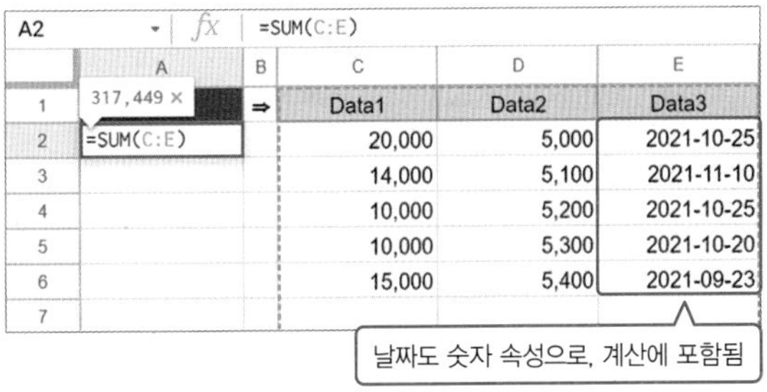

A2 | fx | =SUM(C:E)

	A	B	C	D	E
1	317,449 ×	⇒	Data1	Data2	Data3
2	=SUM(C:E)		20,000	5,000	2021-10-25
3			14,000	5,100	2021-11-10
4			10,000	5,200	2021-10-25
5			10,000	5,300	2021-10-20
6			15,000	5,400	2021-09-23
7					

날짜도 숫자 속성으로, 계산에 포함됨

2 · COUNT 함수 - 개수 구하기

예제파일 | 06-02_COUNT

COUNT (값1, [값2, …])

숫자들 또는 지정한 셀 범위 내에 포함된 숫자 값의 개수를 반환합니다.

- 값1: 개수를 셀 때 고려할 첫 번째 값 또는 범위입니다.
- [값2, …]: 개수를 셀 때 고려할 추가 값 또는 범위입니다.

[B2] 셀부터 [C9] 셀까지를 범위로 잡고 숫자 데이터의 개수를 반환해 보겠습니다.

=COUNT(B2:C9)

E2	fx =COUNT(B2:C9)				
	A	B	C	D	E
1	도서명	발행일	정가	⇒	16 × OUNT
2	소워니놀이터의 띠부띠부 가게놀(	2021-10-25	20,000		=COUNT(B2:C9)
3	스티커 아트북 : 달콤한 디저트	2021-11-10	15,000		
4	[아는 만큼 재미있는] 스마트폰 기	2021-10-25	10,000		
5	아이와 함께 사각사각 종이접기	2021-10-20	14,000		
6	스케치업 With V-Ray Standard	2021-09-23	22,000		
7	동물병원 119	2021-01-05	16,000		
8	똑똑한 아이패드 활용법	2021-09-17	18,000		
9	약 짓는 오빠들이 들려주는 알쓸신	2021-06-10	20,000		
10					

날짜 역시 숫자의 속성을 가지므로 COUNT 함수가 숫자로 인식하여 값을 반환합니다.

이번에는 계산 범위를 A~C열로 하는 COUNT 함수를 적용해 보겠습니다.

=COUNT(A:C)

E2	fx =COUNT(A:C)				
	A	B	C	D	E
1	도서명	발행일	정가	⇒	16 × OUNT
2	소워니놀이터의 띠부띠부 가게놀(	2021-10-25	20,000		=COUNT(A:C)
3	스티커 아트북 : 달콤한 디저트	2021-11-10	15,000		
4	[아는 만큼 재미있는] 스마트폰 기	2021-10-25	10,000		
5	아이와 함께 사각사각 종이접기	2021-10-20	14,000		
6	스케치업 With V-Ray Standard	2021-09-23	22,000		
7	동물병원 119	2021-01-05	16,000		
8	똑똑한 아이패드 활용법	2021-09-17	18,000		
9	약 짓는 오빠들이 들려주는 알쓸신	2021-06-10	20,000		
10					

'A열'과 'B/C열의 1행'은 문자이므로 계산에서 제외되고, 동일하게 '16'의 값을 반환합니다.

3 · AVERAGE 함수 - 평균 구하기

예제파일 | 06-03_AVERAGE

AVERAGE (값1, [값2, …])

숫자들 또는 지정한 셀 범위 내에 포함된 숫자들의 평균을 구합니다.

- 값1: 평균값을 계산할 때 고려할 첫 번째 값 또는 범위입니다.
- [값2, …]: 평균값을 계산할 때 고려할 추가 값 또는 범위입니다.

[B2] 셀부터 [B9] 셀까지를 범위로 하는 AVERAGE 함수를 적용해 보겠습니다.

=AVERAGE(B2:B9)

D2 | fx | =AVERAGE(B2:B9)

	A	B	C	D	E
1	도서명	정가	⇒	16,875 × GE	
2	소워니놀이터의 띠부띠부 가게놀	20,000		=AVERAGE(B2:B9)	
3	스티커 아트북 : 달콤한 디저트	15,000			
4	[아는 만큼 재미있는] 스마트폰 기	10,000			
5	아이와 함께 사각사각 종이접기	14,000			
6	스케치업 With V-Ray Standard	22,000			
7	동물병원 119	16,000			
8	똑똑한 아이패드 활용법	18,000			
9	약 짓는 오빠들이 들려주는 알쓸신	20,000			
10					

계산 범위 내에 있는 숫자들에 대한 평균값이 계산되어 '16,875'의 값이 반환됩니다.

이번에는 범위를 A~B열 전체로 잡고 평균값을 계산해 보겠습니다.

=AVERAGE(A:B)

D2 | fx | =AVERAGE(A:B)

	A	B	C	D	E
1	도서명	정가	⇒	16875 × AGE	
2	소워니놀이터의 띠부띠부 가게놀	20,000		=AVERAGE(A:B)	
3	스티커 아트북 : 달콤한 디저트	15,000			
4	[아는 만큼 재미있는] 스마트폰 기	10,000			
5	아이와 함께 사각사각 종이접기	14,000			
6	스케치업 With V-Ray Standard	22,000			
7	동물병원 119	16,000			
8	똑똑한 아이패드 활용법	18,000			
9	약 짓는 오빠들이 들려주는 알쓸신	20,000			
10					

AVERAGE 함수에 의해 문자는 제외하고 숫자에 대한 평균값만 계산되므로, 동일하게 '16875'의 값을 반환합니다. 이때 A열의 텍스트 서식이 우선시되어 천 단위 구분자인 콤마(,)가 없는 형태로 나타납니다.

4 · MAX / MIN 함수 - 최댓값/최솟값 구하기

예제파일 | 06-04_MAX/MIN

MAX (값1, [값2, …]) / MIN(값1, [값2, …])

숫자들 또는 지정한 셀 범위 내에 포함된 숫자의 최댓값/최솟값을 반환합니다.

- **값1**: 최댓값/최솟값을 계산할 때 고려할 첫 번째 값 또는 범위입니다.
- **[값2, …]**: 최댓값/최솟값을 계산할 때 고려할 추가 값 또는 범위입니다.

계산 범위 [C2]~[C9] 셀에 대한 최댓값/최솟값을 반환해 보겠습니다.

=MAX(C2:C9) / =MIN(C2:C9)

E2 | fx | =MAX(C2:C9)

	A	B	C	D	E	F
1	도서명	발행일	정가	⇒	22,000 ×	
2	소워니놀이터의 띠부띠부 가게놀	2021-10-25	20,000		=MAX(C2:C9)	
3	스티커 아트북 : 달콤한 디저트	2021-11-10	15,000		MIN	
4	[아는 만큼 재미있는] 스마트폰 기	2021-10-25	10,000		10,000	
5	아이와 함께 사각사각 종이접기	2021-10-20	14,000			
6	스케치업 With V-Ray Standard	2021-09-23	22,000			
7	동물병원 119	2021-01-05	16,000			
8	똑똑한 아이패드 활용법	2021-09-17	18,000			
9	약 짓는 오빠들이 들려주는 알쓸신	2021-06-10	20,000			
10						

이번에는 계산 범위를 [B2] 셀부터 C열 전체로 잡아 날짜 셀을 포함하고 행을 오픈해 보겠습니다.

=MAX(B2:C) / =MIN(B2:C)

E2 | fx | =MAX(B2:C)

	A	B	C	D	E	F
1	도서명	발행일	정가	⇒	2021-11-10 ×	
2	소워니놀이터의 띠부띠부 가게놀	2021-10-25	20,000		=MAX(B2:C)	
3	스티커 아트북 : 달콤한 디저트	2021-11-10	15,000		MIN	
4	[아는 만큼 재미있는] 스마트폰 기	2021-10-25	10,000		1927-05-18	
5	아이와 함께 사각사각 종이접기	2021-10-20	14,000			
6	스케치업 With V-Ray Standard	2021-09-23	22,000			
7	동물병원 119	2021-01-05	16,000			
8	똑똑한 아이패드 활용법	2021-09-17	18,000			
9	약 짓는 오빠들이 들려주는 알쓸신	2021-06-10	20,000			
10						

날짜 역시 숫자로 간주되어 최댓값 또는 최솟값을 반환하는데, 이때 날짜 속성의 B열이 우선 서식으로 적용됩니다. 그 결과 최댓값은 '2021-11-10'이, 최솟값은 정가열의 10,000이 날짜로 변환된 '1927-05-18'이 반환됩니다.

계산 범위는 위와 동일하게 [B2] 셀부터 C열까지이지만, MAX 함수의 인수 순서를 숫자인 C열을 먼저 적용하고 날짜인 B열을 두 번째로 적용해 보겠습니다.

=MAX(C2:C,B2:B) / =MIN(C2:C,B2:B)

E2 | fx | =MAX(C2:C,B2:B)

	A	B	C	D	E	F
1	도서명	발행일	정가	⇒	44,510 ×	
2	소워니놀이터의 띠부띠부 가게놀	2021-10-25	20,000		=MAX(C2:C,B2:B)	
3	스티커 아트북 : 달콤한 디저트	2021-11-10	15,000		MIN	
4	[아는 만큼 재미있는] 스마트폰 기	2021-10-25	10,000		10,000	
5	아이와 함께 사각사각 종이접기	2021-10-20	14,000			
6	스케치업 With V-Ray Standard	2021-09-23	22,000			
7	동물병원 119	2021-01-05	16,000			
8	똑똑한 아이패드 활용법	2021-09-17	18,000			
9	약 짓는 오빠들이 들려주는 알쓸신	2021-06-10	20,000			
10						

C열의 숫자 서식이 적용되어 최댓값은 2021-11-10이 숫자로 변환된 '44,510'이, 최솟값은 '10,000'이 반환됩니다.

이번에는 범위를 A~C열 전체로 잡아 보겠습니다.

=MAX(A:C) / =MIN(A:C)

E2 | fx | =MAX(A:C)

	A	B	C	D	E	F
1	도서명	발행일	정가	⇒	44510 × X	
2	소워니놀이터의 띠부띠부 가게놀(	2021-10-25	20,000		=MAX(A:C)	
3	스티커 아트북 : 달콤한 디저트	2021-11-10	15,000		MIN	
4	[아는 만큼 재미있는] 스마트폰 기	2021-10-25	10,000		10000	
5	아이와 함께 사각사각 종이접기	2021-10-20	14,000			
6	스케치업 With V-Ray Standard	2021-09-23	22,000			
7	동물병원 119	2021-01-05	16,000			
8	똑똑한 아이패드 활용법	2021-09-17	18,000			
9	약 짓는 오빠들이 들려주는 알쓸신	2021-06-10	20,000			
10						

A열의 문자 데이터는 계산에서 제외되고, B열과 C열에서의 최댓값 '44510(2021-11-10의 숫자 변환값)'과 최솟값 '10000'을 반환합니다. 이때 A열의 서식이 우선시되어 천 단위 구분자인 콤마(,)가 없는 형태로 반환됩니다.

STEP 2 IF 조건이 붙은 계산 함수의 변형

다섯 기본 함수에 IF 조건이 붙은 변형 함수를 사용하면 조건에 맞는 데이터 계산값만 반환할 수 있습니다.

1 · SUMIF / SUMIFS 함수

예제파일 | 06-05_SUMIF(S)

SUMIF (범위, 기준, [범위_합계])

범위에서 기준에 맞는 합계를 반환합니다.

- **범위**: 기준에 맞는 항목을 검색할 범위입니다.
- **기준**: 범위에 적용할 조건으로, 문자열 또는 숫자의 형식을 갖습니다.
- **[범위_합계]**: 합계를 계산할 범위로, '범위'와 같으면 생략할 수 있습니다.

SUMIFS (범위_합계, 기준_범위1, 기준1, [기준_범위2, …], [기준2, …])

여러 기준에 따라 범위의 합계를 반환합니다.

- **범위_합계**: 합계를 계산할 범위입니다.
- **기준_ 범위1**: 기준1에 맞는 항목을 검색할 범위입니다.
- **기준1**: '기준_범위1'에 적용할 조건으로, 문자열 또는 숫자를 사용합니다. 기준이 문자일 경우 와일드 카드를 포함할 수 있으며, 비교 연산자를 사용할 수 있습니다. 영문의 대소문자는 구분하지 않습니다.
- **[기준_범위2, …], [기준2, …]**: 추가로 확인할 범위 및 기준입니다.

=SUMIF(A2:A,"자격증",D2:D) / =SUMIFS(D2:D,A2:A,"자격증")

F2 | =SUMIF(A2:A,"자격증",D2:D)

	A	B	C	D	E	F	G	H
1	카테고리(대)	카테고리(중)	카테고리(소)	정가	⇒	50000 × IF		
2	경제/경영/실용	취미/레저/건강	DIY/공예	20,000		=SUMIF(A2:A,"자격증",D2:D)		
3	경제/경영/실용	취미/레저/건강	미술/컬러링/손글씨	15,000		SUMIFS		
4	자격증	컴퓨터	컴퓨터/인터넷/스마트폰	10,000		50000		
5	경제/경영/실용	가정/생활	자녀교육/유학	14,000				
6	자격증	컴퓨터	그래픽(사진/동영상)	22,000				
7	경제/경영/실용	가정/생활	반려동물	16,000				
8	자격증	컴퓨터	모바일/태블릿/SNS	18,000				
9	경제/경영/실용	취미/레저/건강	건강/뷰티	20,000				
10								

A열의 '카테고리(대)'에서 '자격증'의 값을 갖는 D열의 셀을 합한 값입니다. 단일조건이므로 SUMIF 함수와 SUMIFS 함수 모두 사용할 수 있습니다. 단, 함수 내 인수의 배열 순서가 서로 다르기 때문에 여러 조건을 계산할 수 있는 SUMIFS 함수에 익숙해지는 것을 추천합니다.

F2 | =SUMIFS(D2:D,A2:A,"자격증",B2:B,"컴퓨터",D2:D,">15000")

	A	B	C	D	E	F	G	H	I
1	카테고리(대)	카테고리(중)	카테고리(소)	정가	⇒	40000 × FS			
2	경제/경영/실용	취미/레저/건강	DIY/공예	20,000		=SUMIFS(D2:D,A2:A,"자격증",B2:B,"컴퓨터",D2:D,">15000")			
3	경제/경영/실용	취미/레저/건강	미술/컬러링/손글씨	15,000					
4	자격증	컴퓨터	컴퓨터/인터넷/스마트폰	10,000					
5	경제/경영/실용	가정/생활	자녀교육/유학	14,000					
6	자격증	컴퓨터	그래픽(사진/동영상)	22,000					
7	경제/경영/실용	가정/생활	반려동물	16,000					
8	자격증	컴퓨터	모바일/태블릿/SNS	18,000					
9	경제/경영/실용	취미/레저/건강	건강/뷰티	20,000					
10									

A열이 '자격증'이고 B열이 '컴퓨터'면서 D열이 '15000'보다 큰, 세 가지 조건이 들어간 경우 SUMIFS 함수를 통해서 값을 계산할 수 있습니다.

물론 참조셀을 사용해 '기준'을 정의할 수도 있습니다. 다음은 기준을 참조셀로 사용하고 문자열에 와일드 카드를 포함한 구성입니다.

=SUMIFS(D2:D,B2:B,F5,C2:C,G5,D2:D,">="&H5)

F2 | =SUMIFS(D2:D,B2:B,F5,C2:C,G5,D2:D,">="&H5)

	A	B	C	D	E	F	G	H	I
1	카테고리(대)	카테고리(중)	카테고리(소)	정가	⇒	20000 × FS			
2	경제/경영/실용	취미/레저/건강	DIY/공예	20,000		=SUMIFS(D2:D,B2:B,F5,C2:C,G5,D2:D,">="&H5)			
3	경제/경영/실용	취미/레저/건강	미술/컬러링/손글씨	15,000					
4	자격증	컴퓨터	컴퓨터/인터넷/스마트폰	10,000		카테고리(중)	카테고리(소)	정가	
5	경제/경영/실용	가정/생활	자녀교육/유학	14,000		*건강	건강*	20000	
6	자격증	컴퓨터	그래픽(사진/동영상)	22,000		❶	❷	❸	
7	경제/경영/실용	가정/생활	반려동물	16,000					
8	자격증	컴퓨터	모바일/태블릿/SNS	18,000					
9	경제/경영/실용	취미/레저/건강	건강/뷰티	20,000					
10									

① *건강: B열에 '건강'으로 끝나는 문자열이 있을 경우로, 참조셀로 [F5] 셀을 적용한 상태입니다.

② 건강*: C열에 '건강'으로 시작하는 문자열이 있을 경우로, 참조셀로 [G5] 셀을 적용한 상태입니다.

③ ">="&H5: D열의 정가가 20,000원 이상일 경우로, 〉=와 참조셀 [H5]를 '&'로 연결하여 기준 문자열을 만든 상태입니다.

2 · COUNTIF / COUNTIFS 함수

예제파일 | 06-06_COUNTIF(S)

COUNTIF (범위, 기준)

범위에서 기준에 맞는 개수를 반환합니다.

- **범위**: 기준에 맞는 항목을 검색할 범위입니다.
- **기준**: 범위에 적용할 조건으로, 문자열 또는 숫자입니다.

COUNTIFS (기준_범위1, 기준1, [기준_범위2, …], [기준2, …])

여러 기준에 따른 범위의 개수를 반환합니다.

- **기준_범위1**: 기준1에 맞는 항목을 검색할 범위입니다.
- **기준1**: '기준_범위1'에 적용할 조건으로, 문자열 또는 숫자를 사용합니다. 기준이 문자일 경우 와일드 카드를 포함할 수 있고 비교 연산자를 사용할 수 있습니다. 영문의 대소문자는 구분하지 않습니다.
- **[기준_범위2, …], [기준2, …]**: 추가로 확인할 범위 및 기준입니다.

A열의 데이터가 '자격증'인 셀의 개수를 반환하는 단일조건으로, COUNTIF 함수와 COUNIFS 함수 모두 동일한 인수로 구성됩니다.

```
=COUNTIF(A2:A,"자격증") / =COUNTIFS(A2:A,"자격증")
```

F2 | fx =COUNTIF(A2:A,"자격증")

	A	B	C	D	E	F	G	H
1	카테고리(대)	카테고리(중)	카테고리(소)	정가	⇒	COUNTIF		
2	경제/경영/실용	취미/레저/건강	DIY/공예	20,000		=COUNTIF(A2:A,"자격증")		
3	경제/경영/실용	취미/레저/건강	미술/컬러링/손글씨	15,000				
4	자격증	컴퓨터	컴퓨터/인터넷/스마트폰	10,000		COUNTIFS		
5	경제/경영/실용	가정/생활	자녀교육/유학	14,000		3		
6	자격증	컴퓨터	그래픽(사진/동영상)	22,000				
7	경제/경영/실용	가정/생활	반려동물	16,000				
8	자격증	컴퓨터	모바일/태블릿/SNS	18,000				
9	경제/경영/실용	취미/레저/건강	건강/뷰티	20,000				
10								

```
=COUNTIFS(B2:B,F5,C2:C,G5,D2:D,"<"&H5)
```

F2 | fx | =COUNTIFS(B2:B,F5,C2:C,G5,D2:D,"<"&H5)

	A	B	C	D	E	F	G	H	I
1	카테고리(대)	카테고리(중)	카테고리(소)	정가	⇒	1 × OUNTIFS			
2	경제/경영/실용	취미/레저/건강	DIY/공예	20,000		=COUNTIFS(B2:B,F5,C2:C,G5,D2:D,"<"&H5)			
3	경제/경영/실용	취미/레저/건강	미술/컬러링/손글씨	15,000					
4	자격증	컴퓨터	컴퓨터/인터넷/스마트폰	10,000		카테고리(중)	카테고리(소)	정가	
5	경제/경영/실용	가정/생활	자녀교육/유학	14,000		컴퓨터	*sns*	20000	
6	자격증	컴퓨터	그래픽(사진/동영상)	22,000		❶	❷	❸	
7	경제/경영/실용	가정/생활	반려동물	16,000					
8	자격증	컴퓨터	모바일/태블릿/SNS	18,000					
9	경제/경영/실용	취미/레저/건강	건강/뷰티	20,000					
10									

① **컴퓨터**: B열의 문자열에 '컴퓨터'가 있는 경우로, 참조셀로 [F5] 셀을 적용한 상태입니다.

② ***sns***: C열의 문자열에 'sns'가 포함되어 있는 경우로, 참조셀로 [G5] 셀을 적용한 상태입니다.

③ **"<"&H5**: D열의 정가가 20,000원 미만일 경우로, 〈와 [H5] 셀을 '&'로 연결하여 기준 문자열을 만든 상태입니다.

3 · AVERAGEIF / AVERAGEIFS 함수

예제파일 | 06-07_AVERAGEIF(S)

AVERAGEIF (기준_범위, 기준, [평균_범위])

기준에 따른 범위의 평균을 반환합니다.

- **기준_범위**: 기준에 맞는 항목을 검색할 범위입니다.
- **기준**: 범위에 적용할 조건으로, 문자열 또는 숫자를 사용합니다.
- **[평균_범위]**: 평균을 계산할 범위로, '범위'와 같으면 생략할 수 있습니다.

AVERAGEIFS (평균_범위, 기준_범위1, 기준1, [기준_범위2, …], [기준2, …])

여러 기준에 따른 범위의 개수를 반환합니다.

- **평균_범위**: 평균을 계산할 범위입니다.
- **기준_범위1**: 기준1에 맞는 항목을 검색할 범위입니다.
- **기준1**: '기준_범위1'에 적용할 조건으로, 문자열 또는 숫자를 사용합니다. 기준이 문자일 경우 와일드 카드를 포함할 수 있고 비교 연산자를 사용할 수 있습니다. 영문의 대소문자는 구분하지 않습니다.
- **[기준_범위2, …], [기준2, …]**: 추가로 확인할 범위 및 기준입니다.

A열의 '카테고리(대)'에서 '경제/경영/실용'의 값을 갖는 D열의 평균값을 구해 보겠습니다. 단일조건이므로 AVERAGEIF 함수와 AVERAGEIFS 함수 모두 사용할 수 있습니다. 단, 함수 내 인수의 배열 순서가 서로 다르기 때문에 여러 조건을 계산할 수 있는 AVERAGEIFS 함수를 사용하는 것이 추후 작업 시 편리합니다.

=AVERAGEIF(A2:A,"경제/경영/실용",D2:D)

=AVERAGEIFS(D2:D,A2:A,"경제/경영/실용")

F2 | fx | =AVERAGEIF(A2:A,"경제/경영/실용",D2:D)

	A	B	C	D	E	F	G	H
1	카테고리(대)	카테고리(중)	카테고리(소)	정가	⇒	17000 × AVERAGEIF		
2	경제/경영/실용	취미/레저/건강	DIY/공예	20,000		=AVERAGEIF(A2:A,"경제/경영/실용",D2:D)		
3	경제/경영/실용	취미/레저/건강	미술/컬러링/손글씨	15,000				
4	자격증	컴퓨터	컴퓨터/인터넷/스마트폰	10,000		AVERAGEIFS		
5	경제/경영/실용	가정/생활	자녀교육/유학	14,000		17000		
6	자격증	컴퓨터	그래픽(사진/동영상)	22,000				
7	경제/경영/실용	가정/생활	반려동물	16,000				
8	자격증	컴퓨터	모바일/태블릿/SNS	18,000				
9	경제/경영/실용	취미/레저/건강	건강/뷰티	20,000				
10								

=AVERAGEIFS(D2:D,A2:A,F5,C2:C,G5,D2:D,"<"&H5)

F2 | fx | =AVERAGEIFS(D2:D,A2:A,F5,C2:C,G5,D2:D,"<"&H5)

	A	B	C	D	E	F	G	H	I
1	카테고리(대)	카테고리(중)	카테고리(소)	정가	⇒	14500 × AVERAGEIFS			
2	경제/경영/실용	취미/레저/건강	DIY/공예	20,000		=AVERAGEIFS(D2:D,A2:A,F5,C2:C,G5,D2:D,"<"&H5)			
3	경제/경영/실용	취미/레저/건강	미술/컬러링/손글씨	15,000					
4	자격증	컴퓨터	컴퓨터/인터넷/스마트폰	10,000		카테고리(대)	카테고리(소)	정가	
5	경제/경영/실용	가정/생활	자녀교육/유학	14,000		경제/경영/실용	*/*	20000	
6	자격증	컴퓨터	그래픽(사진/동영상)	22,000		❶	❷	❸	
7	경제/경영/실용	가정/생활	반려동물	16,000					
8	자격증	컴퓨터	모바일/태블릿/SNS	18,000					
9	경제/경영/실용	취미/레저/건강	건강/뷰티	20,000					
10									

① **경제/경영/실용**: A열이 '경제/경영/실용'인 경우로, 참조셀로 [F5] 셀을 적용한 상태입니다.

② ***/***: C열에 '/'라는 문자가 포함되어 있을 경우로, 참조셀로 [G5] 셀을 적용한 상태입니다.

③ **"<"&H5**: D열의 정가가 20,000원 미만일 경우로, 〈와 [H5] 셀을 '&'로 연결하여 기준 문자열을 만든 상태입니다.

4 · MAXIFS / MINIFS 함수

예제파일 | 06-08_MAXIFS/MINIFS

MAXIFS (범위, 기준_범위1, 기준1, [기준_범위2, …], [기준2, …])
MINIFS (범위, 기준_범위1, 기준1, [기준_범위2, …], [기준2, …])

여러 기준에 따른 범위에서 최댓값/최솟값을 반환합니다.

- **범위**: 최댓값/최솟값을 결정할 셀 범위입니다.
- **기준_범위1**: 기준1에 맞는 항목을 검색할 범위입니다.
- **기준1**: '기준_범위1'에 적용할 조건으로, 문자열 또는 숫자를 사용합니다. 기준이 문자일 경우 와일드 카드를 포함할 수 있고 비교 연산자를 사용할 수 있습니다. 영문의 대소문자는 구분하지 않습니다.
- **[기준_범위2, …], [기준2, …]**: 추가로 확인할 범위 및 기준입니다.

MAXIFS/MINIFS 함수를 사용하여 A열 '카테고리(대)'에서 '경제/경영/실용'의 값을 갖는 D열의 최댓값/최솟값을 구할 수 있습니다.

```
=MAXIFS(D2:D,A2:A,"경제/경영/실용")
=MINIFS(D2:D,A2:A,"경제/경영/실용")
```

F2 | =MAXIFS(D2:D,A2:A,"경제/경영/실용")

	A	B	C	D	E	F	G	H
1	카테고리(대)	카테고리(중)	카테고리(소)	정가	⇒	MAXIFS		
2	경제/경영/실용	취미/레저/건강	DIY/공예	20,000		=MAXIFS(D2:D,A2:A,"경제/경영/실용")		
3	경제/경영/실용	취미/레저/건강	미술/컬러링/손글씨	15,000		MINIFS		
4	자격증	컴퓨터	컴퓨터/인터넷/스마트폰	10,000		14000		
5	경제/경영/실용	가정/생활	자녀교육/유학	14,000				
6	자격증	컴퓨터	그래픽(사진/동영상)	22,000				
7	경제/경영/실용	가정/생활	반려동물	16,000				
8	자격증	컴퓨터	모바일/태블릿/SNS	18,000				
9	경제/경영/실용	취미/레저/건강	건강/뷰티	20,000				
10								

```
=MAXIFS(D2:D,A2:A,F7,B2:B,G7,D2:D,"<="&H7)
=MINIFS(D2:D,A2:A,F7,B2:B,G7,D2:D,"<="&H7)
```

F2 | =MAXIFS(D2:D,A2:A,F7,B2:B,G7,D2:D,"<="&H7)

	A	B	C	D	E	F	G	H	I
1	카테고리(대)	카테고리(중)	카테고리(소)	정가	⇒	MAXIFS			
2	경제/경영/실용	취미/레저/건강	DIY/공예	20,000		=MAXIFS(D2:D,A2:A,F7,B2:B,G7,D2:D,"<="&H7)			
3	경제/경영/실용	취미/레저/건강	미술/컬러링/손글씨	15,000		MINIFS			
4	자격증	컴퓨터	컴퓨터/인터넷/스마트폰	10,000		15000			
5	경제/경영/실용	가정/생활	자녀교육/유학	14,000					
6	자격증	컴퓨터	그래픽(사진/동영상)	22,000		카테고리(대)	카테고리(중)	정가	
7	경제/경영/실용	가정/생활	반려동물	16,000		경제/경영/실용	취미*	20000	
8	자격증	컴퓨터	모바일/태블릿/SNS	18,000		❶	❷	❸	
9	경제/경영/실용	취미/레저/건강	건강/뷰티	20,000					
10									

① **경제/경영/실용**: A열이 '경제/경영/실용'인 경우로, 참조셀로 [F7] 셀을 적용한 상태입니다.

② **취미***: B열의 데이터가 '취미'라는 문자로 시작하는 경우로, 참조셀로 [G7] 셀을 적용한 상태입니다.

③ **"<"=&H7**: D열의 정가가 20,000원 이하일 경우로, <=와 [H7] 셀을 '&'로 연결하여 기준 문자열을 만든 상태입니다.

STEP 3 기타 계산 함수의 변형

기본 계산 함수에 IF 조건이 붙는 것 외에 또 다른 변형 함수들을 알아보겠습니다.

1 · COUNTA / COUNTBLANK 함수

예제파일 | 06-09_COUNTA/COUNTBLANK

COUNTA (값1, [값2, …])

지정한 셀 범위 내에 값이 있는 셀의 개수를 반환합니다.

- 값1: 개수를 셀 첫 번째 범위입니다.
- [값2, …]: 개수를 셀 때 고려할 추가 값 또는 범위입니다.

COUNTBLANK (값1, [값2, …])

지정한 셀 범위 내에 있는 빈 셀의 개수를 반환합니다.

- 값1: 개수를 셀 첫 번째 범위입니다.
- [값2, …]: 개수를 셀 때 고려할 추가 값 또는 범위입니다.

```
=COUNTA(A2:D9)
=COUNTBLANK(A2:D9)
```

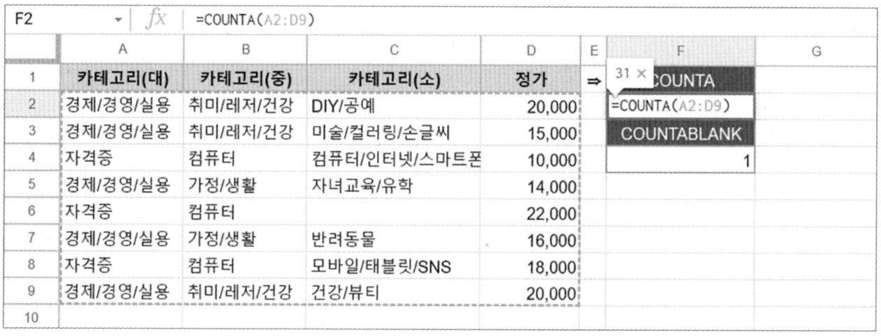

F2 =COUNTA(A2:D9)

	A	B	C	D	E	F	G
1	카테고리(대)	카테고리(중)	카테고리(소)	정가	⇒	COUNTA	
2	경제/경영/실용	취미/레저/건강	DIY/공예	20,000		=COUNTA(A2:D9)	
3	경제/경영/실용	취미/레저/건강	미술/컬러링/손글씨	15,000		COUNTABLANK	
4	자격증	컴퓨터	컴퓨터/인터넷/스마트폰	10,000		1	
5	경제/경영/실용	가정/생활	자녀교육/유학	14,000			
6	자격증	컴퓨터		22,000			
7	경제/경영/실용	가정/생활	반려동물	16,000			
8	자격증	컴퓨터	모바일/태블릿/SNS	18,000			
9	경제/경영/실용	취미/레저/건강	건강/뷰티	20,000			
10							

COUNTA 함수는 셀에 데이터가 있을 경우 카운트하는 반면 COUNTBLANK 함수는 비어 있는 셀의 개수를 카운트합니다.

업무 노하우! 데이터 누락 확인에 유용한 COUNT 시리즈

필자는 업무 시스템을 구성하는 데 있어 COUNT, COUNTA, COUNTBLANK 함수를 오류 체크용으로 사용합니다. 특히 데이터 입력 누락 여부를 체크할 때 사용하며, 입력 데이터 개수를 파악해 누락이 있으면 실시간으로 대시보드에 표시되도록 구성합니다. 다음의 그림처럼 열에 입력되는 데이터 개수를 파악하여 오류가 있을 시 [F2] 셀에 눈에 띄게 표시되도록 설정하는 방식입니다.

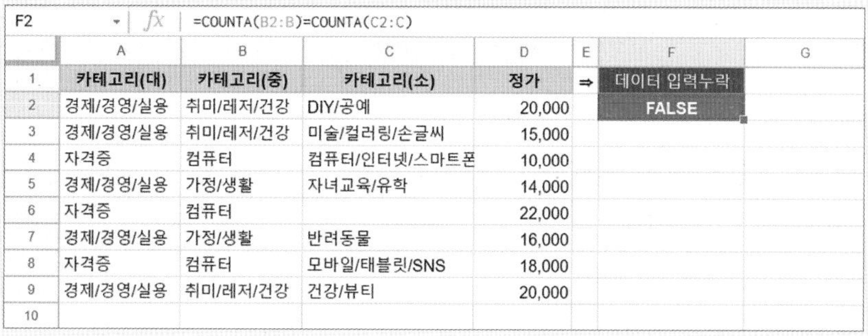

F2 =COUNTA(B2:B)=COUNTA(C2:C)

	A	B	C	D	E	F	G
1	카테고리(대)	카테고리(중)	카테고리(소)	정가	⇒	데이터 입력누락	
2	경제/경영/실용	취미/레저/건강	DIY/공예	20,000		FALSE	
3	경제/경영/실용	취미/레저/건강	미술/컬러링/손글씨	15,000			
4	자격증	컴퓨터	컴퓨터/인터넷/스마트폰	10,000			
5	경제/경영/실용	가정/생활	자녀교육/유학	14,000			
6	자격증	컴퓨터		22,000			
7	경제/경영/실용	가정/생활	반려동물	16,000			
8	자격증	컴퓨터	모바일/태블릿/SNS	18,000			
9	경제/경영/실용	취미/레저/건강	건강/뷰티	20,000			
10							

여기서는 [C6] 셀에 데이터가 누락되면서 B열과 C열의 COUNTA 값이 달라 FALSE를 반환했으며, 조건부 서식을 통해 FALSE가 반환될 경우 빨간색으로 표시되도록 구성했습니다. [F2] 셀에 추가 함수를 사용하여 몇 번째 셀에서 입력이 누락되었는지에 대한 알림 메시지를 만들어 표시해 주면 더욱 효과적입니다.

2 · AVERAGE.WEIGHTED 함수 - 가중평균 구하기

예제파일 | 06-10_AVERAGE.WEIGHTED

AVERAGE.WEIGHTED (값, 가중치, [추가_값, …], [추가_가중치, …])

값, 범위에 대한 가중평균 값을 반환합니다.

- **값**: 평균을 계산할 값입니다.
- **가중치**: 적용할 가중치 목록입니다.
- **[추가_값, …]**: 평균을 계산할 추가 값입니다.
- **[추가_가중치, …]**: 적용할 추가 가중치입니다.

각 항목에 따른 성적에 가중치를 적용해 최종 성적을 구할 수 있습니다.

```
=AVERAGE.WEIGHTED(B2:B6,C2:C6)
```

E2 | fx =AVERAGE.WEIGHTED(B2:B6,C2:C6)

	A	B	C	D	E	F	G
1	항목	성적	가중치	⇒	87.25 × 성적		
2	과제	92	25%		=AVERAGE.WEIGHTED(B2:B6,C2:C6)		
3	참여도	90	10%				
4	중간고사	85	15%				
5	프로젝트	88	20%				
6	기말고사	83	30%				
7							

가중평균 계산에 쓰이는 AVERAGE.WEIGHTED 함수는 구매할 때마다 가격이 변동되는 품목의 평균단가를 구하는 경우에 주로 사용됩니다. 이와 동일한 흐름이 바로 주식 관리인데, 동일한 주식이라도 매수하는 수량과 금액이 매번 달라져 가중평균을 구해 현재 보유 주식의 평균값을 계산해야 하는 점이 유사합니다. 따라서 주식 관리에 있어서도 구글 시트를 많이 사용하곤 합니다.

F2 | fx =AVERAGE.WEIGHTED(D2:D6,C2:C6)

	A	B	C	D	E	F	G	H
1	날짜	품목	수량	단가	⇒	58,950 × 평균		
2	2022-01-17	AAA	1,600	57,000		=AVERAGE.WEIGHTED(D2:D6,C2:C6)		
3	2022-01-18	AAA	1,200	58,900				
4	2022-01-19	AAA	1,300	59,000				
5	2022-01-20	AAA	800	61,000				
6	2022-01-21	AAA	950	60,500				
7								

ref. FILTER 함수를 함께 사용하면 새로운 품목이 추가될 때마다 각 품목의 가중평균 단가가 자동으로 계산되도록 할 수 있습니다. FILTER 함수는 Section 4에서 자세히 설명합니다.

STEP 4 기본 논리 함수

원하는 데이터를 찾는 조건검색에서 가장 자주 사용하는 논리 함수에 대해 소개합니다.

1 · IF / IFS 함수

예제파일 | 06-11_IF(S)

IF 함수와 IFS 함수는 가장 많이 사용되는 논리 함수라고 해도 과언이 아닙니다. 조건식이 TRUE인지 FALSE인지에 따라 분기되어 지정된 값 또는 추가적으로 지정된 수식 및 함수에 대한 값을 반환합니다.

IF (논리_표현식, TRUE인_경우_값, [FALSE인_경우_값])

논리 표현식이 'TRUE'인지 'FALSE'인지에 따라 지정된 값을 반환합니다.

- **논리_표현식**: 논리값을 나타내는 표현식이나 참조셀입니다.
- **TRUE인_경우_값**: 논리_표현식이 TRUE인 경우 함수에서 반환되는 값입니다.
- **[FALSE인_경우_값]**: 논리_표현식이 FALSE인 경우 함수에서 반환되는 값입니다.

IFS (조건1, 값1, [조건2, …], [값2, …])

여러 조건을 충족하는지 확인하고 첫 번째 TRUE 조건에 해당하는 값을 반환합니다.

- **조건1**: 데이터를 평가할 첫 번째 조건입니다.
- **값1**: '조건1'이 TRUE인 경우 반환되는 값입니다.
- **[조건2, …], [값2, …]**: 첫 번째 조건이 FALSE인 경우 평가할 추가 조건 및 값입니다.

먼저 IF 함수의 가장 기본적인 활용 예시를 살펴보겠습니다. IF 함수에 조건을 걸어 D열의 데이터를 '2만원 이상'과 '2만원 미만'으로 구분할 수 있습니다.

```
=IF(D3>=20000,"2만원 이상","2만원 미만")
```

E3 | fx | =IF(D3>=20000,"2만원 이상","2만원 미만")

	A	B	C	D	E	F	G
1	도서명	발행일	페이지 수	정가	20,000기준		
2	소워니놀이터의 띠부띠부 가게놀이	2021-10-25	206	20,000	2만원 미만 ×		
3	스티커 아트북 : 달콤한 디저트	2021-11-10	92	15,000	=IF(D3>=20000,"2만원 이상","2만원 미만")		
4	[아는 만큼 재미있는] 스마트폰 기초	2021-10-25	148	10,000	2만원 미만		
5	아이와 함께 사각사각 종이접기	2021-10-20	200	14,000	2만원 미만		
6	스케치업 With V-Ray Standard	2021-09-23	332	22,000	2만원 이상		
7	동물병원 119	2021-01-05	368	16,000	2만원 미만		
8	똑똑한 아이패드 활용법	2021-09-17	280	18,000	2만원 미만		
9	약 짓는 오빠들이 들려주는 알쓸신약	2021-06-10	510	20,000	2만원 이상		
10							

물론 실제 업무에서는, 단순한 구성보다는 IF 함수 내 표현식이나 반환되는 값 모두가 함수로 적용되거나 IF 함수를 중첩하여 사용하는 경우가 많습니다. 다음의 예시로 비교해 보겠습니다.

=IF(MONTH(B3)<=6,"상반기","하반기")

E3 | fx | =IF(MONTH(B3)<=6,"상반기","하반기")

	A	B	C	D	E	F	G
1	도서명	발행일	페이지 수	정가	반기구분		
2	소워니놀이터의 띠부띠부 가게놀이	2021-10-25	206	20,000	하반기 ×		
3	스티커 아트북 : 달콤한 디저트	2021-11-10	92	15,000	=IF(MONTH(B3)<=6,"상반기","하반기")		
4	[아는 만큼 재미있는] 스마트폰 기초	2021-10-25	148	10,000	하반기		
5	아이와 함께 사각사각 종이접기	2021-10-20	200	14,000	하반기		
6	스케치업 With V-Ray Standard	2021-09-23	332	22,000	하반기		
7	동물병원 119	2021-01-05	368	16,000	상반기		
8	똑똑한 아이패드 활용법	2021-09-17	280	18,000	하반기		
9	약 짓는 오빠들이 들려주는 알쓸신약	2021-06-10	510	20,000	상반기		
10							

IF 함수의 '논리_표현식' 인수에 MONTH 함수를 사용할 때 반환한 월의 숫자가 6보다 작거나 같으면 TRUE 조건에 따라 '상반기'를 반환하고, 조건을 불충족한다면 FALSE 조건에 따라 '하반기'를 반환합니다.

B열의 발행일을 '분기'로 표시하기 위해 IF 함수를 중첩으로 사용해 보겠습니다.

=IF(MONTH(B2)>=10,"Q4",IF(MONTH(B2)>=7,"Q3",IF(MONTH(B2)>=4,"Q2","Q1")))

F2 | fx | =IF(MONTH(B2)>=10,"Q4",IF(MONTH(B2)>=7,"Q3",IF(MONTH(B2)>=4,"Q2","Q1")))

	A	B	C	D	E	F	G
1	도서명	발행일	페이지 수	정가	반기구분	분기구분	
2	소워니놀이터의 띠부띠부 가게놀이	2021-10-25	206	20,000	하반기	Q4	
3	스티커 아트북 : 달콤한 디저트	2021-11-10	92	15,000	하반기	Q4	
4	[아는 만큼 재미있는] 스마트폰 기초	2021-10-25	148	10,000	하반기	Q4	
5	아이와 함께 사각사각 종이접기	2021-10-20	200	14,000	하반기	Q4	
6	스케치업 With V-Ray Standard	2021-09-23	332	22,000	하반기	Q3	
7	동물병원 119	2021-01-05	368	16,000	상반기	Q1	
8	똑똑한 아이패드 활용법	2021-09-17	280	18,000	하반기	Q3	
9	약 짓는 오빠들이 들려주는 알쓸신약	2021-06-10	510	20,000	상반기	Q2	
10							

이처럼 중첩된 IF 함수 구성은 IFS 함수로 대체할 수 있습니다.

=IFS(MONTH(B2)>=10,"Q4",MONTH(B2)>=7,"Q3",MONTH(B2)>=4,"Q2",MONTH(B2)>=1,"Q1")

F2 | fx | =IFS(MONTH(B2)>=10,"Q4",MONTH(B2)>=7,"Q3",MONTH(B2)>=4,"Q2",MONTH(B2)>=1,"Q1")

	A	B	C	D	E	F	G
1	도서명	발행일	페이지 수	정가	반기구분	분기구분	
2	소워니놀이터의 띠부띠부 가게놀이	2021-10-25	206	20,000	하반기	Q4	
3	스티커 아트북 : 달콤한 디저트	2021-11-10	92	15,000	하반기	Q4	
4	[아는 만큼 재미있는] 스마트폰 기초	2021-10-25	148	10,000	하반기	Q4	
5	아이와 함께 사각사각 종이접기	2021-10-20	200	14,000	하반기	Q4	
6	스케치업 With V-Ray Standard	2021-09-23	332	22,000	하반기	Q3	
7	동물병원 119	2021-01-05	368	16,000	상반기	Q1	
8	똑똑한 아이패드 활용법	2021-09-17	280	18,000	하반기	Q3	
9	약 짓는 오빠들이 들려주는 알쓸신약	2021-06-10	510	20,000	상반기	Q2	
10							

2 · AND / OR / NOT 조건식

예제파일 | 06-12_AND/OR/NOT

AND (논리_표현식1, [논리_표현식2, …])

논리_표현식이 모두 TRUE일 경우에만 TRUE 값을 반환합니다.

- 논리_표현식1: 논리값을 나타내는 표현식 또는 표현식을 포함하는 참조셀입니다.
- [논리_표현식2]: 추가되는 논리 표현식입니다.

OR (논리_표현식1, [논리_표현식2, …])

논리_표현식 중 하나라도 TRUE 조건을 충족하면 TRUE 값을 반환합니다.

NOT ( )

논리값의 역을 반환합니다.

```
=AND(B3="컴퓨터",C3="모바일/태블릿/SNS",D3>200)
=OR(B3="컴퓨터",C3="모바일/태블릿/SNS",D3>200)
```

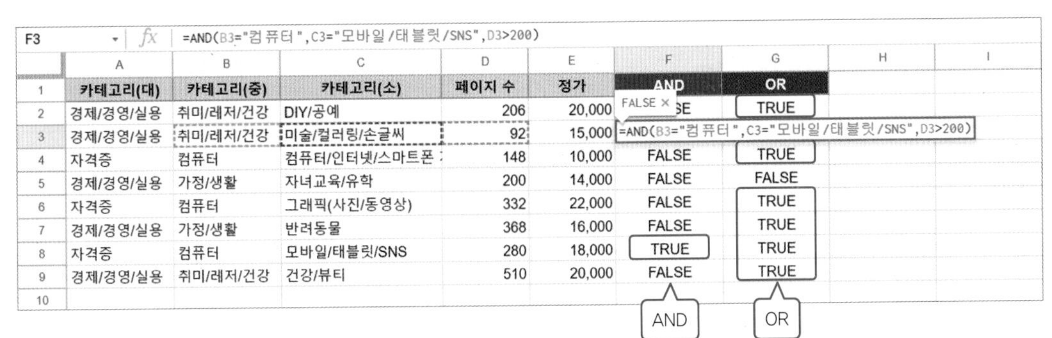

F3 | =AND(B3="컴퓨터",C3="모바일/태블릿/SNS",D3>200)

	A	B	C	D	E	F	G	H	I
1	카테고리(대)	카테고리(중)	카테고리(소)	페이지 수	정가	AND	OR		
2	경제/경영/실용	취미/레저/건강	DIY/공예	206	20,000	FALSE × ...SE	TRUE		
3	경제/경영/실용	취미/레저/건강	미술/컬러링/손글씨	92	15,000	=AND(B3="컴퓨터",C3="모바일/태블릿/SNS",D3>200)			
4	자격증	컴퓨터	컴퓨터/인터넷/스마트폰	148	10,000	FALSE	TRUE		
5	경제/경영/실용	가정/생활	자녀교육/유학	200	14,000	FALSE	FALSE		
6	자격증	컴퓨터	그래픽(사진/동영상)	332	22,000	FALSE	TRUE		
7	경제/경영/실용	가정/생활	반려동물	368	16,000	FALSE	TRUE		
8	자격증	컴퓨터	모바일/태블릿/SNS	280	18,000	TRUE	TRUE		
9	경제/경영/실용	취미/레저/건강	건강/뷰티	510	20,000	FALSE	TRUE		
10									

B열, C열, D열에 대해 AND 조건식을 적용할 경우 세 조건을 모두 만족해야만 그 결과로 F열에 TRUE 값이 반환됩니다. 따라서 [F8] 셀에만 TRUE 값이 반환됩니다. 반면, OR 조건식의 경우 세 가지 조건 중 단 한 가지 조건만이라도 만족하면 되므로, [G3] 셀과 [G5] 셀을 제외한 G열의 모든 셀에 TRUE 값이 반환됩니다.

동일한 조건에 논리값의 역을 반환하는 NOT 조건식을 적용하면 정반대의 결괏값이 반환됩니다.

```
=NOT(AND(B3="컴퓨터",C3="모바일/태블릿/SNS",D3>200))
=NOT(OR(B3="컴퓨터",C3="모바일/태블릿/SNS",D3>200))
```

F3 | fx | =NOT(AND(B3="컴퓨터",C3="모바일/태블릿/SNS",D3>200))

	A	B	C	D	E	F	G	H	I
1	카테고리(대)	카테고리(중)	카테고리(소)	페이지 수	정가	NOT(AND)	NOT(OR)		
2	경제/경영/실용	취미/레저/건강	DIY/공예	206	20,000	TRUE × UE	FALSE		
3	경제/경영/실용	취미/레저/건강	미술/컬러링/손글씨	92	15,000	=NOT(AND(B3="컴퓨터",C3="모바일/태블릿/SNS",D3>200))			
4	자격증	컴퓨터	컴퓨터/인터넷/스마트폰	148	10,000	TRUE	FALSE		
5	경제/경영/실용	가정/생활	자녀교육/유학	200	14,000	TRUE	TRUE		
6	자격증	컴퓨터	그래픽(사진/동영상)	332	22,000	TRUE	FALSE		
7	경제/경영/실용	가정/생활	반려동물	368	16,000	TRUE	NOT(OR)		
8	자격증	컴퓨터	모바일/태블릿/SNS	280	18,000	FALSE			
9	경제/경영/실용	취미/레저/건강	건강/뷰티	510	20,000	TRUE	FALSE		
10						NOT(AND)			

AND 조건식과 OR 조건식을 IF 함수와 함께 사용하면 복잡한 조건의 데이터를 검색하거나 값을 추출할 수 있습니다.

```
=IF(AND(B6=$F$2,D6>=$F$4),$F$2&" 분야 베스트","")
```

E6 | fx | =IF(AND(B6=$F$2,D6>=$F$4),$F$2&" 분야 베스트","")

	A ❶	B	C ❷	D ❸	E	F	G
1	도서명	카테고리(대)	정가	판매수	베스트셀러	카테고리(대)	
2	소워니놀이터의 띠부띠부 가게놀이	경제/경영/실용	20,000	25,000		경제/경영/실용	
3	스티커 아트북 : 달콤한 디저트	경제/경영/실용	15,000	24,000		판매수 기준	
4	[아는 만큼 재미있는] 스마트폰 기초	자격증	10,000	18,000		100,000	
5	아이와 함께 사각사각 종이접기	경제/경영/실용	14,000	35,000			
6	스케치업 With V-Ray Standard	자격증	22,000	48,000	=IF(AND(B6=$F$2,D6>=$F$4),$F$2&" 분야 베스트","")		
7	동물병원 119	경제/경영/실용	16,000	110,000	경제/경영/실용 분야 베스트		
8	똑똑한 아이패드 활용법	자격증	18,000	18,000			
9	약 짓는 오빠들이 들려주는 알쓸신약	경제/경영/실용	20,000	22,000	$F$2&" 분야 베스트"		
10							

① '카테고리(대)' 항목은 [F2] 셀(경제/경영/실용)을 참조셀로 하고, 판매수 기준은 [F4] 셀(10만 부 이상)을 참조셀로 합니다. 두 가지 조건을 모두 만족하는 경우를 IF 함수의 조건으로 사용하기 위해 AND 조건식을 사용합니다.

② IF 조건을 만족(TRUE)할 경우 '[F2] 셀에 지정한 카테고리 분야 베스트'라는 문자열로 반환하기 위해 &로 참조셀과 문자를 연결하여 $F$2&" 분야 베스트"라는 텍스트를 구성합니다.

③ IF 조건을 불만족(FALSE)할 경우에는 ""를 입력하여 공란이 반환되도록 합니다.

④ 해당 함수를 [E2] 셀부터 [E9] 셀까지 모두 적용하기 위해 참조셀인 [F2] 셀과 [F4] 셀 모두 절대참조인 $F$2, $F$4로 구성합니다.

ref. 절대참조를 사용하면 특정 셀을 고정하여 참조할 수 있습니다. 셀 참조 방식에는 상대참조, 절대참조, 오픈참조 등이 있으며, Section 2에서 자세히 다룹니다.

3 · IFERROR 함수

예제파일 | 06-13_IFERROR

IFERROR (값, [오류인_경우_값])

첫 번째 인수인 '값'이 오류가 아닐 경우 '값'을 그대로 반환하고, 오류일 경우 두 번째 인수를 반환합니다. 만약, '값'이 오류인데 두 번째 인수를 생략한 경우에는 공란을 반환합니다.

- **값**: 값이 오류가 아닐 경우 반환되는 값
- **[오류인_경우_값]**: 값이 오류인 경우 반환되는 값

특정 값을 0으로 나누는 등 연산에 오류가 있는 경우 수식이 입력된 셀에 오류 메시지가 나타나는데, 이때 사용하는 함수가 바로 IFERROR 함수입니다.

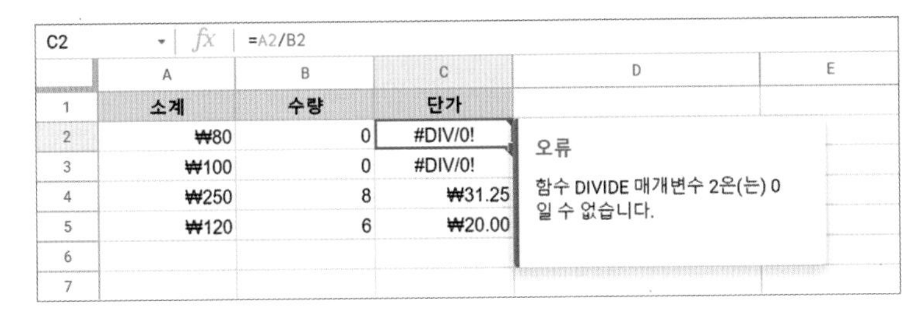

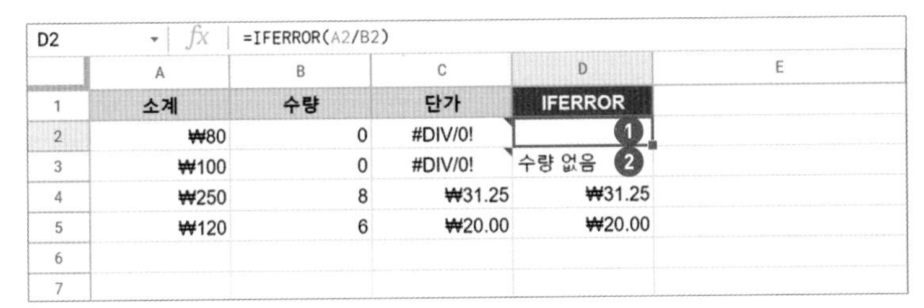

① [D2] 셀에 =IFERROR(A2/B2)를 입력하고 두 번째 인수는 생략합니다. 첫 번째 인수로 입력한 '값'이 오류식이고 두 번째 인수가 생략되었기 때문에 공란이 반환됩니다.

② [D3] 셀에는 =IFERROR(A3/B3,"수량 없음")으로 두 번째 인수까지 입력했기 때문에 '값'이 오류일 경우 두 번째 인수인 '수량 없음'이라는 문자열이 반환됩니다.

SECTION

2 함수의 자동 반복, ARRAYFORMULA 함수

이번 섹션에서는 구글 시트의 핵심 함수 중 하나인 ARRAYFORMULA 함수를 소개합니다. ARRAYFORMULA 함수는 수식이나 함수를 자동으로 반복 적용시키는 함수로, 업무 시스템을 구성하고 자동화하는 데 큰 역할을 합니다.

STEP 1 셀 참조 방식

예제파일 | 06-14_참조

ARRAYFORMULA 함수 및 조건검색 함수를 응용하는 데에는 참조셀이 많이 사용됩니다. 먼저 구글 시트에서 셀을 참조하는 방식에 대해 알아보겠습니다.

1 · 상대참조 / 절대참조

'정가'가 입력된 [B2] 셀과 '판매수'가 입력된 [C2] 셀을 곱한 결과를 [D2] 셀에 반환하기 위해 [D2] 셀에 =B2*C2를 입력합니다. 해당 식을 복사하여 [D3] 셀~[D9] 셀에 붙여 넣으면 상대적인 위치에 따라 참조할 셀이 자동으로 변경되어 적용됩니다.

D2:D9 | fx | =B2*C2

	A	B	C	D	E	F
1	품목	정가	판매수	소계	상대참조	
2	소워니놀이터의 띠부띠부 가게놀(	20,000	25,000	500,000,000	=B2*C2	
3	스티커 아트북 : 달콤한 디저트	15,000	24,000	360,000,000	=B3*C3	
4	[아는 만큼 재미있는] 스마트폰 기:	10,000	18,000	180,000,000	=B4*C4	
5	아이와 함께 사각사각 종이접기	14,000	35,000	490,000,000	=B5*C5	
6	스케치업 With V-Ray Standard	22,000	12,000	264,000,000	=B6*C6	
7	동물병원 119	16,000	36,000	576,000,000	=B7*C7	
8	똑똑한 아이패드 활용법	18,000	18,000	324,000,000	=B8*C8	
9	약 짓는 오빠들이 들려주는 알쓸신	20,000	22,000	440,000,000	=B9*C9	
10						

이처럼 셀의 상대적인 위치에 따라 참조셀이 자동으로 변경되는 방식을 '상대참조'라고 합니다. 반면 '절대참조'는 참조할 셀을 고정하는 방식입니다.

D2:D6 | fx | =C2*$G$2

	A	B	C	D	E	F	G	H
1	입고일	품목	입고수량	소계	절대참조		품목단가	
2	2022-01-17	AAA	25,000	125,000,000	=B2*$G$2		5,000	
3	2022-01-18	AAA	24,000	120,000,000	=B3*$G$2			
4	2022-01-19	AAA	18,000	90,000,000	=B4*$G$2			
5	2022-01-20	AAA	35,000	175,000,000	=B5*$G$2			
6	2022-01-21	AAA	12,000	60,000,000	=B6*$G$2			
7								

'입고수량'이 입력된 C열은 계속 변하지만 품목단가인 [G2] 셀은 고정되어야 합니다. 소계값을 구하는 D열은 '입고수량'은 '상대참조'로, '품목단가'는 '절대참조'로 참조셀을 구성해야 합니다. **절대참조를 하기 위해서는 행과 열 앞에 $ 기호를 추가해야 하며, 단축키는** F4를 사용합니다.

2 · 혼합참조 / 오픈참조

'혼합참조'는 행과 열 중에서 하나의 요소를 고정($)하는 방식입니다. 〈인원수〉 표의 데이터는 월/클래스마다 달라지므로 '상대참조'를, 〈Class 비용〉 표의 데이터는 월별로는 동일하나 클래스마다 달라지므로 '혼합참조'를 적용해야 합니다. 즉, 〈Class 비용〉 표가 J열이라는 것에는 변동이 없으므로 J열에만 $을 입력하여 고정시킨 후 〈총비용〉 표에 일괄적으로 수식을 적용합니다.

B7:G9 | fx | =B2*$J2

	A	B	C	D	E	F	G	H	I	J	K
1	인원수	1월	2월	3월	4월	5월	6월		Class 비용		
2	Class A	10	11	12	13	14	15		Class A	20,000	
3	Class B	20	21	22	23	24	25		Class B	15,000	
4	Class C	30	31	32	33	34	35		Class C	12,000	
5											
6	총비용	1월	2월	3월	4월	5월	6월				
7	Class A	200,000	220,000	240,000	260,000	280,000	300,000				
8	Class B	300,000	315,000	330,000	345,000	360,000	375,000				
9	Class C	360,000	372,000	384,000	396,000	408,000	420,000				
10											
11	총비용	1월	2월	3월	4월	5월	6월				
12	Class A	=B2*$J2	=C2*$J2	=D2*$J2	=E2*$J2	=F2*$J2	=G2*$J2				
13	Class B	=B3*$J3	=C3*$J3	=D3*$J3	=E3*$J3	=F3*$J3	=G3*$J3				
14	Class C	=B4*$J4	=C4*$J4	=D4*$J4	=E4*$J4	=F4*$J4	=G4*$J4				
15											

'오픈참조'는 데이터가 얼마나 더 추가될지 알 수 없는 경우 행이나 열을 오픈시킴으로써 수식이나 함수 계산 범위를 수정하지 않아도 자동으로 데이터 범위를 추가 반영하는 방식입니다.

D2 | fx | =SUM(C2:C)

	A	B	C	D	E
1	입고일	품목	입고수량	114,000 ×	
2	2022-01-17	AAA	25,000	=SUM(C2:C)	
3	2022-01-18	BBB	24,000		
4	2022-01-19	AAA	18,000		
5	2022-01-20	CCC	35,000		
6	2022-01-21	AAA	12,000		
7	2022-01-22	DDD			
8					

3 · 다른 워크시트 참조

다른 워크시트의 셀을 참조하려면 수식이나 함수를 입력할 때 해당 시트의 셀을 먼저 선택합니다. 자동으로 셀이 참조되며 **'시트명'!셀_번호** 형식으로 표시됩니다. 총비용을 계산하기 위해 '인원수' 시트에 있는 표의 셀을 상대참조로, 같은 시트 내에 있는 'Class 비용'은 혼합참조로 구성하면 다음과 같습니다. [B2] 셀의 수식을 [G4] 셀까지 복사하여 일괄 적용합니다.

```
='인원수'!B2*$J2
```

A1 | fx | 인원수

	A	B	C	D	E	F	G	H
1	인원수	1월	2월	3월	4월	5월	6월	
2	Class A	10	11	12	13	14	15	
3	Class B	20	21	22	23	24	25	
4	Class C	30	31	32	33	34	35	
5								
6								

\+ ≡ 인원수 ▾ 월별비용계산 ▾

B2:G4 | fx | ='인원수'!B2*$J2

	A	B	C	D	E	F	G	H	I	J	K
1	총비용	1월	2월	3월	4월	5월	6월		Class 비용		
2	Class A	200,000	220,000	240,000	260,000	280,000	300,000		Class A	20,000	
3	Class B	300,000	315,000	330,000	345,000	360,000	375,000		Class B	15,000	
4	Class C	360,000	372,000	384,000	396,000	408,000	420,000		Class C	12,000	
5											
6	총비용	1월	2월	3월	4월	5월	6월				
7	Class A	='인원수'!B2*$J2	='인원수'!C2*$J2	='인원수'!D2*$J2	='인원수'!E2*$J2	='인원수'!F2*$J2	='인원수'!G2*$J2				
8	Class B	='인원수'!B3*$J3	='인원수'!C3*$J3	='인원수'!D3*$J3	='인원수'!E3*$J3	='인원수'!F3*$J3	='인원수'!G3*$J3				
9	Class C	='인원수'!B4*$J4	='인원수'!C4*$J4	='인원수'!D4*$J4	='인원수'!E4*$J4	='인원수'!F4*$J4	='인원수'!G4*$J4				
10											

\+ ≡ 인원수 ▾ 월별비용계산 ▾

ref. 만약 같은 파일 내의 워크시트가 아니라 다른 파일에 있는 워크시트의 특정 셀을 참조하고자 한다면 IMPORTRANGE 함수를 사용해야 합니다. IMPORTRANGE 함수는 Chapter 7에서 자세히 다룹니다.

STEP ▶ 2 ARRAYFORMULA 함수를 통한 함수 자동 반복

예제파일 | 06-15_ARRAYFORMULA

구글 시트에서 ARRAYFORMULA 함수를 이용하면 함수나 수식에 배열을 사용할 수 있습니다.

1 · ARRAYFORMULA 함수

ARRAYFORMULA (배열_수식)

배열 수식에서 여러 행/열에 반환된 값을 표시하고, 배열이 아닌 함수에 배열을 사용할 수 있습니다.

- **배열_수식**: 하나의 셀 범위 또는 크기가 동일한 여러 셀의 범위를 사용한 수학 표현식, 또는 하나의 셀보다 큰 결과를 반환하는 함수입니다.

ARRAYFORMULA 함수는 **지정된 범위에 동일한 수식이나 함수를 자동으로 반복 적용**합니다. 즉, **반복적인 수식/함수의 복사, 붙여넣기 작업이 없어진다**는 뜻입니다. 이에 따라 ARRAYFORMULA 함수는 이후 소개할 IMPORTRANGE 함수, QUERY 함수와 더불어 업무 시스템이나 자동화, 데이터 분석에 있어 핵심이 되는 3대 함수 중 하나로 꼽을 수 있습니다.

'상대참조'를 설명했던 예제를 통해 ARRAYFORMULA 함수가 어떤 식으로 사용되는지 살펴보겠습니다. 만약 B열의 '정가'와 C열의 '판매수'가 구글 설문지 또는 다른 구글 시트를 통해 계속해서 추가된다면 이후 데이터가 얼마나 더 입력될지 예측할 수 없습니다. 다음과 같이 D열에 넉넉하게 수식을 미리 걸어둘 수도 있지만, **새로 추가될 데이터까지 함수를 자동으로 연속 적용**해야 할 경우 ARRAYFORMULA 함수를 사용하는 것이 훨씬 편리합니다.

데이터가 몇 번째 행까지 추가될지 모르므로 행을 오픈시켜 줍니다. '정가'와 '판매수'의 곱셈에 대한 계산 범위를 B2*C2에서 B2:B*C2:C 배열로 바꿔 입력합니다.

=ARRAYFORMULA(B2:B*C2:C)

모든 셀에 함수 입력

첫 셀에만 함수 입력

F2 | fx | =ARRAYFORMULA(B2:B*C2:C)

	A	B	C	D	E	F	G
1	품목	정가	판매수	소계	상대참조	ARRAYFORMULA 적용	
2	소워니놀이터의 띠부띠부	20,000	25,000	500,000,000	=B2*C2	=ARRAYFORMULA(B2:B*C2:C)	
3	스티커 아트북 : 달콤한 디	15,000	24,000	360,000,000	=B3*C3	360,000,000	
4	[아는 만큼 재미있는] 스마	10,000	18,000	180,000,000	=B4*C4	180,000,000	
5	아이와 함께 사각사각 종이	14,000	35,000	490,000,000	=B5*C5	490,000,000	
6	스케치업 With V-Ray Stan	22,000	12,000	264,000,000	=B6*C6	264,000,000	
7	동물병원 119	16,000	36,000	576,000,000	=B7*C7	576,000,000	
8	똑똑한 아이패드 활용법	18,000	18,000	324,000,000	=B8*C8	324,000,000	
9	약 짓는 오빠들이 들려주는	20,000	22,000	440,000,000	=B9*C9	440,000,000	
10				0	=B10*C10	0	
11				0	=B11*C11	0	
12				0	=B12*C12	0	
13				0	=B13*C13	0	
14						0	

ARRAYFORMULA 함수를 수식/함수가 적용되는 첫 셀(예제에서는 [F2] 셀)에 적용하면 해당 열의 나머지 셀에도 자동으로 동일한 수식/함수가 적용됩니다.

수식을 입력하는 도중에 단축키 Ctrl + Shift + Enter를 누르면 맨 앞에 ARRAYFORMULA 함수가 자동으로 추가됩니다.

2 · ARRAYFORMULA와 IF / IFERROR의 조합

앞에서 사용한 예제를 다시 한번 보겠습니다. 유효한 데이터의 입력은 9행까지이고, 10행부터는 공란이기 때문에 반환값이 모두 0으로 표시됩니다.

IF 함수를 사용하여 반환값을 공란으로 처리할 수 있습니다. B열의 셀이 공란이라면 D열 역시 공란을 반환하고, 그렇지 않을 경우 수식을 계산하는 조건입니다. 이때 IF 함수의 인수도 B2:B처럼 배열로 입력해야 합니다.

```
=ARRAYFORMULA(IF(B2:B="","",B2:B*C2:C))
```

D2 | fx | =ARRAYFORMULA(IF(B2:B="","",B2:B*C2:C))

	A	B	C	D	E	F
1	품목	정가	판매수	ARRAYFORMULA 적용		
2	소워니놀이터의 띠부띠부	20,000	25,000	=ARRAYFORMULA(IF(B2:B="","",B2:B*C2:C))		
3	스티커 아트북 : 달콤한 디저	15,000	24,000	360,000,000		
4	[아는 만큼 재미있는] 스마트	10,000	18,000	180,000,000		
5	아이와 함께 사각사각 종이	14,000	35,000	490,000,000		
6	스케치업 With V-Ray Stand	22,000	12,000	264,000,000		
7	동물병원 119	16,000	36,000	576,000,000		
8	똑똑한 아이패드 활용법	18,000	18,000	324,000,000		
9	약 짓는 오빠들이 들려주는	20,000	22,000	440,000,000		
10						

ARRAYFORMULA 함수와 IF 함수의 조합은 문자열을 자동으로 생성하는 데에도 사용됩니다.

B2 | fx | =ARRAYFORMULA(IF(A2:A="","",A2:A &"@gmail.com"))

	A	B	C	D
1	이름	이메일		
2	James	=ARRAYFORMULA(IF(A2:A="","",A2:A &"@gmail.com"))		
3	Jay.Kang	Jay.Kang@gmail.com		
4	Mark	Mark@gmail.com		
5	Erick	Erick@gmail.com		
6	Peter	Peter@gmail.com		
7				

ARRAYFORMULA 함수 내의 수식이나 함수에 오류가 나타났을 때 결괏값을 공란으로 처리하고자 한다면 IFERROR 함수를 함께 사용합니다.

```
=ARRAYFORMULA(IFERROR(A2:A/B2:B))
```

C9 | fx | =A9/B9

	A	B	C	D
1	소계	수량	단가	
2	₩250	8	₩31.25	
3	₩120	6	₩20.00	
4	₩350	5	₩70.00	
5	₩80	0	#DIV/0!	
6	₩100	0	#DIV/0!	
7			#DIV/0!	
8			#DIV/0!	
9			=A9/B9	
10			#DIV/0!	

▲ 식에 오류가 난 경우

D2 | fx | =ARRAYFORMULA(IFERROR(A2:A/B2:B))

	A	B	C	D	E
1	소계	수량	단가	ARRAYFORMULA 적용	
2	₩250	8	₩31.25	=ARRAYFORMULA(IFERROR(A2:A/B2:B))	
3	₩120	6	₩20.00	₩20.00	
4	₩350	5	₩70.00	₩70.00	
5	₩80	0	#DIV/0!		
6	₩100	0	#DIV/0!		
7			#DIV/0!		
8			#DIV/0!		
9			#DIV/0!		
10			#DIV/0!		

오류 발생 시 공란으로 처리

▲ IFERROR 함수를 적용한 경우

ARRAYFORMULA 함수는 조건검색의 대표 함수인 VLOOKUP 함수와도 같이 사용하는데, 이 부분은 Section 3에서 자세히 설명합니다. 이처럼 구글 시트에서는 실시간으로 취합되는 여러 데이터에 ARRAYFORMULA 함수를 사용함으로써 의사결정을 위해 생성되는 2차, 3차의 가공 데이터도 실시간으로 반영할 수 있습니다.

3 · ARRAYFORMULA 함수를 적용할 수 없는 경우

ARRAYFORMULA 함수는 데이터 계산에 매우 유용한 함수이지만, 아쉽게도 사용할 수 없는 경우가 있습니다. 다음의 예시를 살펴보겠습니다.

```
=ARRAYFORMULA(SUM(B2:E))
```

F2 | fx | =ARRAYFORMULA(SUM(B2:E))

	A	B	C	D	E	F	G
1	품목	Q1	Q2	Q3	Q4	143,169 × RMULA 적용	
2	소워니놀이터의 띠부띠부	2,574	3,564	5,453	4,562	=ARRAYFORMULA(SUM(B2:E))	
3	스티커 아트북 : 달콤한 디	5,474	4,563	4,657	4,354		
4	[아는 만큼 재미있는] 스마	4,453	3,954	2,684	6,245		
5	아이와 함께 사각사각 종이	6,000	5,200	3,400	2,400		
6	스케치업 With V-Ray Stan	6,540	4,540	5,546	5,294		
7	동물병원 119	4,856	4,596	3,654	6,452		
8	똑똑한 아이패드 활용법	5,441	4,154	2,461	5,415		
9	약 짓는 오빠들이 들려주는	2,341	2,465	5,412	4,465		
10							

SUM 함수처럼 계산 범위가 배열 인수인 경우
ARRAYFORMULA로 함수를 반복 적용할 수 없음

각 분기별 총 판매수를 구하기 위해 SUM 함수와 ARRAYFORMULA 함수를 조합해 F열에 자동 적용시키려고 했으나, 실제로는 전체 셀의 합인 '143,169'가 [F2] 셀에만 반환됩니다.

ARRAYFORMULA 함수를 사용하려면 SUM 함수가 아닌 일반 덧셈 수식을 인수로 사용해야 합니다.

```
=ARRAYFORMULA(B2:B+C2:C+D2:D+E2:E)
```

F2 | fx | =ARRAYFORMULA(B2:B+C2:C+D2:D+E2:E)

	A	B	C	D	E	F	G
1	품목	Q1	Q2	Q3	Q4	ARRAYFORMULA 적용	
2	소워니놀이터의 띠부띠부	2,574	3,564	5,453	4,562	=ARRAYFORMULA(B2:B+C2:C+D2:D+E2:E)	
3	스티커 아트북 : 달콤한 디	5,474	4,563	4,657	4,354	19,048	
4	[아는 만큼 재미있는] 스마	4,453	3,954	2,684	6,245	17,336	
5	아이와 함께 사각사각 종이	6,000	5,200	3,400	2,400	17,000	
6	스케치업 With V-Ray Stan	6,540	4,540	5,546	5,294	21,920	
7	동물병원 119	4,856	4,596	3,654	6,452	19,558	
8	똑똑한 아이패드 활용법	5,441	4,154	2,461	5,415	17,471	
9	약 짓는 오빠들이 들려주는	2,341	2,465	5,412	4,465	14,683	
10						0	

SUM 함수처럼 함수 내 계산 인수가 범위(배열)로 지정되는 경우에는 ARRAYFORMULA 함수를 사용할 수 없습니다. VLOOKUP 함수의 경우 검색할 범위가 배열이더라도 '검색할_키'가 단일값이므로 ARRAYFORMULA 함수가 적용됩니다.

PLUS | ARRAYFORMULA 함수와 계산 부하

ARRAYFORMULA 함수의 특성상 범위를 오픈시키는 '오픈참조'를 주로 사용하므로 데이터가 많아지면 다른 함수에 비해 계산 부하가 걸려 구글 시트의 실행 속도에 영향을 미칠 수 있습니다. 뿐만 아니라 ARRAYFORMULA 함수와 같이 사용되는 함수를 보면 단순한 수식 계산 외에 VLOOKUP 함수처럼 '검색 범위'를 갖는다거나 IF 함수처럼 '비교'의 성격을 가지기 때문에 기본적으로 계산량이 발생합니다.
그러나 데이터 분석에 있어서 수십만 셀의 데이터를 처리하지 않는 이상 다른 함수들과 속도 면에서 큰 차이가 나지는 않습니다. 여기에는 최근 성능이 빠르게 향상된 하드웨어도 한 몫을 합니다. 구글 시트 속도에 더 크게 영향을 미치는 것은 전체적인 셀의 숫자와 조건부 서식에서 맞춤 수식을 사용하는 경우입니다.

STEP 3 앱시트를 통한 함수의 자동 반복

일반적으로 ARRAYFORMULA 함수는 함수 내 계산 인수가 범위(배열)인 경우 사용할 수 없습니다. 이때 구글 시트를 모바일 앱으로 확장시키는 '**앱시트(AppSheet)**'를 사용하면 아무런 제약 없이 모든 행에 반복적으로 함수를 자동 적용할 수 있습니다.

1 AUTO COMPUTE - SPREADSHEET FORMULA

ARRAYFORMULA 함수가 적용되지 않는 SUM 함수와 OR 조건식을 사용한 경우를 살펴보겠습니다. 다음은 Q1~Q4(B~E열) 중에 한 곳이라도 데이터가 입력되지 않았다면 합계(F열)에 공란이 반환되도록 구성한 함수입니다.

F2 fx =IF(OR(B2="",C2="",D2="",E2=""),"",SUM(B2:E2))

	A	B	C	D	E	F	G
1	품목	Q1	Q2	Q3	Q4	합계	
2	소워니놀이터의 띠부띠부	2,574	3,564	5,453	4,562	16,153	
3	스티커 아트북 : 달콤한 디	5,474	4,563	4,657	4,354	19,048	
4	[아는 만큼 재미있는] 스마	4,453	3,954	2,684	6,245	17,336	
5	아이와 함께 사각사각 종이	6,000	5,200	3,400	2,400	17,000	
6	스케치업 With V-Ray Stan	6,540	4,540	5,546	5,294	21,920	
7	동물병원 119	4,856	4,596	3,654	6,452	19,558	
8	똑똑한 아이패드 활용법	5,441	4,154	2,461	5,415	17,471	
9	약 짓는 오빠들이 들려주는	2,341	2,465	5,412	4,465	14,683	
10	수묵일러스트	1,620	1,524				
11							

앱시트를 사용하면 데이터가 입력될 때마다 자동으로 값이 계산되어 입력되게 설정할 수 있습니다. ARRAYFORMULA 함수와 동일한 기능입니다.

구글 시트를 앱시트에 연결하기만 하면 구글 시트에 입력한 함수 =IF(OR(B2="",C2="",D2="",E2=""), "",SUM(B2:E2))가 Auto Compute – Spreadsheet formula의 규칙에 맞게 자동 변환되어 적용됩니다.

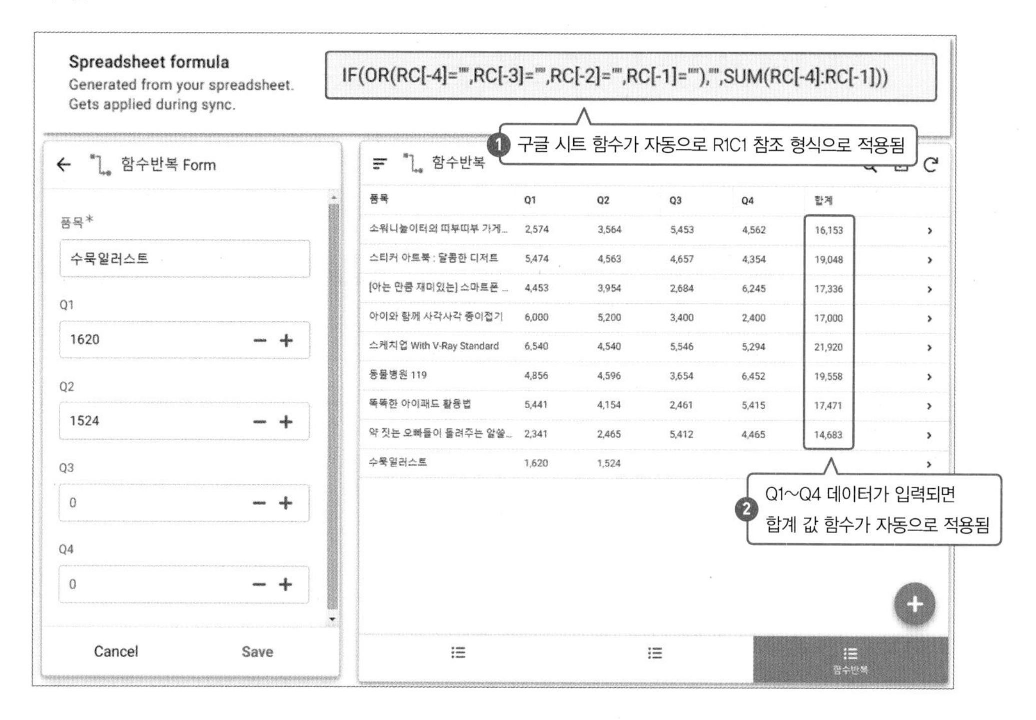

품목	Q1	Q2	Q3	Q4	합계
소워니놀이터의 띠부띠부 가게...	2,574	3,564	5,453	4,562	16,153
스티커 아트북 : 달콤한 디저트	5,474	4,563	4,657	4,354	19,048
[아는 만큼 재미있는] 스마트폰 ...	4,453	3,954	2,684	6,245	17,336
아이와 함께 사각사각 종이접기	6,000	5,200	3,400	2,400	17,000
스케치업 With V-Ray Standard	6,540	4,540	5,546	5,294	21,920
동물병원 119	4,856	4,596	3,654	6,452	19,558
똑똑한 아이패드 활용법	5,441	4,154	2,461	5,415	17,471
약 짓는 오빠들이 들려주는 알쓸...	2,341	2,465	5,412	4,465	14,683
수묵일러스트	1,620	1,524			

이처럼 어떻게 활용하느냐에 따라 구글 시트와 앱시트의 조합은 강력한 시너지를 발휘합니다.

SECTION

3 조건검색의 기본, VLOOKUP 함수

이번 섹션에서는 조건에 맞는 데이터를 찾아 반환하는 조건검색 함수 중 가장 기본이라 할 수 있는 VLOOKUP 함수에 대해 알아보겠습니다.

STEP 1 조건검색 함수 비교하기

VLOOKUP 함수의 설명에 앞서 먼저 구글 시트와 엑셀에서 사용하는 주요 조건검색 함수들을 비교해 보겠습니다.

1 · 구글 시트와 엑셀에서 사용하는 주요 조건검색 함수

다음은 구글 시트와 엑셀에서 사용할 수 있는 주요 조건검색 함수들의 특징입니다.

함수	구글 시트	엑셀	검색 조건	반환값	반환값 설정
VLOOKUP	O	O	단일조건	단일값	열 번호
HLOOKUP	O	O	단일조건	단일값	행 번호
INDEX(MATCH)	O	O	단일조건	단일값	MATCH 값에 따른 위치
XLOOKUP	O	오피스 365	단일조건	단일값	열 범위
DGET	O	O	다중조건	단일값	열 이름(헤더)
FILTER	O	오피스 365	다중조건	배열	열 범위
QUERY	O	X	다중조건	배열	문자열 조합

각 함수마다 가진 검색 조건, 반환값, 반환값 설정의 특징을 이해하면 상황에 따라 어떤 함수를 선택하는 것이 유리할지 판단할 수 있습니다. XLOOKUP 함수의 경우 엑셀에서만 제공되지만 구글 시트에서는 VLOOKUP 함수 자체의 확장성이 넓어 XLOOKUP 함수를 대체합니다.

필자는 대부분의 조건검색 구성에 VLOOKUP, FILTER, QUERY 함수만을 사용하며, 이 책에서도 이 세 가지 함수에 포커스를 맞춰 설명합니다.

STEP 2 VLOOKUP 함수로 조건에 맞는 데이터 반환하기

조건검색에 있어 가장 기본이 되는 VLOOKUP 함수의 구성과 사용법에 대해 알아봅니다.

1 · VLOOKUP 함수의 기본 사용법

예제파일 | 06-16_VLOOKUP/HLOOKUP

VLOOKUP (검색할_키, 범위, 색인, [정렬됨])

열 방향 검색 함수로, 범위의 첫 번째 열에서 키를 검색한 후 키가 있는 행에서 지정된 셀의 값을 반환합니다.

- **검색할_키**: 검색할 값입니다.
- **범위**: 검색을 수행할 범위입니다. 범위의 첫 번째 열에서 '검색할_키'에 지정된 키를 찾습니다.
- **색인**: 범위의 첫 번째 열이 조건에 맞을 경우(1인 경우) 반환할 색인입니다.
- **[정렬됨]**: 기본적으로 0(FALSE)일 경우 완전히 일치하는 값만 반환합니다. 일치하는 값이 여러 개일 경우 처음 발견된 값만 반환합니다. 1(TRUE)이거나 생략된 경우에는 근접한 값('검색할_키'보다 작거나 같은 값)을 반환합니다.

※ 오류값
#VALUE!: '색인'이 1과 '범위'의 열 개수 사이의 수가 아닐 경우
#N/A: [정렬됨]에 따른 조건에 맞지 않을 경우
※ 물음표(?) 및 별표(*)의 와일드 카드를 포함하는 패턴 문자열을 사용하여 일치하는 값을 찾을 수 있습니다. 물음표나 별표를 찾아야 하는 경우 문자 앞에 물결 기호(~)를 입력합니다.

VLOOKUP 함수의 가장 기본적인 사용 방법을 알아보겠습니다.

```
=VLOOKUP(E3,A2:C,3,0)
```

F3 | fx | =VLOOKUP(E3,A2:C,3,0)

	A	B	C	D	E	F	G
1	도서명	페이지 수	정가		VLOOKUP		
2	소워니놀이터의 띠부띠부 가게놀	6	20,000		도서명	16,000 ×	
3	스티커 아트북 : 달콤한 디저트	2	15,000		동물병원 119	=VLOOKUP(E3,A2:C,3,0)	
4	[아는 만큼 재미있는] 스마트폰 기	148	10,000				
5	아이와 함께 사각사각 종이접기	200	14,000				
6	스케치업 With V-Ray Standard	332	22,000				
7	동물병원 119	368	16,000				
8	똑똑한 아이패드 활용법	280	18,000				
9	약 짓는 오빠들이 들려주는 알쓸신	510	20,000				
10	아름다움을 엮다 · 전통매듭	184	15,000				
11	수묵일러스트	166	13,000				
12	오일파스텔로 그리는 오늘의 풍경	172	15,000				
13	성공하는 사람들의 비밀 · PDCA	168	13,000				
14							

(1) (2) (3) 색인 번호 / 반환할 값 / 검색할 키

'검색할_키'에 해당하는 [E3] 셀에 도서명을 입력하면 그에 해당하는 '정가'를 반환하는 구성입니다. 검색을 수행할 '범위'는 A2:C로, 도서 정보가 계속 추가될 것을 고려해 행을 오픈시킵니다. 반환할 값인 '정가'는 C열에 위치해 있고, C열은 '검색할 키 값이 포함된 A열(범위 내 첫 번째 열)'을 기준으로 세 번째 열이므로 '색인'으로 3을 입력합니다. 값이 완전 일치하는 경우에만 값을 반환해야 하므로 '[정렬됨]' 인수는 0(FALSE)을 입력합니다.

이번에는 검색할 범위가 '도서정보'라는 다른 워크시트에 있고 검색할 키워드를 일부만 알고 있을 때 그에 따른 '도서명'과 '정가'를 반환하는 경우를 살펴보겠습니다.

색인 번호

	A ❶	B ❷	C ❸	D ❹	E ❺	F ❻	G ❼	H ❽
1	도서명	저자	카테고리(대)	카테고리(중)	카테고리(소)	발행일	페이지 수	정가
2	소워니놀이터의 띠부띠부 가게놀(	조윤성	경제/경영/실	취미/레저/건	DIY/공예	2021-10-25	206	20,000
3	스티커 아트북 : 달콤한 디저트	시대인콘텐츠연구소	경제/경영/실	취미/레저/건	미술/컬러링/	2021-11-10	92	15,000
4	[아는 만큼 재미있는] 스마트폰 기	이재훈	자격증	컴퓨터	컴퓨터/인터	2021-10-25	148	10,000
5	아이와 함께 사각사각 종이접기	심은정	경제/경영/실	가정/생활	자녀교육/유	2021-10-20	200	14,000
6	스케치업 With V-Ray Standard	황두환	자격증	컴퓨터	그래픽(사진/	2021-09-23	332	22,000
7	동물병원 119	한현정 · 이준섭	경제/경영/실	가정/생활	반려동물	2021-01-05	368	16,000
8	똑똑한 아이패드 활용법	윤다연	자격증	컴퓨터	모바일/태블	2021-09-17	280	18,000
9	약 짓는 오빠들이 들려주는 알쓸신	이정철 · 임성용	경제/경영/실	취미/레저/건	건강/뷰티	2021-06-10	510	20,000
10	아름다움을 엮다 · 전통매듭	김정인	경제/경영/실	취미/레저/건	DIY/공예	2021-03-25	184	15,000
11	수묵일러스트	송진희	경제/경영/실	취미/레저/건	미술/컬러링/	2021-07-05	166	13,000
12	오일파스텔로 그리는 오늘의 풍경	전은솔	경제/경영/실	취미/레저/건	미술/컬러링/	2021-05-10	172	15,000
13	성공하는 사람들의 비밀 · PDCA	오카무라 다쿠로 저	경제/경영/실	경제/경영	자기계발	2021-01-05	168	13,000
14								

'도서정보' 시트의 '도서명(A열)'에 '오빠'라는 문자가 들어간 데이터를 반환하기 위해 와일드 카드 *를 사용한 검색 키워드를 구성해 보겠습니다. 이때 검색할 키가 있는 열이 범위 내 첫 번째 열이므로 '색인'으로 1을 입력합니다.

```
=VLOOKUP(A3,'도서정보'!A2:H,1,0)
```

도서의 '정가'는 H열로, 검색 범위 내 여덟 번째 열에 위치하므로 '색인'으로 8을 입력합니다.

```
=VLOOKUP(A3,'도서정보'!A2:H,8,0)
```

B3 | fx | =VLOOKUP(A3,'도서정보'!A2:H,1,0)

	A	B	C	D
1	VLOOKUP			
2	키워드	약 짓는 오빠들이 들려주는 알쓸신약 ×	정가	
3	*오빠*	=VLOOKUP(A3,'도서정보'!A2:H,1,0)	20,000	
4				

같은 검색 범위에 대한 다른 예제를 하나 더 살펴보겠습니다. '도서정보' 시트의 '카테고리(중)(D열)'에서 '생활'이라는 문자열로 끝나는 데이터를 반환하는 구성입니다.

```
=VLOOKUP(A3,'도서정보'!D2:D,1,0)
```

B3 | fx | =VLOOKUP(A3,'도서정보'!D2:D,1,0)

	A	B	C	D
1	VLOOKUP			
2	키워드	가정/생활 × 테고리(중)	발행일	
3	*생활	=VLOOKUP(A3,'도서정보'!D2:D,1,0)	2021-10-20	
4				

이 조건에 맞는 셀은 [D5] 셀과 [D7] 셀로 두 가지이지만, VLOOKUP 함수는 처음 발견한 값을 반환하므로 '도서정보' 시트 내 [D5] 셀의 데이터 값만 반환합니다.

=VLOOKUP(A3,'도서정보'!D2:H,3,0)

C열의 '발행일' 역시 '도서정보' 시트 내 처음 발견된 [F5] 셀의 데이터 값만 반환합니다.

VLOOKUP 함수와 대립하는 속성을 가진 HLOOKUP 함수에 대해 추가로 알아보겠습니다. VLOOKUP 함수가 열 방향 검색이라면 HLOOKUP 함수는 **'행 방향 검색'**입니다.

HLOOKUP (검색할_키, 범위, 색인, [정렬됨])

행 방향 검색 함수로, 범위의 첫 번째 행에서 키를 검색한 후 키가 있는 열에서 지정된 셀의 값을 반환합니다.

- **검색할_키**: 검색할 값입니다.
- **범위**: 검색을 수행할 범위입니다. 범위의 첫 번째 행에서 '검색할_키'에 지정된 키를 찾습니다.
- **색인**: 범위의 첫 번째 행이 조건에 맞을 경우(1인 경우) 반환할 색인입니다.
- **[정렬됨]**: 0(FALSE)일 경우 완전히 일치하는 값만 반환합니다. 일치하는 값이 여러 개일 경우 처음 발견된 값만 반환합니다. 1(TRUE)이거나 생략된 경우에는 근접한 값('검색할_키'보다 작거나 같은 값)을 반환합니다.

※오류값
 #VALUE!: '색인'이 '1'과 '범위'의 열 개수 사이의 수가 아닐 경우
 #N/A: '[정렬됨]' 인수의 조건에 맞지 않을 경우

=HLOOKUP(E2,A1:C2,2,0)

F2 | fx | =HLOOKUP(E2,A1:C2,2,0)

	A	B	C	D	E	F	G
1	카테고리(대)	카테고리(중)	카테고리(소)		HLOOKUP		
2	경제/경영/실용	취미/레저/건강	DIY/공예		카테고리(소)	DIY/공예	
3							
4							
5							

지정 범위 A1:C2 내 카테고리 분류가 있는 1행에서 '검색할_키'인 '카테고리(소)'를 찾은 후 해당 열에서 색인 2에 해당하는 'DIY/공예'를 반환합니다.

2 · IF / IFS 함수의 대체로 사용

예제파일 | 06-17_VLOOKUP(1F)

앞서 살펴본 VLOOKUP 함수 예제들은 모두 [정렬됨] 인수가 0(FALSE)일 경우였습니다. 이번에는 [정렬됨] 인수가 1(TRUE)이면 근접한 값을 반환하는 특징을 이용해 IF 함수와 IFS 함수를 대체해 사용해 보겠습니다.

판매수를 기준으로 '소량판매', '보통', '베스트셀러'를 표시하는 구성입니다. IF 함수 또는 IFS 함수를 사용하는 것이 일반적이지만, 분류 기준표를 만들고 VLOOKUP 함수를 이용하여 구성할 수도 있습니다. 이때 [정렬됨] 인수는 1을 사용합니다.

```
=VLOOKUP(B2,$F$2:$G$4,2)
```

C2 | fx | =VLOOKUP(B2,$F$2:$G$4,2)

	A	B	C	D	E	F	G	H
1	도서명	판매수	구분		분류기준	기준값	분기	
2	소워니놀이터의 띠부띠부 가계놀이	25,000	=VLOOKUP(B2,$F$2:$G$4,2)		0~20,000미만	0	소량판매	
3	스티커 아트북 : 달콤한 디저트	24,000	보통		20,000이상~100,000미만	20,000	보통	
4	[아는 만큼 재미있는] 스마트폰 기	18,000	소량판매		100,000이상~	100,000	베스트셀러	
5	아이와 함께 사각사각 종이접기	35,000	보통					
6	스케치업 With V-Ray Standard	48,000	보통					
7	동물병원 119	110,000	베스트셀러					
8	똑똑한 아이패드 활용법	18,000	소량판매					
9	약 짓는 오빠들이 들려주는 알쓸신	22,000	보통					
10								

보통 ×

C열에 VLOOKUP 함수를 걸 때 검색 범위는 바뀌지 않아야 하므로 '범위' 인수는 절대참조($F$2:$G$4)로 고정하고, '[정렬됨]' 인수를 생략하여 자동으로 1을 적용합니다.

STEP 3 배열 수식으로 검색 범위 넓히기

중괄호를 사용하여 배열을 재구성하면 기준열의 좌측에 위치한 열도 반환할 수 있어 VLOOKUP 함수를 활용할 수 있는 영역이 넓어집니다.

1 · 배열 재구성하여 좌측 열 검색하기

예제파일 I 06-18_VLOOKUP+{ }

VLOOKUP 함수를 사용하면 검색할 키, 즉 범위 내 첫 번째 열을 기준으로 우측에 위치한 열만 검색할 수 있는 제약이 걸립니다. 엑셀에서는 INDEX(MATCH) 함수로 조합하거나 새로 추가된 XLOOKUP 함수를 사용하여 해결합니다. 한편 구글 시트에서는 VLOOKUP 함수에 중괄호 배열 조합을 사용하여 기준열 좌측에 위치한 검색 범위를 적용할 수 있습니다.

도서명을 입력하면 그에 맞는 '카테고리(대)/(중)/(소)'의 데이터를 반환하는 구성입니다. 하지만 검색 범위(A~C열)가 검색할 키(D열)의 좌측에 위치하고 있어 VLOOKUP 함수를 바로 적용할 수 없습니다. VLOOKUP 함수를 적용하기 위해서는 중괄호를 사용해 배열을 재구성해야 합니다.

	A	B	C	D	E	F	G	H
1	카테고리(대)	카테고리(중)	카테고리(소)	도서명	저자	발행일	페이지 수	정가
2	경제/경영/실	취미/레저/건	DIY/공예	소워니놀이터의 띠부띠부 가계놀	조윤성	2021-10-25	206	20,000
3	경제/경영/실	취미/레저/건	미술/컬러링/손글씨	스티커 아트북 : 달콤한 디저트	시대인콘텐츠연구소	2021-11-10	92	15,000
4	자격증	컴퓨터	컴퓨터/인터넷/스마트폰 기초	[아는 만큼 재미있는] 스마트폰 기	이재훈	2021-10-25	148	10,000
5	경제/경영/실	가정/생활	자녀교육/유학	아이와 함께 사각사각 종이접기	심은정	2021-10-20	200	14,000
6	자격증	컴퓨터	그래픽(사진/동영상)	스케치업 With V-Ray Standard	황두환	2021-09-23	332	22,000
7	경제/경영/실	가정/생활	반려동물	동물병원 119	한현정 · 이준섭	2021-01-05	368	16,000
8	자격증	컴퓨터	모바일/태블릿/SNS	똑똑한 아이패드 활용법	윤다연	2021-09-17	280	18,000
9	경제/경영/실	취미/레저/건	건강/뷰티	약 짓는 오빠들이 들려주는 알쓸신	이정철 · 임성용	2021-06-10	510	20,000
10	경제/경영/실	취미/레저/건	DIY/공예	아름다움을 엮다 · 전통매듭	김정인	2021-03-25	184	15,000
11	경제/경영/실	취미/레저/건	미술/컬러링/손글씨	수묵일러스트	송진희	2021-07-05	166	13,000
12	경제/경영/실	취미/레저/건	미술/컬러링/손글씨	오일파스텔로 그리는 오늘의 풍경	전은솔	2021-05-10	172	15,000
13	경제/경영/실	경제/경영	자기계발	성공하는 사람들의 비밀 · PDCA	오카무라 다쿠로 저	2021-01-05	168	13,000
14								

반환할 값이 있는 열이 좌측에 위치함

검색할 키는 무조건 첫 번째 열에 위치해야 하므로 검색할 대상이 있는 범위가 두 번째 열에 위치하도록 중괄호에 콤마(,)를 구분자로 사용해 배열을 재구성합니다. ≫ {'도서정보'!D2:D,'도서정보'!A2:A}

이 배열 구성을 VLOOKUP 함수의 '범위' 인수로 사용합니다.

```
=VLOOKUP(A3,{'도서정보'!D2:D,'도서정보'!A2:A},2,0)
```

B3 fx =VLOOKUP(A3,{'도서정보'!D2:D,'도서정보'!A2:A},2,0)

	A	B	C	D	E
1	VLOOKUP				
2	키워드	카테고리(대)	카테고리(중)	카테고리(소)	
3	동물병원 119	경제/경영/실용	가정/생활	반려동물	
4					

'카테고리(중)/(소)'에도 동일하게 VLOOKUP 함수를 적용하여 다음과 같이 함수를 구성합니다.

```
=VLOOKUP(A3,{'도서정보'!D2:D,'도서정보'!B2:B},2,0)
=VLOOKUP(A3,{'도서정보'!D2:D,'도서정보'!C2:C},2,0)
```

열이 많아 복잡한 경우 중괄호를 사용하여 항상 반환할 값이 있는 열이 두 번째에 위치하도록 조정할 수 있습니다. 즉, 색인을 2로 고정함으로써 해당 데이터가 몇 번째 열에 위치하는지 직접 세지 않아도 되어 매우 편리해집니다.

2 · 둘 이상의 시트를 검색하기

예제파일 | 06-19_VLOOKUP(다중시트)

검색할 범위가 여러 개의 시트로 분리되어 있을 경우에는 함수를 어떻게 구성해야 할까요? 세 개의 워크시트에 나눠 저장되어 있는 도서정보에서 입력된 키워드를 찾아 '발행일'과 '정가'를 반환해 보겠습니다. 이때 IFERROR 함수를 중첩하여 구성해도 되지만 중괄호로 배열을 재구성하여 VLOOKUP 함수를 적용해 봅니다.

	A	B	C	D	E	F	G	H
1	도서명	카테고리(대)	카테고리(중)	카테고리(소)	저자	발행일	페이지 수	정가
2	소워니놀이터의 띠부띠부 가게놀(	경제/경영/실용	취미/레저/건강	DIY/공예	조윤성	2021-10-25	206	20,000
3	스티커 아트북 : 달콤한 디저트	경제/경영/실용	취미/레저/건강	미술/컬러링/손글	시대인콘텐츠연구소	2021-11-10	92	15,000
4	[아는 만큼 재미있는] 스마트폰 기	자격증	컴퓨터	컴퓨터/인터넷/스	이재훈	2021-10-25	148	10,000
5	아이와 함께 사각사각 종이접기	경제/경영/실용	가정/생활	자녀교육/유학	심은정	2021-10-20	200	14,000
6								

+ ≣ 도서정보(1) ▾ 도서정보(2) ▾ 도서정보(3) ▾ VLOOKUP+{ } ▾

	A	B	C	D	E	F	G	H
1	도서명	카테고리(대)	카테고리(중)	카테고리(소)	저자	발행일	페이지 수	정가
2	스케치업 With V-Ray Standard	자격증	컴퓨터	그래픽(사진/동영	황두환	2021-09-23	332	22,000
3	동물병원 119	경제/경영/실용	가정/생활	반려동물	한현정 · 이준섭	2021-01-05	368	16,000
4	똑똑한 아이패드 활용법	자격증	컴퓨터	모바일/태블릿/SI	윤다연	2021-09-17	280	18,000
5	약 짓는 오빠들이 들려주는 알쓸신	경제/경영/실용	취미/레저/건강	건강/뷰티	이정철 · 임성용	2021-06-10	510	20,000
6								

+ ≣ 도서정보(1) ▾ 도서정보(2) ▾ 도서정보(3) ▾ VLOOKUP+{ } ▾

	A	B	C	D	E	F	G	H
1	도서명	카테고리(대)	카테고리(중)	카테고리(소)	저자	발행일	페이지 수	정가
2	약 짓는 오빠들이 들려주는 알쓸신	경제/경영/실용	취미/레저/건강	건강/뷰티	이정철 · 임성용	2021-06-10	510	20,000
3	아름다움을 엮다 · 전통매듭	경제/경영/실용	취미/레저/건강	DIY/공예	김정인	2021-03-25	184	15,000
4	수목일러스트	경제/경영/실용	취미/레저/건강	미술/컬러링/손글	송진희	2021-07-05	166	13,000
5	오일파스텔로 그리는 오늘의 풍경	경제/경영/실용	취미/레저/건강	미술/컬러링/손글	전은솔	2021-05-10	172	15,000
6	성공하는 사람들의 비밀 · PDCA	경제/경영/실용	경제/경영	자기계발	오카무라 다쿠로 저	2021-01-05	168	13,000

+ ≣ 도서정보(1) ▾ 도서정보(2) ▾ 도서정보(3) ▾ VLOOKUP+{} ▾

검색할 키가 들어 있는 기준열이 'A열'이고 반환할 값이 들어 있는 열이 F열과 H열이므로 열 순서를 재구성할 필요 없이 세미콜론(;)으로 행을 이어 붙여 중괄호 배열을 구성합니다.

≫ {'도서정보(1)'!A2:H;'도서정보(2)'!A2:H;'도서정보(3)'!A2:H}

이 배열 구성을 VLOOKUP 함수의 '범위' 인수로 사용하고, 반환할 값이 있는 열 번호를 입력합니다.

```
=VLOOKUP(A3,{'도서정보(1)'!A2:H;'도서정보(2)'!A2:H;'도서정보(3)'!A2:H},6,0)
=VLOOKUP(A3,{'도서정보(1)'!A2:H;'도서정보(2)'!A2:H;'도서정보(3)'!A2:H},8,0)
```

B3 ▾ fx =VLOOKUP(A3,{'도서정보(1)'!A2:H;'도서정보(2)'!A2:H;'도서정보(3)'!A2:H},6,0)

	A	B	C	D	E	F
1	VLOOKUP					
2	키워드	발행일	정가			
3	수목일러스트	2021-07-05	13,000			
4						

ref. 만약 검색 범위가 여러 개의 파일로 나뉘어 있을 경우에는 IMPORTRANGE 함수와 VLOOKUP 함수를 조합합니다. IMPORTRANGE 함수로 범위 인수를 설정하는 방법은 p.354의 '범위 인수' 파트를 참고합니다.

3 · 둘 이상의 다중조건에 맞는 데이터 찾기

예제파일 | 06-20_VLOOKUP(다중조건)

VLOOKUP 함수는 기본적으로 1개의 '검색할_키'를 인수로 가집니다. 그러나 업무를 하다 보면 2개, 3개, 그리고 그 이상의 조건을 공통으로 만족하는 데이터 값을 찾아야 하는 경우가 있습니다. 이번에는 VLOOKUP 함수를 사용해 다중조건에 맞는 값을 찾는 방법을 알아보겠습니다.

다음은 '카테고리(대)/(중)/(소)' 세 개의 키워드에 맞는 '도서명'을 찾아 반환하는 구성입니다.

	A	B	C	D	E	F	G
1	도서명	카테고리(대)	카테고리(중)	카테고리(소)	발행일	정가	
2	소워니놀이터의 띠부띠부 가게놀이	경제/경영/실용	취미/레저/건강	DIY/공예	2021-10-25	20,000	
3	스티커 아트북 : 달콤한 디저트	경제/경영/실용	취미/레저/건강	미술/컬러링/손글	2021-11-10	15,000	
4	[아는 만큼 재미있는] 스마트폰 기	자격증	컴퓨터	컴퓨터/인터넷/스	2021-10-25	10,000	
5	아이와 함께 사각사각 종이접기	경제/경영/실용	가정/생활	자녀교육/유학	2021-10-20	14,000	
6	스케치업 With V-Ray Standard	자격증	컴퓨터	그래픽(사진/동영	2021-09-23	22,000	
7	동물병원 119	경제/경영/실용	가정/생활	반려동물	2021-01-05	16,000	
8	똑똑한 아이패드 활용법	자격증	컴퓨터	모바일/태블릿/SI	2021-09-17	18,000	
9	약 짓는 오빠들이 들려주는 알쓸신	경제			2021-06-10	20,000	
10							

세 개의 키워드를 모두 만족해야 함

+ ≣ 도서정보 ▾ VLOOKUP ▾

VLOOKUP 함수에서 '검색할_키' 인수는 한 가지만 지정할 수 있기 때문에 여러 개의 검색 키워드를 VLOOKUP 함수에 적용하려면 **검색할 키워드를 하나의 검색 키워드로** 묶어 주어야 합니다.

검색 키워드는 '검색할 범위가 있는 시트'와 'VLOOKUP 함수를 적용할 시트' 모두에 열을 추가(각 G열과 E열)하고 TEXTJOIN 함수 또는 &를 사용해 하나의 문자열로 키워드를 새로 조합하여 만듭니다. 예제에서는 구분자를 '~'로 하는 TEXTJOIN 함수를 사용합니다.

```
=TEXTJOIN("~",0,B7:D7)
```

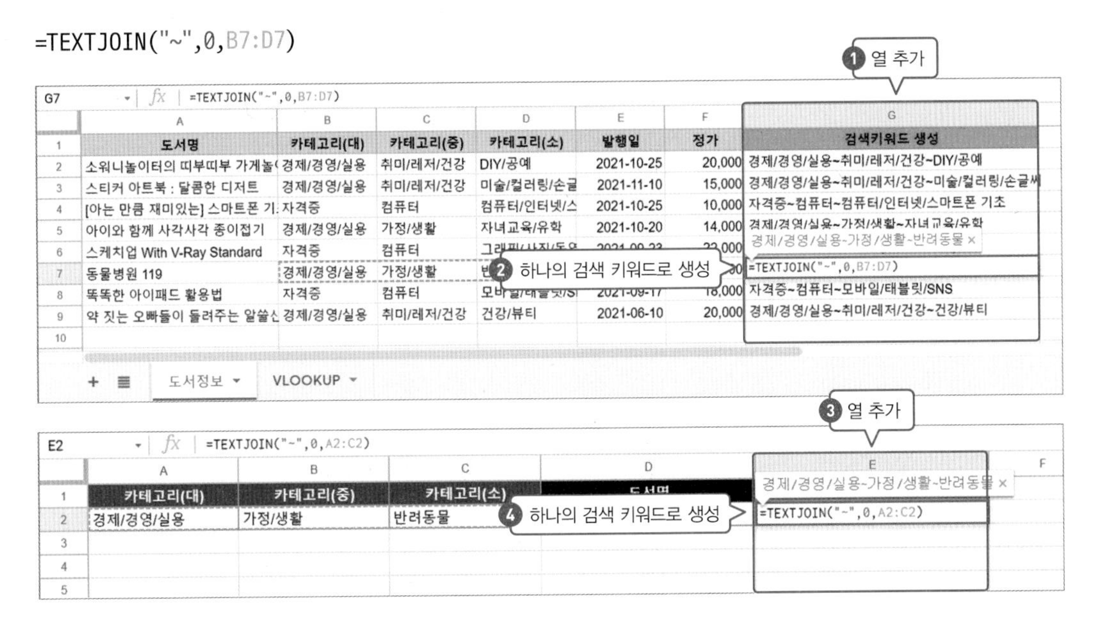

반환할 값(도서명)이 검색 기준이 되는 G열의 좌측에 있으므로 중괄호와 콤마(,)를 사용해 배열을 만들고 VLOOKUP 함수를 적용합니다.

```
=VLOOKUP(E2,{'도서정보'!G2:G,'도서정보'!A2:A},2,0)
```

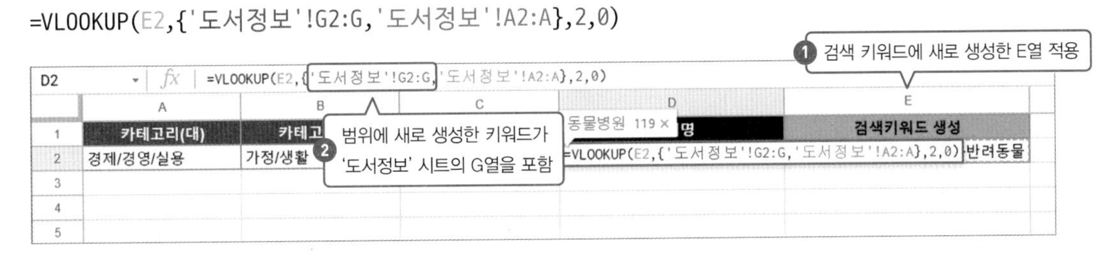

일반적으로는 VLOOKUP 함수를 편하게 사용하기 위해 '검색 키워드'를 생성하는 열을 A열(맨 앞)에 추가합니다.

STEP 4 다른 함수와의 조합

VLOOKUP 함수의 특성에 따라 다른 함수와 조합하여 사용하는 경우에 대해 소개합니다.

1 · MATCH 함수와의 조합 - 색인 인수에 참조셀 사용하기

예제파일 | 06-21_VLOOKUP+MATCH

VLOOKUP 함수의 특징 중 하나는 조건검색 함수 중에서도 반환값 열을 '색인(열 번호)'으로 입력한다는 것입니다. 따라서 색인에 번호 대신 참조셀 또는 다른 함수를 사용할 수 있습니다.

MATCH (검색할_키, 범위, [검색_유형])

범위에서 지정된 값과 일치하는 항목의 상대적 위치를 반환합니다.

- 검색할_키: 검색할 값입니다.
- 범위: 검색할 범위로, 1차원 배열만 가능합니다.
- [검색_유형]
  1(기본값): 범위가 오름차순으로 정렬되었을 때 '검색할_키'보다 작거나 같은 값 중 최댓값을 찾습니다.
  0: 범위가 정렬되어 있지 않은 경우 정확한 값을 찾습니다.
  −1: 범위가 내림차순으로 정렬되었을 때 '검색할_키'보다 크거나 같은 값 중 최솟값을 찾습니다.

B열, C열, D열의 제목(헤더명)에 따라 반환값이 자동으로 변경되도록 [G3] 셀에 함수를 구성해 보겠습니다.

	A	B	C	D	E	F	G	H
1	도서명	저자	페이지 수	정가		VLOOKUP+MATCH		
2	소워니놀이터의 띠부띠부 :	조윤성	206	20,000		도서명		
3	스티커 아트북 : 달콤한 디자	시대인콘텐츠연구소	92	15,000		동물병원 119		
4	아이와 함께 사각사각 종이	심은정	200	14,000				
5	동물병원 119	한현정 · 이준섭	368	16,000				
6	약 짓는 오빠들이 들려주는	이정철 · 임성용	510	20,000				
7	아름다움을 엮다 · 전통매듭	김정인	184	15,000				
8	수묵일러스트	송진희	166	13,000				
9	오일파스텔로 그리는 오늘의	전은솔	172	15,000				
10								

입력한 데이터가 검색 범위 내 몇 번째 열에 위치하는지 찾기 위해 MATCH 함수를 사용합니다.

```
=MATCH(G2,A1:D1,0)
```

G3 | fx | =MATCH(G2,A1:D1,0)

	A	B	C	D	E	F	G	H
1	도서명	저자	페이지 수	정가		VLOOKUP+MATCH		
2	소워니놀이터의 띠부띠부 :	조윤성	206	20,000		도서명	페이지 수	
3	스티커 아트북 : 달콤한 디자	시대인콘텐츠연구소	92	15,000		동물병원 119	=MATCH(G2,A1:D1,0)	
4	아이와 함께 사각사각 종이	심은정	200	14,000				
5	동물병원 119	한현정 · 이준섭	368	16,000				
6	약 짓는 오빠들이 들려주는	이정철 · 임성용	510	20,000				
7	아름다움을 엮다 · 전통매듭	김정인	184	15,000				
8	수묵일러스트	송진희	166	13,000				
9	오일파스텔로 그리는 오늘의	전은솔	172	15,000				
10								

3 ×

VLOOKUP 함수의 '색인' 인수로 사용

[G2] 셀에 반환할 값이 있는 열의 제목(헤더) 데이터를 입력하면 그와 매치되는 값이 반환되는데, 이렇게 MATCH 함수로 반환된 값이 VLOOKUP 함수의 열 번호, 즉 '색인' 인수가 됩니다.

```
=VLOOKUP(F3,A2:D,MATCH(G2,A1:D1,0),0)
```

G3 | fx | =VLOOKUP(F3,A2:D,MATCH(G2,A1:D1,0),0)

	A	B	C	D	E	F	G	H	I
1	도서명	저자	페이지 수	정가		VLOOKUP+MATCH			
2	소워니놀이터의 띠부띠부 :	조윤성	206	20,000		도서명	368 × 이지 수		
3	스티커 아트북 : 달콤한 디ㅈ	시대인콘텐츠연구소	92	15,000		동물병원 119	=VLOOKUP(F3,A2:D,MATCH(G2,A1:D1,0),0)		
4	아이와 함께 사각사각 종이	심은정	200	14,000					
5	동물병원 119	한현정 · 이준섭	368	16,000					
6	약 짓는 오빠들이 들려주는	이정철 · 임성용	510	20,000					
7	아름다움을 엮다 · 전통매듭	김정인	184	15,000					
8	수묵일러스트	송진희	166	13,000					
9	오일파스텔로 그리는 오늘!	전은솔	172	15,000					
10									

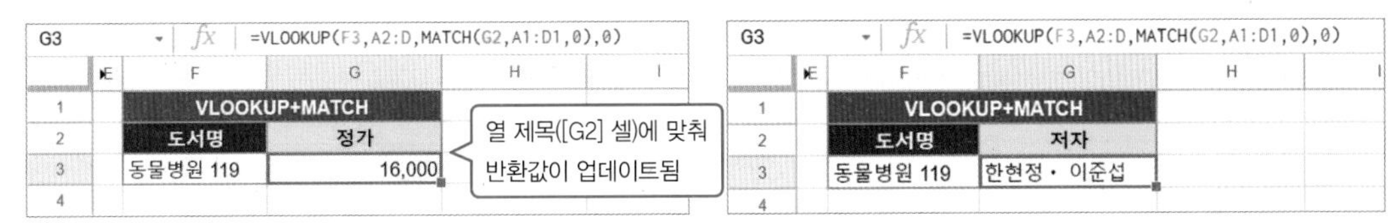

이때 '데이터 확인' 기능을 통해 [F3] 셀과 [G2] 셀을 드롭다운 목록 선택 형식으로 구성하면 데이터를 보다 편리하게 입력할 수 있습니다.

ref. 데이터 확인을 통한 드롭다운 목록 구성은 p.322를 참고합니다.

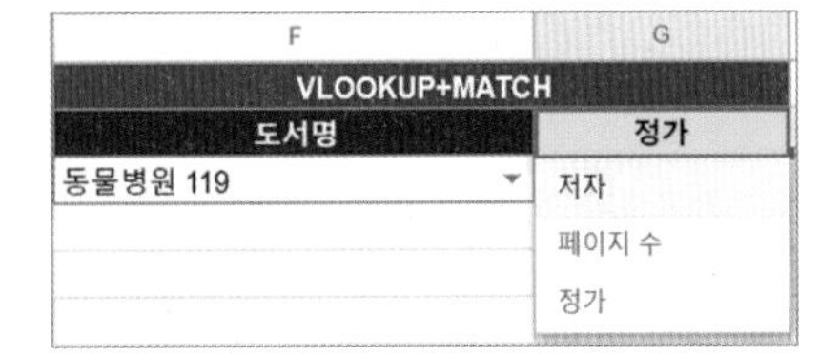

2 · OFFSET 함수와의 조합 - 범위 반환하기

예제파일 | 06-22_VLOOKUP+OFFSET

OFFSET (셀_참조, 오프셋_행, 오프셋_열, [높이], [너비])

시작 셀 참조에서 지정된 수의 행과 열을 이동한 범위 참조를 반환합니다.

- **셀_참조**: 오프셋 행과 오프셋 열의 시작점입니다.
- **오프셋_행**: 이동할 행의 개수입니다.
- **오프셋_열**: 이동할 열의 개수입니다.
- **[높이]**: 반환될 범위의 높이로, 오프셋 대상에서부터 시작합니다.
- **[너비]**: 반환될 범위의 너비로, 오프셋 대상에서부터 시작합니다.

※ '오프셋_행'과 '오프셋_열'은 음수일 수 있습니다.

데이터를 가공하다 보면 다음과 같이 데이터의 포맷이 일반적인 행과 열이 아니라 다른 구성으로 되어 있는 경우가 있습니다. 이런 경우 VLOOKUP 함수와 OFFSET 함수를 조합하여 일반적인 포맷으로 손쉽게 바꿀 수 있습니다. 데이터 가공을 위해 필요한 데이터를 '도서명', '발행일', '페이지 수', '정가' 총 네 개로 가정하고, 이를 일반 포맷으로 바꿔 보겠습니다.

	A	B	C	D	E	F
1	◎ 도서 정보					
2	도서 1	아름다움을 엮다 · 전통매듭	카테고리(대)	카테고리(중)	카테고리(소)	
3			경제/경영/실용	취미/레저/건강	DIY/공예	
4			발행일	페이지 수	정가	
5			2021-03-25	184	15,000	
6	도서 2	동물병원 119	카테고리(대)	카테고리(중)	카테고리(소)	
7			경제/경영/실용	가정/생활	반려동물	
8			발행일	페이지 수	정가	
9			2021-01-05	368	16,000	
10	도서 3	수묵일러스트	카테고리(대)	카테고리(중)	카테고리(소)	
11			경제/경영/실용	취미/레저/건강	미술/컬러링/손글	
12			발행일	페이지 수	정가	
13			2021-07-05	166	13,000	

먼저, SORT 함수와 UNIQUE 함수를 조합하여 B열의 도서명을 추출합니다.

```
=SORT(UNIQUE(B2:B))
```

G3 | fx | =SORT(UNIQUE(B2:B))

	A	B	C	D	E	F	G	H	I	J
1	◎ 도서 정보									
2	도서 1	아름다움을 엮다 · 전통매듭	카테고리(대)	카테고리(중)	카테고리(소)		도서명	발행일	페이지 수	정가
3			경제/경영/실용	취미/레저/건강	DIY/공예		=SORT(UNIQUE(B2:B))			
4			발행일	페이지 수	정가		수묵일러스트			
5			2021-03-25	184	15,000		아름다움을 엮다 · 전통			
6	도서 2	동물병원 119	카테고리(대)	카테고리(중)	카테고리(소)					
7			경제/경영/실용	가정/생활	반려동물					
8			발행일	페이지 수	정가					
9			2021-01-05	368	16,000					
10	도서 3	수묵일러스트	카테고리(대)	카테고리(중)	카테고리(소)					
11			경제/경영/실용	취미/레저/건강	미술/컬러링/손글					
12			발행일	페이지 수	정가					
13			2021-07-05	166	13,000					

범위를 오픈시킨 상태에서 UNIQUE 함수만 사용하면 아직 데이터가 입력되지 않은 수많은 공란셀 중에서 중복을 제거하고 남은 공란셀 하나만 값으로 반영됩니다. 예제에서 B열의 경우 4개의 행이 하나로 묶여 있어 UNIQUE 함수만 사용하면 중복값을 제거하고 반환하는 값의 순서가 [B2] 셀 → [B3] 셀(공란)이기 때문에 공백인 셀이 두 번째로 반환됩니다. SORT 함수를 함께 사용하는 이유가 바로 오름차순 정렬하여 공백을 마지막 행으로 위치시키기 위함입니다.

PLUS | SORT 함수를 사용하지 않는다면?

해당 데이터에 대해 SORT 함수 없이 UNIQUE 함수만 사용한다면 두 번째 행에 공란이 들어오게 됩니다. SORT 함수를 중복으로 사용하여 오름차순 정렬을 해 주면 공란셀을 가장 아래로 위치시킬 수 있습니다.

도서명
아름다움을 엮다 · 전통
동물병원 119
수묵일러스트

[H3] 셀에 '발행일'이 있는 열 번호(C열=2)로 VLOOKUP 함수를 적용하면 '카테고리(대)'가 반환됩니다.

```
=VLOOKUP(G3,$B$2:$E,2,0)
```

H3 fx =VLOOKUP(G3,$B$2:$E,2,0)

	A	B	C	D	E	F	G	H	I	J
1	◎ 도서 정보									
2	도서 1	아름다움을 엮다 · 전통매듭	카테고리(대)	카테고리(중)	카테고리(소)		도서명	카테고리(대) ×	페이지 수	정가
3			경제/경영/실용	취미/레저/건강	DIY/공예		동물병원 119	=VLOOKUP(G3,$B$2:$E,2,0)		
4			발행일	페이지 수	정가		수목일러스트			
5			2021-03-25	184	15,000		아름다움을 엮다 · 전통			
6	도서 2	동물병원 119	카테고리(대)	카테고리(중)	카테고리(소)					
7			경제/경영/실용	가정/생활	반려동물					
8			발행일	페이지 수	정가					
9			2021-01-05	368	16,000					
10	도서 3	수목일러스트	카테고리(대)	카테고리(중)	카테고리(소)					
11			경제/경영/실용	취미/레저/건강	미술/컬러링/손글					
12			발행일	페이지 수	정가					
13			2021-07-05	166	13,000					

OFFSET 함수를 사용해 반환할 값은 '발행일', '페이지 수', '정가'입니다. VLOOKUP 함수로 반환된 값이 있는 셀 위치에서 아래로 3행 이동, 열은 이동하지 않은 위치(0)에서 시작하여 가져올 데이터의 범위로 높이(행) 1, 너비(열) 3을 입력하여 **세 개의 셀 값을 한 번에 반환**합니다.

```
=OFFSET(VLOOKUP(G3,$B$2:$E,2,0),3,0,1,3)
```

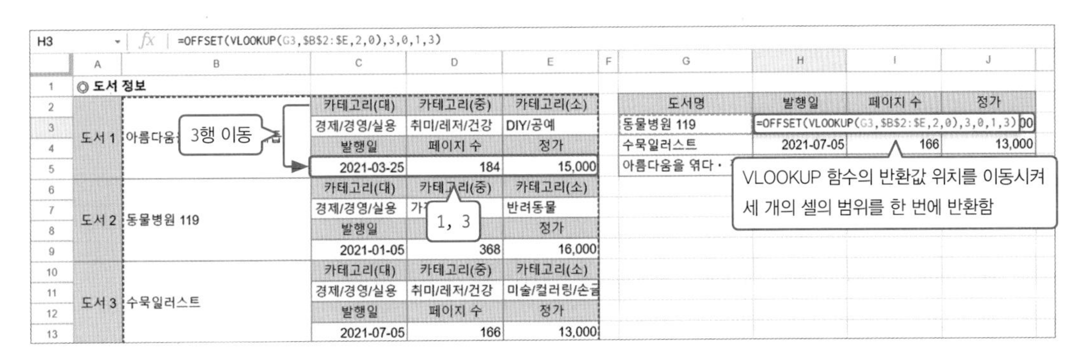

이처럼 VLOOKUP 함수와 OFFSET 함수를 조합하여 여러 개의 셀을 한 번에 반환할 수 있습니다.

3 · ARRAYFORMULA 함수 및 중괄호와의 조합 - 여러 셀에 자동 적용

예제파일 | 06-23_VLOOKUP+ARRAYFORMULA

VLOOKUP 함수와 ARRAYFORMULA 함수를 조합하여 하나의 셀에 입력해 보겠습니다.

	A	B	C	D	E	F	G	H	I
1	도서명	카테고리(대)	카테고리(중)	카테고리(소)	저자	발행일	페이지 수	정가	
2	소워니놀이터의 띠부띠부 가계놀(	경제/경영/실용	취미/레저/건강	DIY/공예	조윤성	2021-10-25	206	20,000	
3	스티커 아트북 : 달콤한 디저트	경제/경영/실용	취미/레저/건강	미술/컬러링/손글	시대인콘텐츠연-	2021-11-10	92	15,000	
4	[아는 만큼 재미있는] 스마트폰 기	자격증	컴퓨터	컴퓨터/인터넷/스	이재훈	2021-10-25	148	10,000	
5	아이와 함께 사각사각 종이접기	경제/경영/실용	가정/생활	자녀교육/유학	심은정	2021-10-20	200	14,000	
6	스케치업 With V-Ray Standard	자격증	컴퓨터	그래픽(사진/동영	황두환	2021-09-23	332	22,000	
7	동물병원 119	경제/경영/실용	가정/생활	반려동물	한현정 · 이준섭	2021-01-05	368	16,000	
8	똑똑한 아이패드 활용법	자격증	컴퓨터	모바일/태블릿/S	윤다연	2021-09-17	280	18,000	
9	약 짓는 오빠들이 들려주는 알쓸신	경제/경영/실용	취미/레저/건강	건강/뷰티	이정철 · 임성용	2021-06-10	510	20,000	
10	아름다움을 엮다 · 전통매듭	경제/경영/실용	취미/레저/건강	DIY/공예	김정인	2021-03-25	184	15,000	
11	수목일러스트	경제/경영/실용	취미/레저/건강	미술/컬러링/손글	송진희	2021-07-05	166	13,000	
12	오일파스텔로 그리는 오늘의 풍경	경제/경영/실용	취미/레저/건강	미술/컬러링/손글	전은솔	2021-05-10	172	15,000	
13	성공하는 사람들의 비밀 · PDCA	경제/경영/실용	경제/경영	자기계발	오카무라 다쿠로	2021-01-05	168	13,000	

'도서정보' 시트에서 '도서명'을 검색하여 '카테고리(대)/(중)/(소)'의 데이터 값을 반환해 보겠습니다. ARRAYFORMULA 함수를 사용함으로써 하나의 셀에만 함수를 입력해도 해당 열의 모든 행에 자동으로 VLOOKUP 함수가 적용됩니다. 이때 '검색할_키'를 A3:A 배열로 입력하고, VLOOKUP 함수의 오류값 반환을 공란으로 처리하기 위해 IFERROR 함수를 함께 사용합니다.

```
=VLOOKUP(A3,'도서정보'!$A$2:$H,2,0)
=ARRAYFORMULA(VLOOKUP(A3:A,'도서정보'!$A$2:$H,2,0))
=IFERROR(ARRAYFORMULA(VLOOKUP(A3:A,'도서정보'!$A$2:$H,2,0)))
```

B3 | fx | =IFERROR(ARRAYFORMULA(VLOOKUP(A3:A,'도서정보'!$A$2:$H,2,0)))

	A	B	C	D	E
1	VLOOKUP				
2	키워드	카테고리(대)	카테고리(중)	카테고리(소)	
3	동물병원 119	=IFERROR(ARRAYFORMULA(VLOOKUP(A3:A,'도서정보'!$A$2:$H,2,0)))			
4	수묵일러스트	경제/경영/실용			
5	스티커 아트북 : 달콤한 디저트	경제/경영/실용			
6	아름다움을 엮다 · 전통매듭	경제/경영/실용			
7	똑똑한 아이패드 활용법	자격증			
8	아이와 함께 사각사각 종이접기	경제/경영/실용			
9	소워니놀이터의 띠부띠부 가계놀	경제/경영/실용			
10					

VLOOKUP 함수의 '색인' 인수에 중괄호와 콤마(,)를 사용하여 '카테고리(대)/(중)/(소)' 반환값을 함께 불러옵니다.

```
=IFERROR(ARRAYFORMULA(VLOOKUP(A3:A,'도서정보'!$A$2:$H,{2,3,4},0)))
```

B3 | fx | =IFERROR(ARRAYFORMULA(VLOOKUP(A3:A,'도서정보'!$A$2:$H,{2,3,4},0)))

	A	B	C	D	E
1	VLOOKUP				
2	키워드	카테고리(대)	카테고리(중)	카테고리(소)	
3	동물병원 119	=IFERROR(ARRAYFORMULA(VLOOKUP(A3:A,'도서정보'!$A$2:$H,{2,3,4},0)))			
4	수묵일러스트	경제/경영/실용	취미/레저/건강	미술/컬러링/손글씨	
5	스티커 아트북 : 달콤한 디저트	경제/경영/실용	취미/레저/건강	미술/컬러링/손글씨	
6	아름다움을 엮다 · 전통매듭	경제/경영/실용	취미/레저/건강	DIY/공예	
7	똑똑한 아이패드 활용법	자격증	컴퓨터	모바일/태블릿/SNS	
8	아이와 함께 사각사각 종이접기	경제/경영/실용	가정/생활	자녀교육/유학	
9	소워니놀이터의 띠부띠부 가계놀	경제/경영/실용	취미/레저/건강	DIY/공예	
10					

이처럼 VLOOKUP 함수의 '색인' 인수에 들어가는 중괄호는 ARRAYFORMULA 함수와 같이 사용해야 합니다. '색인' 인수에 ARRAYFORMULA 없이 중괄호만 적용하면 첫 번째 색인에 해당하는 값 하나만 반환됩니다.

SECTION

4

조건을 만족하는 값을 배열로 반환하는 FILTER 함수

VLOOKUP 함수가 단일조건에 맞는 하나의 값을 반환하는 함수라면, 이번 섹션에서는 다중조건에 맞는 모든 값 및 범위를 반환하는 FILTER 함수에 대해 알아봅니다.

STEP 1 FILTER 함수로 범위째 반환하기

FILTER 함수는 메뉴 도구의 '필터 보기', '필터 만들기' 기능이 함수로 구성되었다고 보면 됩니다. 먼저 FILTER 함수의 기본 사용법에 대해 알아보겠습니다.

1 · FILTER 함수의 기본 사용법

예제파일 | 06-24_FILTER

FILTER (범위, 조건1, [조건2, …])

지정된 조건을 충족하는 열 또는 행만 반환하여 원본 범위의 필터링 버전을 반환합니다.

- **범위**: 필터링할 데이터입니다.
- **조건1**: 범위의 행 또는 열에 해당하는 TRUE/FALSE 값을 포함하는 열 또는 행, 또는 그것을 평가하는 배열 수식입니다.
- **[조건2, …]**: 추가 범위의 행 또는 열에 해당하는 TRUE/FALSE 값을 포함하는 열 또는 행, 또는 그것을 평가하는 배열 수식입니다.

'도서정보' 시트의 데이터를 기준으로 FILTER 함수의 기본 사용법에 대해 알아보겠습니다.

	A	B	C	D	E	F	G
1	도서명	카테고리(대)	카테고리(중)	카테고리(소)	저자	발행일	정가
2	소워니놀이터의 띠부띠부 가게놀(	경제/경영/실용	취미/레저/건강	DIY/공예	조윤성	2021-10-25	20,000
3	스티커 아트북 : 달콤한 디저트	경제/경영/실용	취미/레저/건강	미술/컬러링/손글	시대인콘텐츠연-	2021-11-10	15,000
4	[아는 만큼 재미있는] 스마트폰 기:	자격증	컴퓨터	컴퓨터/인터넷/스	이재훈	2021-10-25	10,000
5	아이와 함께 사각사각 종이접기	경제/경영/실용	가정/생활	자녀교육/유학	심은정	2021-10-20	14,000
6	동물병원 119	경제/경영/실용	가정/생활	반려동물	한현정 · 이준섭	2021-01-05	16,000
7	똑똑한 아이패드 활용법	자격증	컴퓨터	모바일/태블릿/S	윤다연	2021-09-17	18,000
8	약 짓는 오빠들이 들려주는 알쓸신	경제/경영/실용	취미/레저/건강	건강/뷰티	이정철 · 임성용	2021-06-10	20,000
9	아름다움을 엮다 · 전통매듭	경제/경영/실용	취미/레저/건강	DIY/공예	김정인	2021-03-25	15,000
10							

\+ ≡ 도서정보 ▾

A열의 '도서명'과 B~D열의 '카테고리(대)/(중)/(소)'를 반환하는 데 있어 첫 번째 검색 조건은 '도서정보' 시트의 '카테고리(대)'가 '경제/경영/실용'인 것으로, 두 번째 검색 조건은 '카테고리(중)'이 '취미/레저/건강'인 것으로 함수를 구성하겠습니다.

```
=FILTER('도서정보'!A2:D,'도서정보'!B2:B="경제/경영/실용",'도서정보'!C2:C="취미/레저/건강")
```

A2 | fx | =FILTER('도서정보'!A2:D,'도서정보'!B2:B="경제/경영/실용",'도서정보'!C2:C="취미/레저/건강")

반환할 범위 / 조건1 / 조건2

	A	B	C	D	E	F	G
1	도서명	카테고리(대)	카테고리(중)	카테고리(소)			
2	소워니놀이터의 띠부띠부 가게놀이	경제/경영/실용	취미/레저/건강	DIY/공예			
3	스티커 아트북 : 달콤한 디저트	경제/경영/실용	취미/레저/건강	미술/컬러링/손글씨			
4	약 짓는 오빠들이 들려주는 알쓸신약	경제/경영/실용	취미/레저/건강	건강/뷰티			
5	아름다움을 엮다 • 전통매듭	경제/경영/실용	취미/레저/건강	DIY/공예			
6							

두 조건에 맞춰 '도서정보' 시트의 A, B, C, D열을 반환합니다. 이렇게 FILTER 함수는 조건을 만족하는 모든 값을 범위로 반환합니다.

조건 인수로 배열 수식에 참조셀을 걸 수도 있습니다.

```
=FILTER('도서정보'!A2:A,'도서정보'!B2:B=A2,'도서정보'!F2:F>B2,'도서정보'!G2:G>C2)
```

A4 | fx | =FILTER('도서정보'!A2:A,'도서정보'!B2:B=A2,'도서정보'!F2:F>B2,'도서정보'!G2:G>C2)

반환할 범위 / 조건1 / 조건2 / 조건3

	A	B	C	D	E	F	G
1	카테고리(대)						
2	경제/경영/실용	2021-06-01	15,000				
3	도서명						
4	소워니놀이터의 띠부띠부 가게놀이						
5	약 짓는 오빠들이 들려주는 알쓸신약						
6							

'카테고리(대)'가 '경제/경영/실용'이면서 '발행일'과 '정가'가 각각 '2021년 6월 1일 이후', '15,000 초과'인 세 가지 조건을 모두 만족하는 도서명(A열)이 반환됩니다.

STEP 2 인수 재구성하여 필터링 범위 넓히기

FILTER 함수를 사용할 때 조건 인수의 수식을 달리 하면 필터링 수준을 AND에서 OR로 바꿀 수 있습니다. 또한, 반환 범위를 재구성하여 떨어진 열을 붙여 반환하거나 여러 시트로 나뉘어 있는 데이터도 한 번에 반환할 수 있습니다. 조건 인수와 범위 인수를 재구성해 보겠습니다.

1 • 한 가지만 만족해도 되는 조건 인수

예제파일 | 06-25_FILTER(OR)

FILTER 함수에 사용되는 조건 인수는 AND 조합의 성격을 갖습니다. 즉, 범위 인수 뒤에 입력된 모든 조건을 만족하는 결괏값의 범위를 반환하는 것이죠. 그렇다면 이와 반대인 경우는 어떨까요? OR 조건처럼 세 가지 조건 중 한 가지 이상의 조건을 만족하는 '도서명'을 모두 반환해 보겠습니다.
FILTER 함수의 조건 인수를 구성할 때 콤마(,)로 구분 짓지 않고 각각의 조건을 소괄호와 '+'로 묶어 하나의 인수로 입력합니다.

```
=FILTER('도서정보'!A2:A,('도서정보'!B2:B=A2)+('도서정보'!F2:F>B2)+('도서정보'!G2:G>C2))
```

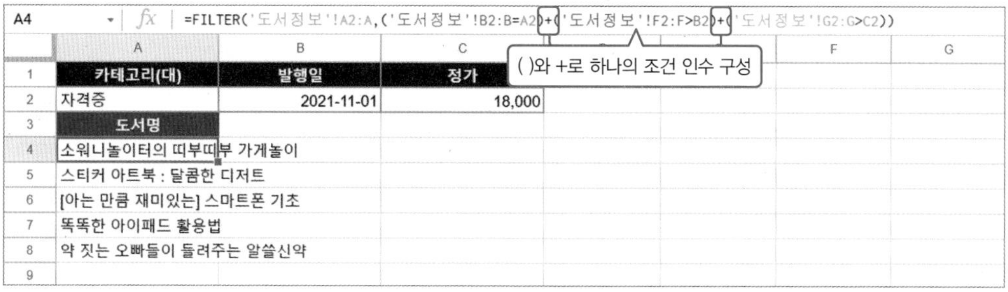

A4 | fx | =FILTER('도서정보'!A2:A,('도서정보'!B2:B=A2)+('도서정보'!F2:F>B2)+('도서정보'!G2:G>C2))

( )와 +로 하나의 조건 인수 구성

	A	B	C	D	E	F	G
1	카테고리(대)	발행일	정가				
2	자격증	2021-11-01	18,000				
3	도서명						
4	소워니놀이터의 띠부띠부 가게놀이						
5	스티커 아트북 : 달콤한 디저트						
6	[아는 만큼 재미있는] 스마트폰 기초						
7	똑똑한 아이패드 활용법						
8	약 짓는 오빠들이 들려주는 알쓸신약						
9							

'도서정보' 시트에서 '카테고리(대)'가 '자격증', '발행일'이 '2021년 11월 1일 이후', '정가'가 '18,000 초과'라는 세 조건 중 한 가지라도 만족하는 A열의 '도서명'을 반환합니다.

2 · 반환 범위 재구성하기

예제파일 I 06-26_FILTER(범위재구성)

이번에는 열을 '도서명' '카테고리(대)', '발행일', '정가'의 순서로 반환하도록 반환 범위를 재구성해 보겠습니다.

≫ {'도서정보'!A2:B,'도서정보'!F2:G}

FILTER 함수는 범위, 즉 배열을 반환하므로 중괄호와 콤마(,) 조합을 사용해 반환되는 열의 순서를 재구성할 수 있습니다. 이 구성을 FILTER 함수의 결괏값을 반환하는 '범위' 인수에 적용합니다.

```
=FILTER({'도서정보'!A2:B,'도서정보'!F2:G},('도서정보'!B2:B=A2)+('도서정보'!F2:F>B2)+
('도서정보'!G2:G>C2))
```

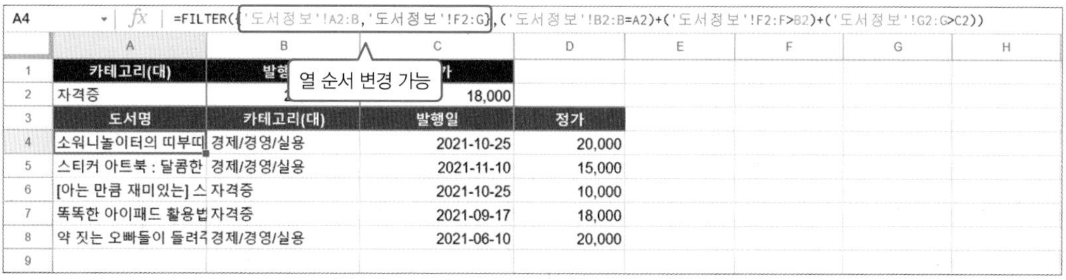

A4 | fx | =FILTER({'도서정보'!A2:B,'도서정보'!F2:G},('도서정보'!B2:B=A2)+('도서정보'!F2:F>B2)+('도서정보'!G2:G>C2))

열 순서 변경 가능

	A	B	C	D	E	F	G	H
1	카테고리(대)	발행	가					
2	자격증	2	18,000					
3	도서명	카테고리(대)	발행일	정가				
4	소워니놀이터의 띠부띠	경제/경영/실용	2021-10-25	20,000				
5	스티커 아트북 : 달콤한	경제/경영/실용	2021-11-10	15,000				
6	[아는 만큼 재미있는] 스	자격증	2021-10-25	10,000				
7	똑똑한 아이패드 활용법	자격증	2021-09-17	18,000				
8	약 짓는 오빠들이 들려주	경제/경영/실용	2021-06-10	20,000				
9								

3 · 여러 시트의 데이터를 하나의 시트로 합치기

예제파일 | 06-27_FILTER(시트합치기)

FILTER 함수에 중괄호를 이용해 배열을 재구성할 수 있다는 특징을 활용하면 **여러 시트에서 입력되는 데이터를 실시간으로 하나의 시트로** 합칠 수 있습니다. 두 개로 분리되어 있는 '도서정보' 시트에 계속해서 데이터가 추가된다고 가정해 보겠습니다.

	A	B	C
1	도서명	카테고리(대)	카테고리(중)
2	소워니놀이터의 띠부띠부 가게놀(	경제/경영/실용	취미/레저/건강
3	스티커 아트북 : 달콤한 디저트	경제/경영/실용	취미/레저/건강
4	[아는 만큼 재미있는] 스마트폰 기	자격증	컴퓨터
5	아이와 함께 사각사각 종이접기	경제/경영/실용	가정/생활
6	스케치업 With V-Ray Standard	자격증	컴퓨터
7	동물병원 119	경제/경영/실용	가정/생활
8			

+ ≡ 도서정보(1) ▾ 도서정보(2) ▾

	A	B	C
1	도서명	카테고리(대)	카테고리(중)
2	약 짓는 오빠들이 들려주는 알쓸신	경제/경영/실용	취미/레저/건강
3	아름다움을 엮다 · 전통매듭	경제/경영/실용	취미/레저/건강
4	수묵일러스트	경제/경영/실용	취미/레저/건강
5	오일파스텔로 그리는 오늘의 풍경	경제/경영/실용	취미/레저/건강
6	성공하는 사람들의 비밀 · PDCA	경제/경영/실용	경제/경영
7	똑똑한 아이패드 활용법	자격증	컴퓨터
8			

+ ≡ 도서정보(1) ▾ 도서정보(2) ▾

=FILTER({'도서정보(1)'!A2:H;'도서정보(2)'!A2:H},{'도서정보(1)'!A2:A;'도서정보(2)'!A2:A}<>"")

A2 fx =FILTER({'도서정보(1)'!A2:H;'도서정보(2)'!A2:H},{'도서정보(1)'!A2:A;'도서정보(2)'!A2:A}<>"")

	A	B ❶	C	D	E ❷	F	G	H
1	도서명	카테고리(대)	카테고리(중)	카테고리(소)	저자	발행일	페이지 수	정가
2	소워니놀이터의 띠부띠부 가게놀(	경제/경영/실용	취미/레저/건강	DIY/공예	조윤성	2021-10-25	206	20,000
3	스티커 아트북 : 달콤한 디저트	경제/경영/실용	취미/레저/건강	미술/컬러링/손글	시대인콘텐츠연-	2021-11-10	92	15,000
4	[아는 만큼 재미있는] 스마트폰 기	자격증	컴퓨터	컴퓨터/인터넷/스	이재훈	2021-10-25	148	10,000
5	아이와 함께 사각사각 종이접기	경제/경영/실용	가정/생활	자녀교육/유학	심은정	2021-10-20	200	14,000
6	스케치업 With V-Ray Standard	자격증	컴퓨터	그래픽(사진/동영	황두환	2021-09-23	332	22,000
7	동물병원 119	경제/경영/실용	가정/생활	반려동물	한현정 · 이준섭	2021-01-05	368	16,000
8	약 짓는 오빠들이 들려주는 알쓸신	경제/경영/실용	취미/레저/건강	건강/뷰티	이정철 · 임성용	2021-06-10	510	20,000
9	아름다움을 엮다 · 전통매듭	경제/경영/실용	취미/레저/건강	DIY/공예	김정인	2021-03-25	184	15,000
10	수묵일러스트	경제/경영/실용	취미/레저/건강	미술/컬러링/손글	송진희	2021-07-05	166	13,000
11	오일파스텔로 그리는 오늘의 풍경	경제/경영/실용	취미/레저/건강	미술/컬러링/손글	전은솔	2021-05-10	172	15,000
12	성공하는 사람들의 비밀 · PDCA	경제/경영/실용	경제/경영	자기계발	오카무라 다쿠로	2021-01-05	168	13,000
13	똑똑한 아이패드 활용법	자격증	컴퓨터	모바일/태블릿/SI	윤다연	2021-09-17	280	18,000
14								

① {'도서정보(1)'!A2:H;'도서정보(2)'!A2:H}

반환할 값의 범위는 두 개의 시트가 행으로 연결되도록 중괄호와 세미콜론(;)을 사용하여 구성합니다.

② {'도서정보(1)'!A2:A;'도서정보(2)'!A2:A}<>""

조건 인수 역시 중괄호로 배열을 구성한 후 A열에 있는 셀이 공란이 아닐 경우 <>"",즉 도서명이 들어 있는 셀에 한해서만 범위를 반환하도록 조건을 걸어 줍니다. <>는 같지 않음, ""는 공란이라는 뜻으로, <>""는 '공란이 아님'을 의미합니다.

FILTER 함수에서 '범위' 및 '조건' 인수를 적용할 때 데이터의 범위(행) 길이는 서로 동일해야 합니다.

≫ {'도서정보(1)'!A2:H;'도서정보(2)'!A2:H}, {'도서정보(1)'!A2:A;'도서정보(2)'!A2:A}

FILTER 함수가 아닌 QUERY 함수를 이용해도 여러 시트의 데이터를 하나의 시트로 합칠 수 있으며, IMPORTRANGE 함수를 통해서는 다른 파일에 위치한 워크시트를 불러와 합칠 수도 있습니다.

STEP 3 다른 함수와의 조합

FILTER 함수를 다른 함수와 조합하여 유용하게 활용할 수 있는 부분에 대해 알아봅니다.

1 · AVERAGE.WEIGHTED 함수와의 조합 - 품목별 가중평균 자동 계산

예제파일 | 06-28_FILTER+AVERAGE.WEIGHTED

현업에서 자주 접하게 되는 경우를 하나 살펴보겠습니다. 구매한 시점의 수량과 단가가 계속 달라지는 상품의 경우 선입선출의 재고관리가 아닌 이상 일정 기간 동안 구매한 수량과 단가를 바탕으로 가중평균을 구하여 평균단가 및 재고금액을 산정합니다. 이러한 경우에 FILTER 함수와 AVERAGE.WEIGHTED 함수를 같이 사용하면 추가로 입고되는 수량에 맞춰 자동으로 가중평균 값을 계산할 수 있습니다.

ref. AVERAGE.WEIGHTED 함수는 가중평균을 구하는 함수입니다. 자세한 내용은 p.214를 참고합니다.

먼저 UNIQUE 함수를 사용하여 추가되는 품목정보에서 중복값을 걸러낸 품목 리스트를 만들고, SORT 함수로 오름차순 정렬합니다.

```
=SORT(UNIQUE(B2:B))
```

F2 | fx | =SORT(UNIQUE(B2:B))

	A	B	C	D	E	F	G	H
1	날짜	중복 제거	수량	단가	⇒	품목리스트	품목별 가중평균	
2	2022-01-17	BBB	2,800	12,000		AAA		
3	2022-01-17	AAA	1,200	5,000		BBB		
4	2022-01-18	BBB	2,000	13,000		CCC		
5	2022-01-19	BBB	1,800	12,500				
6	2022-01-19	AAA	1,000	5,200				
7	2022-01-19	CCC	3,000	8,050				
8								

AVERAGE.WEIGHTED 함수를 사용하려면 '값'과 '가중치'의 인수가 필요합니다. '값'은 D열의 '단가'가 되며, '가중치'는 C열의 '수량'이 됩니다. 문제는 '단가'와 '수량' 모두 한 가지가 아니라 여러 개의 값이고 계속해서 추가된다는 것입니다. FILTER 함수를 사용해 품목에 대한 '단가'와 '수량'을 배열로 반환합니다. 이때 '품목 리스트' 열에 함수가 공통으로 적용되어야 하므로 참조셀을 제외한 범위는 절대참조($)로 지정합니다.

① 단가에 대한 배열: '값'에 대한 인수 ≫ `FILTER($D$2:$D,$B$2:$B=F2)`

② 수량에 대한 배열: '가중치'에 대한 인수 ≫ `FILTER($C$2:$C,$B$2:$B=F2)`

FILTER 함수로 지정한 각 인수를 AVERAGE.WEIGHTED 함수에 적용합니다. 또한, 참조할 셀이 있는 F열의 품목 리스트란이 공란일 경우 나타나는 #DIV/0! 오류값 반환을 없애기 위해 IFERROR 함수를 같이 적용합니다.

```
=IFERROR(AVERAGE.WEIGHTED(FILTER($D$2:$D,$B$2:$B=F2),FILTER($C$2:$C,$B$2:$B=F2)))
```

G2 | fx | =IFERROR(AVERAGE.WEIGHTED(FILTER($D$2:$D,$B$2:$B=F2),FILTER($C$2:$C,$B$2:$B=F2)))

	A	B	C	D	E	F	G	H
1	날짜	품목	수량	단가	⇒	품목리스트	품목별 가중평균	
2	2022-01-17	BBB	2,800	12,000		AAA	5,091	
3	2022-01-17	AAA	1,200	5,000		BBB	12,439	
4	2022-01-18	BBB	2,000	13,000		CCC	8,050	
5	2022-01-19	BBB	1,800	12,500				
6	2022-01-19	AAA	1,000	5,200				
7	2022-01-19	CCC	3,000	8,050				
8								

기존 품목이 추가로 입고되거나 신규 품목이 추가될 때마다 품목별 가중평균 값이 자동으로 업데이트됩니다.

F4:G4 | fx | =IFERROR(AVERAGE.WEIGHTED(FILTER($D$2:$D,$B$2:$B=F4),FILTER($C$2:$C,$B$2:$B=F4)))

	A	B	C	D	E	F	G	H
1	날짜	품목	수량	단가	⇒	품목리스트	품목별 가중평균	
2	2022-01-17	BBB	2,800	12,000		AAA	5,091	
3	2022-01-17	AAA	1,200	5,000		BBB	12,439	
4	2022-01-18	BBB	2,000	13,000		CCC	7,964	
5	2022-01-19	BBB	1,800	12,500		DDD	3,000	
6	2022-01-19	AAA	1,000	5,200				
7	2022-01-19	CCC	3,000	8,050				
8	2022-01-20	CCC	4,000	7,900				
9	2022-01-20	DDD	7,000	3,000				
10								

8행에 CCC 품목이 추가되어 평균단가가 8,050에서 7,964로 바뀜

9행에 DDD라는 신규 품목이 추가되어 품목 리스트와 단가가 새롭게 반영됨

2 · TEXTJOIN 함수와의 조합 - 반환 범위를 하나의 셀에 배치

예제파일 | 06-29_FILTER+TEXTJOIN

FILTER 함수와 TEXTJOIN 함수를 통해 배열로 반환된 값을 하나의 셀에 문자열로 배치할 수 있습니다. 두 함수를 조합하여 2022년 1월의 담당자 리스트를 하나의 셀 안에 반환하도록 구성해 보겠습니다.

2022년 1월 담당자이므로 FILTER 함수의 조건을 2022년 1월 31일까지로 지정합니다.

≫ `FILTER(B2:B,A2:A<=DATE(2022,1,31))`

배열로 반환된 값을 하나의 셀에 넣기 위해 콤마(,)를 구분자로 하는 TEXTJOIN 함수를 사용합니다.

```
=TEXTJOIN(", ",1,FILTER(B2:B,A2:A<=DATE(2022,1,31)))
```

D2 fx `=TEXTJOIN(", ",1,FILTER(B2:B,A2:A<=DATE(2022,1,31)))`

	A	B	C	D	E
1	날짜	담당	⇒	22년 1월 담당자	
2	2022-01-25	James		James, Mark, Jay, Peter	
3	2022-01-26	Mark			
4	2022-01-27	Jay			
5	2022-01-28	Peter			
6	2022-02-03	Simon			
7	2022-02-04	Jay			
8	2022-03-07	James			
9	2022-03-08	Erick			
10					

1월에 해당되는 담당자 리스트가
하나의 셀에 반환됨

ref. TEXTJOIN 함수는 구분자를 사용하여 여러 개의 문자를 하나로 합치는 함수로, p.184에서 자세히 다룹니다.

Section 1 | 파일 밖으로 참조 범위를 넓히는 IMPORT 시리즈
Section 2 | 다른 시트를 참조할 땐 IMPORTRANGE 함수
Section 3 | 웹 크롤링으로 인터넷에서 데이터 가져오기

검색 범위의 확장, 외부 데이터 가져오기

스프레드시트 작업을 하다 보면 내가 원하는 데이터가 다른 파일에 있는 경우가 흔하게 발생합니다. 흩어져 있는 수많은 파일에서 내가 원하는 데이터를 찾아 불러오는 것은 데이터 분석뿐 아니라 업무 자동화 시스템을 만들 때에도 필수적인 과정입니다.
이번 챕터에서는 다른 파일에 있는 데이터를 불러오는 IMPORT 시리즈 함수를 알아보겠습니다. 특히 IMPORTRANGE 함수가 실제 업무에서 어떻게 활용되는지에 대해 필자의 노하우를 중심으로 소개합니다.

SECTION 1

파일 밖으로 참조 범위를 넓히는 IMPORT 함수

구글 시트는 파일 내 시트가 아닌 다른 파일에 있는 시트나 인터넷에 있는 정보를 불러오는 IMPORT 시리즈 함수를 제공합니다. 그 결과 엑셀처럼 단순한 스프레드시트에 그치지 않고 확장된 업무 시스템을 구성할 수 있는 도구로써 기능하는 것이 가능합니다.

STEP 1 IMPORT 시리즈 함수

IMPORT 함수의 종류와 각 함수가 가진 특징을 알아보겠습니다.

함수	반환값	검색 기준
IMPORTRANGE	다른 파일 내 시트의 셀 범위 데이터	URL 주소
IMPORTDATA	.csv 또는 .tsv	
IMPORTFEED	RSS 또는 Atom 피드	
IMPORTHTML	HTML 페이지의 표 또는 목록에 있는 데이터	
IMPORTXML	XML, HTML, CSV, TSV, RSS 및 Atom XML 피드를 포함한 다양한 구조화된 데이터	

모든 IMPORT 함수는 공통적으로 URL 주소를 기준으로 위치를 찾고, 지정된 인수에 따라 데이터를 반환합니다. IMPORT 함수 중 **가장 중요한 것은 IMPORTRANGE 함수이며, 이 함수를 통해 다른 구글 시트로부터 실시간 데이터를 불러와 합치는 등 구글 시트를 하나의 업무 시스템으로 활용할** 수 있습니다.

IMPORTXML 함수는 주로 인터넷에서 데이터를 가져오는 크롤링(Crawling)의 목적으로 사용되는데, 로그인이 필요한 페이지나 동적 페이지의 경우에는 한계가 있습니다. 그래서 필자는 IMPORTXML 함수는 간단한 용도로만 사용하고 웹 크롤링은 다른 전문 도구를 사용합니다.

이 책에서는 구글 시트 파일 간 연결에 핵심이 되는 IMPORTRANGE 함수에 대해 자세히 설명합니다.

SECTION

2 다른 시트를 참조할 땐 IMPORTRANGE 함수

IMPORTRANGE 함수는 ARRAYFORMULA 함수, QUERY 함수와 함께 필자를 엑셀에서 구글 시트로 넘어오게 한 가장 핵심적인 함수입니다. 단순한 데이터 가공, 분석을 넘어 실시간 파일 연결을 통해 ERP와 같은 업무 시스템을 만드는 데 유용하게 사용됩니다.

STEP 1 IMPORTRANGE 함수로 외부 시트 연결하기

예제파일 | 07-01_도서정보 취합

다른 구글 시트의 URL 주소만 알면 IMPORTRANGE 함수를 이용해 파일을 연결할 수 있습니다. 먼저 IMPORTRANGE 함수의 특징을 알아보고, 다른 시트의 데이터를 불러와 보겠습니다.

1 · IMPORTRANGE 함수의 특징

먼저 구글 시트의 기본적인 특징에 대해 정리해 보겠습니다.

① 모든 구글 시트는 고유의 URL 주소를 갖습니다.
② 하나의 파일 내에 여러 개의 워크시트를 생성할 수 있습니다.
③ 모든 셀은 행(Row)과 열(Column)로 구성된 위치 번호를 갖습니다.

따라서 찾으려는 데이터가 있는 파일의 이름이나 폴더의 위치가 바뀌더라도 고유의 URL 주소를 통해 정확한 위치를 찾아 데이터를 불러올 수 있습니다.

IMPORTRANGE (스프레드시트_URL, 범위_문자열)

지정된 스프레드시트에서 셀 범위를 가져옵니다.

- **스프레드시트_URL**: 가져올 데이터가 있는 스프레드시트의 URL입니다.
- **범위_문자열**: 가져올 범위를 지정하는 "Sheet1!A2:B6" 또는 "A2:B6" 형식의 문자열입니다. 후자와 같이 시트명 없이 셀 범위만 지정할 경우 해당 파일의 첫 번째 시트가 적용됩니다.

```
            ❶          ❷                ❸
=IMPORTRANGE(URL, 워크시트_이름!셀_범위 00:00)
```

IMPORTRANGE 함수의 구성이 구글 시트의 특징과 각각 매치된다는 것을 확인할 수 있습니다.

IMPORTRANGE 함수를 사용하여 다른 시트의 데이터를 가져오려면 해당 시트에 접근 권한(읽기/수정)이 부여되어 있어야 합니다. 함수 처음 사용 시, 원본 시트에서 대상 시트로 데이터를 가져올 때 권한을 부여할지 묻는 메시지가 표시됩니다. 접근 권한이 부여되면 해당 편집자는 IMPORTRANGE 함수를 사용하여 원본 시트에서 데이터를 가져올 수 있습니다. 데이터 접근은 권한을 부여한 파일 소유자가 권한을 삭제하기 전까지 유지됩니다.

IMPORTRANGE 함수를 사용해 '도서목록(1)' 파일의 '도서정보' 시트에 있는 데이터를 '도서정보 취합' 파일의 '목록' 시트로 실시간으로 불러오는 구성과 주의사항에 대해 살펴보겠습니다.

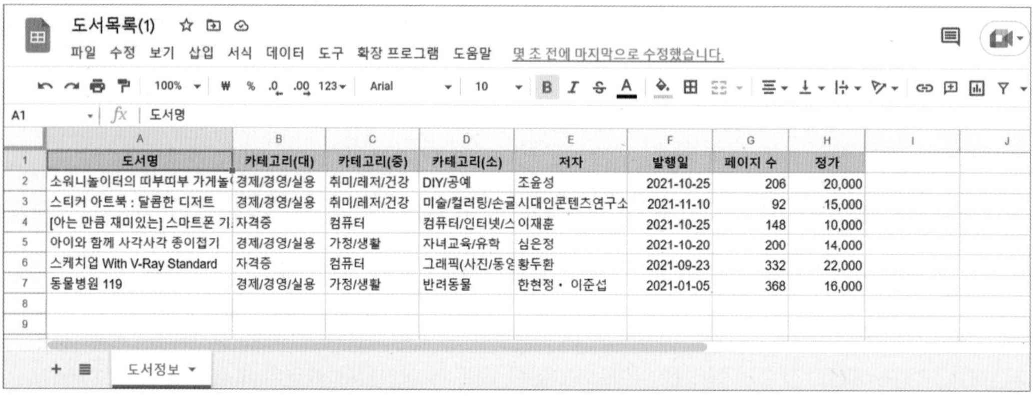

도서목록(1)

파일 수정 보기 삽입 서식 데이터 도구 확장 프로그램 도움말 몇 초 전에 마지막으로 수정했습니다.

A1 fx 도서명

	A	B	C	D	E	F	G	H
1	도서명	카테고리(대)	카테고리(중)	카테고리(소)	저자	발행일	페이지 수	정가
2	소워니놀이터의 띠부띠부 가게놀(	경제/경영/실용	취미/레저/건강	DIY/공예	조윤성	2021-10-25	206	20,000
3	스티커 아트북 : 달콤한 디저트	경제/경영/실용	취미/레저/건강	미술/컬러링/손글	시대인콘텐츠연구소	2021-11-10	92	15,000
4	[아는 만큼 재미있는] 스마트폰 기.	자격증	컴퓨터	컴퓨터/인터넷/스	이재훈	2021-10-25	148	10,000
5	아이와 함께 사각사각 종이접기	경제/경영/실용	가정/생활	자녀교육/유학	심은정	2021-10-20	200	14,000
6	스케치업 With V-Ray Standard	자격증	컴퓨터	그래픽(사진/동영	황두환	2021-09-23	332	22,000
7	동물병원 119	경제/경영/실용	가정/생활	반려동물	한현정 · 이준섭	2021-01-05	368	16,000
8								
9								

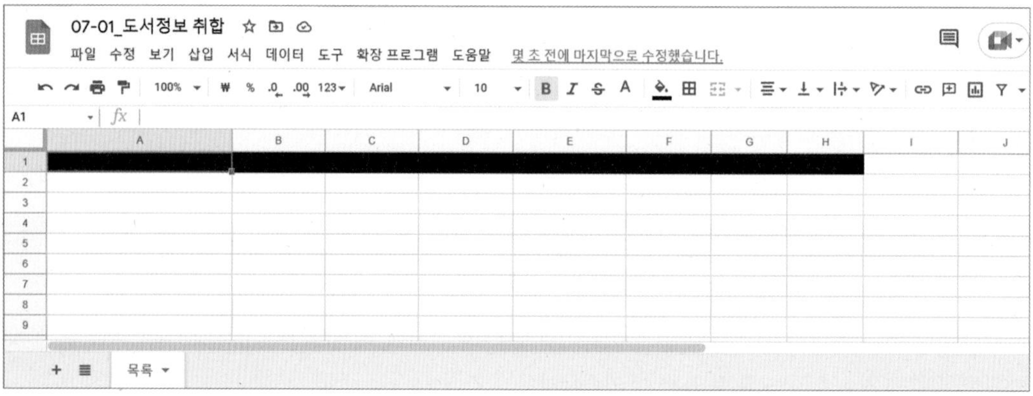

도서정보

07-01_도서정보 취합

파일 수정 보기 삽입 서식 데이터 도구 확장 프로그램 도움말 몇 초 전에 마지막으로 수정했습니다.

A1 fx

목록

2 · URL 주소 및 범위 설정

IMPORTRANGE 함수의 '스프레드시트_URL' 인수를 지정해 보겠습니다. '도서목록(1)' 파일의 URL 주소를 복사합니다. URL은 보통 /edit의 앞까지 사용하거나, spreadsheets/d/와 /edit 사이의 주소만 사용합니다.

① https://docs.google.com/spreadsheets/d/1C8-1Q02ETrsjTV3hF_fQA2SCkPlbS5sJq-cctwhdKww
② 1C8-1Q02ETrsjTV3hF_fQA2SCkPlbS5sJq-cctwhdKww

다음으로 '도서목록(1)' 파일의 '도서정보' 시트에 입력된 데이터를 모두 불러올 것이므로 '범위_문자열' 인수로 "도서정보!A1:H"를 입력합니다. '도서정보' 시트명을 빼고 "A1:H"만 입력해도 IMPORTRANGE 함수의 기본값인 첫 번째 워크시트를 불러오는 격이므로 동일한 값을 반환합니다. 여기서 원본 시트의 데이터가 계속 추가되는 것을 고려하여 범위를 A1:H로 행을 오픈시켜야 함을 유의합니다. 이때 IMPORTRANGE **함수의 인수는 '문자열'로 입력**되기 때문에 큰따옴표를 사용하여 입력합니다.

```
=IMPORTRANGE("https://docs.google.com/spreadsheets/d/1C8-1Q02ETrsjTV3hF_fQA2SCkPlbS5sJq-cctwhdKww","도서정보!A1:H")
```

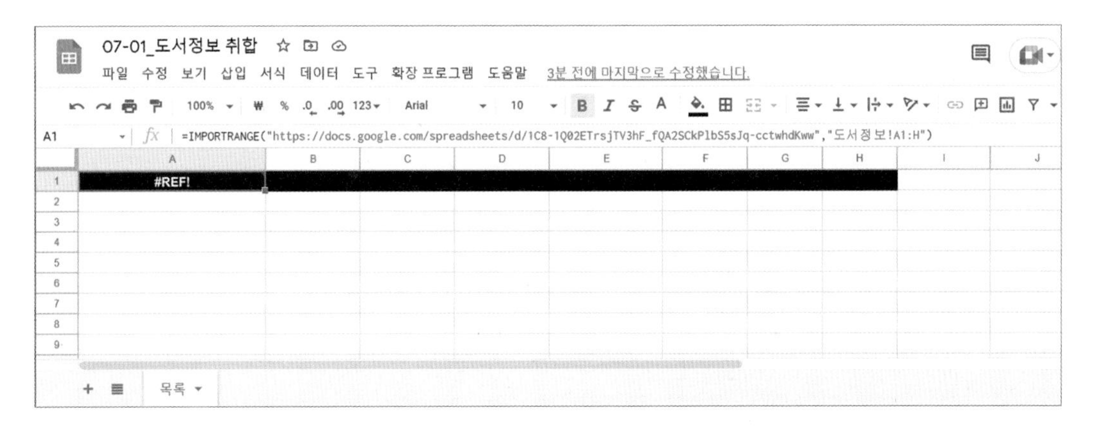

IMPORTRANGE 함수를 적용하면 데이터 값이 바로 반환되지 않고 #REF! 오류가 발생합니다. 이는 다른 파일의 데이터를 불러올 때 **해당 파일에 대한 액세스 권한**이 허용되어야 하기 때문입니다.

③ · 접근 권한 설정과 오류

IMPORTRANGE 함수를 처음 적용할 때에는 **한 번은 무조건 '액세스 허용'**을 해 주어야 원본 파일과 연결할 수 있습니다. 이후 동일한 구글 시트 내에서 다시 IMPORTRANGE 함수를 사용한다면 그때는 권한 설정이 따로 필요하지 않습니다. 또한, 원본 파일의 공유 권한이 '링크가 있는 모든 사용자에게 공개'로 설정되어 있는 경우에도 액세스 허용 과정이 생략됩니다.

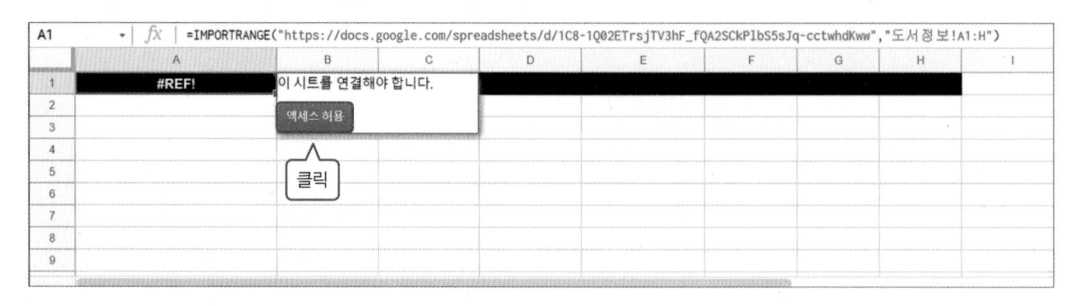

A1 =IMPORTRANGE("https://docs.google.com/spreadsheets/d/1C8-1Q02ETrsjTV3hF_fQA2SCkPlbS5sJq-cctwhdKww","도서정보!A1:H")

	A	B	C	D	E	F	G	H
1	도서명	카테고리(대)	카테고리(중)	카테고리(소)	저자	발행일	페이지 수	정가
2	소워니놀이터의 띠부띠부 가게놀(	경제/경영/실용	취미/레저/건강	DIY/공예	조윤성	2021-10-25	206	20,000
3	스티커 아트북 : 달콤한 디저트	경제/경영/실용	취미/레저/건강	미술/컬러링/손글	시대인콘텐츠연구소	2021-11-10	92	15,000
4	[아는 만큼 재미있는] 스마트폰 기	자격증	컴퓨터	컴퓨터/인터넷/스	이재훈	2021-10-25	148	10,000
5	아이와 함께 사각사각 종이접기	경제/경영/실용	가정/생활	자녀교육/유학	심은정	2021-10-20	200	14,000
6	스케치업 With V-Ray Standard	자격증	컴퓨터	그래픽(사진/동영	황두환	2021-09-23	332	22,000
7	동물병원 119	경제/경영/실용	가정/생활	반려동물	한현정 · 이준섭	2021-01-05	368	16,000
8								
9								

IMPORTRANGE 함수의 오류는 모두 #REF!로 반환되므로 표시되는 오류 메시지를 통해 어느 부분이 잘못된 것인지 정확히 확인해야 합니다.

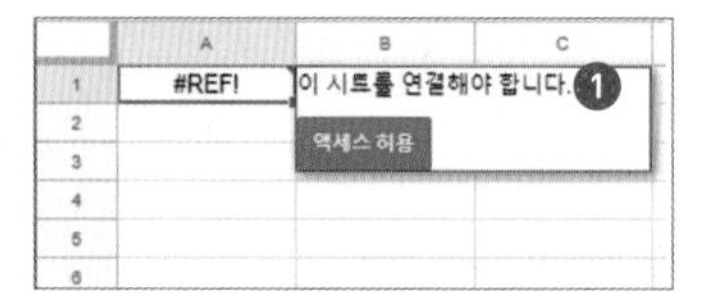

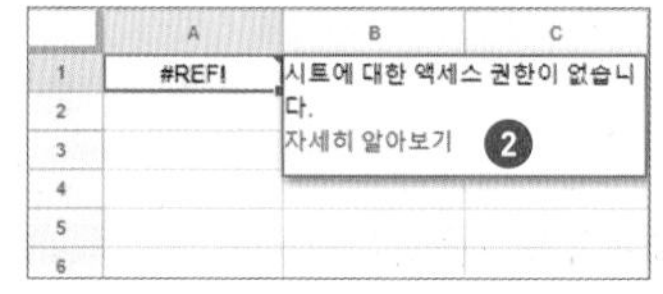

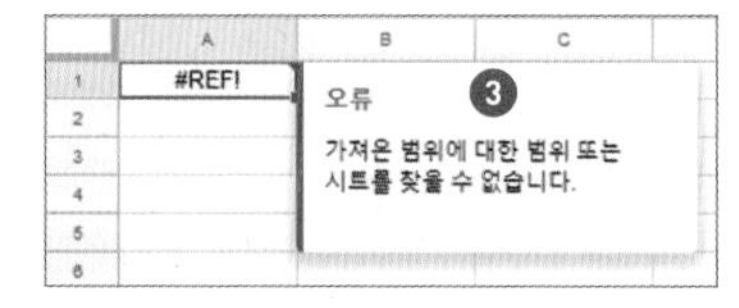

▲ IMPORTRANGE 함수의 오류 메시지 종류

① 이 시트를 연결해야 합니다.

IMPORTRANGE 함수를 처음 적용했을 때 '액세스 허용'을 해 줘야 데이터 값을 반환할 수 있습니다.

② 시트에 대한 액세스 권한이 없습니다.

IMPORTRANGE 함수로 연결된 URL 주소 파일에 대한 액세스 권한이 없는 상태이므로 해당 파일 소유자가 '뷰어' 또는 '편집자' 권한을 부여해 주어야 합니다.

③ 가져온 범위에 대한 범위 또는 시트를 찾을 수 없습니다.

IMPORTRANGE 함수의 인수로 입력한 URL 주소가 틀리거나, 시트가 없거나, 시트명이 바뀐 경우입니다.

PLUS | 문자열 인수 사용 시 주의할 점

IMPORTRANGE 함수의 인수는 다른 일반 함수들과 달리 모두 '문자열'로 구성됩니다. 이 특징은 IMPORTRANGE 함수의 활용 범위를 넓히는 데 있어서 강력한 장점입니다. 그러나 문자열로 구성된 '범위_문자열' 인수를 입력할 때 주의할 점이 하나 있습니다. 원본 파일의 워크시트명이 바뀌면 IMPORTRANGE 함수 내의 인수도 동일하게 바꿔 주어야 한다는 것입니다. 정상적으로 작동하던 IMPORTRANGE 함수에 갑자기 '가져온 범위에 대한 범위 또는 시트를 찾을 수 없습니다.'의 오류가 나는 경우 제일 먼저 원본 파일의 워크시트명이 변경되었는지 체크해 보는 것이 좋습니다.

※ URL 주소의 경우 고유값이므로 파일명이나 폴더 위치가 바뀌는 것에는 영향을 받지 않습니다.

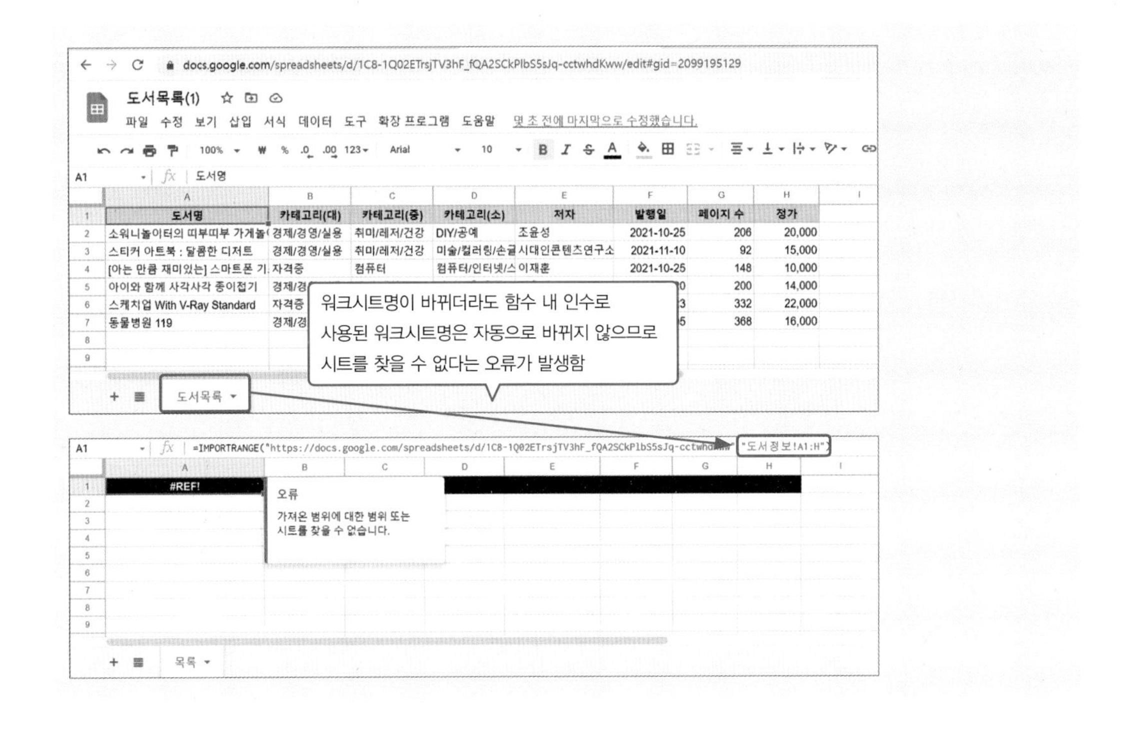

STEP 2 배열 수식과 참조셀 조합으로 활용 범위 넓히기

IMPORTRANGE 함수에 배열 수식을 적용하거나 참조셀을 조합해 문자열을 구성하면 시트 내 데이터를 자유자재로 활용할 수 있습니다. 여러 개로 나뉜 파일을 하나의 시트로 취합하거나 참조셀만을 사용하여 외부의 파일 데이터를 자유자재로 불러올 수 있습니다.

1 · 여러 개의 파일을 불러와 하나로 합치기

예제파일 | 07-02_복수파일 취합

IMPORTRANGE 함수를 사용하면 다수의 파일에 나뉘어 있는 데이터를 하나의 파일로 실시간으로 취합할 수 있습니다. '도서목록(1)/(2)' 두 개의 파일에 있는 데이터를 한 곳으로 합쳐 보겠습니다.

도서명	카테고리(대)	카테고리(중)	카테고리(소)	저자	발행일	페이지 수	정가
소워니놀이터의 띠부띠부 가게놀(	경제/경영/실용	취미/레저/건강	DIY/공예	조윤성	2021-10-25	206	20,000
스티커 아트북 : 달콤한 디저트	경제/경영/실용	취미/레저/건강	미술/컬러링/손글	시대인콘텐츠연구소	2021-11-10	92	15,000
[아는 만큼 재미있는] 스마트폰 기:	자격증	컴퓨터	컴퓨터/인터넷/스	이재훈	2021-10-25	148	10,000
아이와 함께 사각사각 종이접기	경제/경영/실용	가정/생활	자녀교육/유학	심은정	2021-10-20	200	14,000
스케치업 With V-Ray Standard	자격증	컴퓨터	그래픽(사진/동영	황두환	2021-09-23	332	22,000
동물병원 119	경제/경영/실용	가정/생활	반려동물	한현정 · 이준섭	2021-01-05	368	16,000

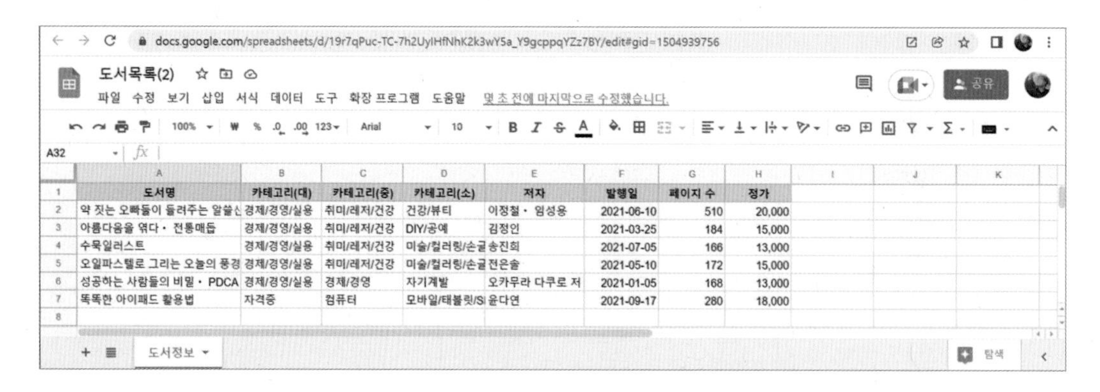

중괄호와 세미콜론(;)을 사용해 IMPORTRANGE 함수를 하나의 배열로 묶어 적용합니다.

```
={IMPORTRANGE("1C8-1Q02ETrsjTV3hF_fQA2SCkPlbS5sJq-cctwhdKww","도서정보!A1:H");IMPORTRANGE
("19r7qPuc-TC-7h2UyIHfNhK2k3wY5a_Y9gcppqYZz7BY","도서정보!A1:H")}
```

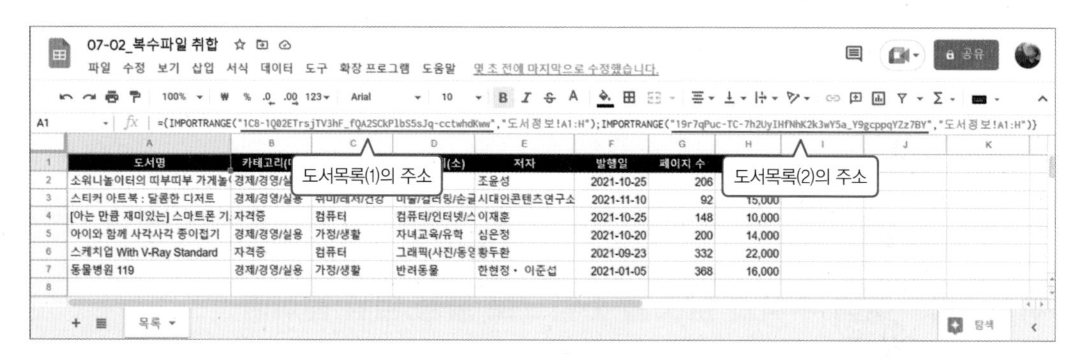

두 원본 파일에 IMPORTRANGE 함수를 사용하면 '액세스 허용'을 두 번 해 주어야 합니다. 중괄호로 묶인 상태에서 하나의 #REF! 오류값에만 '액세스 허용'을 하면 나머지 하나와 배열이 맞지 않아 또 다른 오류가 발생합니다.

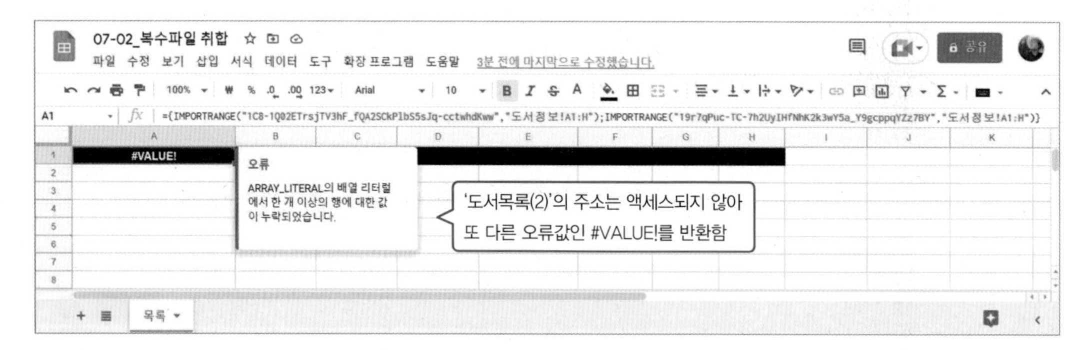

따라서 여러 개의 파일을 하나로 취합하려면 먼저 IMPORTRANGE 함수를 따로 적용해 '액세스 허용'을 한 후에 중괄호로 두 함수를 연결해야 합니다.

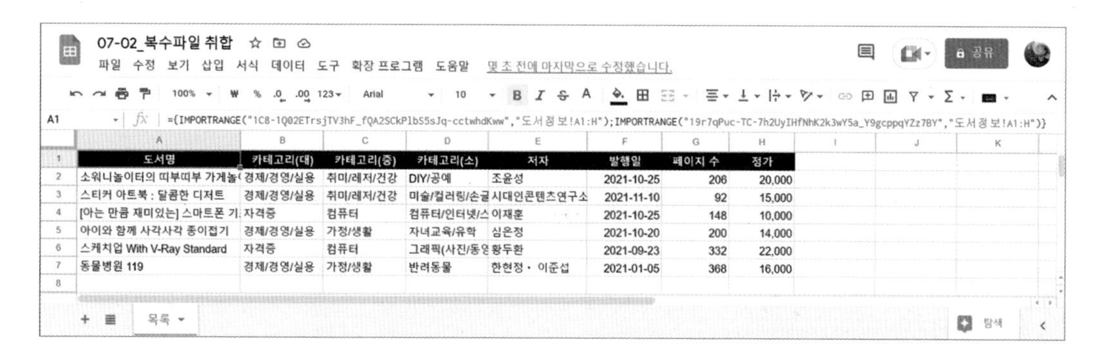

그러나 위의 반환된 결과에서는 '도서목록(1)'의 데이터만 나타나고 '도서목록(2)'의 데이터는 보이지 않습니다. 이는 추가되는 데이터를 실시간으로 반영하기 위해서 범위를 "도서정보!A1:H"로 오픈시켜 값이 비어 있는 행까지 불러왔기 때문입니다.

취합한 시트의 행을 계속 내려가다 보면 '도서목록(1)'의 원본 행이 끝나는 지점(987행) 다음에 '도서목록(2)'의 데이터가 반환된 것을 확인할 수 있습니다.

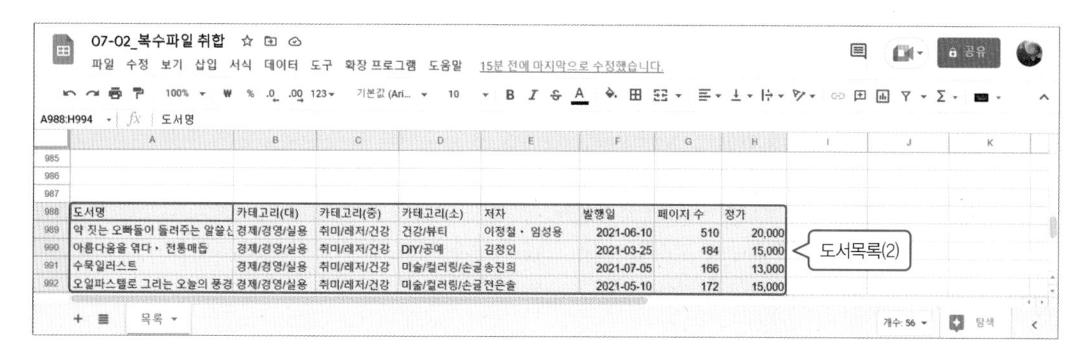

이 상태에서도 바로 데이터 분석 및 가공 작업을 진행할 수 있지만, 공란이 있는 전체 행을 반환함으로써 셀의 개수가 불필요하게 늘어난 상태이므로 공란셀을 먼저 정리해 주는 것을 권장합니다. 여러 개의 파일에서 한 곳으로 데이터를 취합할 경우 필요 없는 공란은 제외하고 데이터 값이 있는 범위만 불러올 수 있도록 IMPORTRANGE 함수에 공란을 제외시키는 조건함수를 함께 걸어주는 것이 좋습니다. 이때 가장 조합이 잘 맞는 함수가 바로 구글 시트의 세 번째 핵심 함수인 QUERY 함수입니다. 물론 앞에서 설명한 FILTER 함수를 사용해도 되지만 사용 편의성이나 기능면에서 QUERY 함수가 더 유용해 IMPORTRANGE 함수와 QUERY 함수의 조합을 추천합니다.

ref. IMPORTRANGE 함수와 QUERY 함수의 조합은 Chapter 8에서 자세히 다룹니다.

조건검색 함수의 조합 없이 공란을 제외한 데이터 값을 반환하려면 애초부터 불러올 범위를 조정해 주어야 합니다.

```
={IMPORTRANGE("1C8-1Q02ETrsjTV3hF_fQA2SCkPlbS5sJq-cctwhdKww","도서정보!A1:H7")
;IMPORTRANGE("19r7qPuc-TC-7h2UyIHfNhK2k3wY5a_Y9gcppqYZz7BY","도서정보!A2:H7")}
```

A1 | fx | ={IMPORTRANGE("1C8-1Q02ETrsjTV3hF_fQA2SCkPlbS5sJq-cctwhdKww","도서정보!A1:H7");IMPORTRANGE("19r7qPuc-TC-7h2UyIHfNhK2k3wY5a_Y9gcppqYZz7BY","도서정보!A2:H7")}

	A	B	C	D	E	F	G	H
1	도서명	카테고리(대)	카테고리(중)	카테고리(소)	저자	발행일	페이지 수	정가
2	소워니놀이터의 띠부띠부 가게놀(	경제/경영/실용	취미/레저/건강	DIY/공예	조윤성	2021-10-25	206	20,000
3	스티커 아트북 : 달콤한 디저트	경제/경영/실용	취미/레저/건강	미술/컬러링/손글	시대인콘텐츠연구소	2021-11-10	92	15,000
4	[아는 만큼 재미있는] 스마트폰 기	자격증	컴퓨터	컴퓨터/인터넷/스	이재훈	2021-10-25	148	10,000
5	아이와 함께 사각사각 종이접기	경제/경영/실용	가정/생활	자녀교육/유학	심은정	2021-10-20	200	14,000
6	스케치업 With V-Ray Standard	자격증	컴퓨터	그래픽(사진/동영	황두환	2021-09-23	332	22,000
7	동물병원 119	경제/경영/실용	가정/생활	반려동물	한현정 · 이준섭	2021-01-05	368	16,000
8	약 짓는 오빠들이 들려주는 알쓸신	경제/경영/실용	취미/레저/건강	건강/뷰티	이정철 · 임성용	44,357	510	20,000
9	아름다움을 엮다 · 전통매듭	경제/경영/실용	취미/레저/건강	DIY/공예	김정인	44,280	184	15,000
10	수묵일러스트	경제/경영/실용	취미/레저/건강	술/컬러링/손글씨	송진희	44,382	166	13,000
11	오일파스텔로 그리는 오늘의 풍경	경제/경영/실용	취미/레저/건강	술/컬러링/손글씨	전은솔	44,326	172	15,000
12	성공하는 사람들의 비밀 · PDCA	경제/경영/실용	경제/경영	자기계발	오카무라 다쿠로 저	44,201	168	13,000
13	똑똑한 아이패드 활용법	자격증	컴퓨터	바일/태블릿/SNS	윤다연	44,456	280	18,000
14								

2 · 참조셀을 사용해 '범위_문자열' 인수 생성하기

예제파일 I 07-03_범위 문자열

IMPORTRANGE 함수가 '문자열'을 인수로 갖는 특징을 이용하여 참조셀 조합으로 인수를 생성할 수 있습니다. '도서목록(1)' 원본에서 원하는 데이터 값을 불러올 때 참조셀로 문자열을 만들어 보겠습니다.

[F2] 셀에 '도서목록(1)' 파일의 URL 주소를, [G2] 셀과 [H2] 셀에는 불러올 시트명과 셀 범위를 각각 입력하여 IMPORTRANGE 함수를 적용합니다. 그리고 '범위_문자열'의 인수는 &와 " "로 문자열을 조합하여 G2 & "!" & H2로 구성합니다.

```
=IMPORTRANGE(F2, G2 & "!" & H2)
```

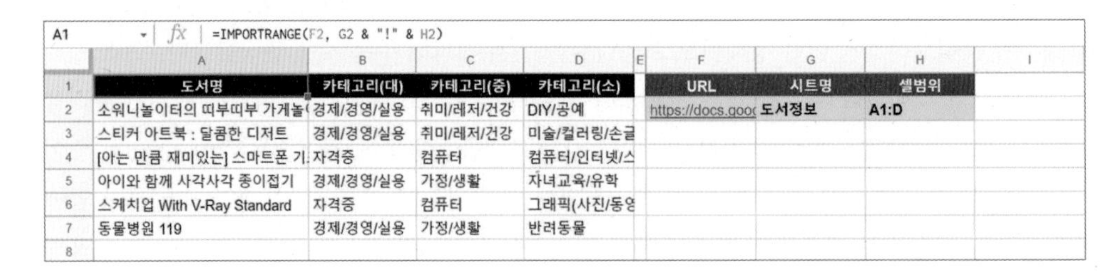

A1 | fx | =IMPORTRANGE(F2, G2 & "!" & H2)

	A	B	C	D	E	F	G	H
1	도서명	카테고리(대)	카테고리(중)	카테고리(소)		URL	시트명	셀범위
2	소워니놀이터의 띠부띠부 가게놀(	경제/경영/실용	취미/레저/건강	DIY/공예		https://docs.goog	도서정보	A1:D
3	스티커 아트북 : 달콤한 디저트	경제/경영/실용	취미/레저/건강	미술/컬러링/손글				
4	[아는 만큼 재미있는] 스마트폰 기	자격증	컴퓨터	컴퓨터/인터넷/스				
5	아이와 함께 사각사각 종이접기	경제/경영/실용	가정/생활	자녀교육/유학				
6	스케치업 With V-Ray Standard	자격증	컴퓨터	그래픽(사진/동영				
7	동물병원 119	경제/경영/실용	가정/생활	반려동물				
8								

이처럼 참조셀로 문자열 인수를 만들면 IMPORTRANGE 함수의 적용 범위를 손쉽게 바꿀 수 있습니다. 불러올 원본 파일의 URL 주소를 '도서목록(2)'로 바꾸고 셀 범위를 수정하는 간단한 작업만으로 다른 데이터를 불러올 수 있습니다.

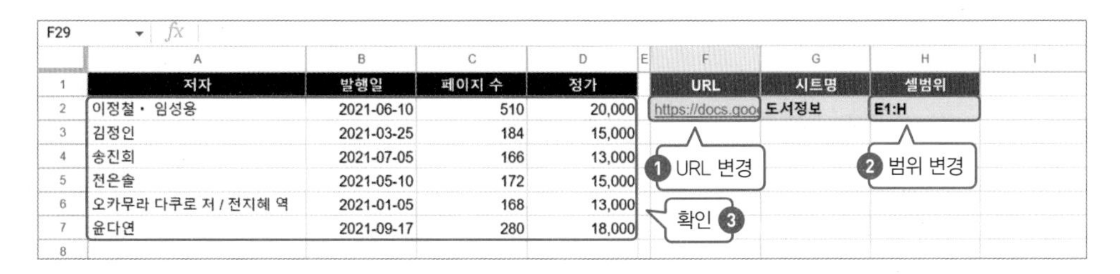

F29

	A	B	C	D	E	F	G	H	I
1	저자	발행일	페이지 수	정가		URL	시트명	셀범위	
2	이정철 · 임성용	2021-06-10	510	20,000		https://docs.goo	도서정보	E1:H	
3	김정인	2021-03-25	184	15,000					
4	송진희	2021-07-05	166	13,000					
5	전은솔	2021-05-10	172	15,000					
6	오카무라 다쿠로 저 / 전지혜 역	2021-01-05	168	13,000					
7	윤다연	2021-09-17	280	18,000					
8									

참조셀에 따른 IMORTRANGE 함수의 구성은 뒤에 설명하는 드롭다운 목록 구성과 아울러 파일 간 데이터 연결 및 업무 시스템을 만드는 데 유용하게 사용됩니다.

STEP 3 데이터 취합 시스템 만들기

IMPORTRANGE 함수를 어떻게 활용하는지에 따라 구글 시트를 단순한 스프레드시트 용도로만 사용할지, 데이터 분석 및 업무 시스템의 도구로 사용할지가 달라집니다. IMPORTRANGE 함수의 특징과 주의사항을 고려해 필자가 IMPORTRANGE 함수를 활용하여 데이터 취합 시스템을 만드는 방법을 소개합니다.

이제까지의 함수 사용과 달리 상대적으로 복잡하지만, 한 번만 제대로 이해하면 스프레드시트의 활용 수준을 한 단계 도약시킬 수 있습니다.

1 · 데이터의 연결 상태 확인을 위한 'REFERENCE' 시트

예제파일 | 07-04_Ref시트

IMPORTRANGE 함수를 본격적으로 활용한다는 것은 항상 여러 개의 파일을 실시간으로 연결해 사용한다는 것입니다. 따라서 '데이터 액세스' 여부와 원본 파일과 데이터의 연결 상태 이상 여부를 확인하는 절차가 매우 중요합니다. 필자는 IMPORTRANGE 함수를 사용하는 구글 시트 파일에 **함수의 정상적인 데이터 연결 확인을 위해 'Ref' 시트를 만들어 사용**합니다.

IMPORTRANGE 함수를 이용해 '도서목록(A)'와 '도서목록(B)'의 데이터를 한 곳으로 실시간 취합해 보겠습니다. 먼저 'Ref' 시트를 추가하고 IMPORTRANGE 함수를 적용합니다.

```
=IMPORTRANGE(C4,"도서정보!A1")
```

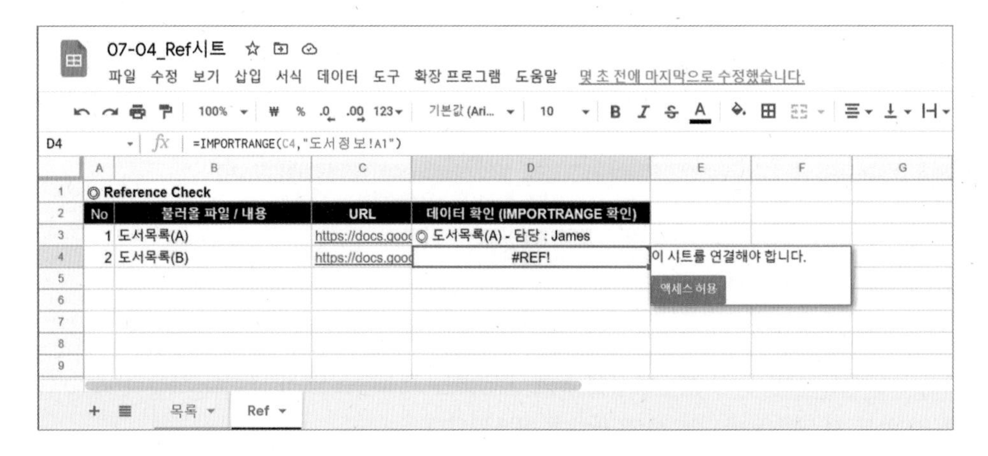

No	불러올 파일 / 내용	URL	데이터 확인 (IMPORTRANGE 확인)
1	도서목록(A)	https://docs.goo	◎ 도서목록(A) - 담당 : James
2	도서목록(B)	https://docs.goo	#REF!

이때 IMPORTRANGE 함수의 '범위_문자열' 인수로 불러오는 데이터가 맞는지 쉽게 확인할 수 있도록 해당 원본 시트의 [A1] 셀에 제목이나 내용을 입력해 둡니다.

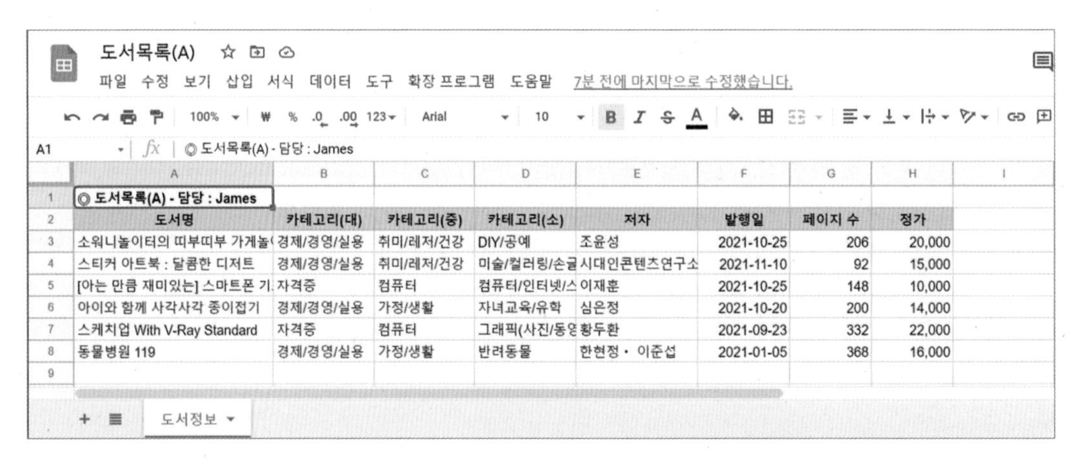

도서명	카테고리(대)	카테고리(중)	카테고리(소)	저자	발행일	페이지 수	정가
소워니놀이터의 띠부띠부 가계놀	경제/경영/실용	취미/레저/건강	DIY/공예	조윤성	2021-10-25	206	20,000
스티커 아트북 : 달콤한 디저트	경제/경영/실용	취미/레저/건강	미술/컬러링/손글	시대인콘텐츠연구소	2021-11-10	92	15,000
[아는 만큼 재미있는] 스마트폰 기	자격증	컴퓨터	컴퓨터/인터넷/스	이재훈	2021-10-25	148	10,000
아이와 함께 사각사각 종이접기	경제/경영/실용	가정/생활	자녀교육/유학	심은정	2021-10-20	200	14,000
스케치업 With V-Ray Standard	자격증	컴퓨터	그래픽(사진/동영	황두환	2021-09-23	332	22,000
동물병원 119	경제/경영/실용	가정/생활	반려동물	한현정 · 이준섭	2021-01-05	368	16,000

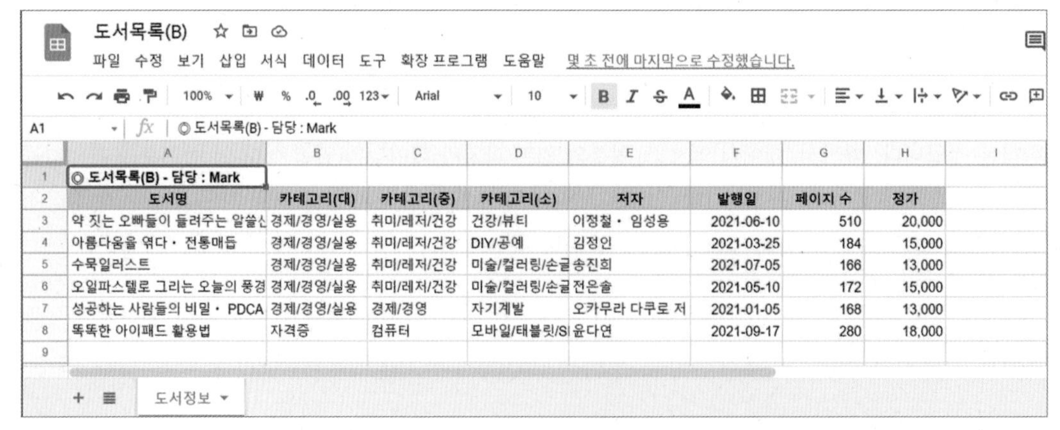

도서명	카테고리(대)	카테고리(중)	카테고리(소)	저자	발행일	페이지 수	정가
약 짓는 오빠들이 들려주는 알쓸신	경제/경영/실용	취미/레저/건강	건강/뷰티	이정철 · 임성용	2021-06-10	510	20,000
아름다움을 엮다 · 전통매듭	경제/경영/실용	취미/레저/건강	DIY/공예	김정인	2021-03-25	184	15,000
수묵일러스트	경제/경영/실용	취미/레저/건강	미술/컬러링/손글	송진희	2021-07-05	166	13,000
오일파스텔로 그리는 오늘의 풍경	경제/경영/실용	취미/레저/건강	미술/컬러링/손글	전은솔	2021-05-10	172	15,000
성공하는 사람들의 비밀 · PDCA	경제/경영/실용	경제/경영	자기계발	오카무라 다쿠로 저	2021-01-05	168	13,000
똑똑한 아이패드 활용법	자격증	컴퓨터	모바일/태블릿/SI	윤다연	2021-09-17	280	18,000

시트의 [D3], [D4] 셀에 IMPORTRANGE 함수를 사용해 원본 시트의 내용이 적힌 [A1] 셀을 불러옵니다.

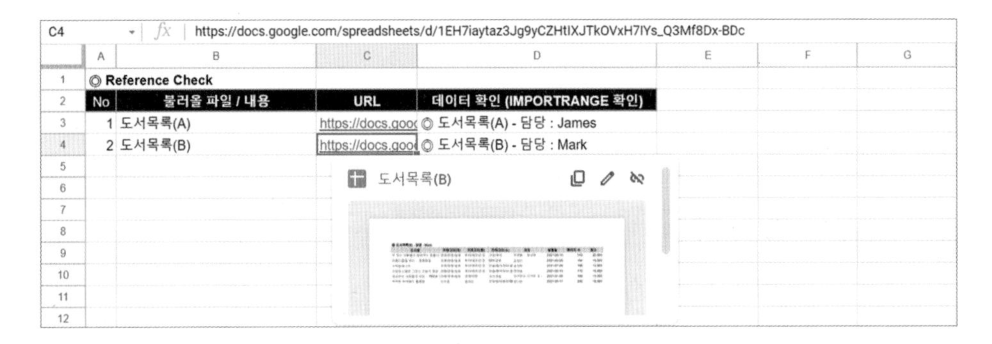

이렇게 'Ref' 시트를 구성해 두면 수많은 데이터들이 IMPORTRANGE 함수를 통해 연결되더라도 어느 파일에서 오류가 발생한 것인지 손쉽게 추적할 수 있습니다. 뿐만 아니라 URL 미리보기 기능을 통해 해당 시트로 바로 이동할 수 있어 관리 작업에 있어서도 편리합니다.

2 · 인수는 참조셀 위주로 사용하기

실제 작업할 시트에서 IMPORTRANGE 함수를 사용할 때는 불러올 원본 시트의 URL이나 공통된 시트 범위에 대해 참조셀을 인수로 사용합니다.

```
=IMPORTRANGE(Ref!C3,Ref!D5)
```

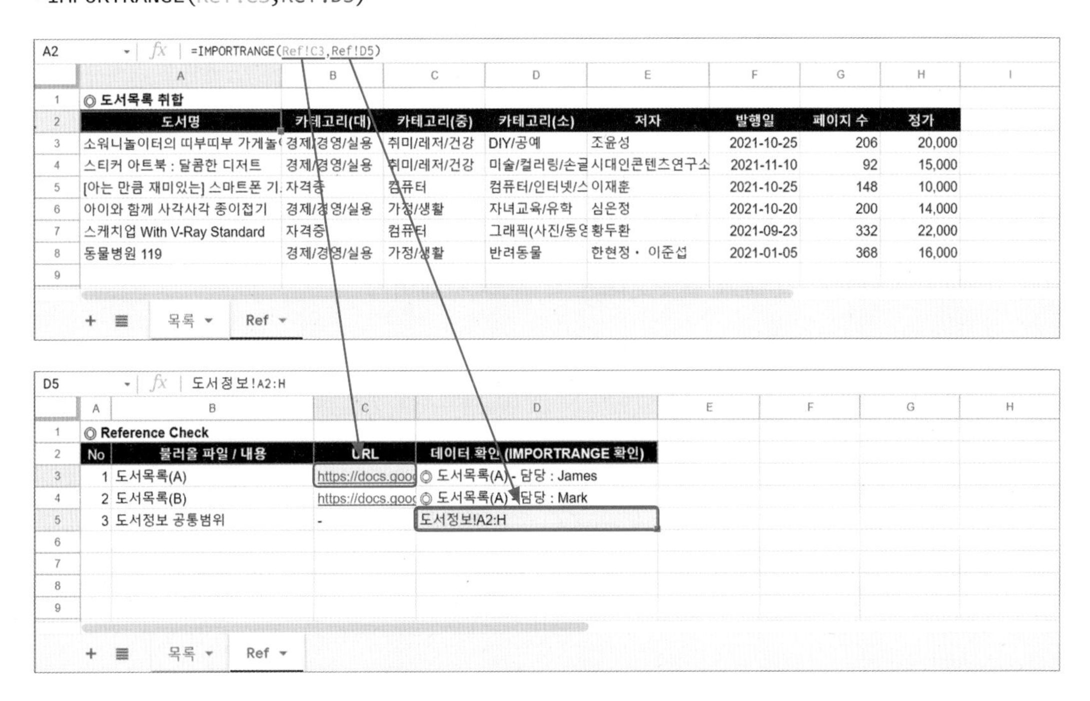

이미 'Ref' 시트에서 '액세스 확인' 실행 및 URL 정리를 완료했으므로 참조셀을 인수로 사용할 수 있습니다. 참조셀을 인수로 활용하면 URL을 입력하지 않아도 되어 함수 사용이 간단해집니다.

3 · 드롭다운 목록 적극적으로 활용하기

'데이터 확인' 기능을 통해 '드롭다운 목록'을 만들면 앞서 진행한 'Ref' 시트와 참조셀 구성을 좀 더 효과적으로 활용할 수 있습니다.

```
=IMPORTRANGE(D1,F1&"!A2:"&H1)
```

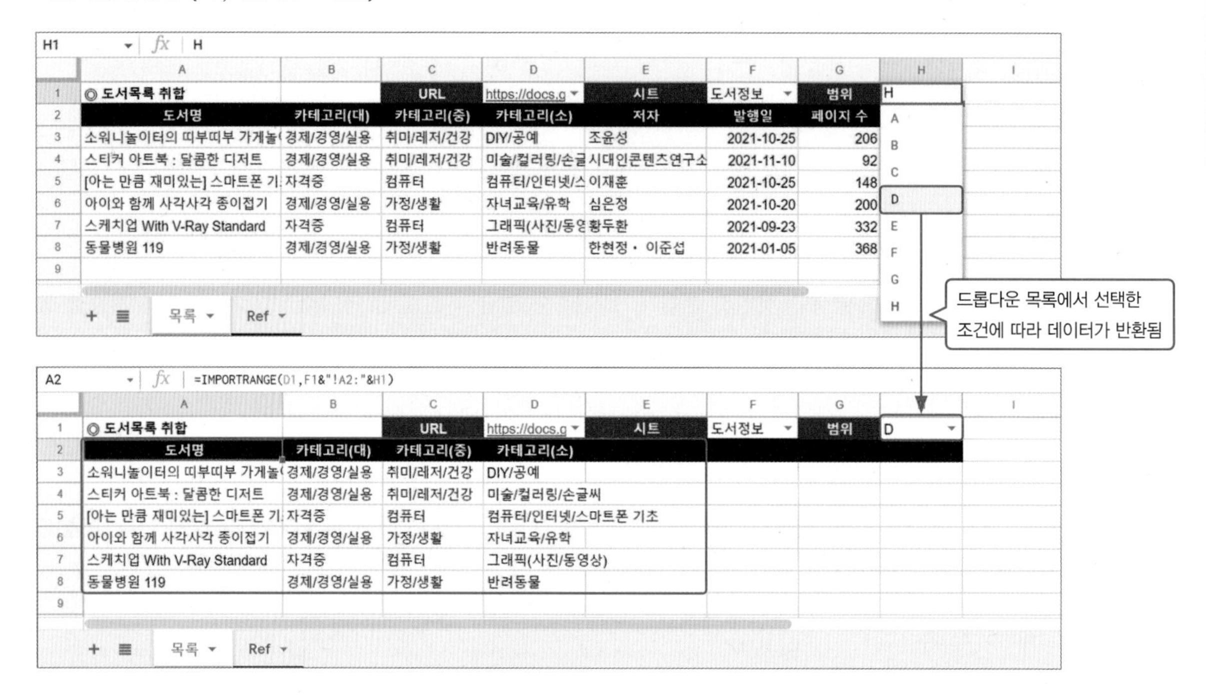

URL, 시트, 셀 범위 세 가지 요소 모두를 드롭다운 선택으로 구성하면 사용자가 각 항목을 선택함에 따라 그에 대한 반환값을 바로 확인할 수 있습니다.

ref. 데이터 확인과 관련한 드롭다운 목록 구성은 p.322에서 자세히 다룹니다.

4 · 불러오는 데이터가 많을 경우, 'COPY' 시트 사용하기

예제파일 | 07-05_Copy시트

IMPORTRANGE 함수는 다른 파일에 위치한 데이터를 불러오는 역할을 하기 때문에 일반 함수들에 비해 처리 속도가 느립니다. 조건검색 함수 내에서 IMPORTRANGE 함수를 검색 범위 인수로 사용해 여러 파일 위치를 범위로 지정하면 함수의 구성이 복잡해지고, 이때 불러오는 데이터의 양이 많을수록 관리가 어려워집니다. 이러한 상황에서는 먼저 'Copy' 시트를 생성하여 불러오려는 데이터를 정리한 후, 생성한 'Copy' 시트를 조건검색 함수에 적용하여 데이터 분석 및 가공에 대한 검색 범위나 계산 범위로 사용합니다.

IMPORTRANGE 함수를 이용하여 '도서목록(A)/(B)' 파일에 있는 데이터를 '취합Copy' 시트로 불러오는데, 이때 중괄호와 세미콜론(;)을 사용해 함수를 하나의 배열로 재구성해 보겠습니다.

≫ {IMPORTRANGE(Ref!C3,Ref!D5);IMPORTRANGE(Ref!C4,Ref!D5)}

원본 파일에서 데이터가 없는 공란셀을 제외하고 반환하기 위해 QUERY 함수를 사용합니다.

```
=QUERY({IMPORTRANGE(Ref!C3,Ref!D5);IMPORTRANGE(Ref!C4,Ref!D5)},"SELECT * WHERE Col1 IS NOT NULL",0)
```

A3 | fx | =QUERY({IMPORTRANGE(Ref!C3,Ref!D5);IMPORTRANGE(Ref!C4,Ref!D5)},"SELECT * WHERE Col1 IS NOT NULL",0)

	A	B	C	D	E	F	G	H
1	◎ 도서목록(A),(B) 취합 Copy							
2	도서명	카테고리(대)	카테고리(중)	카테고리(소)	저자	발행일	페이지 수	정가
3	소워니놀이터의 띠부띠부 가게놀	경제/경영/실용	취미/레저/건강	DIY/공예	조윤성	2021-10-25	206	20,000
4	스티커 아트북 : 달콤한 디저트	경제/경영/실용	취미/레저/건강	미술/컬러링/손글	시대인콘텐츠연구소	2021-11-10	92	15,000
5	[아는 만큼 재미있는] 스마트폰 기	자격증	컴퓨터	컴퓨터/인터넷/스	이재훈	2021-10-25	148	10,000
6	아이와 함께 사각사각 종이접기	경제/경영/실용	가정/생활	자녀교육/유학	심은정	2021-10-20	200	14,000
7	스케치업 With V-Ray Standard	자격증	컴퓨터	그래픽(사진/동영	황두환	2021-09-23	332	22,000
8	동물병원 119		가정/생활	반려동물	한현정 · 이준섭	2021-01-05	368	16,000
9	약 짓는 오빠들이		취미/레저/건강	건강/뷰티	이정철 · 임성용	44,357	510	20,000

+ ≣ 목록 ▾ 취합Copy ▾ Ref ▾

데이터 취합 용도로만 사용

ref. QUERY 함수에 IS NOT NULL 연산자를 사용하면 공란셀을 제외하고 데이터를 반환할 수 있습니다. 자세한 내용은 p.282의 '비교 연산자' 파트를 참고합니다.

최종적으로 원하는 데이터 값을 얻기 위해 FILTER 함수의 범위를 '취합Copy'로 지정해 사용합니다.

```
=FILTER('취합Copy'!A2:H,'취합Copy'!B2:B="경제/경영/실용")
```

A3 | fx | =FILTER('취합Copy'!A2:H,'취합Copy'!B2:B="경제/경영/실용")

	A	B	C	D	E	F	G	H
1	◎ 대분류 '경제/경영							
2	도서명		카테고리(중)	카테고리(소)	저자	발행일	페이지 수	정가
3	소워니놀이터의 띠부띠부 가게놀	경제/경영/실용	취미/레저/건강	DIY/공예	조윤성	2021-10-25	206	20,000
4	스티커 아트북 : 달콤한 디저트	경제/경영/실용	취미/레저/건강	미술/컬러링/손글	시대인콘텐츠연구소	2021-11-10	92	15,000
5	아이와 함께 사각사각 종이접기	경제/경영/실용	가정/생활	자녀교육/유학	심은정	2021-10-20	200	14,000
6	동물병원 119	경제/경영/실용	가정/생활	반려동물	한현정 · 이준섭	2021-01-05	368	16,000
7	약 짓는 오빠들이 들려주는 알쓸신	경제/경영/실용	취미/레저/건강	건강/뷰티	이정철 · 임성용	2021-06-10	510	20,000
8	아름다움을 엮다 · 전통매듭	경제/경영/실용	취미/레저/건강	DIY/공예	김정인	2021-03-25	184	15,000
9	수묵일러스트	경제/경영/실용	취미/레저/건강	미술/컬러링/손글	송진희	2021-07-05	166	13,000

+ ≣ 목록 ▾ 취합Copy ▾ Ref ▾

가공 · 분석 시 사용

PLUS 꼭 Copy 시트를 사용해야 할까요?

중간 단계인 'Copy 시트' 없이 QUERY+IMPORTRANGE 함수 구성을 통해 한 번에 처리할 수도 있습니다.

```
=QUERY({IMPORTRANGE(Ref!C3,Ref!D5);IMPORTRANGE(Ref!C4,Ref!D5)},"SELECT * WHERE Col2='경제/경영/실용'",0)
```

그러나 ① 중간에 'Copy 시트'를 만들고 ② 다시 함수를 적용하는 두 번의 단계를 거치면 관리의 편의성을 높일 수 있습니다. 예제는 함수의 구성이 복잡하지 않기 때문에 'Copy 시트'를 사용하지 않아도 큰 무리가 없지만, 실무에서는 IMPORTRANGE 함수를 여러 조건함수와 조합해 사용하기 때문에 함수식이 복잡해지고 오류 발생 시 그 원인을 파악하는 것이 상당히 어려워질 수 있습니다.

'Copy 시트'는 데이터 취합을 목적으로 하기 때문에 구글 시트 내 함수 구성이 완료되면 [시트 숨기기]를 통해 숨김 처리해도 무방합니다.

	A	C	D	E	F	G	H
1	◎ 도서목록(A),(B) 취합						
2	도서명	테고리(중)	카테고리(소)	저자	발행일	페이지 수	정가
3	소워니놀이터의 띠부띠	/레저/건강	DIY/공예	조윤성	2021-10-25	206	20,000
4	스티커 아트북 : 달콤한	/레저/건강	미술/컬러링/손글	시대인콘텐츠연구소	2021-11-10	92	15,000
5	[아는 만큼 재미있는] 스		컴퓨터/인터넷/스	이재훈	2021-10-25	148	10,000
6	아이와 함께 사각사각 종		자녀교육/유학	심은정	2021-10-20	200	14,000
7	스케치업 With V-Ray Sta	퓨터	그래픽(사진/동영	황두환	2021-09-23	332	22,000
8	동물병원 119	/생활	반려동물	한현정 · 이준섭	2021-01-05	368	16,000
9	약 짓는 오빠들이 들려주	/레저/건강	건강/뷰티	이정철 · 임성용	44,357	510	20,000

복사
다음으로 복사
이름 바꾸기
색상 변경
시트 보호
시트 숨기기
클릭
댓글 보기
오른쪽으로 이동

목록 취합Copy Ref

5 · 사용자 입력 템플릿 관리

예제파일 | **07-06_도서목록 입력 템플릿, 07-07_도서목록(James)**

IMPORTRANGE 함수를 사용해 여러 사용자가 입력하는 구글 시트의 템플릿을 정하고 배포할 수 있습니다. 여러 사람이 도서 목록을 독립적으로 입력할 수 있도록 사용자에게 입력 시트를 배포하고 이를 취합, 관리하는 과정을 살펴보겠습니다.

먼저 데이터를 입력할 표준 템플릿을 만들고 '시트 보호'를 통해 데이터가 입력되는 범위를 설정합니다.

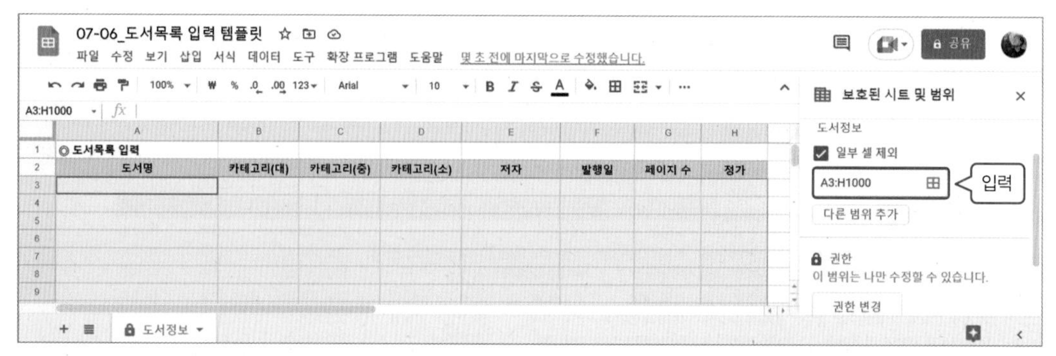

ref. '시트 보호'를 설정하면 소유자가 아닌 다른 사용자들에게 입력 권한을 제한적으로 부여할 수 있습니다. 시트 보호는 Chapter 9의 '셀 단위 입력 컨트롤'에서 자세히 다룹니다.

구글 드라이브 화면에서 템플릿 파일을 마우스 오른쪽 버튼으로 클릭하고 목록에서 [사본 만들기]를 선택해 공유하고자 하는 사용자 수만큼 '템플릿' 파일의 복사본을 만듭니다.

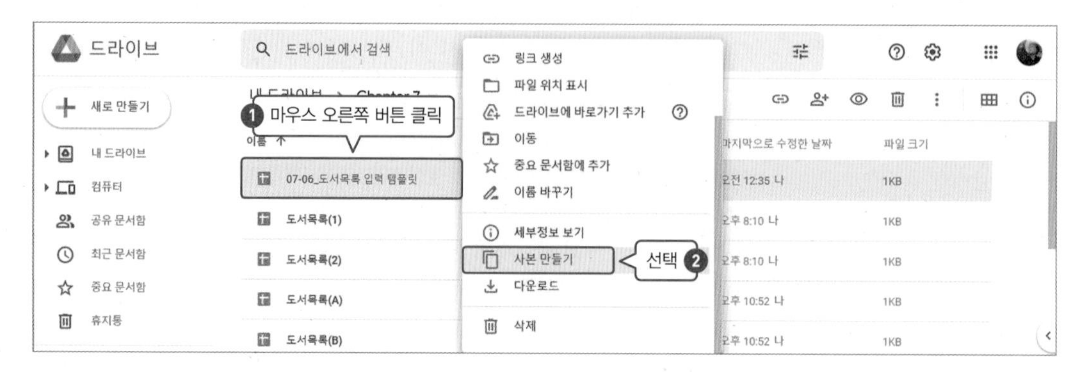

복사본에도 시트 보호 범위가 동일하게 적용됩니다. 복사본을 정확히 구분할 수 있도록 파일명을 수정하고, 1~2행의 표의 제목(헤더) 데이터를 모두 삭제합니다.

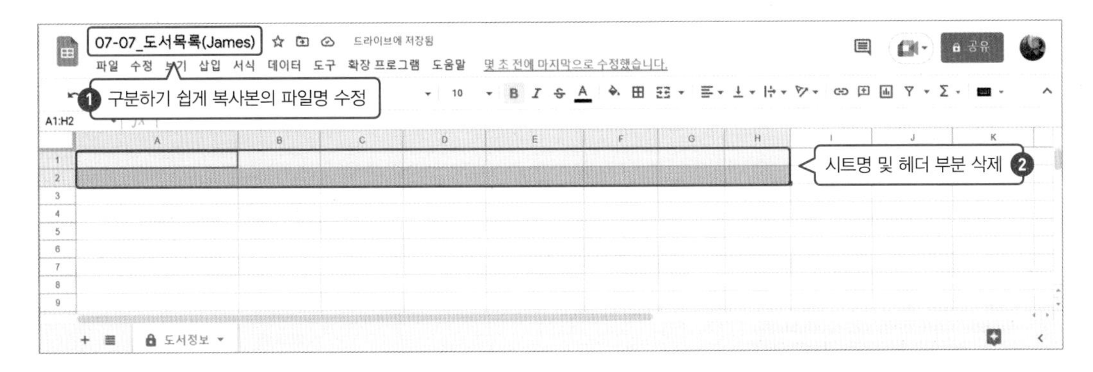

[A1] 셀에 IMPORTRANGE 함수를 사용해 원본 템플릿의 제목(도서정보!A1:H2)을 불러오고, 사용자들에게 파일을 공유합니다. 공유받은 사용자는 시트 보호에 의해 [A3] 셀~[H1000] 셀 범위에만 데이터를 입력할 수 있습니다.

```
=IMPORTRANGE("1OojmYD4mGXNepiCgAvaZ8RR-qTTNbwiW0N4VIYFjEXE","도서정보!A1:H2")
```

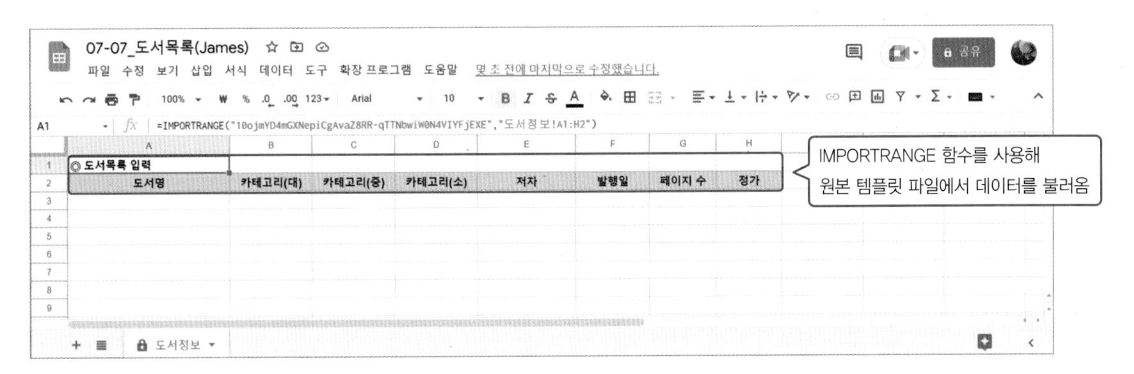

헤더명 수정 또는 데이터 입력 시 주의사항을 전달할 경우 '도서목록 입력 템플릿' 파일에서 내용을 수정하면 공유된 모든 파일에 실시간으로 반영됩니다.

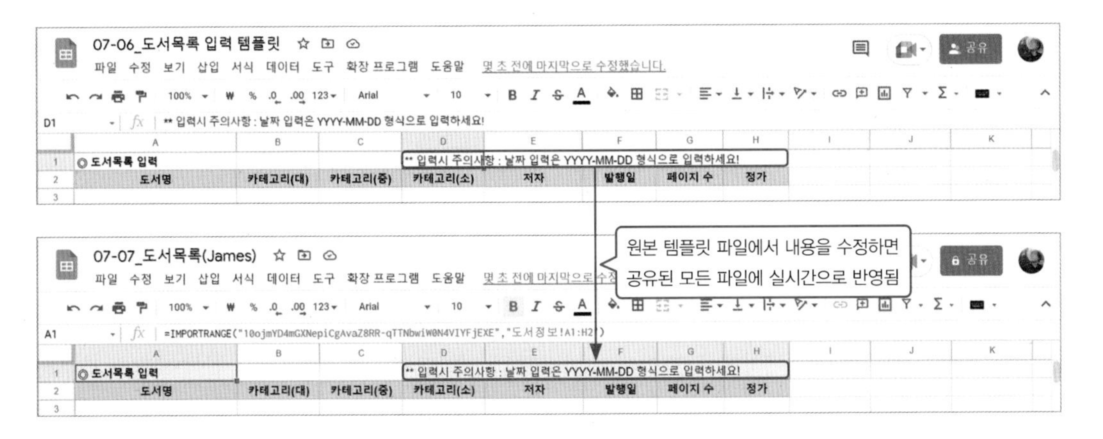

이처럼 IMPORTRANGE 함수를 사용하면 여러 사람에 의해 입력되는 데이터를 손쉽게 하나의 파일로 취합할 수 있습니다.

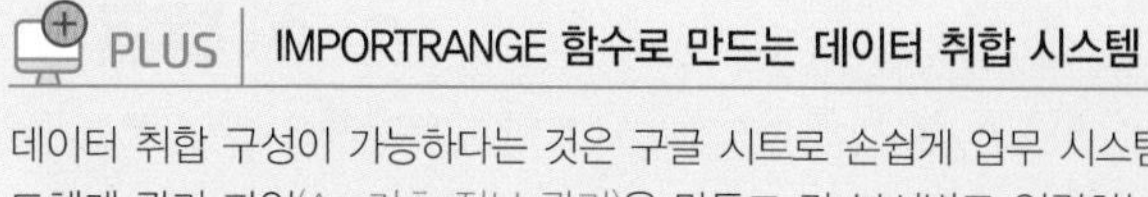

PLUS | IMPORTRANGE 함수로 만드는 데이터 취합 시스템

데이터 취합 구성이 가능하다는 것은 구글 시트로 손쉽게 업무 시스템을 만들 수 있다는 것을 의미합니다. 예를 들어 코드체계 관리 파일(A: 기초 정보 관리)을 만들고 각 부서별로 입력하는 업무화면(B: 현업부서 입력화면)과 연동시키면 실시간으로 의사결정에 필요한 정보를 취합(C: 각종 데이터 실시간 취합)하는 시스템을 만들 수 있습니다. 추가로 입력 오류나 데이터 매칭을 체크할 수 있는 함수를 연결해 두면 간단한 경영자 정보시스템(EIS)이 구축됩니다.

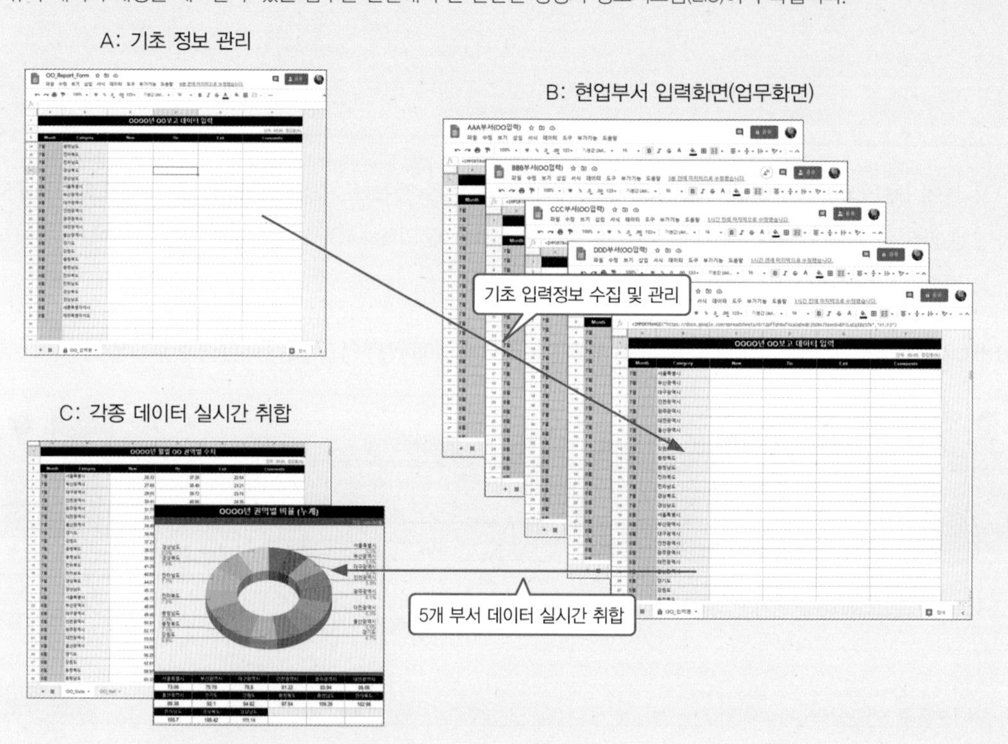

6 · 계산과 리포트 분리를 통한 계산 부하 관리

구글 시트는 데이터 양과 함수 사용량에 비례하여 처리속도가 저하됩니다. 물론 고사양의 PC를 사용하면 문제를 어느 정도 커버할 수 있지만 이 역시 한계가 있습니다. 구글 시트가 1,000만 셀을 지원한다고 하더라도 정적인 데이터가 아닌 변동 데이터를 처리할 경우에는 부하가 많이 걸리게 됩니다.

필자는 되도록이면 100만 셀 이내에서 데이터가 유지되도록 하고, 그 수준을 초과하는 경우에는 파일을 별도로 분리해서 관리합니다. 물론 여기서도 문제가 발생합니다. 예를 들어 매년 생성되는 데이터가 많아 파일을 월 단위로 분할 관리한다고 가정해 봅시다. 1년 치 데이터를 12개의 파일로 나눠 보관한다 해도, 한 달 치 파일 자체에도 처리해야 할 양이 이미 너무나 많다면 해당 구글 시트 파일에도 결국 과부하가 걸리게 되겠죠?

그럼에도 불구하고 이 경우에도 IMPORTRANGE 함수를 사용합니다. 대신 부하가 많이 걸리는 조건부 데이터 취합과 계산은 클라우드(온라인)에서 백그라운드로 처리하고, 내(로컬) PC에서는 계산 조건만 보내고 값을 반환하도록 구성합니다.

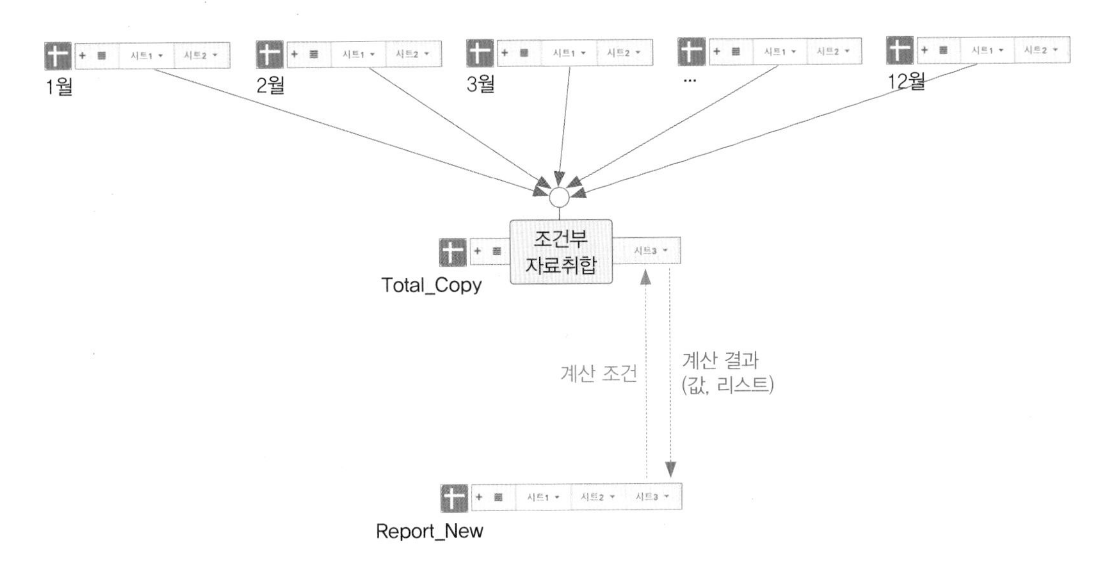

구글 시트의 특징 중 하나가 바로 내 PC에서 파일을 닫더라도 백그라운드, 즉 온라인 클라우드 상에서는 계속 동작한다는 것입니다. 이 특징을 살려 필요한 검색 조건대로 자료를 취합하고 결괏값을 반영하는 파일(그림 상에서 'Total_Copy' 시트)을 하나 만들어 사용하는데, 이 파일은 처음 만들 때를 제외하고는 열어보는 일 없이 버퍼(Buffer) 역할로써만 백그라운드에서 작동하게 됩니다.

필자는 이와 같은 구성으로 5개년치 데이터를 구글 시트를 통해 분석합니다. 데이터 변동이 없는 '과거 년도의 데이터'와 해당 시점까지 실시간으로 반영되는 '당해년도의 데이터'를 비교하는 리포트를 만들 수 있습니다.

PLUS | IMPORTRANGE 함수의 처리 속도

필자가 구글 시트의 핵심 함수 3대장이라고 말하는 'ARRAYFORMULA', 'IMPORTRANGE', 'QUERY' 함수는 일반 함수에 비해 상대적으로 처리 속도가 느립니다. 그중에서도 IMPORTRANGE 함수는 데이터를 처리하는 동안 Loading... 메시지를 표시합니다.

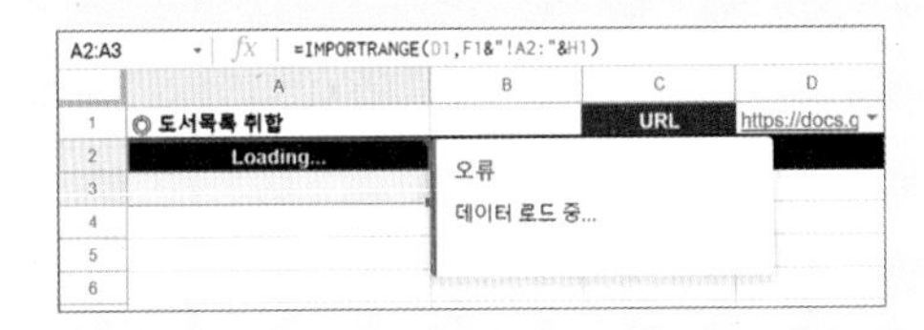

구글 시트를 이용해 회사 전체의 시스템을 만들었을 때 데이터 간 연결의 핵심은 IMPORTRANGE 함수였습니다. Chapter 1에서 소개했던 회사의 실시간 메인 대시보드는 26개의 파일이 IMPORTRANGE 함수로 연결된 결과물입니다(p.31 참고). 그 외에도 백그라운드에서는 수십 개의 더 많은 파일들이 또 IMPORTRANGE 함수로 연결되어 있습니다.

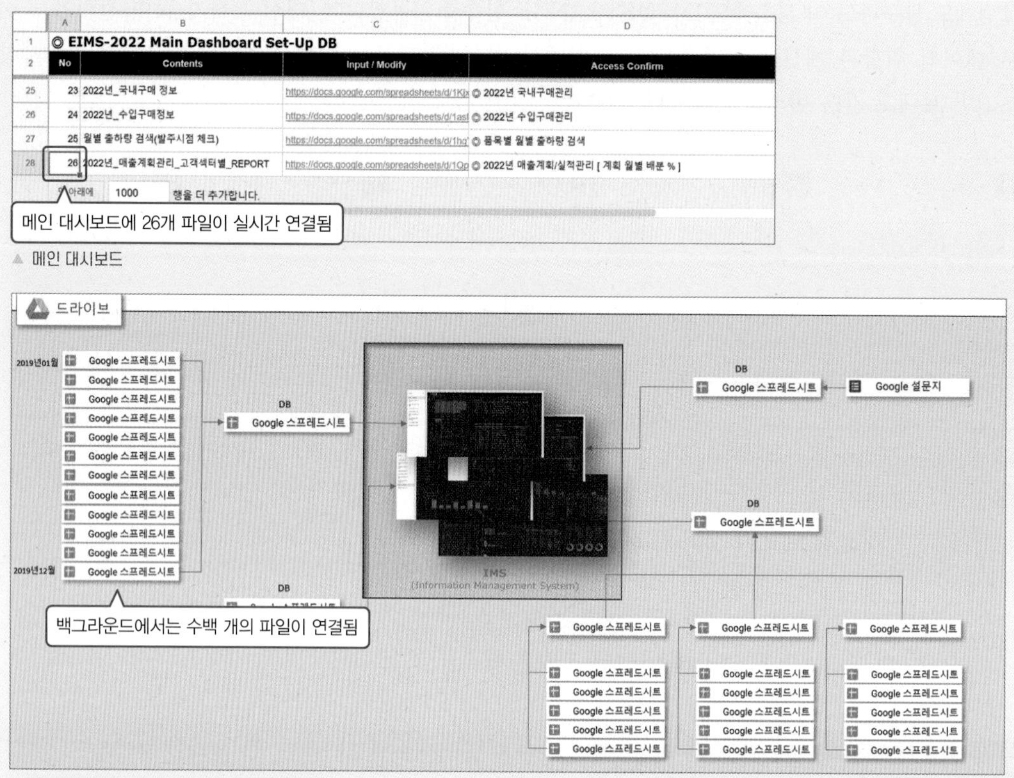

◎ EIMS-2022 Main Dashboard Set-Up DB
No
Contents
Input / Modify
Access Confirm
23 2022년_국내구매 정보
24 2022년_수입구매정보
25 월별 출하량 검색(발주시점 체크)
26 2022년_매출계획관리_고객섹터별_REPORT
© 2022년 국내구매관리
© 2022년 수입구매관리
© 품목별 월별 출하량 검색
© 2022년 매출계획/실적관리 [계획 월별 배분 %]
아래에 1000 행을 더 추가합니다.
메인 대시보드에 26개 파일이 실시간 연결됨

▲ 메인 대시보드

▲ 백그라운드에서 연결된 수많은 구글 시트 파일

메인 대시보드를 구성하는 데 수많은 파일이 사용되었지만, 실무에서 데이터가 입력되면 보통 10초 이내에는 메인 대시보드에 반영됩니다. '계산과 리포트 분리'를 통해 5개년치 데이터를 분석할 때에도 10초 이내에 결괏값을 반환합니다. 1,000만 셀을 지원한다는 한계점이 명확하긴 하지만 실제 중소기업이나 한 부서의 1년치 데이터가 1,000만 셀에 이르는 경우는 흔치 않습니다. 어떤 도구라도 최대로 활용하기 위해서는 그 기능과 한계점을 명확히 이해하는 것이 중요합니다.
구글 시트의 처리 속도가 느리다고 판단된다면 구글 빅쿼리(Google BigQuery)와 같은 대안을 찾을 수 있습니다.

SECTION

3 웹 크롤링으로 인터넷에서 데이터 가져오기

이번 섹션에서는 IMPORT 시리즈 함수를 이용해 웹에 있는 데이터를 가져오는 '웹 크롤링'에 대해 알아보겠습니다. HTML이나 XPath 언어를 전혀 모른다는 가정하에 가볍게 이용할 수 있는 방법을 소개합니다.

STEP 1 웹 페이지에서 데이터 가져오기

예제파일 | 07-08_웹크롤링

웹 크롤링 기능을 가장 쉽게 사용할 수 있는 IMPORTHTML, IMPORTXML 함수에 대해 알아봅니다.

1 • IMPORTHTML 함수

IMPORTHTML (URL, 검색어, 색인, [언어])

HTML 페이지에서 표 또는 목록에 있는 데이터를 가져옵니다.

- **URL**: 검토할 페이지의 URL로, 프로토콜(예 http://)을 포함해야 합니다.
- **검색어**: 원하는 데이터를 포함하는 '목록(List)' 또는 '테이블(Table)'입니다.
- **색인**: 몇 번째의 목록 또는 테이블을 가져올지 지정하는 색인으로, '1'에서 시작합니다.
- **[언어]**: 데이터를 파싱할 때 사용할 언어 및 지역 언어 코드입니다. 지정하지 않으면 문서 언어가 자동으로 사용됩니다.

크롬(Chrome) 브라우저에 접속한 후 위키피디아 사이트(en.wikipedia.org)에서 'Google Sheets'를 검색하고, 결과 페이지에서 IMPORTHTML 함수를 사용해 테이블의 데이터를 불러와 보겠습니다.

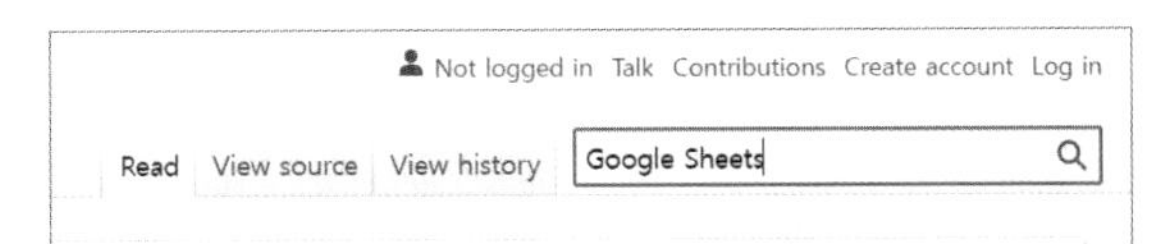

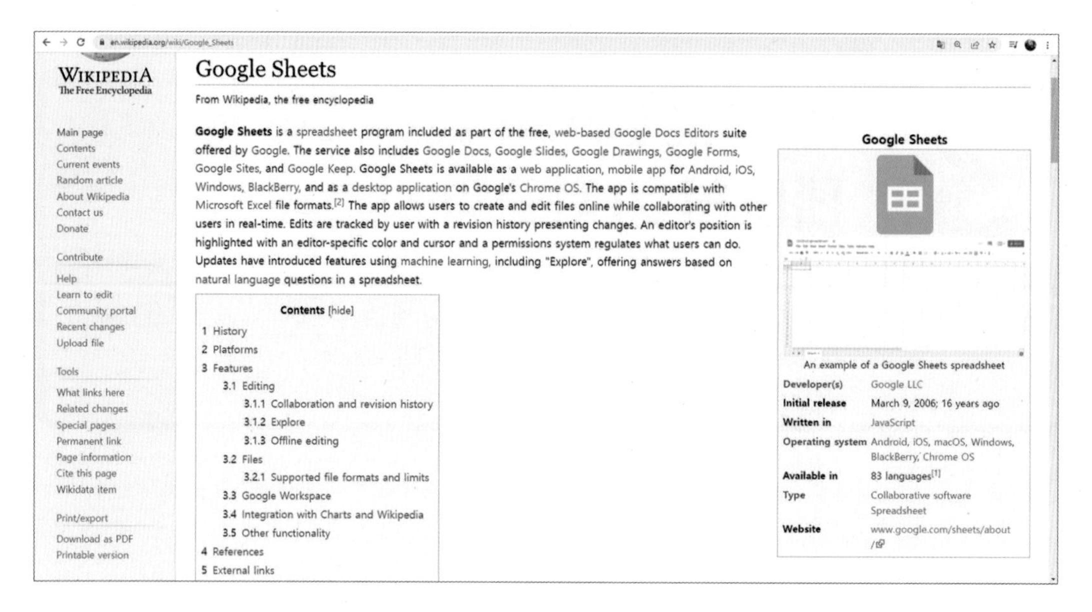

웹 페이지 화면만 보면 테이블과 목록을 구분할 수 없습니다. 마우스 오른쪽 버튼을 클릭하고 [검사]를 선택하거나 F12 키 또는 Ctrl + Shift + i를 누르면 우측에 '개발자 도구(DevTools)' 창이 나타납니다.

'개발자 도구' 창에서 '선택' 아이콘(⬚)을 클릭한 후 웹 페이지에 마우스를 올리면 해당 내용에 대한 코드가 '개발자 도구' 창에서 하이라이트로 표시됩니다. 테이블 코드는 '<table'로 시작되는데, 첫 번째로 나오는 <table 코드가 IMPORTHTML의 색인 인수 '1'이 됩니다.

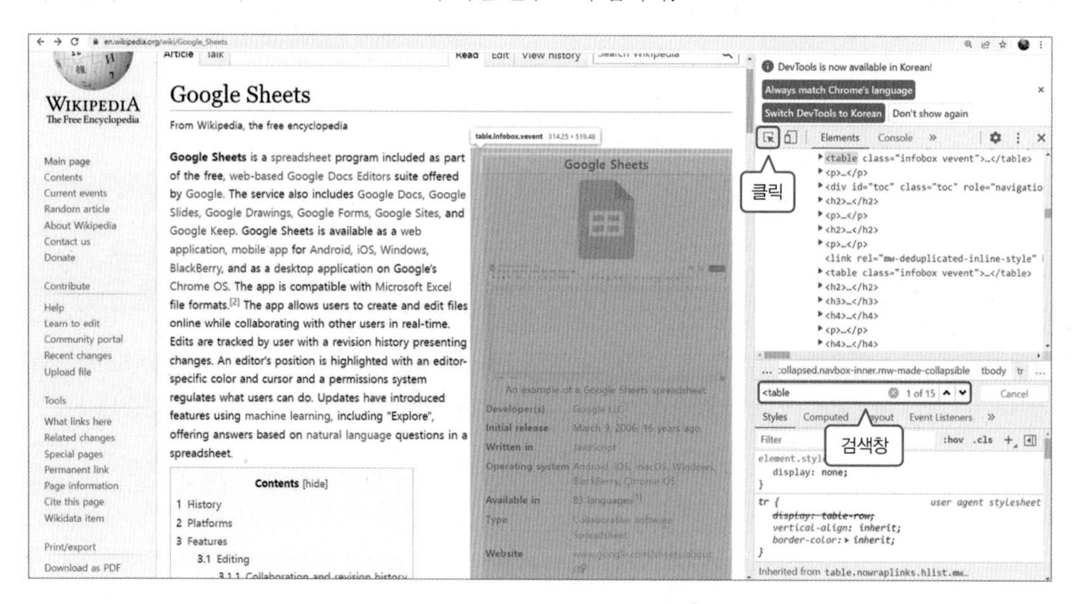

코드의 위치를 쉽게 찾으려면 '개발자 도구' 창에서 '찾기' 단축키 Ctrl + F를 누르고 '<table'을 검색합니다. 해당 테이블이 전체 테이블 중 몇 번째 테이블인지 빠르게 확인할 수 있습니다. 예제에서는 총 15개의 '<table'이 검색된 것을 확인할 수 있습니다.

구글 시트에서 웹 페이지의 첫 번째 테이블을 불러올 경우 다음과 같이 함수를 구성합니다.

```
=IMPORTHTML(B1,"table",1)
```

A3 | fx | =IMPORTHTML(B1,"table",1)

	A	B	C
1	URL	https://en.wikipedia.org/wiki/Google_Sheets	
2			
3	=IMPORTHTML(B1,"table",1)		
4	An example of a Google Sheets spreadsheet		
5	Developer(s)	Google LLC	
6	Initial release	March 9, 2006; 16 years ago (2006-03-09)	
7	Written in	JavaScript	
8	Operating system	Android, iOS, macOS, Windows, BlackBerry, Chrome OS	
9	Available in	83 languages[1]	
10	Type	- Collaborative software - Spreadsheet	
11	Website	www.google.com/sheets/about/	
12			

2 · IMPORTXML 함수

IMPORTHTML 함수가 웹 페이지 상의 '테이블'과 '목록'에 대한 데이터만 불러올 수 있는 반면, IMPORTXML 함수는 'XPath'라는 검색어를 통해 보다 다양한 데이터를 불러올 수 있습니다.

IMPORTXML (URL, XPath_검색어, [언어])

XML, HTML, CSV, TSV, RSS 및 Atom XML 피드를 포함한 다양한 구조화된 데이터로부터 데이터를 가져옵니다.

- URL: 검토할 페이지의 URL로, 프로토콜(예 http://)을 포함해야 합니다.
- XPath_검색어: 구조화된 데이터에서 실행되는 XPath 검색어입니다.
- [언어]: 데이터를 파싱할 때 사용할 언어 및 지역 언어 코드입니다. 지정하지 않으면 문서 언어가 자동으로 사용됩니다.

그러나 IMPORTXML 함수 역시 XPath에 대해서 잘 알아야 효과적으로 활용할 수 있습니다. 우리는 개발자도 코딩 전문가도 아니므로 이 책에서는 해당 페이지에서 원하는 데이터를 그대로 불러오는 방법에 대해서만 간단히 학습합니다.

XPath 문법은 XPath 튜토리얼 사이트에서 확인할 수 있습니다.

- https://www.w3schools.com/xml/xpath_intro.asp

네이버 지식백과에서 '유럽 연합'을 검색하고, IMPORTXML 함수를 사용해 설명 페이지의 내용을 불러와 보겠습니다. F12 키를 눌러 '개발자 도구' 창을 표시하고 '선택' 아이콘()을 클릭합니다. 웹 페이지에 마우스를 올려 원하는 내용이 모두 포함된 영역이 선택되면, '개발자 도구' 창에 하이라이트된 코드 라인으로 이동합니다.

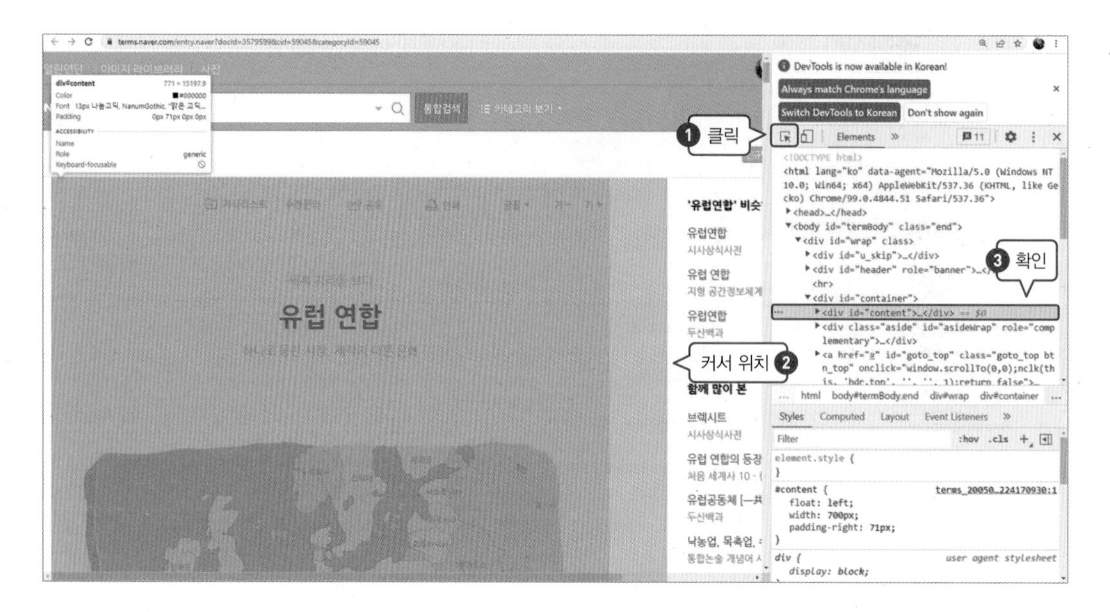

해당 코드 라인에서 마우스 오른쪽 버튼을 클릭하고 [Copy] – [Copy full Xpath]를 선택합니다.

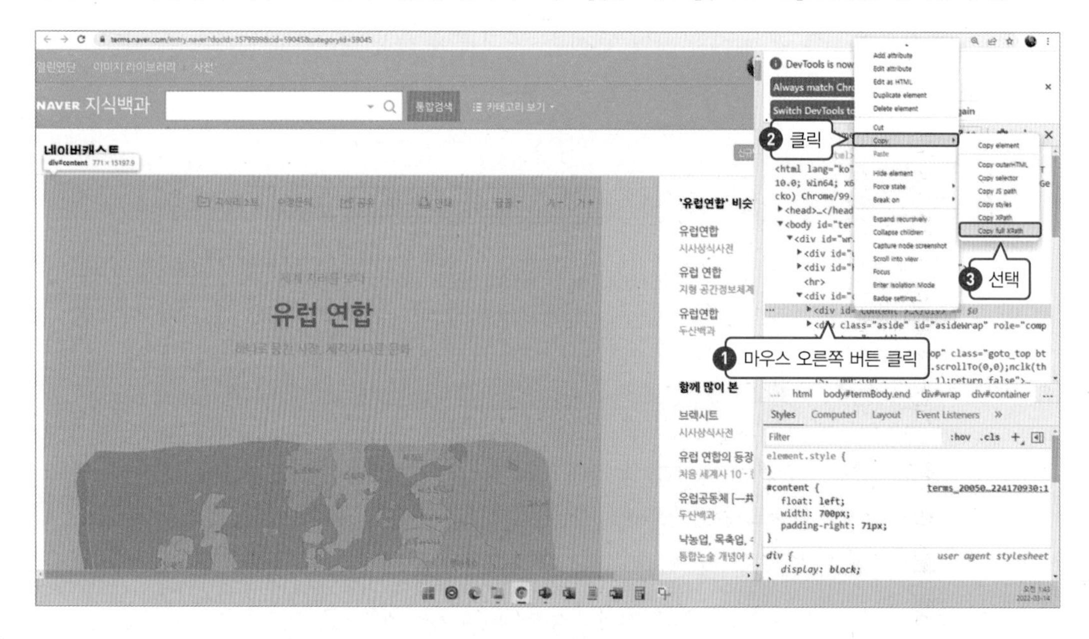

복사한 내용을 IMPORTXML 함수의 'XPath_검색어' 인수로 붙여 넣습니다. 예제에서는 'URL' 인수와 'XPath_검색어' 인수 모두 참조셀을 사용하고, 내용이 열로 반환되는 것을 행으로 배치하기 위해 TRANSPOSE 함수를 함께 사용하였습니다.

```
=TRANSPOSE(IMPORTXML(B1,B2))
```

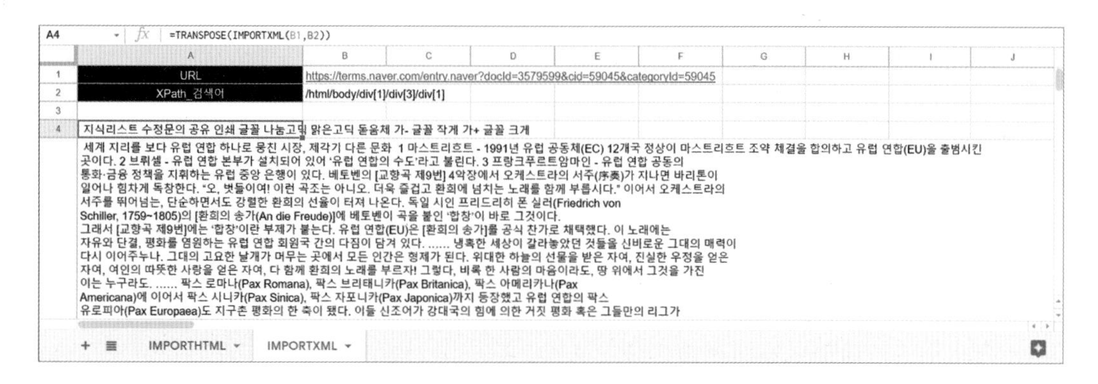

전체 내용이 아니라 특정 내용만 선택하여 가져올 경우에도 동일한 방법을 적용합니다.

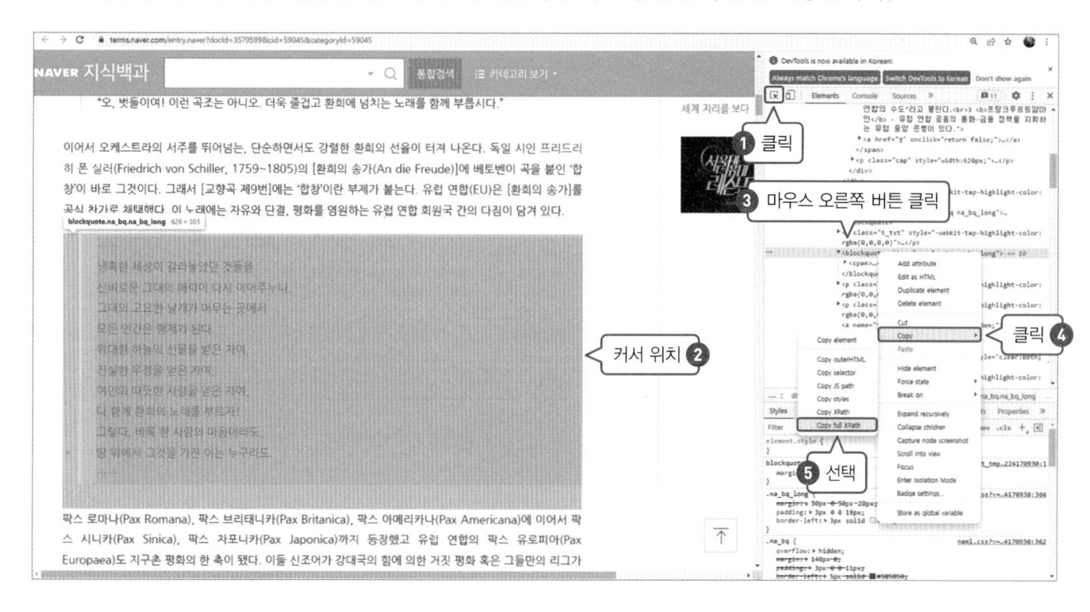

IMPORT 시리즈 함수로 동적 페이지의 데이터를 가져오는 데에는 한계가 있기 때문에 주로 단순 테이블 구성이나 내용이 바뀌지 않는 정적인 웹 페이지로 활용 범위가 제한됩니다. 따라서 웹 크롤링은 구글 시트보다는 전문 웹 크롤링 툴을 사용하는 것이 좋습니다.

Section 1 | 조건검색의 끝판왕, QUERY 함수
Section 2 | 쿼리 옵션 100% 활용하기

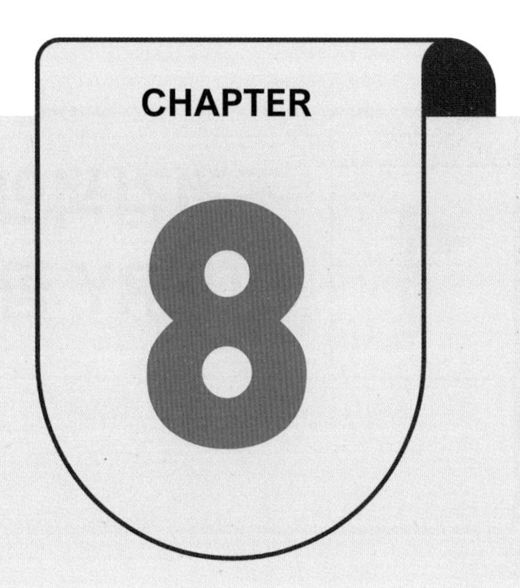

QUERY 활용하여 검색 고수되기

이번 챕터에서는 조건검색의 끝판왕이라고 할 수 있는 QUERY 함수에 대해 중점적으로 다룹니다. 구글 시트에서는 SQL에서 사용되는 QUERY를 간략화하여 스프레드시트 내에서 함수로 사용합니다.
QUREY 함수는 데이터의 형식을 비롯해 각종 검색 조건, 반환값 설정 등 지금까지 소개한 모든 함수의 기능이 포함된 집합체라고 할 수 있습니다. 일반 함수와 달리 사용되는 옵션이 많아 어렵게 느껴지지만 한 번 익숙해지면 QUERY 함수의 매력에서 빠져나오지 못하게 될 것입니다.

SECTION 1

조건검색의 끝판왕, QUERY 함수

QUERY 함수의 구성과 기본 사용법에 대해 알아봅니다.

STEP 1 QUERY 함수의 구성과 필수 쿼리문

QUERY 함수는 일반 함수와 달리 '쿼리문'이 인수로 사용됩니다. 이에 대한 함수의 구성과 필수 쿼리문에 대해 소개합니다.

1 · QUERY 함수의 구성

QUERY (검색_범위, 쿼리_조건문, [헤더])

지정된 범위를 쿼리문 조건으로 검색하고 그 결과를 반환합니다. 여러 유형의 데이터를 하나의 열에 입력할 경우, 가장 많이 사용된 데이터 유형을 열의 데이터 유형으로 판단합니다.

- **검색_범위**: 쿼리를 수행할 셀 범위입니다.
- **쿼리_조건문**: 수행할 쿼리로, Google Visualization API 쿼리 언어로 쓰여집니다.
- **[헤더]**: 데이터 상단의 헤더 행 개수입니다. 생략하거나 −1로 설정할 경우 데이터의 콘텐츠를 기반으로 추정됩니다.

QUERY 함수의 핵심은 '쿼리_조건문' 구성입니다. 쿼리 언어와 사용법은 다음 링크에 자세히 설명되어 있지만 일반 사용자가 이해하기에는 쉽지 않습니다.

• https://developers.google.com/chart/interactive/docs/querylanguage

QUERY 함수의 구성을 쉽게 풀면 다음과 같습니다.

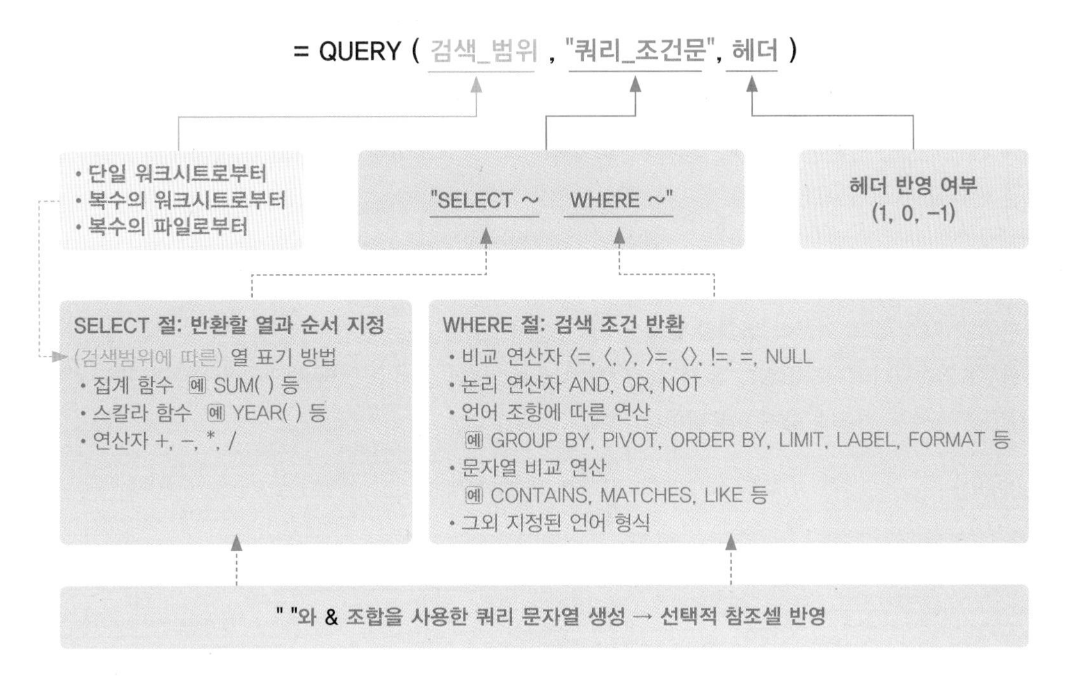

① 검색_범위: QUERY 함수에서 검색할 대상 범위를 지정합니다.

② 쿼리_조건문: 검색 조건을 지정하는 문자열로, 크게 SELECT 절과 WHERE 절로 구성됩니다.

③ 헤더: 검색 범위 내 헤더(제목) 행이 있을 경우 해당 행을 반영할지를 설정합니다.

2 · QUERY 함수의 기본 사용법

예제파일 | 08-01_QUERY

도서명에 QUERY 함수가 어떻게 적용되는지 살펴보겠습니다.

```
=QUERY(A1:C,"SELECT * WHERE C='자격증'",1)
```

E1 | fx | =QUERY(A1:C,"SELECT * WHERE C='자격증'",1)

	A	B	C	D	E	F	G
1	도서명	저자	분류		도서명	저자	분류
2	소워니놀이터의 띠부띠부 가계놀(	조윤성	경제/경영/실용		[아는 만큼 재미있는] 스마트폰 기	이재훈	자격증
3	스티커 아트북 : 달콤한 디저트	시대인콘텐츠연구소	경제/경영/실용		스케치업 With V-Ray Standard	황두환	자격증
4	[아는 만큼 재미있는] 스마트폰 기	이재훈	자격증				
5	아이와 함께 사각사각 종이접기	심은정	경제/경영/실용				
6	스케치업 With V-Ray Standard	황두환	자격증				
7	동물병원 119	한현정 · 이준섭	경제/경영/실용				
8							

① 검색_범위: A~C열에 데이터가 계속해서 추가되는 것을 고려해 행을 오픈시킵니다.

② 쿼리_조건문

- WHERE C='자격증' ≫ C열에 '자격증' 값을 갖는
- SELECT * ≫ 검색 범위의 모든 열을 반환합니다.

③ 헤더: 검색 범위의 첫 행을 헤더로 반영합니다.

▪ SELECT 절

SELECT 절은 검색 범위로 설정한 모든 열(예제에서는 A~C열)을 순서에 맞춰 반환하는 구문입니다. 검색 범위 전체를 반환할 경우에는 SELECT 절 없이 WHERE 절의 조건 구문만 사용해도 동일한 결괏값을 반환할 수 있습니다.

```
=QUERY(A1:C,"WHERE C='자격증'",1)
```

한편 SELECT 절의 역할이 '반환할 열과 순서 지정'이므로 원하는 열만 선택하거나 순서를 정하여 반환할 수 있습니다. '저자(B열)', '도서명(A열)', '분류(C열)'의 순서로 열의 결괏값을 반환하고자 한다면 QUERY 함수는 다음과 같이 적용됩니다.

```
=QUERY(A1:C,"SELECT B,A,C WHERE C='자격증'",1)
```

E1 fx =QUERY(A1:C,"SELECT B,A,C WHERE C='자격증'",1)

	A	B	C	D	E	F	G
1	도서명	저자	분류		저자	도서명	분류
2	소워니놀이터의 띠부띠부 가계놀(	조윤성	경제/경영/실용		이재훈	[아는 만큼 재미있는	자격증
3	스티커 아트북 : 달콤한 디저트	시대인콘텐츠연구소	경제/경영/실용		황두환	스케치업 With V-Ra	자격증
4	[아는 만큼 재미있는] 스마트폰 기	이재훈	자격증				
5	아이와 함께 사각사각 종이접기	심은정	경제/경영/실용				
6	스케치업 With V-Ray Standard	황두환	자격증				
7	동물병원 119	한현정 · 이준섭	경제/경영/실용				
8							

▪ WHERE 절

WHERE 절에서 문자열을 만들 때에는 일반적으로 &와 " "을 조합합니다. QUERY 함수 내 '쿼리_조건문' 인수 역시 문자열이기 때문에 " "로 입력하는데, 이때 조건문 내에서 검색할 대상이 '문자(Text)'인 경우에는 ' '(작은따옴표)를 사용합니다.

≫ "SELECT B,A,C WHERE C='자격증'"

반대로 검색할 대상이 '숫자(Number)'인 경우에는 작은 따옴표 없이 숫자를 그대로 사용합니다.

```
=QUERY(A1:C,"SELECT * WHERE C=15000",1)
```

E1 fx =QUERY(A1:C,"SELECT * WHERE C=15000",1)

	A	B	C	D	E	F	G
1	도서명	저자	정가		도서명	저자	정가
2	약 짓는 오빠들이 들려주는 알쓸신	이정철 · 임성용	20,000		아름다움을 엮다 · 전통매듭	김정인	15,000
3	아름다움을 엮다 · 전통매듭	김정인	15,000		오일파스텔로 그리는 오늘의 풍경	전은솔	15,000
4	수묵일러스트	송진희	13,000				
5	오일파스텔로 그리는 오늘의 풍경	전은솔	15,000				
6	성공하는 사람들의 비밀 · PDCA	오카무라 다쿠로 저	13,000				
7	똑똑한 아이패드 활용법	윤다연	18,000				
8							

SECTION

2 쿼리 옵션 100% 활용하기

이번 섹션에서는 QUERY 함수의 검색 범위와 쿼리 문자열에 옵션을 어떻게 사용하는지 살펴보겠습니다.

STEP 1 여러 개의 시트를 취합하는 방법

QUERY 함수의 검색할 범위로 중괄호 배열 구성을 하거나 IMPORTRANGE 함수를 사용해 여러 개의 범위를 지정할 수 있습니다.

1 같은 파일 내 여러 개의 시트

예제파일 | 08-02_QUERY(시트)

두 개의 시트로 분리된 데이터를 하나의 시트로 합쳐 보겠습니다.

	A	B	C	D	E	F	G	H
1	도서명	카테고리(대)	카테고리(중)	카테고리(소)	저자	발행일	페이지 수	정가
2	소워니놀이터의 띠부띠부 가게놀(	경제/경영/실용	취미/레저/건강	DIY/공예	조윤성	2021-10-25	206	20,000
3	스티커 아트북 : 달콤한 디저트	경제/경영/실용	취미/레저/건강	미술/컬러링/손글	시대인콘텐츠연구소	2021-11-10	92	15,000
4	[아는 만큼 재미있는] 스마트폰 기:	자격증	컴퓨터	컴퓨터/인터넷/스	이재훈	2021-10-25	148	10,000
5	아이와 함께 사각사각 종이접기	경제/경영/실용	가정/생활	자녀교육/유학	심은정	2021-10-20	200	14,000
6	스케치업 With V-Ray Standard	자격증	컴퓨터	그래픽(사진/동영	황두환	2021-09-23	332	22,000
7	동물병원 119	경제/경영/실용	가정/생활	반려동물	한현정 · 이준섭	2021-01-05	368	16,000
8								

+ ≣ 도서정보(1) ▾ 도서정보(2) ▾ QUERY ▾

	A	B	C	D	E	F	G	H
1	도서명	카테고리(대)	카테고리(중)	카테고리(소)	저자	발행일	페이지 수	정가
2	약 짓는 오빠들이 들려주는 알쓸신	경제/경영/실용	취미/레저/건강	건강/뷰티	이정철 · 임성용	2021-06-10	510	20,000
3	아름다움을 엮다 · 전통매듭	경제/경영/실용	취미/레저/건강	DIY/공예	김정인	2021-03-25	184	15,000
4	수묵일러스트	경제/경영/실용	취미/레저/건강	미술/컬러링/손글	송진희	2021-07-05	166	13,000
5	오일파스텔로 그리는 오늘의 풍경	경제/경영/실용	취미/레저/건강	미술/컬러링/손글	전은솔	2021-05-10	172	15,000
6	성공하는 사람들의 비밀 · PDCA	경제/경영/실용	경제/경영	자기계발	오카무라 다쿠로 저	2021-01-05	168	13,000
7	똑똑한 아이패드 활용법	자격증	컴퓨터	모바일/태블릿/S	윤다연	2021-09-17	280	18,000
8								

+ ≣ 도서정보(1) ▾ 도서정보(2) ▾ QUERY ▾

'도서정보(1)' 시트와 '도서정보(2)' 시트로 나눠진 데이터를 하나의 시트로 합치기 위해서는 중괄호와 세미콜론(;)을 통해 하나의 배열로 만들면 됩니다. 이때 데이터가 계속해서 입력될 것을 고려하여 범위를 오픈시켜 두었기 때문에 공란인 셀까지 모두 반환합니다.

첫 번째 셀 범위는 헤더명까지 포함하기 위해 [A1] 셀부터 시작하도록 설정하고 두 번째 셀 범위는 헤더명을 제외하고 [A2] 셀부터로 설정합니다. 세미콜론을 입력하여 첫 번째 범위의 마지막 행 다음에 두 번째 범위가 이어지도록 구성합니다.

≫ {'도서정보(1)'!A1:H;'도서정보(2)'!A2:H}

이렇게 하나로 만들어진 배열을 QUERY 함수의 검색 범위로 설정하고, WHERE 절의 검색 조건은 공란이 아닌 값만 반환하게끔 IS NOT NULL을 사용합니다.

=QUERY({'도서정보(1)'!A1:H;'도서정보(2)'!A2:H},"SELECT * WHERE Col1 IS NOT NULL",1)

A1 fx =QUERY({'도서정보(1)'!A1:H;'도서정보(2)'!A2:H},"SELECT * WHERE Col1 IS NOT NULL",1)

	A	B	C	D	E	F	G	H
1	도서명	카테고리(대)	카테고리(중)	카테고리(소)	저자	발행일	페이지 수	정가
2	소워니놀이터의 띠부띠부 가게놀(	경제/경영/실용	취미/레저/건강	DIY/공예	조윤성	2021-10-25	206	20,000
3	스티커 아트북 : 달콤한 디저트	경제/경영/실용	취미/레저/건강	미술/컬러링/손글	시대인콘텐츠연구소	2021-11-10	92	15,000
4	[아는 만큼 재미있는] 스마트폰 기	자격증	컴퓨터	컴퓨터/인터넷/스	이재훈	2021-10-25	148	10,000
5	아이와 함께 사각사각 종이접기	경제/경영/실용	가정/생활	자녀교육/유학	심은정	2021-10-20	200	14,000
6	스케치업 With V-Ray Standard	자격증	컴퓨터	그래픽(사진/동영	황두환	2021-09-23	332	22,000
7	동물병원 119	경제/경영/실용	가정/생활	반려동물	한현정 · 이준섭	2021-01-05	368	16,000
8	약 짓는 오빠들이 들려주는 알쓸신	경제/경영/실용	취미/레저/건강	건강/뷰티	이정철 · 임성용	2021-06-10	510	20,000
9	아름다움을 엮다 · 전통매듭	경제/경영/실용	취미/레저/건강	DIY/공예	김정인	2021-03-25	184	15,000
10	수묵일러스트	경제/경영/실용	취미/레저/건강	미술/컬러링/손글	송진희	2021-07-05	166	13,000
11	오일파스텔로 그리는 오늘의 풍경	경제/경영/실용	취미/레저/건강	미술/컬러링/손글	전은솔	2021-05-10	172	15,000
12	성공하는 사람들의 비밀 · PDCA	경제/경영/실용	경제/경영	자기계발	오카무라 다쿠로 저	2021-01-05	168	13,000
13	똑똑한 아이패드 활용법	자격증	컴퓨터	모바일/태블릿/SI	윤다연	2021-09-17	280	18,000
14								

\+ ≣ 도서정보(1) ▾ 도서정보(2) ▾ QUERY ▾

만약 정가가 16,000원 이상인 도서의 '도서명(A열)', '저자(G열)', '정가(H열)'를 반환해야 한다면 QUERY 함수를 다음과 같이 적용합니다.

=QUERY({'도서정보(1)'!A1:H;'도서정보(2)'!A2:H},"SELECT Col1,Col5,Col8 WHERE Col8>=16000",1)

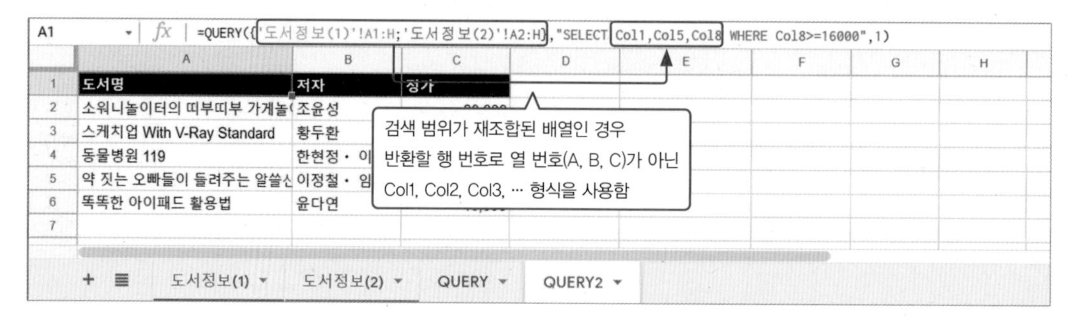

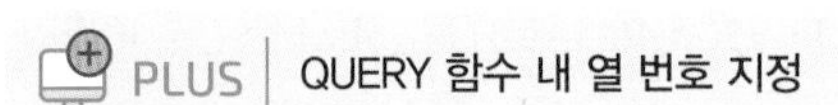

PLUS | QUERY 함수 내 열 번호 지정

일반적으로 '쿼리_조건문' 내 열 번호는 A, B, C로 검색 범위의 시트열을 그대로 사용합니다. 그러나 다른 파일로부터 취합한 데이터를 검색하거나 여러 개의 범위를 하나의 배열로 재구성한 검색 범위를 사용할 경우에는 배열의 순서에 맞춰 Col1, Col2, Col3, … 의 형식을 사용해야 합니다.

2 · 다른 파일에 위치한 여러 개의 시트

예제파일 | 08-03_QUERY(파일)

여러 개의 파일에 흩어진 데이터를 QUERY 함수로 조건을 걸어 불러올 때는 IMPORTRANGE 함수를 검색 범위 인수로 사용합니다. IMPORTRANGE 함수를 이용해 여러 개의 파일을 불러올 때 'Ref' 시트를 사용했던 예제를 참조합니다.

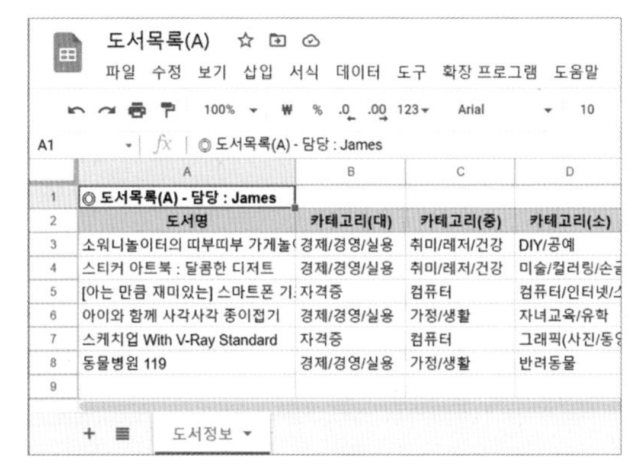

도서목록(A)

	A	B	C	D
1	◎ 도서목록(A) - 담당 : James			
2	도서명	카테고리(대)	카테고리(중)	카테고리(소)
3	소워니놀이터의 띠부띠부 가계놀(	경제/경영/실용	취미/레저/건강	DIY/공예
4	스티커 아트북 : 달콤한 디저트	경제/경영/실용	취미/레저/건강	미술/컬러링/손글
5	[아는 만큼 재미있는] 스마트폰 기	자격증	컴퓨터	컴퓨터/인터넷/스
6	아이와 함께 사각사각 종이접기	경제/경영/실용	가정/생활	자녀교육/유학
7	스케치업 With V-Ray Standard	자격증	컴퓨터	그래픽(사진/동영
8	동물병원 119	경제/경영/실용	가정/생활	반려동물
9				

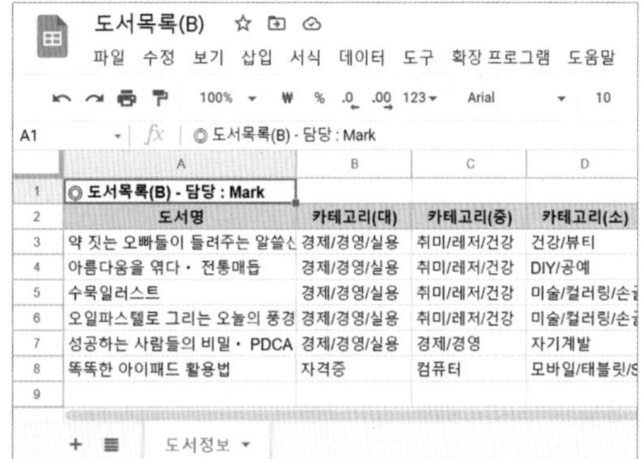

도서목록(B)

	A	B	C	D
1	◎ 도서목록(B) - 담당 : Mark			
2	도서명	카테고리(대)	카테고리(중)	카테고리(소)
3	약 짓는 오빠들이 들려주는 알쓸신	경제/경영/실용	취미/레저/건강	건강/뷰티
4	아름다움을 엮다 · 전통매듭	경제/경영/실용	취미/레저/건강	DIY/공예
5	수묵일러스트	경제/경영/실용	취미/레저/건강	미술/컬러링/손글
6	오일파스텔로 그리는 오늘의 풍경	경제/경영/실용	취미/레저/건강	미술/컬러링/손글
7	성공하는 사람들의 비밀 · PDCA	경제/경영/실용	경제/경영	자기계발
8	똑똑한 아이패드 활용법	자격증	컴퓨터	모바일/태블릿/S
9				

데이터를 취합할 파일에 'Ref' 시트를 만들고 데이터 연결 확인용으로 IMPORTRANGE 함수를 걸어 둡니다.

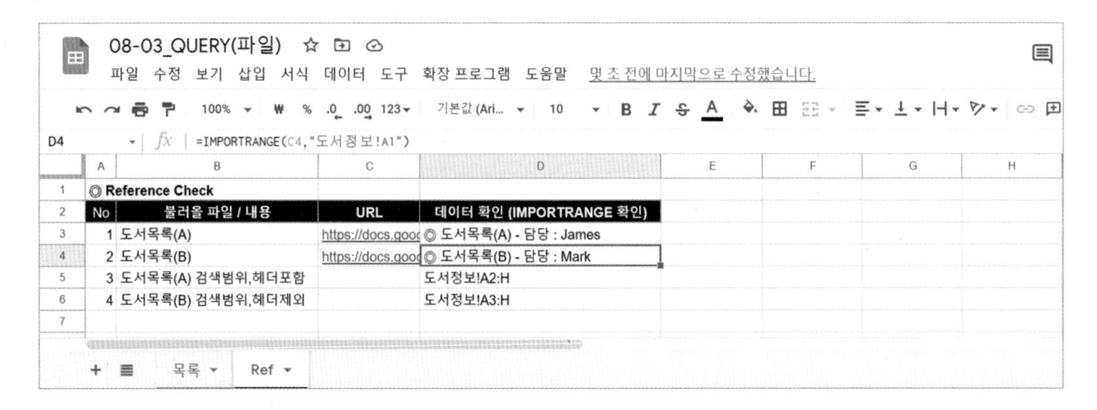

08-03_QUERY(파일)

D4 =IMPORTRANGE(C4,"도서정보!A1")

	A	B	C	D
1	◎ Reference Check			
2	No	불러올 파일 / 내용	URL	데이터 확인 (IMPORTRANGE 확인)
3	1	도서목록(A)	https://docs.goo	◎ 도서목록(A) - 담당 : James
4	2	도서목록(B)	https://docs.goo	◎ 도서목록(B) - 담당 : Mark
5	3	도서목록(A) 검색범위,헤더포함		도서정보!A2:H
6	4	도서목록(B) 검색범위,헤더제외		도서정보!A3:H
7				

두 파일에서 '카테고리(대)'가 '경제/경영/실용'인 도서만 반환하려면 다음과 같이 QUERY 함수를 적용합니다.

```
=QUERY({IMPORTRANGE(Ref!C3,Ref!D5);IMPORTRANGE(Ref!C4,Ref!D6)},"SELECT * WHERE Col2='경제/경영/실용'",1)
```

A2 | fx | =QUERY({IMPORTRANGE(Ref!C3,Ref!D5);IMPORTRANGE(Ref!C4,Ref!D6)},"SELECT * WHERE Col2='경제/경영/실용'",1)

	A	B	C	D	E	F	G	H
1	◎ 대분류 '경제/경영/실용' 도서							
2	도서명	카테고리(대)	카테고리(중)	카테고리(소)	저자	발행일	페이지 수	정가
3	소워니놀이터의 띠부띠부 가게놀(	경제/경영/실용	취미/레저/건강	DIY/공예	조윤성	2021-10-25	206	20,000
4	스티커 아트북 : 달콤한 디저트	경제/경영/실용	취미/레저/건강	미술/컬러링/손글	시대인콘텐츠연구소	2021-11-10	92	15,000
5	아이와 함께 사각사각 종이접기	경제/경영/실용	가정/생활	자녀교육/유학	심은정	2021-10-20	200	14,000
6	동물병원 119	경제/경영/실용	가정/생활	반려동물	한현정 · 이준섭	2021-01-05	368	16,000
7	약 짓는 오빠들이 들려주는 알쓸신	경제/경영/실용	취미/레저/건강	건강/뷰티	이정철 · 임성용	2021-06-10	510	20,000
8	아름다움을 엮다 · 전통매듭	경제/경영/실용	취미/레저/건강	DIY/공예	김정인	2021-03-25	184	15,000
9	수묵일러스트	경제/경영/실용	취미/레저/건강	미술/컬러링/손글	송진희	2021-07-05	166	13,000
10	오일파스텔로 그리는 오늘의 풍경	경제/경영/실용	취미/레저/건강	미술/컬러링/손글	전은솔	2021-05-10	172	15,000
11	성공하는 사람들의 비밀 · PDCA	경제/경영/실용	경제/경영	자기계발	오카무라 다쿠로 저	2021-01-05	168	13,000
12								

\+ ≡ 목록 ▾ Ref ▾

IMPORTRANGE 함수로 불러온 두 개의 범위를 하나의 배열로 만든 것을 QUERY 함수의 '검색_범위' 인수로 사용합니다. 비교 대상은 '경제/경영/실용'이 있는 두 번째 열(B열)에 위치하므로 비교조건은 `WHERE Col2='경제/경영/실용'`으로 구성합니다.

STEP 2 비교/논리 연산자로 만드는 다중 검색 조건

비교/논리 연산자를 사용해 QUERY 함수에 다중조건을 적용해 보겠습니다.

1 · 비교 연산자 - NULL의 공란 인식

예제파일 | 08-04_QUERY(비교)

QUERY 함수는 비교 연산자로 크기 비교(<, >, <=, >=), 같지 않음(!=, <>) 외에도 공란 여부에 대한 IS NULL, IS NOT NULL을 지원합니다. 크기 비교 방식은 일반 함수와 동일한 한편, **'같지 않음'과 '공란 여부'를 인식하는 데 있어서는 약간의 차이점**이 있습니다.

다음은 검색 범위로 불러올 원본 데이터인 '도서정보' 시트이며, A~E열은 데이터를 직접 입력한 셀이고 F열의 '소계'는 함수로 계산된 셀입니다. 데이터를 직접 입력한 셀과 함수로 계산된 셀의 경우를 비교해 보겠습니다.

F2 | fx | =ARRAYFORMULA(IF(E2:E="","",D2:D*E2:E))

	A	B	C	D	E	F	G
1	도서명	저자	페이지 수	정가	판매수	소계	
2	약 짓는 오빠들이 들려주는 알쓸신	이정철 · 임성용	510	20,000	35,102	702,040,000	
3	아름다움을 엮다 · 전통매듭	김정인	184	15,000	16,854	252,810,000	
4	수묵일러스트	송진희	166	13,000	14,203	184,639,000	
5	오일파스텔로 그리는 오늘의 풍경	전은솔	172	15,000	21,542	323,130,000	
6	성공하는 사람들의 비밀 · PDCA	오카무라 다쿠로 저	168	13,000	23,541	306,033,000	
7	똑똑한 아이패드 활용법	윤다연	280	18,000	12,425	223,650,000	
8							

\+ ≡ 도서정보 ▾

일반 데이터가 입력된 열

함수+수식에 의해 입력된 열

QUERY 함수로 '도서정보' 시트의 데이터를 불러올 때 아직 데이터가 입력되지 않은 공란을 빼고 가져오는 경우 다음과 같이 비교 연산자를 사용합니다.

=QUERY('도서정보'!A1:F,"SELECT A,B,F WHERE A<>''",1)

A1 | =QUERY('도서정보'!A1:F,"SELECT A,B,F WHERE A<>''",1)

	A	B	C	D	E
1	도서명	저자	소계		
2	약 짓는 오빠들이 들려주는 알쓸신	이정철 · 임성용	702,040,000		
3	아름다움을 엮다 · 전통매듭	김정인	252,810,000		
4	수묵일러스트	송진희	184,639,000		
5	오일파스텔로 그리는 오늘의 풍경	전은솔	323,130,000		
6	성공하는 사람들의 비밀 · PDCA	오카무라 다쿠로	306,033,000		
7	똑똑한 아이패드 활용법	윤다연	223,650,000		
8					

=QUERY('도서정보'!A1:F,"SELECT A,B,F WHERE A!=''",1)

A1 | =QUERY('도서정보'!A1:F,"SELECT A,B,F WHERE A!=''",1)

	A	B	C	D	E
1	도서명	저자	소계		
2	약 짓는 오빠들이 들려주는 알쓸신	이정철 · 임성용	702,040,000		
3	아름다움을 엮다 · 전통매듭	김정인	252,810,000		
4	수묵일러스트	송진희	184,639,000		
5	오일파스텔로 그리는 오늘의 풍경	전은솔	323,130,000		
6	성공하는 사람들의 비밀 · PDCA	오카무라 다쿠로	306,033,000		
7	똑똑한 아이패드 활용법	윤다연	223,650,000		
8					

=QUERY('도서정보'!A1:F,"SELECT A,B,F WHERE A IS NOT NULL",1)

A1 | =QUERY('도서정보'!A1:F,"SELECT A,B,F WHERE A IS NOT NULL",1)

	A	B	C	D	E
1	도서명	저자	소계		
2	약 짓는 오빠들이 들려주는 알쓸신	이정철 · 임성용	702,040,000		
3	아름다움을 엮다 · 전통매듭	김정인	252,810,000		
4	수묵일러스트	송진희	184,639,000		
5	오일파스텔로 그리는 오늘의 풍경	전은솔	323,130,000		
6	성공하는 사람들의 비밀 · PDCA	오카무라 다쿠로	306,033,000		
7	똑똑한 아이패드 활용법	윤다연	223,650,000		
8					

원본 시트 내 '도서명(A열)'의 공란 여부를 확인하기 위해 〈 〉, != , IS NOT NULL을 모두 사용할 수 있습니다. 이번에는 '소계(F열)'에 대해 공란 여부를 확인해 보겠습니다.

=QUERY('도서정보'!A1:F,"SELECT A,B,F WHERE F<>''",1)

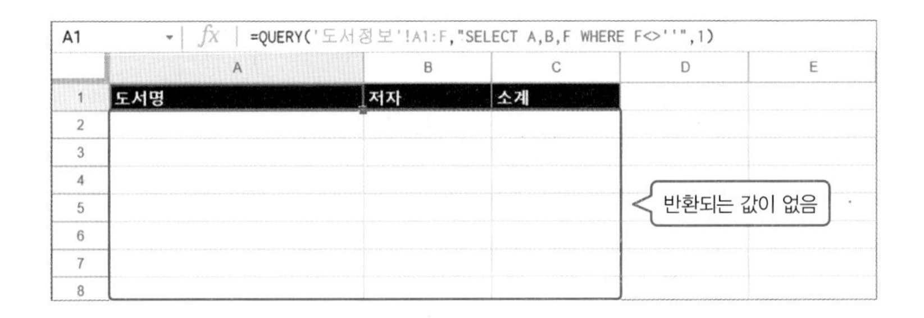

```
=QUERY('도서정보'!A1:F,"SELECT A,B,F WHERE F IS NOT NULL",1)
```

A1 | fx | =QUERY('도서정보'!A1:F,"SELECT A,B,F WHERE F IS NOT NULL",1)

	A	B	C	D	E
1	도서명	저자	소계		
2	약 짓는 오빠들이 들려주는 알쓸신	이정철・임성용	702,040,000		
3	아름다움을 엮다・전통매듭	김정인	252,810,000		
4	수묵일러스트	송진희	184,639,000		
5	오일파스텔로 그리는 오늘의 풍경	전은솔	323,130,000		
6	성공하는 사람들의 비밀・PDCA	오카무라 다쿠로	306,033,000		
7	똑똑한 아이패드 활용법	윤다연	223,650,000		
8					

동일한 셀의 공란 여부를 비교했지만, 〈〉, !=은 값을 불러오지 못하고 IS NOT NULL은 정상적으로 값을 반환합니다. 이는 검색 대상인 원본 데이터의 '소계(F열)'가 ARRAYFORMULA 함수로 계산될 때 〈〉, !=과 NULL이 공란을 인식하는 차이 때문에 발생하는 현상입니다. 따라서 데이터를 반환하지 못하는 상황을 방지하기 위해 일반적으로 QUERY 함수에서의 공란 확인에는 NULL을 사용합니다.

2 · 논리 연산자

예제파일 | 08-05_QUERY(논리)

논리 연산자는 AND, OR, NOT으로, 조건검색의 기본 논리 함수로 소개했던 AND, OR, NOT 조건식과 동일한 역할을 합니다.

	A	B	C	D	E	F	G
1	도서명	저자	페이지 수	정가	판매수	소계	
2	약 짓는 오빠들이 들려주는 알쓸신	이정철・임성용	510	20,000	35,102	702,040,000	
3	아름다움을 엮다・전통매듭	김정인	184	15,000	16,854	252,810,000	
4		송진희	166	13,000	14,203	184,639,000	
5	오일파스텔로 그리는 오늘의 풍경		172	15,000	21,542	323,130,000	
6	성공하는 사람들의 비밀・PDCA	오카무라 다쿠로 저	168	13,000	23,541	306,033,000	
7	똑똑한 아이패드 활용법	윤다연	280	18,000	12,425	223,650,000	
8							

+ ≣ 도서정보 ▾ QUERY논리 ▾

'도서명(A열)'과 '저자(B열)'에 공란이 있는 것을 확인할 수 있습니다.

QUERY 함수를 사용해 '도서명(A열)'과 '저자(B열)' 모두 공란이 없을 경우에만 값을 반환하는 조건을 설정하려면 다음과 같이 AND 연산자를 사용합니다.

```
=QUERY('도서정보'!A1:F,"SELECT * WHERE A IS NOT NULL AND B IS NOT NULL",1)
```

A1 | fx | =QUERY('도서정보'!A1:F,"SELECT * WHERE A IS NOT NULL AND B IS NOT NULL",1)

조건 1 (A IS NOT NULL) / 조건 2 (B IS NOT NULL)

	A	B	C	D	E	F	G
1	도서명	저자	페이지 수	정가	판매수	소계	
2	약 짓는 오빠들이 들려주는 알쓸신	이정철・임성용	510	20,000	35,102	702,040,000	
3	아름다움을 엮다・전통매듭	김정인	184	15,000	16,854	252,810,000	
4	성공하는 사람들의 비밀・PDCA	오카무라 다쿠로	168	13,000	23,541	306,033,000	
5	똑똑한 아이패드 활용법	윤다연	280	18,000	12,425	223,650,000	
6							
7							
8							

+ ≣ 도서정보 ▾ QUERY논리 ▾

이번에는 WHERE 절 내 조건과 조건을 OR 연산자로 연결합니다.

```
=QUERY('도서정보'!A1:F,"SELECT * WHERE E>=20000 OR F>300000000",1)
```

A1 | fx | =QUERY('도서정보'!A1:F,"SELECT * WHERE E>=20000 OR F>300000000",1)

	A	B	C	D	E	F	G
1	도서명	저자	페이지 수	정가	판매수	소계	
2	약 짓는 오빠들이 들려주는 알쓸신	이정철 · 임성용	510	20,000	35,102	702,040,000	
3	오일파스텔로 그리는 오늘의 풍경		172	15,000	21,542	323,130,000	
4	성공하는 사람들의 비밀 · PDCA	오카무라 다쿠로	168	13,000	23,541	306,033,000	
5							
6							
7							

AND, OR 연산자 조합에 소괄호를 함께 사용하면 반환값이 어떻게 달라지는지 비교해 보겠습니다.

```
=QUERY('도서정보'!A1:F,"SELECT * WHERE A IS NOT NULL AND B IS NOT NULL AND (E>=15000 OR F>300000000)",1)
```

A1 | fx | =QUERY('도서정보'!A1:F,"SELECT * WHERE A IS NOT NULL AND B IS NOT NULL AND (E>=15000 OR F>300000000)",1)

	A	B	C	D	E	F	G	H
1	도서명	저자	페이지 수	정가	판매수	소계		
2	약 짓는 오빠들이 들려주는 알쓸신	이정철 · 임성용	510	20,000	35,102	702,040,000		
3	아름다움을 엮다 · 전통매듭	김정인	184	15,000	16,854	252,810,000		
4	성공하는 사람들의 비밀 · PDCA	오카무라 다쿠로	168	13,000	23,541	306,033,000		
5								
6								
7								

```
=QUERY('도서정보'!A1:F,"SELECT * WHERE A IS NOT NULL AND B IS NOT NULL OR E>=15000 OR F>300000000",1)
```

A1 | fx | =QUERY('도서정보'!A1:F,"SELECT * WHERE A IS NOT NULL AND B IS NOT NULL OR E>=15000 OR F>300000000",1)

	A	B	C	D	E	F	G	H
1	도서명	저자	페이지 수	정가	판매수	소계		
2	약 짓는 오빠들이 들려주는 알쓸신	이정철 · 임성용	510	20,000	35,102	702,040,000		
3	아름다움을 엮다 · 전통매듭	김정인	184	15,000	16,854	252,810,000		
4	오일파스텔로 그리는 오늘의 풍경		172	15,000	21,542	323,130,000		
5	성공하는 사람들의 비밀 · PDCA	오카무라 다쿠로	168	13,000	23,541	306,033,000		
6	똑똑한 아이패드 활용법	윤다연	280	18,000	12,425	223,650,000		
7								

소괄호를 사용한 경우 OR로 묶인 두 조건(E>15000 OR F>300000000) 중 하나라도 만족하고 다른 AND 조건을 만족해야 값을 반환합니다. 반면 소괄호를 사용하지 않은 경우에는 두 조건을 모두 만족하지 않아도 앞의 AND 조건들에만 부합하면 값이 반환됩니다.

STEP 3 날짜/시간을 기준으로 검색하기

QUERY 함수를 사용하여 날짜 및 시간을 기준으로 검색하는 방법에 대해 알아봅니다.

1 · 날짜/시간 형식

예제파일 | 08-06_QUERY(날짜/시간)

'도서정보' 시트에서 QUERY 조건에 부합하는 데이터를 추출해 보겠습니다.

	A	B	C	D	E	F	G	H	I
1	도서명	카테고리(대)	카테고리(중)	카테고리(소)	저자	발행일	페이지 수	정가	
2	약 짓는 오빠들이 들려주는 알쓸신	경제/경영/실용	취미/레저/건강	건강/뷰티	이정철 · 임성용	2021-06-10	510	20,000	
3	아름다움을 엮다 · 전통매듭	경제/경영/실용	취미/레저/건강	DIY/공예	김정인	2021-03-25	184	15,000	
4	수묵일러스트	경제/경영/실용	취미/레저/건강	미술/컬러링/손글	송진희	2021-07-05	166	13,000	
5	오일파스텔로 그리는 오늘의 풍경	경제/경영/실용	취미/레저/건강	미술/컬러링/손글	전은솔	2021-05-10	172	15,000	
6	성공하는 사람들의 비밀 · PDCA	경제/경영/실용	경제/경영	자기계발	오카무라 다쿠로	2021-01-05	168	13,000	
7	똑똑한 아이패드 활용법	자격증	컴퓨터	모바일/태블릿/S	윤다연	2021-09-17	280	18,000	
8									

+ ≡ 도서정보 ▾ QUERY시간 ▾

QUERY 함수를 이용해 '도서정보' 시트에서 '카테고리(대)(B열)'가 '경제/경영/실용'이고 '발행일(F열)'이 '2021년 7월 이전', '정가(H열)'가 '15,000 이상'인 세 가지 조건에 대한 값을 반환해 보겠습니다.

세 조건을 모두 만족해야 하므로 논리 연산자 AND로 연결합니다. '쿼리_조건문'에 날짜를 사용해야 하므로 키워드 DATE를 입력하고, 작은따옴표를 함께 입력하여 YYYY-MM-DD을 문자열 형식으로 구성합니다.

```
=QUERY('도서정보'!A1:H,"SELECT * WHERE B='경제/경영/실용' AND F<DATE'2021-07-01' AND H>=15000",1)
```

```
A1 ▾ | fx | =QUERY('도서정보'!A1:H,"SELECT * WHERE B='경제/경영/실용' AND F<DATE'2021-07-01' AND H>=15000",1)
```

	A	B	C	D	E	F	G	H	I
1	도서명	카테고리(대)	카테고리(중)	카테고리(소)	저자	발행일	페이지 수	정가	
2	약 짓는 오빠들이	경제/경영/실용	취미/레저/건강	건강/뷰티	이정철 · 임성용	2021-06-10	510	20,000	
3	아름다움을 엮다	경제/경영/실용	취미/레저/건강	DIY/공예	김정인	2021-03-25	184	15,000	
4	오일파스텔로 그	경제/경영/실용	취미/레저/건강	미술/컬러링/손글	전은솔	2021-05-10	172	15,000	
5									
6									
7									
8									

+ ≡ 도서정보 ▾ QUERY시간 ▾

날짜와 시간에 대한 조건은 다음과 같은 형식으로 표기되어야 합니다.

① '날짜' 조건 ≫ DATE 'YYYY-MM-DD'
② '시간' 조건 ≫ TIMEOFDAY 'HH:MM:SS'
③ '날짜와 시간' 조건 ≫ DATETIME 'YYYY-MM-DD HH:MM:SS'

참조셀을 사용해 날짜 조건을 '쿼리_조건문'에 넣어 보겠습니다. 복잡하지만 &와 " " 조합으로 참조셀과 문자열을 엮어 '쿼리_조건문'을 만들 수 있습니다.

```
=QUERY('도서정보'!A1:H,"SELECT * WHERE B='" & D1 &"' AND F<DATE'" & TEXT(F1,"YYYY-MM-DD") &"' AND H>=15000",1)
```

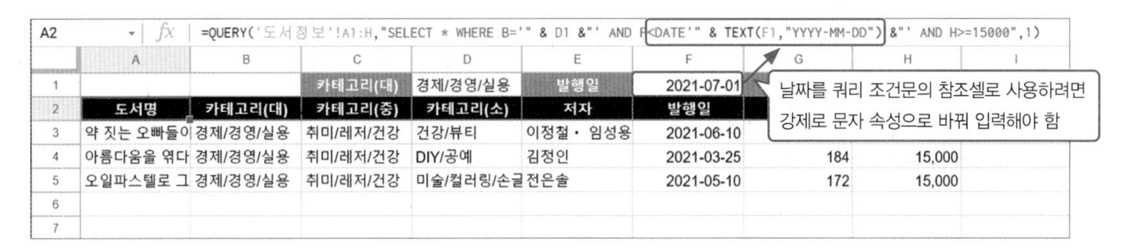

A2 =QUERY('도서정보'!A1:H,"SELECT * WHERE B='" & D1 &"' AND F<DATE'" & TEXT(F1,"YYYY-MM-DD") &"' AND H>=15000",1)

	A	B	C	D	E	F	G	H	I
1			카테고리(대)	경제/경영/실용	발행일	2021-07-01			
2	도서명	카테고리(대)	카테고리(중)	카테고리(소)	저자	발행일			
3	약 짓는 오빠들이	경제/경영/실용	취미/레저/건강	건강/뷰티	이정철 · 임성용	2021-06-10			
4	아름다움을 엮다	경제/경영/실용	취미/레저/건강	DIY/공예	김정인	2021-03-25	184	15,000	
5	오일파스텔로 그	경제/경영/실용	취미/레저/건강	미술/컬러링/손글	전은솔	2021-05-10	172	15,000	
6									
7									

날짜는 문자열 형식으로 입력되어야 하기 때문에 [F1] 셀을 바로 참조할 수 없고 TEXT 함수를 사용해 강제로 문자 속성으로 바꿔 입력해야 합니다. 참조셀을 사용해 '쿼리_조건문'을 만드는 것에 익숙해지는 것은 QUERY 함수를 자유자재로 활용하는 데 있어 매우 중요합니다.

보통 QUERY 함수에서 문자열 조합을 바로 적용하면 오류가 많이 발생합니다. 따라서 QUERY 함수가 익숙해지기 전까지는 '쿼리_조건문'이 정상적으로 완성되는지 확인하기 위한 셀 하나를 추가로 만들고 실제 QUERY 함수에는 이 셀을 참조시키는 것이 좋습니다.

'쿼리_조건문'이 제대로 완성됐는지 확인하는 용도로 [B2] 셀을 만들고, [A3] 셀의 QUERY 함수에는 [B2] 셀을 참조셀로 사용합니다.

B2:H2 ="SELECT * WHERE B='" & D1 &"' AND F<DATE'" & TEXT(F1,"YYYY-MM-DD") &"' AND H>=" & H1

	A	B	C	D	E	F	G	H	I
1		❶	카테고리(대)	경제/경영/실용	발행일	2021-07-01	정가	15,000	
2	쿼리_조건문	SELECT * WHERE B='경제/경영/실용' AND F<DATE'2021-07-01' AND H>=15000							
3	❷ 도서명	카테고리(대)	카테고리(중)	카테고리(소)	저자	발행일	페이지 수	정가	
4	약 짓는 오빠들이	경제/경영/실용	취미/레저/건강	건강/뷰티	이정철 · 임성용	2021-06-10	510	20,000	
5	아름다움을 엮다	경제/경영/실용	취미/레저/건강	DIY/공예	김정인	2021-03-25	184	15,000	
6	오일파스텔로 그	경제/경영/실용	취미/레저/건강	미술/컬러링/손글	전은솔	2021-05-10	172	15,000	
7									

① B2: 쿼리_조건문을 확인하는 셀

```
="SELECT * WHERE B='" & D1 &"' AND F<DATE'" & TEXT(F1,"YYYY-MM-DD") &"' AND H>=" & H1
```

② A3: QUERY 함수가 적용된 셀

```
=QUERY('도서정보'!A1:H,B2,1)
```

2 · 날짜를 숫자로 변환하여 적용하기

예제파일 | 08-07_QUERY(숫자)

필자는 날짜 및 시간을 입력할 때 포맷을 맞춰 사용하기보다는 서식을 '숫자'로 바꿔 사용하는 것을 선호합니다. 굳이 표준 입력 형식을 따르지 않고 숫자로 바꿔 적용하는 이유는 여러 개의 데이터를 분석하거나 업무 자동화 시스템을 만들 때, 특히 참조셀로 '쿼리_조건문'을 구성하는 경우 숫자로 적용하는 것이 편리하기 때문입니다.

날짜를 숫자로 적용해 사용하려면 먼저 원본 데이터(F열)의 날짜를 '숫자 서식'으로 바꿔 줘야 합니다.

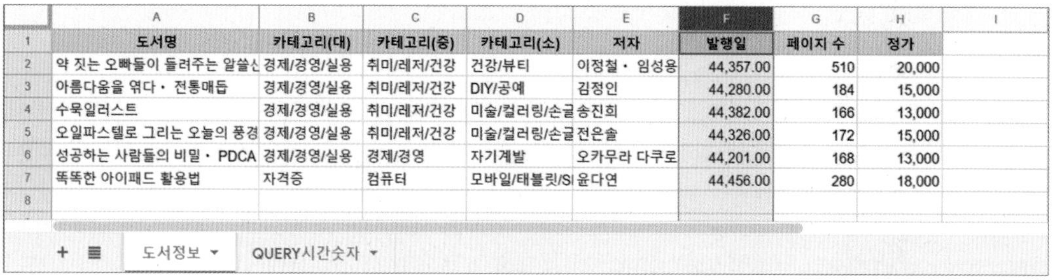

	A	B	C	D	E	F	G	H	I
1	도서명	카테고리(대)	카테고리(중)	카테고리(소)	저자	발행일	페이지 수	정가	
2	약 짓는 오빠들이 들려주는 알쓸스	경제/경영/실용	취미/레저/건강	건강/뷰티	이정철 · 임성용	44,357.00	510	20,000	
3	아름다움을 엮다 · 전통매듭	경제/경영/실용	취미/레저/건강	DIY/공예	김정인	44,280.00	184	15,000	
4	수묵일러스트	경제/경영/실용	취미/레저/건강	미술/컬러링/손글	송진희	44,382.00	166	13,000	
5	오일파스텔로 그리는 오늘의 풍경	경제/경영/실용	취미/레저/건강	미술/컬러링/손글	전은솔	44,326.00	172	15,000	
6	성공하는 사람들의 비밀 · PDCA	경제/경영/실용	경제/경영	자기계발	오카무라 다쿠로	44,201.00	168	13,000	
7	똑똑한 아이패드 활용법	자격증	컴퓨터	모바일/태블릿/SI	윤다연	44,456.00	280	18,000	
8									

+ ≡ 도서정보 ▾ QUERY시간숫자 ▾

이때 최대한 원본 데이터를 훼손하지 않기 위해 열을 하나 추가한 후, 중괄호 내에 범위를 입력하여 '발행일(F열)'을 복사하고 그 열의 서식을 '숫자'로 변경합니다.

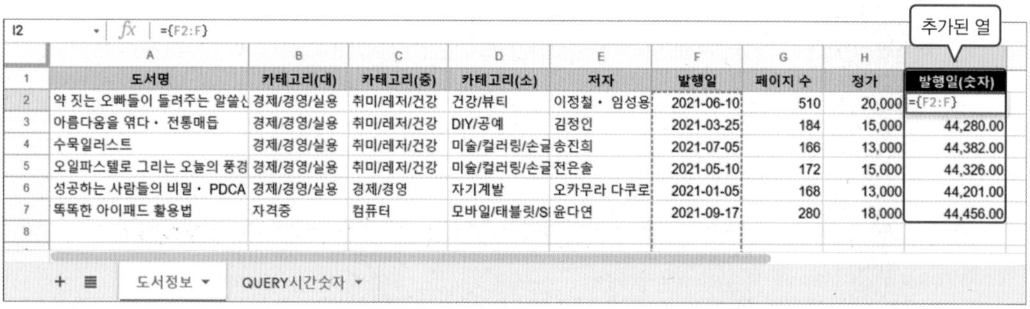

I2 ▾ fx =(F2:F)

추가된 열

	A	B	C	D	E	F	G	H	I
1	도서명	카테고리(대)	카테고리(중)	카테고리(소)	저자	발행일	페이지 수	정가	발행일(숫자)
2	약 짓는 오빠들이 들려주는 알쓸스	경제/경영/실용	취미/레저/건강	건강/뷰티	이정철 · 임성용	2021-06-10	510	20,000	={F2:F}
3	아름다움을 엮다 · 전통매듭	경제/경영/실용	취미/레저/건강	DIY/공예	김정인	2021-03-25	184	15,000	44,280.00
4	수묵일러스트	경제/경영/실용	취미/레저/건강	미술/컬러링/손글	송진희	2021-07-05	166	13,000	44,382.00
5	오일파스텔로 그리는 오늘의 풍경	경제/경영/실용	취미/레저/건강	미술/컬러링/손글	전은솔	2021-05-10	172	15,000	44,326.00
6	성공하는 사람들의 비밀 · PDCA	경제/경영/실용	경제/경영	자기계발	오카무라 다쿠로	2021-01-05	168	13,000	44,201.00
7	똑똑한 아이패드 활용법	자격증	컴퓨터	모바일/태블릿/SI	윤다연	2021-09-17	280	18,000	44,456.00
8									

+ ≡ 도서정보 ▾ QUERY시간숫자 ▾

이에 대해 QUERY 함수를 적용하면 추가된 'I열'로 인해 검색 범위가 '도서정보'!A1:I로 바뀌고, 날짜 비교의 기준이 F열에서 I열로 바뀌게 됩니다. ≫ I<" & F1 & " AND H>=" & H1

```
=QUERY('도서정보'!A1:I,"SELECT * WHERE B='" & D1 &"' AND I<" & F1 & " AND H>=" & H1,1)
```

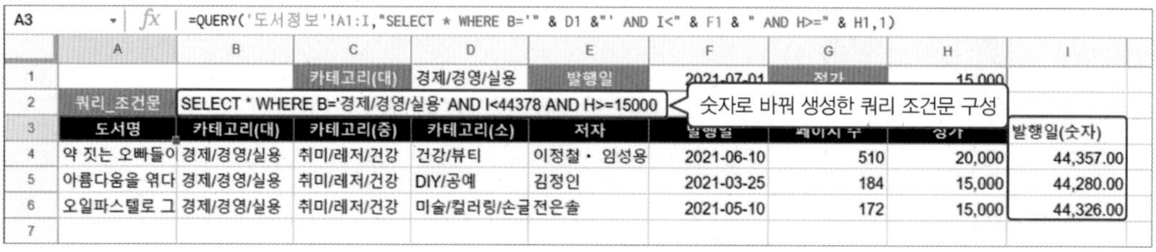

A3 ▾ fx =QUERY('도서정보'!A1:I,"SELECT * WHERE B='" & D1 &"' AND I<" & F1 & " AND H>=" & H1,1)

	A	B	C	D	E	F	G	H	I
1			카테고리(대)	경제/경영/실용	발행일	2021-07-01	정가	15,000	
2	쿼리_조건문	SELECT * WHERE B='경제/경영/실용' AND I<44378 AND H>=15000							
3	도서명	카테고리(대)	카테고리(중)	카테고리(소)	저자	발행일	페이지 수	정가	발행일(숫자)
4	약 짓는 오빠들이	경제/경영/실용	취미/레저/건강	건강/뷰티	이정철 · 임성용	2021-06-10	510	20,000	44,357.00
5	아름다움을 엮다	경제/경영/실용	취미/레저/건강	DIY/공예	김정인	2021-03-25	184	15,000	44,280.00
6	오일파스텔로 그	경제/경영/실용	취미/레저/건강	미술/컬러링/손글	전은솔	2021-05-10	172	15,000	44,326.00
7									

숫자로 바꿔 생성한 쿼리 조건문 구성

SELECT *을 입력했기 때문에 I열까지 반환되었지만, 보통은 다음과 같이 SELECT 절에서 반환하고자 하는 열을 지정하므로 실제 사용에는 문제가 없습니다.

A3 =QUERY('도서정보'!A1:I,"SELECT A,B,F,H WHERE B='" & D1 &"' AND I<" & F1 & " AND H>=" & H1,1)

	A	B	C	D	E	F	G	H
1			카테고리(대)	경제/경영/실용	발행일	2021-07-01	정가	15,000
2	쿼리_조건문	SELECT * WHERE B='경제/경영/실용' AND I<44378 AND H>=15000						
3	도서명	카테고리(대)	발행일	정가				
4	약 짓는 오빠들이	경제/경영/실용	2021-06-10	20,000				
5	아름다움을 엮다	경제/경영/실용	2021-03-25	15,000				
6	오일파스텔로 그	경제/경영/실용	2021-05-10	15,000				
7								

STEP 4 쿼리를 더욱 풍부하게 만드는 구문들

QUERY 함수에서 언어 조항에 따라 추가되는 각종 옵션에 대해 알아봅니다.

1 · ORDER BY / LIMIT / OFFSET

예제파일 | 08-08_ORDER BY/LIMIT/OFFSET

ORDER BY / LIMIT / OFFSET

순서대로 정렬하여 / 원하는 개수만큼 / 불필요한 것은 건너뛰고 값을 반환합니다.

■ ORDER BY

지정할 열의 순서대로 데이터를 정렬합니다. 내림차순일 경우 'DESC'를 추가하고, 오름차순일 경우에는 'ASC'를 추가하거나 생략합니다. 문자의 오름차순은 영어 A~Z를 선두로 한글 가나다순으로 정렬됩니다.

QUERY 함수의 결괏값에 ORDER BY 구문을 적용해 보겠습니다.

	A	B	C	D	E	F	G	H	I
1	도서명	카테고리(대)	카테고리(중)	카테고리(소)	저자	발행일	페이지 수	정가	
2	약 짓는 오빠들이 들려주는 알쓸신	경제/경영/실용	취미/레저/건강	건강/뷰티	이정철 · 임성용	2021-06-10	510	20,000	
3	아름다움을 엮다 · 전통매듭	경제/경영/실용	취미/레저/건강	DIY/공예	김정인	2021-03-25	184	15,000	
4	수묵일러스트	경제/경영/실용	취미/레저/건강	미술/컬러링/손글	송진희	2021-07-05	166	13,000	
5	오일파스텔로 그리는 오늘의 풍경	경제/경영/실용	취미/레저/건강	미술/컬러링/손글	전은솔	2021-05-10	172	15,000	
6	성공하는 사람들의 비밀 · PDCA	경제/경영/실용	경제/경영	자기계발	오카무라 다쿠로	2021-01-05	168	13,000	
7	똑똑한 아이패드 활용법	자격증	컴퓨터	모바일/태블릿/SI	윤다연	2021-09-17	280	18,000	
8									

+ ≡ 도서정보 ▾ QUERY시간 ▾

원본의 '카테고리(대)(B열)'가 '경제/경영/실용'이면서 '발행일(F열)'이 '2021년 9월 이전'인 데이터 값에 ORDER BY F 조건을 걸어 '발행일을 기준으로 오름차순 정렬'시켜 반환합니다.

```
=QUERY('도서정보'!A1:H,"SELECT A,B,C,D,F,H WHERE B='경제/경영/실용' AND F<DATE '2021-09-01' ORDER BY F",1)
```

A1 | fx | =QUERY('도서정보'!A1:H,"SELECT A,B,C,D,F,H WHERE B='경제/경영/실용' AND F<DATE'2021-09-01' ORDER BY F",1)

	A	B	C	D	E	F	G	H	I
1	도서명	카테고리(대)	카테고리(중)	카테고리(소)	발행일	정가			
2	성공하는 사람들	경제/경영/실용	경제/경영	자기계발	2021-01-05	13,000			
3	아름다움을 엮다	경제/경영/실용	취미/레저/건강	DIY/공예	2021-03-25	15,000			
4	오일파스텔로 그	경제/경영/실용	취미/레저/건강	미술/컬러링/손글	2021-05-10	15,000			
5	약 짓는 오빠들이	경제/경영/실용	취미/레저/건강	건강/뷰티	2021-06-10	20,000			
6	수묵일러스트	경제/경영/실용	취미/레저/건강	미술/컬러링/손글	2021-07-05	13,000			
7									

```
=QUERY('도서정보'!A1:H,"SELECT A,B,C,D,F,H WHERE B='경제/경영/실용' AND F<DATE'2021-09-01' ORDER BY D,F DESC",1)
```

A1 | fx | =QUERY('도서정보'!A1:H,"SELECT A,B,C,D,F,H WHERE B='경제/경영/실용' AND F<DATE'2021-09-01' ORDER BY D,F DESC",1)

	A	B	C	D	E	F	G	H	I
1	도서명	카테고리(대)	카테고리(중)	카테고리(소)	발행일	정가			
2	아름다움을 엮다	경제/경영/실용	취미/레저/건강	DIY/공예	2021-03-25	15,000			
3	약 짓는 오빠들이	경제/경영/실용	취미/레저/건강	건강/뷰티	2021-06-10	20,000			
4	수묵일러스트	경제/경영/실용	취미/레저/건강	미술/컬러링/손글	2021-07-05	13,000			
5	오일파스텔로 그	경제/경영/실용	취미/레저/건강	미술/컬러링/손글	2021-05-10	15,000			
6	성공하는 사람들	경제/경영/실용	경제/경영	자기계발	2021-01-05	13,000			
7									

1차 오름차순 정렬 / 1차에 종속된 2차 내림차순 정렬

1차 정렬은 '카테고리(소)'를 기준으로 오름차순 정렬되고, 2차 정렬은 1차 정렬된 결괏값에 종속되어 '발행일'을 기준으로 내림차순 정렬됩니다.

▪ LIMIT

LIMIT 구문은 반환할 행 개수를 제한합니다. 다음은 QUERY 함수를 이용해 '도서정보' 시트에서 '정가(H열)'가 '15,000 이상'인 데이터를 정가를 기준으로 내림차순 정렬한 결괏값입니다.

A1 | fx | =QUERY('도서정보'!A1:H,"SELECT A,B,C,D,F,H WHERE H>=15000 ORDER BY H DESC",1)

	A	B	C	D	E	F	G	H
1	도서명	카테고리(대)	카테고리(중)	카테고리(소)	발행일	정가		
2	약 짓는 오빠들이	경제/경영/실용	취미/레저/건강	건강/뷰티	2021-06-10	20,000		
3	똑똑한 아이패드	자격증	컴퓨터	모바일/태블릿/SI	2021-09-17	18,000		
4	아름다움을 엮다	경제/경영/실용	취미/레저/건강	DIY/공예	2021-03-25	15,000		
5	오일파스텔로 그	경제/경영/실용	취미/레저/건강	미술/컬러링/손글	2021-05-10	15,000		
6								

추가로 LIMIT 구문을 걸어 결괏값에서 3개의 행만 반환해 보겠습니다.

```
=QUERY('도서정보'!A1:H,"SELECT A,B,C,D,F,H WHERE H>=15000 ORDER BY H DESC LIMIT 3",1)
```

A1 | fx | =QUERY('도서정보'!A1:H,"SELECT A,B,C,D,F,H WHERE H>=15000 ORDER BY H DESC LIMIT 3",1)

	A	B	C	D	E	F	G	H
1	도서명	카테고리(대)	카테고리(중)	카테고리(소)	발행일	정가		
2	약 짓는 오빠들이	경제/경영/실용	취미/레저/건강	건강/뷰티	2021-06-10	20,000		
3	똑똑한 아이패드	자격증	컴퓨터	모바일/태블릿/SI	2021-09-17	18,000		
4	아름다움을 엮다	경제/경영/실용	취미/레저/건강	DIY/공예	2021-03-25	15,000		
5								

3개의 행만 반환

LIMIT 3을 추가하여 결괏값에서 3개의 행만 반환합니다. 이때 LIMIT은 ORDER BY보다 뒤에 입력해야 하고, ORDER BY와 상관없이 LIMIT 조건만 단독으로 사용할 수도 있습니다.

▪ OFFSET

OFFSET 구문은 지정한 수만큼 행을 건너뛰고 데이터를 반환합니다.

```
=QUERY('도서정보'!A1:H,"SELECT A,B,C,D,F,H WHERE H<20000",1)
```

A1 | fx | =QUERY('도서정보'!A1:H,"SELECT A,B,C,D,F,H WHERE H<20000",1)

	A	B	C	D	E	F	G	H
1	도서명	카테고리(대)	카테고리(중)	카테고리(소)	발행일	정가		
2	아름다움을 엮다	경제/경영/실용	취미/레저/건강	DIY/공예	2021-03-25	15,000		
3	수묵일러스트	경제/경영/실용	취미/레저/건강	미술/컬러링/손글	2021-07-05	13,000		
4	오일파스텔로 그	경제/경영/실용	취미/레저/건강	미술/컬러링/손글	2021-05-10	15,000		
5	성공하는 사람들	경제/경영/실용	경제/경영	자기계발	2021-01-05	13,000		
6	똑똑한 아이패드	자격증	컴퓨터	모바일/태블릿/SI	2021-09-17	18,000		
7								

```
=QUERY('도서정보'!A1:H,"SELECT A,B,C,D,F,H WHERE H<20000 OFFSET 1",1)
```

A1 | fx | =QUERY('도서정보'!A1:H,"SELECT A,B,C,D,F,H WHERE H<20000 OFFSET 1",1)

	A	B	C	D	E	F	G	H
1	도서명	카테고리(대)	카테고리(중)	카테고리(소)	발행일	정가		
2	수묵일러스트	경제/경영/실용	취미/레저/건강	미술/컬러링/손글	2021-07-05	13,000		
3	오일파스텔로 그	경제/경영/실용	취미/레저/건강	미술/컬러링/손글	2021-05-10	15,000		
4	성공하는 사람들	경제/경영/실용	경제/경영	자기계발	2021-01-05	13,000		
5	똑똑한 아이패드	자격증	컴퓨터	모바일/태블릿/SI	2021-09-17	18,000		
6								

첫 번째 행을 제외한
4개의 행이 반환됨

OFFSET 1을 적용하면 반환된 데이터 값에서 첫 번째 행을 제외하고 두 번째 행부터 반환합니다. OFFSET 구문은 ORDER BY, LIMIT 구문과 함께 적용할 수 있습니다. 이때 ORDER BY, LIMIT, OFFSET의 순서로 입력해야 합니다.

A1 | fx | =QUERY('도서정보'!A1:H,"SELECT A,B,C,D,F,H WHERE H<20000 ORDER BY H DESC LIMIT 4 OFFSET 3",1)

❶ ❷ ❸

	A	B	C	D	E	F	G	H
1	도서명	카테고리(대)	카테고리(중)	카테고리(소)	발행일	정가		
2	수묵일러스트	경제/경영/실용	취미/레저/건강	미술/컬러링/손글	2021-07-05	13,000		
3	성공하는 사람들	경제/경영/실용	경제/경영	자기계발	2021-01-05	13,000		
4								
5								
6								

QUERY 함수에서 각 조건이 적용될 때마다 어떤 요소가 결괏값을 변화시키는지 확인해 보기 바랍니다.

```
=QUERY('도서정보'!A1:H,"SELECT A,B,C,D,F,H WHERE H<20000 ORDER BY H DESC",1)
=QUERY('도서정보'!A1:H,"SELECT A,B,C,D,F,H WHERE H<20000 ORDER BY H DESC LIMIT 4",1)
=QUERY('도서정보'!A1:H,"SELECT A,B,C,D,F,H WHERE H<20000 ORDER BY H DESC LIMIT 4 OFFSET 3",1)
```

2 · 계산 함수와 GROUP BY

예제파일 | 08-09_집계함수+GROUP BY

QUERY 함수 내 SELECT 절에서 사용 가능한 +, −, *, / 연산자와 GROUP BY 구문에 따른 계산 함수에 대해서 알아보겠습니다. 이 기능은 품질관리나 생산관리 등의 업무 현장, 데이터 분석 및 통계 작업 진행 시 매우 유용합니다.

QUERY 함수 내 계산 함수는 조건검색 기본 함수와 같이 다섯 개의 함수를 기본으로 합니다.

함수	설명	데이터 타입	반환값
AVG( )	그룹된 열의 평균값을 반환합니다	숫자	숫자
COUNT( )	그룹된 열의 비어 있지 않는 셀의 개수를 반환합니다.	모든 유형	열과 같은 유형
MAX( )	그룹된 열의 최댓값을 반환합니다. 날짜는 작은 날짜로 문자열은 대소문자를 구분하여 알파벳 순서로 비교됩니다.	모든 유형	열과 같은 유형
MIN( )	그룹된 열의 최솟값을 반환합니다. 날짜는 작은 날짜로 문자열은 대소문자를 구분하여 알파벳 순서로 비교됩니다.	모든 유형	열과 같은 유형
SUM( )	그룹된 열의 합계를 반환합니다.	숫자	숫자

※ 날짜는 숫자 속성을 가지기 때문에 이전 날짜를 작은 날짜로 표현했습니다.

계산 함수가 QUERY 함수에 어떻게 사용되는지 살펴보겠습니다.

	A	B	C	D	E	F	G	H
1	도서명	카테고리(대)	카테고리(중)	카테고리(소)	발행일	페이지 수	정가	판매수
2	소워니놀이터의 띠부띠부 가게놀(	경제/경영/실용	취미/레저/건강	DIY/공예	2021-10-25	206	20,000	12,450
3	[아는 만큼 재미있는] 스마트폰 기	자격증	컴퓨터	컴퓨터/인터넷/스	2021-10-25	148	10,000	15,451
4	아이와 함께 사각사각 종이접기	경제/경영/실용	가정/생활	자녀교육/유학	2021-10-20	200	14,000	26,545
5	동물병원 119	경제/경영/실용	가정/생활	반려동물	2021-01-05	368	16,000	18,654
6	약 짓는 오빠들이 들려주는 알쓸신	경제/경영/실용	취미/레저/건강	건강/뷰티	2021-06-10	510	20,000	23,654
7	수묵일러스트	경제/경영/실용	취미/레저/건강	미술/컬러링/손글	2021-07-05	166	13,000	24,516
8	오일파스텔로 그리는 오늘의 풍경	경제/경영/실용	취미/레저/건강	미술/컬러링/손글	2021-05-10	172	15,000	29,523
9	성공하는 사람들의 비밀 · PDCA	경제/경영/실용	경제/경영	자기계발	2021-01-05	168	13,000	17,524
10								

+ ≡ 도서정보 ▾ QUERY집계 ▾

원본 '도서정보' 시트에서 '카테고리(대)(B열)'가 '경제/경영/실용'인 데이터를 반환할 때, 열을 추가해서 '정가(G열)'와 '판매수(H열)'의 곱을 같이 반환해 보겠습니다. SELECT 절에 G열과 H열을 곱으로 연결(G*H)하면 열이 추가되어 반환됩니다. 이때 ORDER BY 구문을 사용하여 곱한 값을 기준으로 정렬할 수도 있습니다. ≫ ORDER BY G*H DESC

새로 생성된 열에 대해서는 사칙연산(원본 열의 헤더명)이 자동으로 헤더명으로 만들어집니다. 예제에서는 곱셈의 결과로 헤더명이 'product(정가판매수)'로 생성되었습니다.

```
=QUERY('도서정보'!A1:H,"SELECT A,E,G,G*H WHERE B='경제/경영/실용' ORDER BY G*H DESC",1)
```

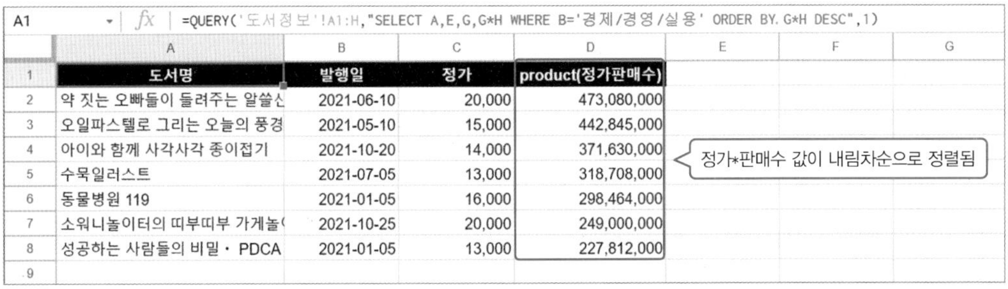

A1 | fx | =QUERY('도서정보'!A1:H,"SELECT A,E,G,G*H WHERE B='경제/경영/실용' ORDER BY G*H DESC",1)

	A	B	C	D	E	F	G
1	도서명	발행일	정가	product(정가판매수)			
2	약 짓는 오빠들이 들려주는 알쓸신	2021-06-10	20,000	473,080,000			
3	오일파스텔로 그리는 오늘의 풍경	2021-05-10	15,000	442,845,000			
4	아이와 함께 사각사각 종이접기	2021-10-20	14,000	371,630,000			
5	수묵일러스트	2021-07-05	13,000	318,708,000			
6	동물병원 119	2021-01-05	16,000	298,464,000			
7	소워니놀이터의 띠부띠부 가게놀이	2021-10-25	20,000	249,000,000			
8	성공하는 사람들의 비밀 · PDCA	2021-01-05	13,000	227,812,000			
9							

정가*판매수 값이 내림차순으로 정렬됨

계산 함수를 통해 특정 열을 기준으로 묶음(그룹) 계산하려면 GROUP BY 조건문을 사용합니다. 사용 시 주의할 사항은 **묶음의 기준이 되는 열을 GROUP BY로 설정했다면, 해당 묶음 열이 SELECT 절에도 반환되는 열로 지정되어야 한다**는 것입니다.

```
=QUERY('도서정보'!A1:H,"SELECT C,AVG(G),AVG(H),SUM(H) GROUP BY C ORDER BY C",1)
```

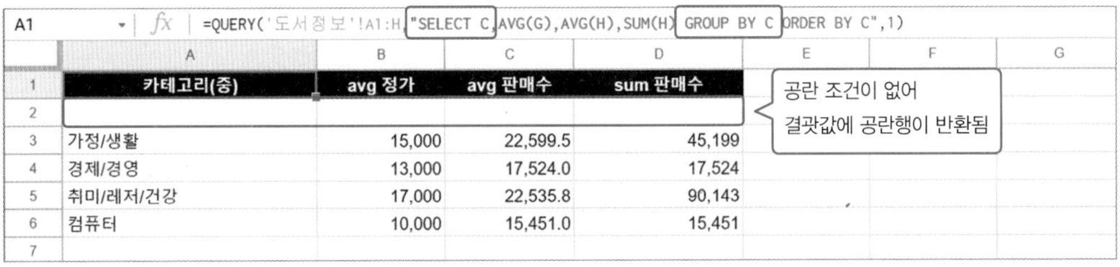

A1 | fx | =QUERY('도서정보'!A1:H,"SELECT C,AVG(G),AVG(H),SUM(H) GROUP BY C ORDER BY C",1)

	A	B	C	D	E	F	G
1	카테고리(중)	avg 정가	avg 판매수	sum 판매수			
2							
3	가정/생활	15,000	22,599.5	45,199			
4	경제/경영	13,000	17,524.0	17,524			
5	취미/레저/건강	17,000	22,535.8	90,143			
6	컴퓨터	10,000	15,451.0	15,451			
7							

공란 조건이 없어
결괏값에 공란행이 반환됨

원본 '도서정보' 시트에서 '카테고리(중)(C열)'을 GROUP BY C로 묶어 '정가(G열)', '판매수(H열)'에 대한 평균과 '판매수(H열)'에 대한 합산을 계산하고, 그 결과를 '카테고리(중)(C열)'을 기준으로 오름차순 반환합니다.

이때, QUERY 함수의 검색 범위를 '도서정보'!A1:H로 오픈시키면 공란행이 같이 반환되기 때문에 공란을 제외하는 조건(IS NOT NULL)을 추가해 주어야 합니다.

```
=QUERY('도서정보'!A1:H,"SELECT C,AVG(G),AVG(H),SUM(H) WHERE A IS NOT NULL GROUP BY C ORDER BY C",1)
```

A1 | fx | =QUERY('도서정보'!A1:H,"SELECT C,AVG(G),AVG(H),SUM(H) WHERE A IS NOT NULL GROUP BY C ORDER BY C",1)

	A	B	C	D	E	F	G
1	카테고리(중)	avg 정가	avg 판매수	sum 판매수			
2	가정/생활	15,000	22,599.5	45,199			
3	경제/경영	13,000	17,524.0	17,524			
4	취미/레저/건강	17,000	22,535.8	90,143			
5	컴퓨터	10,000	15,451.0	15,451			
6							
7							

열에 대한 그룹을 여러 개 지정할 경우 GROUP BY 구문에 지정된 열의 순서대로 그룹이 종속되어 값이 반환됩니다. 마찬가지로 GROUP BY 구문에 지정된 열은 SELECT 절에도 포함되어 있어야 합니다.

```
=QUERY('도서정보'!A1:H,"SELECT B,C,SUM(H) WHERE A IS NOT NULL GROUP BY B,C ORDER BY C",1)
```

A1 | fx | =QUERY('도서정보'!A1:H,"SELECT B,C,SUM(H) WHERE A IS NOT NULL GROUP BY B,C ORDER BY C",1)

	A	B	C	D	E	F	G
1	카테고리(대)	카테고리(중)	sum 판매수				
2	경제/경영/실용	가정/생활	45,199.0				
3	경제/경영/실용	경제/경영	17,524.0				
4	경제/경영/실용	취미/레저/건강	90,143.0				
5	자격증	컴퓨터	15,451.0				
6							
7							

GROUP BY로 묶인 열은
SELECT 절에 반환 열로 지정되어야 함

'카테고리(대)'가 '경제/경영/실용'인 항목은 세 개의 '카테고리(중)' 그룹(가정/생활, 경제/경영, 취미/레저/건강)으로, '카테고리(대)'가 '자격증'인 항목은 한 개의 '카테고리(중)' 그룹(컴퓨터)으로 구분되며, 판매수의 합이 '카테고리(중)' 그룹별로 반환됩니다.

3 · PIVOT과 GROUP BY

예제파일 | 08-10_GROUP BY+PIVOT

QUERY 함수에서는 '쿼리_조건문' GROUP BY와 함께 PIVOT을 사용하여 피봇(Pivot) 테이블을 구성할 수 있습니다. 먼저 GROUP BY와 PIVOT의 차이를 비교해 보겠습니다.

	A	B	C	D	E	F	G	H
1	도서명	카테고리(대)	카테고리(중)	카테고리(소)	발행일	페이지 수	정가	판매수
2	소워니놀이터의 띠부띠부 가게놀	경제/경영/실용	취미/레저/건강	DIY/공예	2021-10-25	206	20,000	12,450
3	[아는 만큼 재미있는] 스마트폰 기	자격증	컴퓨터	컴퓨터/인터넷/스	2021-10-25	148	10,000	15,451
4	아이와 함께 사각사각 종이접기	경제/경영/실용	가정/생활	자녀교육/유학	2021-10-20	200	14,000	26,545
5	동물병원 119	경제/경영/실용	가정/생활	반려동물	2021-01-05	368	16,000	18,654
6	약 짓는 오빠들이 들려주는 알쓸신	경제/경영/실용	취미/레저/건강	건강/뷰티	2021-06-10	510	20,000	23,654
7	수묵일러스트	경제/경영/실용	취미/레저/건강	미술/컬러링/손글	2021-07-05	166	13,000	24,516
8	오일파스텔로 그리는 오늘의 풍경	경제/경영/실용	취미/레저/건강	미술/컬러링/손글	2021-05-10	172	15,000	29,523
9	성공하는 사람들의 비밀 · PDCA	경제/경영/실용	경제/경영	자기계발	2021-01-05	168	13,000	17,524
10								

\+ ≡ 도서정보 ▾ QUERY ▾

원본 데이터 '도서정보' 시트에서 '카테고리(대)(B열)'을 그룹으로 '판매수(H열)'의 합계를 계산할 경우 GROUP BY와 PIVOT의 조건에 따른 QUERY 함수는 다음과 같이 적용됩니다.

```
=QUERY('도서정보'!A1:H,"SELECT B,SUM(H) WHERE A IS NOT NULL GROUP BY B",1)
```

A1 fx =QUERY('도서정보'!A1:H,"SELECT B,SUM(H) WHERE A IS NOT NULL GROUP BY B",1)

	A	B	C	D	E	F	G
1	카테고리(대)	sum 판매수					
2	경제/경영/실용	152866					
3	자격증	15451					
4							

동일한 열 내에서 행으로 배치

```
=QUERY('도서정보'!A1:H,"SELECT SUM(H) WHERE A IS NOT NULL PIVOT B",1)
```

A1 fx =QUERY('도서정보'!A1:H,"SELECT SUM(H) WHERE A IS NOT NULL PIVOT B",1)

	A	B	C	D	E	F	G
1	경제/경영/실용	자격증					
2	152866	15451					
3							
4							

각각의 열로 배치

GROUP BY 구문을 적용하면 그룹에 대한 반환값이 하나의 열 내에서 행으로 배치되지만, PIVOT 구문을 적용하면 반환값이 각각의 열로 배치됩니다. GROUP BY 구문은 반환값의 배치에 따라 SELECT 절에 묶음의 기준이 되는 열이 포함되어야 하지만, PIVOT 구문에서는 오히려 오류가 발생합니다. 이와 같은 특징을 가진 두 개의 '쿼리_조건문' GROUP BY와 PIVOT을 조합하면 QUERY 함수 내에서 '피봇 테이블'을 구성할 수 있습니다.

```
=QUERY('도서정보'!A1:H,"SELECT B,SUM(H) WHERE A IS NOT NULL GROUP BY B PIVOT C",1)
```

A1 fx =QUERY('도서정보'!A1:H,"SELECT B,SUM(H) WHERE A IS NOT NULL GROUP BY B PIVOT C",1)

	A	B	C	D	E	F	G
1	카테고리(대)	가정/생활	경제/경영	취미/레저/건강	컴퓨터		
2	경제/경영/실용	45199	17524	90,143			
3	자격증				15451		
4							

원본 데이터의 '카테고리(대)(B열)'는 GROUP BY로 묶어 하나의 열에서 행으로, '카테고리(중)(C열)'은 PIVOT으로 묶어 각각의 열로 배치시켜 '판매수(H열)'에 해당하는 소계값을 반환합니다.

GROUP BY와 PIVOT의 조건은 여러 개의 열에 적용할 수 있습니다.

```
=QUERY('도서정보'!A1:H,"SELECT B,C,D,SUM(H) WHERE A IS NOT NULL GROUP BY B,C,D PIVOT E",1)
```

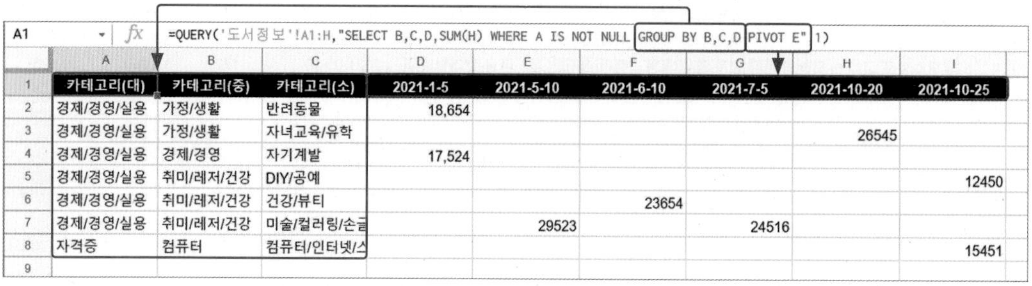

A1 | fx | =QUERY('도서정보'!A1:H,"SELECT B,C,D,SUM(H) WHERE A IS NOT NULL GROUP BY B,C,D PIVOT E",1)

	A	B	C	D	E	F	G	H	I
1	카테고리(대)	카테고리(중)	카테고리(소)	2021-1-5	2021-5-10	2021-6-10	2021-7-5	2021-10-20	2021-10-25
2	경제/경영/실용	가정/생활	반려동물	18,654					
3	경제/경영/실용	가정/생활	자녀교육/유학					26545	
4	경제/경영/실용	경제/경영	자기계발	17,524					
5	경제/경영/실용	취미/레저/건강	DIY/공예						12450
6	경제/경영/실용	취미/레저/건강	건강/뷰티			23654			
7	경제/경영/실용	취미/레저/건강	미술/컬러링/손글		29523		24516		
8	자격증	컴퓨터	컴퓨터/인터넷/스						15451
9									

원본 데이터의 '카테고리(대)/(중)/(소)(B~D열)'를 GROUP BY로 묶어 하나의 열에서 행으로, '발행일(E열)'은 PIVOT으로 묶어 열로 배치시켜 '판매수(H열)'에 해당하는 소계값을 반환합니다.

검색 범위는 '도서정보'!A1:H로 행을 오픈시켜 잡기 때문에, QUERY 함수로 구성한 피봇 테이블은 원본 데이터가 추가 또는 수정될 때마다 결괏값이 실시간으로 자동 업데이트됩니다.

4 · 스칼라 함수와 FORMAT

예제파일 | 08-11_스칼라/FORMAT

■ 스칼라 함수

스칼라 함수는 '쿼리_조건문' 내에서 스칼라 함수를 적용한 열을 생성하여 반환하거나 ORDER BY와 같은 추가 조건에 적용할 수 있습니다.

함수	설명	데이터 타입	변환값
YEAR( )	날짜 또는 날짜-시간 값에서 연도를 반환합니다.	날짜, 날짜-시간	숫자
MONTH( )	날짜 또는 날짜-시간 값에서 월을 반환합니다(1월=0으로, 반환값은 0~11).	날짜, 날짜-시간	숫자
DAY( )	날짜 또는 날짜-시간 값에서 일을 반환합니다.	날짜, 날짜-시간	숫자
HOUR( )	날짜-시간 또는 시간 값에서 시를 반환합니다.	날짜-시간, 시간	숫자
MINUTE( )	날짜-시간 또는 시간 값에서 분을 반환합니다.	날짜-시간, 시간	숫자
SECOND( )	날짜-시간 또는 시간 값에서 초를 반환합니다.	날짜-시간, 시간	숫자
MILLISECOND( )	날짜-시간 또는 시간 값에서 밀리초를 반환합니다.	날짜-시간, 시간	숫자
QUARTER( )	날짜 또는 날짜-시간 값에서 분기를 반환합니다.	날짜, 날짜-시간	숫자
DAYOFWEEK( )	날짜 또는 날짜-시간 값에서 요일/숫자를 반환합니다(일요일=1).	날짜, 날짜-시간	숫자
NOW( )	GMT 기준으로 현재 시간을 반환합니다.	없음	날짜-시간
DATEDIFF( )	두 날짜 또는 날짜-시간 값의 날짜 차이를 반환합니다(시간 값은 무시).	날짜, 날짜-시간	숫자

TODATE( )	주어진 값을 날짜로 변환합니다.	날짜, 날짜-시간, 숫자	날짜
UPPER( )	주어진 문자열을 대문자로 변환합니다.	문자열	문자열
LOWER( )	주어진 문자열을 소문자로 변환합니다.	문자열	문자열

▲ 스칼라 함수

원본 데이터에 스칼라 함수를 적용해 보겠습니다.

	A	B	C	D	E	F	G	H
1	도서명	카테고리(대)	카테고리(중)	카테고리(소)	발행일	페이지 수	정가	판매수
2	소워니놀이터의 띠부띠부 가게놀(	경제/경영/실용	취미/레저/건강	DIY/공예	2021-10-25	206	20,000	12,450
3	[아는 만큼 재미있는] 스마트폰 기	자격증	컴퓨터	컴퓨터/인터넷/스	2021-10-25	148	10,000	15,451
4	아이와 함께 사각사각 종이접기	경제/경영/실용	가정/생활	자녀교육/유학	2021-10-20	200	14,000	26,545
5	동물병원 119	경제/경영/실용	가정/생활	반려동물	2021-01-05	368	16,000	18,654
6	약 짓는 오빠들이 들려주는 알쓸신	경제/경영/실용	취미/레저/건강	건강/뷰티	2021-06-10	510	20,000	23,654
7	수묵일러스트	경제/경영/실용	취미/레저/건강	미술/컬러링/손글	2021-07-05	166	13,000	24,516
8	오일파스텔로 그리는 오늘의 풍경	경제/경영/실용	취미/레저/건강	미술/컬러링/손글	2021-05-10	172	15,000	29,523
9	성공하는 사람들의 비밀 · PDCA	경제/경영/실용	경제/경영	자기계발	2021-01-05	168	13,000	17,524
10								

\+ ≡ 도서정보 ▾ QUERY ▾

원본 '도서정보' 시트에서 '정가(G열)'가 '16,000 이상'인 도서 내에서 '발행일(E열)'을 년, 월, 일, 분기로 나눠 반환해 보겠습니다. 스칼라 함수는 QUERY 함수 내에서 다음과 같이 적용됩니다.

```
=QUERY('도서정보'!A1:H,"SELECT A,G,E,YEAR(E),MONTH(E)+1,DAY(E),QUARTER(E) WHERE G>=16000",1)
```

A1 | fx | =QUERY('도서정보'!A1:H,"SELECT A,G,E,YEAR(E),MONTH(E)+1,DAY(E),QUARTER(E) WHERE G>=16000",1)

	A	B	C	D	E	F	G	H
1	도서명	정가	발행일	year(발행일)	n(month(발행일)	day(발행일)	quarter(발행일)	
2	소워니놀이터의 띠부띠부 가게놀(	20,000	2021-10-25	2021	10	25	4	
3	동물병원 119	16,000	2021-01-05	2021	1	5	1	
4	약 짓는 오빠들이 들려주는 알쓸신	20,000	2021-06-10	2021	6	10	2	
5								

원본 시트의 '발행일(E열)'에 대한 스칼라 함수 YEAR(E),MONTH(E)+1,DAY(E),QUARTER(E)의 반환값이 D열부터 G열까지 추가되어 반환됩니다. 이때 MONTH(E)에 +1이 추가된 이유는 해당 스칼라 함수의 월 시작값이 0이므로 1월부터 시작하기 위해 1을 더한 것입니다.

ref. 스칼라 함수 MONTH( )는 1월을 0으로 취급하기 때문에 MONTH(E)라고만 입력하면 보여지는 값을 0으로 반환합니다.

■ FORMAT

포맷(FORMAT) 함수는 반환되는 열에 데이터 형식을 지정하는 명령으로, NUMBER, DATE, TIMEOFDAY, DATETIME, BOOLEAN 함수의 패턴을 지정할 수 있습니다. 그리고 함수의 구성이 TEXT 함수와 비슷하게 이루어져 있습니다(p.180 참고).

```
=QUERY('도서정보'!A1:H,"SELECT A,G,E WHERE G>=16000 FORMAT G '#,##원',E '발행월 : YY년 MM월'",1)
```

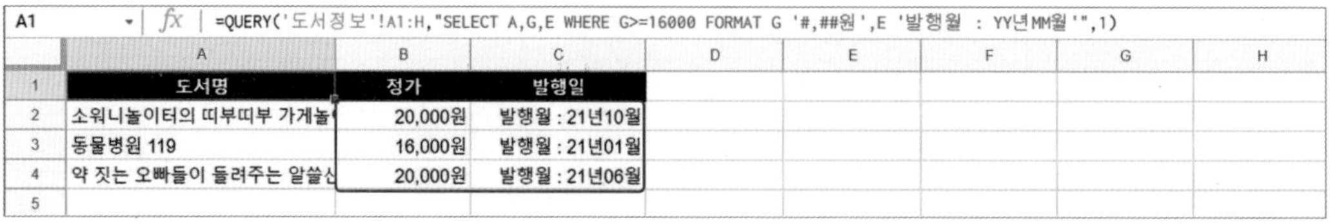

A1	fx	=QUERY('도서정보'!A1:H,"SELECT A,G,E WHERE G>=16000 FORMAT G '#,##원',E '발행월 : YY년MM월'",1)					
	A	B	C	D	E	F	G	H

	A	B	C	D	E	F	G	H
1	도서명	정가	발행일					
2	소워니놀이터의 띠부띠부 가게놀(	20,000원	발행월 : 21년10월					
3	동물병원 119	16,000원	발행월 : 21년01월					
4	약 짓는 오빠들이 들려주는 알쓸신	20,000원	발행월 : 21년06월					
5								

원본 데이터 '발행일(E열)', '정가(G열)' 반환 시 FORMAT G '#,##원',E '발행월 : YY년MM월'을 사용해 표시되는 데이터 형식을 바꿔 반환되도록 설정하였습니다.

5 · LABEL과 헤더

예제파일 | 08-12_LABEL/헤더

■ LABEL

스칼라 함수의 예제를 다시 한번 살펴보겠습니다.

'도서정보' 시트에서 '정가(G열)'가 '16,000 이상'인 도서의 발행일(E열)을 반환해 보겠습니다. 이때 스칼라 함수를 사용하여 년, 월, 일, 분기로 나눠 반환합니다.

A1 fx =QUERY('도서정보'!A1:H,"SELECT A,G,E,YEAR(E),MONTH(E)+1,DAY(E),QUARTER(E) WHERE G>=16000",1)

	A	B	C	D	E	F	G	H
1	도서명	정가	발행일	year(발행일)	n(month(발행일)	day(발행일)	quarter(발행일)	
2	소워니놀이터의 띠부띠부 가게놀(	20,000	2021-10-25	2021	10	25	4	
3	동물병원 119	16,000	2021-01-05	2021	1	5	1	
4	약 짓는 오빠들이 들려주는 알쓸신	20,000	2021-06-10	2021	6	10	2	
5								

반환되는 열의 헤더명은 자동으로 생성되는데, 헤더명을 사용자가 직접 지정하기 위해 LABEL 함수를 사용합니다. LABEL 함수를 사용할 경우 어떻게 반환되는지 확인해 보겠습니다.

=QUERY('도서정보'!A1:H,"SELECT A,G,E,YEAR(E),MONTH(E)+1,DAY(E),QUARTER(E) WHERE G>=16000 LABEL A '도서목록',YEAR(E) '발행년도',MONTH(E)+1 '발행월',DAY(E) '발행일', QUARTER(E) '분기'",1)

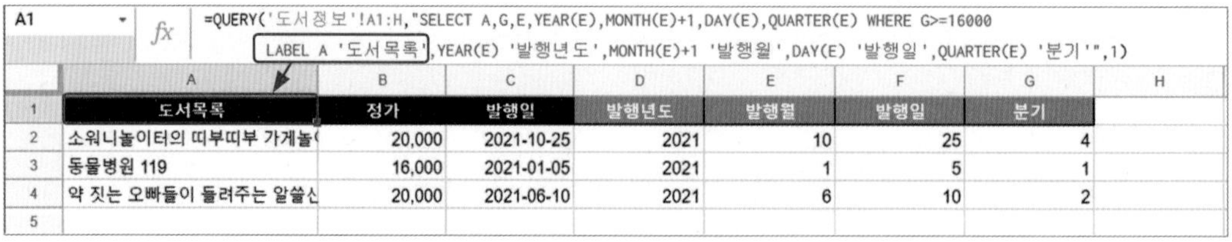

A1 fx =QUERY('도서정보'!A1:H,"SELECT A,G,E,YEAR(E),MONTH(E)+1,DAY(E),QUARTER(E) WHERE G>=16000 LABEL A '도서목록',YEAR(E) '발행년도',MONTH(E)+1 '발행월',DAY(E) '발행일',QUARTER(E) '분기'",1)

	A	B	C	D	E	F	G	H
1	도서목록	정가	발행일	발행년도	발행월	발행일	분기	
2	소워니놀이터의 띠부띠부 가게놀(	20,000	2021-10-25	2021	10	25	4	
3	동물병원 119	16,000	2021-01-05	2021	1	5	1	
4	약 짓는 오빠들이 들려주는 알쓸신	20,000	2021-06-10	2021	6	10	2	
5								

'쿼리_조건문' 내에서 LABEL (SELECT 절에서 지정된 반환할 열) '바꿀_헤더명'으로 여러 개의 인수를 적용할 경우에는 콤마(,)를 사용합니다. 원본 데이터의 '도서명(A열)'을 '도서목록'으로 변경한 것을 비롯해 '발행일(E열)'에 스칼라 함수를 적용한 '년도, 월, 일, 분기'에 대해서도 헤더명을 변경합니다.

■ 헤더

헤더(HEADER)를 사용하면 QUERY 함수의 '검색_범위' 첫 행을 열 제목으로 지정할지에 대해 선택할 수 있습니다. 첫 행을 헤더로 지정하려면 1, 그렇지 않으면 0, 자동으로 설정하려면 -1을 입력합니다. '검색 범위'와 '헤더'의 설정에 따라 결괏값이 어떻게 달라지는지 비교해 보겠습니다.

	A	B	C	D	E	F	G	H
1	도서명	카테고리(대)	카테고리(중)	카테고리(소)	발행일	페이지 수	정가	판매수
2	소워니놀이터의 띠부띠부 가게놀(	경제/경영/실용	취미/레저/건강	DIY/공예	2021-10-25	206	20,000	12,450
3	[아는 만큼 재미있는] 스마트폰 기	자격증	컴퓨터	컴퓨터/인터넷/스	2021-10-25	148	10,000	15,451
4	아이와 함께 사각사각 종이접기	경제/경영/실용	가정/생활	자녀교육/유학	2021-10-20	200	14,000	26,545
5	동물병원 119	경제/경영/실용	가정/생활	반려동물	2021-01-05	368	16,000	18,654
6	약 짓는 오빠들이 들려주는 알쓸신	경제/경영/실용	취미/레저/건강	건강/뷰티	2021-06-10	510	20,000	23,654
7	수묵일러스트	경제/경영/실용	취미/레저/건강	미술/컬러링/손글	2021-07-05	166	13,000	24,516
8	오일파스텔로 그리는 오늘의 풍경	경제/경영/실용	취미/레저/건강	미술/컬러링/손글	2021-05-10	172	15,000	29,523
9	성공하는 사람들의 비밀 · PDCA	경제/경영/실용	경제/경영	자기계발	2021-01-05	168	13,000	17,524
10								

\+ ≡ 도서정보 ▾ QUERY ▾

① 검색 범위: '도서정보'!A1:H 헤더: 1

```
A1  fx  =QUERY('도서정보'!A1:H,"SELECT A,G,E,YEAR(E),MONTH(E)+1,DAY(E),QUARTER(E) WHERE G>=16000",1)
```

	A	B	C	D	E	F	G	H
1	도서명	정가	발행일	year(발행일)	n(month(발행일)	day(발행일)	quarter(발행일)	
2	소워니놀이터의 띠부띠부 가게놀(	20,000	2021-10-25	2021	10	25	4	
3	동물병원 119	16,000	2021-01-05	2021	1	5	1	
4	약 짓는 오빠들이 들려주는 알쓸신	20,000	2021-06-10	2021	6	10	2	
5								

② 검색 범위: '도서정보'!A1:H 헤더: 0

```
A1  fx  =QUERY('도서정보'!A1:H,"SELECT A,G,E,YEAR(E),MONTH(E)+1,DAY(E),QUARTER(E) WHERE G>=16000",0)
```

	A	B	C	D	E	F	G	H
1				year()	sum(month()1())	day()	quarter()	
2	소워니놀이터의 띠부띠부 가게놀(	20,000	2021-10-25	2021	10	25	4	
3	동물병원 119	16,000	2021-01-05	2021	1	5	1	
4	약 짓는 오빠들이 들려주는 알쓸신	20,000	2021-06-10	2021	6	10	2	
5								

③ 검색 범위: '도서정보'!A1:H 헤더: -1

```
A1  fx  =QUERY('도서정보'!A1:H,"SELECT A,G,E,YEAR(E),MONTH(E)+1,DAY(E),QUARTER(E) WHERE G>=16000",-1)
```

	A	B	C	D	E	F	G	H
1	도서명	정가	발행일	year(발행일)	n(month(발행일)	day(발행일)	quarter(발행일)	
2	소워니놀이터의 띠부띠부 가게놀(	20,000	2021-10-25	2021	10	25	4	
3	동물병원 119	16,000	2021-01-05	2021	1	5	1	
4	약 짓는 오빠들이 들려주는 알쓸신	20,000	2021-06-10	2021	6	10	2	
5								

④ 검색 범위: '도서정보'!A2:H 헤더: 1

A1 | fx | =QUERY('도서정보'!A2:H,"SELECT A,G,E,YEAR(E),MONTH(E)+1,DAY(E),QUARTER(E) WHERE G>=16000"1)

	A	B	C	D	E	F	G	H
1	소워니놀이터의 띠부띠부 가게놀이	20,000	2021-10-25	year(2021-10-25	month(2021-10-2	day(2021-10-25)	quarter(2021-10-2	
2	동물병원 119	16,000	2021-01-05	2021	1	5	1	
3	약 짓는 오빠들이 들려주는 알쓸신	20,000	2021-06-10	2021	6	10	2	
4								
5								

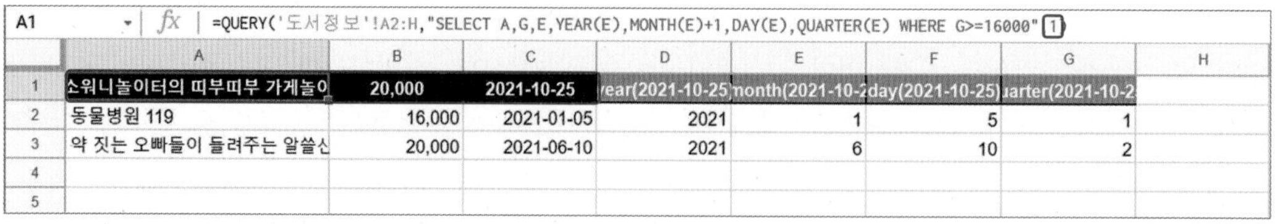

⑤ 검색 범위: '도서정보'!A2:H 헤더: 0

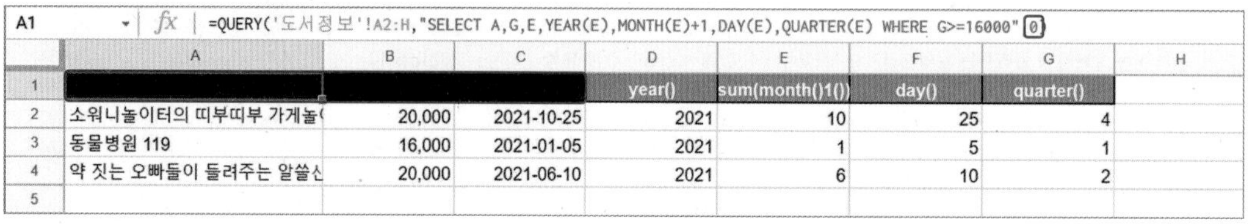

A1 | fx | =QUERY('도서정보'!A2:H,"SELECT A,G,E,YEAR(E),MONTH(E)+1,DAY(E),QUARTER(E) WHERE G>=16000"0)

	A	B	C	D	E	F	G	H
1				year()	sum(month()1())	day()	quarter()	
2	소워니놀이터의 띠부띠부 가게놀	20,000	2021-10-25	2021	10	25	4	
3	동물병원 119	16,000	2021-01-05	2021	1	5	1	
4	약 짓는 오빠들이 들려주는 알쓸신	20,000	2021-06-10	2021	6	10	2	
5								

⑥ 검색 범위: '도서정보'!A2:H 헤더: -1

A1 | fx | =QUERY('도서정보'!A2:H,"SELECT A,G,E,YEAR(E),MONTH(E)+1,DAY(E),QUARTER(E) WHERE G>=16000",-1)

	A	B	C	D	E	F	G	H
1				year()	sum(month()1())	day()	quarter()	
2	소워니놀이터의 띠부띠부 가게놀	20,000	2021-10-25	2021	10	25	4	
3	동물병원 119	16,000	2021-01-05	2021	1	5	1	
4	약 짓는 오빠들이 들려주는 알쓸신	20,000	2021-06-10	2021	6	10	2	
5								

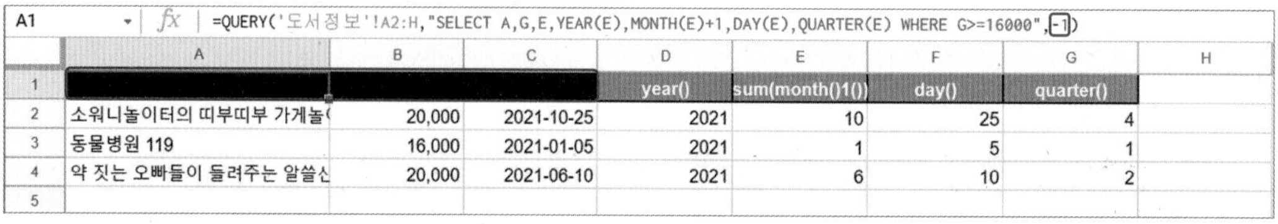

6 · 문자 검색 비교 연산자

예제파일 I 08-13_QUERY(문자검색)

QUERY 함수는 '쿼리_조건문' 내에서 다양한 문자 검색 옵션을 제공합니다.

문자열 비교 연산자	설명
CONTAINS	부분 문자열이 일치하는 경우 사용합니다.
STARTS WITH	데이터가 지정한 문자로 시작할 경우 사용합니다.
ENDS WITH	데이터가 지정한 문자로 끝나는 경우 사용합니다.
MATCHES	데이터가 지정한 정규 표현식과 일치하는 경우 사용합니다.
LIKE	와일드 카드 '%'과 '_'를 지원하는 문자를 검색합니다. • %: 0개 이상의 모든 종류의 문자와 일치할 경우 사용합니다. • _: 하나의 문자와 일치하는 경우 사용합니다.

문자열 비교 연산자를 사용하여 QUERY 함수 내에서 문자를 검색하는 방법을 알아보겠습니다.

	A	B	C	D	E	F	G
1	도서명	카테고리(대)	카테고리(중)	카테고리(소)	발행일	페이지 수	정가
2	소워니놀이터의 띠부띠부 가게놀이	경제/경영/실용	취미/레저/건강	DIY/공예	2021-10-25	206	20,000
3	스티커 아트북 : 달콤한 디저트	경제/경영/실용	취미/레저/건강	미술/컬러링/손글	2021-11-10	92	15,000
4	[아는 만큼 재미있는] 스마트폰 기초	자격증	컴퓨터	컴퓨터/인터넷/스	2021-10-25	148	10,000
5	아이와 함께 사각사각 종이접기	경제/경영/실용	가정/생활	자녀교육/유학	2021-10-20	200	14,000
6	스케치업 With V-Ray Standard	자격증	컴퓨터	그래픽(사진/동영	2021-09-23	332	22,000
7	동물병원 119	경제/경영/실용	가정/생활	반려동물	2021-01-05	368	16,000
8	약 짓는 오빠들이 들려주는 알쓸신약	경제/경영/실용	취미/레저/건강	건강/뷰티	2021-06-10	510	20,000
9	아름다움을 엮다 · 전통매듭	경제/경영/실용	취미/레저/건강	DIY/공예	2021-03-25	184	15,000
10	수목일러스트	경제/경영/실용	취미/레저/건강	미술/컬러링/손글	2021-07-05	166	13,000
11	오일파스텔로 그리는 오늘의 풍경	경제/경영/실용	취미/레저/건강	미술/컬러링/손글	2021-05-10	172	15,000
12	성공하는 사람들의 비밀 · PDCA 노트	경제/경영/실용	경제/경영	자기계발	2021-01-05	168	13,000
13	똑똑한 아이패드 활용법	자격증	컴퓨터	모바일/태블릿/SI	2021-09-17	280	18,000
14							

\+ ≡ 도서정보 ▾ QUERY1 ▾ QUERY2 ▾

'도서정보' 시트의 '도서명(A열)'에 '아이'라는 문자가 포함된 데이터를 반환해 보겠습니다.

```
=QUERY('도서정보'!A1:G,"SELECT * WHERE A CONTAINS '아이'",1)
```

A1 ▾ fx =QUERY('도서정보'!A1:G,"SELECT * WHERE A CONTAINS '아이'",1)

	A	B	C	D	E	F	G	H
1	도서명	카테고리(대)	카테고리(중)	카테고리(소)	발행일	페이지 수	정가	
2	아이와 함께 사각사각 종이접기	경제/경영/실용	가정/생활	자녀교육/유학	2021-10-20	200	14,000	
3	똑똑한 아이패드 활용법	자격증	컴퓨터	모바일/태블릿/SI	2021-09-17	280	18,000	
4								
5								
6								
7								

CONTAINS와 같은 문자 검색 옵션은 '비교 연산자'이므로 AND 또는 OR 논리 연산자를 함께 사용할 수 있습니다. '도서정보' 시트에서 '도서명(A열)'에 '아이'라는 문자가 포함되고 '카테고리(소)(D열)'에 '자녀교육'이라는 문자가 포함된 데이터를 반환하기 위해, 논리 연산자 AND를 사용해 두 개의 CONTAINS 조건을 적용합니다.

```
=QUERY('도서정보'!A1:G,"SELECT * WHERE A CONTAINS '아이' AND D CONTAINS '자녀교육'",1)
```

A1 ▾ fx =QUERY('도서정보'!A1:G,"SELECT * WHERE A CONTAINS '아이' AND D CONTAINS '자녀교육'",1)

	A	B	C	D	E	F	G	H
1	도서명	카테고리(대)	카테고리(중)	카테고리(소)	발행일	페이지 수	정가	
2	아이와 함께 사각사각 종이접기	경제/경영/실용	가정/생활	자녀교육/유학	2021-10-20	200	14,000	
3								
4								
5								
6								
7								

STARTS WITH와 ENDS WITH 조건을 사용해 '도서명(A열)'이 '아'로 시작하거나 '트'로 끝나는 데이터를 반환합니다.

=QUERY('도서정보'!A1:G,"SELECT * WHERE A STARTS WITH '아' OR A ENDS WITH '트'",1)

A1 | =QUERY('도서정보'!A1:G,"SELECT * WHERE A STARTS WITH '아' OR A ENDS WITH '트'",1)

	A	B	C	D	E	F	G	H
1	도서명	카테고리(대)	카테고리(중)	카테고리(소)	발행일	페이지 수	정가	
2	스티커 아트북 : 달콤한 디저트	경제/경영/실용	취미/레저/건강	미술/컬러링/손글	2021-11-10	92	15,000	
3	아이와 함께 사각사각 종이접기	경제/경영/실용	가정/생활	자녀교육/유학	2021-10-20	200	14,000	
4	아름다움을 엮다 · 전통매듭	경제/경영/실용	취미/레저/건강	DIY/공예	2021-03-25	184	15,000	
5	수묵일러스트	경제/경영/실용	취미/레저/건강	미술/컬러링/손글	2021-07-05	166	13,000	
6	성공하는 사람들의 비밀 · PDCA 노트	경제/경영/실용	경제/경영	자기계발	2021-01-05	168	13,000	
7								

LIKE 조건의 경우 와일드 카드 '%'와 '_'를 사용하여 검색 문자를 기준으로 앞뒤 조건을 추가로 설정할 수 있습니다.

=QUERY('도서정보'!A1:G,"SELECT * WHERE A LIKE '%아%'",1)

A1 | =QUERY('도서정보'!A1:G,"SELECT * WHERE A LIKE '%아%'",1)

	A	B	C	D	E	F	G	H
1	도서명	카테고리(대)	카테고리(중)	카테고리(소)	발행일	페이지 수	정가	
2	스티커 아트북 : 달콤한 디저트	경제/경영/실용	취미/레저/건강	미술/컬러링/손글	2021-11-10	92	15,000	
3	[아는 만큼 재미있는] 스마트폰 기초	자격증	컴퓨터	컴퓨터/인터넷/스	2021-10-25	148	10,000	
4	아이와 함께 사각사각 종이접기	경제/경영/실용	가정/생활	자녀교육/유학	2021-10-20	200	14,000	
5	아름다움을 엮다 · 전통매듭	경제/경영/실용	취미/레저/건강	DIY/공예	2021-03-25	184	15,000	
6	똑똑한 아이패드 활용법	자격증	컴퓨터	모바일/태블릿/SI	2021-09-17	280	18,000	
7								

=QUERY('도서정보'!A1:G,"SELECT * WHERE A LIKE '아%'",1)

A1 | =QUERY('도서정보'!A1:G,"SELECT * WHERE A LIKE '아%'",1)

	A	B	C	D	E	F	G	H
1	도서명	카테고리(대)	카테고리(중)	카테고리(소)	발행일	페이지 수	정가	
2	아이와 함께 사각사각 종이접기	경제/경영/실용	가정/생활	자녀교육/유학	2021-10-20	200	14,000	
3	아름다움을 엮다 · 전통매듭	경제/경영/실용	취미/레저/건강	DIY/공예	2021-03-25	184	15,000	
4								
5								
6								
7								

=QUERY('도서정보'!A1:G,"SELECT * WHERE A LIKE '%_아%'",1)

A1 | =QUERY('도서정보'!A1:G,"SELECT * WHERE A LIKE '%_아%'",1)

	A	B	C	D	E	F	G	H
1	도서명	카테고리(대)	카테고리(중)	카테고리(소)	발행일	페이지 수	정가	
2	스티커 아트북 : 달콤한 디저트	경제/경영/실용	취미/레저/건강	미술/컬러링/손글	2021-11-10	92	15,000	
3	[아는 만큼 재미있는] 스마트폰 기초	자격증	컴퓨터	컴퓨터/인터넷/스	2021-10-25	148	10,000	
4	똑똑한 아이패드 활용법	자격증	컴퓨터	모바일/태블릿/SI	2021-09-17	280	18,000	
5								
6								
7								

정규 표현식에 익숙하지 않다면 MATCHES 조건은 사용하기 어렵습니다. 일반 업무에서 정규 표현식을 사용할 정도로 QUERY 함수 내에서 복잡한 문자 조건을 검색할 경우는 흔치 않습니다. 어려운 정규 표현식 조합을 고민하기보다는 논리 연산자 AND, OR과 함께 CONTAINS, LIKE 조건을 사용하는 것을 추천합니다.

STEP 5 검색 시스템 만들기

예제파일 | 08-14_QUERY(검색시스템)

QUERY 함수를 살펴보면 다양한 함수들이 하나로 모인 종합 선물세트의 느낌이 듭니다. 이번 스텝에서 소개할 내용은 QUERY 함수를 사용한 '검색 시스템' 구성입니다.

1 · 문자 참조셀과 드롭다운 목록 선택하기

'쿼리_조건문'을 만드는 데 참조되는 원본 데이터에 드롭다운 목록을 활용해 보겠습니다.

	A	B	C	D	E	F	G
1	도서명	카테고리(대)	카테고리(중)	카테고리(소)	발행일	페이지 수	정가
2	소워니놀이터의 띠부띠부 가게놀이	경제/경영/실용	취미/레저/건강	DIY/공예	2021-10-25	206	20,000
3	스티커 아트북 : 달콤한 디저트	경제/경영/실용	취미/레저/건강	미술/컬러링/손글	2021-11-10	92	15,000
4	[아는 만큼 재미있는] 스마트폰 기초	자격증	컴퓨터	컴퓨터/인터넷/스	2021-10-25	148	10,000
5	아이와 함께 사각사각 종이접기	경제/경영/실용	가정/생활	자녀교육/유학	2021-10-20	200	14,000
6	스케치업 With V-Ray Standard	자격증	컴퓨터	그래픽(사진/동영	2021-09-23	332	22,000
7	동물병원 119	경제/경영/실용	가정/생활	반려동물	2021-01-05	368	16,000
8	약 짓는 오빠들이 들려주는 알쓸신약	경제/경영/실용	취미/레저/건강	건강/뷰티	2021-06-10	510	20,000
9	아름다움을 엮다 · 전통매듭	경제/경영/실용	취미/레저/건강	DIY/공예	2021-03-25	184	15,000
10	수묵일러스트	경제/경영/실용	취미/레저/건강	미술/컬러링/손글	2021-07-05	166	13,000
11	오일파스텔로 그리는 오늘의 풍경	경제/경영/실용	취미/레저/건강	미술/컬러링/손글	2021-05-10	172	15,000
12	성공하는 사람들의 비밀 · PDCA 노트	경제/경영/실용	경제/경영	자기계발	2021-01-05	168	13,000
13	똑똑한 아이패드 활용법	자격증	컴퓨터	모바일/태블릿/SI	2021-09-17	280	18,000
14							

+ ≡ 도서정보 ▾ QUERY1 ▾

원본 데이터는 위와 같은 단일시트일 수도 있고, 중괄호 배열 조합이나 IMPORTRANGE 함수를 통해 여러 개의 데이터가 취합된 시트일 수도 있습니다.

■ 드롭다운 선택 목록 구성하기

'데이터 확인' 기능을 통해 드롭다운 목록을 구성하면, '카테고리(대)/(중)/(소)'에 대한 검색 조건을 필터 기능처럼 손쉽게 바꿔가며 결괏값을 반영할 수 있습니다.

	A	B	C	D	E	F	G	H
1			카테고리(대)	카테고리(중)	카테고리(소)			
2			경제/경영/실; ▾	취미/레저/건강	미술/컬러링/; ▾			
3	쿼리_문자열			취미/레저/건강				
4				컴퓨터				
5				가정/생활				
6				경제/경영				
7								
8								

ref. 데이터 확인을 통한 드롭다운 목록 구성은 p.322에서 자세히 다룹니다.

■ '쿼리_문자열' 확인을 위한 참조셀 구성하기

참조셀을 사용해 QUERY 함수 내 '쿼리_문자열'을 구성할 경우, 생성된 문자열을 확인할 수 있는 참조셀을 따로 하나 더 두는 것이 좋습니다.

B3:G3 | fx | ="SELECT * WHERE B='" & C2 & "' AND C='" & D2 & "' AND D='" & E2 & "'"

	A	B	C	D	E	F	G	H
1			카테고리(대)	카테고리(중)	카테고리(소)			
2			경제/경영/실: ▾	취미/레저/건: ▾	미술/컬러링/: ▾			
3	쿼리_문자열	SELECT * WHERE B='경제/경영/실용' AND C='취미/레저/건강' AND D='미술/컬러링/손글씨'						
4								
5								
6								
7								
8								

■ **QUERY 함수에 '쿼리_문자열'이 구성된 참조셀 적용하기**

'쿼리_문자열' 인수를 참조셀로 구성하면 오류가 발생했을 때 원인을 파악하기 용이합니다.

A4 | 보'!A1:G,B3,1)

쿼리 조건문을 입력해 둔 [B3] 셀을 인수로 사용

	A	B	C	D	E	F	G	H
1			카테고리(대)	카테고리(중)	카테고리(소)			
2			경제/경영/실: ▾	취미/레저/건: ▾	미술/컬러링/: ▾			
3	쿼리_문자열	SELECT * WHERE B='경제/경영/실용' AND C='취미/레저/건강' AND D='미술/컬러링/손글씨'						
4	도서명	카테고리(대)	카테고리(중)	카테고리(소)	발행일	페이지 수	정가	
5	스티커 아트북 : 달콤한 디저트	경제/경영/실용	취미/레저/건강	미술/컬러링/손글	2021-11-10	92	15,000	
6	수목일러스트	경제/경영/실용	취미/레저/건강	미술/컬러링/손글	2021-07-05	166	13,000	
7	오일파스텔로 그리는 오늘의 풍경	경제/경영/실용	취미/레저/건강	미술/컬러링/손글	2021-05-10	172	15,000	
8								

[C2], [D2], [E2] 셀에 구성된 드롭다운 목록을 선택하면 그에 따른 결괏값이 반영됩니다. QUERY 함수 내 검색 범위를 오픈시켜 두었으므로 원본 데이터가 추가 또는 수정될 경우 실시간으로 값이 업데이트됩니다.

2 · 숫자 참조셀과 캘린더를 이용한 기간 선택하기

이번에는 숫자, 그중에서도 날짜 데이터를 검색 시스템에 적용해 보겠습니다.

■ **캘린더 사용하기**

'데이터 확인' 기능을 사용하면 날짜를 검색할 때 날짜를 직접 입력하지 않고 캘린더 팝업 창에서 바로 선택할 수 있습니다.

	A	B	C	D	E	F	G	H
1			카테고리(대)	카테고리(중)	카테고리(소)	기간 선택 (~)		
2			경제/경영/실: ▾	취미/레저/건: ▾	미술/컬러링/: ▾	2021-07-01		
3	쿼리_문자열	SELECT * WHERE B='경제/경영/실용' AND C='취미/레저/건강' AND D='미술/						
4	도서명	카테고리(대)	카테고리(중)	카테고리(소)	발행일	페이지		
5	스티커 아트북 : 달콤한 디저트	경제/경영/실용	취미/레저/건강	미술/컬러링/손글	2021-11-10			
6	수목일러스트	경제/경영/실용	취미/레저/건강	미술/컬러링/손글	2021-07-05			
7	오일파스텔로 그리는 오늘의 풍경	경제/경영/실용	취미/레저/건강	미술/컬러링/손글	2021-05-10			
8								
9								
10								
11								

2021년 12월 < >

일	월	화	수	목	금	토
28	29	30	1	2	3	4
5	6	7	8	9	10	11
12	13	14	15	16	17	18
19	20	21	22	23	24	25
26	27	28	29	30	31	1
2	3	4	5	6	7	8

ref. 데이터 확인을 통한 캘린더 사용 방법은 p.328에서 자세히 소개합니다.

■ '쿼리_문자열' 확인을 위한 참조셀 구성

[B3] 셀에 입력된 '쿼리_문자열'에 날짜에 따른 기간 검색 조건을 추가해 보겠습니다. 날짜를 숫자로 변환하지 않고 날짜 포맷 형식을 그대로 사용합니다.

검색 기간을 [F2] 셀과 [G2] 셀에 입력합니다. [B3] 셀에는 기존의 '쿼리_문자열' 인수에 `E>=DATE'" & TEXT(F2,"YYYY-MM-DD") & "' AND E<=DATE'" & TEXT(G2,"YYYY-MM-DD") & "'"`를 추가합니다.

```
="SELECT * WHERE B='" & C2 & "' AND C='" & D2 & "' AND D='" & E2 & "' AND E>=DATE'" &
TEXT(F2,"YYYY-MM-DD") & "' AND E<=DATE'" & TEXT(G2,"YYYY-MM-DD") & "'"
```

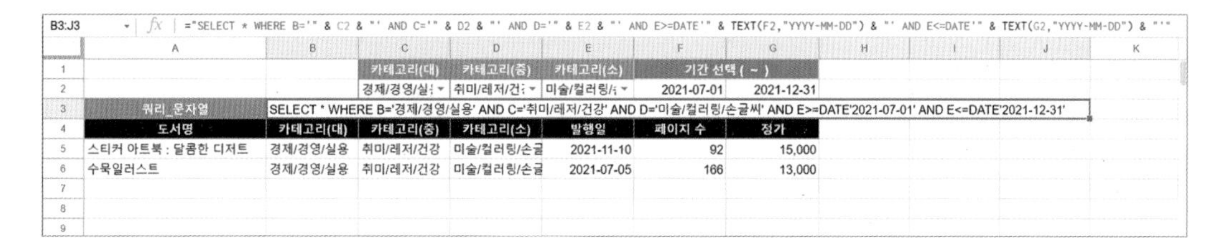

간단한 실시간 데이터 검색 시스템이 완성됩니다.

■ 검색 시스템 완성하기

이제 드롭다운 목록 또는 날짜 범위를 통해 조건을 손쉽게 바꿀 수 있습니다.

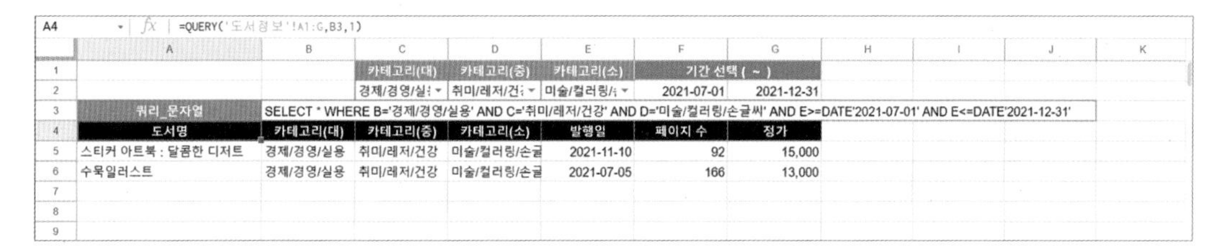

만약 다음과 같이 설정한 다섯 개의 검색 조건 중 일부를 공란으로 설정하면 어떻게 될까요?

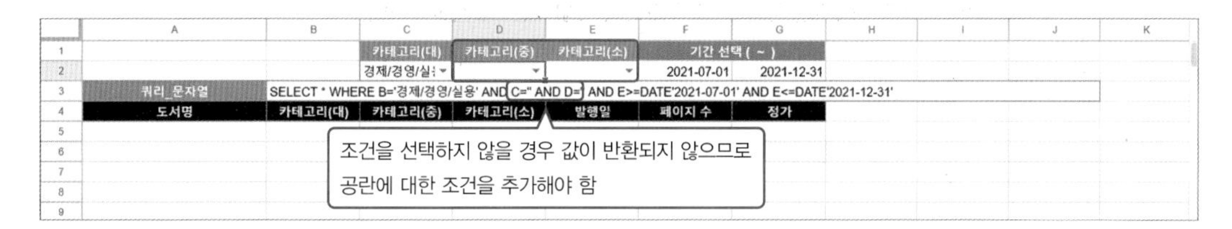

검색 조건이 공란인 경우는 고려되지 않았으므로 결괏값이 반환되지 않습니다. 각 조건에 공란일 경우 반환되는 값을 추가하려면 IF 함수를 사용해 공란에 대한 조건을 반영해야 합니다.

참조셀을 통해 '쿼리_문자열'을 구성할 때 어려운 점은 문자 속성에는 작은따옴표를 사용하고 숫자 속성에는 사용하지 않는다는 점입니다. 또한, 문자열 연결을 위해 &와 큰따옴표를 입력해야 하므로 익숙하지 않는 사람에게는 이 부분이 QUERY 함수 사용에서 가장 많은 오류를 만들어냅니다. 더구나 참조셀을 사용해 날짜를 '쿼리_문자열' 인수로 사용하려면 포맷을 맞춰야 하는데, 숫자 속성임에도 불구하고 입력 형식을 맞추기 위해 DATE 뒤에 문자 형식에 사용하는 작은따옴표를 입력하므로 더욱 복잡하게 느껴집니다.

이러한 경우 QUERY 함수의 날짜/시간을 '숫자 형식'으로 바꿔 사용하는 것이 편리합니다. 검색 시스템이 최종 결과물이라는 가정하에 원본 데이터의 '발행일(E열)'을 강제로 숫자 서식으로 변경 및 적용해 보겠습니다.

	A	B	C	D	E	F	G
1	도서명	카테고리(대)	카테고리(중)	카테고리(소)	발행일	페이지 수	정가
2	소워니놀이터의 띠부띠부 가게놀이	경제/경영/실용	취미/레저/건강	DIY/공예	44,494.00	206	20,000
3	스티커 아트북 : 달콤한 디저트	경제/경영/실용	취미/레저/건강	미술/컬러링/손글	44,510.00	92	15,000
4	[아는 만큼 재미있는] 스마트폰 기초	자격증	컴퓨터	컴퓨터/인터넷/스	44,494.00	148	10,000
5	아이와 함께 사각사각 종이접기	경제/경영/실용	가정/생활	자녀교육/유학	44,489.00	200	14,000
6	스케치업 With V-Ray Standard	자격증	컴퓨터	그래픽(사진/동영	44,462.00	332	22,000
7	동물병원 119	경제/경영/실용	가정/생활	반려동물	44,201.00	368	16,000
8	약 짓는 오빠들이 들려주는 알쓸신약	경제/경영/실용	취미/레저/건강	건강/뷰티	44,357.00	510	20,000
9	아름다움을 엮다 · 전통매듭	경제/경영/실용	취미/레저/건강	DIY/공예	44,280.00		
10	수묵일러스트	경제/경영/실용	취미/레저/건강	미술/컬러링/손글	44,382.00		
11	오일파스텔로 그리는 오늘의 풍경	경제/경영/실용	취미/레저/건강	미술/컬러링/손글	44,326.00		
12	성공하는 사람들의 비밀 · PDCA 노트	경제/경영/실용	경제/경영	자기계발	44,201.00	168	13,000
13	똑똑한 아이패드 활용법	자격증	컴퓨터	모바일/태블릿/S	44,456.00	280	18,000
14							

원본 데이터의 날짜 서식을 강제로 숫자로 바꿈

도서정보 QUERY1 QUERY2 QUERY3

원본 데이터의 '발행일(E열)'이 숫자 서식으로 변경되어 QUERY 함수의 결괏값이 반환되지 않습니다.

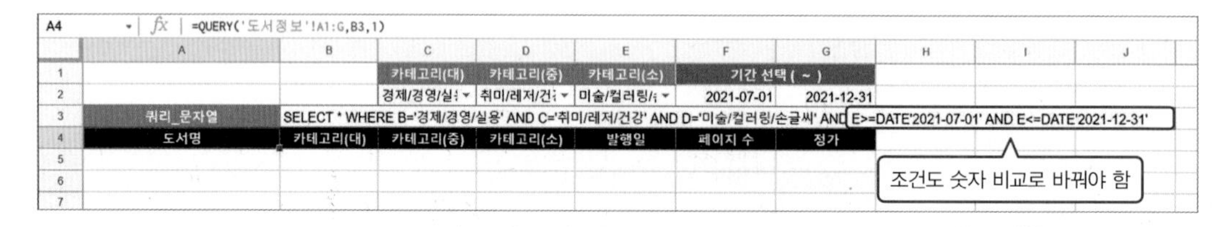

날짜를 숫자로 바꿨으므로 '쿼리_문자열'을 그에 맞게 수정해야 합니다. 날짜 검색 문자열 구성은 AND 조건식 뒤의 `E>=" & F2 & " AND E<=" & G2`로, 날짜 포맷에 맞춰 구성한 문자열 `E>=DATE'" & TEXT(F2,"YYYY-MM-DD") & "' AND E<=DATE'" & TEXT(G2,"YYYY-MM-DD") & "'"`보다 훨씬 간단하게 표현할 수 있습니다.

발행일(E열)의 날짜를 숫자로 바꿀 때, 조건을 선택하는 참조셀(F2, G2)은 날짜 서식을 그대로 적용합니다. 생성된 '쿼리_문자열' 셀을 살펴보면 [F2] 셀이 44378, [G2] 셀이 44561의 값으로 자동으로 변경(날짜도 숫자의 속성)된 것을 확인할 수 있습니다.

```
="SELECT * WHERE B='" & C2 & "' AND C='" & D2 & "' AND D='" & E2 & "' AND E>=" & F2 & " AND E<=" & G2
```

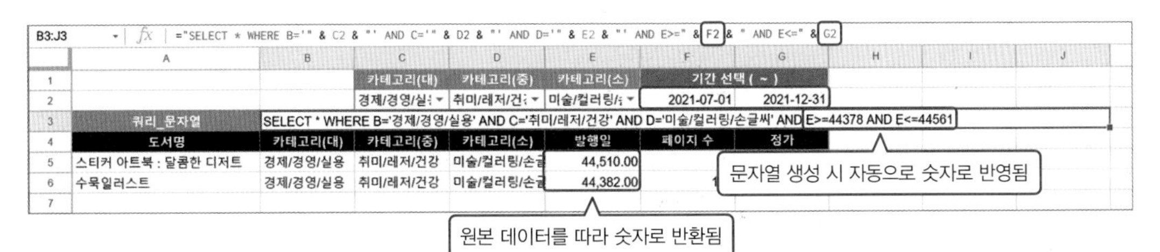

이때 원본 데이터의 '발행일(E열)'을 강제로 숫자 서식으로 바꾸면서 QUERY 함수의 결괏값도 숫자로 반환되기 때문에, 반환된 결괏값의 열을 다시 날짜 서식으로 바꿔 주어야 합니다.

	A	B	C	D	E	F	G	H	I	J
1			카테고리(대)	카테고리(중)	카테고리(소)	기간 선택 (~)				
2			경제/경영/실;	취미/레저/건;	미술/컬러링/;	2021-07-01	2021-12-31			
3	쿼리_문자열	SELECT * WHERE B='경제/경영/실용' AND C='취미/레저/건강' AND D='미술/컬러링/손글씨' AND E>=44378 AND E<=44561								
4	도서명	카테고리(대)	카테고리(중)	카테고리(소)	발행일	페이지 수	정가			
5	스티커 아트북 : 달콤한 디저트	경제/경영/실용	취미/레저/건강	미술/컬러링/손글	2021-11-10	92	15,000			
6	수묵일러스트	경제/경영/실용	취미/레저/건강	미술/컬러링/손글	2021-07-05	166	13,000			
7										

숫자로 반환된 발행일에
다시 강제로 날짜 서식 적용

Section 1 | 조건부 서식으로 특이사항 표시하기
Section 2 | 데이터 확인
Section 3 | 시트 보호를 통한 셀 단위 입력 컨트롤
Section 4 | 기타 입력 컨트롤
Section 5 | 범위 인수를 자유자재로 바꾸기

협업을 위한 데이터 컨트롤

구글 시트를 활용하여 데이터를 분석하고 업무 시스템을 만드는 모든 프로세스의 첫걸음은 '데이터를 입력'하는 것입니다. 그리고 전체 프로세스 및 시스템 상에서 발생하는 오류를 최소화하는 방법에는 작업 과정 또는 결괏값에 대한 오류를 체크하는 것과 그 과정에 앞서 데이터 입력 자체에서 오류를 줄이는 것이 있습니다. 이번 챕터에서는 구글 시트에서 데이터의 오류나 결괏값을 비교 및 체크하는 기능에 대해 알아봅니다.

SECTION 1

조건부 서식으로 특이사항 표시하기

구글 시트에서 입력한 데이터와 결괏값을 비교하고 오류를 시각화하여 나타낼 수 있는 '조건부 서식'에 대해 설명합니다.

STEP 1 조건부 서식

예제파일 | 09-01_조건부서식

'조건부 서식'의 구성과 기본 기능에 대해 살펴봅니다.

1 · 조건부 서식 들어가기

여러 가지 조건에 따른 기본 서식 변경 방법을 알아보겠습니다. 마우스로 서식을 적용할 범위를 선택한 후 메뉴에서 [서식] - [조건부 서식]을 선택하여 조건부 서식을 적용합니다. 또는, 선택 범위 위에서 마우스 오른쪽 버튼을 클릭하고 [조건부 서식]을 선택합니다.

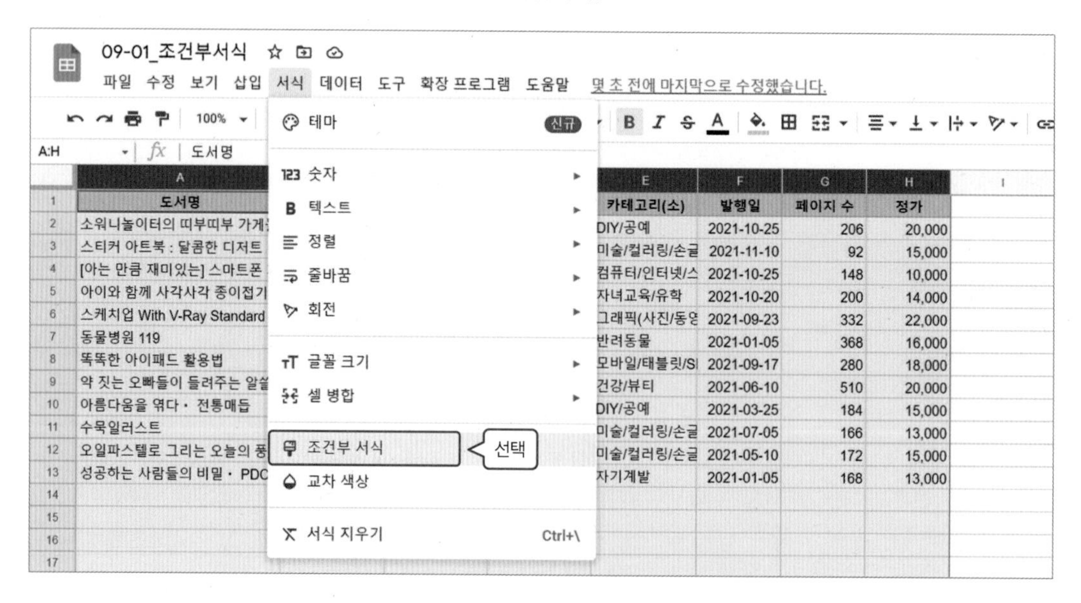

화면 우측에 나타나는 '조건부 서식 규칙' 창에서 원하는 조건을 설정할 수 있습니다.

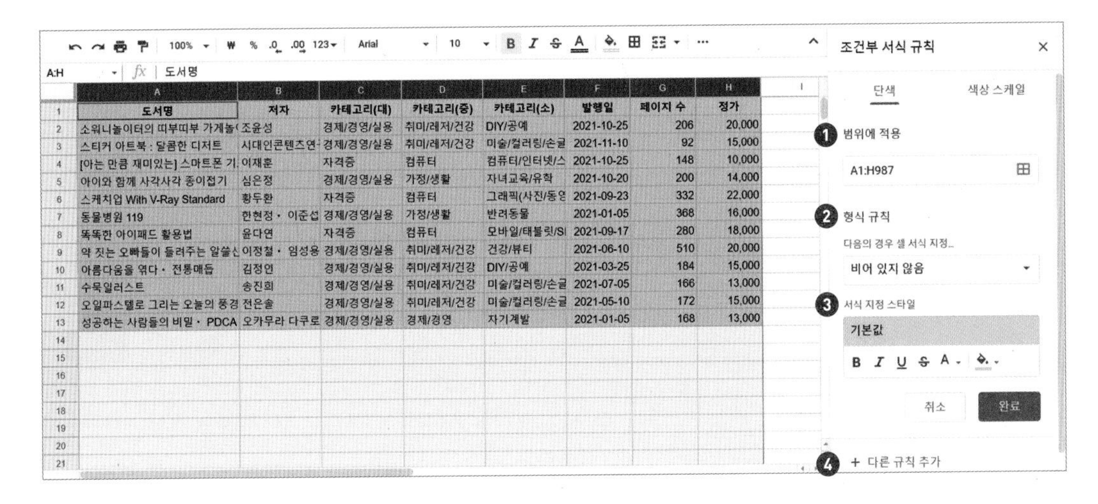

① 범위에 적용: 조건부 서식을 적용할 셀 범위입니다.

② 형식 규칙: 텍스트, 날짜, 숫자 등의 조건을 설정합니다.

③ 서식 지정 스타일: 형식 규칙 조건에 부합할 경우 표현할 셀 서식을 지정합니다.

④ 다른 규칙 추가: 규칙을 추가할 경우 클릭합니다.

2 · 형식 규칙에 따라 서식 변경하기

'형식 규칙'에서는 기본적으로 텍스트, 날짜, 숫자에 대한 규칙을 설정할 수 있습니다. 수식 및 함수를 통한 '맞춤 수식'은 Step 2에서 별도로 설명합니다.

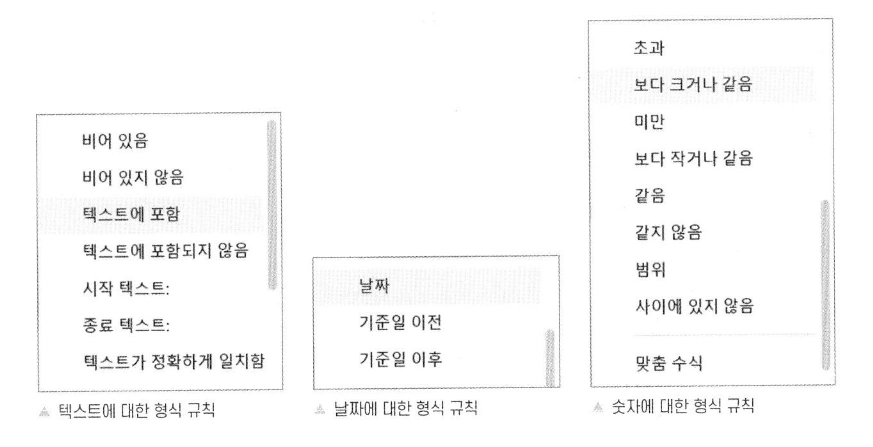

▲ 텍스트에 대한 형식 규칙

▲ 날짜에 대한 형식 규칙

▲ 숫자에 대한 형식 규칙

'형식 규칙'의 적용 사례를 살펴보겠습니다.

'카테고리(중)'에서 '취미'라는 문자가 포함된 셀의 서식을 변경해 보겠습니다. 형식 규칙으로 '텍스트에 포함'을 선택하고 서식 지정 스타일에서 문자와 셀의 서식을 지정합니다.

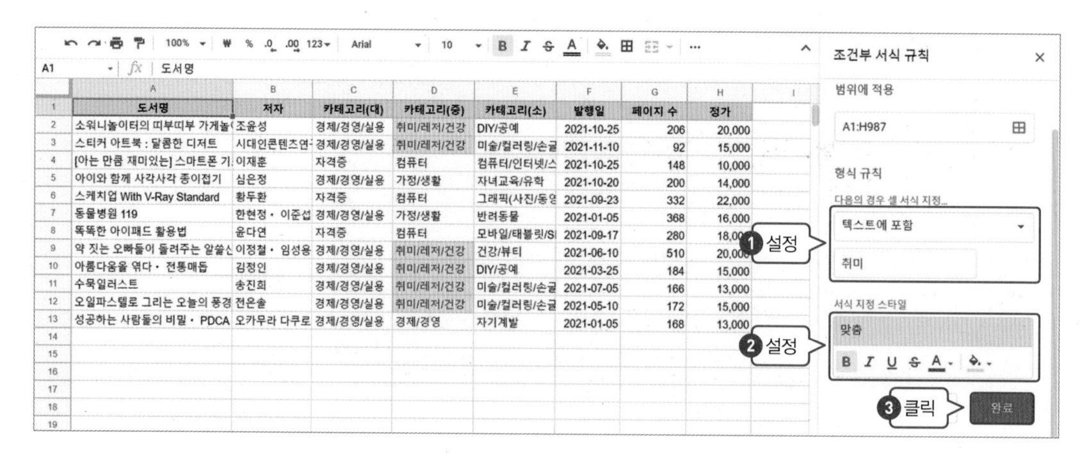

이번에는 '발행일(F열)'이 '2021-07-01 미만'과 '2021-03-01 이하'인 경우로 두 개의 조건부 서식을 걸고, 각각 다른 셀 배경색을 적용해 보겠습니다. 먼저 '2021-07-01 미만'인 조건에 빨간색 셀 배경 서식을 적용합니다.

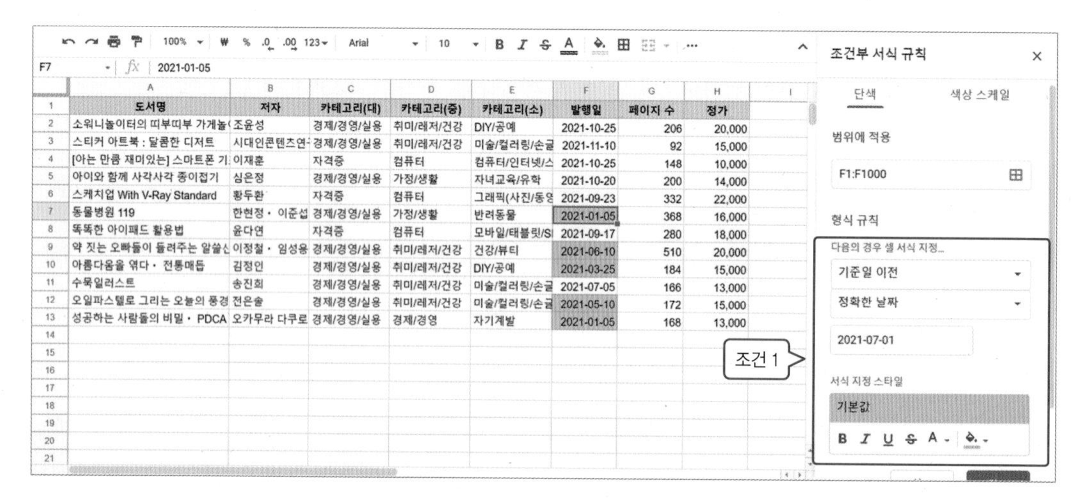

이어서 '2021-03-01 이하'인 조건에 초록색 셀 배경 서식을 적용합니다. 이때 날짜가 숫자 속성이므로 숫자에 사용하는 형식 규칙을 적용할 수 있습니다.

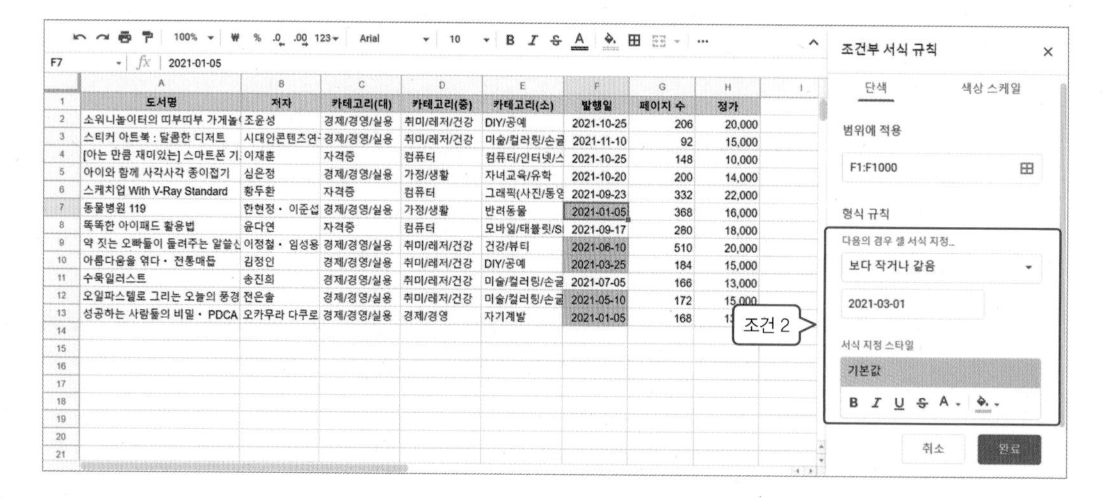

두 번째 조건이 정상적으로 적용(초록색 셀 배경)되었음에 불구하고 해당 조건에 부합하는 [F7] 셀과 [F13] 셀의 배경색이 초록색으로 바뀌지 않는 것을 확인할 수 있습니다. 이는 조건부 서식이 적용되는 순서로 인해 발생하는 현상으로, 원하는 결과물을 얻기 위해서는 조건에 우선순위를 정해 주어야 합니다.

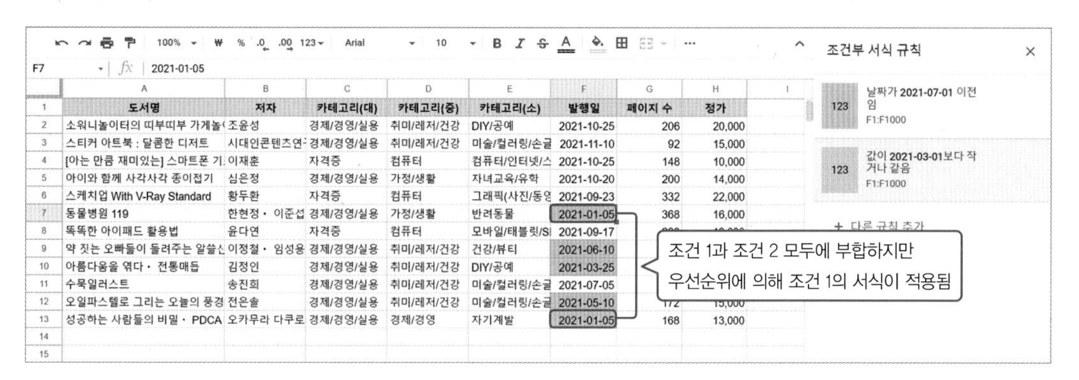

PLUS 조건부 서식의 우선순위

- 같은 범위 내에 여러 개의 조건부 서식이 걸릴 경우 먼저 적용된 조건부 서식이 우선시됩니다. 예제에서 두 번째로 적용한 '2021-03-01 이하'의 조건은 첫 번째 조건인 '2021-07-01 미만'인 조건에도 부합합니다. 즉, 두 조건을 모두 만족하는 경우 첫 번째 조건인 '2021-07-01 미만'의 조건부 서식이 우선시되어 빨간색 셀 배경이 그대로 적용됩니다.
- 다수의 조건부 서식을 적용할 경우에는 반드시 조건의 우선순위를 고려해야 합니다. 적용순위는 '조건부 서식 규칙'에서 순서를 바꾸고자 하는 규칙을 선택한 후 마우스로 드래그하여 바꿀 수 있습니다. 예제에서 적용한 조건부 서식의 순서를 바꾸면 '2021-03-01 이하'의 조건이 정상적으로 반영되는 것을 확인할 수 있습니다.

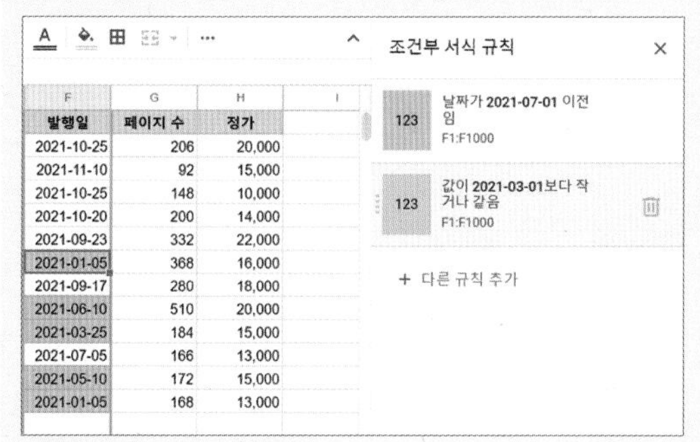

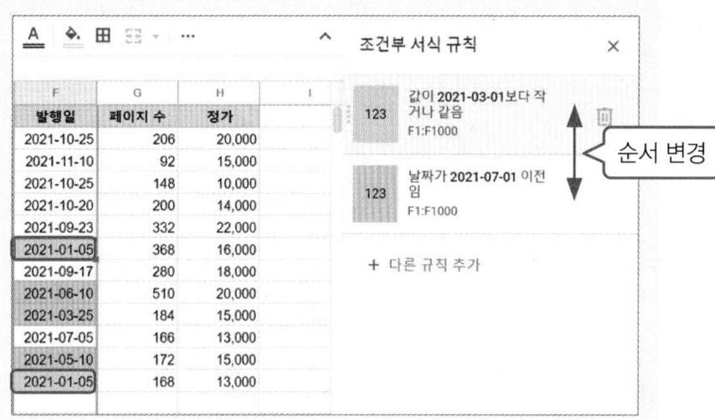

3 · 색상 스케일

'조건부 서식 규칙' 창에서 '색상 스케일' 탭의 옵션을 살펴보겠습니다. 최댓값과 최솟값은 지정한 범위 내에서 비교하여 자동으로 적용되지만 사용자가 직접 설정할 수도 있습니다.

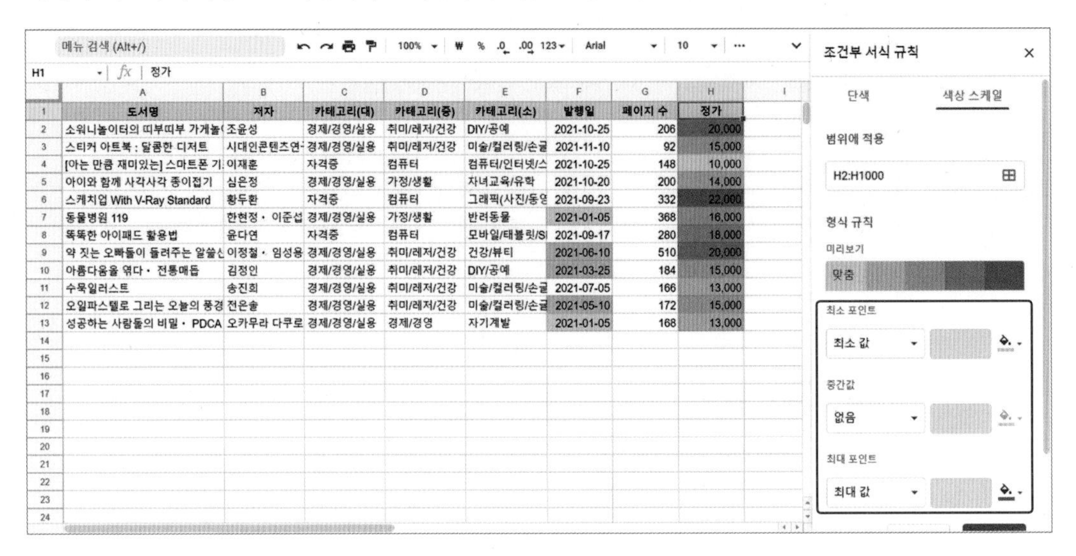

날짜 데이터는 숫자의 속성을 갖기 때문에 데이터의 범위를 '발행일(F열)'과 '정가(H열)'로 지정할 경우 크기 비교에 따른 색상 스케일이 동일하게 적용됩니다. 날짜의 숫자 값이 정가의 숫자보다 상대적으로 크기 때문에 최댓값에 근접한 진한 파란색으로 표시됩니다.

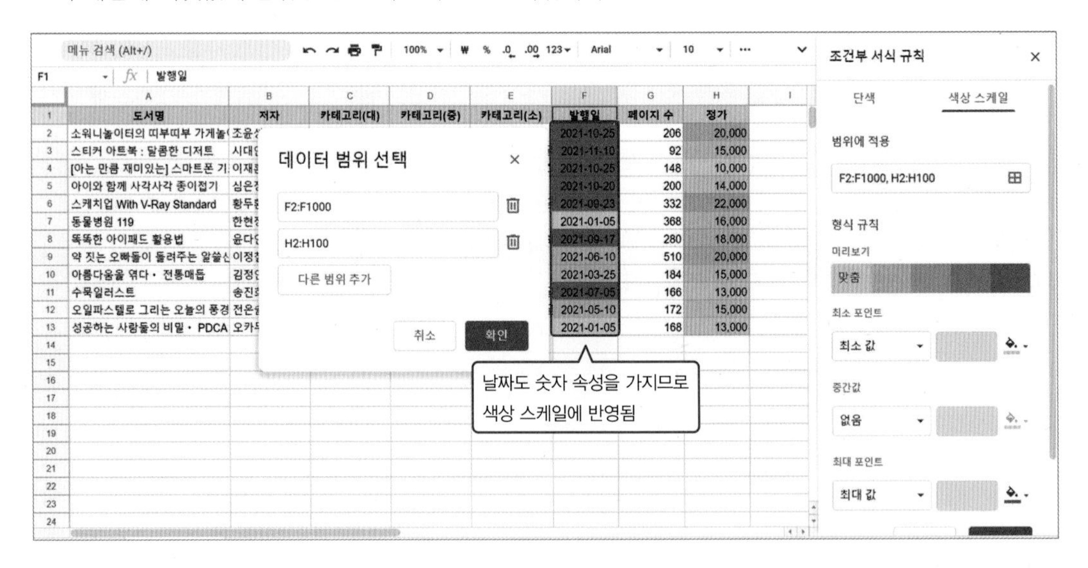

4 · 조건부 서식 확인 및 수정하기

어떤 조건부 서식이 적용되었는지 확인하거나 수정하고자 한다면 해당 셀 또는 해당 범위를 마우스로 선택하고 메뉴에서 [서식] - [조건부 서식]을 선택합니다.

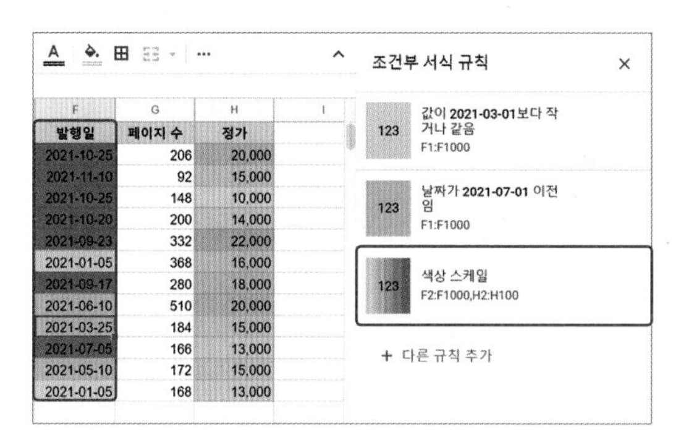

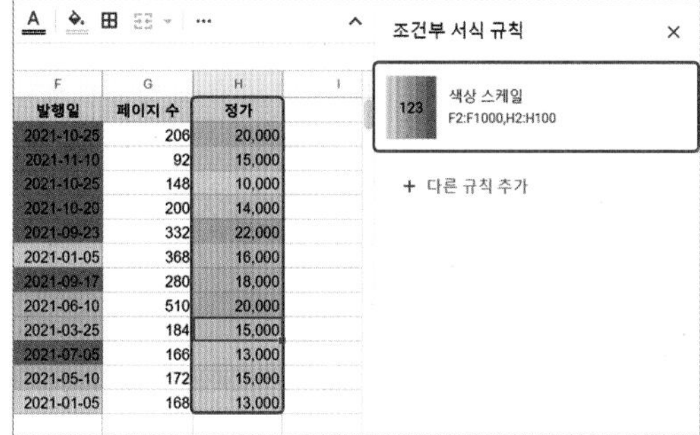

F열에는 세 개의 조건검색이 걸려 있으며, 그중 '색상 스케일'은 세 번째로 적용되는 규칙입니다. H열에는 '색상 스케일' 한 개의 조건검색만 걸려 있습니다.

STEP 2 맞춤 수식을 통한 조건부 서식 일괄 적용

조건부 서식을 폭넓게 활용하려면 함수나 수식을 적용할 수 있는 '맞춤 수식'을 사용해야 합니다. '맞춤 수식'을 통해 행과 열에 조건부 서식을 일괄 적용하는 방법을 살펴보겠습니다.

1 · 체크박스에 따른 조건부 서식

예제파일 | 09-02_조건부서식(체크박스)

A열 일부 셀의 체크박스에 체크하면 해당 열 전체에 조건부 서식을 걸더라도(일반 형식 규칙을 건 경우) 체크된 셀에만 조건부 서식이 적용됩니다.

조건부 서식을 행 전체에 적용하기 위해서는 '맞춤 수식'에서 수식을 설정해야 합니다. 이때 범위 내 체크박스가 적용되는 A열의 첫 셀을 기준으로 수식을 적용합니다. 모든 행에 적용시키려면 수식에서 행만 바뀌고 열은 고정되도록 절대참조 $를 입력하여 A열을 고정합니다. '맞춤 수식'에 **=$A2=TRUE**라고 입력합니다.

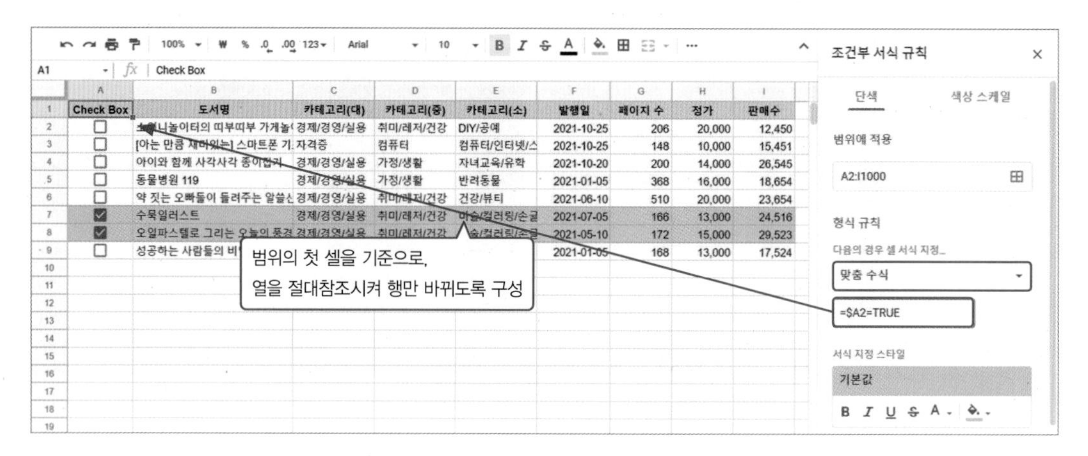

2 · 조건에 따른 특정 셀 색상 변경

예제파일 | 09-03_조건부서식(셀색상)

Chapter 5에서 다루었던 예제를 다시 한번 살펴보겠습니다. [A1] 셀에 해당 월의 첫 날을 선택하면 말일과 그에 따른 요일이 자동으로 변경되는 구성입니다.

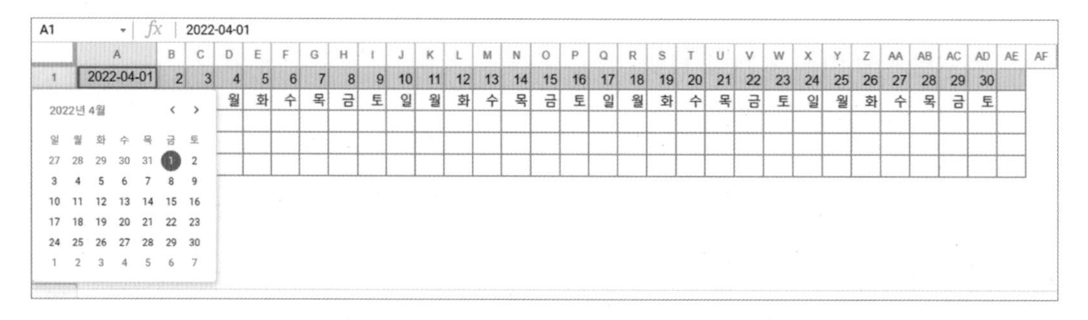

조건부 서식을 사용해 주말에 해당하는 토요일, 일요일의 열 색상이 바뀌도록 구성해 보겠습니다. Chapter 5에서는 중괄호를 사용해 ={A1:AE1} 수식을 실시간 복사로 걸어두고 '맞춤 날짜 및 시간' 서식을 걸어 요일이 표시되도록 했지만, 이번에는 조건부 서식을 사용하기 위해 TEXT 함수를 사용해 요일을 텍스트로 반환해 보겠습니다(데이터 속성이 문자로 바뀌면서 셀 내에서 좌측으로 정렬됩니다).

```
=TEXT(A1,"DDD")
```

A2 =TEXT(A1,"DDD")

	A	B	C	D	E	F	G	H	I	J	K	L	M	N	O	P	Q	R	S	T	U	V	W	X	Y	Z	AA	AB	AC	AD	AE	AF
1	금 × -04-01	2	3	4	5	6	7	8	9	10	11	12	13	14	15	16	17	18	19	20	21	22	23	24	25	26	27	28	29	30		
2	=TEXT(A1,"DDD")		일	월	화	수	목	금	토	일	월	화	수	목	금	토	일	월	화	수	목	금	토	일	월	화	수	목	금	토		

범위 내의 모든 열에 대해 조건부 서식을 적용해야 하므로 절대참조 $를 입력하여 2행을 고정시킵니다. '토', '일' 모두에 적용해야 하므로 OR 함수를 사용해 두 개의 조건을 같이 겁니다. '맞춤 수식'에 **=OR(A$2="토",A$2="일")**이라고 입력합니다.

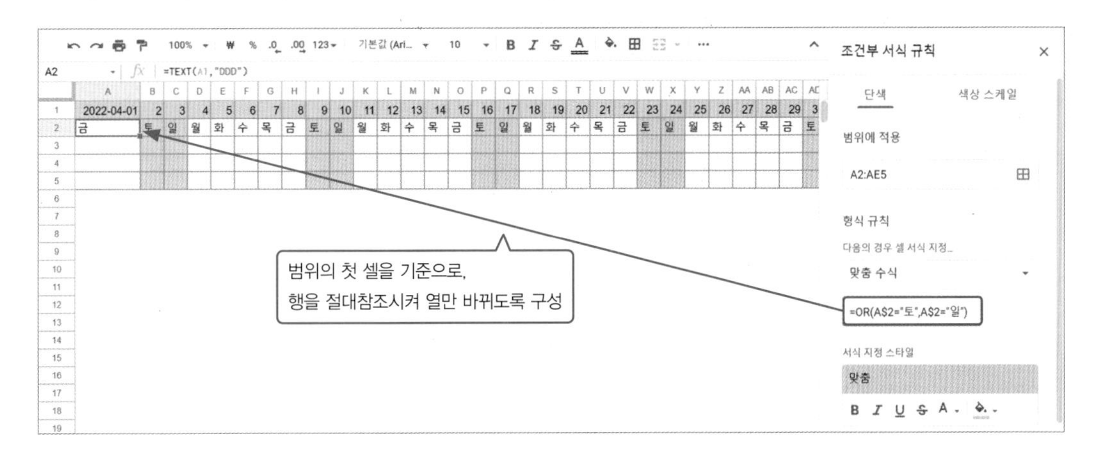

	A	B	C	D	E	F	G	H	I	J	K	L	M	N	O	P	Q	R	S	T	U	V	W	X	Y	Z	AA	AB	AC	AD
1	2022-04-01	2	3	4	5	6	7	8	9	10	11	12	13	14	15	16	17	18	19	20	21	22	23	24	25	26	27	28	29	3
2	금	토	일	월	화	수	목	금	토	일	월	화	수	목	금	토	일	월	화	수	목	금	토	일	월	화	수	목	금	토

OR 함수를 사용하지 않고 조건부 서식 규칙을 두 번 적용해도 같은 결과가 도출됩니다.

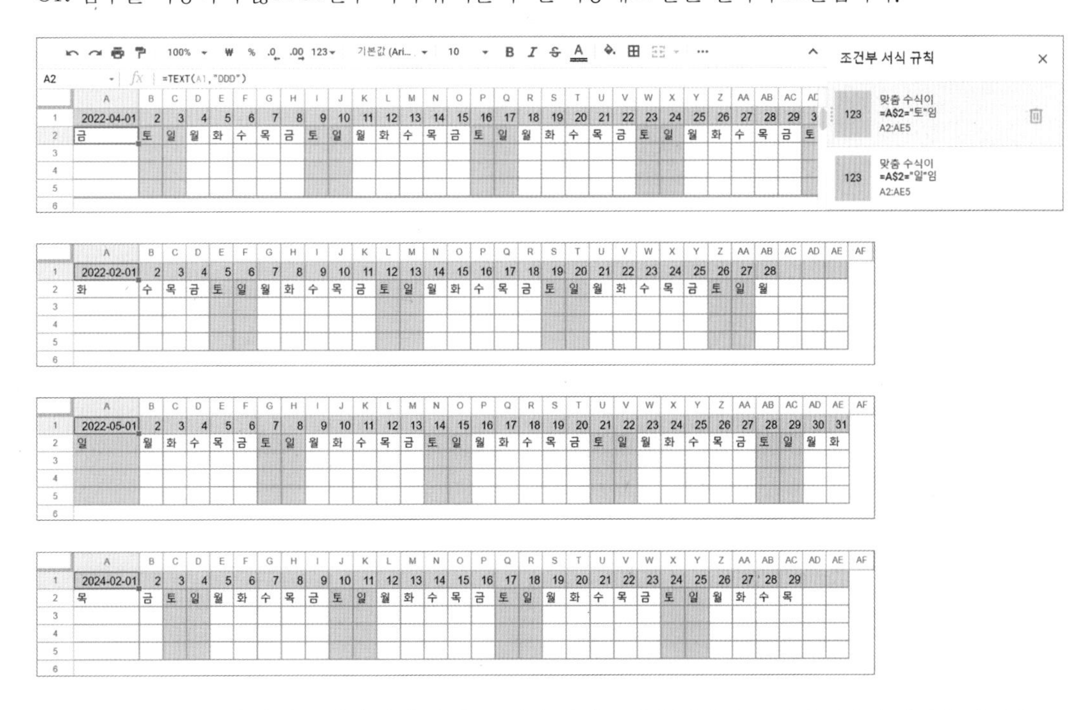

	A	B	C	D	E	F	G	H	I	J	K	L	M	N	O	P	Q	R	S	T	U	V	W	X	Y	Z	AA	AB	AC	AD
1	2022-04-01	2	3	4	5	6	7	8	9	10	11	12	13	14	15	16	17	18	19	20	21	22	23	24	25	26	27	28	29	3
2	금	토	일	월	화	수	목	금	토	일	월	화	수	목	금	토	일	월	화	수	목	금	토	일	월	화	수	목	금	토

	A	B	C	D	E	F	G	H	I	J	K	L	M	N	O	P	Q	R	S	T	U	V	W	X	Y	Z	AA	AB	AC	AD	AE	AF
1	2022-02-01	2	3	4	5	6	7	8	9	10	11	12	13	14	15	16	17	18	19	20	21	22	23	24	25	26	27	28				
2	화	수	목	금	토	일	월	화	수	목	금	토	일	월	화	수	목	금	토	일	월	화	수	목	금	토	일	월				

	A	B	C	D	E	F	G	H	I	J	K	L	M	N	O	P	Q	R	S	T	U	V	W	X	Y	Z	AA	AB	AC	AD	AE	AF
1	2022-05-01	2	3	4	5	6	7	8	9	10	11	12	13	14	15	16	17	18	19	20	21	22	23	24	25	26	27	28	29	30	31	
2	일	월	화	수	목	금	토	일	월	화	수	목	금	토	일	월	화	수	목	금	토	일	월	화	수	목	금	토	일	월	화	

	A	B	C	D	E	F	G	H	I	J	K	L	M	N	O	P	Q	R	S	T	U	V	W	X	Y	Z	AA	AB	AC	AD	AE	AF
1	2024-02-01	2	3	4	5	6	7	8	9	10	11	12	13	14	15	16	17	18	19	20	21	22	23	24	25	26	27	28	29			
2	목	금	토	일	월	화	수	목	금	토	일	월	화	수	목	금	토	일	월	화	수	목	금	토	일	월	화	수	목			

결과적으로 [A1] 셀에 선택된 월에 따라 날짜, 요일과 함께 주말에 해당하는 열의 색상이 바뀌게 됩니다.

3 · 중복값 표시

예제파일 | 09-04_조건부서식(중복)

조건부 서식은 중복된 데이터를 표시하는 데에도 유용하게 사용됩니다. A열에 도서명이 중복으로 입력되어 있는지 확인하기 위해 COUNTIF 함수를 사용합니다.

=COUNTIF($A$2:$A,A2)

G2 | fx | =COUNTIF($A$2:$A,A2)

	A	B	C	D	E	F	G	H
1	도서명	카테고리(대)	카테고리(중)	카테고리(소)	발행일	페이지 수	1 × 명 중복확인	
2	소워니놀이터의 띠부띠부 가게놀	경제/경영/실용	취미/레저/건강	DIY/공예	2021-10-25	206	=COUNTIF($A$2:$A,A2)	
3	[아는 만큼 재미있는] 스마트폰 기	자격증	컴퓨터	컴퓨터/인터넷/스	2021-10-25	148	1	
4	아이와 함께 사각사각 종이접기	경제/경영/실용	가정/생활	자녀교육/유학	2021-10-20	200	1	
5	동물병원 119	경제/경영/실용	가정/생활	반려동물	2021-01-05	368	1	
6	약 짓는 오빠들이 들려주는 알쓸신	경제/경영/실용	취미/레저/건강	건강/뷰티	2021-06-10	510	1	
7	수묵일러스트	경제/경영/실용	취미/레저/건강	미술/컬러링/손글	2021-07-05	166	2	
8	오일파스텔로 그리는 오늘의 풍경	경제/경영/실용	취미/레저/건강	미술/컬러링/손글	2021-05-10	172	1	
9	성공하는 사람들의 비밀 · PDCA	경제/경영/실용	경제/경영	자기계발	2021-01-05	168	1	
10	수묵일러스트						2	
11	똑똑한 아이패드 활용법						1	
12								

반환된 값이 해당 도서명이 입력된 횟수가 됩니다. 즉, 값이 2 이상이면 데이터가 중복으로 입력되었다는 뜻이죠. 이러한 종류의 정보는 사용자가 빠르게 파악할 수 있도록 숫자보다는 '조건부 서식'을 통해 시각화하는 것이 좋습니다. '맞춤 수식'에 **=COUNTIF($A$2:$A,$A2)>1**을 입력합니다.

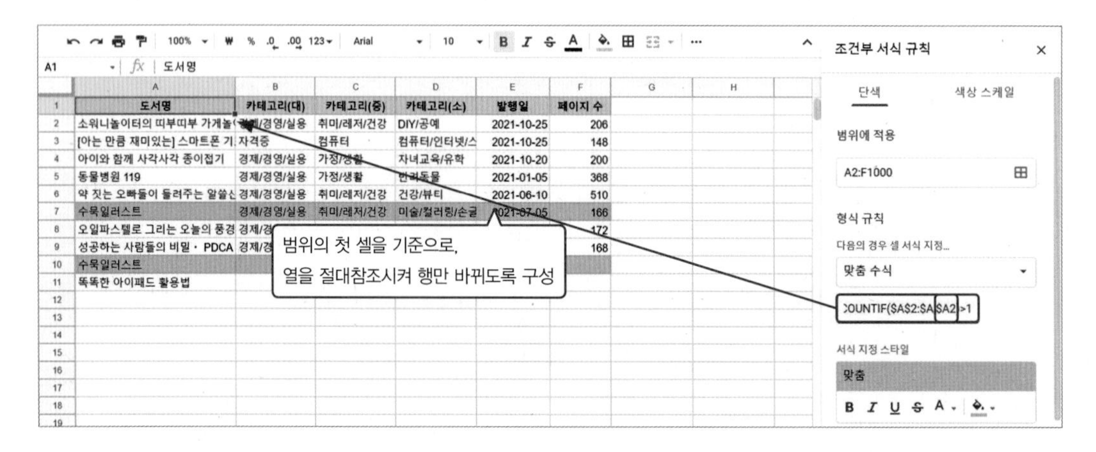

범위 내 행 전체에 적용해야 하므로 COUNTIF 함수의 기준이 되는 인수에서 A열은 $로 고정해야 합니다.

4 · 조건부 교차 색상 VS. 교차 색상

예제파일 | 09-05_조건부서식(교차색상)

입력된 데이터가 많을 경우 행 단위로 색을 교차하여 구분하는 것이 시각적으로 인식하기에 좋습니다. 데이터가 입력될 때마다 행의 색상이 교차로 바뀌도록 구성해 보겠습니다.

먼저 행이 홀수인지 짝수인지 확인하기 위해 입력된 데이터에 자동으로 넘버링을 적용해야 합니다. 첫 데이터가 두 번째 행부터 입력되므로 행 번호를 반환하는 ROW 함수에 -1을 추가 입력합니다. 그리고 B열(도서명)이 공란일 경우 넘버링을 하지 않도록 IF 함수로 조건을 걸고 ARRAYFORMULA 함수를 사용해 모든 행에 자동으로 함수가 적용되도록 합니다.

```
=ARRAYFORMULA(IF(B2:B="","",ROW(A2:A)-1))
```

A2 | fx =ARRAYFORMULA(IF(B2:B="","",ROW(A2:A)-1))

	A	B	C	D	E	F	G	H
1	No	도서명	카테고리(대)	카테고리(중)	카테고리(소)	발행일	페이지 수	
2	=ARRAYFORMULA(IF(B2:B="","",ROW(A2:A)-1))		경/실용	취미/레저/건강	DIY/공예	2021-10-25	206	
3	2	[아는 만큼 재미있는] 스마트폰 기	자격증	컴퓨터	컴퓨터/인터넷/스	2021-10-25	148	
4	3	아이와 함께 사각사각 종이접기	경제/경영/실용	가정/생활	자녀교육/유학	2021-10-20	200	
5	4	동물병원 119	경제/경영/실용	가정/생활	반려동물	2021-01-05	368	
6	5	약 짓는 오빠들이 들려주는 알쓸신	경제/경영/실용	취미/레저/건강	건강/뷰티	2021-06-10	510	
7	6	수묵일러스트	경제/경영/실용	취미/레저/건강	미술/컬러링/손글	2021-07-05	166	
8	7	오일파스텔로 그리는 오늘의 풍경	경제/경영/실용	취미/레저/건강	미술/컬러링/손글	2021-05-10	172	
9	8	성공하는 사람들의 비밀 · PDCA	경제/경영/실용	경제/경영	자기계발	2021-01-05	168	
10								

ref. ROW 함수는 지정된 셀의 행 번호를 반환하는 함수입니다.

이번에는 입력된 값이 홀수인지 짝수인지 확인하기 위해 조건부 서식에 ISEVEN 함수를 사용해 보겠습니다. 마찬가지로 모든 행에 서식을 적용해야 하므로 A열은 $로 고정시켜야 합니다. '맞춤 수식'에 **=ISEVEN($A2)**라고 입력합니다.

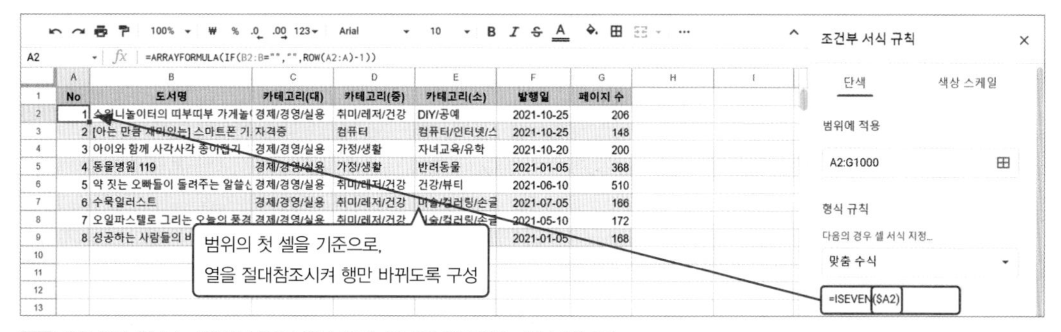

ref. ISEVEN 함수는 입력된 값이 짝수인지 여부를 확인하는 함수입니다.

메뉴에서 [서식] – [교차 색상]을 선택하여 간단하게 교차 색상을 적용할 수 있지만, 데이터가 입력된 부분에만 교차 색상이 적용되는 조건부 서식과는 달리 지정된 범위에 대해 전체 적용됩니다.

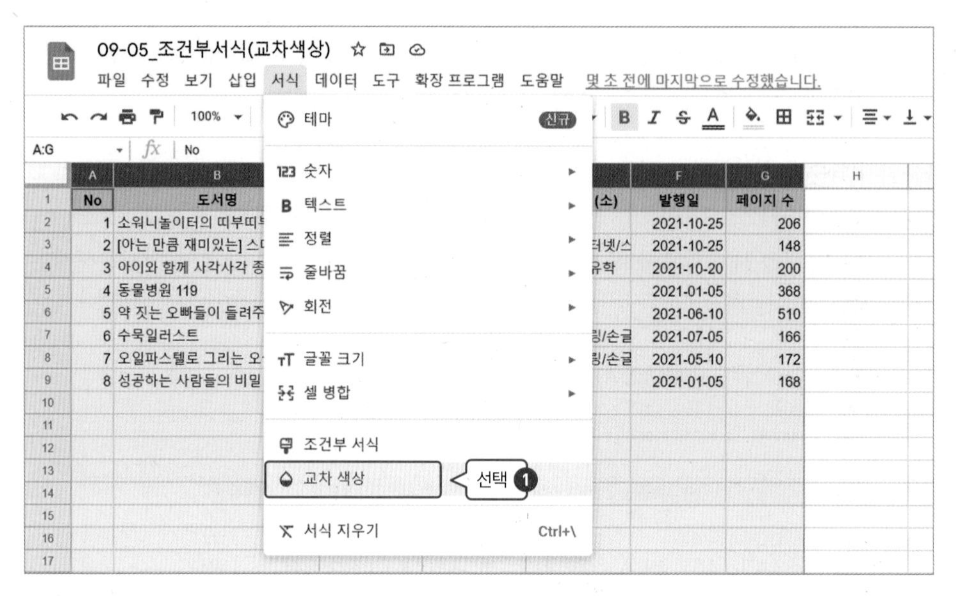

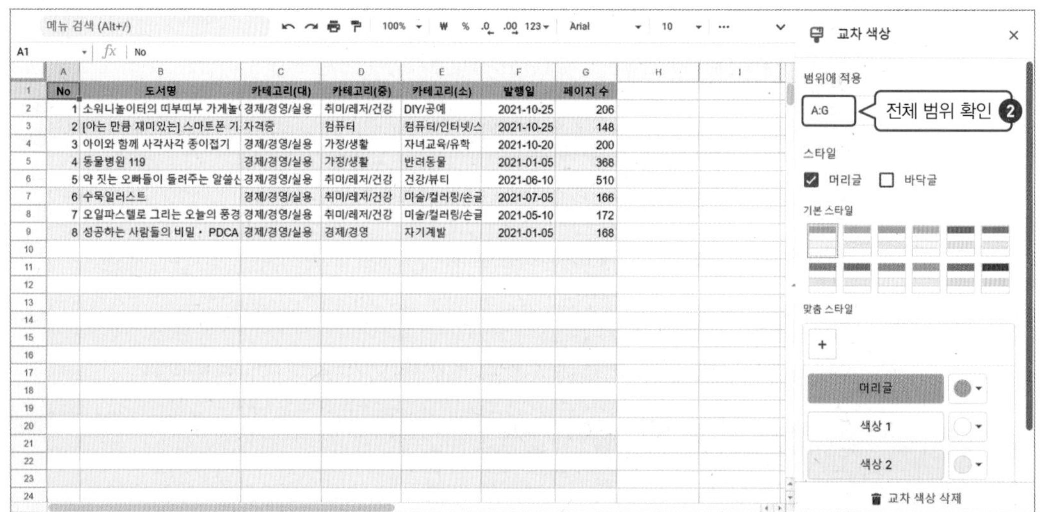

PLUS 조건부 서식에 따른 구글 시트 속도

조건부 서식, 특히 맞춤 수식을 통해 함수를 적용하면 정보를 시각적으로 확인하기에 용이합니다. 하지만 좋은 활용 포인트인 만큼 처리 속도가 느리다는 단점이 있습니다. 구글 시트를 사용하는데 속도가 느리다고 느껴지는 경우는 데이터가 많아지거나 맞춤 수식이 많이 적용되었을 경우입니다. 입력된 데이터나 연결된 함수가 많으면 조건부 서식이 지연되어 서식이 적용되는 과정을 확인할 수 있을 정도로 처리 속도가 느려집니다.

따라서 조건부 서식은 데이터 확인이나 오류 체크 등 시각화에 꼭 필요한 부분과 상대적으로 속도에 덜 민감한 곳에 활용하는 것이 좋습니다.

SECTION

2 데이터 확인으로 입력 제한하기

'데이터 확인'은 사용자가 셀에 데이터를 입력할 때 세부적으로 제한을 걸 수 있는 기능입니다. 특히 구글 시트처럼 여러 사용자가 데이터를 입력하는 환경에서 올바른 데이터가 유지되도록 하는 중요한 역할을 담당합니다.

STEP 1 데이터 확인

'데이터 확인'의 구성과 기본 기능에 대해 살펴봅니다.

1 · 데이터 확인 들어가기

'데이터 확인' 기능을 사용하기 위해서는 먼저 범위를 지정한 후 메뉴에서 [데이터] - [데이터 확인]을 선택하거나 마우스 오른쪽 버튼을 클릭하고 [셀 작업 더 보기] - [데이터 확인]을 선택합니다.

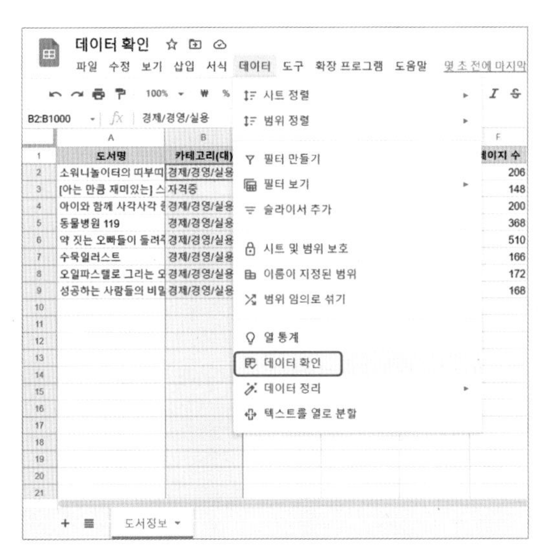

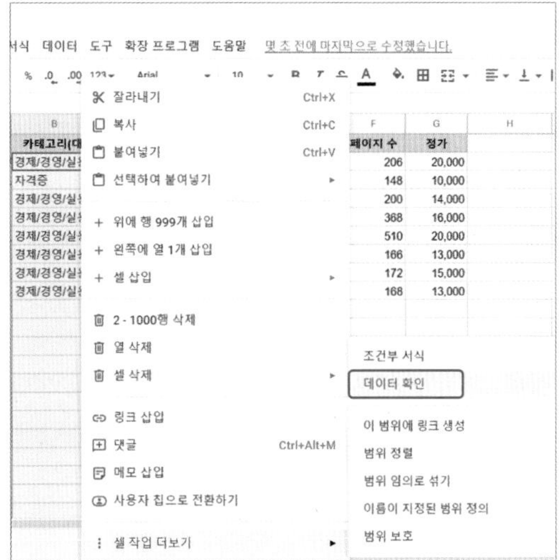

'데이터 확인' 창에서 7개의 기준에 따라 조건을 설정할 수 있습니다.

① **범위에서의 목록:** 지정한 범위에 있는 값을 드롭다운 목록으로 표시합니다.

② **항목 목록:** 입력된 데이터를 콤마(,)로 구분하여 드롭다운 목록으로 표시합니다.

③ **숫자:** 숫자 형식으로 표시하며, '사이', '사잇값 제외', '미만', '이하', '초과', '이상', '같음', '같지 않음' 중 하나의 조건을 지정합니다.

④ **텍스트:** 텍스트 형식으로 표시하며, '포함', '포함 안 함', '같음', '올바른 이메일', '올바른 URL' 중 하나의 조건을 지정합니다.

⑤ **날짜:** 날짜 형식으로 표시하며, '올바른 날짜', '같음', '이전', '당일 또는 이전', '이후', '당일 또는 이후', '사이', '사잇값 제외' 중 하나의 조건을 지정합니다.

⑥ **맞춤 수식:** 조건을 수식이나 함수로 지정합니다.

⑦ **체크박스:** 체크박스의 선택/해제에 대한 맞춤 셀 값을 지정합니다.

2 · 드롭다운 목록 만들기

예제파일 | 09-06_데이터확인(드롭다운)

'데이터 확인'에서 가장 많이 사용하는 구성은 지정한 데이터를 목록으로 선택하는 '드롭다운 목록'입니다. 드롭다운 목록은 '항목 목록'과 '범위에서의 목록' 두 가지 기준 옵션 중 선택하여 구성할 수 있습니다.

'카테고리(대)' 구분을 '드롭다운 목록'을 통해 선택할 수 있도록 구성할 때 '항목 목록'과 '범위에서의 목록'에 따라 어떤 차이가 있는지 비교해 보겠습니다.

■ 항목 목록

데이터 확인 범위의 '기준'을 '항목 목록'으로 선택하고, 콤마(,)를 구분자로 하여 선택할 목록을 순서대로 입력합니다.

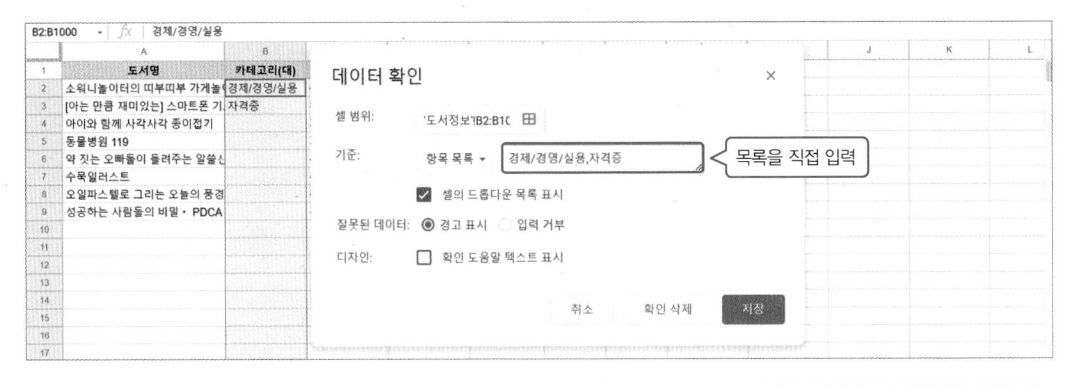

	A	B	C	D	E	F	G	H
1	도서명	카테고리(대)	카테고리(중)	카테고리(소)	발행일	페이지 수	정가	
2	소워니놀이터의 띠부띠부 가게놀(	경제/경영/실;	취미/레저/건강	DIY/공예	2021-10-25	206	20,000	
3	[아는 만큼 재미있는] 스마트폰 기	자격증	컴퓨터	컴퓨터/인터넷/스	2021-10-25	148	10,000	
4	아이와 함께 사각사각 종이접기		가정/생활	자녀교육/유학	2021-10-20	200	14,000	
5	동물병원 119	경제/경영/실용	정/생활	반려동물	2021-01-05	368	16,000	
6	약 짓는 오빠들이 들려주는 알쓸신	자격증	미/레저/건강	건강/뷰티	2021-06-10	510	20,000	
7	수묵일러스트		취미/레저/건강	미술/컬러링/손글	2021-07-05	166	13,000	
8	오일파스텔로 그리는 오늘의 풍경		취미/레저/건강	미술/컬러링/손글	2021-05-10	172	15,000	
9	성공하는 사람들의 비밀 · PDCA		경제/경영	자기계발	2021-01-05	168	13,000	
10								

■ 범위에서의 목록

'범위에서의 목록'을 선택하면 다른 시트의 목록을 불러와서 '드롭다운 목록'을 구성할 수 있습니다.

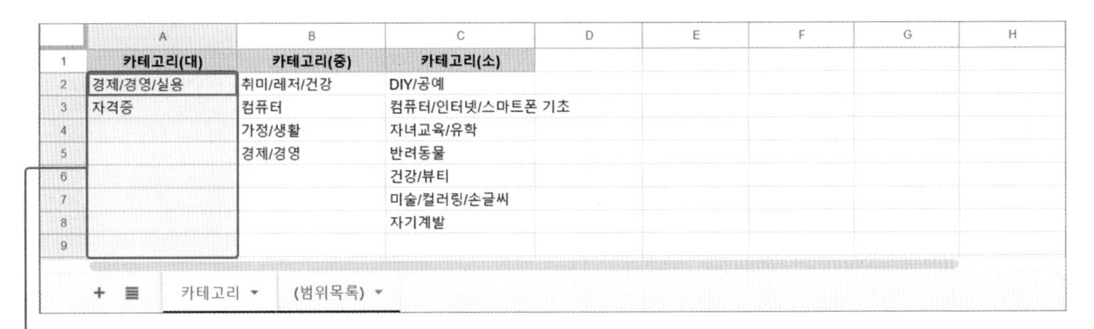

	A	B	C
1	카테고리(대)	카테고리(중)	카테고리(소)
2	경제/경영/실용	취미/레저/건강	DIY/공예
3	자격증	컴퓨터	컴퓨터/인터넷/스마트폰 기초
4		가정/생활	자녀교육/유학
5		경제/경영	반려동물
6			건강/뷰티
7			미술/컬러링/손글씨
8			자기계발
9			

'범위에서의 목록' 기준에서 카테고리가 구분된 시트의 셀 범위로 **'카테고리'!A2:A1000**을 입력하면 해당 범위에 있는 데이터를 목록으로 불러옵니다. 이때 범위는 자동으로 '절대참조'로 변경됩니다.

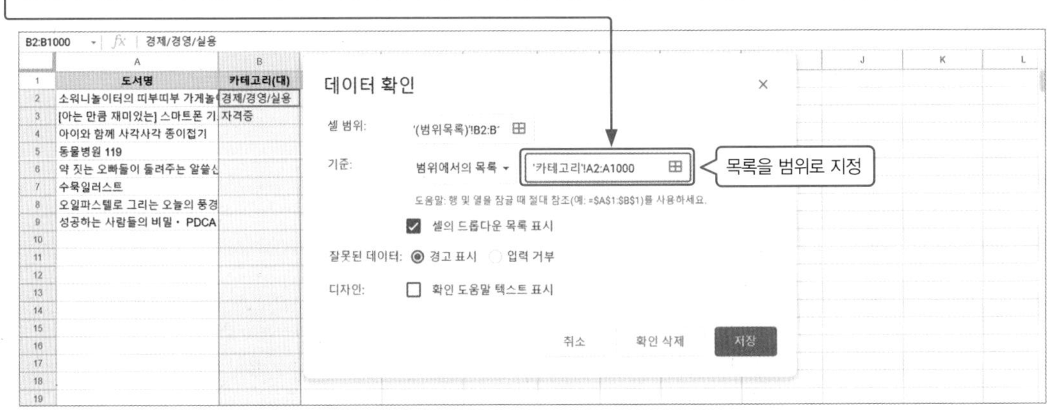

	A	B	C	D	E	F	G	H
1	도서명	카테고리(대)	카테고리(중)	카테고리(소)	발행일	페이지 수	정가	
2	소워니놀이터의 띠부띠부 가게놀	경제/경영/실	취미/레저/건강	DIY/공예	2021-10-25	206	20,000	
3	[아는 만큼 재미있는] 스마트폰 기	자격증	컴퓨터	컴퓨터/인터넷/스	2021-10-25	148	10,000	
4	아이와 함께 사각사각 종이접기		가정/생활	자녀교육/유학	2021-10-20	200	14,000	
5	동물병원 119	경제/경영/실용	정/생활	반려동물	2021-01-05	368	16,000	
6	약 짓는 오빠들이 들려주는 알쓸신	자격증	미/레저/건강	건강/뷰티	2021-06-10	510	20,000	
7	수목일러스트		미/레저/건강	미술/컬러링/손글	2021-07-05	166	13,000	
8	오일파스텔로 그리는 오늘의 풍경		취미/레저/건강	미술/컬러링/손글	2021-05-10	172	15,000	
9	성공하는 사람들의 비밀 · PDCA		경제/경영	자기계발	2021-01-05	168	13,000	
10								

'카테고리' 시트에 '컴퓨터'라는 신규 항목과 중복된 카테고리 데이터를 추가해 보겠습니다.

	A	B	C	D	E	F	G	H
1	카테고리(대)	카테고리(중)	카테고리(소)					
2	경제/경영/실용	취미/레저/건강	DIY/공예					
3	자격증	컴퓨터	컴퓨터/인터넷/스마트폰 기초					
4	컴퓨터		자녀교육/유학					
5	경제/경영/실용	경제/경영	반려동물					
6	자격증		건강/뷰티					
7	경제/경영/실용		미술/컬러링/손글씨					
8	경제/경영/실용		자기계발					
9								

신규 카테고리

중복 카테고리

+ ≡ 카테고리 ▾ (범위목록) ▾

'범위목록' 시트의 드롭다운 목록에 '컴퓨터'만 새롭게 추가되는 것을 확인할 수 있습니다. 이처럼 구글 시트는 엑셀과 달리 **목록 내에 중복된 데이터는 자동으로 필터링**하여 드롭다운 목록을 구성합니다.

	A	B	C	D	E	F	G	H
1	도서명	카테고리(대)	카테고리(중)	카테고리(소)	발행일	페이지 수	정가	
2	소워니놀이터의 띠부띠부 가게놀	경제/경영/실	취미/레저/건강	DIY/공예	2021-10-25	206	20,000	
3	[아는 만큼 재미있는] 스마트폰 기	자격증	컴퓨터	컴퓨터/인터넷/스	2021-10-25	148	10,000	
4	아이와 함께 사각사각 종이접기		가정/생활	자녀교육/유학	2021-10-20	200	14,000	
5	동물병원 119	경제/경영/실용	정/생활	반려동물	2021-01-05	368	16,000	
6	약 짓는 오빠들이 들려주는 알쓸신	자격증	미/레저/건강	건강/뷰티	2021-06-10	510	20,000	
7	수목일러스트	컴퓨터	미/레저/건강	미술/컬러링/손글	2021-07-05	166	13,000	
8	오일파스텔로 그리는 오늘의 풍경		미/레저/건강	미술/컬러링/손글	2021-05-10	172	15,000	
9	성공하는 사람들의 비밀 · PDCA		경제/경영	자기계발	2021-01-05	168	13,000	
10								

■ 드롭다운 목록 표시

'드롭다운 목록'을 설정할 때 셀에 표시되는 ▼를 숨기고 싶으면 '셀의 드롭다운 목록 표시'를 해제합니다.

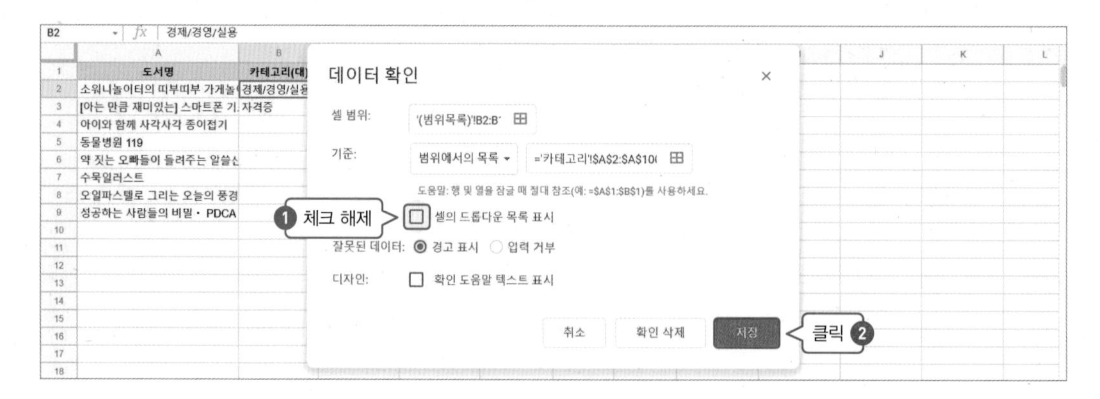

	A	B	C	D	E	F	G	H
1	도서명	카테고리(대)	카테고리(중)	카테고리(소)	발행일	페이지 수	정가	
2	소워니놀이터의 띠부띠부 가게놀(	경제/경영/실용	취미/레저/건강	DIY/공예	2021-10-25	206	20,000	
3	[아는 만큼 재미있는] 스마트폰 기	자격증	컴퓨터	컴퓨터/인터넷/스	2021-10-25	148	10,000	
4	아이와 함께 사각사각 종이접기		자	자녀교육/유학	2021-10-20	200	14,000	
5	동물병원 119		가정/생활	반려동물	2021-01-05	368	16,000	
6	약 짓는 오빠들이 들려주는 알쓸신		취미/레저/건강	건강/뷰티	2021-06-10	510	20,000	
7	수묵일러스트	경제/경영/실용	미/레저/건강	미술/컬러링/손글	2021-07-05	166	13,000	
8	오일파스텔로 그리는 오늘의 풍경	자격증	미/레저/건강	미술/컬러링/손글	2021-05-10	172	15,000	
9	성공하는 사람들의 비밀 · PDCA	컴퓨터	제/경영	자기계발	2021-01-05	168	13,000	
10								
11								

확인 3

3 · 잘못된 데이터에 경고 보내기

■ '경고 표시'와 '입력 거부'

'잘못된 데이터'에서 '경고 표시'를 선택하면 목록에 없는 데이터가 입력될 경우 경고 표시가 나타납니다.

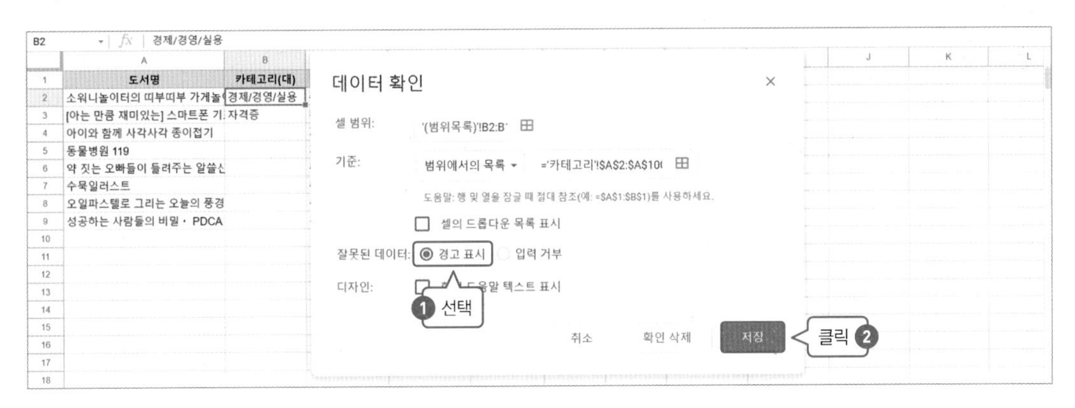

	A	B	C	D	E	F	G	H
1	도서명	카테고리(대)	카테고리(중)	카테고리(소)	발행일	페이지 수	정가	
2	소워니놀이터의 띠부띠부 가게놀(	경제/경영/실용	취미/레저/건강	DIY/공예	2021-10-25	206	20,000	
3	[아는 만큼 재미있는] 스마트폰 기	자격증	컴퓨터	컴퓨터/인터넷/스	2021-10-25	148	10,000	
4	아이와 함께 사각사각 종이접기	자격			021-10-20	200	14,000	
5	동물병원 119				021-01-05	368	16,000	
6	약 짓는 오빠들이 들려주는 알쓸신				021-06-10	510	20,000	
7	수묵일러스트				021-07-05	166	13,000	
8	오일파스텔로 그리는 오늘의 풍경				021-05-10	172	15,000	
9	성공하는 사람들의 비밀 · PDCA		경제/경영	자기계발	2021-01-05	168	13,000	
10								

잘못됨:

입력값은 지정된 범위 내여야 합니다.

옵션 중 '입력 거부'를 선택하면 데이터의 입력 자체가 거부됩니다.

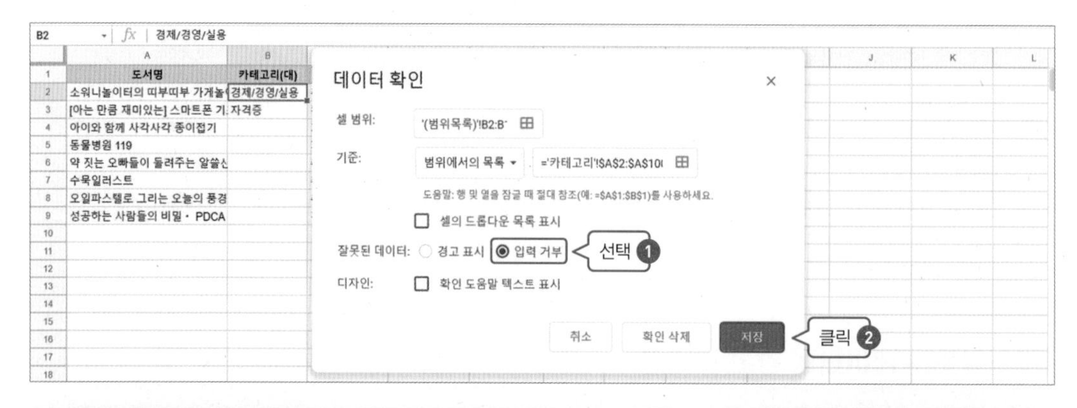

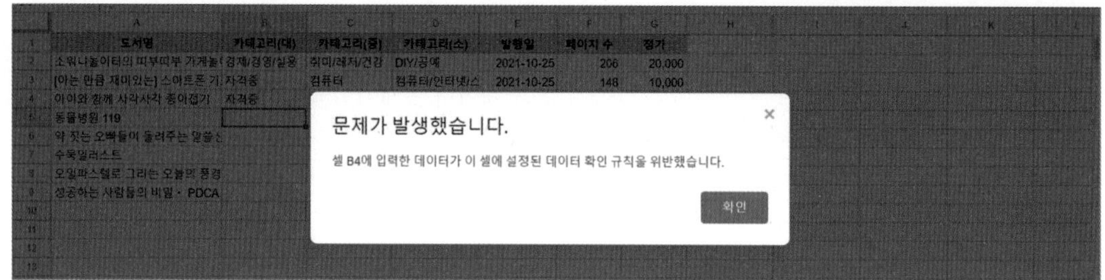

■ 오류 메시지 설정

'확인 도움말 텍스트 표시'에 체크하면 데이터 확인을 통한 '입력에 대한 오류 표시 문구'를 설정할 수 있습니다.

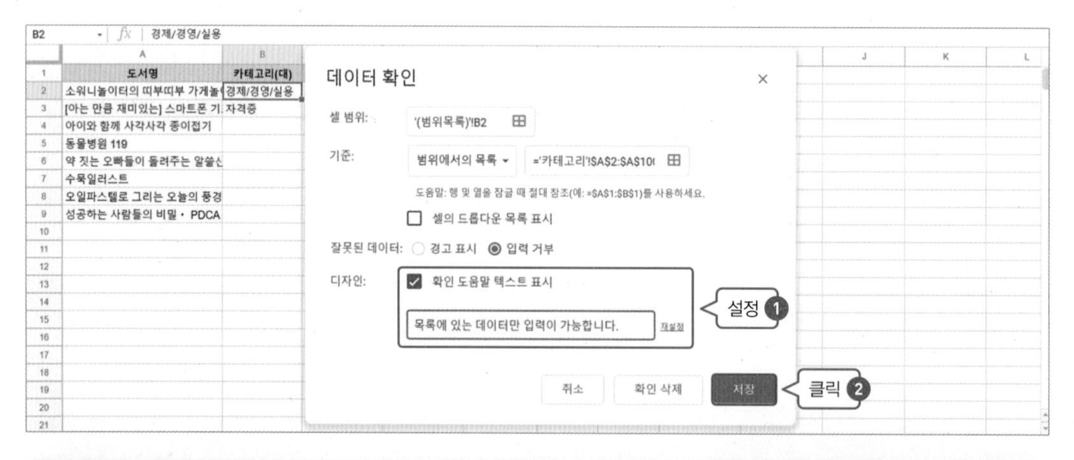

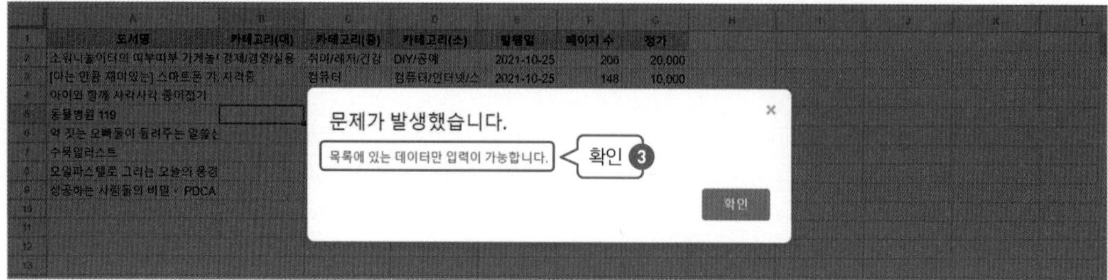

PLUS '입력 거부' 설정이 완벽한 거부는 아니에요!

데이터 확인 설정에서 '입력 거부'를 선택하여 기준에 부합하지 않는 데이터는 입력되지 않도록 사용하는 것이 일반적입니다. 그러나 실제로 데이터 확인에서의 '입력 거부'는 해당 셀에 데이터를 직접 입력할 경우에만 해당됩니다. 가령 데이터를 다른 곳에서 복사/붙여넣기 할 경우에는 '입력 거부'가 통하지 않으므로, 중요한 데이터라면 '데이터 확인' 외에 추가로 확인할 수 있는 기능을 구성해 주어야 합니다.

	A	B	C	D	E	F	G	H
1	도서명	카테고리(대)	카테고리(중)	카테고리(소)	발행일	페이지 수	정가	
2	소워니놀이터의 띠부띠부 가계놀(	경제/경영/실:	취미/레저/건강	DIY/공예	2021-10-25	206	20,000	
3	[아는 만큼 재미있는] 스마트폰 기:	자격증	컴퓨터	컴퓨터/인터넷/스	2021-10-25	148	10,000	
4	아이와 함께 사각사각 종이접기		가정/생활	자녀교육/유학	2021-10-20	200	14,000	
5	동물병원 119		가정/생활	반려동물	2021-01-05	368	16,000	
6	약 짓는 오빠들이 들려주는 알 ❶	반려동물	취미/레저/건강	건강/뷰티	2021-06-10	510	20,000	
7	수목일러스트 ❷	미술/컬러링/:	취미/레저/건강	미술/컬러링/손글	2021-07-05	166	13,000	
8	오일파스텔로 그리는 오늘의 풍경	건강/뷰티	취미/레저/건강	미술/컬러링/손글	2021-05-10	172	15,000	
9	성공하는 사람들의 비밀 · PDCA		경제/경영	자기계발	2021-01-05	168	13,000	
10								

① [B6] 셀은 다른 셀의 데이터를 복사/붙여넣기(Ctrl+C, Ctrl+V)를 한 것으로, 셀에 설정된 '데이터 확인' 기능 자체가 풀린 것입니다.

② [B7] 셀과 [B8] 셀은 데이터의 '값'만 붙여넣기(Ctrl+Shift+V)한 것으로, 셀에 '데이터 확인'과 '입력 거부'가 설정되어 있음에도 불구하고 오류 문구를 무시하고 데이터를 입력한 것입니다.

4 숫자/텍스트에 입력 기준 설정하기

예제파일 | 09-07_데이터확인(숫자/텍스트)

'데이터 확인' 창에서 '숫자' 기준과 '텍스트' 기준은 입력된 데이터가 기준 조건을 만족할 경우 입력을 허용하는 옵션입니다.

'페이지 수(D열)'에 입력되는 숫자의 기준을 '100'과 '500' 사이로 설정하면 값이 '92'인 [D3] 셀과 '510'인 [D9] 셀에 경고 표시가 나타납니다.

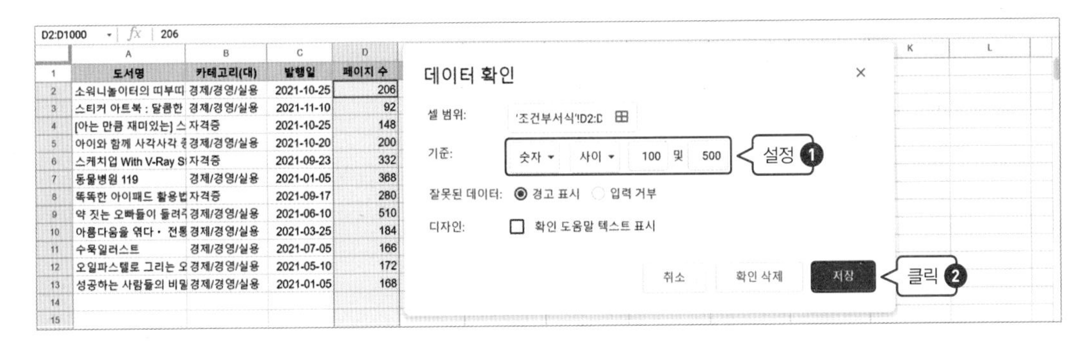

	A	B	C	D	E	F	G	H
1	도서명	카테고리(대)	발행일	페이지 수	정가			
2	소워니놀이터의 띠부띠	경제/경영/실용	2021-10-25	206	20,000			
3	스티커 아트북 : 달콤한	경제/경영/실용	2021-11-10	92				
4	[아는 만큼 재미있는] 스	자격증	2021-10-25	148				
5	아이와 함께 사각사각	경제/경영/실용	2021-10-20	200				
6	스케치업 With V-Ray S	자격증	2021-09-23	332				
7	동물병원 119	경제/경영/실용	2021-01-05	368				
8	똑똑한 아이패드 활용법	자격증	2021-09-17	280	18,000			
9	약 짓는 오빠들이 들려	경제/경영/실용	2021-06-10	510	20,000			
10	아름다움을 엮다 · 전통	경제/경영/실용	2021-03-25	184	15,000			
11	수묵일러스트	경제/경영/실용	2021-07-05	166	13,000			
12	오일파스텔로 그리는 오	경제/경영/실용	2021-05-10	172	15,000			
13	성공하는 사람들의 비밀	경제/경영/실용	2021-01-05	168	13,000			
14								

잘못됨:

입력값은 100과(와) 500 사이의 숫자여야 합니다.

기준을 '텍스트'로 적용해도 방식은 동일합니다. '카테고리(대)(B열)'에 입력할 수 있는 텍스트의 기준이 '경제'라는 문자가 포함되는 조건이므로 [B4] 셀, [B6] 셀, [B8] 셀에 경고 표시가 나타납니다.

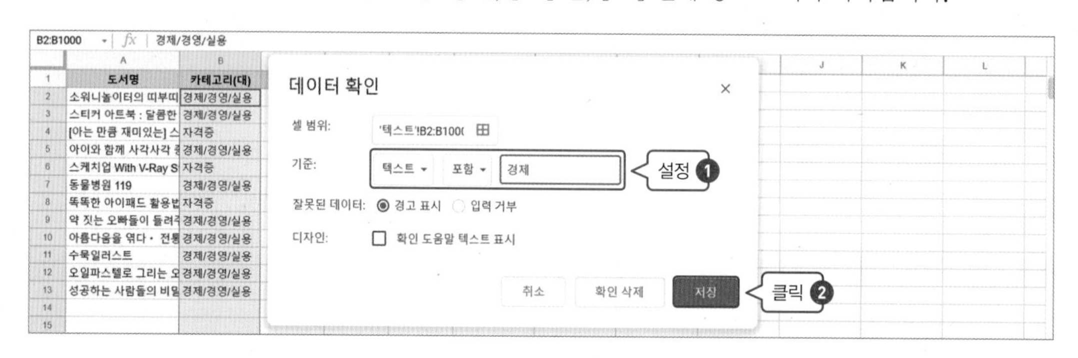

	A	B	C	D	E	F	G	H
1	도서명	카테고리(대)	발행일	페이지 수	정가			
2	소워니놀이터의 띠부띠	경제/경영/실용	2021-10-25	206	20,000			
3	스티커 아트북 : 달콤한	경제/경영/실용	2021-11-10	92	15,000			
4	[아는 만큼 재미있는] 스	자격증			00			
5	아이와 함께 사각사각	경제/경영/실용			00			
6	스케치업 With V-Ray S	자격증			00			
7	동물병원 119	경제/경영/실용			00			
8	똑똑한 아이패드 활용법	자격증			00			
9	약 짓는 오빠들이 들려	경제/경영/실용	2021-06-10	510	20,000			
10	아름다움을 엮다 · 전통	경제/경영/실용	2021-03-25	100	15,000			
11	수묵일러스트	경제/경영/실용	2021-07-05	166	13,000			
12	오일파스텔로 그리는 오	경제/경영/실용	2021-05-10	172	15,000			
13	성공하는 사람들의 비밀	경제/경영/실용	2021-01-05	168	13,000			
14								

잘못됨:

입력값은 경제을(를) 포함한 텍스트이어야 합니다.

5 · 날짜에 입력 기준 설정하기

예제파일 | 09-08_데이터확인(캘린더)

QUERY 함수에서 만들었던 검색 시스템을 다시 살펴보겠습니다. 기간 선택을 위해 날짜를 입력해야 하는 [F2] 셀과 [G2] 셀에 '데이터 확인' 기능을 사용합니다. '날짜' 기준을 '올바른 날짜'로 선택하면 캘린더 창을 통한 입력이 활성화됩니다.

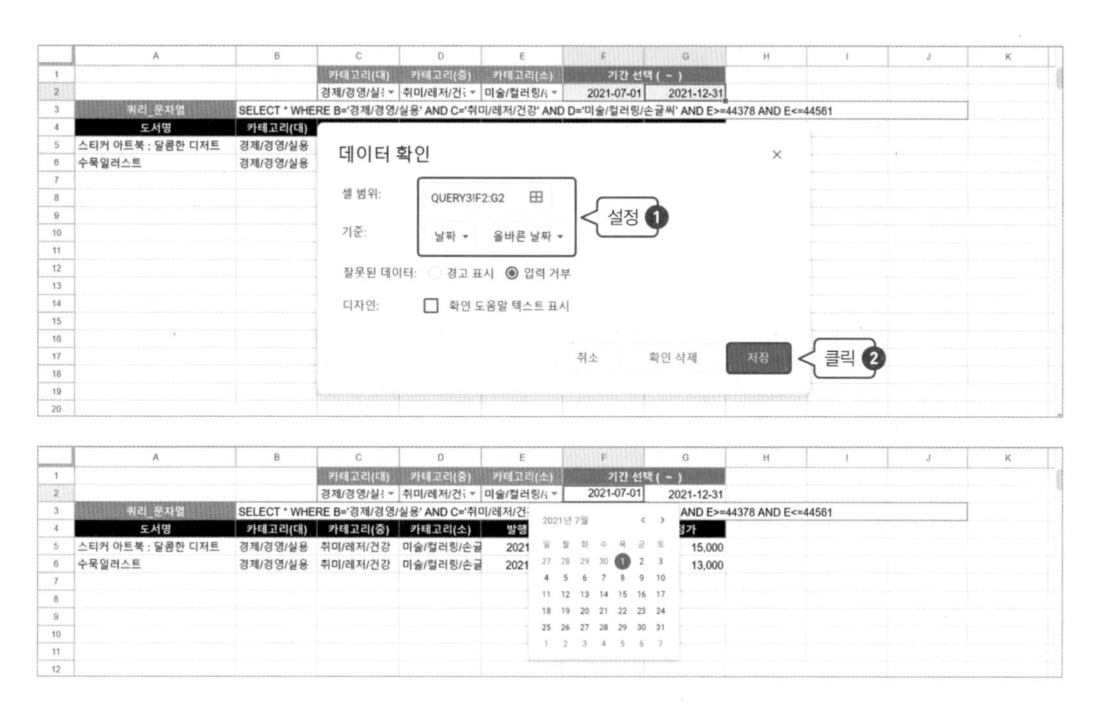

기간을 직접 입력하여 제한을 걸 수도 있습니다. '발행일(C열)'에 입력되는 데이터 기준을 '2021-01-01'과 '2021-11-01' 사이로 설정하면 값이 '2021-11-10'인 [C3] 셀에 경고 표시가 나타납니다.

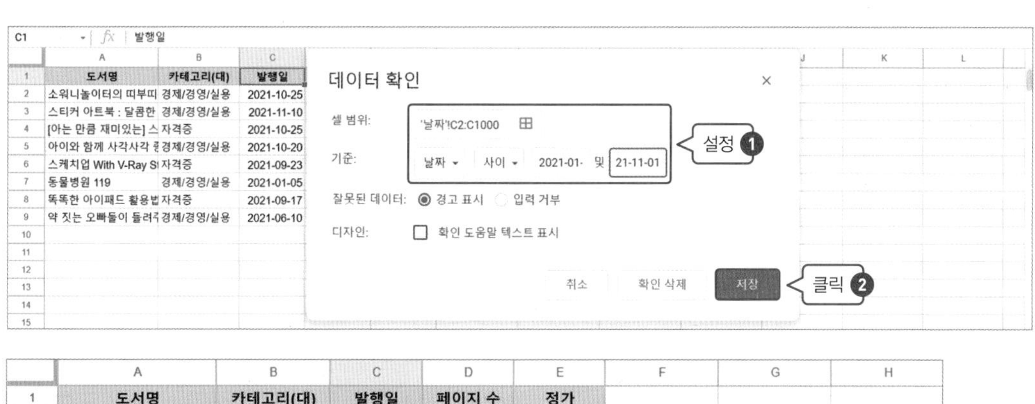

	A	B	C	D	E	F	G	H
1	도서명	카테고리(대)	발행일	페이지 수	정가			
2	소워니놀이터의 띠부띠	경제/경영/실용	2021-10-25	206	20,000			
3	스티커 아트북 : 달콤한	경제/경영/실용	2021-11-10					
4	[아는 만큼 재미있는] 스	자격증	2021-10-25					
5	아이와 함께 사각사각 종	경제/경영/실용	2021-10-20					
6	스케치업 With V-Ray S	자격증	2021-09-23					
7	동물병원 119	경제/경영/실용	2021-01-05					
8	똑똑한 아이패드 활용법	자격증	2021-09-17	280	18,000			
9	약 짓는 오빠들이 들려주	경제/경영/실용	2021-06-10	510	20,000			
10								

잘못됨:

입력값은 2021-01-01과(와) 2021-11-01 사이여야 합니다.

6 • 체크박스의 반환값 바꾸기

예제파일 | 09-09_데이터확인(체크박스)

체크박스의 반환값은 TRUE, FALSE를 기본으로 하지만, '데이터 확인'을 통해 사용자가 직접 설정할 수 있습니다.

B2 | fx | ={A2:A10}

	A	B	C	D	E	F	G	H
1	Check box	체크박스 값	도서명	카테고리(대)	발행일	페이지 수	정가	
2	☐	FALSE	소워니놀이터의 띠부띠	경제/경영/실용	2021-10-25	206	20,000	
3	☑	TRUE	스티커 아트북 : 달콤한	경제/경영/실용	2021-11-10	92	15,000	
4	☐	FALSE	[아는 만큼 재미있는] 스	자격증	2021-10-25	148	10,000	
5	☑	TRUE	아이와 함께 사각사각	경제/경영/실용	2021-10-20	200	14,000	
6	☐	FALSE	스케치업 With V-Ray S	자격증	2021-09-23	332	22,000	
7	☐	FALSE	동물병원 119	경제/경영/실용	2021-01-05	368	16,000	
8	☐	FALSE	똑똑한 아이패드 활용	자격증	2021-09-17	280	18,000	
9	☐	FALSE	약 짓는 오빠들이 들려	경제/경영/실용	2021-06-10	510	20,000	
10								

ref. B열은 체크박스(A열)의 반환값을 보여주기 위해 ={A2:A10}을 입력하여 값을 복사한 것입니다.

'데이터 확인' 창에서 '체크박스'의 기준을 '판매중'과 '준비중'으로 설정하면 반환값이 TRUE와 FALSE에서 '판매중'과 준비중'으로 변경됩니다.

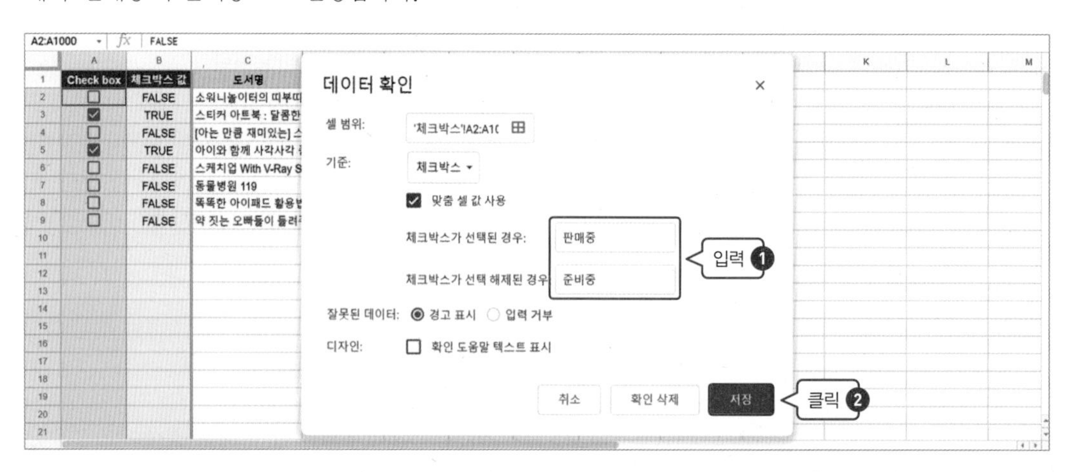

A2 | fx | 준비중

	A	B	C	D	E	F	G	H
1	Check box	체크박스 값	도서명	카테고리(대)	발행일	페이지 수	정가	
2	☐	준비중	소워니놀이터의 띠부띠	경제/경영/실용	2021-10-25	206	20,000	
3	☑	판매중	스티커 아트북 : 달콤한	경제/경영/실용	2021-11-10	92	15,000	
4	☐	준비중	[아는 만큼 재미있는] 스	자격증	2021-10-25	148	10,000	
5	☑	판매중	아이와 함께 사각사각	경제/경영/실용	2021-10-20	200	14,000	
6	☐	준비중	스케치업 With V-Ray S	자격증	2021-09-23	332	22,000	
7	☐	준비중	동물병원 119	경제/경영/실용	2021-01-05	368	16,000	
8	☐	준비중	똑똑한 아이패드 활용	자격증	2021-09-17	280	18,000	
9	☐	준비중	약 짓는 오빠들이 들려	경제/경영/실용	2021-06-10	510	20,000	
10	☐	준비중						

체크박스의 반환값 설정은 활용할 수 있는 부분이 많습니다. 예를 들어 뒤에 설명할 '시트 보호' 기능과 같이 사용하면 '결재/승인 대기'로 값을 설정하여 간단한 내부 결재 시스템으로 활용할 수도 있고, 프로젝트 관리에서 각 단계별 진행상황을 확인할 경우 '완료/진행중'으로 값을 설정하여 활용할 수도 있습니다.

STEP 2 변수에 따라 조건이 바뀌는 반응형 입력 제한

'데이터 확인'을 업무에 효율적으로 사용하기 위해 데이터 기준을 함수나 수식으로 구성하여 기준 조건이 변수에 따라 자동으로 변동되도록 설정합니다.

1 · 중복값 입력 방지

예제파일 | 09-10_데이터확인(중복)

'조건부 서식'에서 소개한 중복된 데이터를 확인하는 예제를 다시 한번 살펴보겠습니다.

	A	B	C	D	E	F	G
1	도서명	카테고리(대)	카테고리(중)	카테고리(소)	발행일	페이지 수	
2	소워니놀이터의 띠부띠부 가게놀(	경제/경영/실용	취미/레저/건강	DIY/공예	2021-10-25	206	
3	[아는 만큼 재미있는] 스마트폰 기.	자격증	컴퓨터	컴퓨터/인터넷/스	2021-10-25	148	
4	아이와 함께 사각사각 종이접기	경제/경영/실용	가정/생활	자녀교육/유학	2021-10-20	200	
5	동물병원 119	경제/경영/실용	가정/생활	반려동물	2021-01-05	368	
6	약 짓는 오빠들이 들려주는 알쓸신	경제/경영/실용	취미/레저/건강	건강/뷰티	2021-06-10	510	
7	수목일러스트	경제/경영/실용	취미/레저/건강	미술/컬러링/손글	2021-07-05	166	
8	오일파스텔로 그리는 오늘의 풍경	경제/경영/실용	취미/레저/건강	미술/컬러링/손글	2021-05-10	172	
9	성공하는 사람들의 비밀 · PDCA	경제/경영/실용	경제/경영	자기계발	2021-01-05	168	
10	수목일러스트						
11	똑똑한 아이패드 활용법						
12							

'조건부 서식'에서 중복된 데이터 값이 있는 행을 색상으로 표시했다면, '데이터 확인'에서는 한 단계 더 높은 수준으로 중복 데이터 입력 자체를 못하게 만들 수 있습니다. '맞춤 수식'에 중복값을 계산하는 함수로 **=COUNTIF($A$2:$A,$A2)=1**을 입력합니다. 반환값이 1보다 클 경우 한 개 이상의 중복값이 있다는 뜻이므로 조건부 서식과 달리 **=1**로 비교합니다. 중복 데이터를 입력하면 지정한 오류 메시지가 나타납니다.

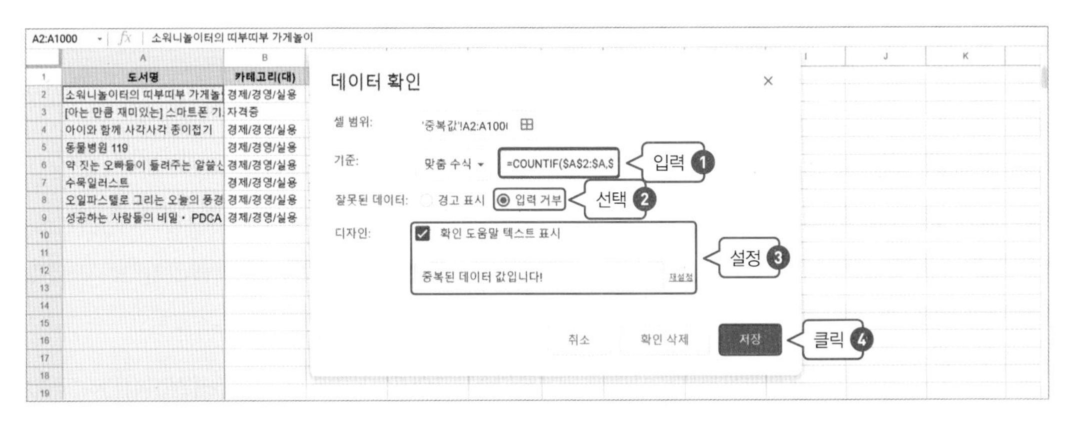

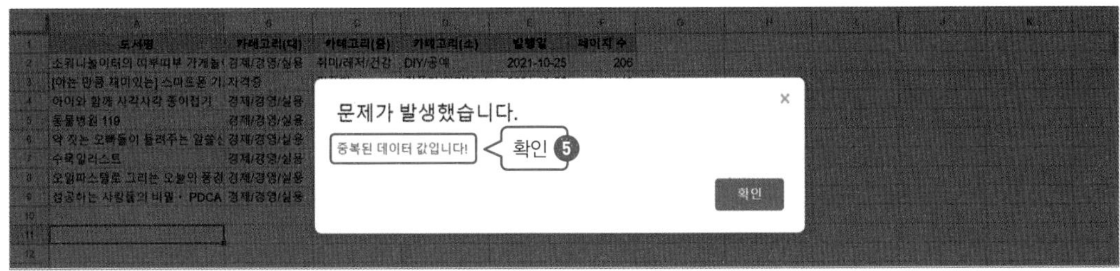

2 • 오늘을 기준으로 하는 입력 제한

예제파일 | 09-11_데이터확인(날짜)

함수나 수식은 기준을 '맞춤 수식'으로 설정하지 않아도 입력할 수 있습니다. '발행일(C열)'이 데이터를 입력하는 날짜를 기준으로 '오늘' 또는 '이전 날짜'일 경우에만 입력되도록 구성해 보겠습니다.

'날짜' 기준을 '당일 또는 이전'으로 설정하고 =TODAY( ) 함수를 입력하여 자동으로 오늘 날짜를 계산하도록 합니다. 그리고 기준에서 벗어난 값이 입력될 경우 설정한 오류 메시지가 표시되도록 설정합니다.

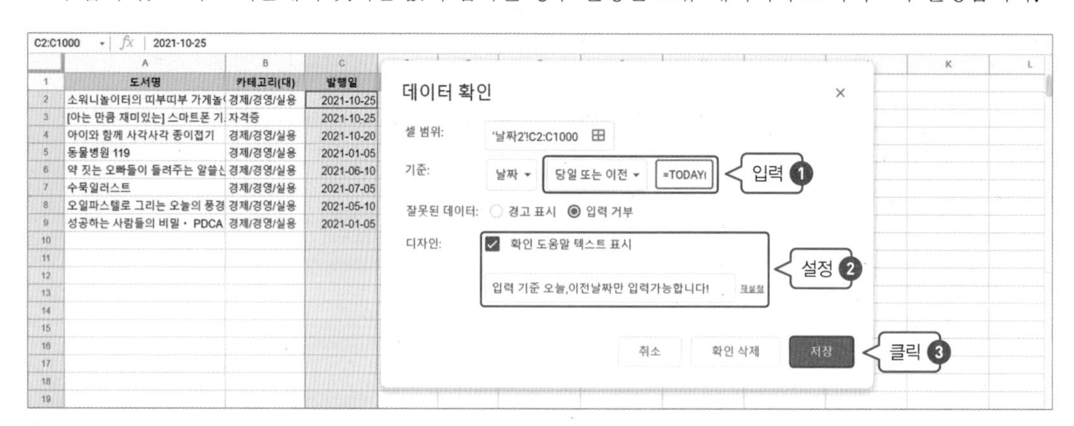

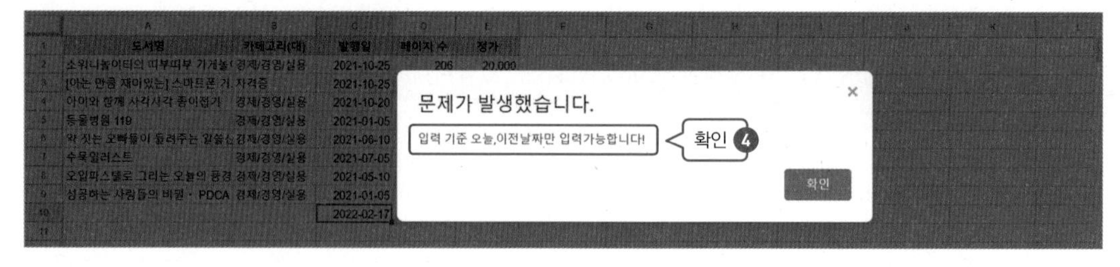

3 • 정규 표현식을 통한 입력 제한

예제파일 | 09-12_데이터확인(REGEX)

Chapter 5에서 소개한 정규 표현식 REGEXMATCH 함수를 '데이터 확인'에도 사용할 수 있습니다. '데이터 확인' 창에서 '맞춤 수식' 기준에 =REGEXMATCH(C2,"(₩d{3})-(₩d{4})-(₩d{4})")라고 입력하면 전화번호 형식인 XXX-XXXX-XXXX으로만 입력이 가능합니다.

전화번호의 시작을 '010'으로 고정하고 싶으면 =REGEXMATCH(C2,"010-(₩d{4})-(₩d{4})")라고 입력합니다.

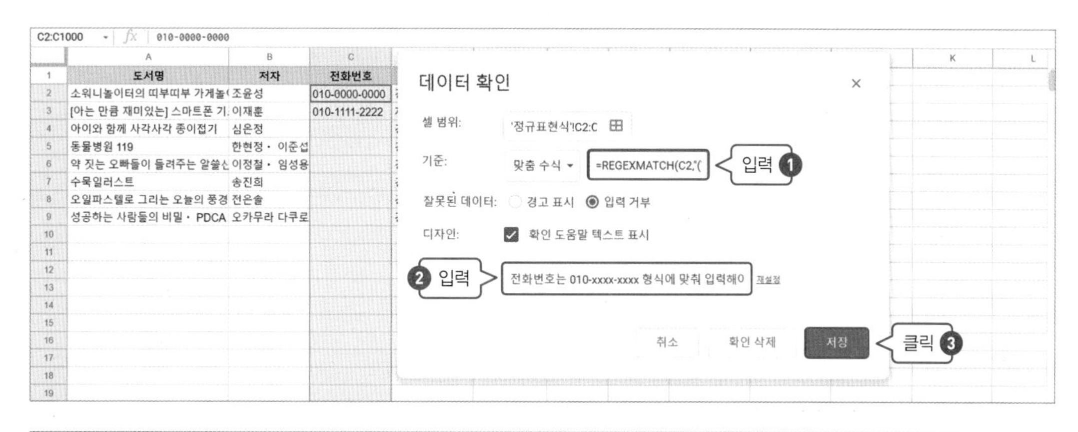

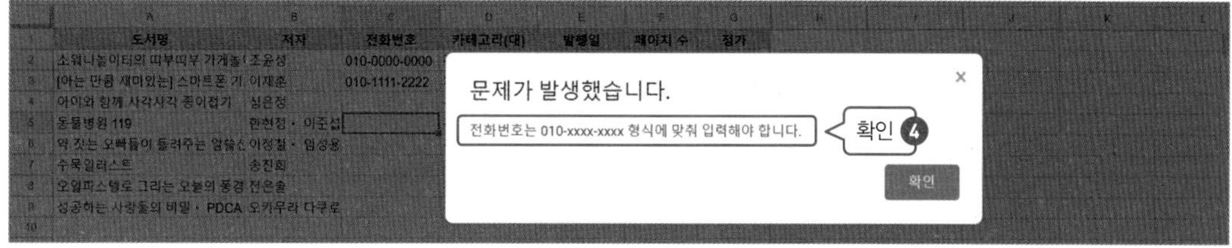

정규 표현식 구성이 쉽지는 않지만 익숙해지기만 한다면 입력되는 데이터의 패턴을 지정하여 다양하게 입력 제한을 걸 수 있습니다.

STEP 3 종속된 드롭다운 목록 구성하기

'데이터 확인'에서 필요에 따라 종속된 이중 드롭다운 목록을 구성할 수 있습니다.

1 이중 드롭다운 목록으로 검색어 선택하기

예제파일 | 09-13_데이터확인(종속)

FILTER 함수를 사용해 '카테고리(중)'과 '카테고리(소)'에 맞는 데이터를 반환해 보겠습니다. 이때 조건으로 참조셀을 사용해 [G1] 셀과 [I1] 셀에 입력되는 값에 따라 데이터가 반환되도록 합니다.

```
=FILTER(A3:D,B3:B=G1,C3:C=I1)
```

F3 | =FILTER(A3:D,B3:B=G1,C3:C=I1)

	A	B	C	D	E	F	G	H	I	J
1						카테고리(중)	취미/레저/건강	카테고리(소)	미술/컬러링/손글	
2	도서명	카테고리(중)	카테고리(소)	발행일		도서명	카테고리(대)	카테고리(중)	발행일	
3	소워니놀이터의 띠부띠	취미/레저/건강	DIY/공예	2021-10-25		=FILTER(A3:D,B3:B=G1,C3:C=I1)	건강	미술/컬러링/손글	2021-07-05	
4	[아는 만큼 재미있는] 스	컴퓨터	컴퓨터/인터넷/스	2021-10-25		오일파스텔로 그리는 오	취미/레저/건강	미술/컬러링/손글	2021-05-10	
5	아이와 함께 사각사각 종	가정/생활	자녀교육/유학	2021-10-20						
6	동물병원 119	가정/생활	반려동물	2021-01-05						
7	약 짓는 오빠들이 들려주	취미/레저/건강	건강/뷰티	2021-06-10						
8	수묵일러스트	취미/레저/건강	미술/컬러링/손글	2021-07-05						
9	오일파스텔로 그리는 오	취미/레저/건강	미술/컬러링/손글	2021-05-10						
10	성공하는 사람들의 비밀	경제/경영	자기계발	2021-01-05						
11										

'카테고리(소)'는 '카테고리(중)'에 종속된 구성이므로, 1차로 '카테고리(중)'을 선택하면 2차인 '카테고리(소)'의 선택 목록에는 '카테고리(중)'에 속한 항목만 나타나야 합니다. 이를 구성하기 위해 별도로 시트를 만들어 '카테고리(중)'과 '카테고리(소)'에 대한 목록을 정리합니다.

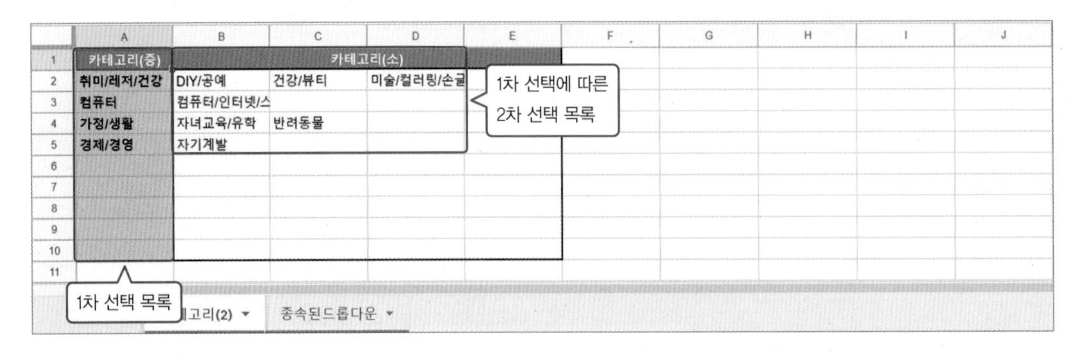

그리고 임의의 셀(예제에서는 [G1] 셀)에 1차 분류인 '카테고리(중)'을 '드롭다운 목록'으로 구성합니다. '범위에서의 목록' 기준은 '카테고리(2)' 시트에서 '카테고리(중)'의 데이터가 있는 A열로 설정합니다. **'카테고리(2)'!A2:A10**을 입력합니다.

이제 1차 분류 '카테고리(중)' 선택에 따른 2차 분류 '카테고리(소)'의 값을 반환하는 함수를 구성해 보겠습니다. 먼저 1차 드롭다운 목록이 구성된 '종속된드롭다운'!G1을 참조셀로 하여 FILTER 함수의 조건 인수로 잡고, '카테고리(소)' 목록이 있는 B2:E10를 반환 범위로 설정합니다.

```
=FILTER(B2:E10,A2:A10='종속된드롭다운'!G1)
```

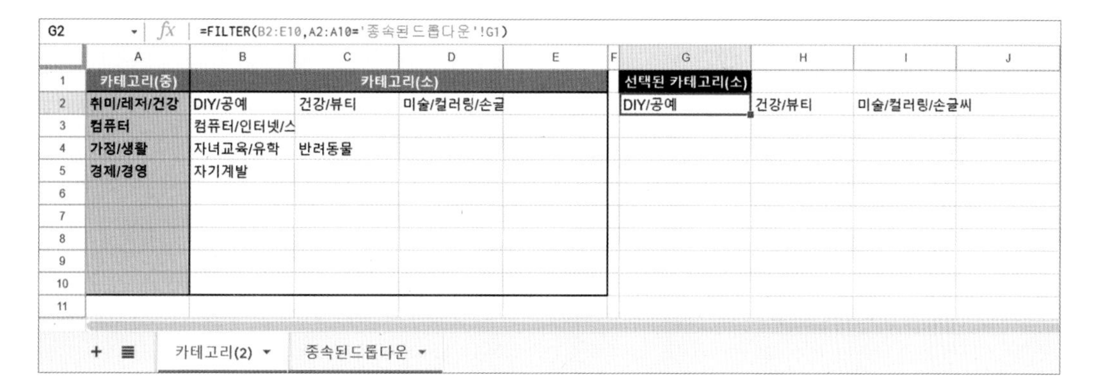

바로 2차 드롭다운 목록을 구성해도 되지만, TRANSPOSE 함수를 통해 한 단계를 더 거쳐 진행해 보겠습니다.

2 · TRANSPOSE 함수

TRANSPOSE (범위)

셀의 배열 또는 범위의 행 및 열을 바꿉니다.

- **범위**: 행과 열이 바뀔 배열 또는 범위입니다.

FILTER 함수로 반환된 2차 선택 목록을 TRANSPOSE 함수를 사용해 하나의 열로 재배치할 수 있습니다.

```
=TRANSPOSE(FILTER(B2:E10,A2:A10='종속된드롭다운'!G1))
```

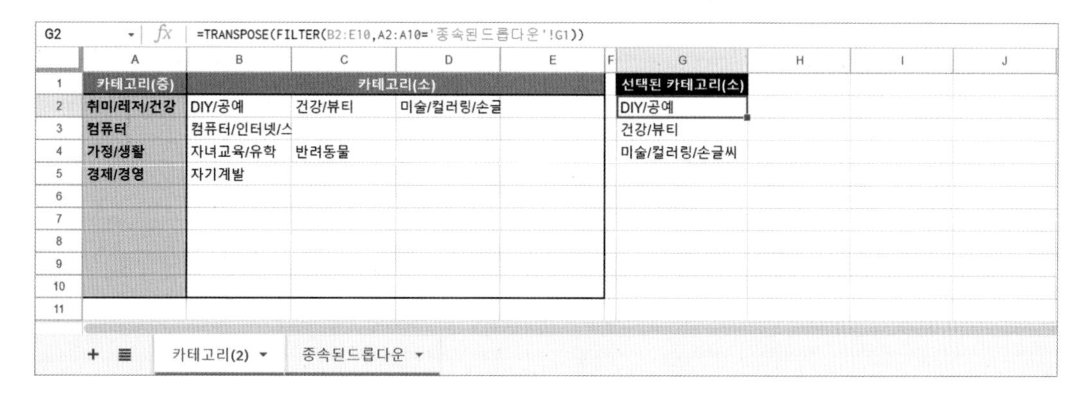

'카테고리(소)'를 선택할 [I1] 셀에 대해 데이터 확인을 적용합니다. 이때 '범위에서의 목록'은 '카테고리(2)' 시트에 FILTER 함수를 사용해 2차 선택 목록을 반환한 G열로 지정합니다. **'카테고리(2)'!G2:G10**을 입력합니다.

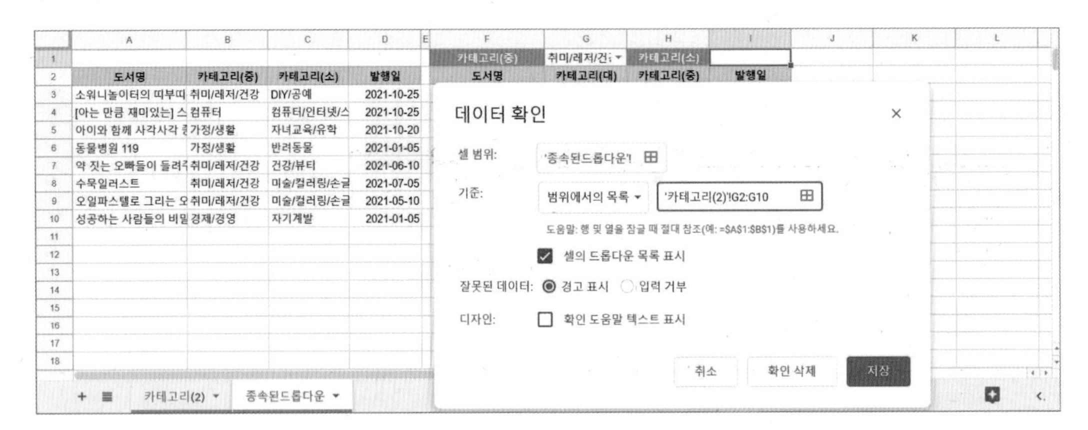

이제 [G1] 셀에서의 선택(1차)에 따라 [I1] 셀의 선택(2차) 목록이 나타나는 것을 확인할 수 있습니다.

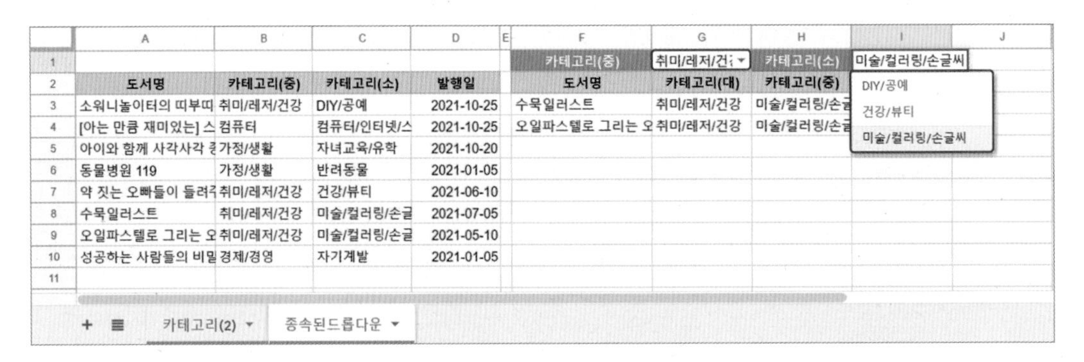

	A	B	C	D	E	F	G	H	I	J
1						카테고리(중)	취미/레저/건강	카테고리(소)	미술/컬러링/손글씨	
2	도서명	카테고리(중)	카테고리(소)	발행일		도서명	카테고리(대)	카테고리(중)	DIY/공예	
3	소워니놀이터의 따부띠	취미/레저/건강	DIY/공예	2021-10-25		수묵일러스트	취미/레저/건강	미술/컬러링/손글	건강/뷰티	
4	[아는 만큼 재미있는] 스	컴퓨터	컴퓨터/인터넷/스	2021-10-25		오일파스텔로 그리는 오	취미/레저/건강	미술/컬러링/손글	미술/컬러링/손글씨	
5	아이와 함께 사각사각	가정/생활	자녀교육/유학	2021-10-20						
6	동물병원 119	가정/생활	반려동물	2021-01-05						
7	약 짓는 오빠들이 들려	취미/레저/건강	건강/뷰티	2021-06-10						
8	수묵일러스트	취미/레저/건강	미술/컬러링/손글	2021-07-05						
9	오일파스텔로 그리는 오	취미/레저/건강	미술/컬러링/손글	2021-05-10						
10	성공하는 사람들의 비밀	경제/경영	자기계발	2021-01-05						
11										

	A	B	C	D	E	F	G	H	I	J
1						카테고리(중)	가정/생활	카테고리(소)	반려동물	
2	도서명	카테고리(중)	카테고리(소)	발행일		도서명	카테고리(대)	카테고리(중)	자녀교육/유학	
3	소워니놀이터의 따부띠	취미/레저/건강	DIY/공예	2021-10-25		동물병원 119	가정/생활	반려동물	반려동물	
4	[아는 만큼 재미있는] 스	컴퓨터	컴퓨터/인터넷/스	2021-10-25						
5	아이와 함께 사각사각	가정/생활	자녀교육/유학	2021-10-20						
6	동물병원 119	가정/생활	반려동물	2021-01-05						
7	약 짓는 오빠들이 들려	취미/레저/건강	건강/뷰티	2021-06-10						
8	수묵일러스트	취미/레저/건강	미술/컬러링/손글	2021-07-05						
9	오일파스텔로 그리는 오	취미/레저/건강	미술/컬러링/손글	2021-05-10						
10	성공하는 사람들의 비밀	경제/경영	자기계발	2021-01-05						
11										

카테고리(2) 종속된드롭다운

3 · 여러 행에 이중 드롭다운 목록으로 입력하기

예제파일 | 09-14_데이터확인(이중)

이번에는 이중 드롭다운 목록을 데이터 입력에 활용해 보겠습니다. 먼저 1차로 선택할 '카테고리(중)(B열)'에 대해 드롭다운 목록을 구성합니다.

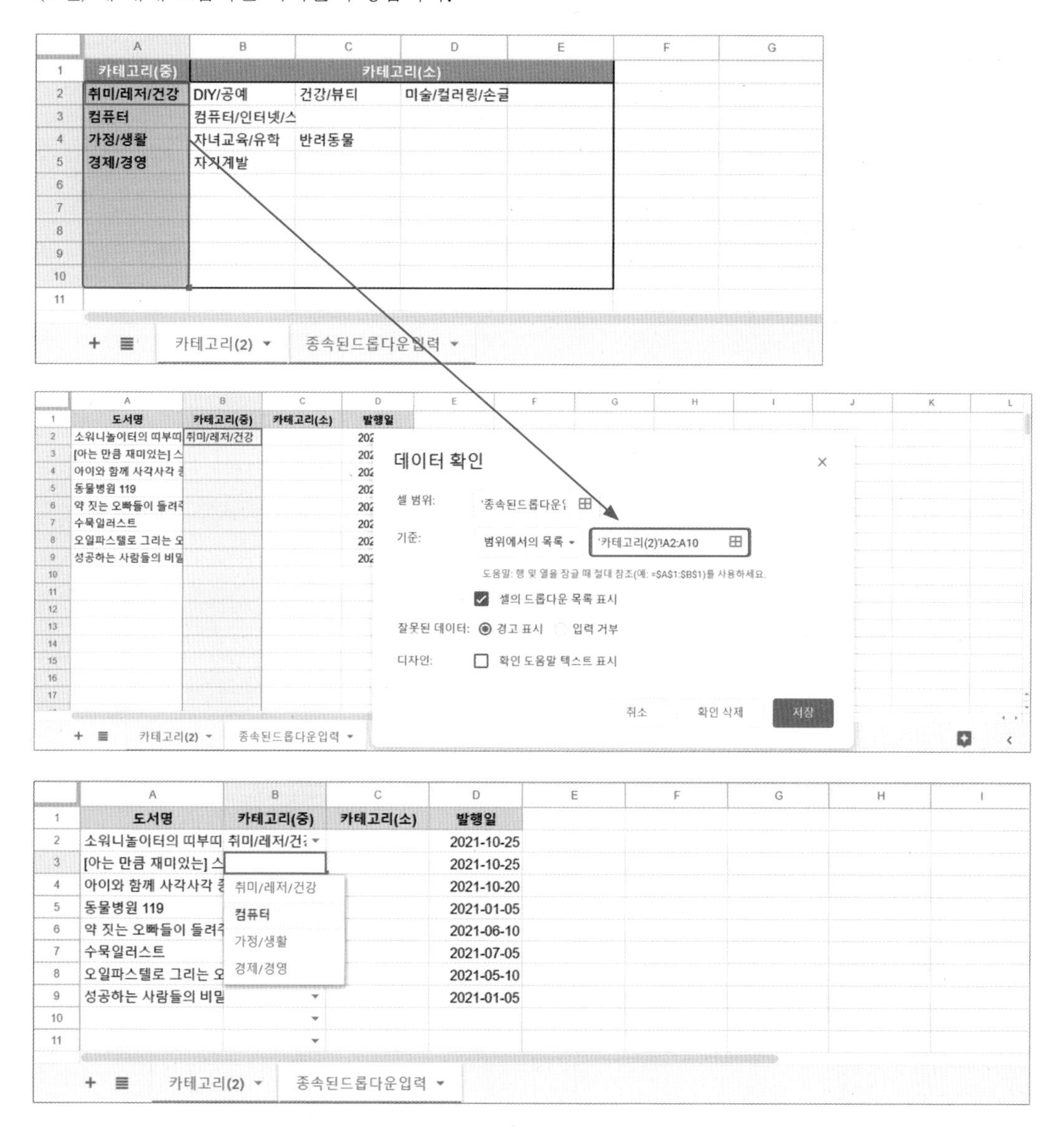

1차 선택에 따른 2차 선택 목록으로 '카테고리(소)(C열)'의 목록을 구성하기 위해 2차 목록의 개수만큼 열을 추가합니다. FILTER 함수를 A열의 각 행마다 사용하는데, 1차로 선택한 '카테고리(중)'을 조건 인수로 하여 2차 목록 '카테고리(소)'를 반환하도록 합니다.

반환할 값의 범위는 '카테고리(소)'로 분류된 '카테고리(2)'!$B$2:$E$10으로, 조건 인수는 F열로 설정합니다. F열의 '카테고리(중)' 값이 비어 있을 경우 발생하는 #REF! 오류를 방지하기 위해 IF 함수를 사용해 F열의 공란 여부를 체크하도록 구성합니다.

```
=IF(F7="","",(FILTER('카테고리(2)'!$B$2:$E$10,'카테고리(2)'!$A$2:$A$10=F7)))
```

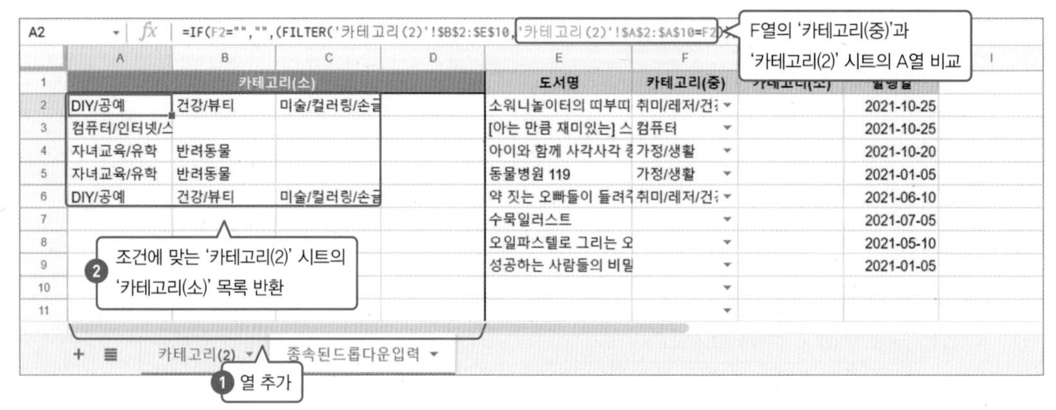

다음으로 G열의 '카테고리(소)'에 2차 드롭다운 목록을 구성합니다. 주의할 점은 **'범위에서의 목록' 기준은 하나의 행만 지정해야 한다는 것입니다.** **=A2:D2** 또는 **=$A2:$D2**로 범위를 지정합니다.

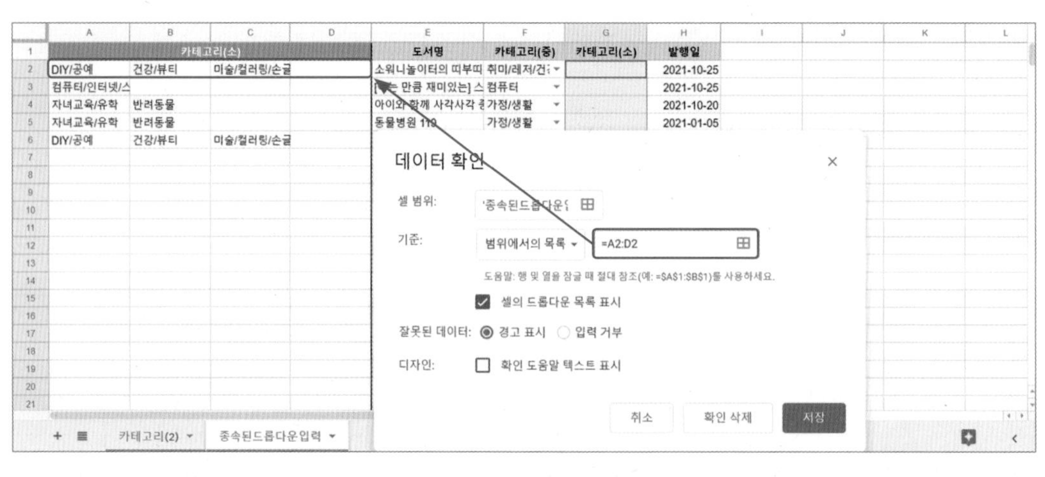

	A	B	C	D	E	F	G	H
1	카테고리(소)				도서명	카테고리(중)	카테고리(소)	발행일
2	DIY/공예	건강/뷰티	미술/컬러링/손글		소워니놀이터의 띠부띠	취미/레저/건	DIY/공예	2021-10-25
3	컴퓨터/인터넷/스				[아는 만큼 재미있는] 스	컴퓨터	컴퓨터/인터	2021-10-25
4	자녀교육/유학	반려동물			아이와 함께 사각사각	가정/생활	자녀교육/유	2021-10-20
5	자녀교육/유학	반려동물			동물병원 119	가정/생활	반려동물	2021-01-05
6	DIY/공예	건강/뷰티	미술/컬러링/손글		약 짓는 오빠들이 들려	취미/레저/건		2021-06-10
7					수묵일러스트		DIY/공예	1-07-05
8					오일파스텔로 그리는 오		건강/뷰티	1-05-10
9					성공하는 사람들의 비밀		미술/컬러링/손글씨	1-01-05
10								
11								

1차 선택(F열)에 따라 종속된 2차 드롭다운 목록(G열)에서 데이터를 입력할 수 있습니다. 만약 해당 데이터가 여러 사용자가 공통으로 입력하는 시트라면, 2차 드롭다운 목록을 만들기 위해 추가한 A~D열에 '시트 보호'를 건 다음 해당 열을 숨김 처리합니다.

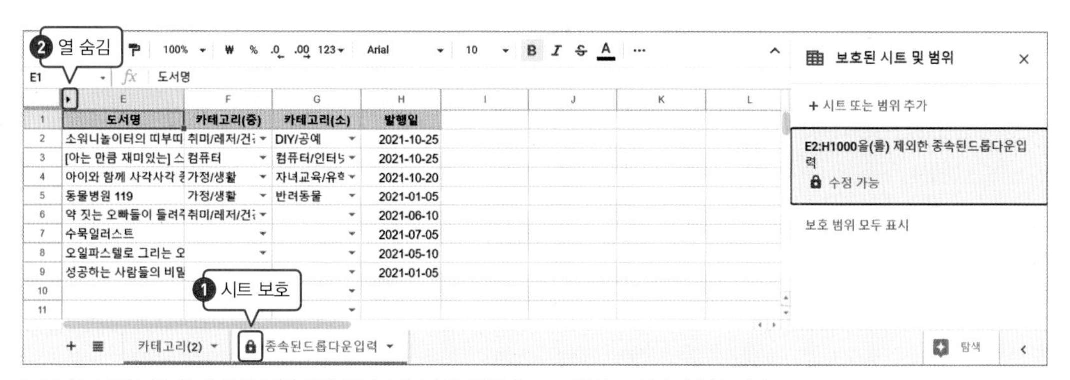

ref. 시트 보호 후 열 숨김을 적용하면 공동 작업자의 화면에 A~D열이 표시되지 않습니다.

4 · 다중 드롭다운 목록 구성하기

1 · 2차로 구성된 '이중 드롭다운 목록'은 함수로 구성할 수 있습니다. 그렇다면 3 · 4차로 분류되는 삼중/사중 드롭다운 목록도 동일한 방법으로 만들 수 있을까요?

	A	B	C	D	E	F
1	도서명	카테고리(대)	카테고리(중)	카테고리(소)	발행일	
2	소워니놀이터의 띠부띠	경제/경영/실:	취미/레저/건:	DIY/공예	2021-10-25	
3	[아는 만큼 재미있는] 스	자격증	컴퓨터	컴퓨터/인터5	2021-10-25	
4	아이와 함께 사각사각	경제/경영/실:	가정/생활	자녀교육/유아	2021-10-20	
5	동물병원 119	경제/경영/실:	가정/생활	반려동물	2021-01-05	
6	약 짓는 오빠들이 들려2	경제/경영/실:	취미/레저/건:	건강/뷰티	2021-06-10	
7	수묵일러스트	경제/경영/실:	취미/레저/건:	미술/컬러링/:	2021-07-05	
8	오일파스텔로 그리는 오	경제/경영/실:	취미/레저/건:	미술/컬러링/:	2021-05-10	
9	성공하는 사람들의 비밀	경제/경영/실:	경제/경영	자기계발	2021-01-05	
10						

아쉽게도 다중 드롭다운은 앱스 스크립트를 사용해 직접 만들어야 합니다. 하지만 앱스 스크립트는 자바스크립트(Java Script) 언어를 이해하지 못하면 만들기 어렵기 때문에 공개된 스크립트 소스를 구해서 일부분만 수정하여 적용하는 것이 일반적입니다.

다른 방법으로는 앱시트(AppSheet)를 사용해 드롭다운 목록을 구성하는 방법이 있습니다. 앱시트에서는 구글 시트처럼 함수나 앱스 스크립트 같은 코딩 작업 없이 손쉽게 다중 종속 드롭다운 목록을 만들 수 있습니다. 필자가 앱스 스크립트보다 앱시트를 추천하는 이유 중 하나입니다.

SECTION

3 시트 보호를 통한 셀 단위 입력 컨트롤

이번 섹션에서는 작업하는 파일 내에서 '워크시트' 및 '셀' 단위로 입력 권한을 부여하는 방법에 대해 설명합니다.

STEP 1 시트 보호 - 시트/범위

구글 시트에서는 '시트 보호' 기능을 통해 파일 내 특정 워크시트 및 셀 범위를 지정해 공유된 사용자별로 입력 권한을 관리할 수 있습니다. '시트 보호' 기능을 통해 '범위'와 '시트' 두 가지 방법으로 입력 권한을 설정할 수 있는데, 예제를 통해 두 옵션의 차이점을 살펴보겠습니다.

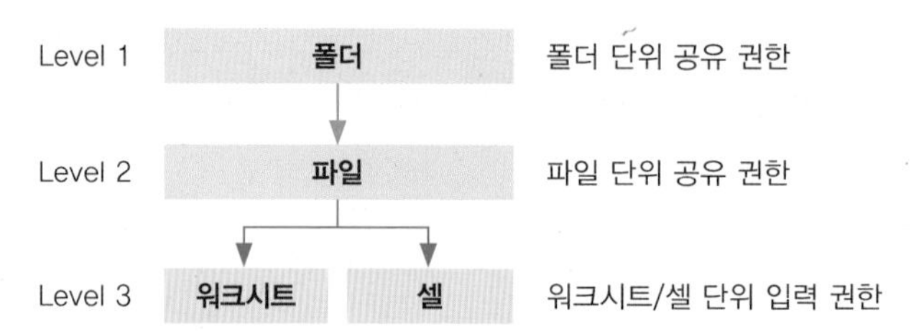

1 · 시트 보호 - 시트

예제파일 | 09-15_시트보호(시트)

공유된 사용자가 B~D열에만 입력할 수 있도록 설정해 보겠습니다. 구글 시트 화면 하단의 시트명 탭에서 마우스 오른쪽 버튼을 클릭하고 [시트 보호]를 선택합니다.

② 선택

마우스 오른쪽 버튼 클릭 ①

우측의 '보호된 시트 및 범위' 창에 나타나는 '범위'와 '시트' 두 가지 옵션 중 먼저 '시트'를 통한 입력 권한을 설정해 보겠습니다.

'시트' 옵션은 해당 워크시트 전체에 대해 자물쇠를 걸고 '입력을 허용할 범위만 일부 오픈'하는 방식입니다. '일부 셀 제외' 항목을 선택하고 입력을 허용할 범위를 지정합니다. 카테고리를 입력할 범위로 **B2:D1000**을 입력하고 해당 설정에 대한 제목으로 '카테고리 입력'이라고 입력합니다.

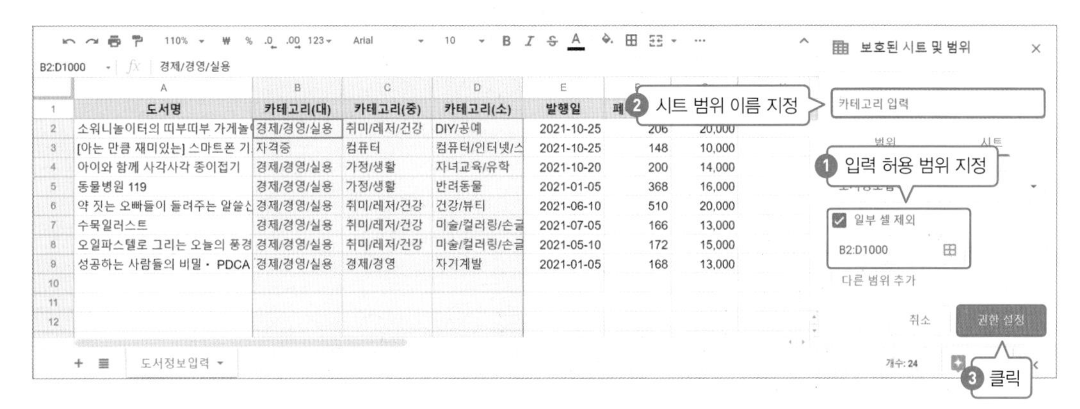

'범위 수정 권한' 창에서 해당 워크시트에 대한 수정 권한을 부여받을 사용자를 지정합니다. '소유자'인 (나)는 기본 체크사항이며, 추가 사용자만 지정하면 됩니다. 이때 혼동하지 말아야 할 점은 '일부 셀 제외'에서 지정된 범위는 이미 입력이 허용된 것이며, 이후 '범위 수정 권한' 창에서는 '일부 셀 제외'에 설정한 범위를 제외한 영역에 수정 권한을 부여하는 것이라는 점입니다.

예제에서 '시트 보호 – 시트'를 통해 설정된 권한 구성은 다음과 같습니다.

계정	파일 권한	해당 시트 수정 권한 (예제에서 '도서정보입력' 시트)	일부 셀 제외 (예제에서 B2:D1000)
사용자 A(●)	소유자(나)	O	O
사용자 B(●)	편집자	X	O
사용자 C(●)	편집자	O	O

'시트'로 '시트 보호'를 설정하면 하단의 워크시트명 탭에 '자물쇠' 아이콘이 표시됩니다.

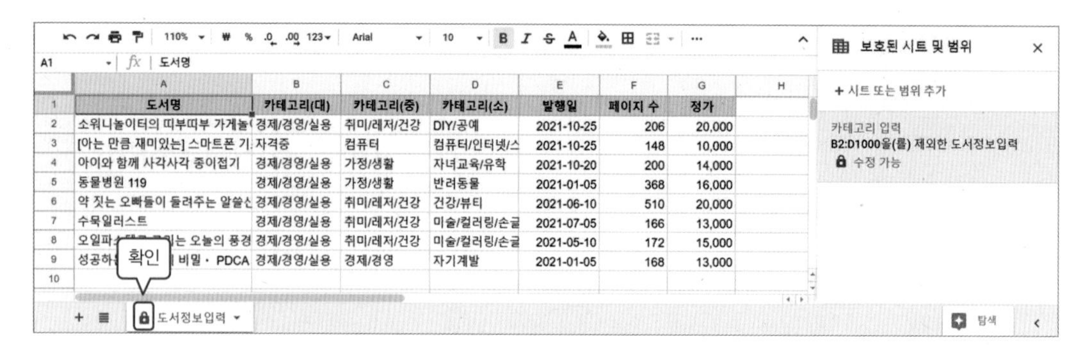

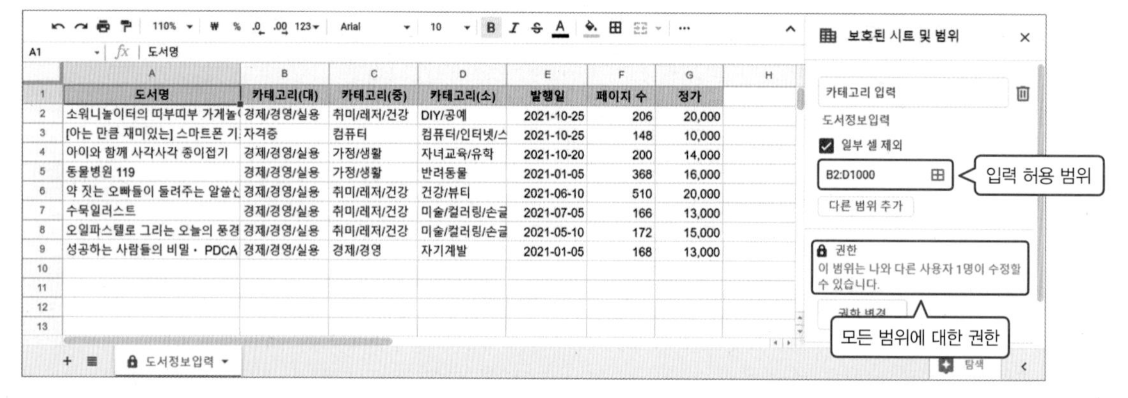

2 · 시트 보호 - 범위

예제파일 | 09-16_시트보호(범위)

'범위' 옵션은 '설정한 범위에 대해 입력 권한을 지정'하는 방식입니다. 이번에는 '시트 보호 – 범위'를 통해 입력 권한을 설정해 보겠습니다. '시트' 설정과 마찬가지로 범위와 제목을 지정할 수 있습니다.

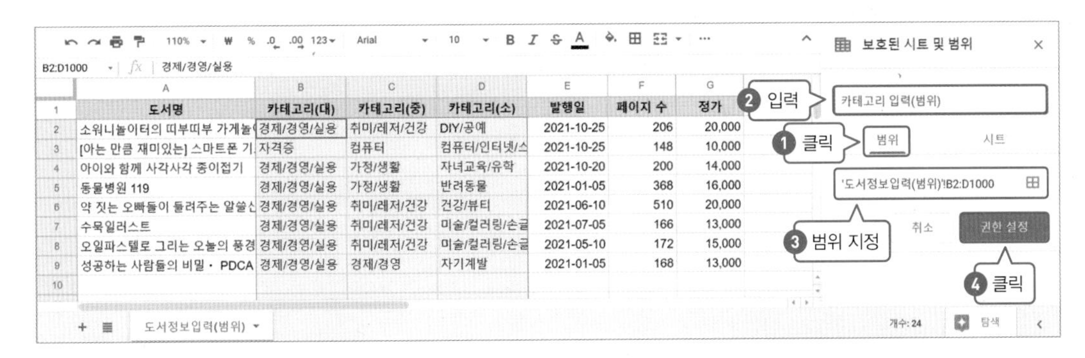

예제에서 '시트 보호 – 범위'를 통해 설정된 권한 구성은 다음과 같습니다.

계정	파일 권한	해당 시트 수정 권한 (예제에서 '도서정보입력' 시트)	보호된 범위 (예제에서 B2:D1000)
사용자 A()	소유자(나)	O	O
사용자 B()	편집자	O	X
사용자 C()	편집자	O	O

범위 보호에 의해 소유자 A와 편집자 C만 B~D열에 데이터를 입력할 수 있습니다.

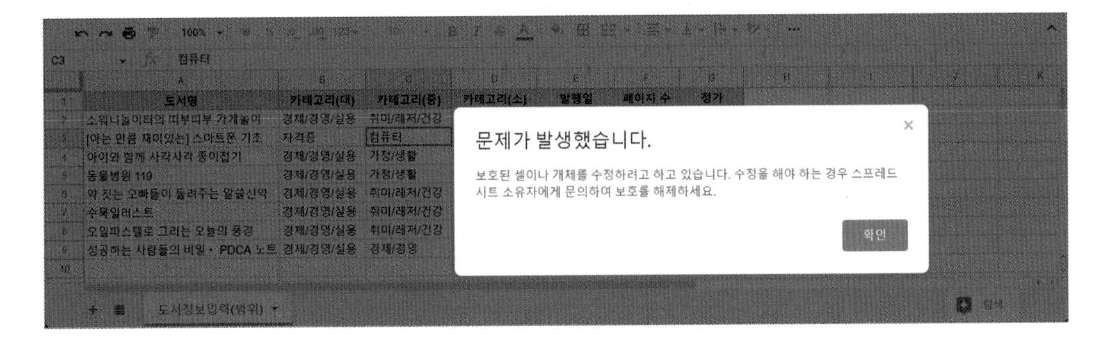

'시트'를 통한 방법과는 달리 '범위'로 '시트 보호'를 설정할 경우 하단의 워크시트명 탭에 자물쇠 아이콘이 표시되지 않습니다.

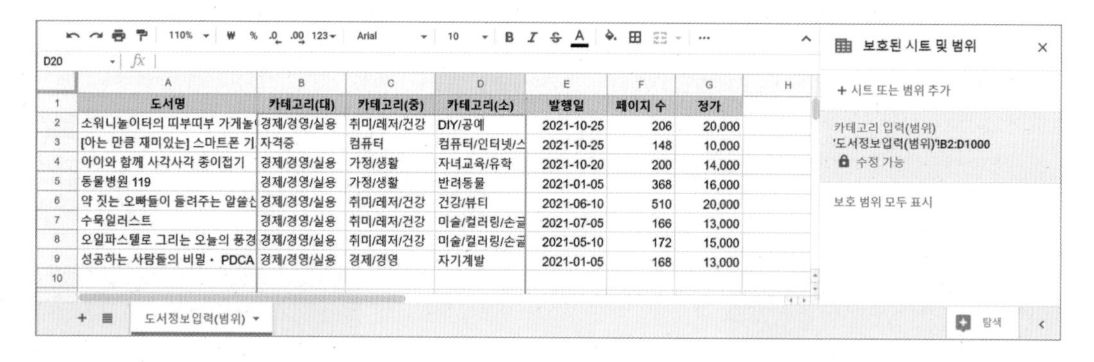

	A	B	C	D	E	F	G	H
1	도서명	카테고리(대)	카테고리(중)	카테고리(소)	발행일	페이지 수	정가	
2	소워니놀이터의 띠부띠부 가게놀	경제/경영/실용	취미/레저/건강	DIY/공예	2021-10-25	206	20,000	
3	[아는 만큼 재미있는] 스마트폰 기	자격증	컴퓨터	컴퓨터/인터넷/스	2021-10-25	148	10,000	
4	아이와 함께 사각사각 종이접기	경제/경영/실용	가정/생활	자녀교육/유학	2021-10-20	200	14,000	
5	동물병원 119	경제/경영/실용	가정/생활	반려동물	2021-01-05	368	16,000	
6	약 짓는 오빠들이 들려주는 알쓸신	경제/경영/실용	취미/레저/건강	건강/뷰티	2021-06-10	510	20,000	
7	수묵일러스트	경제/경영/실용	취미/레저/건강	미술/컬러링/손글	2021-07-05	166	13,000	
8	오일파스텔로 그리는 오늘의 풍경	경제/경영/실용	취미/레저/건강	미술/컬러링/손글	2021-05-10	172	15,000	
9	성공하는 사람들의 비밀 · PDCA	경제/경영/실용	경제/경영	자기계발	2021-01-05	168	13,000	
10								

STEP 2 시트 보호 중복 사용하기

구글 시트를 통해 업무 협업이나 시스템을 구성함에 있어 셀 단위의 입력 권한을 설정하는 '시트 보호' 기능은 데이터 관리에 있어 매우 중요합니다.

1 · 범위 옵션과 시트 옵션을 동시에 적용하기

예제파일 | 09-17_시트보호(범위+시트)

데이터를 가공하거나 업무 시스템을 만들 때 '시트 보호'의 '시트'와 '범위' 두 옵션을 동시에 사용해야 하는 경우가 많습니다.

'시트 보호' 예제를 다시 한번 정리해 보겠습니다. '시트'로 보호하는 경우 해당 시트에 대한 입력 권한이 설정되어 일부 셀(B2:D1000)을 제외하고는 파일이 공유된 사용자 모두에게 입력 제한을 걸 수 있습니다. 반면, '범위'로 보호하는 경우 B2:D1000 범위에 대해서는 사용자별로 권한 설정이 가능하지만, 나머지 셀은 파일이 공유된 사용자 모두에게 입력이 허용됩니다. 이처럼 서로 다른 특징의 두 가지 기능을 같이 사용하면 셀 단위로 세세하게 입력 권한을 설정할 수 있습니다.

	A	B	C	D	E	F	G	H	I	J
1	도서명	카테고리(대)	카테고리(중)	카테고리(소)	발행일	페이지 수	정가			
2	소워니놀이터의 띠부띠부 가게놀	경제/경영/실용	취미/레저/건강	DIY/공예	2021-10-25	206	20,000			
3	[아는 만큼 재미있는] 스마트폰 기	자격증	컴퓨터	컴퓨터/인터넷/스	2021-10-25	148	10,000			
4	아이와 함께 사각사각 종이접기	경제/경영/실용	가정/생활	자녀교육/유학	2021-10-20	200	14,000			
5	동물병원 119	경제/경영/실용	가정/생활	반려동물	2021-01-05	368	16,000			
6	약 짓는 오빠들이 들려주는 알쓸신	경제/경영/실용	취미/레저/건강	건강/뷰티	2021-06-10	510	20,000			
7	수묵일러스트	경제/경영/실용	취미/레저/건강	미술/컬러링/손글	2021-07-05	166	13,000			
8	오일파스텔로 그리는 오늘의 풍경	경제/경영/실용	취미/레저/건강	미술/컬러링/손글	2021-05-10	172	15,000			
9	성공하는 사람들의 비밀 · PDCA	경제/경영/실용	경제/경영	자기계발	2021-01-05	168	13,000			
10										

도서정보입력(범위+시트) 개수: 24 탐색

해당 시트에 사용자 B(●)는 B열의 '카테고리(대)'만, 사용자 C(●)는 C~D열의 '카테고리(중)/(소)'만 입력할 수 있도록 권한을 부여하고, 나머지 영역은 모두 입력을 금지하도록 설정해 보겠습니다(단, 파일 소유자는 시트에 대한 모든 권한을 갖습니다).

먼저 '시트'로 보호 설정을 걸어 셀 범위 **B2:D1000**에만 입력을 허용합니다. 공유된 사용자라면 누구나 해당 범위에 데이터를 입력할 수 있습니다.

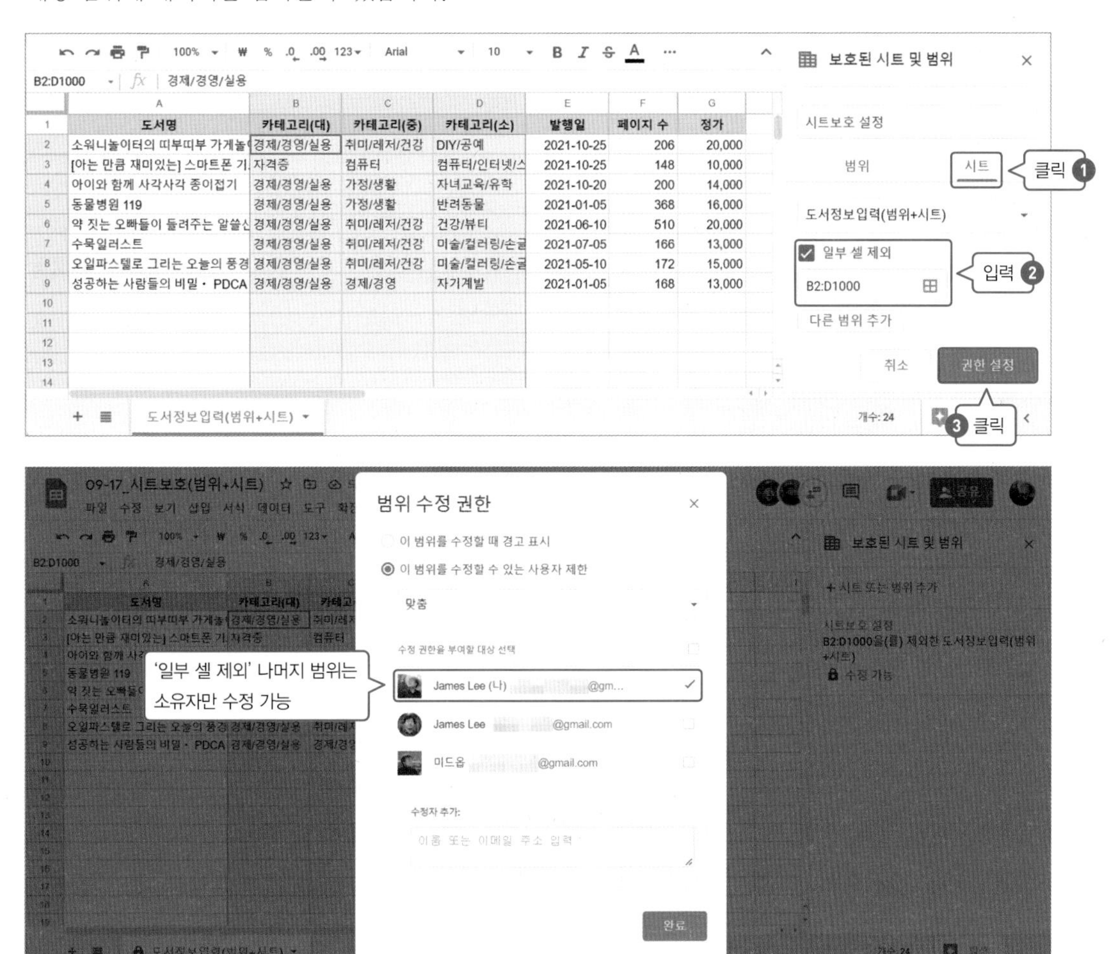

이어서 B열과 C/D열에 특정 사용자만 데이터를 입력할 수 있도록 '시트 또는 범위 추가'를 클릭하여 '범위 보호' 설정을 겁니다.

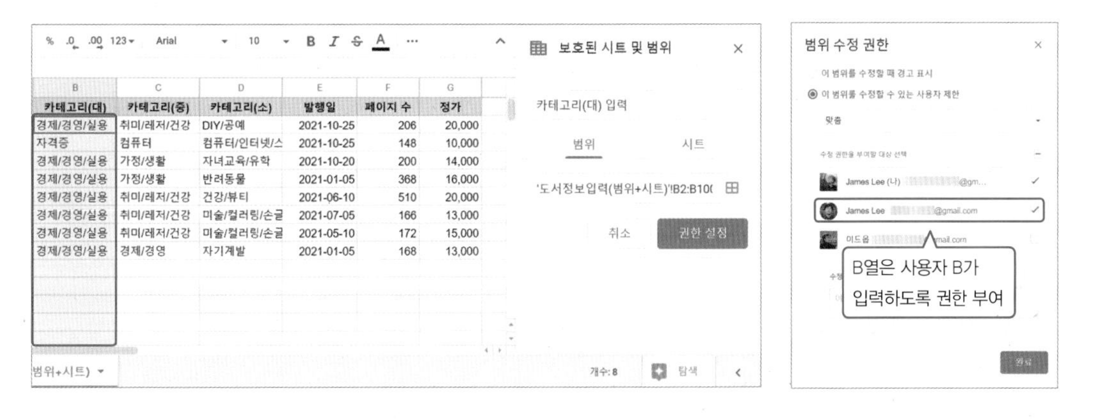

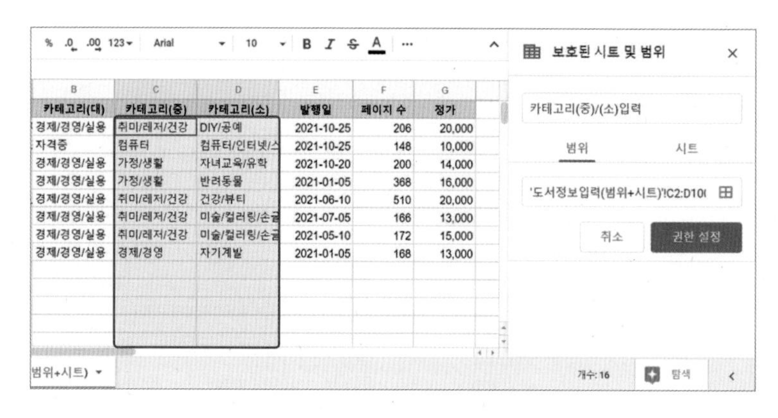

'시트 보호'의 '시트'와 '범위'를 중첩하여 설정한 권한 구성은 다음과 같습니다.

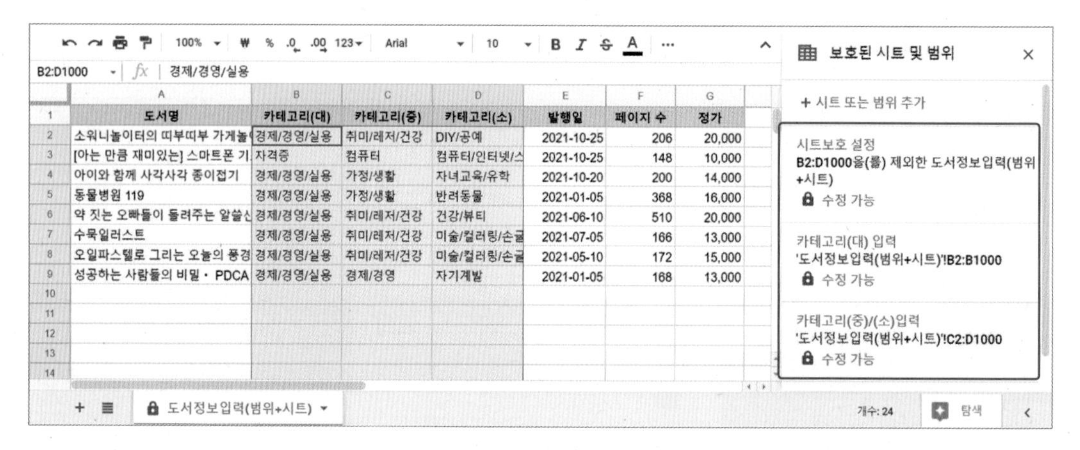

계정	파일 권한	해당 시트 수정 권한 (예제에서 B2:D1000 범위 제외)	보호된 범위 (예제에서 B2:B1000)	보호된 범위 (예제에서 C2:D1000)
사용자 A()	소유자(나)	O	O	O
사용자 B()	편집자	X	O	X
사용자 C()	편집자	X	X	O

2 · 범위/시트 보호를 사용한 체크박스 활용하기

예제파일 | 09-18_시트보호+체크박스

'범위/시트 보호'는 체크박스를 통한 '업무 승인'이나 '업무 진행 확인' 시스템을 구성할 때 유용하게 사용됩니다. 다음은 '조건부 서식'에서 체크박스를 사용했던 예제에 '시트 보호'를 적용한 경우입니다. A/B열에는 체크할 수 있는 권한을 한 사람에게만 배정하고, 그 외의 범위는 '소유자'만 수정이 가능하도록 구성했습니다.

그렇다면 '시트 보호'와 '조건부 서식'을 동시에 적용하면 어떻게 구성되는지 비교해 보겠습니다.

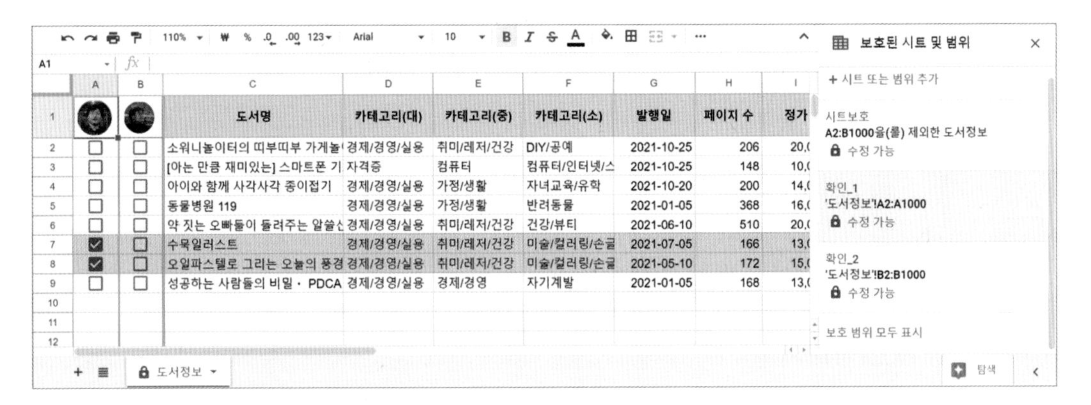

계정	파일 권한	확인_1 (A2:A1000 범위)	확인_2 (B2:B1000 범위)	A2:B1000을 제외한 모든 범위
사용자 A()	소유자(나)	O	O	O
사용자 B()	편집자	O	X	X
사용자 C()	편집자	X	O	X

▲ 시트 보호 구성에 따른 입력 권한

계정	확인	조건부 서식	우선순위
사용자 B()	확인_1(A열)	조건부 서식	2순위
사용자 C()	확인_2(B열)	조건부 서식	1순위

▲ 조건부 서식에 따른 셀 서식

SECTION

4 기타 입력 컨트롤

구글 시트는 여러 사용자와 공동으로 작업하는 특징을 가지고 있기 때문에 셀 단위로 입력을 관리하는 것 외에 행이나 열 단위로도 시트를 관리할 필요가 있습니다. 이번 섹션에서는 행과 열 관리에 사용되는 기능과 데이터 입력에 활용할 수 있는 추가 기능에 대해 살펴봅니다.

STEP 1 행/열 컨트롤

구글 시트에서 행과 열을 관리하는 기능에 대해 설명합니다.

1 · 행/열 틀 고정하기

데이터가 많아 한 화면에 모든 데이터가 보이지 않을 경우 제목(기준)이 되는 행이나 열을 고정시켜 사용합니다.

[C2] 셀을 기준으로 설정하기 위해서는 2행과 C열을 고정해야 합니다. 해당 셀을 클릭한 후 메뉴의 [보기] – [고정]에서 선택하거나, 행/열이 시작하는 지점에 마우스를 올린 후 커서 모양이 손바닥 모양(✋)으로 바뀌면 고정하려는 행/열의 위치로 드래그합니다. 행 고정이면 아래쪽으로, 열 고정이면 우측 방향으로 이동시킵니다.

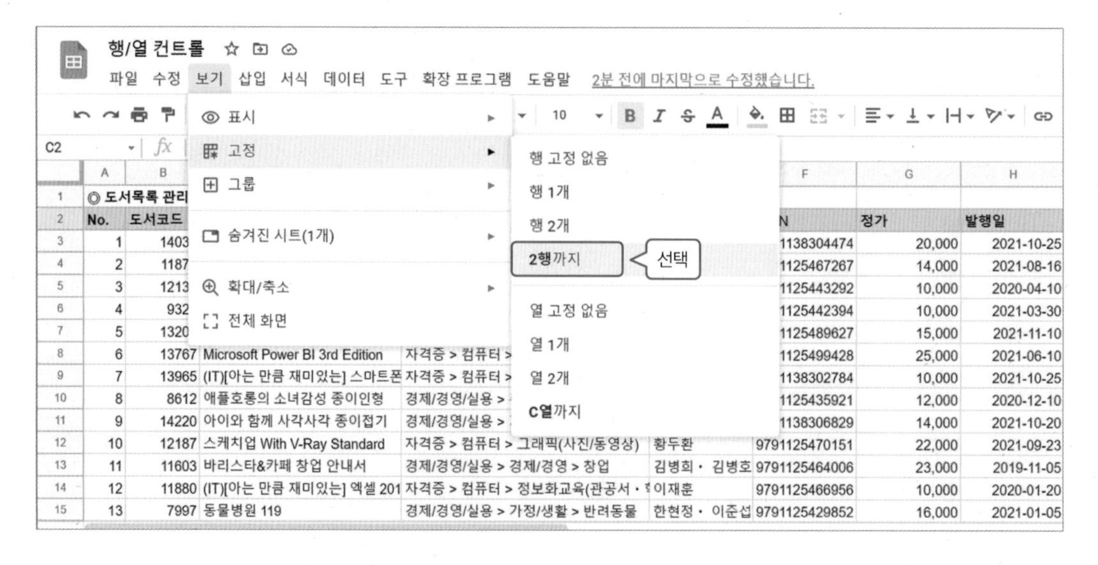

	A	B	C	H	I	J	K	L
1	◎ 도서목록 관리							
2	No.	도서코드	도서명 (관리용)	발행일	판쇄	상세정보(쪽)	판형	도서명 (홈페이지)
111	109	9954	(IT)[돈과 시간을 아껴주는] Speed	2018-10-10	1판1쇄	224	190*260	[돈과 시간을 아껴주는] Speed Up ITQ 엑실
		9851	(IT)[돈과 시간을 아껴주는] 정보기	2018-08-10	2판1쇄	268	260*380	[돈과 시간을 아껴주는] 정보기기운용기능
		9837	(IT)스마트한 생활을 위한 '버전2'	2020-05-15	1판3쇄	152	210*297	스마트한 생활을 위한 [버전2] 영상애니메이
114	112	9836	꼬야의 캐릭터 푸드	2018-08-10	1판1쇄	148	190*260	꼬야의 캐릭터 푸드
115	113	9771	(IT)스마트한 생활을 위한 '버전2'	2019-08-30	1판2쇄	160	210*297	스마트한 생활을 위한 '버전2' 구글 크롬 기
116	114	9540	세젤귀 캐릭터 베이킹	2018-04-20	1판1쇄	176	190*260	세.젤.귀 캐릭터 베이킹
117	115	9463	하루가 끝나면 · 따뜻하게 안아주	2020-01-20	1판2쇄	196	148*210	하루가 끝나면, 따뜻하게 안아주세요
118	116	9429	(IT)뚝딱뚝딱 배우는 인터넷 활용(	2019-01-03	1판2쇄	152	210*297	뚝딱뚝딱 배우는 인터넷 활용(Internet Exp
119	117	9370	똑똑한 이유식 & 유아식	2018-03-05	1판1쇄	312	190*245	똑똑한 이유식 & 유아식
120	118	9334	좋은 사진은 어떻게 찍을 것인가?	2018-05-04	1판2쇄	176	182*210	좋은 사진은 어떻게 찍을 것인가?
121	119	9333	(IT)[돈과 시간을 아껴주는]합격잡	2018-02-05	2판1쇄	216	210*297	[2018 돈과 시간을 아껴주는] 합격잡는 ITC
122	120	9330	(IT)[돈과 시간을 아껴주는]합격잡	2018-02-05	2판1쇄	208	210*297	[2018 돈과 시간을 아껴주는] 합격잡는 ITC
123	121	9328	[기술직공무원] 정보보호론 한권으	2018-03-05	1판1쇄	574	210*260	2018 기술직공무원 <정보보호론> 한권으

열 고정 위치

행 고정 위치

2 · 행/열 숨기기

데이터를 편집할 때 불필요한 열이나 행을 삭제하고 작업하면 좋겠지만, 원본 데이터를 손상시키지 않아야 한다면 숨김 처리하여 보이지 않게 할 수 있습니다. 숨김으로 처리하고자 하는 행이나 열을 선택하고 마우스 오른쪽 버튼을 클릭한 후 [행 숨기기] 또는 [열 숨기기]를 선택합니다.

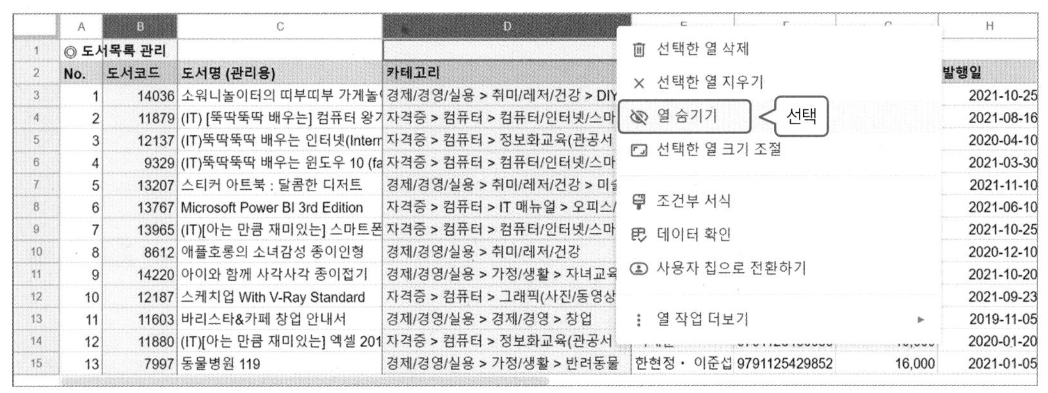

	A	B	C	D	E	F	G	H
1	◎ 도서목록 관리							
2	No.	도서코드	도서명 (관리용)	카테고리				발행일
3	1	14036	소워니놀이터의 띠부띠부 가게놀	경제/경영/실용 > 취미/레저/건강 > DIY				2021-10-25
4	2	11879	(IT) [뚝딱뚝딱 배우는] 컴퓨터 왕기	자격증 > 컴퓨터 > 컴퓨터/인터넷/스마				2021-08-16
5	3	12137	(IT)뚝딱뚝딱 배우는 인터넷(Intern	자격증 > 컴퓨터 > 정보화교육(관공서				2020-04-10
6	4	9329	(IT)뚝딱뚝딱 배우는 윈도우 10 (fa	자격증 > 컴퓨터 > 컴퓨터/인터넷/스마				2021-03-30
7	5	13207	스티커 아트북 : 달콤한 디저트	경제/경영/실용 > 취미/레저/건강 > 미술				2021-11-10
8	6	13767	Microsoft Power BI 3rd Edition	자격증 > 컴퓨터 > IT 매뉴얼 > 오피스/				2021-06-10
9	7	13965	(IT)[아는 만큼 재미있는] 스마트폰	자격증 > 컴퓨터 > 컴퓨터/인터넷/스마				2021-10-25
10	8	8612	애플호롱의 소녀감성 종이인형	경제/경영/실용 > 취미/레저/건강				2020-12-10
11	9	14220	아이와 함께 사각사각 종이접기	경제/경영/실용 > 가정/생활 > 자녀교육				2021-10-20
12	10	12187	스케치업 With V-Ray Standard	자격증 > 컴퓨터 > 그래픽(사진/동영상				2021-09-23
13	11	11603	바리스타&카페 창업 안내서	경제/경영/실용 > 경제/경영 > 창업				2019-11-05
14	12	11880	(IT)[아는 만큼 재미있는] 엑셀 201	자격증 > 컴퓨터 > 정보화교육(관공서				2020-01-20
15	13	7997	동물병원 119	경제/경영/실용 > 가정/생활 > 반려동물	한현정 · 이준섭	9791125429852	16,000	2021-01-05

ref. 연속된 행/열이 아니라 떨어진 행/열을 한 번에 숨김 처리하려면 Ctrl 키를 누른 상태에서 복수의 행/열을 클릭하여 선택합니다.

숨김 처리된 행/열은 ◀▶ 버튼을 클릭해 확인할 수 있습니다.

	A	C	E	F	G	H	I	J	K
1	◎ 도서목록 관리								
2	No.	도서명 (관리용)	저자	ISBN	정가	발행일	판쇄	상세정보(쪽)	판형
3	1	소워니놀이터의 띠부띠부 가게놀	조윤성	9791138304474	20,000	2021-10-25	1판3쇄	206	210*297
4	2	(IT) [뚝딱뚝딱 배우는] 컴퓨터 왕기	IT교재연구팀	9791125467267	14,000	2021-08-16	1판4쇄	280	210*297
5	3	(IT)뚝딱뚝딱 배우는 인터넷(Intern	IT교재연구팀	9791125443292	10,000	2020-04-10	1판1쇄	152	210*297
6	4	(IT)뚝딱뚝딱 배우는 윈도우 10 (fa	IT교재연구팀	9791125442394	10,000	2021-03-30	1판5쇄	168	210*297
7	5	스티커 아트북 : 달콤한 디저트	시대인콘텐츠연	9791125489627	15,000	2021-11-10	1판2쇄	92	210*260
8	6	Microsoft Power BI 3rd Edition	정홍주 · 송윤희	9791125499428	25,000	2021-06-10	2판1쇄	460	190*260
9	7	(IT)[아는 만큼 재미있는] 스마트폰	이재훈	9791138302784	10,000	2021-10-25	1판1쇄	148	210*297
10	8	애플호롱의 소녀감성 종이인형	애플호롱(박수현	9791125435921	12,000	2020-12-10	1판6쇄	64	229*249
11	9	아이와 함께 사각사각 종이접기	심은정	9791138306829	14,000	2021-10-20	1판1쇄	200	210*260
12	10	스케치업 With V-Ray Standard	황두환	9791125470151	22,000	2021-09-23	1판2쇄	332	190*260
13	11	바리스타&카페 창업 안내서	김병희 · 김병호	9791125464006	23,000	2019-11-05	3판1쇄	472	190*260
14	12	(IT)[아는 만큼 재미있는] 엑셀 201	이재훈	9791125466956	10,000	2020-01-20	1판1쇄	184	210*297
15	13	동물병원 119	한현정 · 이준섭	9791125429852	16,000	2021-01-05	1판6쇄	368	165*225

숨김 열

3 · 행/열 그룹화하기

예제파일 | 09-19_행/열 그룹화

'행/열 그룹화'는 지정한 범위의 행이나 열을 숨김 처리하는 측면에서는 '행/열 숨김'과 유사하지만, **단계를 나눠 종속된 묶음으로 숨김 처리**할 수 있다는 차이점이 있습니다. 또한, **+ –** 아이콘을 통해 손쉽게 그룹을 묶고 풀 수 있습니다.

필자는 **행/열 그룹화를 주로 '오거나이저(Organizer)'의 용도**로 활용합니다. 실제로 이 책의 목차를 정리하고 진행과정을 출판사와 공유하는 과정에서 행/열 그룹화 기능을 사용했습니다.

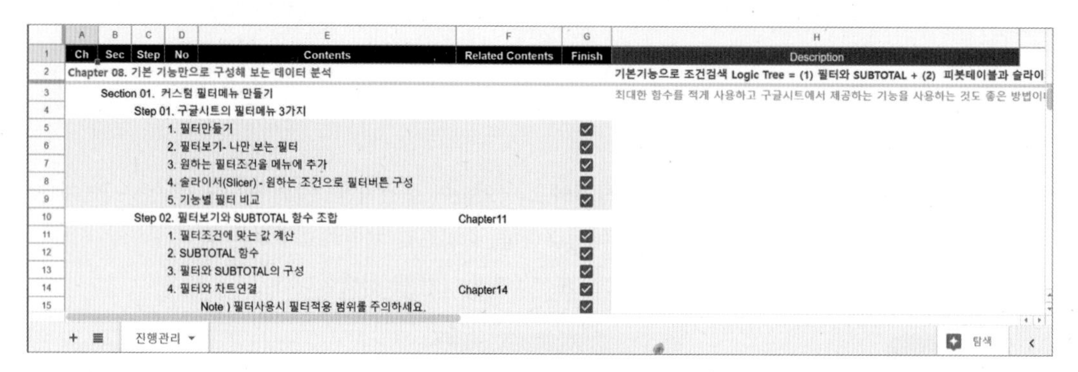

묶음 처리할 행/열을 선택하고 메뉴의 [보기] – [그룹]에서 선택하거나 마우스 오른쪽 버튼을 클릭한 후 [행 작업 더보기]를 통해서 그룹화를 설정할 수 있습니다. 만약 그룹화 기능을 자주 활용한다면 단축키 Alt + Shift + →(묶음), Alt + Shift + ←(해제)를 사용하여 작업 시간을 단축할 수 있습니다.

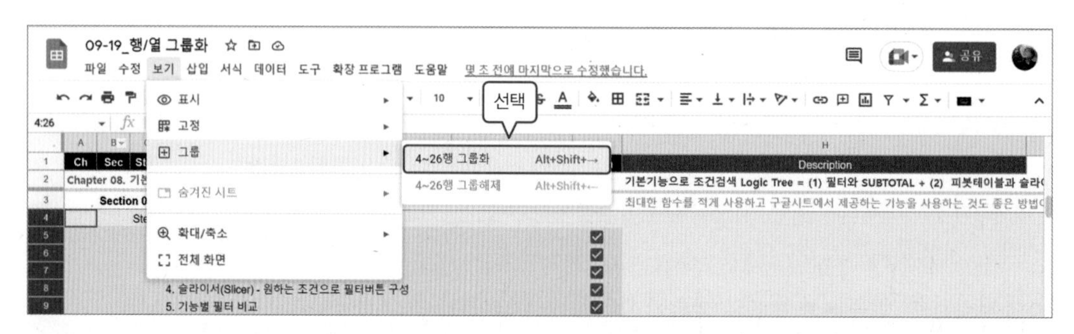

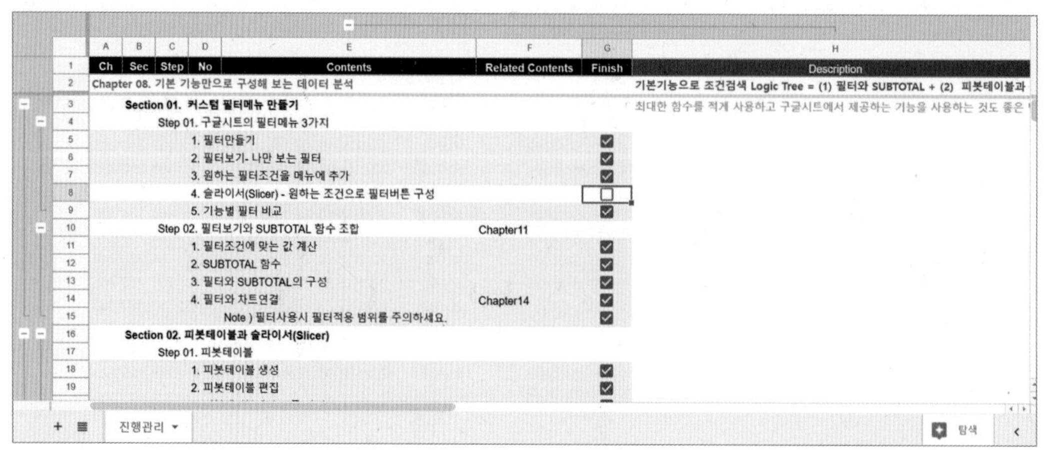

예제에서 행에 대한 그룹은 이중으로, 열은 하나로 구성되어 있으며, 필요에 따라 **+ –** 아이콘을 눌러 목차와 완료 여부를 확인할 수 있습니다.

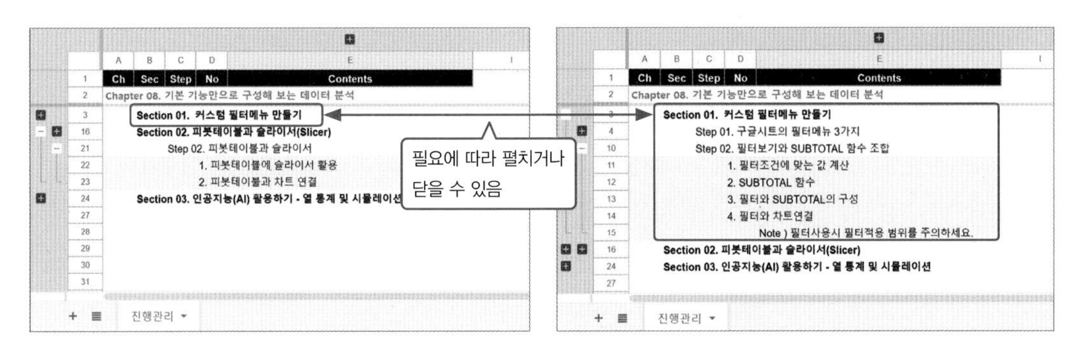

업무 노하우! 누구나 보기 편한 구성으로!

보통 프로젝트나 진행 과정을 관리할 때 간트차트(Gantt Chart), 칸반보드(Kanban Board) 등 표준화된 프레임워크를 사용합니다. 하지만 일반적인 포맷이라 해서 모든 환경에 적합한 것은 아니기 때문에 오히려 프레임워크에 사로잡혀 쉽게 구성할 수 있는 것을 복잡하게 만드는 경우도 많습니다.

예제는 '그룹화' 구성에 '조건부 서식'도 설정되어 있습니다. 해당 콘텐츠의 원고를 완료하고 체크박스에 표시를 하면 해당 콘텐츠의 배경이 회색으로 바뀌고 체크된 항목들은 카운트되어 진행 상황이 대시보드에 자동으로 반영되는 구성입니다.

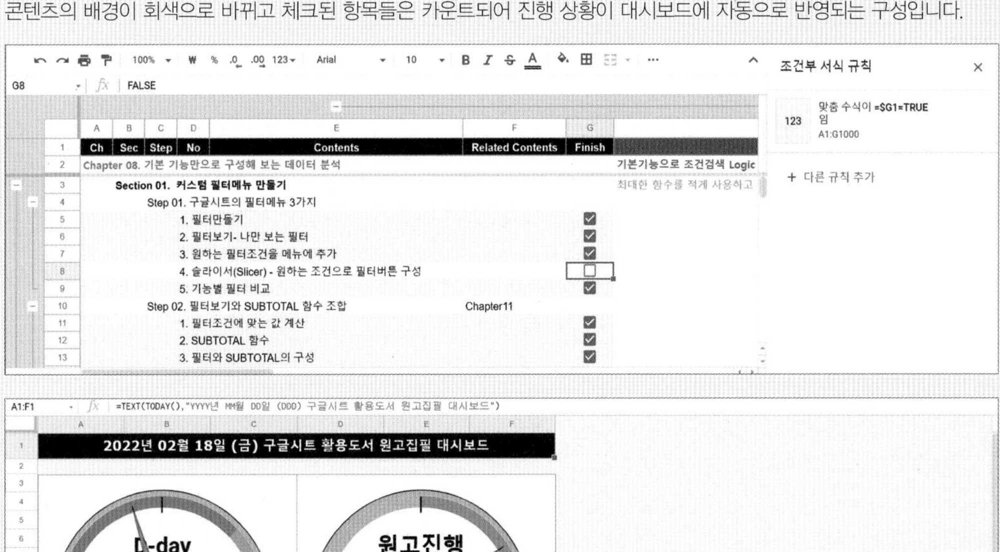

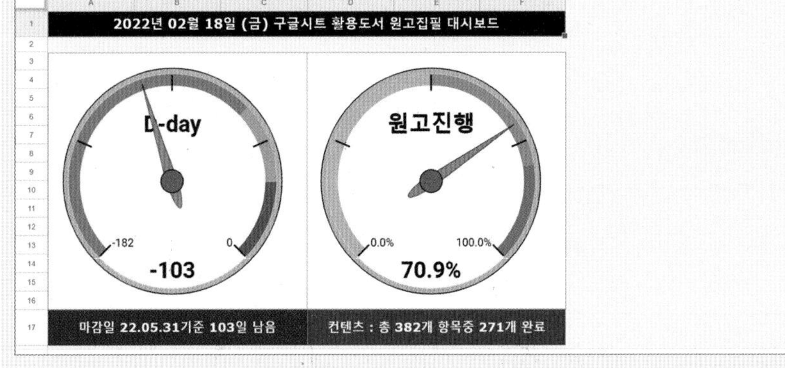

STEP ▶ 2 기타 알아두면 좋은 입력 방법

입력을 관리하는 방법 외에 추가적으로 알아 두면 좋은 입력 기능에 대해 설명합니다.

1 · 시트를 다른 파일로 복사하기

구글 시트는 특정 시트를 복사하여 '새 파일'로 만들거나 '기존의 구글 시트 파일'로 복사하는 기능을 제공합니다. 하단의 시트명 탭에서 마우스 오른쪽 버튼을 클릭하고 [다음으로 복사] - [새 스프레드시트] 또는 [기존 스프레드시트]를 선택합니다.

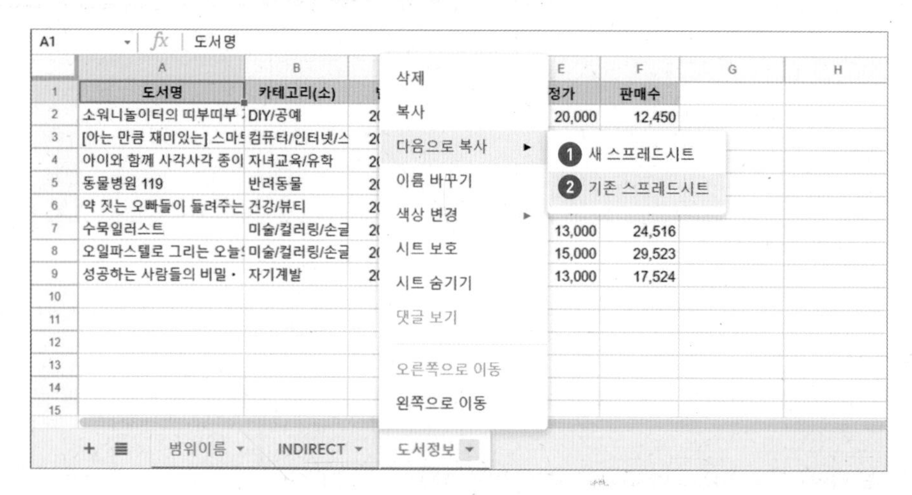

① 새 스프레드시트: 파일명이 자동으로 '제목 없는 스프레드시트'로 설정되며, 생성된 파일은 최상위 폴더인 〈내 드라이브〉에 위치합니다.

② 기존 스프레드시트: 검색창에서 복사할 파일을 찾거나 파일명을 검색하여 선택한 파일로 시트를 복사할 수 있습니다.

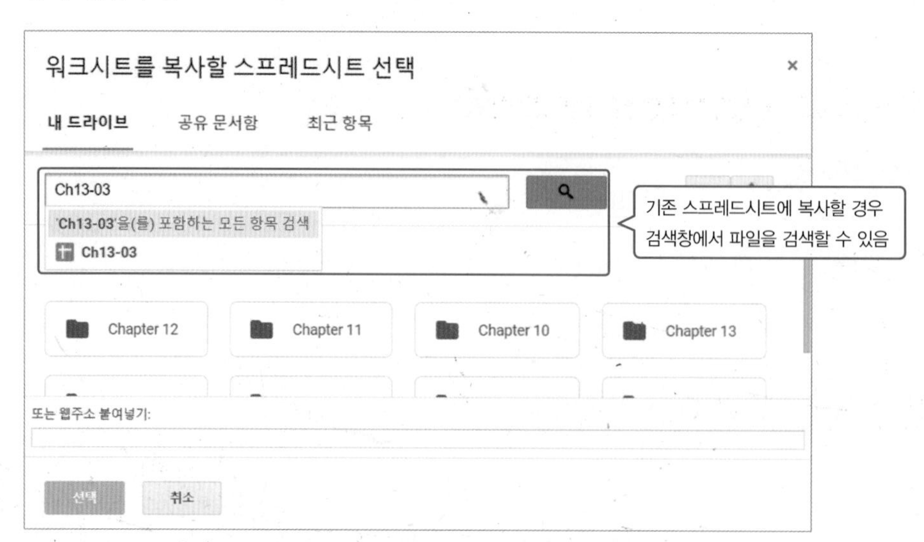

❷ GOOGLETRANSLATE 함수 - 입력 내용 자동 번역

예제파일 | 09-20_GOOGLETRANSLATE

GOOGLETRANSLATE (텍스트, [출발어], [도착어])

텍스트를 한 언어에서 다른 언어로 번역합니다.

- **텍스트**: 번역할 텍스트입니다.
- **[출발어]**: 원본 데이터의 언어 코드로, 영어는 'en', 한국어는 'ko', 일본어는 'ja', 자동 감지는 'auto'입니다. 기본값은 'auto'입니다.
- **[도착어]**: 번역되는 언어 코드로, 기본값은 시스템 언어입니다.

구글 시트에 입력된 데이터가 외국어일 경우 GOOGLETRANSLATE 함수를 사용해 한국어로 변환할 수 있습니다.

```
=GOOGLETRANSLATE(A2)
```

B2 | fx | =GOOGLETRANSLATE(A2)

	A	B	C
1	**Query Language Reference (Version 0.7)**	Google 시각화 API 쿼리 언어를 사용하면 데... ×	
2	The Google Visualization API Query Language lets you perform various data manipulations with the query to the data source.	=GOOGLETRANSLATE(A2)	
3	Typically, visualizations expect data in some specific form. For example, a pie chart may expect data as two columns: a text label and a numeric value.	일반적으로 시각화는 일부 특정 양식의 데이터를 기대합니다. 예를 들어, 원형 차트는 텍스트 레이블과 숫자 값의 두 열로 데이터를 기대할 수 있습니다.	
4	The data within the data source may not exactly match this structure. For example the data source may have more than two columns, or the order of the columns may not match the order expected by the pie chart.	데이터 소스 내의 데이터는이 구조와 정확히 일치하지 않을 수 있습니다. 예를 들어 데이터 소스는 두 개 이상의 열을 가질 수 있거나 열 순서가 원형 차트에서 예상되는 순서와 일치하지 않을 수 있습니다.	
5	The query language provides the ability to send data manipulation and formatting requests to the data source, and ensure that the returned data structure and contents match the expected structure.	쿼리 언어는 데이터 조작 및 요청을 데이터 소스에 보내는 기능을 제공하고 반환 된 데이터 구조와 내용이 예상 된 구조와 일치하는지 확인합니다.	
6			

두 번째 인수와 세 번째 인수를 생략함에 따라 원본 데이터의 언어(출발어)는 자동으로 영어로 감지되고, 번역될 언어(도착어)는 시스템 언어로 감지되어 한국어로 번역됩니다.

업무 노하우! 데이터 분석, 자동화, 시스템 구성에서의 오류 관리

업무 생산성(효율)을 높인다는 것은 '시간 단축'과 동시에 누락과 실수를 최대한 줄여 '인적자원과 시간의 낭비를 최소화'하는 것으로, 회사의 '리소스(자원) 관리'와 연관됩니다.

제조 현장뿐만 아니라 일반 사무직에서도 1차로 '사전에 오류/누락을 방지'하고, 2차로 '발생한 오류/누락을 빠르게 찾고', 3차로 '문제 발생 시 그 원인을 쉽게 찾아내는 것'이 업무 효율을 높이는 방법입니다. 그리고 이 과정이 업무 프로세스나 시스템 상에서 원활히 이루어지는가의 여부가 핵심입니다.

우리가 구글 시트와 같은 프로그램을 사용하는 이유도 마찬가지입니다. '데이터 확인', '시트 보호'를 통해 입력 시 발생할 수 있는 오류를 최대한 사전에 방지하고, 오류가 발생하더라도 '조건부 서식'을 통해 바로 찾을 수 있습니다. 이렇게 구글 시트를 활용하여 오류 관리 시스템을 만들 수 있습니다.

SECTION

5 범위 인수를 자유자재로 바꾸기

IMPORTRANGE 함수처럼 인수에 문자열 형식이 사용되는 경우 참조셀에 문자열을 조합하여 범위 인수를 쉽게 변형할 수 있습니다. 하지만 SUM(A1:A12)처럼 배열을 범위로 갖는 함수는 문자열 조합이 불가능하므로 다른 방법으로 범위 인수를 바꿔 주어야 합니다. 이번 섹션에서는 함수 내 '검색 범위'나 '계산 범위' 인수를 선택적으로 바꾸는 방법을 알아봅니다.

STEP 1 범위 인수를 바꾸는 방법

구글 시트에서 '검색 범위'나 '계산 범위' 등 '범위' 인수를 갖는 대부분의 함수(IMPORTRANGE 함수 제외)는 모두 '배열' 형식으로 입력됩니다. 따라서 다른 인수처럼 참조셀을 문자열로 조합하여 사용자가 선택적으로 바꾸는 것이 어렵습니다.

함수 예	함수식 예	범위 인수
SUM	=SUM(F2:F9)	배열
VLOOKUP	=VLOOKUP(A3,'도서정보'!A2:H,8,0)	배열
IMPORTRANGE	=IMPORTRANGE("https://docs.google.com/spreadsheets/d/1C8-1Q02ETrsjTV3hF_fQA2SCkPlbS5sJq-cctwhdKww","도서정보!A1:H")	문자열
QUERY	=QUERY(A1:C,"SELECT * WHERE C=15000",1)	배열

이 문제를 해결하기 위해 Chapter 8에서는 IMPORTRANGE 함수와 중괄호를 통해 쿼리 함수의 검색 범위를 재구성하고, 참조셀을 사용하여 여러 개의 파일로부터 데이터를 취합하였습니다. 함수 내 '검색 범위'나 '계산 범위' 인수를 선택적으로 바꿀 수 있는 또 다른 방법들을 알아보겠습니다.

1 · IMPORTRANGE 함수를 사용하여 범위 인수 설정하기

예제파일 I 09-21_범위인수

IMPORTRANGE 함수는 URL 주소에 기반하여 지정된 범위의 데이터를 가져옵니다. 이 함수는 특히 모든 인수가 '문자열'로 구성되기 때문에 문자열 조합으로 범위를 선택적으로 바꾸는 데에도 편리합니다.

현재 파일의 URL 주소를 [I4] 셀에 입력한 후 IMPORTRANGE 함수를 SUM 함수 내 계산 범위로 적용해 보겠습니다.

```
=SUM(IMPORTRANGE(I4,"범위인수!F2:F"))
```

H4 | =SUM(IMPORTRANGE(I4,"범위인수!F2:F"))

	A	B	C	D	E	F	G	H	I	J
1	도서명	카테고리(소)	발행일	페이지 수	정가	판매수		판매수 합계 =SUM(F2:F)		
2	소워니놀이터의 띠부띠부 :	DIY/공예	2021-10-25	206	20,000	12,450		168,317		
3	[아는 만큼 재미있는] 스마트	컴퓨터/인터넷/스	2021-10-25	148	10,000	15,451		판매수 합계 (IMPORTRANGE)	현재파일 URL	
4	아이와 함께 사각사각 종이	자녀교육/유학	2021-10-20	200	14,000	26,545		168,317	https://docs.google.com/	
5	동물병원 119	반려동물	2021-01-05	368	16,000	18,654				
6	약 짓는 오빠들이 들려주는	건강/뷰티	2021-06-10	510	20,000	23,654				
7	수묵일러스트	미술/컬러링/손글	2021-07-05	166	13,000	24,516				
8	오일파스텔로 그리는 오늘의	미술/컬러링/손글	2021-05-10	172	15,000	29,523				
9	성공하는 사람들의 비밀 ·	자기계발	2021-01-05	168	13,000	17,524				
10										
11										

범위인수

이때 같은 파일 내에서 불러오더라도 IMPORTRANGE 함수를 처음 사용하게 되면 '액세스 허용'을 반드시 해 줘야 합니다.

이 방법은 VLOOKUP 함수처럼 '검색 범위' 인수를 갖는 함수에도 적용할 수 있습니다. '검색 범위' 인수에 IMPORTRANGE 함수를 사용하면 다른 파일에 있는 데이터에도 VLOOKUP 함수를 적용할 수 있습니다.

```
=VLOOKUP(A3,IMPORTRANGE($F$1,"범위인수!A2:F"),2,0)
=IFERROR(ARRAYFORMULA(VLOOKUP(A3:A,IMPORTRANGE($F$1,"범위인수!A2:F"),{2,3,4,5,6},0)))
```

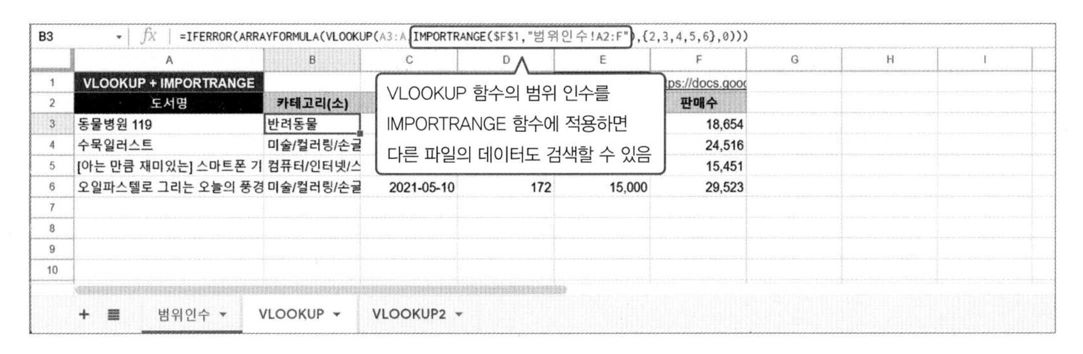

	A	B	C	D	E	F
1	VLOOKUP + IMPORTRANGE					ps://docs.goo
2	도서명	카테고리(소)				판매수
3	동물병원 119	반려동물				18,654
4	수묵일러스트	미술/컬러링/손글				24,516
5	[아는 만큼 재미있는] 스마트폰 기	컴퓨터/인터넷/스				15,451
6	오일파스텔로 그리는 오늘의 풍경	미술/컬러링/손글	2021-05-10	172	15,000	29,523

IMPORTRANGE 함수의 인수는 모두 문자열 형식이므로, 검색할 파일 주소 및 범위를 모두 참조셀과 드롭다운 목록을 이용하여 선택적으로 바꾸면 **VLOOKUP 함수의 검색 범위도 자유자재로 선택할 수** 있습니다.

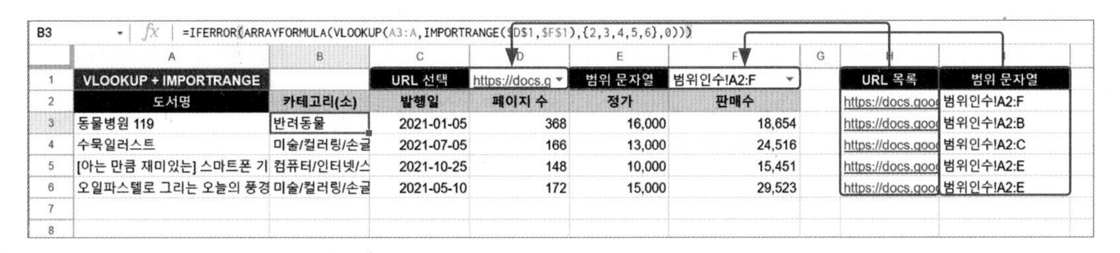

	A	B	C	D	E	F	G	H	I
1	VLOOKUP + IMPORTRANGE		URL 선택	https://docs.g	범위 문자열	범위인수!A2:F		URL 목록	범위 문자열
2	도서명	카테고리(소)	발행일	페이지 수	정가	판매수		https://docs.goo	범위인수!A2:F
3	동물병원 119	반려동물	2021-01-05	368	16,000	18,654		https://docs.goo	범위인수!A2:B
4	수묵일러스트	미술/컬러링/손글	2021-07-05	166	13,000	24,516		https://docs.goo	범위인수!A2:C
5	[아는 만큼 재미있는] 스마트폰 기	컴퓨터/인터넷/스	2021-10-25	148	10,000	15,451		https://docs.goo	범위인수!A2:E
6	오일파스텔로 그리는 오늘의 풍경	미술/컬러링/손글	2021-05-10	172	15,000	29,523		https://docs.goo	범위인수!A2:E

IMPORTRANGE 함수를 이용하여 범위 인수를 구성하면 범위를 바꿀 때마다 값을 로딩하는 데 시간이 다소 소요됩니다. 하지만 일단 한 번 **바뀐 범위의 값을 불러온 이후에는 VLOOKUP 함수의 값이 즉각적으로 반영됩니다.**

2 · 범위 이름 지정하기

예제파일 | 09-22_범위이름

검색 범위 또는 계산 범위가 같은 구글 시트 파일 내에서는 '범위 이름'을 따로 지정해 사용할 수 있습니다. '판매수(F열)'의 합계를 계산하기 위해 [H2] 셀에 =SUM(F2:F)를 입력합니다.

H2 | =SUM(F2:F)

	A	B	C	D	E	F	G	H	I
1	도서명	카테고리(소)	발행일	페이지 수	정가	판매수		168,317 × 계	
2	소워니놀이터의 띠부띠부	DIY/공예	2021-10-25	206	20,000	12,450		=SUM(F2:F)	
3	[아는 만큼 재미있는] 스마트	컴퓨터/인터넷/스	2021-10-25	148	10,000	15,451			
4	아이와 함께 사각사각 종이	자녀교육/유학	2021-10-20	200	14,000	26,545			
5	동물병원 119	반려동물	2021-01-05	368	16,000	18,654			
6	약 짓는 오빠들이 들려주는	건강/뷰티	2021-06-10	510	20,000	23,654			
7	수묵일러스트	미술/컬러링/손글	2021-07-05	166	13,000	24,516			
8	오일파스텔로 그리는 오늘	미술/컬러링/손글	2021-05-10	172	15,000	29,523			
9	성공하는 사람들의 비밀 ·	자기계발	2021-01-05	168	13,000	17,524			
10									

여기서 SUM 함수의 범위 F2:F를 '범위 이름'으로 지정해 적용할 수 있습니다. 범위를 선택한 후 마우스 오른쪽 버튼을 클릭하고 [셀 작업 더보기] – [이름이 지정된 범위 정의]를 선택합니다.

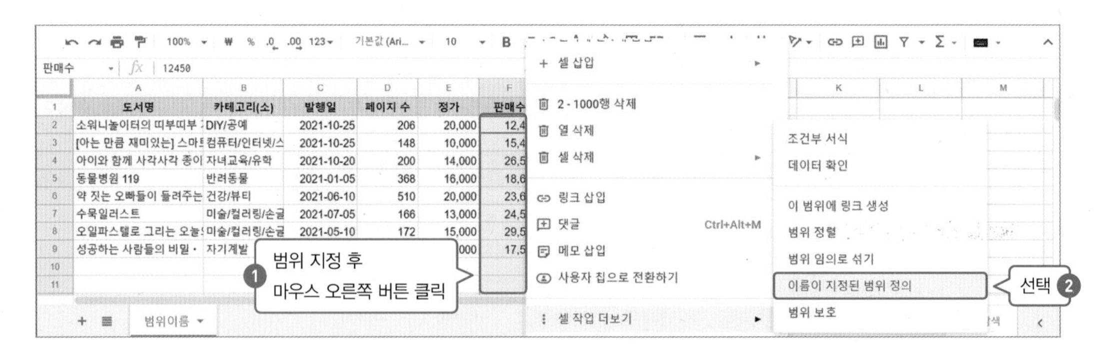

범위 F2:F의 이름을 해당 열의 제목인 '판매수'로 지정하고, SUM 함수의 계산 범위 인수에 판매수라고 입력합니다.

=SUM(판매수)

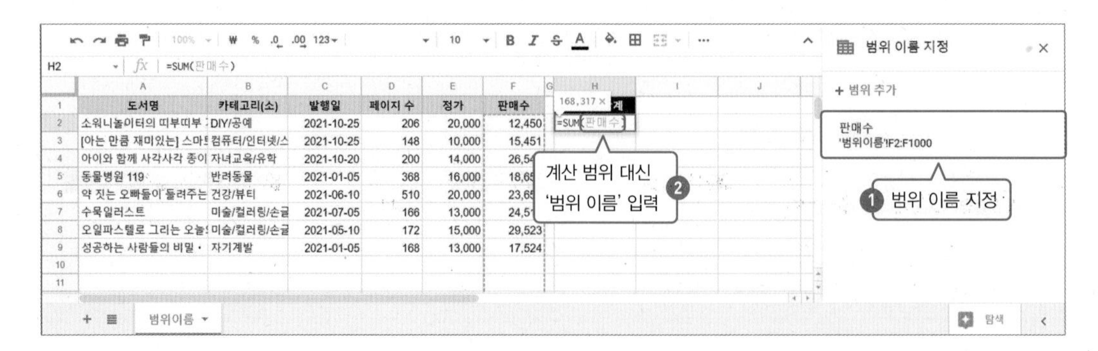

이처럼 특정 '셀 범위에 이름을 지정'해 두면 동일한 파일 내에서는 위치에 상관없이 함수 내 범위 인수로 사용할 수 있습니다. 범위 이름은 '이름상자'에서 직접 입력하거나 단축키 Ctrl + J를 눌러 바로 설정할 수 있습니다.

판매수 | fx 12450

이름 상자 (Ctrl + J)

	A	B	C	D	E	F	G	H
1	도서명	카테고리(소)	발행일	페이지 수	정가	판매수		판매수 합계
2	소워니놀이터의 띠부띠부	DIY/공예	2021-10-25	206	20,000	12,450		168,317
3	[아는 만큼 재미있는] 스마트	컴퓨터/인터넷/스	2021-10-25	148	10,000	15,451		
4	아이와 함께 사각사각 종이	자녀교육/유학	2021-10-20	200	14,000	26,545		
5	동물병원 119	반려동물	2021-01-05	368	16,000	18,654		
6	약 짓는 오빠들이 들려주는	건강/뷰티	2021-06-10	510	20,000	23,654		
7	수묵일러스트	미술/컬러링/손글	2021-07-05	166	13,000	24,516		
8	오일파스텔로 그리는 오늘의	미술/컬러링/손글	2021-05-10	172	15,000	29,523		
9	성공하는 사람들의 비밀 ·	자기계발	2021-01-05	168	13,000	17,524		
10								

ref. 범위 이름에는 문자, 숫자, 밑줄 문자(_)만 사용할 수 있고 공백은 허용하지 않습니다. 한글은 125자, 영문은 250자까지 사용할 수 있습니다.

이와 마찬가지로 VLOOKUP 함수의 '검색 범위' 인수에도 '범위 이름'을 사용할 수 있습니다. '범위이름' 시트에서 A2:F의 범위 이름을 '검색범위'로 설정하고 VLOOKUP 함수의 검색 범위를 대체하여 사용합니다.

```
=VLOOKUP(A3,검색범위,2,0)
=IFERROR(ARRAYFORMULA(VLOOKUP(A3:A,검색범위,{2,3,4,5,6},0)))
```

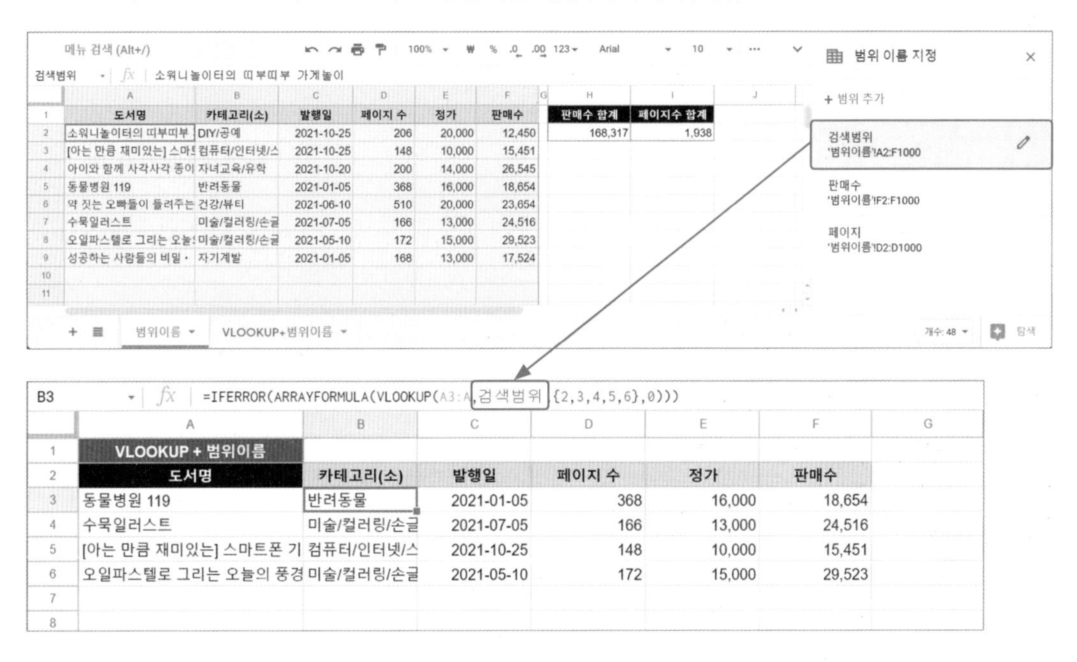

검색범위 | fx 소워니놀이터의 띠부띠부 가게놀이

	A	B	C	D	E	F	G	H	I
1	도서명	카테고리(소)	발행일	페이지 수	정가	판매수		판매수 합계	페이지수 합계
2	소워니놀이터의 띠부띠부	DIY/공예	2021-10-25	206	20,000	12,450		168,317	1,938
3	[아는 만큼 재미있는] 스마트	컴퓨터/인터넷/스	2021-10-25	148	10,000	15,451			
4	아이와 함께 사각사각 종이	자녀교육/유학	2021-10-20	200	14,000	26,545			
5	동물병원 119	반려동물	2021-01-05	368	16,000	18,654			
6	약 짓는 오빠들이 들려주는	건강/뷰티	2021-06-10	510	20,000	23,654			
7	수묵일러스트	미술/컬러링/손글	2021-07-05	166	13,000	24,516			
8	오일파스텔로 그리는 오늘의	미술/컬러링/손글	2021-05-10	172	15,000	29,523			
9	성공하는 사람들의 비밀 ·	자기계발	2021-01-05	168	13,000	17,524			

B3 | fx =IFERROR(ARRAYFORMULA(VLOOKUP(A3:A,검색범위,{2,3,4,5,6},0)))

	A	B	C	D	E	F
1	VLOOKUP + 범위이름					
2	도서명	카테고리(소)	발행일	페이지 수	정가	판매수
3	동물병원 119	반려동물	2021-01-05	368	16,000	18,654
4	수묵일러스트	미술/컬러링/손글	2021-07-05	166	13,000	24,516
5	[아는 만큼 재미있는] 스마트폰 기	컴퓨터/인터넷/스	2021-10-25	148	10,000	15,451
6	오일파스텔로 그리는 오늘의 풍경	미술/컬러링/손글	2021-05-10	172	15,000	29,523

3 • INDIRECT 함수

예제파일 | 09-23_INDIRECT

INDIRECT (문자열로_지정된_셀_참조, [A1_표기_여부])

문자열로 지정된 셀 참조를 반환합니다.

- **문자열로_지정된_셀_참조**: 표시된 문자열로 쓰인 셀 참조입니다.
- **[A1_표기_여부]**: 보통은 셀 참조를 R1C1 모드로 사용하지 않기 때문에 생략합니다.

INDIRECT 함수는 문자열로 지정된 셀을 참조할 때 사용하는 함수로, 다른 함수의 범위 인수를 대체할 수 있다는 큰 장점이 있습니다. INDIRECT 함수의 사용 방법을 알아보겠습니다.

앞에서 지정한 '판매수(F2:F1000)'의 범위 이름을 INDIRECT 함수의 인수로 사용하면 F2:F1000 범위의 데이터가 반환됩니다.

```
=INDIRECT("판매수")
```

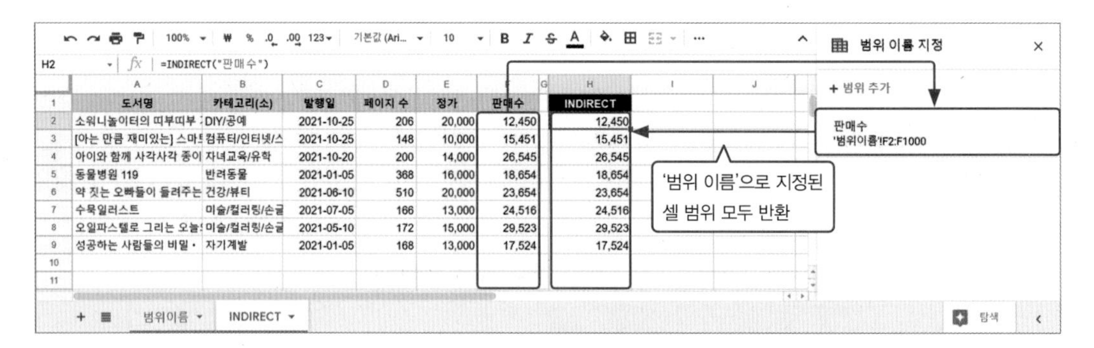

[H2] 셀과 [I2] 셀을 참조셀로 하여 INDIRECT 함수의 인수를 H2 & ":" & I2 문자열로 구성한 후 D2:E 범위를 참조셀로 복사합니다. K열과 L열에 D2:E의 데이터가 반환됩니다.

```
=INDIRECT(H2 & ":" & I2)
```

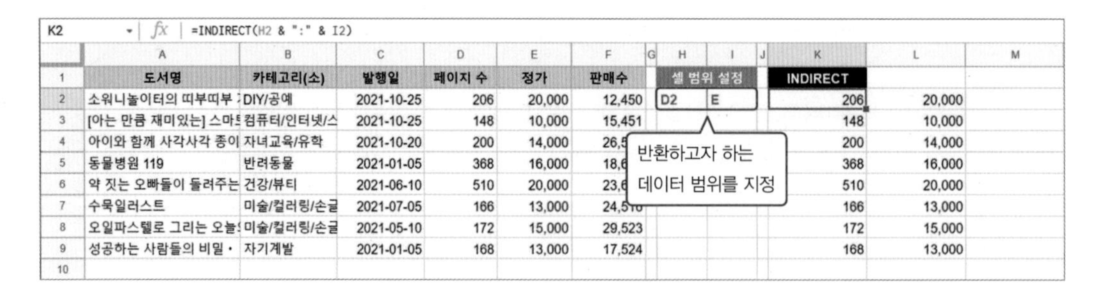

문자열을 조합한 INDIRECT 함수 구성을 사용함으로써 SUM 함수의 계산 범위를 편리하게 바꿀 수 있습니다.

```
=SUM(INDIRECT(H2 & ":" & I2))
```

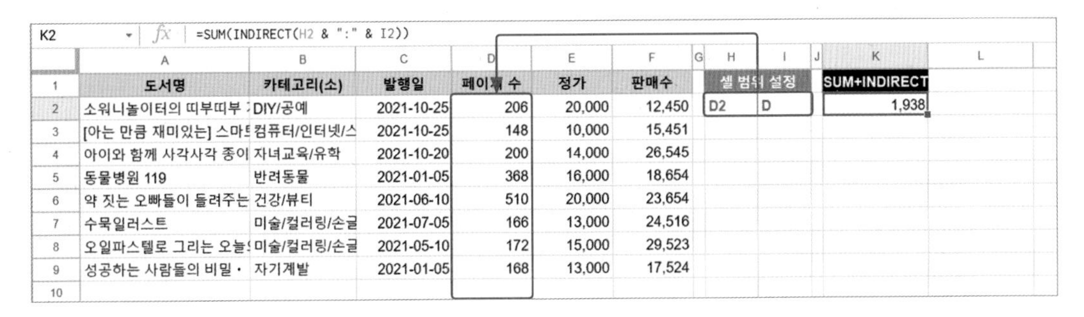

K2 =SUM(INDIRECT(H2 & ":" & I2))

	A	B	C	D	E	F	H	I	K
1	도서명	카테고리(소)	발행일	페이지 수	정가	판매수	셀 범위 설정		SUM+INDIRECT
2	소워니놀이터의 띠부띠부	DIY/공예	2021-10-25	206	20,000	12,450	D2	D	1,938
3	[아는 만큼 재미있는] 스마트	컴퓨터/인터넷/스	2021-10-25	148	10,000	15,451			
4	아이와 함께 사각사각 종이	자녀교육/유학	2021-10-20	200	14,000	26,545			
5	동물병원 119	반려동물	2021-01-05	368	16,000	18,654			
6	약 짓는 오빠들이 들려주는	건강/뷰티	2021-06-10	510	20,000	23,654			
7	수묵일러스트	미술/컬러링/손글	2021-07-05	166	13,000	24,516			
8	오일파스텔로 그리는 오늘의	미술/컬러링/손글	2021-05-10	172	15,000	29,523			
9	성공하는 사람들의 비밀 ·	자기계발	2021-01-05	168	13,000	17,524			
10									

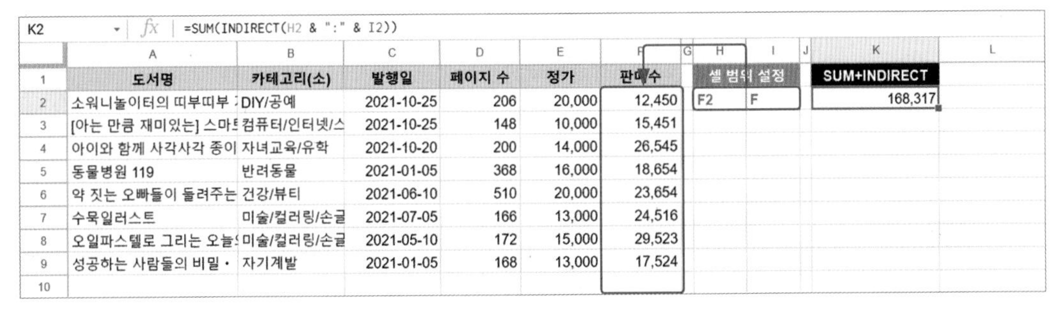

K2 =SUM(INDIRECT(H2 & ":" & I2))

	A	B	C	D	E	F	H	I	K
1	도서명	카테고리(소)	발행일	페이지 수	정가	판매수	셀 범위 설정		SUM+INDIRECT
2	소워니놀이터의 띠부띠부	DIY/공예	2021-10-25	206	20,000	12,450	F2	F	168,317
3	[아는 만큼 재미있는] 스마트	컴퓨터/인터넷/스	2021-10-25	148	10,000	15,451			
4	아이와 함께 사각사각 종이	자녀교육/유학	2021-10-20	200	14,000	26,545			
5	동물병원 119	반려동물	2021-01-05	368	16,000	18,654			
6	약 짓는 오빠들이 들려주는	건강/뷰티	2021-06-10	510	20,000	23,654			
7	수묵일러스트	미술/컬러링/손글	2021-07-05	166	13,000	24,516			
8	오일파스텔로 그리는 오늘의	미술/컬러링/손글	2021-05-10	172	15,000	29,523			
9	성공하는 사람들의 비밀 ·	자기계발	2021-01-05	168	13,000	17,524			
10									

VLOOKUP 함수의 검색 범위 인수에도 INDIRECT 함수를 사용할 수 있습니다.

≫ INDIRECT(H2&"!"&I2&":"&J2)

```
=IFERROR(ARRAYFORMULA(VLOOKUP(A3:A,INDIRECT(H2&"!"&I2&":"&J2),{2,3,4,5,6},0)))
```

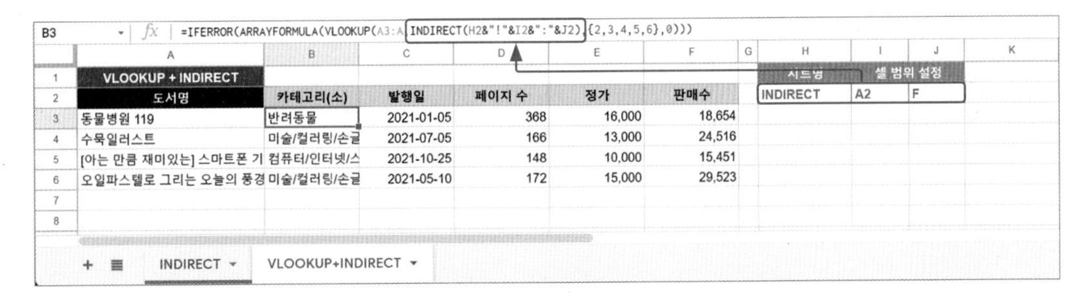

B3 =IFERROR(ARRAYFORMULA(VLOOKUP(A3:A,INDIRECT(H2&"!"&I2&":"&J2),{2,3,4,5,6},0)))

	A	B	C	D	E	F	H	I	J
1	VLOOKUP + INDIRECT						시트명	셀 범위 설정	
2	도서명	카테고리(소)	발행일	페이지 수	정가	판매수	INDIRECT	A2	F
3	동물병원 119	반려동물	2021-01-05	368	16,000	18,654			
4	수묵일러스트	미술/컬러링/손글	2021-07-05	166	13,000	24,516			
5	[아는 만큼 재미있는] 스마트폰 기	컴퓨터/인터넷/스	2021-10-25	148	10,000	15,451			
6	오일파스텔로 그리는 오늘의 풍경	미술/컬러링/손글	2021-05-10	172	15,000	29,523			
7									
8									

INDIRECT | VLOOKUP+INDIRECT

'범위 이름 지정' 기능과 IMPORTRANGE/INDIRECT 함수를 상황에 맞게 조합하여 범위 인수를 선택적으로 바꿀 수 있다면 데이터 분석이나 업무 시스템 수준을 한층 업그레이드할 수 있습니다.

Section 1 | 데이터 시각화의 목적
Section 2 | 데이터 시각화의 기본, 차트
Section 3 | 데이터 시각화의 완성, 실시간 대시보드
Section 4 | 데이터 스튜디오로 만드는 대화형 대시보드

필요한 정보를 한눈에! 데이터 시각화

데이터 분석의 목표, 즉 '데이터 기반의 합리적 의사결정'에 필요한 마지막 단계는 '시각화(Visualization)'입니다. 최근 데이터 시각화의 중요성이 대두됨에 따라 다양한 시각화 플랫폼이 쏟아져 나오고 있지만, 구글 시트 자체로도 훌륭한 시각화 도구가 될 수 있습니다.
이번 챕터에서는 시각화와 관련하여 '차트'를 구성해 보고, 간단한 예제를 통해 '실시간 대시보드'를 만들어 보겠습니다. 또한 구글 플랫폼 내에서 구글 시트를 소스로 사용할 수 있는 '데이터 스튜디오(DataStudio)'로 시각화하는 방법도 간단히 소개합니다.

SECTION 1

데이터 시각화의 목적

데이터 시각화에 사용되는 차트를 설명하기 전에 먼저 데이터 시각화의 목적에 대해 생각해 보겠습니다.

STEP ▶ 1 시각화는 어떻게 하는 게 좋을까?

시각화의 목적은 '데이터를 기반으로 하는 의사결정'입니다. 좁게는 개인의 업무, 넓게는 팀이나 조직의 의사결정에 필요한 데이터를 필요한 사람에게 빠르게 전달하고 쉽게 인지할 수 있도록 구성하는 것이 가장 중요한 포인트입니다.

1 • 의사결정의 기준 - 정확성 VS. 효율성

데이터를 분석하고 그에 대한 결과물을 도출하는 데 중요한 요소는 데이터의 정확성과 객관성을 확보하는 것입니다. 데이터의 입력 시점부터 오류 및 누락을 최소화하는 방법으로 '데이터 확인'과 '조건부 서식'을 소개한 이유이기도 합니다.

그러나 업무 현장에서는 '정확성'이 요구되는 데이터보다 '적절한 타이밍'에 요구되는 데이터가 필요한 경우가 더 많습니다. '재무 회계(Financial Accounting)'와 '관리 회계(Managerial Accounting)'에 필요한 데이터의 차이를 생각해 보겠습니다. 기업의 재무 상태나 현금 흐름, 회계 정보 등 정확한 데이터를 필요로 하는 재무 회계와 달리, 관리 회계는 사업 포트폴리오 결정부터 사업평가지표 책정, 투자건의 적합성 판단, CVP 분석, ABC 분석 등 경영자가 합리적 의사결정을 하기 위한 데이터를 필요로 합니다. 미래에 대한 판단인 만큼 100% 정확한 데이터가 아닌 의사결정에 필요한 정도의 신뢰성과 실시간 데이터가 요구됩니다.

'일기예보'에 비유한다면, 우리는 비가 올 확률이 60%일 때와 95%일 때 완전히 다른 의사결정을 내립니다. 강수 확률이 100%가 아니어도 95%의 확률이라면 비가 올 것이라고 판단할 수 있습니다. 최근에는 이에 대한 정확도를 높이기 위해 인공지능과 빅데이터 활용에 대한 관심도가 높아지고 있습니다.

2 · 예쁜 디자인보다 빠른 정보 인식

필자가 사회생활 초반 제안서를 전담으로 하던 시절에는 파워포인트 작업을 정말 많이 진행했습니다. 잘 만들어진 자료들을 뒤져보기도 하고 국내 자료와 해외 자료를 수없이 많이 비교해 보기도 했습니다. 특이한 점은 우리나라 사람들이 유독 디자인에 신경을 많이 쓴다는 것이었는데, 오히려 디자인이나 기능에 신경을 많이 쓰다 보면 보는 사람 입장에서는 전달하고자 하는 내용을 파악하기가 어려워집니다.

이는 데이터 시각화 부분에도 동일하게 나타납니다. 데이터 시각화가 잘 되었다고 판단할 수 있는 요소 중 가장 중요한 것이 바로 '인지하는 시간'입니다. '데이터를 보고 얼마나 빨리 의사결정을 내릴 수 있는지'가 핵심입니다. 따라서 되도록이면 의사결정자가 그동안 봐 왔던 익숙한 형식이면 좋습니다. 이는 파워포인트를 통한 프레젠테이션을 준비할 때 청자가 누구인지 파악해 두는 것과 같은 원리입니다.

전체적인 구성은 필요하지만 예쁘게 디자인하는 것은 부차적인 기능입니다. 최근 정보 전달과 동시에 디자인적인 부분을 고려한 '인포그래픽스(Infographics)'가 주목을 받는 만큼 관련 도서들을 참고해 보는 것도 추천합니다.

3 · 소리 > 색상 > 메시지 > 차트 > 표

데이터 시각화의 대표적인 예로 다양한 정보를 담고 있는 '대시보드(Dashboard)'를 들 수 있는데, 보통 제조/생산 현장에서 많이 접할 수 있습니다. 생산 과정에서 문제가 발생하면 다양한 방식으로 그 정보를 전달할 수 있는데, 이는 사무직에도 동일하게 적용됩니다.

① **소리(Sound)**: 시각화보다 가장 빠르고 확실한 전달 방법은 '소리'입니다. 구글 시트를 통해 시각화나 대시보드 상에 알람 소리 기능을 넣을 순 없지만, 앱시트(AppSheet)를 통해 간단히 모바일 알람을 보낼 수 있습니다.

② **색상(Color)**: 시각화에 있어 정보를 가장 빠르게 인식하는 방법은 '색상'입니다. 우리는 몇몇 주요 색상이 어떤 의미를 갖는지 인식하고 있습니다. 신호등에서 빨간색이 '위험', 노란색이 '경고', 초록색이 '안전'을 의미하는 것처럼, 색상은 많은 정보를 보여 주지는 못하지만 중요하고 빠른 판단이 필요한 경우 가장 유용합니다. 구글 시트에서는 '조건부 서식'이 그 역할을 합니다.

③ **메시지(Message)**: 간단한 문자열로 핵심 정보만 전달하는 것도 좋습니다. 이때 색상을 같이 사용하면 정보 전달 효과가 극대화됩니다. 구글 시트에서는 IMPORTRANGE 함수를 사용하여 필요한 정보를 취합하고 &와 " "로 문자열을 조합하여 메시지를 구성합니다.

④ **차트(Chart)**: 되도록이면 색상이나 메시지를 우선시하고, 이후에 차트를 선택하는 것을 권장합니다. 화려하고 복잡한 것보다는 전달하고자 하는 정보의 성격에 따라 최대한 단순한 구성과 색상을 조합해 사용하는 것이 좋습니다.

⑤ **표(Table)**: 시각화에 있어서 인식 속도가 가장 느린 것이 표입니다. 보여줄 데이터가 많을 경우 표를 사용하지만, 상대적으로 시인성이 떨어지므로 데이터를 정렬(Sort)하거나 색상을 같이 사용하여 구성하는 것이 좋습니다.

SECTION

2 데이터 시각화의 기본, 차트

구글 시트에서 제공하는 다양한 차트에 대해 살펴봅니다.

STEP ▶ 1 함수로 만드는 차트

차트를 만드는 데 사용할 수 있는 함수에 대해 알아보겠습니다. 함수로 차트를 구성할 경우 해당 셀 내에 차트가 삽입된다는 특징이 있습니다.

1 · REPT 함수 - 텍스트로 차트 구성하기

예제파일 I **10-01_REPT**

REPT (반복할_텍스트, 반복_횟수)

지정된 텍스트를 여러 번 반복하여 반환합니다.

- **반복할_텍스트**: 반복할 문자 또는 문자열입니다.
- **반복_횟수**: 반환될 값에 '반복할_텍스트'가 표시될 횟수입니다. 최대 반복 횟수는 100번으로, 100보다 커도 100회만 반복합니다.

REPT 함수는 차트를 만드는 함수는 아니지만, 셀 내에서 지정한 횟수만큼 텍스트를 반복함으로써 간단한 차트 대용으로 사용할 수 있습니다.

[F2] 셀에 UNIQUE 함수를 사용하여 '카테고리(중)'에서 중복값을 제외한 고유의 데이터를 반환하고, G열의 각 행에 COUNTIF 함수를 사용하여 해당 '카테고리(중)'에 맞는 도서의 개수를 반환합니다.

```
=UNIQUE(B2:B)
=COUNTIF(B2:B,F2)
```

G2 =COUNTIF(B2:B,F2)

	A	B	C	D	E	F	G	H
1	도서명	카테고리(중)	페이지 수	정가		UNIQUE	개수	
2	소워니놀이터의 띠부띠부 가게놀(	취미/레저/건강	206	20,000		취미/레저/건강	=COUNTIF(B2:B,F2)	
3	스티커 아트북 : 달콤한 디저트	취미/레저/건강	92	15,000		컴퓨터	3	
4	[아는 만큼 재미있는] 스마트폰 기	컴퓨터	148	10,000		가정/생활	2	
5	아이와 함께 사각사각 종이접기	가정/생활	200	14,000		경제/경영	1	
6	스케치업 With V-Ray Standard	컴퓨터	332	22,000				
7	동물병원 119	가정/생활	368	16,000				

REPT 함수를 사용하여 반환한 도서 개수만큼 텍스트나 이모지(Ctrl + .)를 셀 내에 나열할 수 있습니다.

H5 =REPT("◎",G5)

	A	B	C	D	E	F	G	H
1	도서명	카테고리(중)	페이지 수	정가		UNIQUE	도서개수	REPT
2	소워니놀이터의 띠부띠부 가게놀(	취미/레저/건강	206	20,000		취미/레저/건강	6	🚴🚴🚴🚴🚴🚴
3	스티커 아트북 : 달콤한 디저트	취미/레저/건강	92	15,000		컴퓨터	3	💻💻💻
4	[아는 만큼 재미있는] 스마트폰 기	컴퓨터	148	10,000		가정/생활	2	
5	아이와 함께 사각사각 종이접기	가정/생활	200	14,000		경제/경영	1	=REPT("◎",G5)
6	스케치업 With V-Ray Standard	컴퓨터	332	22,000				
7	동물병원 119	가정/생활	368	16,000				

[H2] 셀	[H3] 셀	[H4] 셀	[H5] 셀
=REPT("🚴",G2)	=REPT("💻",G3)	=REPT("■",G4)	=REPT("◎",G5)

COUNTIF 함수를 REPT 함수 내 '반복_횟수'의 인수로 사용해도 됩니다.

```
=REPT("🚴",COUNTIF(B2:B,F2))
```

IF 함수를 중첩으로 사용하여 조건에 따라 기호나 이모지를 바꿔 사용하면 시각화를 보다 효과적으로 구성할 수 있습니다.

```
=REPT(IF(E2<=10,"●",IF(E2<=20,"●","●")),E2)
```

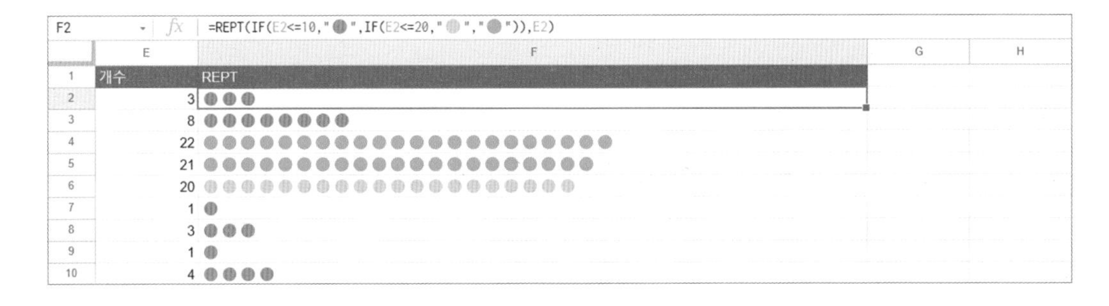
F2 =REPT(IF(E2<=10,"●",IF(E2<=20,"●","●")),E2)

	E	F
1	개수	REPT
2	3	●●●
3	8	●●●●●●●●
4	22	●●●●●●●●●●●●●●●●●●●●●●
5	21	●●●●●●●●●●●●●●●●●●●●●
6	20	●●●●●●●●●●●●●●●●●●●●
7	1	●
8	3	●●●
9	1	●
10	4	●●●●

2 · SPARKLINE 함수

예제파일 I 10-02_SPARKLINE

SPARKLINE (데이터, [옵션])

셀 내에 소형 차트를 만듭니다.

- **데이터**: 차트로 표시할 데이터가 들어 있는 범위 또는 배열입니다.
- **[옵션]**: 차트를 맞춤 설정하기 위해 사용하는 선택적 설정 및 관련 값의 범위 또는 배열입니다. 생략 시 기본값인 '선 그래프'로 차트가 구성됩니다.

SPARKLINE 함수의 기본 예시를 살펴보겠습니다.

```
=SPARKLINE(B2:M2)
```

F8:G8 | fx | =SPARKLINE(B2:M4)

	A	B	C	D	E	F	G	H	I	J	K	L	M	N
1		1/4	1/5	1/6	1/7	1/8	1/11	1/12	1/13	1/14	1/15	1/18	1/19	
2	B.D 1	1,171,977,700	1,123,506,870	1,248,121,270	1,079,557,940	1,045,930,400	1,102,169,650	977,340,130	902,472,120	1,011,632,270	854,424,850	1,011,073,250	1,099,508,290	
3	B.D 2	680,859,550	591,227,680	590,647,950	532,787,370	584,017,320	743,229,420	770,549,910	733,229,310	687,130,640	656,506,580	604,334,480	533,742,550	
4	B.D 3	265,082,570	243,304,890	240,593,720	271,232,370	257,651,810	244,875,000	644,161,090	807,708,490	724,492,900	827,384,540	403,773,000	386,172,800	
5														
6	범위	1행		1~2행		1~3행								
7	SPARKLINE	=SPARKLINE(B2:M2)		=SPARKLINE(B2:M3)		=SPARKLINE(B2:M4)								
8	Chart					#REF!								
9														
10														
11														

오류

함수 SPARKLINE line 매개변수 1의 범위는 단일 행, 단일 열, 2행 또는 2열이어야 합니다.

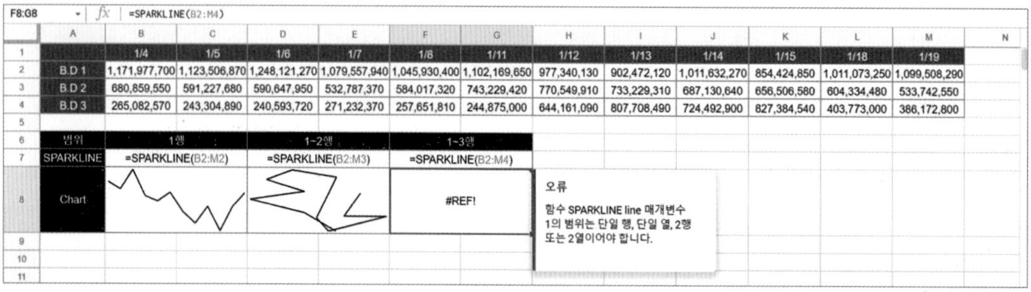

'[옵션]' 인수를 생략하면 기본값인 '선 그래프(Line Chart)'로 구성됩니다. 이때 SPARKLINE 함수로 그리는 차트의 데이터 범위는 하나의 열 또는 행을 사용합니다.

이처럼 셀 내에 SPARKLINE 함수로 만든 소형 차트는 해당 데이터의 추세를 파악하는 데 매우 유용합니다. 그 이유로 GOOGLEFINANCE 함수와 함께 주식 포트폴리오 관리에 사용되기도 합니다.

3 · SPARKLINE 함수의 다양한 옵션

SPARKLINE 함수의 '[옵션]' 인수는 '설정할 내용'과 '설정값'의 묶음으로 구성됩니다. 배열 형식으로 입력(중괄호 또는 설정값이 있는 셀 범위를 참조)해야 하므로 다른 함수에 비해 설정이 까다롭습니다.

다음은 SPARKLINE 함수로 만들 수 있는 네 종류의 차트에 대한 옵션값입니다.

선 그래프(Line Chart)		charttype: line
옵션	설명	유효한 값
xmin	가로축의 최솟값을 설정합니다.	숫자
xmax	가로축의 최댓값을 설정합니다.	숫자

ymin	세로축의 최솟값을 설정합니다.	숫자
ymax	세로축의 최댓값을 설정합니다.	숫자
color	선의 색상을 설정합니다.	색상명/16진수
empty	빈 셀을 처리하는 방법을 설정합니다.	zero/ignore
nan	숫자가 아닌 데이터가 들어 있는 셀을 처리하는 방법을 설정합니다.	convert/ignore
rtl	차트를 오른쪽에서 왼쪽으로 렌더링할지 여부를 결정합니다.	true/false
linewidth	차트에서 사용할 선의 너비를 결정합니다. 숫자가 높을수록 선의 너비가 두꺼워집니다.	숫자

누적 막대 그래프(Bar Chart)	charttype: bar	
옵션	설명	유효한 값
max	가로축의 최댓값을 설정합니다.	숫자
color1	차트의 막대에 사용되는 첫 번째 색상을 설정합니다.	색상명/16진수
color2	차트의 막대에 사용되는 두 번째 색상을 설정합니다.	색상명/16진수
empty	빈 셀을 처리하는 방법을 설정합니다.	zero/ignore
nan	숫자가 아닌 데이터가 들어 있는 셀을 처리하는 방법을 설정합니다.	convert/ignore
rtl	차트를 오른쪽에서 왼쪽으로 렌더링할지 여부를 결정합니다.	true/false

열 차트(Column Chart)	charttype: column	
승패 그래프(Winloss Chart)	charttype: winloss	
옵션	설명	유효한 값
color	차트 열의 색상을 설정합니다.	색상명/16진수
lowcolor	차트의 최저값에 사용할 색상을 설정합니다.	색상명/16진수
highcolor	차트의 최고값에 사용할 색상을 설정합니다.	색상명/16진수
firstcolor	첫 번째 열의 색상을 설정합니다.	색상명/16진수
lastcolor	마지막 열의 색상을 설정합니다.	색상명/16진수
negcolor	모든 음수 열의 색상을 설정합니다.	색상명/16진수
empty	빈 셀을 처리하는 방법을 설정합니다.	zero/ignore
nan	숫자가 아닌 데이터가 들어 있는 셀을 처리하는 방법을 설정합니다.	convert/ignore
axis	축의 유무를 설정합니다.	true/false
axiscolor	축의 색상을 설정합니다(해당하는 경우).	색상명/16진수
ymin	열의 높이를 조정하기 위해 사용해야 하는 맞춤 최소 데이터 값을 설정합니다.	숫자 * 열 차트만 해당
ymax	열의 높이를 조정하기 위해 사용해야 하는 맞춤 최대 데이터 값을 설정합니다.	숫자 * 열 차트만 해당
rtl	차트를 오른쪽에서 왼쪽으로 렌더링할지 여부를 결정합니다.	true/false

ref. 선 그래프는 메뉴의 글자 색상 변경으로도 선 색상을 바꿀 수 있습니다.

ref. 색상은 영문 이름(예 green) 또는 16진수 코드(예 #3D3D3D)로 입력할 수 있습니다.

[옵션]에 따라 SPARKLINE 함수의 차트 구성이 어떻게 달라지는지 비교해 보겠습니다.

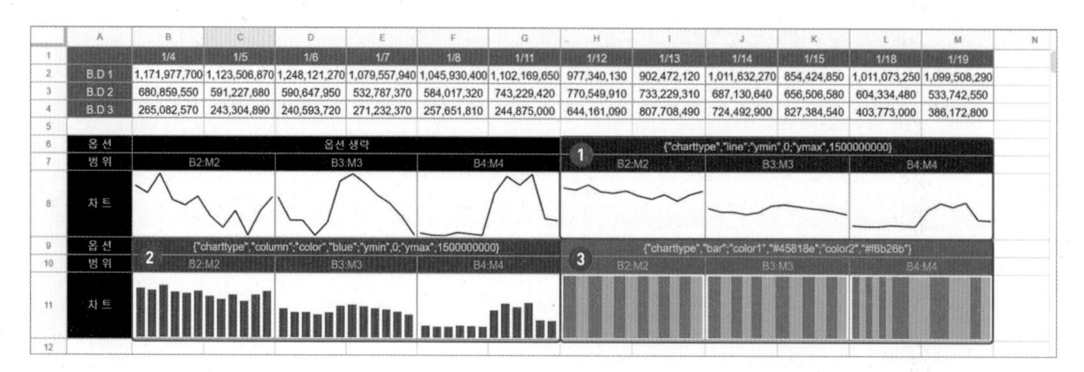

	1/4	1/5	1/6	1/7	1/8	1/11	1/12	1/13	1/14	1/15	1/18	1/19
B.D 1	1,171,977,700	1,123,506,870	1,248,121,270	1,079,557,940	1,045,930,400	1,102,169,650	977,340,130	902,472,120	1,011,632,270	854,424,850	1,011,073,250	1,099,508,290
B.D 2	680,859,550	591,227,680	590,647,950	532,787,370	584,017,320	743,229,420	770,549,910	733,229,310	687,130,640	656,506,580	604,334,480	533,742,550
B.D 3	265,082,570	243,304,890	240,593,720	271,232,370	257,651,810	244,875,000	644,161,090	807,708,490	724,492,900	827,384,540	403,773,000	386,172,800

■ 선 그래프 ❶

세 개의 범위(B2:M2, B3:M3, B4:M4)에 대해 Y축의 최솟값과 최댓값을 고정하여 비교 기준을 맞춥니다.

```
=SPARKLINE(B2:M2,{"charttype","line";"ymin",0;"ymax",1500000000})
```

동일한 데이터를 사용했지만 옵션이 생략된 좌측의 차트와 많은 차이가 나는 것을 확인할 수 있습니다. 이렇게 데이터를 시각화할 때 어떤 기준으로 작업하는지에 따라 전혀 다르게 보여질 수 있으므로 기준값 설정이 매우 중요합니다.

■ 열 차트 / 누적 막대 그래프 ❷ ❸

선 그래프(Line Chart)와 열 차트(Column Chart)는 일반적인 추이를 보는 데 유리한 반면, 누적 막대 그래프(Bar Chart)는 전체에 대한 상대적인 비율을 확인하기에 편리하다는 특징을 가지고 있습니다. 예제에서는 색상 옵션으로 열 차트에는 색상명을, 누적 막대 그래프에는 16진수를 적용하였습니다.

```
=SPARKLINE(B2:M2,{"charttype","column";"color","blue";"ymin",0;"ymax",1500000000})
=SPARKLINE(B2:M2,{"charttype","bar";"color1","#45818e";"color2","#f6b26b"})
```

■ 승패 그래프

승패 그래프(Winloss Chart)는 +/-로만 표시된다는 특징을 가지고 있습니다. 상대적으로 컬러 지정 옵션이 많아 최저/최고, 양수/음수, 시작/종료 등을 색상으로 구분하기 용이합니다.

```
=SPARKLINE(B2:G2,{"charttype","winloss";"color","green";"lowcolor","black";"highcol
or","yellow";"firstcolor","gray";"lastcolor","orange";"negcolor","red"})
```

	A	B	C	D	E	F	G
1		1/4	1/5	1/6	1/7	1/8	1/11
2	B.D 4	1,171,977,700	-1,123,506,870	-1,248,121,270	1,279,557,940	1,045,930,400	1,102,169,650
3							
4	옵 션	{"charttype","winloss";"color","green";"lowcolor","black";"highcolor","yellow";"firstcolor","gray";"lastcolor","orange";"negcolor","red"}					
5	범 위	B2:G2					
6	차 트						
7							

SPARKLINE 함수의 경우 [옵션]을 배열 형식으로 입력해야 하므로 중괄호와 콤마(,), 세미콜론(;) 조합으로 구성하는데, 배열 구성을 셀에 따로 입력하고 이에 대한 셀의 범위를 '[옵션]' 인수로 사용해도 됩니다.

```
=SPARKLINE(B2:G2,B6:C12)
```

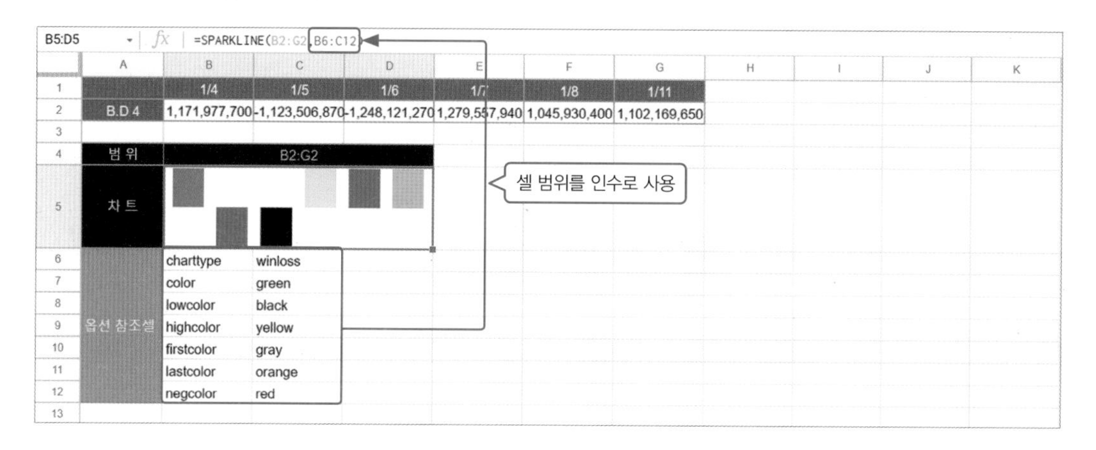

STEP 2 차트의 기본 활용

예제파일 | 10-03_차트

가장 기본적으로 사용하는 차트 구성에 대해 알아봅니다.

1 · 기본 차트 설정하기

다음은 일반적으로 많이 사용하는 다섯 가지 차트 유형입니다.

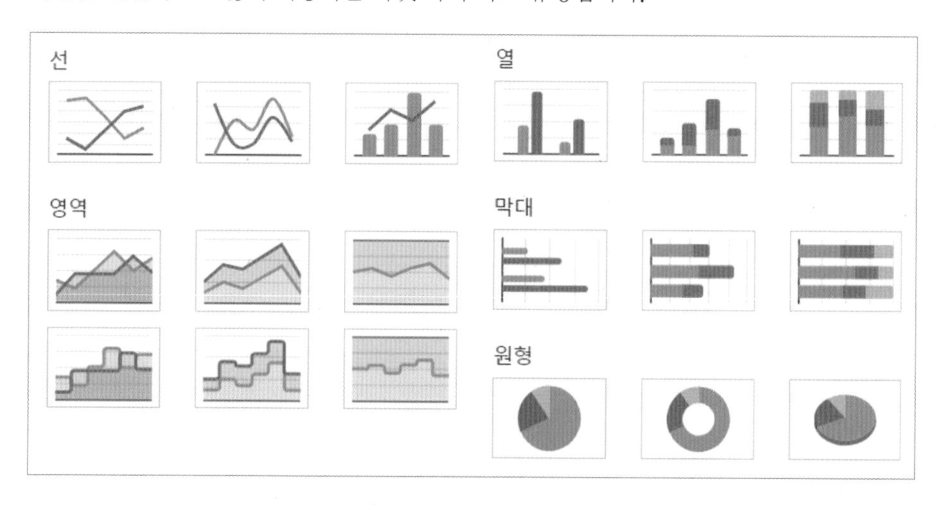

이 중에서도 가장 많이 사용하는 열 차트를 통해 구성과 옵션에 따른 차이를 비교해 보겠습니다. 메뉴에서 [삽입] - [차트]를 선택하면 선택된 범위에 맞춰 기본 차트가 자동으로 구성됩니다. 사용자는 우측의 '차트 편집기' 창에서 차트 유형과 세부 설정을 변경할 수 있습니다.

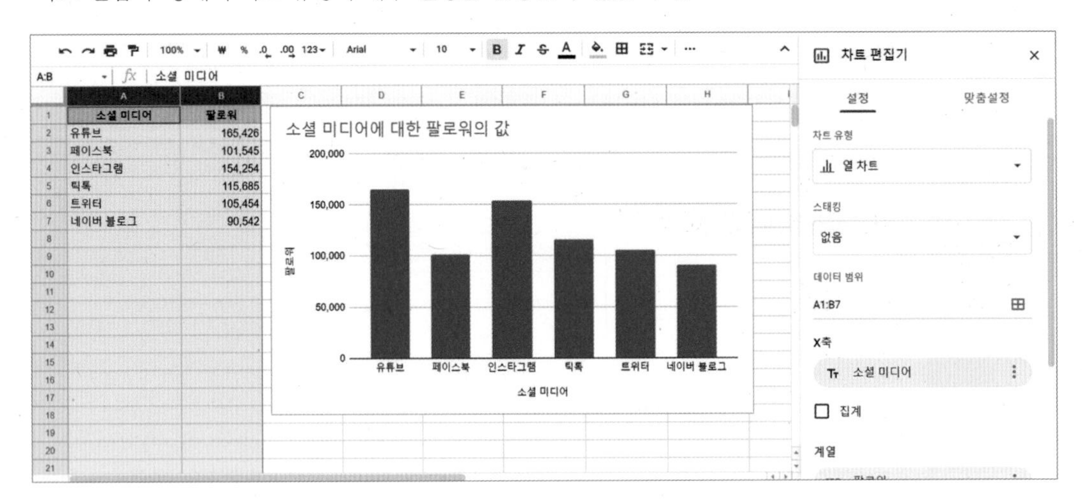

차트 화면에서 제목 부분을 더블클릭하여 '차트 제목'과 '축 제목'을 수정하거나 삭제할 수 있습니다. 또는, '차트 편집기' 창의 '맞춤설정' 탭에서도 제목을 수정할 수 있습니다.

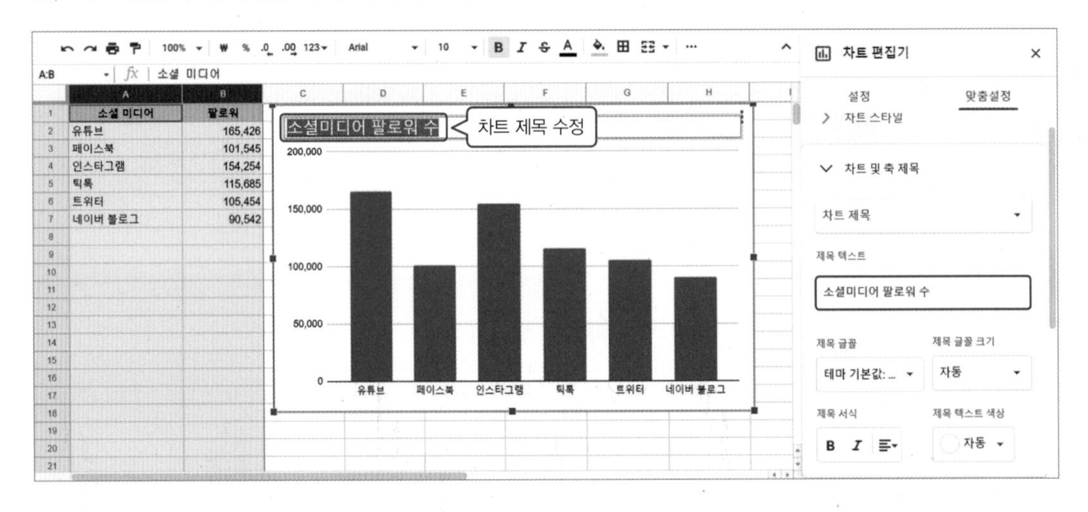

차트의 색상은 해당 차트를 더블클릭한 후 '맞춤설정' 탭의 '서식'을 통해 변경할 수 있습니다.

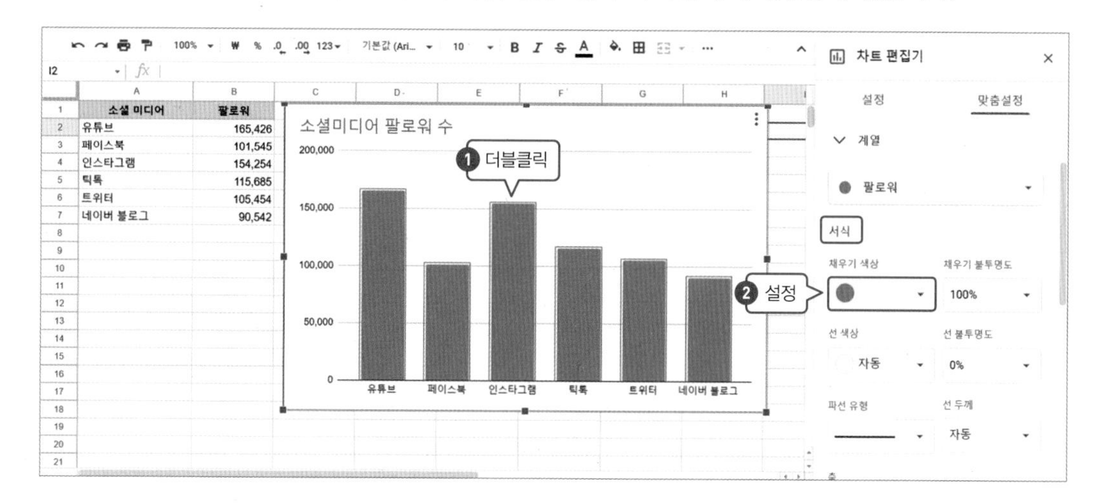

하지만 이 경우 그래프 전체 색상이 일괄적으로 변경되므로 특정 항목만 색상을 바꾸고 싶다면 차트의 해당 항목(예제에서는 '틱톡')을 다시 더블클릭하고 '데이터 포인트 서식 지정'에 들어가 색상을 변경합니다.

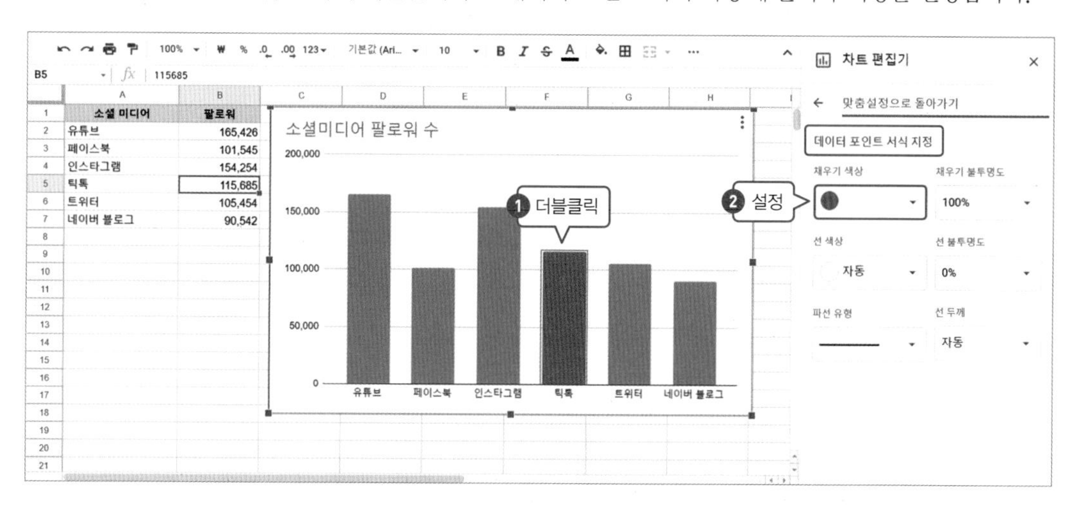

데이터 값의 서식과 위치는 '데이터 라벨'을 선택한 후 각각의 옵션을 선택하여 변경할 수 있습니다.

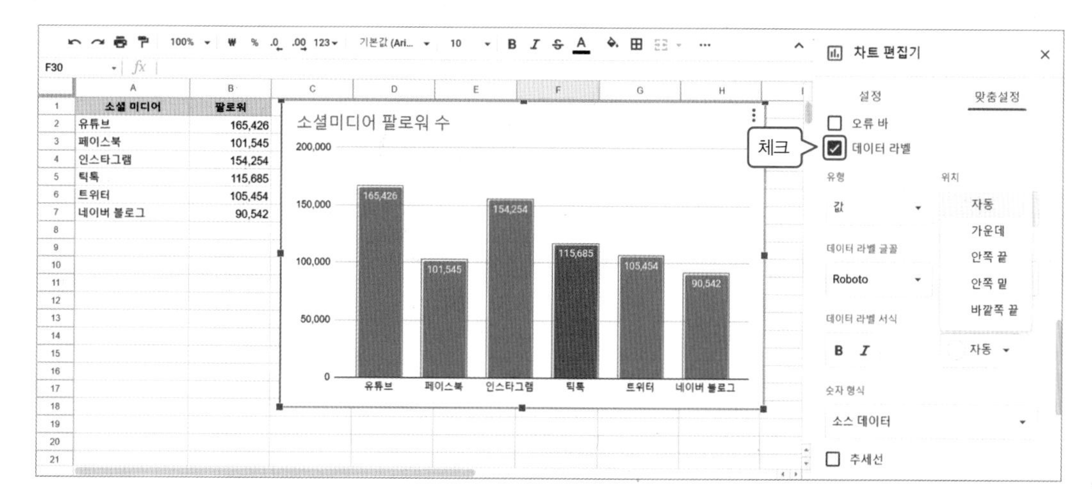

다른 열을 추가하여 더 많은 정보가 담긴 열 차트를 구성할 수 있습니다.

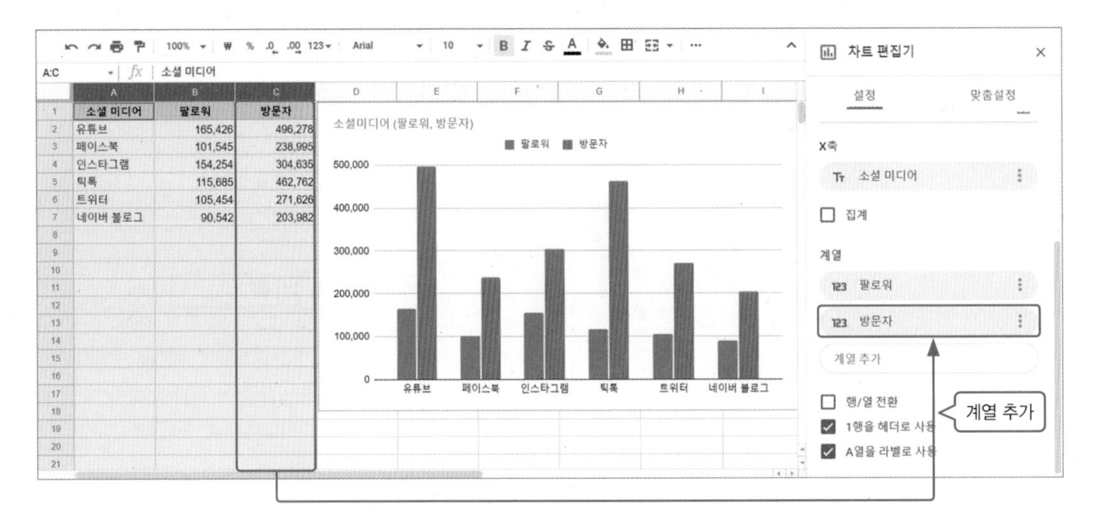

2 · 집계 차트 설정하기

다음은 A열의 '플랫폼'에 B열의 '소셜 미디어'가 속하는 구성의 데이터입니다. A/B열에 대한 C/D열 값을 보여 주는 열 차트를 구성해 보겠습니다.

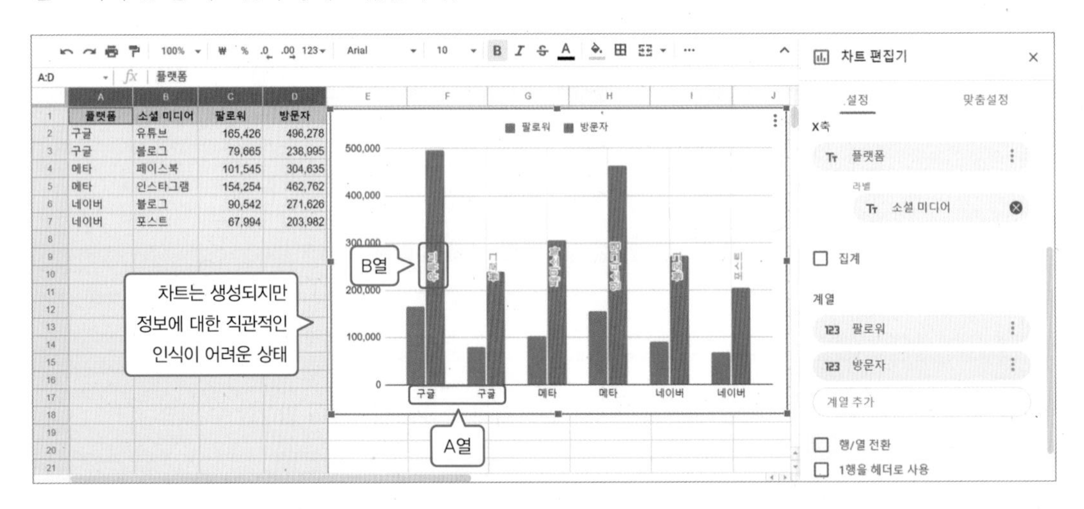

X축 기준은 하나만 지정할 수 있으므로 A열이 X축이 되면서 B열이 자동으로 라벨로 지정됩니다. 이러한 경우 차트가 어떤 정보를 보여 주는지 직관적으로 인식하기가 어렵습니다.

이 문제를 해결하기 위해 '차트 편집기' 창에서 '집계' 항목에 체크하고, A열의 '플랫폼' 또는 B열의 '소셜 미디어' 중 하나를 X축으로 잡아 그에 따른 합계값이 차트에 반영되도록 합니다.

'집계' 항목을 선택하면 B열의 '소셜 미디어'가 자동으로 '계열'로 이동하는데, '계열'에서 '소셜 미디어'를 삭제하여 차트를 깔끔하게 구성합니다.

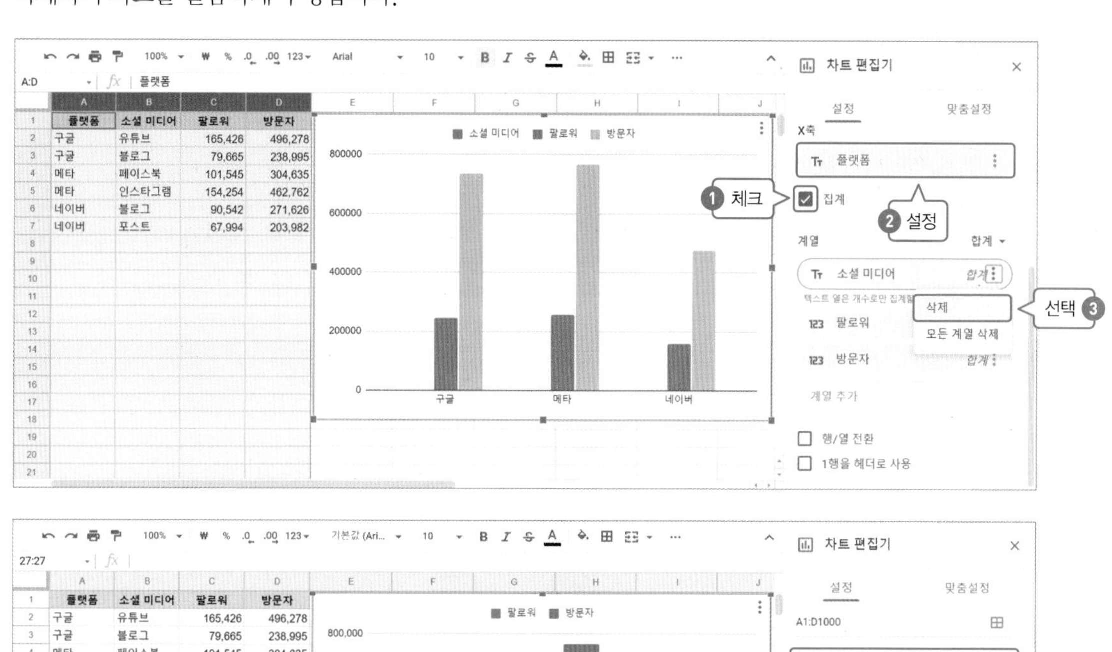

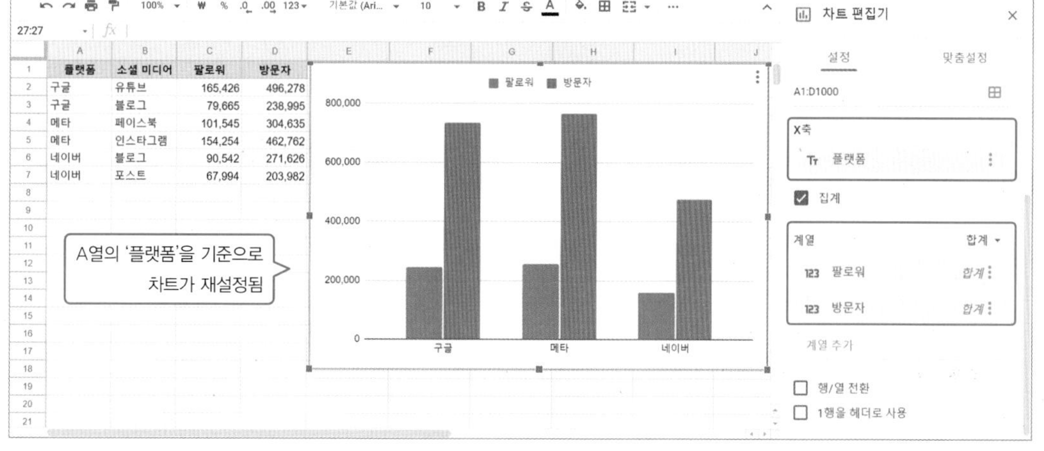

X축 기준이 두 개(A열/B열)인 차트를 구성할 땐 **'하나의 X축 기준'과 '차트를 표시할 열'을 구분**해야 합니다. 여기서는 데이터 범위로 **A1:A7,C1:D7**을 입력합니다. 이처럼 하나의 차트에는 하나의 데이터를 기준으로 구성하는 것이 정보 인식에 유리합니다.

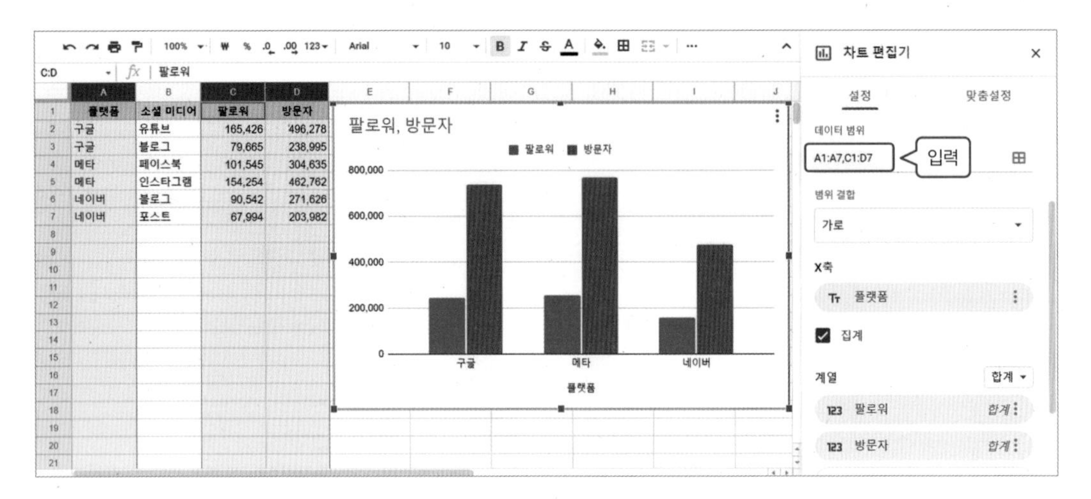

차트 구성에서 '데이터 범위'는 중요한 요소입니다. 차트 종류에 따라 데이터 범위를 적용하는 기준이 조금씩 다르기 때문에 특정 차트에서는 정상적으로 표현되더라도 차트 종류를 바꾸면서 오류가 발생할 수 있습니다. 따라서 전달하고자 하는 정보를 시각화할 때는 먼저 적합한 차트 종류를 선택한 후 그에 맞는 데이터 범위를 지정해야 합니다.

3 · 차트를 웹에 게시하기

구글 시트에서는 차트만 별도로 웹에 게시할 수 있습니다. 생성된 차트에서 우측 상단의 ⋮ 을 클릭하고 [차트 게시]를 선택합니다.

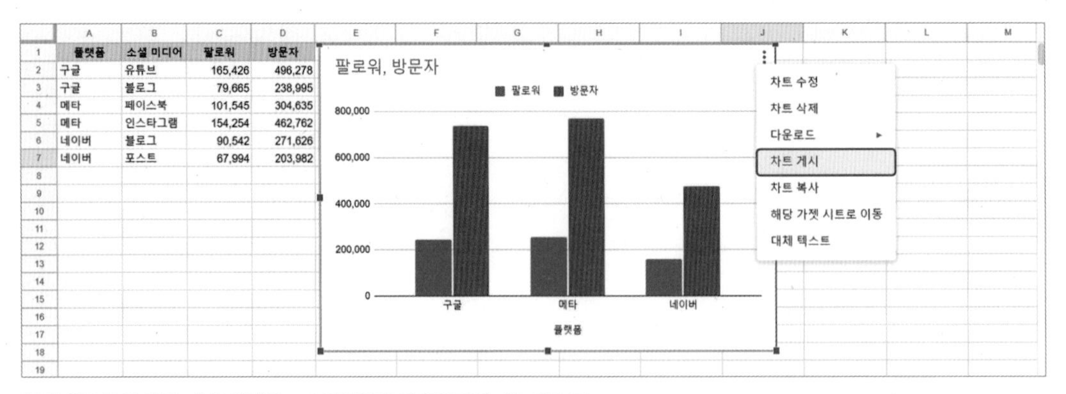

ref. 웹으로의 차트 게시 방법은 p.44의 '웹에 공유하기'를 참고합니다.

4 · 탐색 기능을 사용한 차트 구성 및 분석

구글 시트에서 제공하는 '탐색' 기능을 통해 다양한 구성의 차트를 미리 살펴보고 선택하여 삽입할 수 있습니다. 구글 시트 화면의 우측 하단에 있는 '탐색'을 클릭하고 우측에 나타나는 '분석' 창을 통해 구글 시트가 제안하는 여러 가지 차트와 분석 내용을 확인할 수 있습니다.

'분석' 창에서 '더보기'를 눌러 추가적인 차트를 둘러보고, 원하는 차트가 있다면 '차트 삽입' 아이콘(📊)을 클릭해 차트를 생성할 수 있습니다.

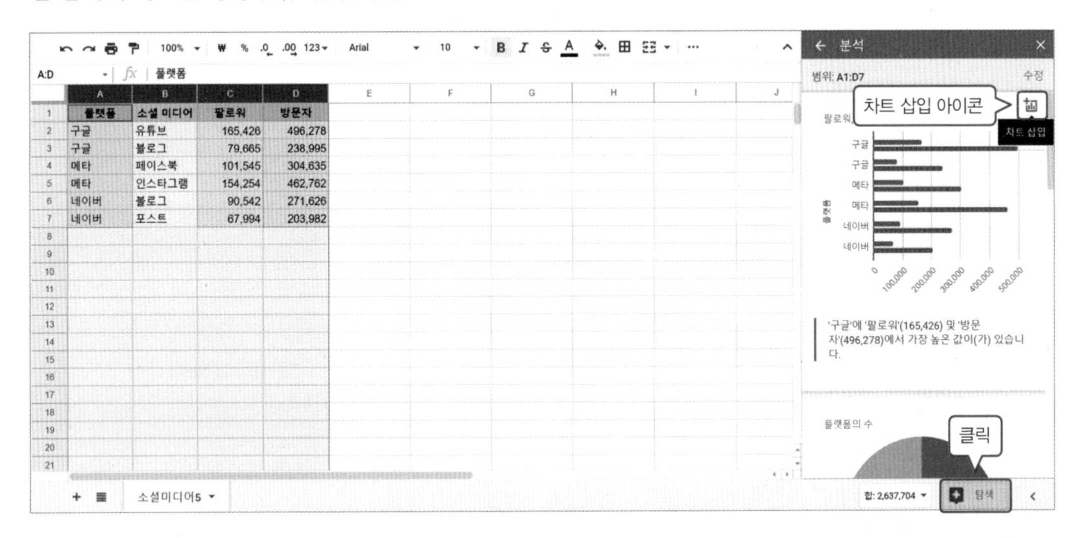

STEP 3 기타 유용한 기능형 차트

기본 차트 외에 추가로 알아두면 유용한 차트에 대해 소개합니다.

1 · 대화형 타임라인 차트

예제파일 | 10-04_대화형타임라인

겉보기에는 선 그래프와 유사해 보이지만, 차트 내에서 타임라인 값을 조절할 수 있는 기능이 포함되어 있습니다. 시간 축에 대한 값을 차트화하고 분석할 때 매우 유용합니다.

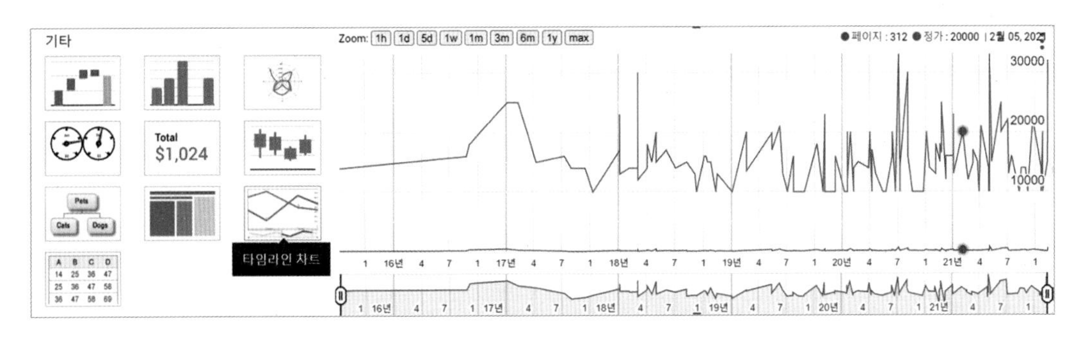

예제를 통해 타임라인 차트에 대해 알아보겠습니다. 타임라인 차트를 구성할 때 주의할 점은 X축 기준(데이터 범위의 첫 번째 열)이 '날짜' 또는 '날짜와 시간'이어야 한다는 것입니다.

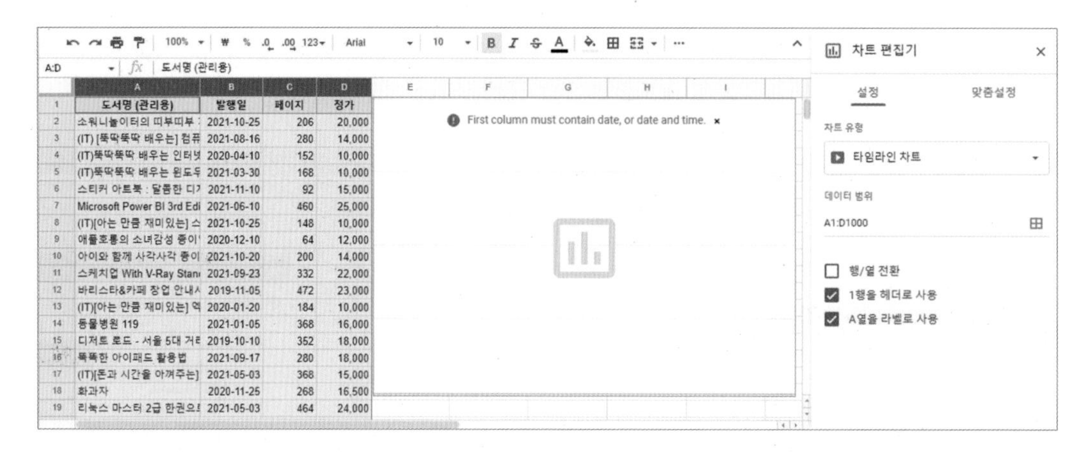

데이터 범위를 A1:D1000으로 지정하면 오류가 발생하므로, 날짜 데이터가 있는 B열을 기준으로 하여 **B1:D1000**으로 데이터 범위를 다시 설정합니다.

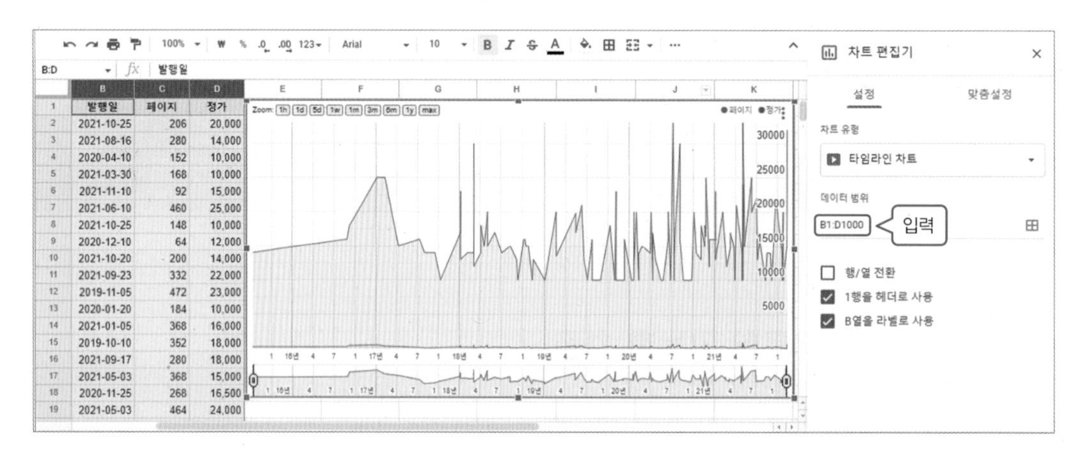

타임라인 차트 화면에서는 마우스를 이용해 시간 범위를 자유롭게 설정할 수 있습니다. 하단의 타임라인에서 마우스로 범위를 조절하거나, 좌측 상단의 'Zoom' 옵션을 선택하여 화면에 보여지는 시간 간격을 연 단위부터 시간 단위까지 조절할 수 있습니다. 해당 데이터 값을 선택하면 관련 값과 정보가 차트 우측 상단에 나타납니다.

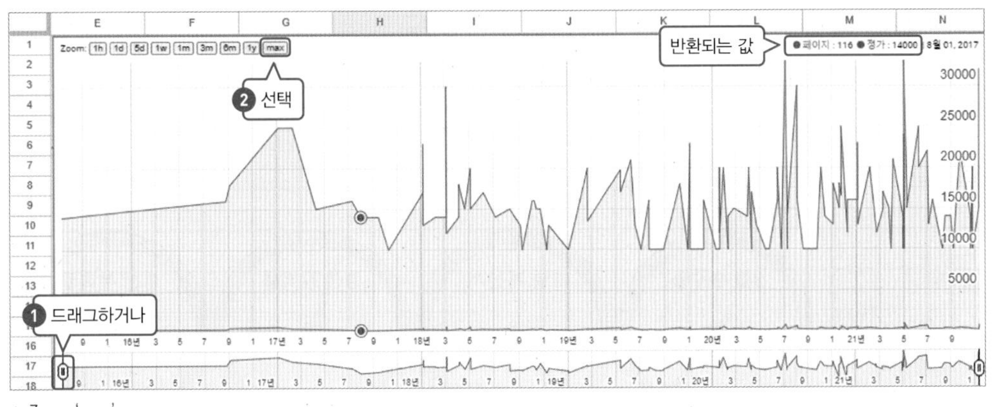

▲ Zoom 'max'

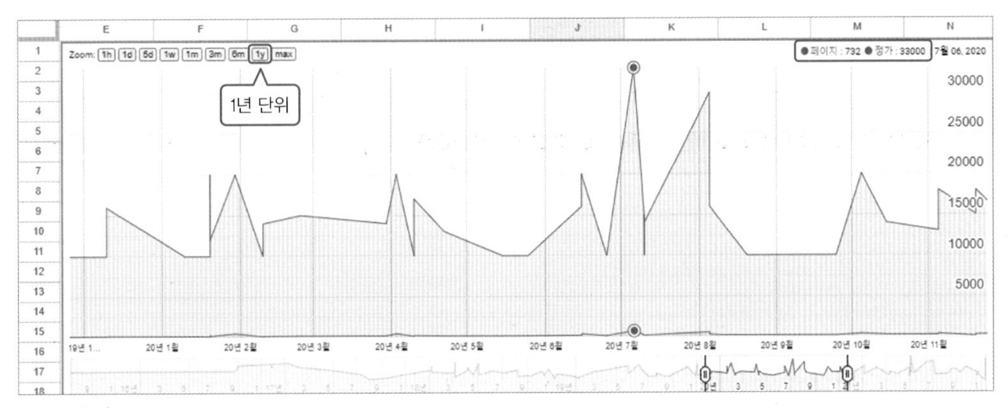

▲ Zoom '1y'

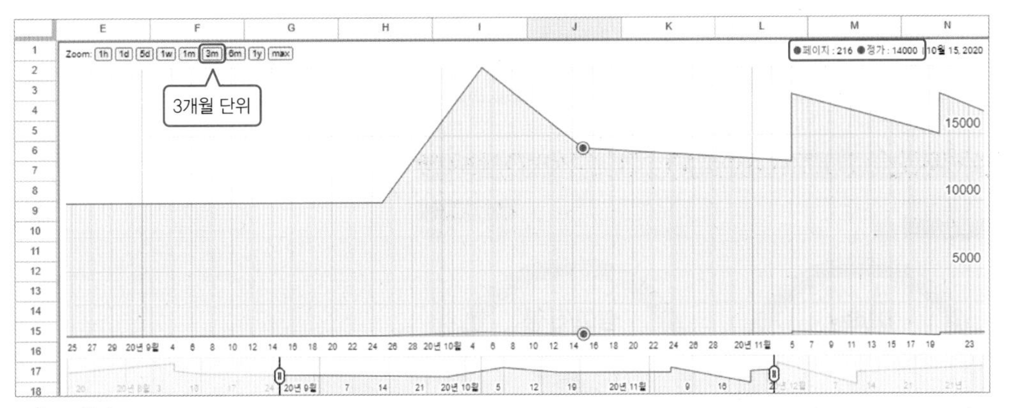

▲ Zoom '3m'

❷ • 직관적인 정보 인식 - 게이지 차트 / 스코어 카드

'게이지 차트'나 '스코어 카드'는 많은 정보를 보여주지는 못하지만 하나의 데이터에 대한 현황을 직관적으로 보여주는 장점을 가지고 있습니다. 필자 역시 이러한 특징 때문에 실시간 대시보드 구성 시 진행상황 표시 방법으로 게이지 차트를 즐겨 사용합니다.

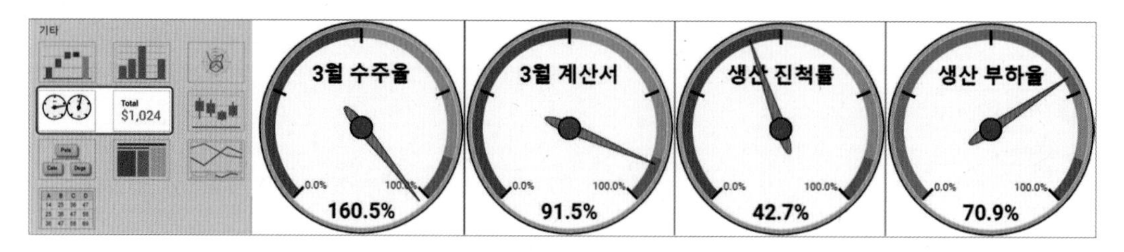

'행/열 그룹화'에서 다루었던 예제를 다시 살펴보겠습니다.

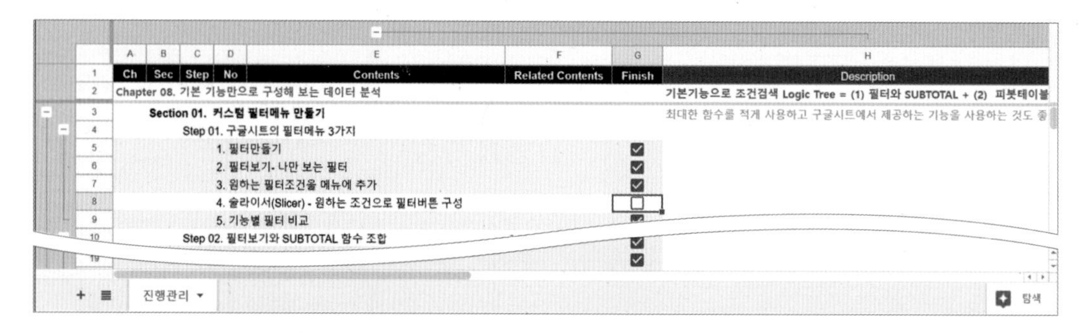

이 책을 집필하는 과정을 실시간으로 모니터링하기 위해 '게이지 차트'를 사용해 보겠습니다. 메뉴에서 [삽입] - [차트]를 선택한 후 '차트 유형'의 '기타'에서 '게이지 차트'를 선택합니다.

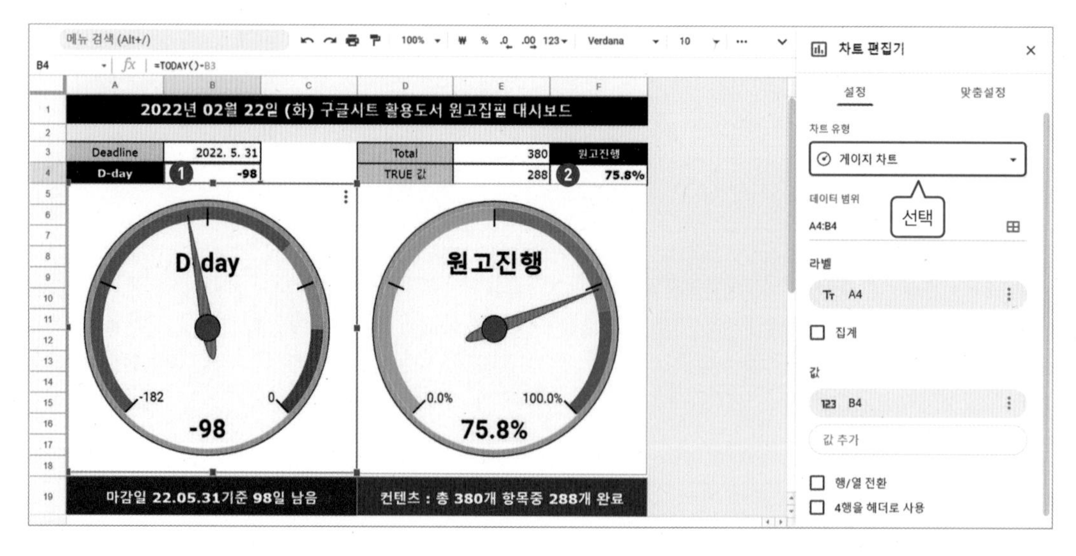

① D-day: [B3] 셀에 마감일을 설정한 후 [B4] 셀에 TODAY 함수로 오늘 날짜를 체크하고 남은 일자를 계산합니다. 그리고 이에 대한 값을 게이지 차트로 구성합니다.

② 원고 진행: 전체 체크박스의 개수와 체크된 TRUE 값의 개수를 비율로 반환하여 구성합니다.

'맞춤설정' 탭에서 게이지 범위에 따른 색상을 설정할 수 있습니다. 예제에서는 진행률을 '%'로 표기하므로 게이지 범위 및 범위 색상의 최솟값과 최댓값을 0~1로 설정합니다.

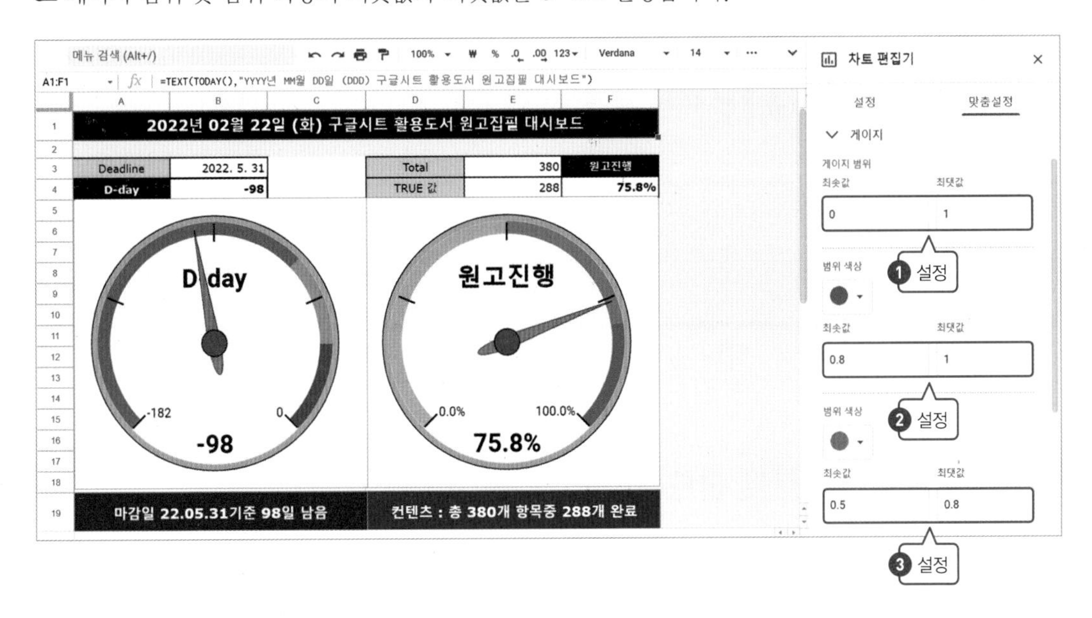

3 · 데이터 비교하기 - 방사형 차트

방사형 차트는 여러 개의 기준점 아래 비교 대상을 겹쳐 그리면 두 항목의 차이를 쉽게 파악할 수 있다는 장점이 있습니다.

다음은 필자가 '관리자의 코칭 능력 평가'에 대한 결과를 방사형 차트로 구성했던 자료입니다. 구글 설문지를 통해 의견을 수렴하고, 그 결괏값을 차트에 반영하면 소속 직원들의 생각과 본부장 본인이 인식하는 생각의 차이를 한 눈에 확인할 수 있습니다.

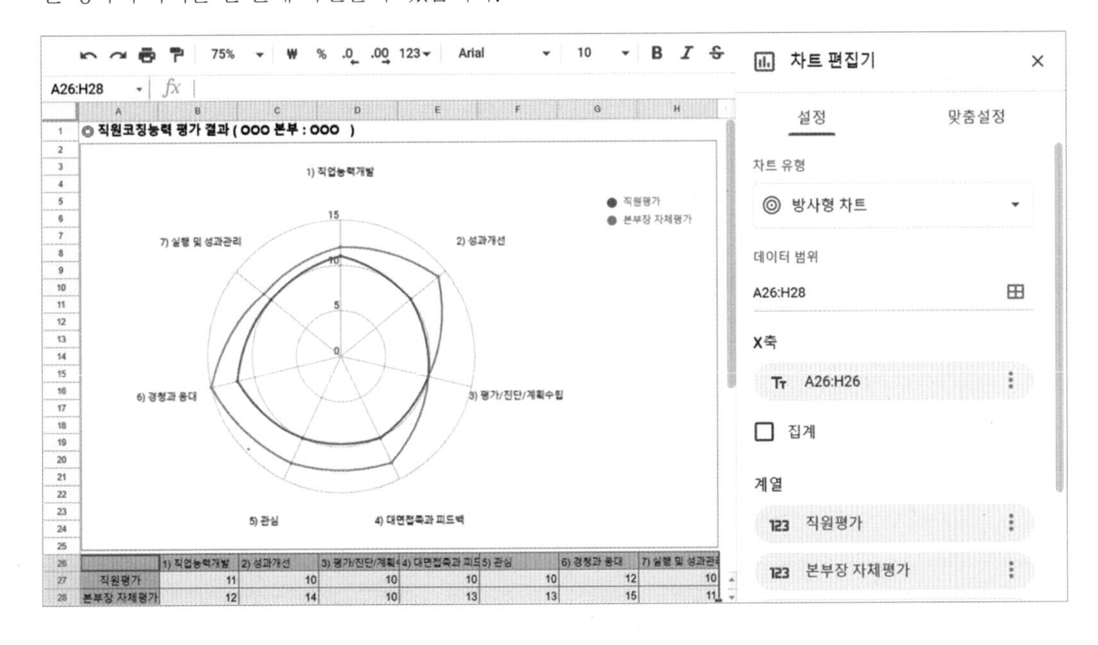

SECTION 3

데이터 시각화의 완성, 실시간 대시보드

이번 섹션에서는 지금까지 설명했던 구글 스프레드시트의 주요 기능/함수들로 어떻게 데이터를 수집 · 가공하고 실시간 대시보드를 구성할 수 있는지 간단한 예제를 통해 알아보겠습니다.

STEP 1 구글 시트로 만드는 실시간 대시보드

예제파일 I 도서목록(A), 도서목록(B), **10-05_도서현황**

순차적으로 사용자들의 데이터 입력을 컨트롤하고 정보를 취합 및 가공하는 과정을 거친 후 대시보드를 통해 데이터를 시각화합니다. 즉, '실시간 대시보드'를 구성하는 것은 데이터 분석의 완성 단계라고 할 수 있으며, 이 책에서 설명한 기능과 함수에 대한 복습이자 실습이라고 생각하면 됩니다.

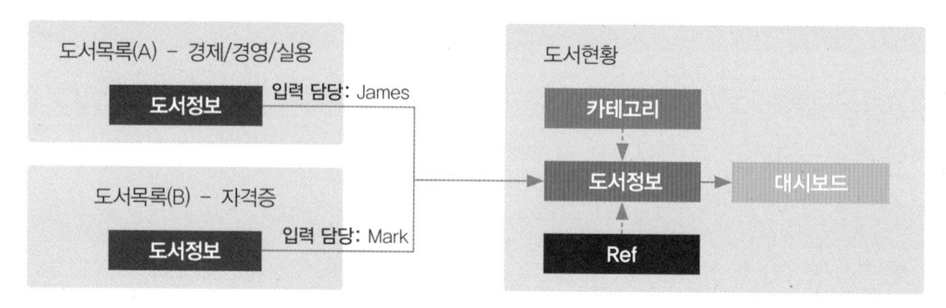

두 명의 사용자로 하여금 매월 도서의 판매량를 입력하도록 하고, 그에 대한 데이터를 실시간으로 수집하여 필요한 정보를 대시보드로 시각화해 보겠습니다.

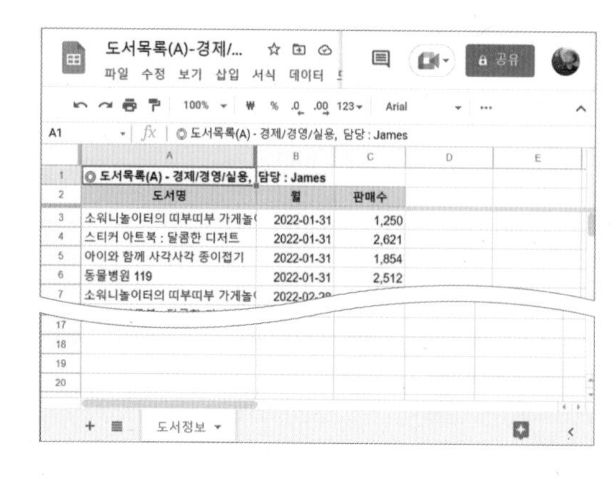

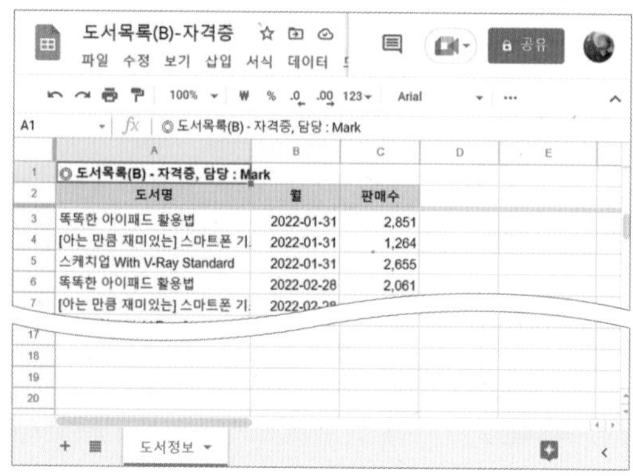

1 · 데이터 오류는 입력부터 관리하기

두 개의 구글 시트 파일에 '도서명', '해당 월', '판매수'를 각각 입력할 때, 해당 도서가 매월 한 번씩만 입력되도록, 즉 '중복 데이터 입력을 방지'하는 작업이 필요합니다.

01 ∕ 원본 데이터 앞에 두 개의 열을 추가합니다.

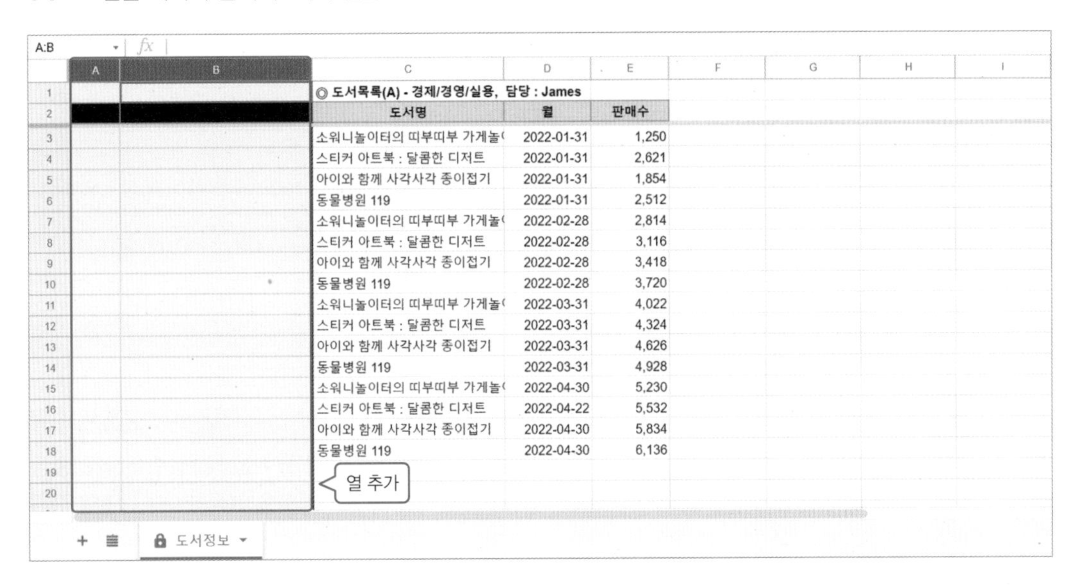

	A	B	C	D	E
1			◎ 도서목록(A) - 경제/경영/실용, 담당 : James		
2			도서명	월	판매수
3			소워니놀이터의 띠부띠부 가게놀	2022-01-31	1,250
4			스티커 아트북 : 달콤한 디저트	2022-01-31	2,621
5			아이와 함께 사각사각 종이접기	2022-01-31	1,854
6			동물병원 119	2022-01-31	2,512
7			소워니놀이터의 띠부띠부 가게놀	2022-02-28	2,814
8			스티커 아트북 : 달콤한 디저트	2022-02-28	3,116
9			아이와 함께 사각사각 종이접기	2022-02-28	3,418
10			동물병원 119	2022-02-28	3,720
11			소워니놀이터의 띠부띠부 가게놀	2022-03-31	4,022
12			스티커 아트북 : 달콤한 디저트	2022-03-31	4,324
13			아이와 함께 사각사각 종이접기	2022-03-31	4,626
14			동물병원 119	2022-03-31	4,928
15			소워니놀이터의 띠부띠부 가게놀	2022-04-30	5,230
16			스티커 아트북 : 달콤한 디저트	2022-04-22	5,532
17			아이와 함께 사각사각 종이접기	2022-04-30	5,834
18			동물병원 119	2022-04-30	6,136

02 ∕ [B3] 셀에 =ARRAYFORMULA(IF(D3:D="","",C3:C & TEXT(D3:D,"YYYYMM")))을 입력하여 '도서명'과 '월'을 조합한 중복 확인 키워드를 생성합니다.

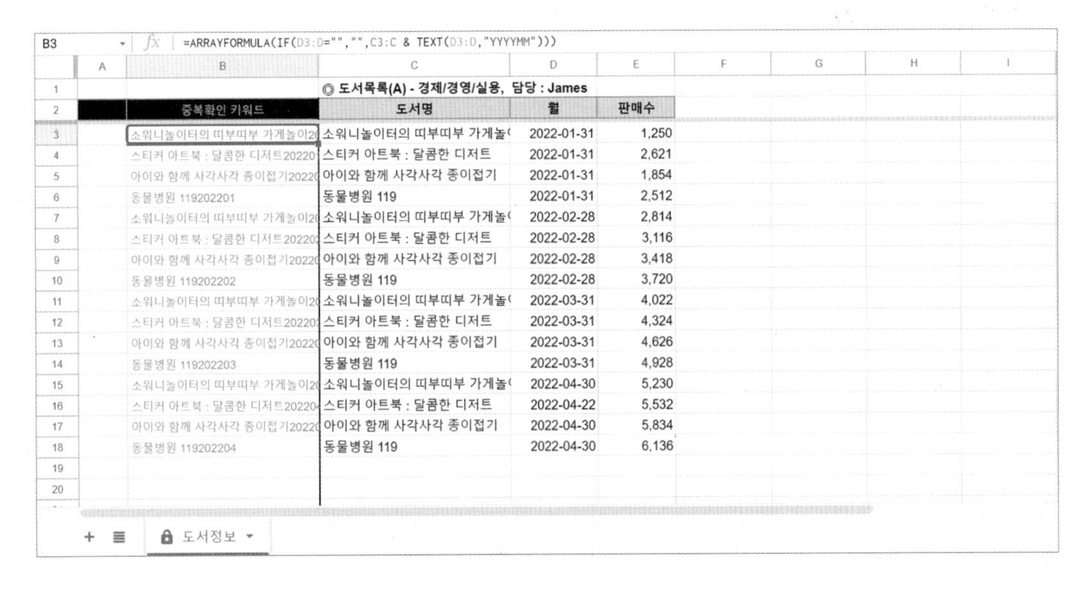

	A	B	C	D	E
1			◎ 도서목록(A) - 경제/경영/실용, 담당 : James		
2		중복확인 키워드	도서명	월	판매수
3		소워니놀이터의 띠부띠부 가게놀이20	소워니놀이터의 띠부띠부 가게놀	2022-01-31	1,250
4		스티커 아트북 : 달콤한 디저트20220	스티커 아트북 : 달콤한 디저트	2022-01-31	2,621
5		아이와 함께 사각사각 종이접기2022	아이와 함께 사각사각 종이접기	2022-01-31	1,854
6		동물병원 119202201	동물병원 119	2022-01-31	2,512
7		소워니놀이터의 띠부띠부 가게놀이20	소워니놀이터의 띠부띠부 가게놀	2022-02-28	2,814
8		스티커 아트북 : 달콤한 디저트20220	스티커 아트북 : 달콤한 디저트	2022-02-28	3,116
9		아이와 함께 사각사각 종이접기2022	아이와 함께 사각사각 종이접기	2022-02-28	3,418
10		동물병원 119202202	동물병원 119	2022-02-28	3,720
11		소워니놀이터의 띠부띠부 가게놀이20	소워니놀이터의 띠부띠부 가게놀	2022-03-31	4,022
12		스티커 아트북 : 달콤한 디저트20220	스티커 아트북 : 달콤한 디저트	2022-03-31	4,324
13		아이와 함께 사각사각 종이접기2022	아이와 함께 사각사각 종이접기	2022-03-31	4,626
14		동물병원 119202203	동물병원 119	2022-03-31	4,928
15		소워니놀이터의 띠부띠부 가게놀이20	소워니놀이터의 띠부띠부 가게놀	2022-04-30	5,230
16		스티커 아트북 : 달콤한 디저트20220	스티커 아트북 : 달콤한 디저트	2022-04-22	5,532
17		아이와 함께 사각사각 종이접기2022	아이와 함께 사각사각 종이접기	2022-04-30	5,834
18		동물병원 119202204	동물병원 119	2022-04-30	6,136

03 ⁄ [A3] 셀에 =ARRAYFORMULA(IF(B3:B="","",COUNTIF($B$3:$B,B3:B)=1))을 입력하여 [B3] 셀에서 생성한 중복 확인 키워드에 대한 중복 여부를 확인합니다.

A3 | fx | =ARRAYFORMULA(IF(B3:B="","",COUNTIF($B$3:$B,B3:B)=1))

	A	B	C	D	E
1			◎ 도서목록(A) - 경제/경영/실용, 담당 : James		
2	중복확인	중복확인 키워드	도서명	월	판매수
3	TRUE	소워니놀이터의 띠부띠부 가게놀이20	소워니놀이터의 띠부띠부 가게놀(	2022-01-31	1,250
4	TRUE	스티커 아트북 : 달콤한 디저트20220	스티커 아트북 : 달콤한 디저트	2022-01-31	2,621
5	TRUE	아이와 함께 사각사각 종이접기2022	아이와 함께 사각사각 종이접기	2022-01-31	1,854
6	TRUE	동물병원 119202201	동물병원 119	2022-01-31	2,512
7	TRUE	소워니놀이터의 띠부띠부 가게놀이20	소워니놀이터의 띠부띠부 가게놀(	2022-02-28	2,814
8	TRUE	스티커 아트북 : 달콤한 디저트20220	스티커 아트북 : 달콤한 디저트	2022-02-28	3,116
9	TRUE	아이와 함께 사각사각 종이접기2022	아이와 함께 사각사각 종이접기	2022-02-28	3,418
10	TRUE	동물병원 119202202	동물병원 119	2022-02-28	3,720
11	TRUE	소워니놀이터의 띠부띠부 가게놀이20	소워니놀이터의 띠부띠부 가게놀(	2022-03-31	4,022
12	TRUE	스티커 아트북 : 달콤한 디저트20220	스티커 아트북 : 달콤한 디저트	2022-03-31	4,324
13	TRUE	아이와 함께 사각사각 종이접기2022	아이와 함께 사각사각 종이접기	2022-03-31	4,626
14	TRUE	동물병원 119202203	동물병원 119	2022-03-31	4,928
15	TRUE	소워니놀이터의 띠부띠부 가게놀이20	소워니놀이터의 띠부띠부 가게놀(	2022-04-30	5,230
16	TRUE	스티커 아트북 : 달콤한 디저트20220	스티커 아트북 : 달콤한 디저트	2022-04-22	5,532
17	TRUE	아이와 함께 사각사각 종이접기2022	아이와 함께 사각사각 종이접기	2022-04-30	5,834
18	TRUE	동물병원 119202204	동물병원 119	2022-04-30	6,136
19					
20					

도서정보

04 ⁄ 데이터의 중복을 체크하기 위해 '조건부 서식'을 적용해 보겠습니다. 형식 규칙을 '맞춤 수식'으로 설정한 후 **=$A3=FALSE**를 입력하고, 서식 지정 스타일을 빨간색 셀 배경 서식으로 설정합니다. A열의 값이 FALSE일 경우 행이 빨간색으로 표시됩니다.

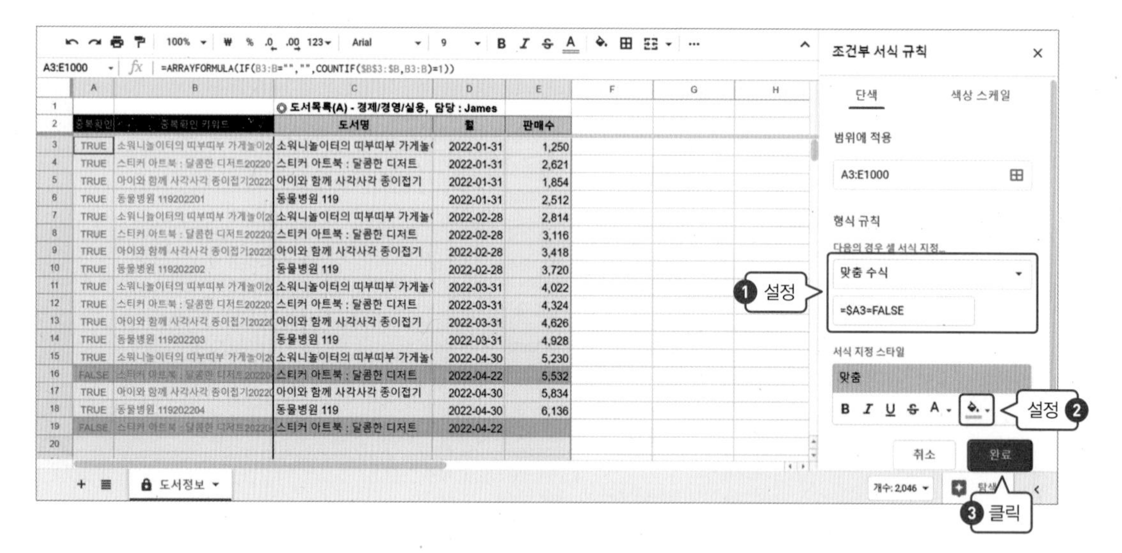

05 ／ '시트 보호'에서 **C3:E1000**을 일부 셀 제외로 설정하여 C~E열에만 입력을 허용하고, 중복 확인을 위한 A열과 B열을 숨김 처리합니다.

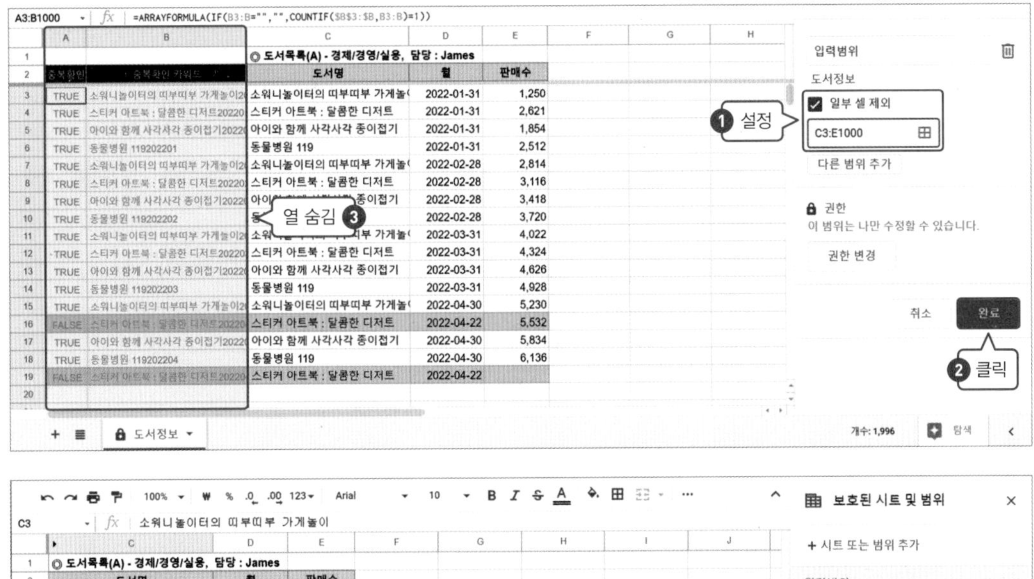

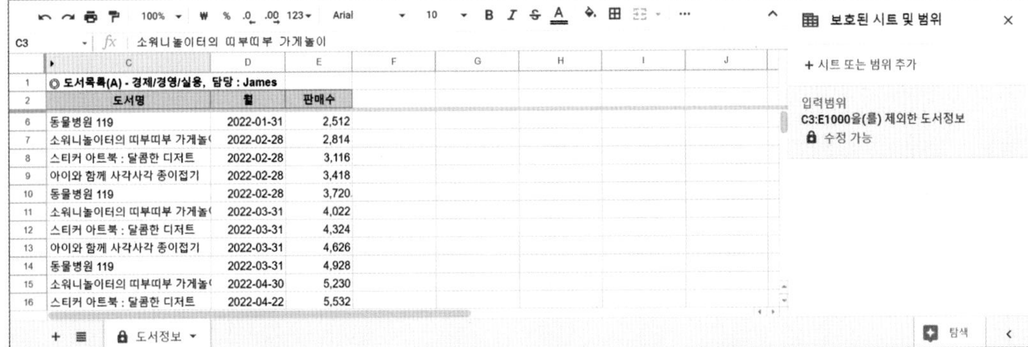

06 ／ '도서목록(B)' 파일에도 동일한 함수와 조건부 서식을 적용합니다.

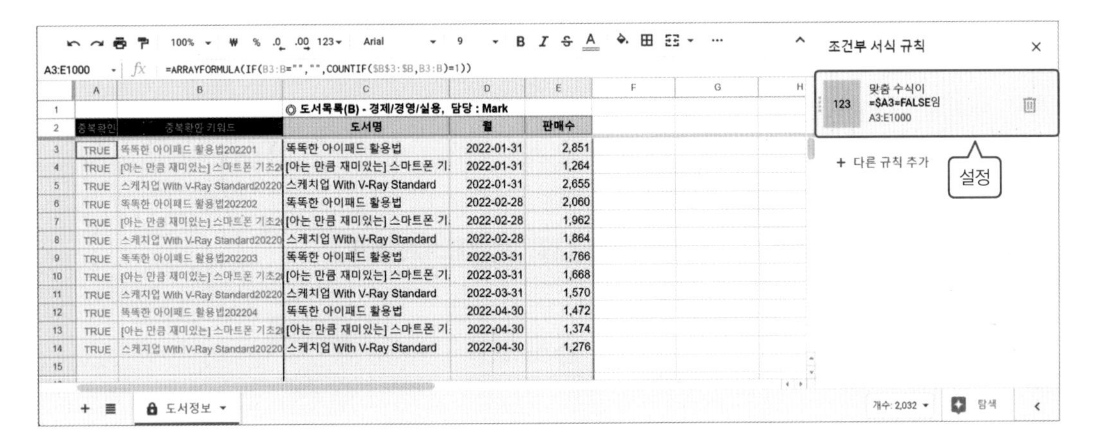

이때 해당 파일의 사본을 생성한 후 작업하면 원본에 적용된 '조건부 서식'과 '시트 보호'를 그대로 사용할 수 있습니다. 따라서 사본을 만들어 파일명만 바꾸고 수정하는 것을 추천합니다.

2 · 필요한 정보는 한 곳으로, IMPORTRANGE 함수

데이터가 입력될 두 개의 구글 시트 파일을 만들었으니, 실시간으로 입력된 데이터를 불러오겠습니다.

01 ⁄ 먼저 '도서현황'이라는 새로운 파일을 만듭니다. '도서정보(A)/(B)' 파일로부터 도서목록을 불러올 '도서정보' 시트를 추가합니다.

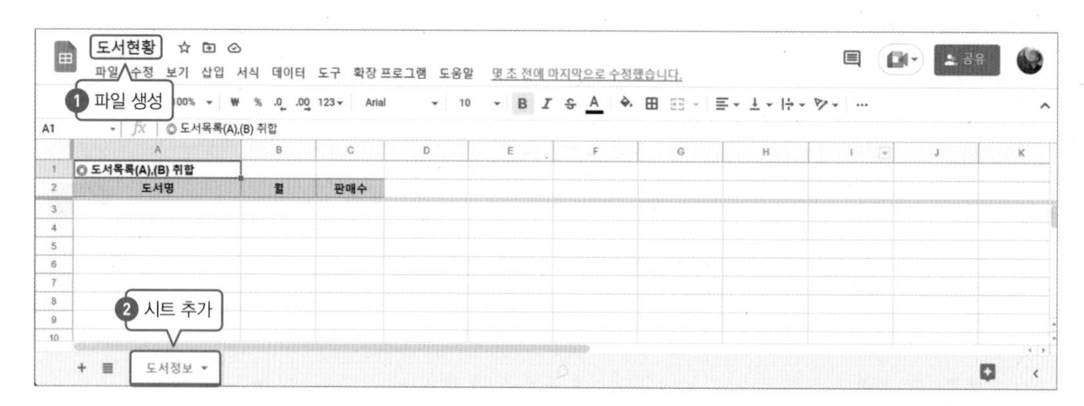

02 ⁄ IMPORTRANGE 함수를 통해 연결된 시트가 맞는지 체크하기 위해 'Ref' 시트를 추가합니다.

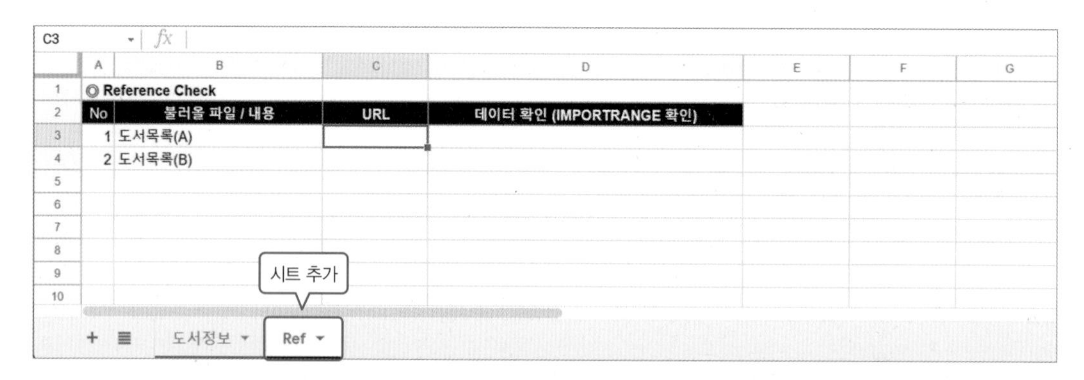

03 ⁄ 'Ref' 시트에 '도서목록(A)/(B)' 두 파일의 URL 주소를 입력하고, `=IMPORTRANGE(C4,"도서정보!C1")`를 입력해 데이터가 올바르게 연결되었는지 확인합니다.

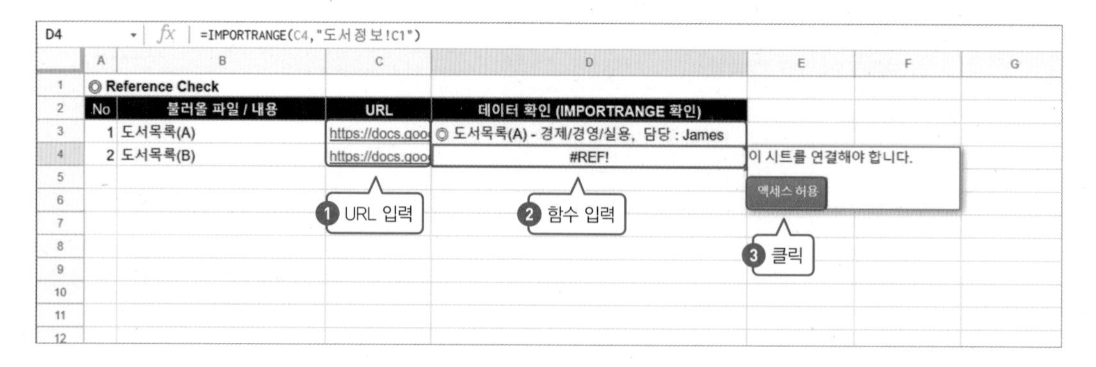

04 ⁄ 불러온 도서목록의 카테고리를 자동으로 구분하기 위해 도서명과 카테고리가 정리된 '카테고리' 시트를 추가합니다.

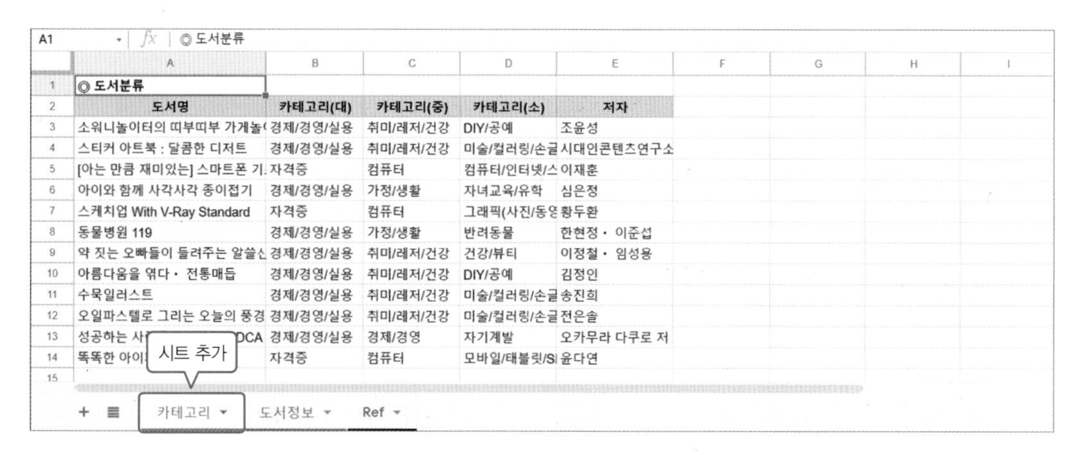

A1 | ◎ 도서분류

◎ 도서분류

도서명	카테고리(대)	카테고리(중)	카테고리(소)	저자
소워니놀이터의 띠부띠부 가게놀(	경제/경영/실용	취미/레저/건강	DIY/공예	조윤성
스티커 아트북 : 달콤한 디저트	경제/경영/실용	취미/레저/건강	미술/컬러링/손글	시대인콘텐츠연구소
[아는 만큼 재미있는] 스마트폰 기	자격증	컴퓨터	컴퓨터/인터넷/스	이재훈
아이와 함께 사각사각 종이접기	경제/경영/실용	가정/생활	자녀교육/유학	심은정
스케치업 With V-Ray Standard	자격증	컴퓨터	그래픽(사진/동영	황두환
동물병원 119	경제/경영/실용	가정/생활	반려동물	한현정 · 이준섭
약 짓는 오빠들이 들려주는 알쓸신	경제/경영/실용	취미/레저/건강	건강/뷰티	이정철 · 임성용
아름다움을 엮다 · 전통매듭	경제/경영/실용	취미/레저/건강	DIY/공예	김정인
수묵일러스트	경제/경영/실용	취미/레저/건강	미술/컬러링/손글	송진희
오일파스텔로 그리는 오늘의 풍경	경제/경영/실용	취미/레저/건강	미술/컬러링/손글	전은솔
성공하는 사 … DCA	경제/경영/실용	경제/경영	자기계발	오카무라 다쿠로 저
똑똑한 아이 …	자격증	컴퓨터	모바일/태블릿/SI	윤다연

3 · 함수를 이용한 데이터 편집과 재가공

01 ⁄ '도서목록(A)/(B)' 파일의 데이터를 불러오겠습니다. [A3] 셀에 `=QUERY({IMPORTRANGE(Ref!C3,"도서정보!C3:E");IMPORTRANGE(Ref!C4,"도서정보!C3:E")},"SELECT * WHERE Col1 IS NOT NULL",0)`을 입력합니다.

A3 | =QUERY({IMPORTRANGE(Ref!C3,"도서정보!C3:E");IMPORTRANGE(Ref!C4,"도서정보!C3:E")},"SELECT * WHERE Col1 IS NOT NULL",0)

◎ 도서목록(A),(B) 취합

도서명	월	판매수
소워니놀이터의 띠부띠부 가게놀(	2022-01-31	1,250
스티커 아트북 : 달콤한 디저트	2022-01-31	2,621
아이와 함께 사각사각 종이접기	2022-01-31	1,854
동물병원 119	2022-01-31	2,512
소워니놀이터의 띠부띠부 가게놀(	2022-02-28	2,814
스티커 아트북 : 달콤한 디저트	2022-02-28	3,116
아이와 함께 사각사각 종이접기	2022-02-28	3,418
동물병원 119	2022-02-28	3,720
소워니놀이터의 띠부띠부 가게놀(	2022-03-31	4,022
스티커 아트북 : 달콤한 디저트	2022-03-31	4,324

카테고리 · 도서정보 · Ref

02 ⁄ [D3] 셀에 `=IFERROR(ARRAYFORMULA(VLOOKUP(A3:A,'카테고리'!$A$3:$D,{2,3,4},0)))`을 입력하여 데이터를 불러온 후 '카테고리' 시트에 있는 데이터와 매칭시켜 자동으로 입력되도록 합니다.

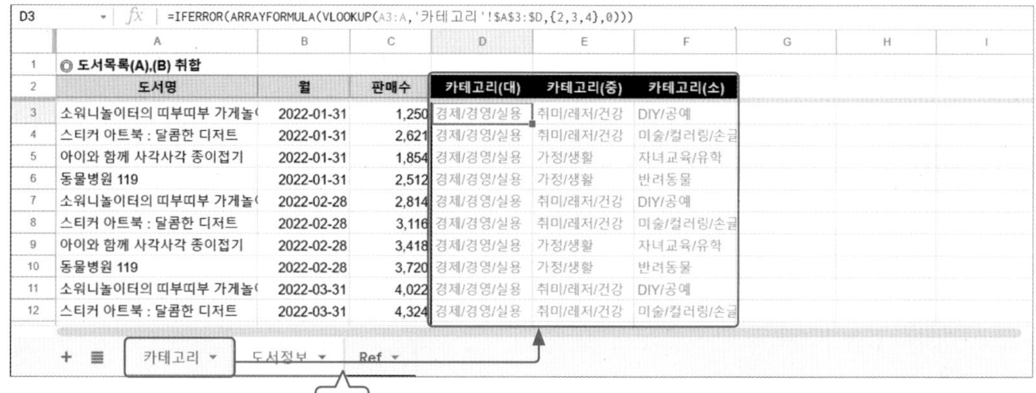

D3 | =IFERROR(ARRAYFORMULA(VLOOKUP(A3:A,'카테고리'!$A$3:$D,{2,3,4},0)))

◎ 도서목록(A),(B) 취합

도서명	월	판매수	카테고리(대)	카테고리(중)	카테고리(소)
소워니놀이터의 띠부띠부 가게놀(	2022-01-31	1,250	경제/경영/실용	취미/레저/건강	DIY/공예
스티커 아트북 : 달콤한 디저트	2022-01-31	2,621	경제/경영/실용	취미/레저/건강	미술/컬러링/손글
아이와 함께 사각사각 종이접기	2022-01-31	1,854	경제/경영/실용	가정/생활	자녀교육/유학
동물병원 119	2022-01-31	2,512	경제/경영/실용	가정/생활	반려동물
소워니놀이터의 띠부띠부 가게놀(	2022-02-28	2,814	경제/경영/실용	취미/레저/건강	DIY/공예
스티커 아트북 : 달콤한 디저트	2022-02-28	3,116	경제/경영/실용	취미/레저/건강	미술/컬러링/손글
아이와 함께 사각사각 종이접기	2022-02-28	3,418	경제/경영/실용	가정/생활	자녀교육/유학
동물병원 119	2022-02-28	3,720	경제/경영/실용	가정/생활	반려동물
소워니놀이터의 띠부띠부 가게놀(	2022-03-31	4,022	경제/경영/실용	취미/레저/건강	DIY/공예
스티커 아트북 : 달콤한 디저트	2022-03-31	4,324	경제/경영/실용	취미/레저/건강	미술/컬러링/손글

03 ⟋ H~I열에 '도서별 누적 판매수'를 계산하기 위해 [H2] 셀에 `=QUERY(A2:C,"SELECT A,SUM(C) WHERE A IS NOT NULL GROUP BY A ORDER BY SUM(C) LABEL SUM(C) '누적판매수'",1)`을 입력합니다.

H2 | fx | =QUERY(A2:C,"SELECT A,SUM(C) WHERE A IS NOT NULL GROUP BY A ORDER BY SUM(C) LABEL SUM(C) '누적판매수'",1)

	A	B	C	D	E	F	G	H	I	J
1	◎ 도서목록(A),(B) 취합							◎ 도서별 누적 판매수		
2	도서명	월	판매수	카테고리(대)	카테고리(중)	카테고리(소)		도서명	누적판매수	
3	소워니놀이터의 띠부띠부 가게놀(	2022-01-31	1,250	경제/경영/실용	취미/레저/건강	DIY/공예		[아는 만큼 재미있는] 스마트폰 기	6,270	
4	스티커 아트북 : 달콤한 디저트	2022-01-31	2,621	경제/경영/실용	취미/레저/건강	미술/컬러링/손글		스케치업 With V-Ray Standard	7,367	
5	아이와 함께 사각사각 종이접기	2022-01-31	1,854	경제/경영/실용	가정/생활	자녀교육/유학		똑똑한 아이패드 활용법	8,151	
6	동물병원 119	2022-01-31	2,512	경제/경영/실용	가정/생활	반려동물		소워니놀이터의 띠부띠부 가게놀(	13,317	
7	소워니놀이터의 띠부띠부 가게놀(	2022-02-28	2,814	경제/경영/실용	취미/레저/건강	DIY/공예		스티커 아트북 : 달콤한 디저트	15,594	
8	스티커 아트북 : 달콤한 디저트	2022-02-28	3,116	경제/경영/실용	취미/레저/건강	미술/컬러링/손글		아이와 함께 사각사각 종이접기	15,733	
9	아이와 함께 사각사각 종이접기	2022-02-28	3,418	경제/경영/실용	가정/생활	자녀교육/유학		동물병원 119	17,297	
10	동물병원 119	2022-02-28	3,720	경제/경영/실용	가정/생활	반려동물				
11	소워니놀이터의 띠부띠부 가게놀(	2022-03-31	4,022	경제/경영/실용	취미/레저/건강	DIY/공예				
12	스티커 아트북 : 달콤한 디저트	2022-03-31	4,324	경제/경영/실용	취미/레저/건강	미술/컬러링/손글				

+ ≣ 카테고리 ▾ 도서정보 ▾ Ref ▾

불러온 데이터에 대해
동일한 도서명끼리 그룹하여 합산

03 과정에서 사용된 QUERY 함수 구문은 ① 동일한 '도서명'끼리 그룹화되어 판매수의 합산을 반환(`SUM(C), GROUP BY A`)한 후 ② 그 데이터를 합계 기준 오름차순(`ORDER BY SUM(C)`)으로 정렬하고 ③ 합계가 반환되는 열의 헤더명을 '누적판매수'로 지정(`LABEL SUM(C) '누적판매수'`)하는 구성입니다. 이 구성은 QUERY 함수 대신, UNIQUE와 SUMIF 함수를 조합하여 만들 수도 있습니다.

4 · 데이터 시각화에서 대시보드의 기준 설정 - 목적/목표/지표

시각화의 목적은 '데이터를 기반으로 하는 의사결정'이라고 언급했습니다. 즉, 회사나 조직이 움직이는 데 필요한 정보를 제공하는 것입니다. 따라서 **데이터 시각화에는 기준이 되는 정확한 '목표'와 '지표'가 있어야 합니다.** '목적'이 추상적인 표현이라면, '목표'는 목적을 구체화/수치화한 것이며, '지표'란 목표를 명확히 측정하기 위한 기준입니다.

예제에 적용해 보겠습니다. 우선 '경제/경영/실용'의 올해 누적 판매수를 '30만 부', '자격증'을 '10만 부'로 목표치를 설정할 수 있습니다. 여기서의 지표는 매월 달성해야 할 수치로, 가이드라인을 12개월로 설정하고 실제 결과 추이를 모니터링하여 평가할 수 있습니다. 데이터의 성격에 따라 지표의 '기준'을 잡는 방법에 차이가 있지만, 어떤 식으로든지 '정성적'이기보다는 '정량적'으로 잡는 것이 좋습니다.

5 · 정보의 종류에 따른 시각화 방법 선택하기

마지막으로 보여 주고자 하는 정보에 적합한 시각화를 적용하여 대시보드를 구성합니다. 예제에서 '게이지 차트'와 '선 그래프'를 사용한 것처럼, 시각화 과정에서 가장 중요한 포인트는 정보의 성격에 따라 자료를 보는 사람, 즉 의사결정자가 가장 빠르고 손쉽게 파악할 수 있도록 구성하는 것입니다.

01 ⁄ 대시보드를 구성할 '대시보드' 시트를 추가합니다.

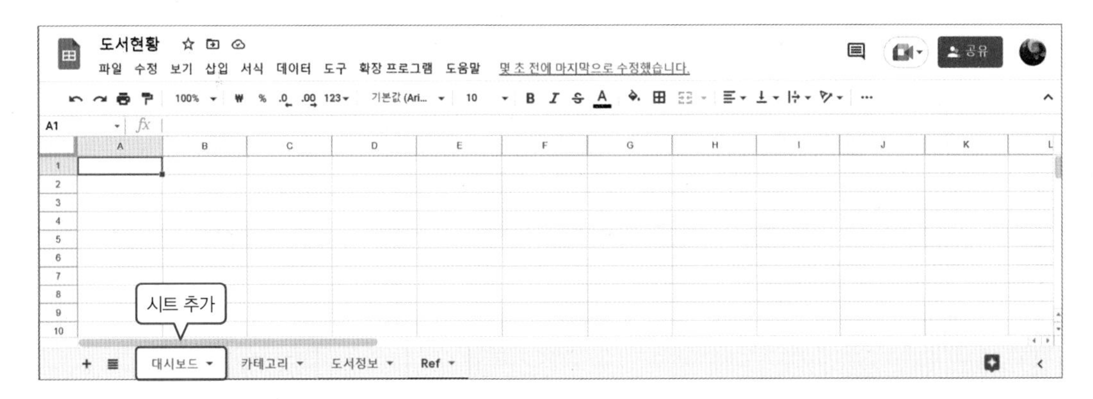

02 ⁄ 대시보드를 깔끔하게 구성하기 위해 메뉴에서 [보기] – [표시]를 선택한 후 [격자선]을 선택 해제합니다.

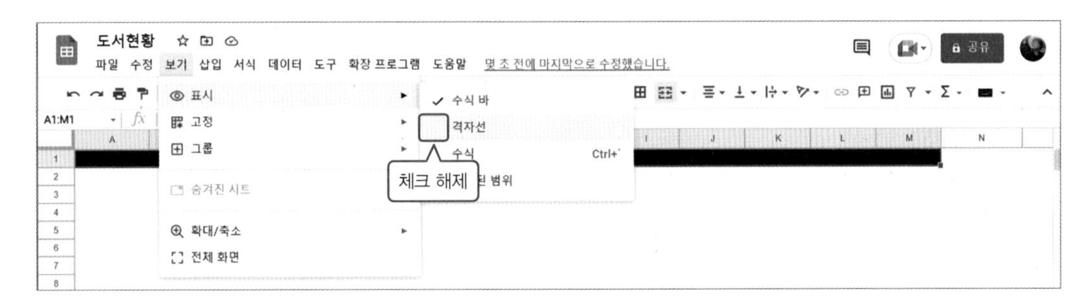

03 ⁄ [A1] 셀에 =TEXT(TODAY(),"YYYY년 MM월 DD일(DDDD) 도서판매 현황")을 입력하여 항상 오늘 날짜를 기준으로 대시보드 제목이 표시되도록 구성합니다.

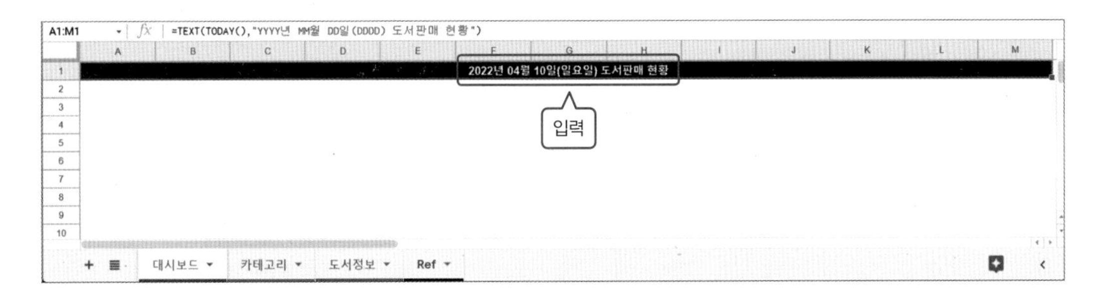

04 ⁄ 누적판매수량 표를 만들고, 카테고리별로 판매량을 계산하기 위해 C열에 =SUMIFS('도서정보'!$C$3:$C,'도서정보'!$D$3:$D,A4)를 입력합니다.

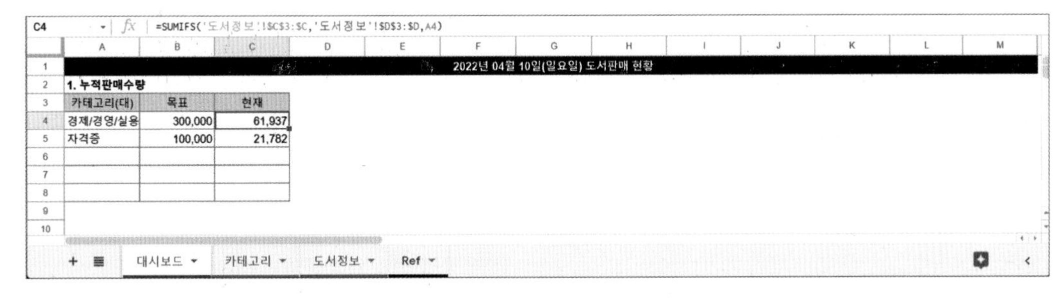

ref. 조건이 하나이므로 SUMIF 함수를 사용해도 되지만, 다른 ***IFS 함수들과 인수 순서가 동일한 SUMIFS 함수에 익숙해지면 다른 함수 사용 시에도 혼동을 줄일 수 있습니다.

05 ⁄ 계산한 현재 판매수량을 목표치로 나누어(=C4/B4) 달성률(%)을 표시하고, '차트 유형'에서 '게이지 차트'를 선택하여 데이터를 시각화합니다.

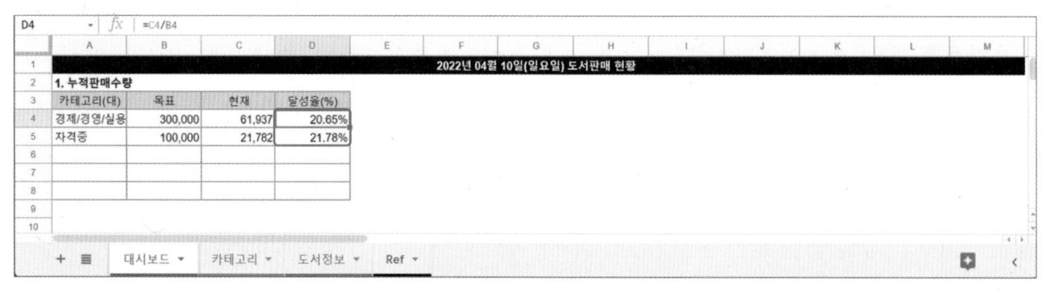

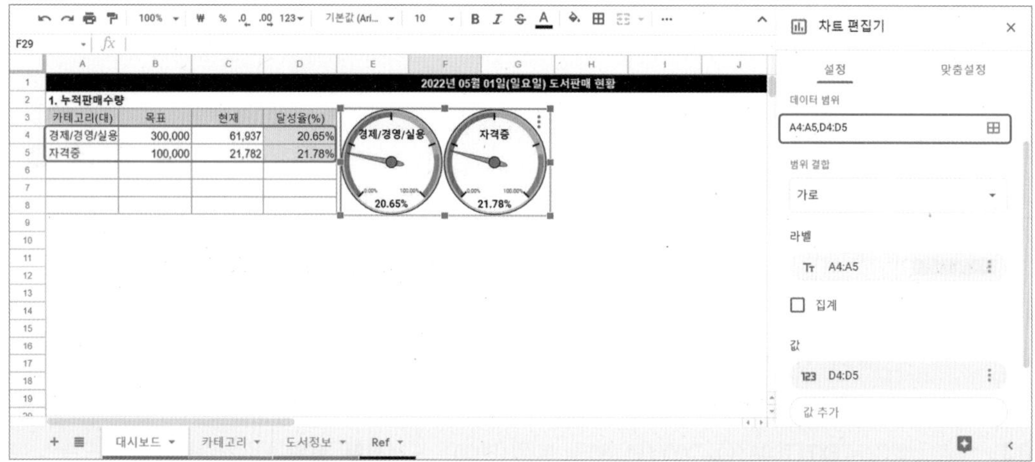

06 ⁄ '달성률(%)'이 표시된 셀에 '조건부 서식'의 '색상 스케일' 옵션을 걸어 100%에 가까워질수록 셀 배경색이 진한 초록색이 되도록 설정합니다.

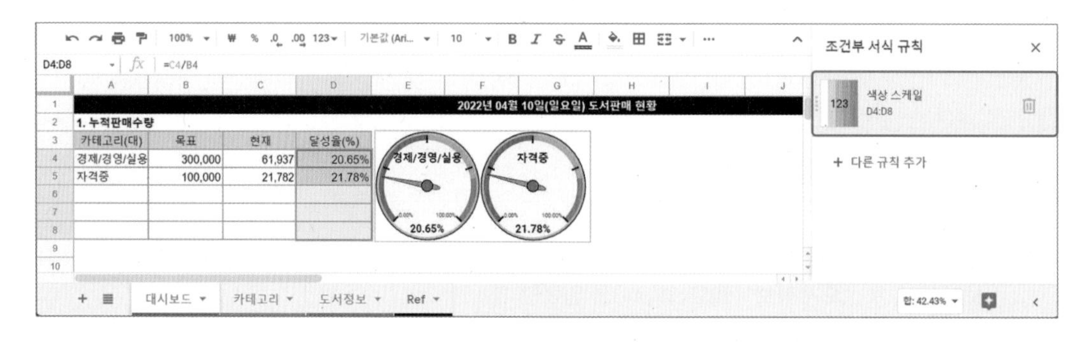

07 ⁄ 매월 누적 판매수에 대한 설정값과 현재 판매수량을 비교하기 위해 '도서정보' 시트의 [G3] 셀에 =ARRAYFORMULA(IF(B3:B="","",MONTH(B3:B)&"월"))을 입력하여 월 구분을 반환하는 함수를 추가로 적용합니다.

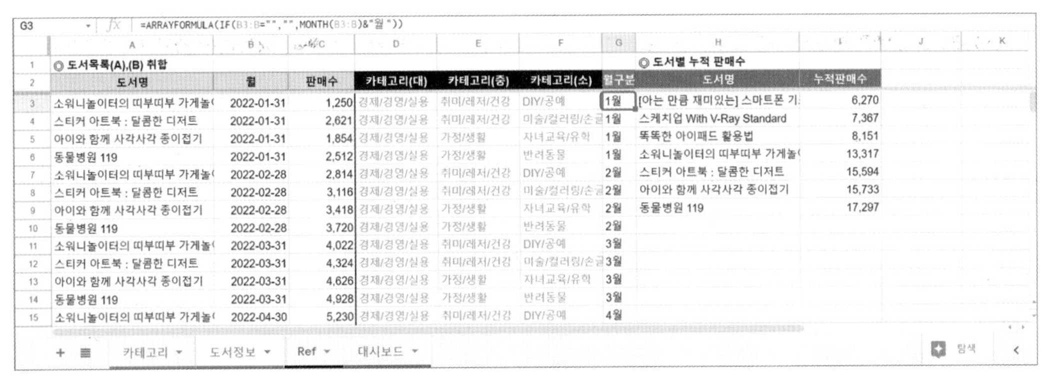

	A	B	C	D	E	F	G	H	I
1	◎ 도서목록(A),(B) 취합							◎ 도서별 누적 판매수	
2	도서명	월	판매수	카테고리(대)	카테고리(중)	카테고리(소)	월구분	도서명	누적판매수
3	소워니놀이터의 띠부띠부 가계놀(	2022-01-31	1,250	경제/경영/실용	취미/레저/건강	DIY/공예	1월	[아는 만큼 재미있는] 스마트폰 기	6,270
4	스티커 아트북 : 달콤한 디저트	2022-01-31	2,621	경제/경영/실용	취미/레저/건강	미술/컬러링/손글	1월	스케치업 With V-Ray Standard	7,367
5	아이와 함께 사각사각 종이접기	2022-01-31	1,854	경제/경영/실용	가정/생활	자녀교육/유학	1월	뚝뚝한 아이패드 활용법	8,151
6	동물병원 119	2022-01-31	2,512	경제/경영/실용	가정/생활	반려동물	1월	소워니놀이터의 띠부띠부 가계놀(	13,317
7	소워니놀이터의 띠부띠부 가계놀(	2022-02-28	2,814	경제/경영/실용	취미/레저/건강	DIY/공예	2월	스티커 아트북 : 달콤한 디저트	15,594
8	스티커 아트북 : 달콤한 디저트	2022-02-28	3,116	경제/경영/실용	취미/레저/건강	미술/컬러링/손글	2월	아이와 함께 사각사각 종이접기	15,733
9	아이와 함께 사각사각 종이접기	2022-02-28	3,418	경제/경영/실용	가정/생활	자녀교육/유학	2월	동물병원 119	17,297
10	동물병원 119	2022-02-28	3,720	경제/경영/실용	가정/생활	반려동물	2월		
11	소워니놀이터의 띠부띠부 가계놀(	2022-03-31	4,022	경제/경영/실용	취미/레저/건강	DIY/공예	3월		
12	스티커 아트북 : 달콤한 디저트	2022-03-31	4,324	경제/경영/실용	취미/레저/건강	미술/컬러링/손글	3월		
13	아이와 함께 사각사각 종이접기	2022-03-31	4,626	경제/경영/실용	가정/생활	자녀교육/유학	3월		
14	동물병원 119	2022-03-31	4,928	경제/경영/실용	가정/생활	반려동물	3월		
15	소워니놀이터의 띠부띠부 가계놀(	2022-04-30	5,230	경제/경영/실용	취미/레저/건강	DIY/공예	4월		

ref. MONTH 함수 대신 TEXT 함수를 사용해도 됩니다. =ARRAYFORMULA(IF(B3:B="","",TEXT(B3:B,"M월")))

08 ⁄ 월별 판매 누적수의 값을 계산하여 선 그래프를 구성해 보겠습니다. =IF(SUMIFS('도서정보'!$C$3:$C,'도서정보'!$G$3:$G,B10)=0,"",SUMIFS('도서정보'!$C$3:$C,'도서정보'!$G$3:$G,B10))을 입력하여 아직 데이터가 없는 월에 대해 그래프가 0 값을 그리는 것을 방지합니다.

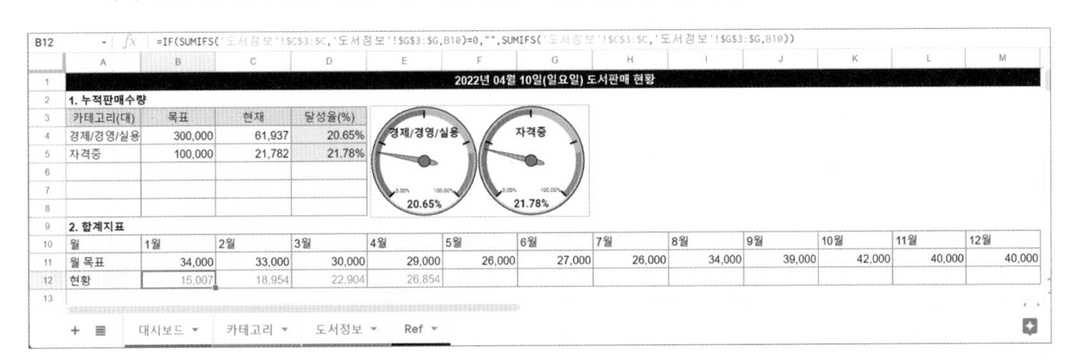

2022년 04월 10일(일요일) 도서판매 현황

1. 누적판매수량

카테고리(대)	목표	현재	달성율(%)
경제/경영/실용	300,000	61,937	20.65%
자격증	100,000	21,782	21.78%

2. 합계지표

월	1월	2월	3월	4월	5월	6월	7월	8월	9월	10월	11월	12월
월 목표	34,000	33,000	30,000	29,000	26,000	27,000	26,000	34,000	39,000	42,000	40,000	40,000
현황	15,007	18,954	22,904	26,854								

09 ⁄ 계산된 합계지표(A10:M12)를 '데이터 범위'로 하는 선 그래프를 삽입하고, 원하는 형태로 편집합니다.

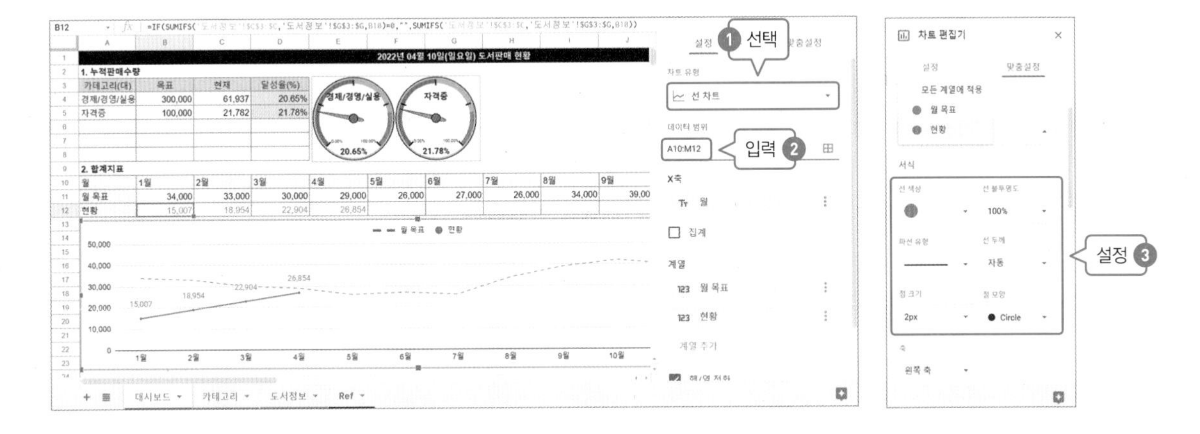

10 ⁄ 메뉴의 [보기] – [표시]에서 [수식바]를 선택 해제하고, 다시 [보기] – [전체 화면]을 선택합니다. 마지막으로 F11 키를 눌러 크롬 브라우저도 전체 화면 보기로 설정합니다.

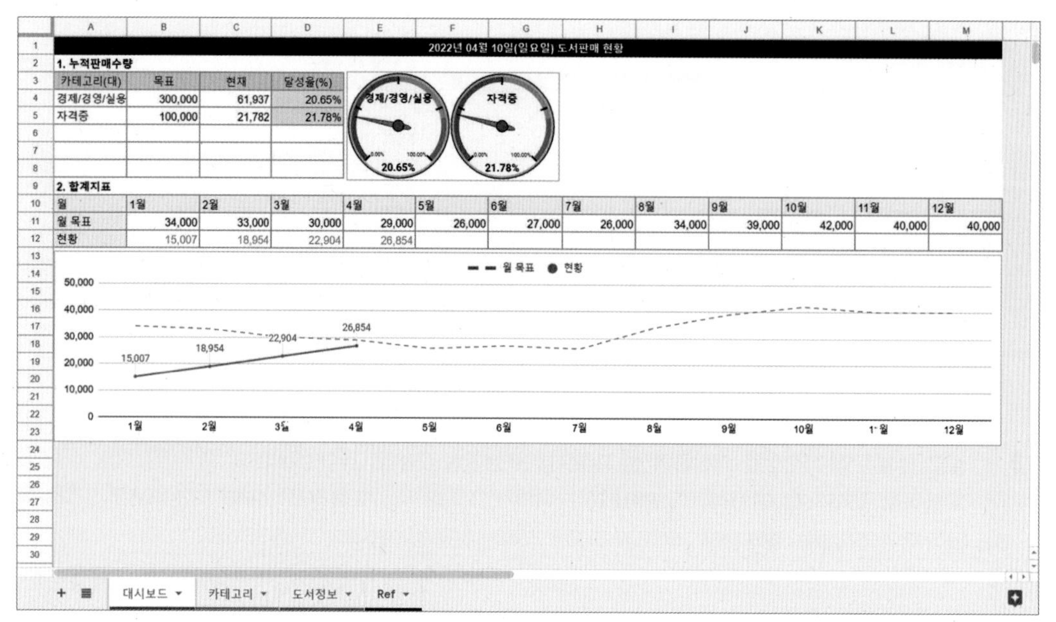

ref. 구글 시트를 대시보드로 활용하려면 화면에 보이는 메뉴 도구를 모두 숨기고 데이터 영역만 전체 화면에 보이도록 하는 것이 좋습니다.

잊지 말아야 할 것은 **대시보드가 실시간 정보를 반영**한다는 사실입니다. 데이터를 입력하는 두 개의 구글 시트 파일 '도서목록(A)/(B)'에 데이터가 추가되면 곧바로 업데이트된 정보가 대시보드에 나타납니다.

6 · 시각화 도구 비교 - 구글 시트/데이터 스튜디오/앱시트

앞에서 구글 시트를 사용해 '대시보드'를 구성해 보았습니다. 이외에도 구글에서 제공하는 다양한 플랫폼 중에 구글 시트를 소스로 하여 데이터 시각화를 구성할 수 있는 도구들이 있는데, 대표적으로 '데이터 스튜디오(DataStudio)'와 '앱시트(AppSheet)'가 있습니다.

다음은 실제 회사에서 구글 시트에 입력된 데이터를 기반으로 대시보드를 구성한 화면입니다.

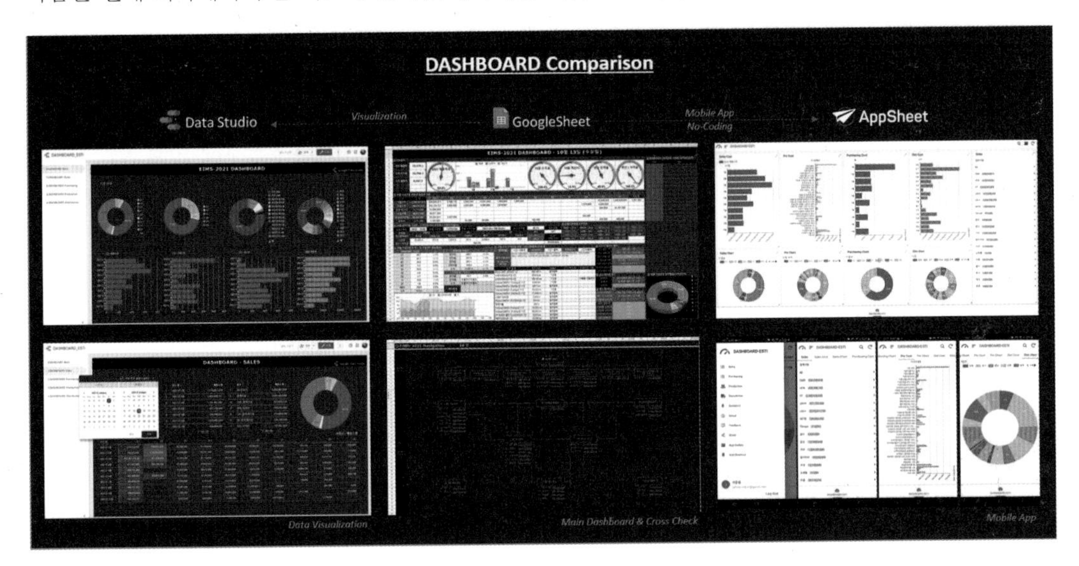

중앙의 두 화면이 '구글 시트'로 구성한 대시보드이고, 좌측이 '데이터 스튜디오', 우측이 '앱시트'로 구성한 대시보드입니다. 각각 어떤 장단점이 있는지 비교해 보겠습니다.

▪ 구글 시트 – 메인 대시보드

구글 시트의 장점인 셀 단위 구성을 활용해 하나의 화면 안에 많은 정보를 넣을 수 있습니다. 차트와 표 외에도 '조건부 서식을 이용한 신호등 시스템', '문자열 조합을 이용한 메시지 구성' 등을 통해 기획한 모든 것들을 실시간으로 표시할 수 있습니다. 또한, 백그라운드에서 여러 개의 구글 시트를 거쳐 가공된 데이터도 실시간으로 업데이트되어 대시보드에 반영됩니다.

이와 같은 이유로 메인 대시보드는 구글 시트를 사용하는 것이 좋습니다.

▪ 데이터 스튜디오 – 보고용 대시보드

데이터 스튜디오는 구글에서 만든 데이터 시각화 도구로, 여러 개의 페이지를 설정하여 세부적인 대시보드를 구성할 수 있습니다. 구글 시트를 데이터 소스로 연결하기만 하면 파워포인트처럼 화면을 편집하기 쉽고, 다양한 컨트롤 패널을 추가하여 대화형 대시보드(Interactive Dashboard)를 쉽게 구성할 수 있습니다. 또한, 이메일 전송 예약 기능이 있어 대시보드를 보고서 형식으로 구성해 두면 설정한 시간에 규칙적으로 PDF 보고서를 생성하여 자동 발송할 수 있습니다.

한편, 로딩 속도가 구글 시트에 비해 상대적으로 느리고, 실시간이 아니라 15분 간격으로 업데이트되기 때문에 모니터링 용도보다는 필요할 때마다 원하는 조건에 대한 데이터를 확인하거나 자동 보고서 발송용으로 사용하는 것을 권장합니다.

■ 앱시트 – 모바일 대시보드

앱시트는 구글 시트를 데이터 소스로 하여 모바일 앱으로 변환할 수 있는 확장 도구입니다. 구글 시트나 데이터 스튜디오가 PC처럼 큰 화면에 맞춰진 반면, 앱시트는 스마트폰이나 태블릿 등 모바일 환경에 적용하기 좋게 구성되어 있습니다. 특히 구글 시트의 데이터를 '읽기 모드'로 구성하면 데이터가 반영되는 속도가 굉장히 빨라집니다. 또한, 코딩을 사용하는 앱스 스크립트 작업 없이도 여러 가지 자동화 기능을 추가할 수 있다는 장점이 있습니다. 그러나 앱시트는 구글 시트와 데이터 스튜디오에 비해 상대적으로 다루기 어렵기 때문에 사용 방법을 필히 숙지하고 사용하는 것이 좋습니다.

SECTION

4 데이터 스튜디오로 만드는 대화형 대시보드

이번 섹션에서는 '데이터 스튜디오'로 대화형 대시보드를 구성해 보겠습니다. 데이터 스튜디오의 소개 차원으로, '구글 시트의 데이터로 시각화 보고서를 만들 수 있다'는 정도로만 참고하면 되겠습니다.

STEP 1 구글 시트 데이터 연결하기

예제파일 | 10-05_도서현황

데이터 스튜디오를 사용하기 위해 먼저 구글 시트 대시보드 구성에 사용했던 파일에 워크시트를 새로 추가합니다. 이후 작업 과정은 구글 시트 자체에서 시각화하는 순서와 동일합니다.

① 데이터 스튜디오에 연결할 'DS' 시트를 추가합니다.
② [A3] 셀에 IMPORTRANGE 함수와 QUERY 함수를 사용해 '도서목록(A)/(B)'의 데이터를 불러옵니다.

```
=QUERY({IMPORTRANGE(Ref!C3,"도서정보!C3:E");IMPORTRANGE(Ref!C4,"도서정보!C3:E")},"SELECT * WHERE Col1 IS NOT NULL",0)
```

③ [D3] 셀에 VLOOKUP 함수를 사용하여, 불러온 도서명에 대한 카테고리가 자동으로 입력되도록 합니다.

```
=IFERROR(ARRAYFORMULA(VLOOKUP(A3:A,'카테고리'!$A$3:$D,{2,3,4},0)))
```

A3 | fx | =QUERY({IMPORTRANGE(Ref!C3,"도서정보!C3:E");IMPORTRANGE(Ref!C4,"도서정보!C3:E")},"SELECT * WHERE Col1 IS NOT NULL",0)

	A	B	C	D	E	F	G	H	I
1	◎ 도서목록(A),(B) 취합								
2	도서명	월	판매수	카테고리(대)	카테고리(중)	카테고리(소)			
3	소워니놀이터의 띠부띠부 가게놀	2022-01-31	1,250	경제/경영/실용	취미/레저/건강	DIY/공예			
4	스티커 아트북 : 달콤한 디저트	2022-01-31	2,621	경제/경영/실용	취미/레저/건강	미술/컬러링/손글			
5	아이와 함께 사각사각 종이접기	2022-01-31	1,854	경제/경영/실용	가정/생활	자녀교육/유학			
6	동물병원 119	2022-01-31	2,512	경제/경영/실용	가정/생활	반려동물			
7	소워니놀이터의 띠부띠부 가게놀	2022-02-28	2,814	경제/경영/실용	취미/레저/건강	DIY/공예			
8	스티커 아트북 : 달콤한 디저트	2022-02-28	3,116	경제/경영/실용	취미/레저/건강	미술/컬러링/손글			
9	아이와 함께 사각사각 종이접기	2022-02-28	3,418	경제/경영/실용	가정/생활	자녀교육/유학			
10	동물병원 119	2022-02-28	3,720	경제/경영/실용	가정/생활	반려동물			
11	소워니놀이터의 띠부띠부 가게놀	2022-03-31	4,022	경제/경영/실용	취미/레저/건강	DIY/공예			
12	스티커 아트북 : 달콤한 디저트	2022-03-31	4,324	경제/경영/실용	취미/레저/건강	미술/컬러링/손글			
13	아이와 함께 사각사각 종이접기	2022-03-31	4,626	경제/경영/실용	가정/생활	자녀교육/유학			

+ ≣ 카테고리 ▾ 도서정보 ▾ Ref ▾ 대시보드 ▾ DS ▾ 〈 시트 추가

이제 구글 시트 데이터를 데이터 스튜디오로 시각화하는 과정을 간단하게 살펴보겠습니다.

1 • 데이터 스튜디오 들어가기

구글 검색창에 '데이터 스튜디오'를 검색하거나 주소창에 URL(https://datastudio.google.com/)을 입력하여 데이터 스튜디오를 실행할 수 있습니다. 처음 사용 시에는 '계정 설정' 창에서 국가를 설정한 후 이메일 동의 확인을 마쳐야 정상적으로 접속됩니다.

첫 화면에서 '빈 보고서'를 클릭하거나 좌측 메뉴의 [만들기] - [데이터 소스]를 선택합니다.

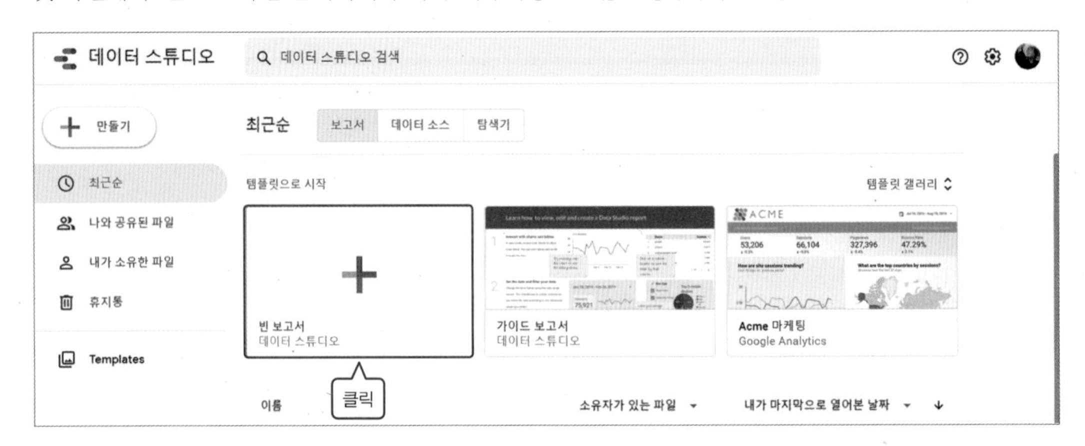

'보고서에 데이터 추가' 창에서 연결할 데이터 소스로 'Google Sheets'를 선택합니다. 구글 시트 연결에 대한 승인 권한 요청 메시지가 표시되면 [승인] 버튼을 클릭합니다

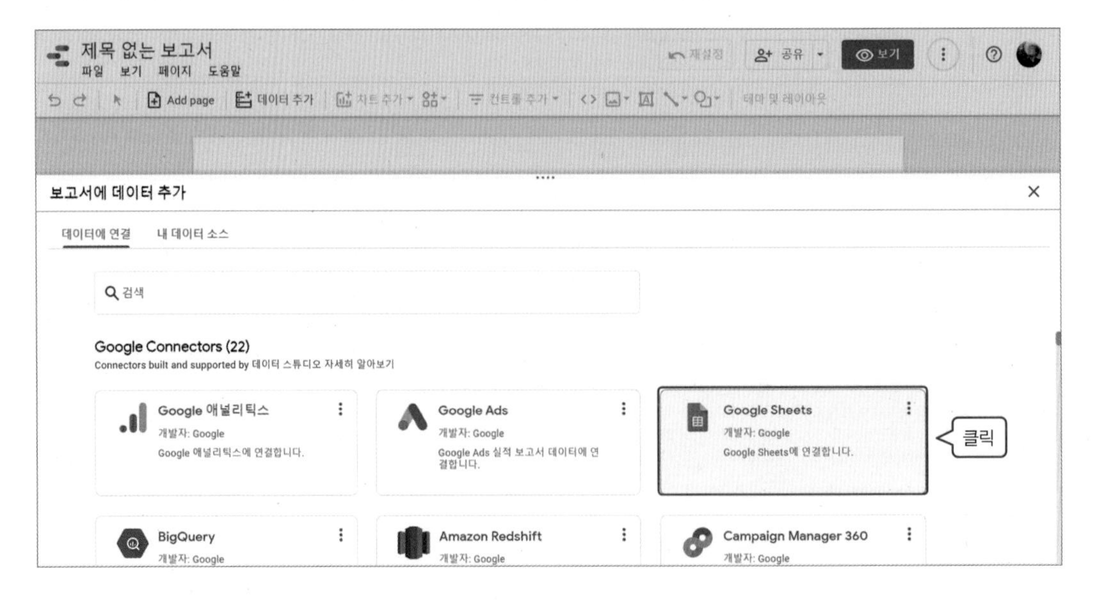

2 · 구글 시트 연결하기

데이터 스튜디오에 연결할 구글 시트 파일과 워크시트를 선택합니다. 예제의 2행에 해당 데이터에 대한 헤더가 위치하므로 범위를 **A2:F**로 지정하고, [추가] 버튼을 클릭하여 보고서 편집 화면으로 이동합니다.

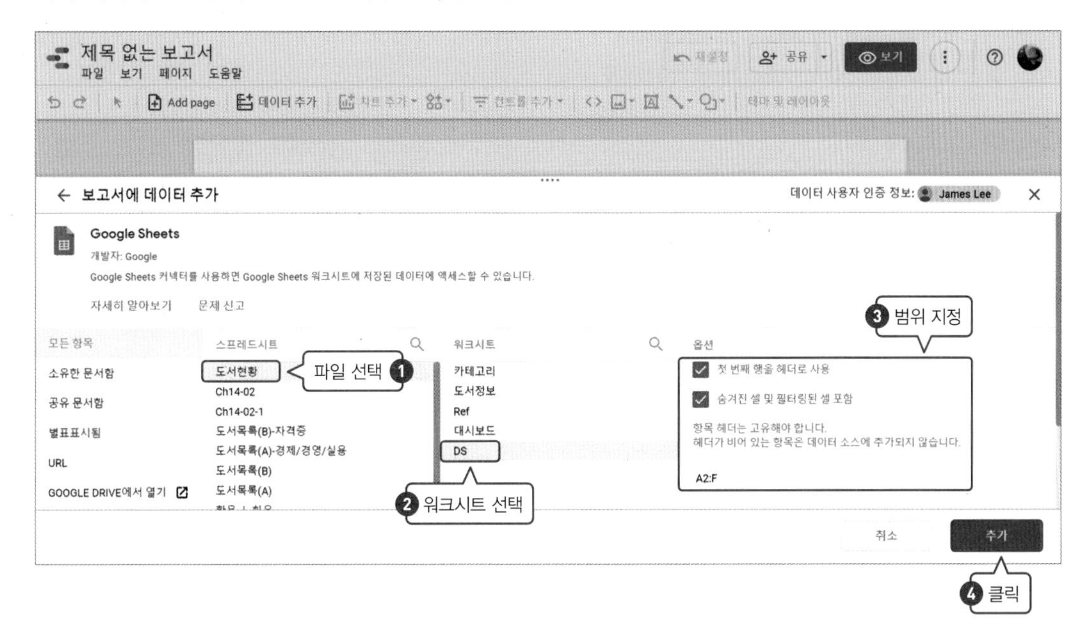

STEP 2 보고서 구성하기

보고서 화면의 중앙에는 편집 화면이, 상단에는 메뉴바가 위치해 있고, 우측에는 측정기준이나 항목을 설정하는 설정 창이 위치합니다.

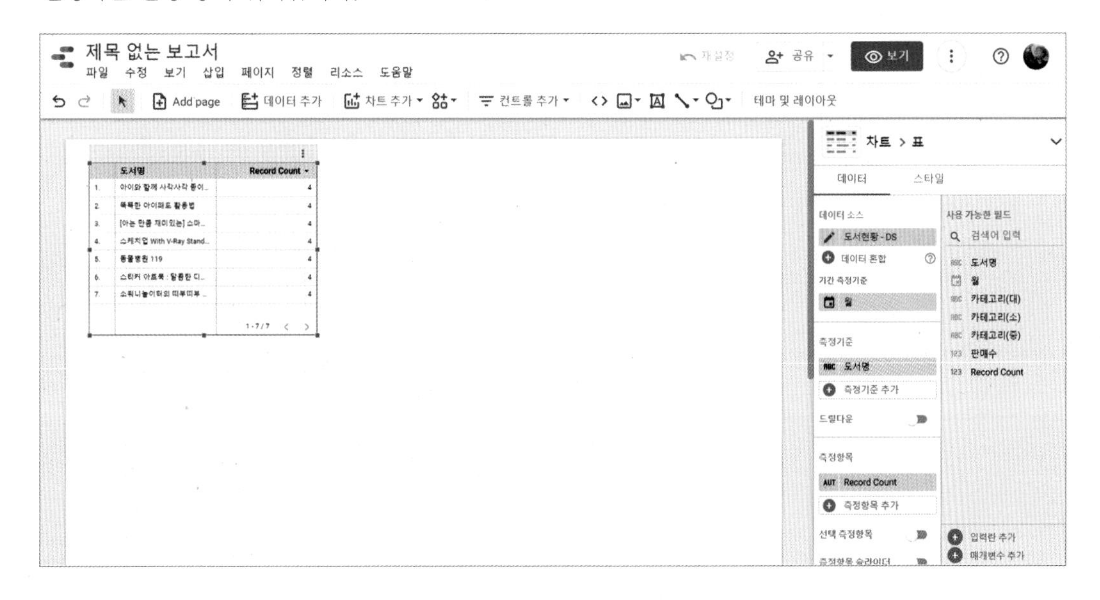

1 • 측정기준과 항목 설정하기

차트는 기본값이 표로 설정되어 있습니다. 우리에게 필요한 것은 '카테고리(대)'에 따른 '누적판매수'이므로 우측의 '데이터' 탭에서 '측정기준'을 '카테고리(대)'로, '측정항목'을 '판매수'로 변경합니다. 데이터를 바꾸려면 우측의 '사용 가능한 필드'의 항목을 마우스로 드래그하거나 기존에 설정된 기준과 항목을 제거한 후 '추가' 아이콘(⊕)을 클릭해 추가합니다.

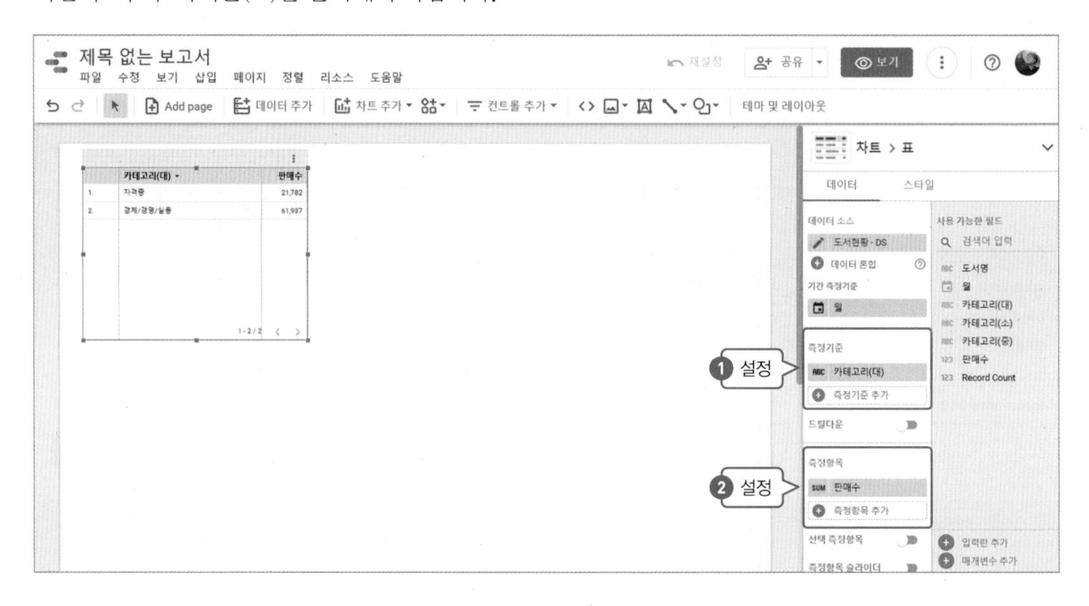

2 • 차트 추가하기

전체 월별 누적판매를 표현할 차트를 추가해 보겠습니다. 메뉴의 [차트 추가] – [시계열 차트]를 선택하면 차트가 추가로 생성됩니다.

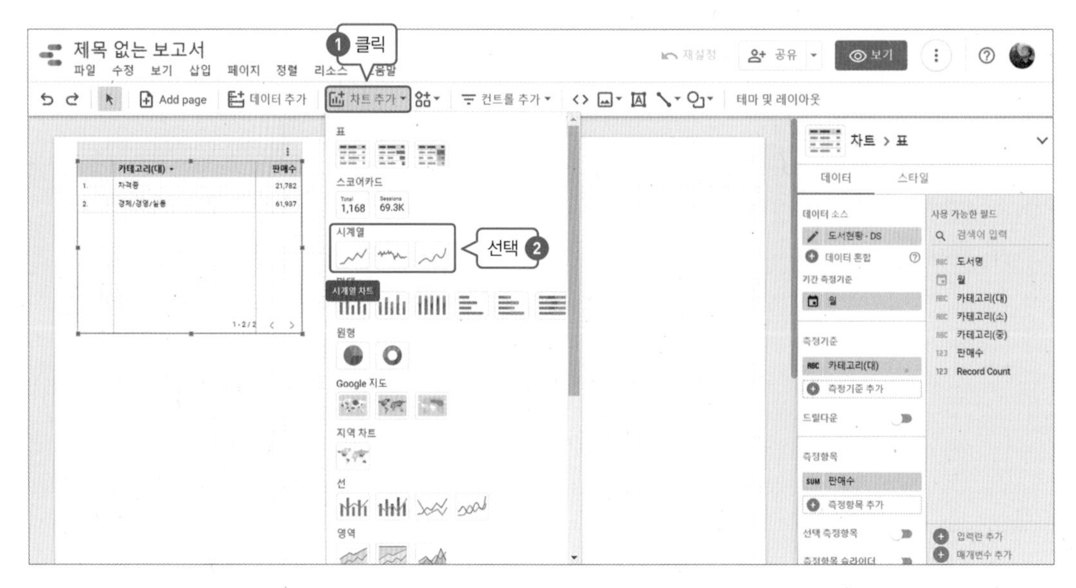

원하는 위치와 크기로 차트를 조정하고 측정기준과 항목을 설정합니다. 전체 판매수에 대해 월 단위 그래프를 그려야 하므로 '측정기준'의 '월' 항목에서 '캘린더' 아이콘(📅)을 클릭하고 [날짜 및 시간] - [월]을 선택합니다.

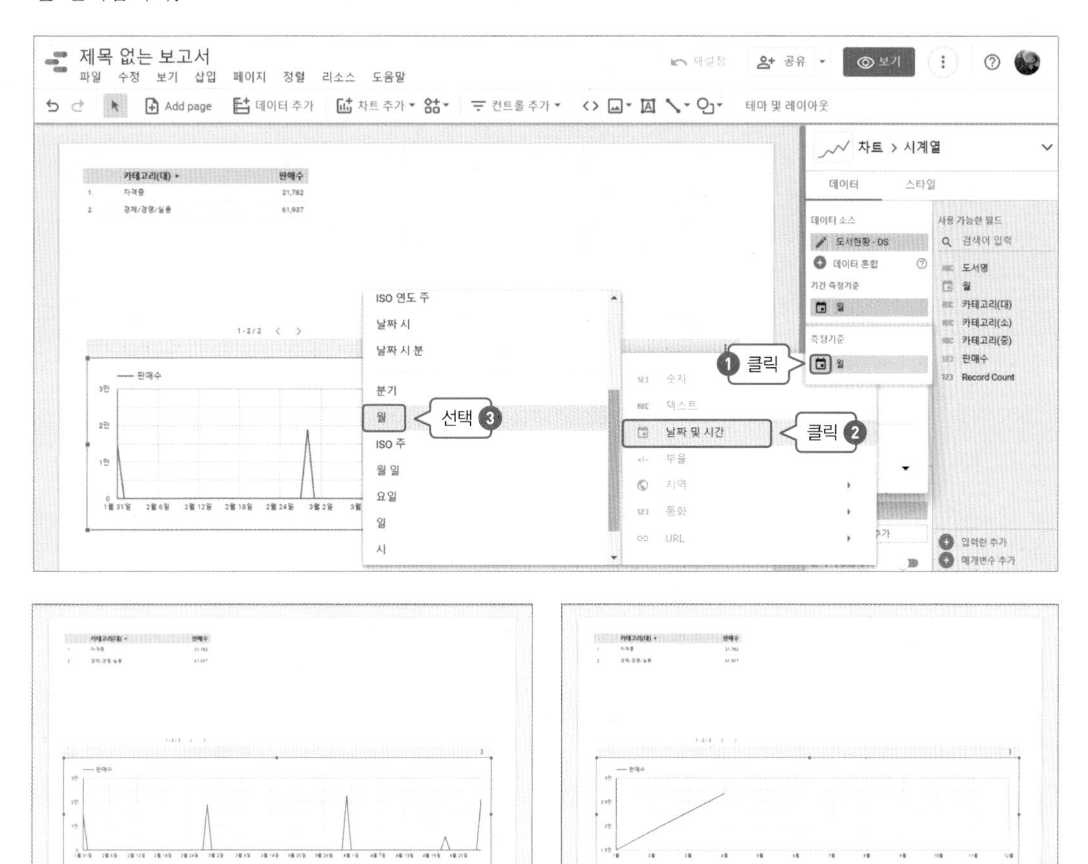

▲ 변경 전

▲ 변경 후

3 · 컨트롤 추가하기

데이터 스튜디오의 장점 중 하나는 다양한 컨트롤을 추가하여 '대화형 대시보드'를 구성할 수 있다는 것입니다. 메뉴에서 [컨트롤 추가] - [드롭다운 목록]을 선택합니다.

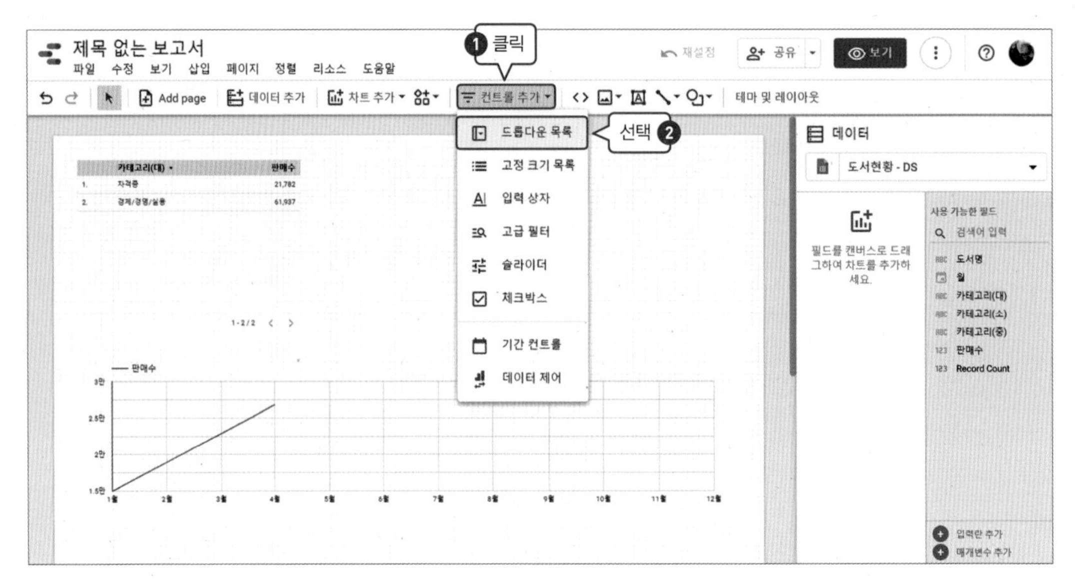

'컨트롤 필드'를 '카테고리(대)'로 설정합니다. 드롭다운 목록에서 특정 항목을 선택하면 표와 시계열 차트값이 모두 업데이트됩니다.

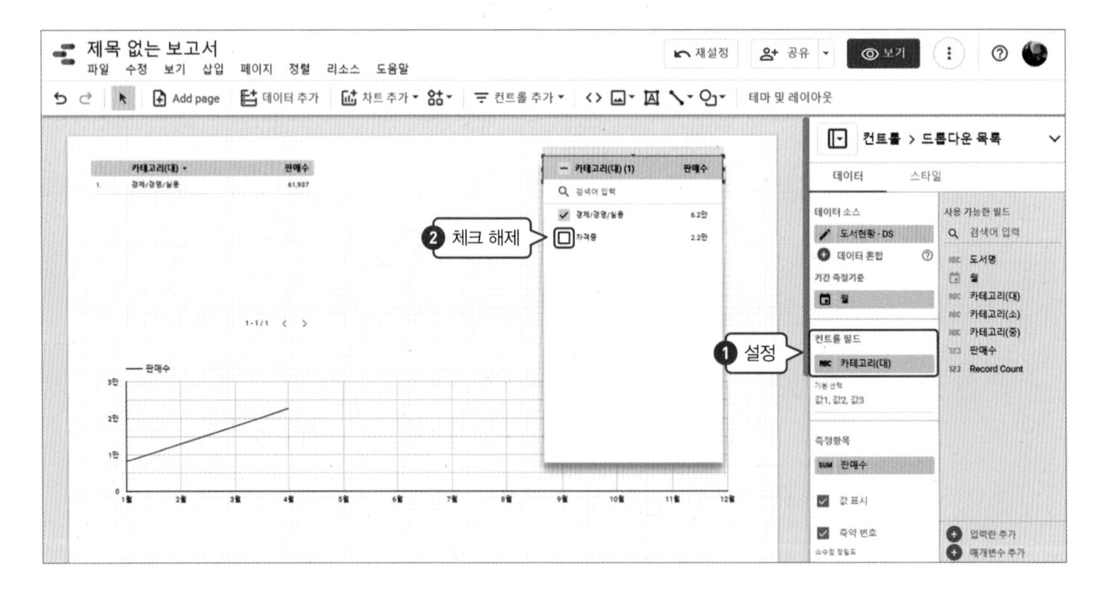

리본메뉴의 [컨트롤 추가]를 클릭해 '카테고리(중)'과 '카테고리(소)'를 드롭다운 목록으로 추가 삽입하고, [차트 추가]에서 '표'를 추가하여 목록에서 도서명과 판매수 항목이 표시되도록 합니다. 이렇게 생성된 세 개의 드롭다운 목록에서 선택된 항목의 결괏값은 두 개의 표와 시계열 차트에 자동으로 반영되어 표시됩니다.

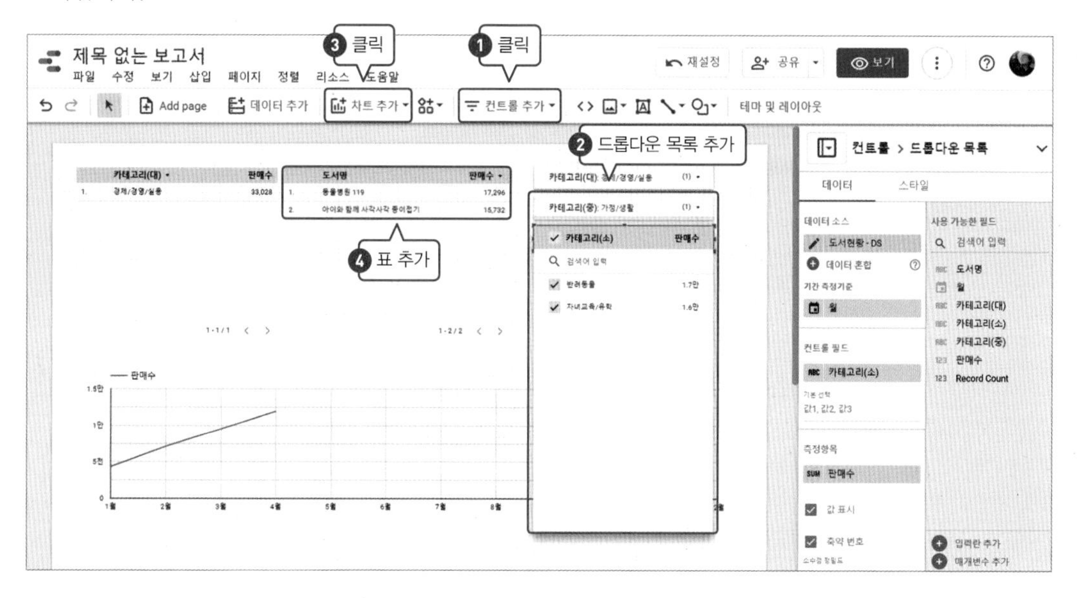

4 · 보고서 디자인하기

메뉴에서 [테마 및 레이아웃]을 선택하면 나타나는 '테마 및 레이아웃' 창에서 캔버스의 크기, 색상 등을 지정할 수 있습니다. 텍스트(A)나 도형(○), 이미지(□)도 리본메뉴의 아이콘을 클릭해 삽입할 수 있습니다. 좌측 상단의 보고서 제목 부분을 클릭하면 보고서의 제목을 변경할 수 있습니다.

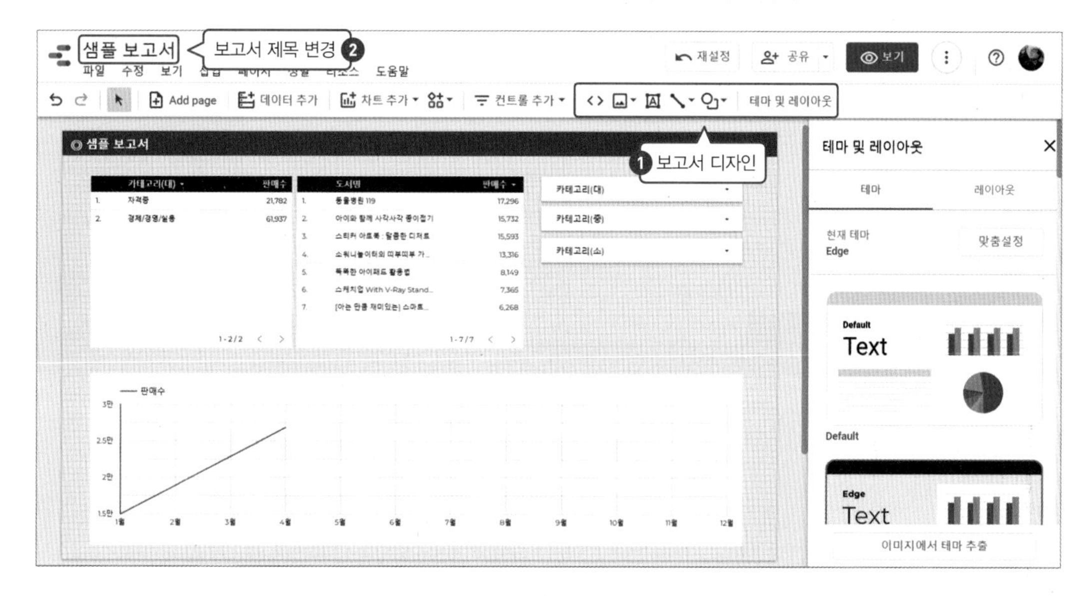

5 · 사용자 공유 및 보고서 이메일 전송 예약하기

데이터 스튜디오에서도 구글 시트와 동일하게 [공유] 버튼을 클릭해 사용자를 초대하거나 URL 주소를 통한 인터넷 공유를 할 수 있습니다.

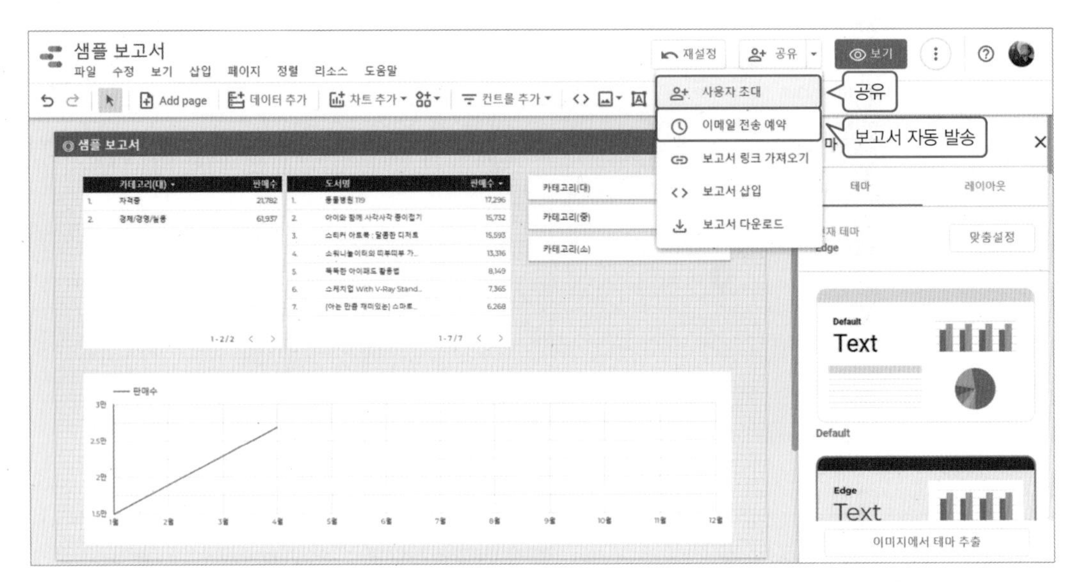

또한, '이메일 전송 예약' 기능을 사용하면 설정한 시간에 반복적으로 PDF로 변환된 보고서가 이메일로 파일 첨부되어 자동 발송됩니다.

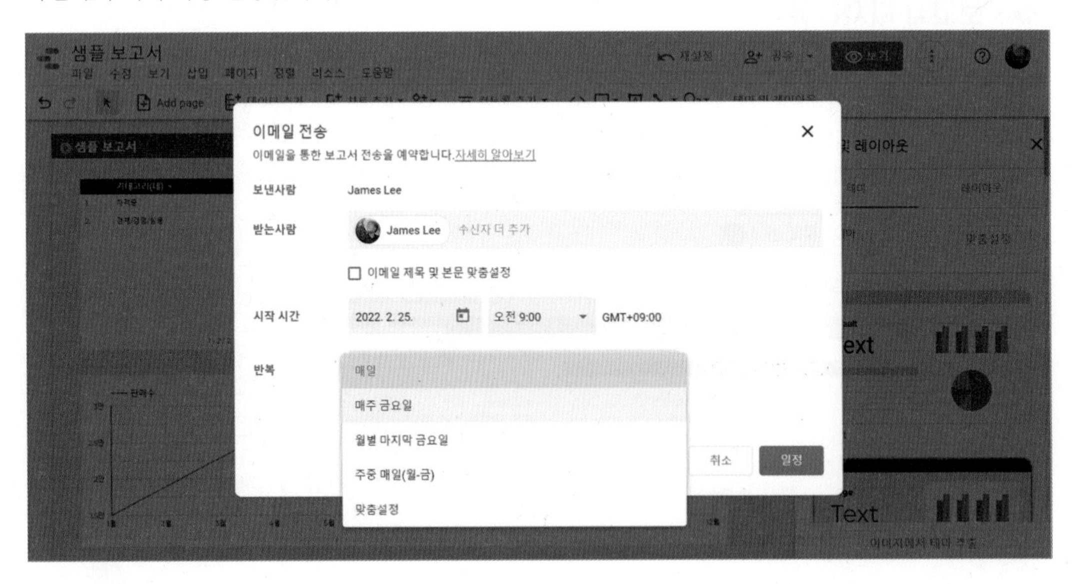

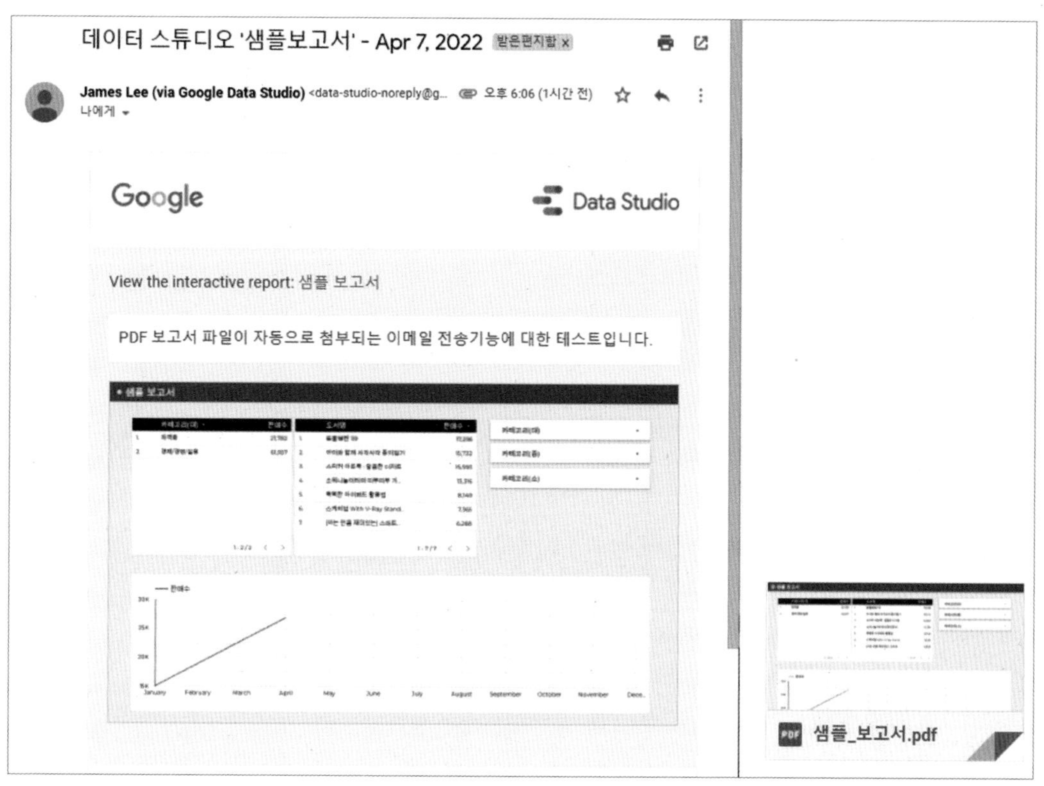

▲ 보고서를 메일로 수신한 경우

Section 1 | 구글 시트의 확장
Section 2 | 앱시트로 구현하는 모바일 업무환경

앱시트를 통한 모바일 환경으로의 확장

구글 시트의 확장 프로그램인 '앱시트'를 사용하면 누구나 손쉽게 모바일 앱을 만들 수 있습니다. 그리고 만들어진 앱을 통해 데이터 입력, 대시보드 작업, 인공지능, 자동화 기능 등을 수행할 수 있습니다.
이번 챕터에서는 구글 시트가 앱시트를 통해 어떻게 모바일 앱으로 만들어지는지, 그리고 앱시트가 어떤 기능을 가지고 있는지 등을 소개합니다. 앱시트를 본격적으로 활용하고 싶다면 앱시트 사이트(https://www.appsheet.com)를 참고하기 바랍니다.

SECTION

1 구글 시트의 확장

엑셀에서 높은 수준의 자동화를 구현할 때 VBA를 사용하는 것처럼 구글 시트에서는 '앱스 스크립트(Apps Script)'나 '앱시트(AppSheet)'를 사용할 수 있습니다.

STEP ▶ 1 앱스 스크립트와 앱시트

'앱스 스크립트'와 '앱시트'의 큰 차이점은 '코딩(Coding)'과 '노코딩(No-Coding)'입니다. 각 도구가 가진 특징들을 살펴보겠습니다.

1 · 코딩을 할 줄 안다면 앱스 스크립트!

앱스 스크립트(Apps Script)는 자바 스크립트(Java Script)에 구글 서비스 사양이 추가된 도구이므로, 자바 스크립트 언어로 코딩을 해 본 사람이라면 쉽게 사용할 수 있습니다. 앱스 스크립트는 구글 시트뿐 아니라 문서, 설문지, 슬라이드 등 구글 앱에 사용자가 직접 코딩하여 원하는 기능을 추가할 수 있다는 큰 장점이 있습니다.

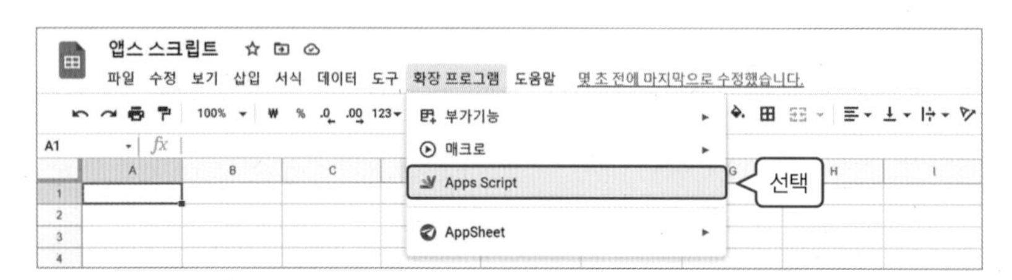

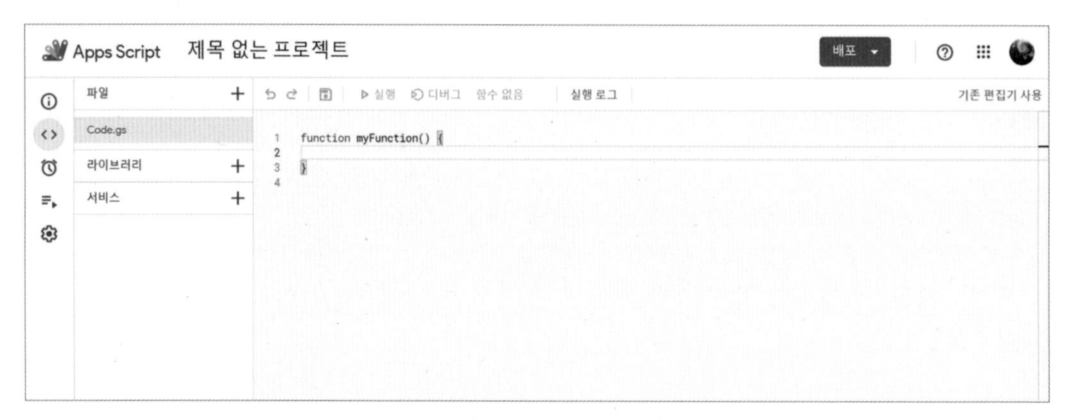

하지만 비전공자 입장에서는 코딩하는 것이 쉽지 않기 때문에 인터넷 상에 공개된 소스를 복사해 일부만 수정하여 사용하는 경우가 많습니다.

2 · 모바일 확장과 코딩 없이 자동화하려면 앱시트!

앱시트(AppSheet)는 구글에서 제공하는 노코드(No-Code) 플랫폼으로, 코딩 없이 포토샵 같은 에디터를 통해 앱을 만드는 도구입니다. 구글 시트가 앱시트 에디터로 바로 연결되어 모바일 앱을 쉽게 만들 수 있습니다.

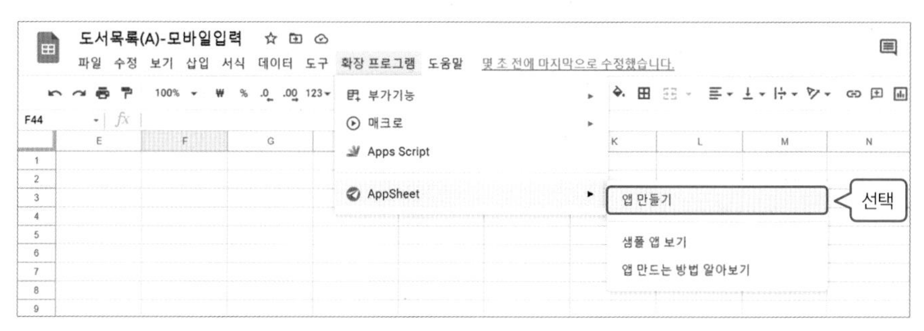

단순히 모바일 앱에서 데이터를 입력하는 용도가 아니라 구글의 인공지능 같은 고급 기능을 사용할 수 있으며, 앱스 스크립트를 대신해 다양한 '자동화' 기능을 부여할 수 있습니다. 일반인도 **코딩 없이 자동화 기능을 부여**할 수 있고 **업무환경을 모바일로 확장**할 수 있는 장점이 바로 앱스 스크립트보다 앱시트를 추천하는 이유입니다. '앱시트'와 '앱스 스크립트' 모두 자유롭게 사용할 수 있다면 가장 이상적으로 '구글 시트'를 활용한다고 말할 수 있습니다.

SECTION

2 앱시트로 구현하는 모바일 업무환경

구글 시트와 데이터 스튜디오를 사용해 대시보드를 만들었던 예제를 앱시트를 통해 간단한 데이터 입력용 앱으로 만들어 보고, 앱시트의 기능까지 살펴보겠습니다.

STEP 1 앱시트로 앱 만들기

예제파일 | 도서목록(A)-모바일입력

앞서 만들었던 대시보드 구성에서 '도서목록(A)/(B)' 중 '도서목록(A)' 파일을 모바일 앱을 통해 데이터를 입력받도록 구성해 봅니다. 먼저 모바일 앱이 어떻게 만들어지는지 알아보겠습니다.

1 · 앱시트 계정 등록 및 앱시트 설치하기

■ 앱시트 계정 생성하기

앱시트 사이트(https://www.appsheet.com/)에 접속하고 [Sign in] 버튼을 클릭하여 계정을 생성하거나 로그인합니다. [Start for free] 버튼을 클릭하고 'Google Sheets and Forms'를 선택해도 됩니다.

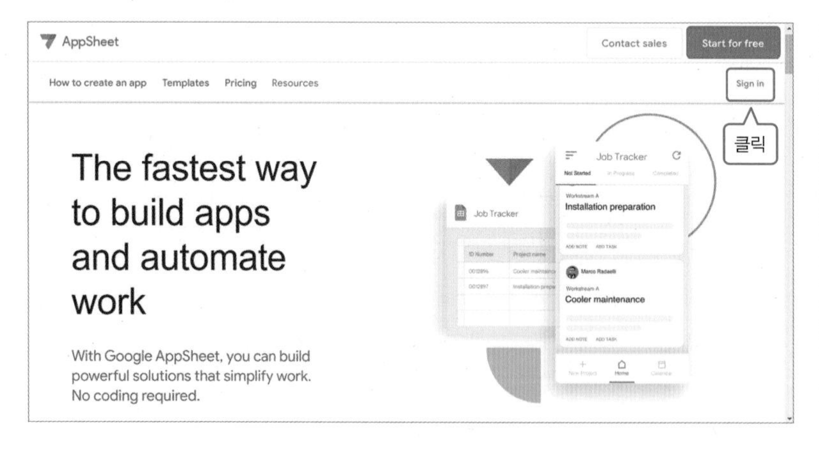

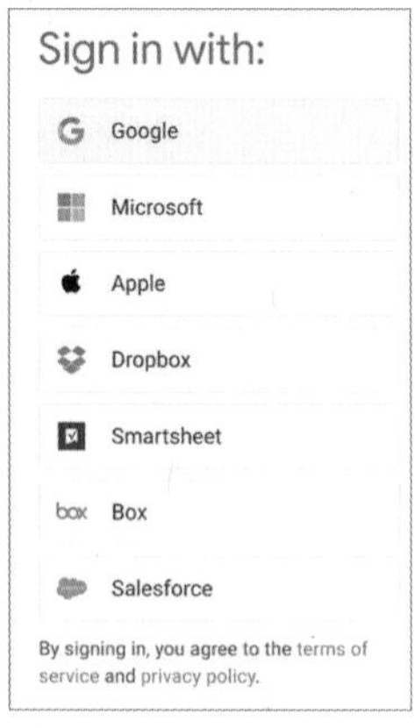

구글 시트를 데이터 소스로 사용할 것이므로 구글 시트에서 사용하는 동일한 구글 계정으로 로그인합니다. 처음 앱시트를 실행하면 나타나는 '계정에 대한 액세스 승인' 화면에서 [허용] 버튼을 클릭합니다.

우리는 앱시트 환경에서 소스로 구글 시트를 선택하는 것이 아니라 구글 시트에서 앱시트를 바로 연결하여 사용할 것이기 때문에 먼저 앱시트 계정만 생성해 두겠습니다.

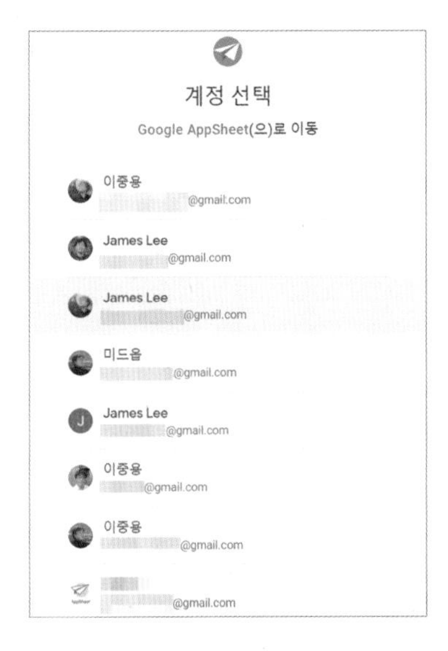

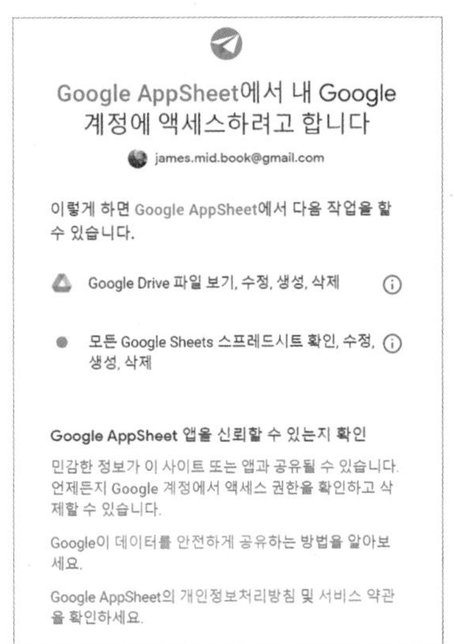

■ 앱시트 앱 설치하기

구글 플레이스토어(안드로이드) 또는 앱 스토어(애플)에서 'AppSheet' 앱을 다운받아 설치합니다.

▲ 구글 플레이스토어

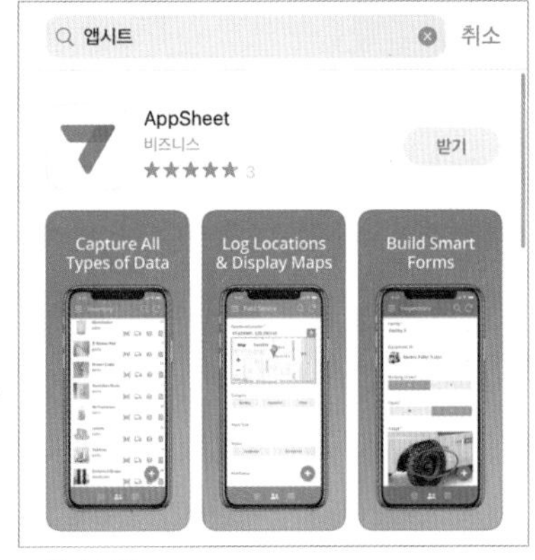

▲ 앱 스토어

2 · 구글 시트에서 모바일 앱 만들기

'도서정보' 시트를 앱으로 변환하기 위해 메뉴에서 [확장 프로그램] – [AppSheet] – [앱 만들기]를 선택합니다.

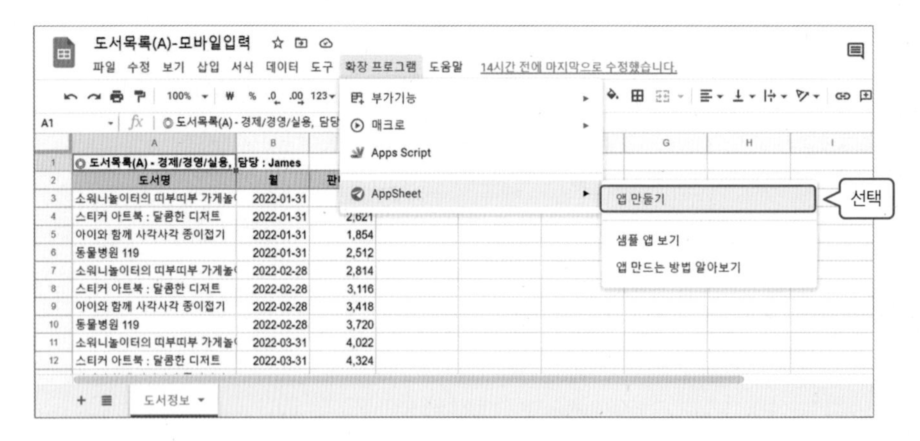

앱 세팅 중이라는 화면이 잠시 동안 나타나며, 이후 앱이 준비되었다는 창이 표시되면 앱이 만들어진 것입니다. 이렇게 [앱 만들기] 클릭 한 번으로 스마트폰 앱을 만들 수 있습니다.

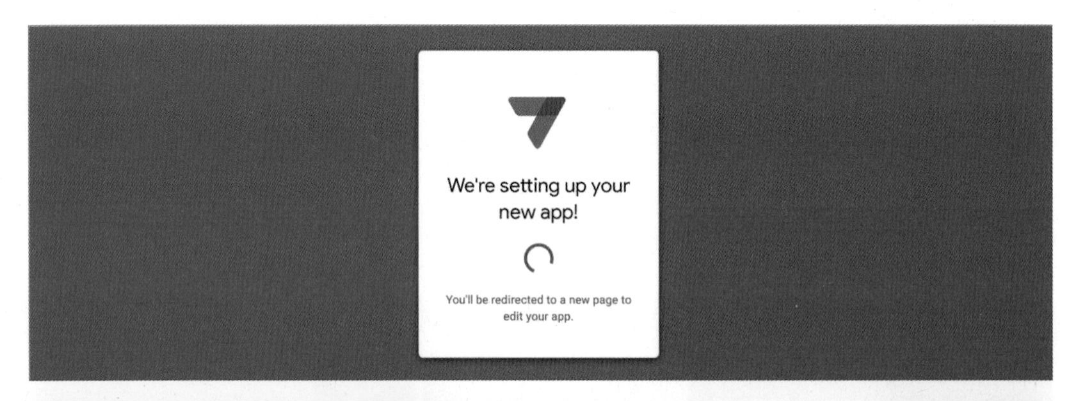

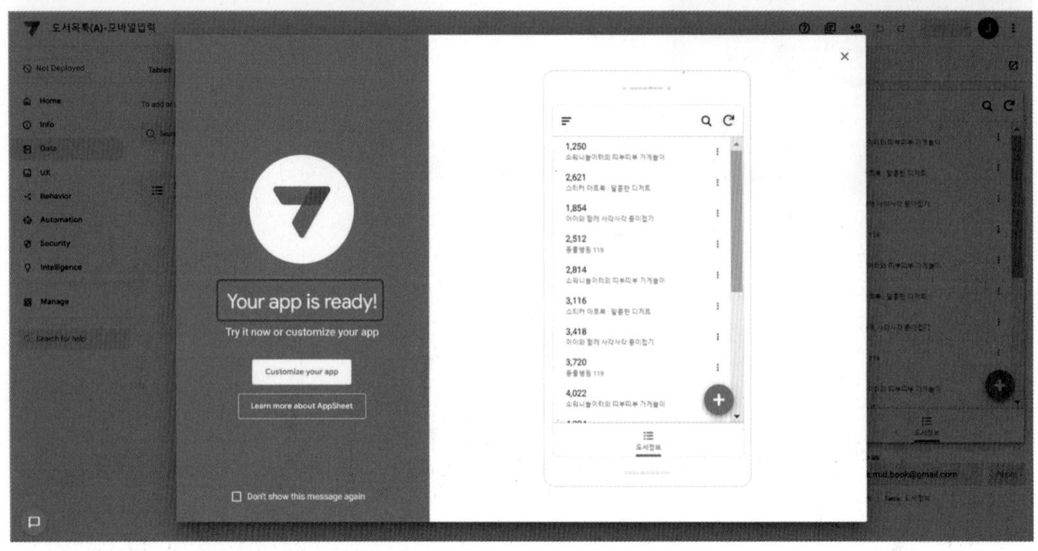

PC상의 앱시트 에디터를 통해 앱을 생성하고 나면 스마트폰으로 앱이 준비되었다는 메일을 받게 됩니다. 안드로이드의 경우 앱을 설치하면 홈 화면에 앱 아이콘이 추가되고, 아이폰의 경우 앱시트 내에서 리스트로 나타납니다. 이때 만들어진 앱의 이름은 구글 시트의 파일명으로 생성됩니다.

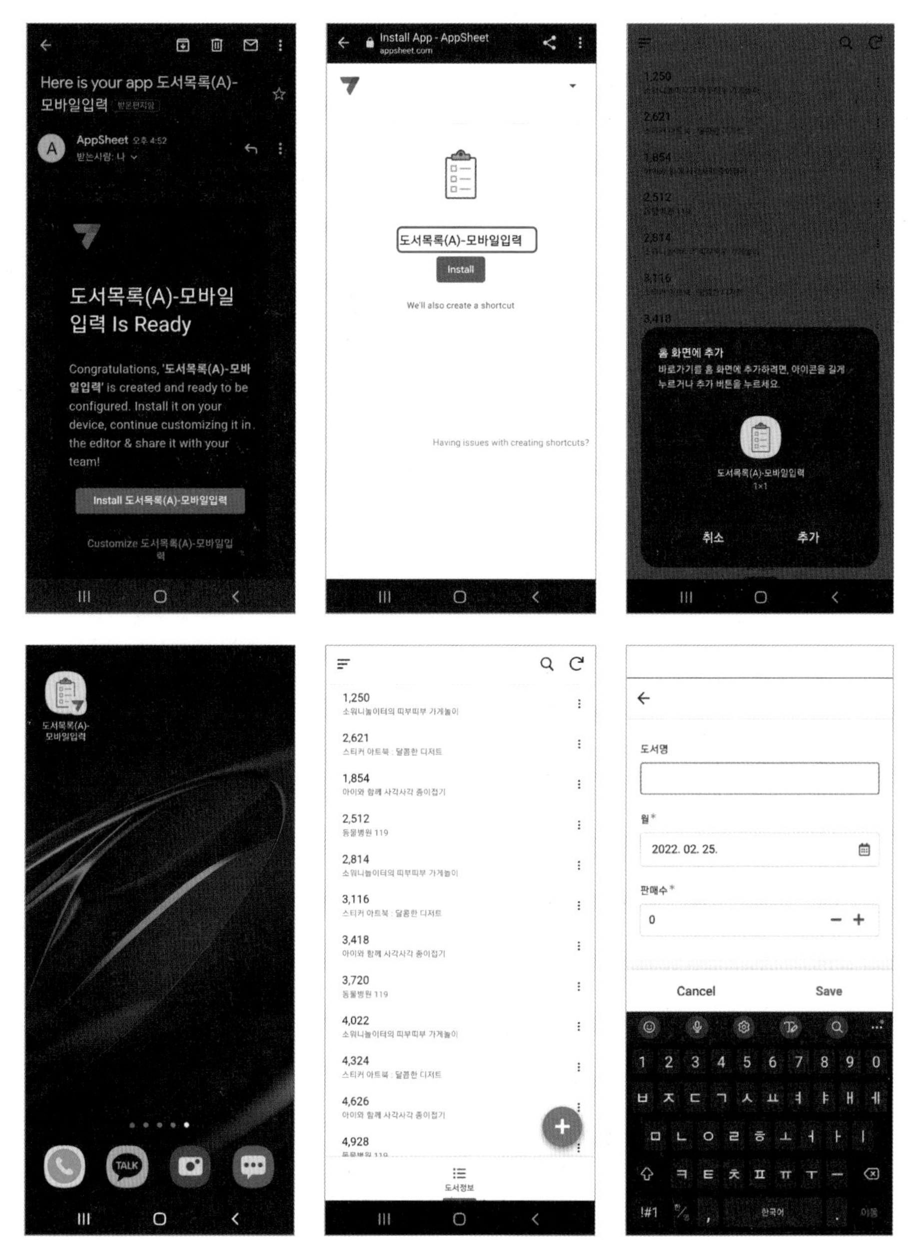

▲ 안드로이드 화면

앱을 실행하면 PC 화면에 보여지는 앱과 동일한 구성의 앱 화면을 확인할 수 있습니다. 이 상태에서 데이터를 입력해도 구글 시트에 바로 반영되지만, 앱시트 에디터를 통해 입력이나 화면 구성을 커스터마이징(Customizing)하면 모바일 앱을 목적에 맞게 더욱 효과적으로 사용할 수 있습니다.

3 · 권한 설정하기

앱시트 에디터 화면의 좌측에는 메인메뉴가, 상단에는 메인메뉴의 하위메뉴가 있습니다. 그리고 앱 화면이 화면 우측에 있어 적용된 메뉴와 기능을 바로 확인할 수 있습니다. 앱을 커스터마이징하기 위해 먼저 메인메뉴에서 [Data]를 클릭하고 연결된 '도서정보' 시트(테이블)를 선택합니다.

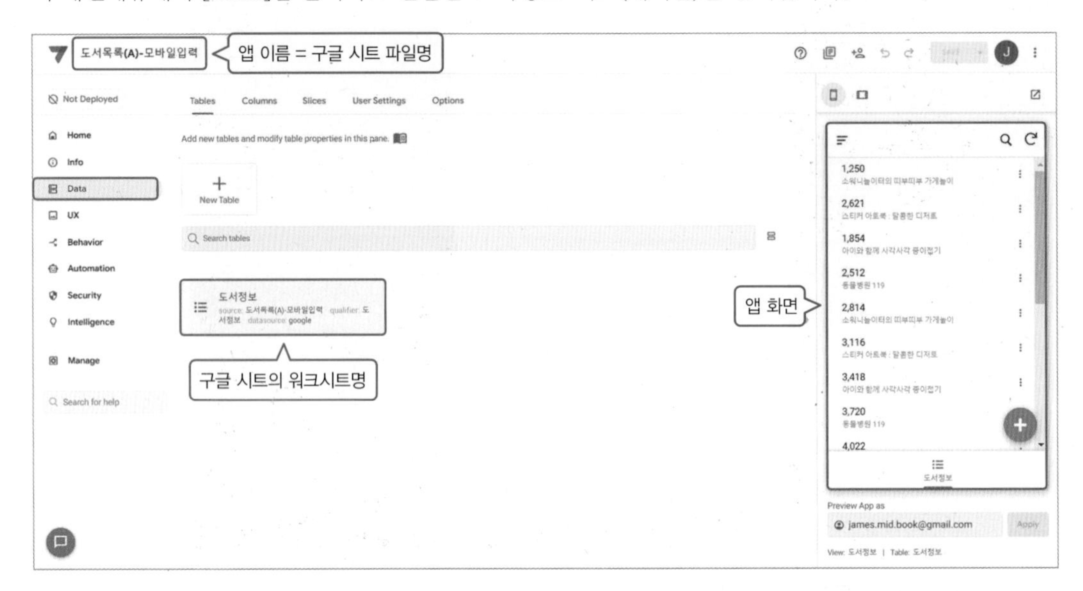

'Are updates allowed?'에서 앱에 대한 업데이트 권한을 '수정(Updated)', '추가(Adds)', '삭제(Deletes)', '읽기전용(Read-Only)' 옵션 중 선택할 수 있습니다. 기본 설정을 그대로 유지하고 우측 상단의 [View Columns]를 선택해 열(Column) 설정 화면으로 들어갑니다.

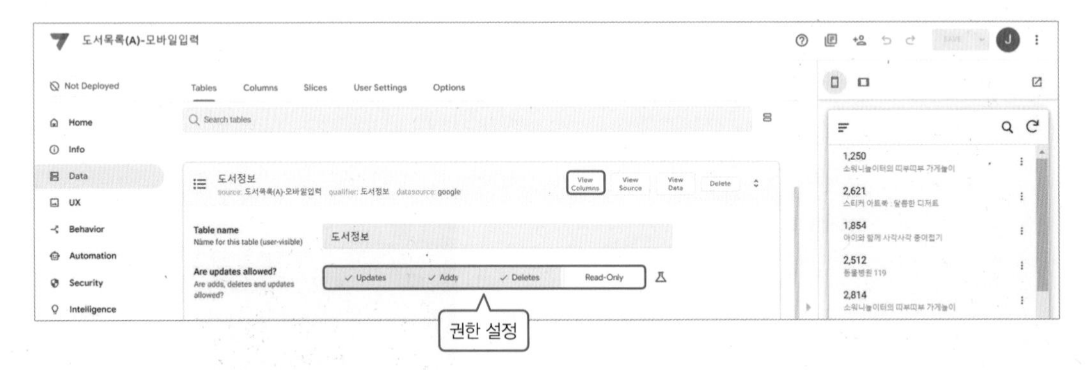

4 · 데이터 속성 지정하기

해당 열(Column)에 대한 데이터 유형(Type)을 설정해 보겠습니다. 기본적으로 원본 소스인 '구글 시트'에 데이터가 입력되어 있기 때문에 앱시트가 자동으로 데이터 유형을 인식하여 지정합니다. 만약 잘못 지정되었다면 올바른 타입으로 변경합니다. '_RowNumber'는 행 번호로 앱시트에서 자동으로 생성되는 열입니다. 열에 대한 여러 가지 추가 설정값이 있지만 'KEY?'와 'LABEL?'을 중심으로 설명하겠습니다.

열(Column)을 통해 각각의 데이터 속성을 지정한다면 행(Row)은 각 열에 대한 정보의 묶음이 됩니다. '도서명', '월', '판매수'를 하나의 묶음으로 볼 수 있습니다. 'KEY'는 **앱시트로 행을 구분할 때 '기준으로 사용할 열'**을 뜻합니다. 따라서 KEY가 될 열에는 중복 데이터가 없어야 합니다. '도서명', '월', '판매수' 열에는 데이터가 중복으로 입력될 수 있으므로 **행 번호인 '_RowNumber'를 KEY로 잡습니다.** 이때 여러 사람이 동시에 앱에 데이터를 입력할 경우 문제가 될 수 있기 때문에 상단에 경고 문구가 표시됩니다. 중복되지 않는 값을 갖는 열을 사용하는 것이 원칙이지만, 예제는 한 사람이 입력하는 환경이므로 경고는 무시하고 _RowNumber를 그대로 KEY로 사용하겠습니다.

'LABEL'도 행을 구분하는 열이긴 하지만, 앱시트(기계)가 아니라 사람이 구분할 수 있는 데이터 열을 LABEL로 설정하므로 LABEL로 지정된 열에는 중복된 데이터가 포함되기도 합니다. 예제에서 '도서명'을 LABEL로 잡았는데, 매월 한 번씩은 판매수 입력을 위해 도서명을 입력하므로 데이터 값이 중복될 수밖에 없습니다.

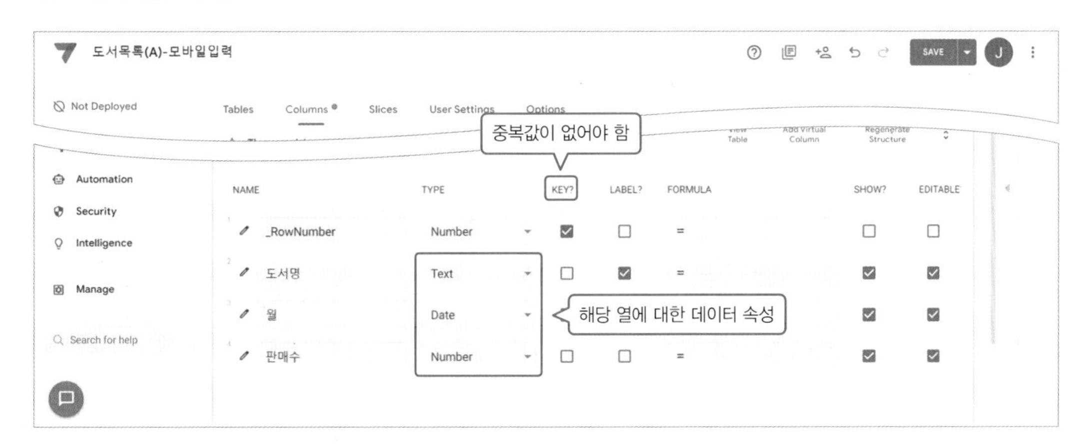

5 · UX 화면 편집하기

UX 화면을 설정하기 위해 [UX] – [Views]에서 '도서정보' 시트를 선택합니다.

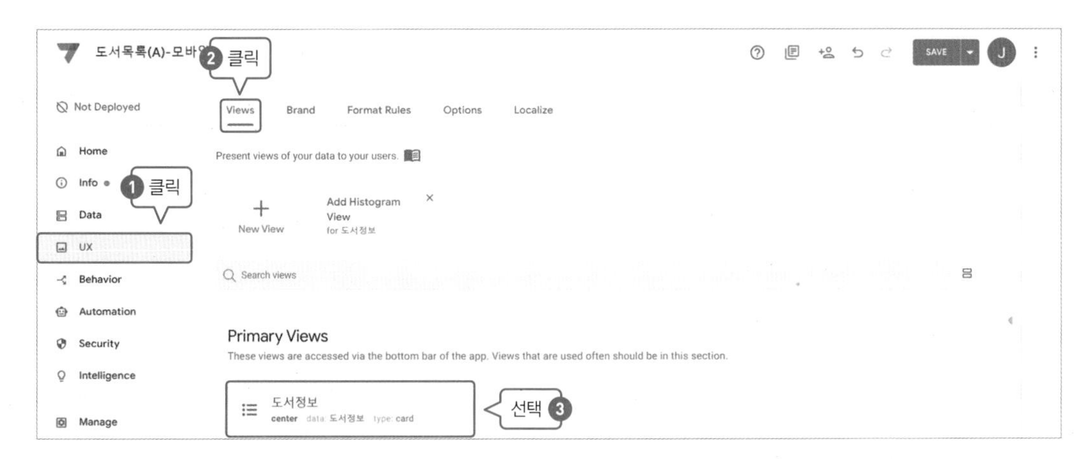

'View type'에서 'table'을 선택하고 '정렬(Sort by)'은 '월'로, '묶음(Group by)'은 '도서명'으로 설정하여 판매수의 소계값(SUM::판매수)을 표시하도록 합니다. 설정한 결과를 우측의 앱 화면에서 바로바로 확인하면서 작업할 수 있습니다.

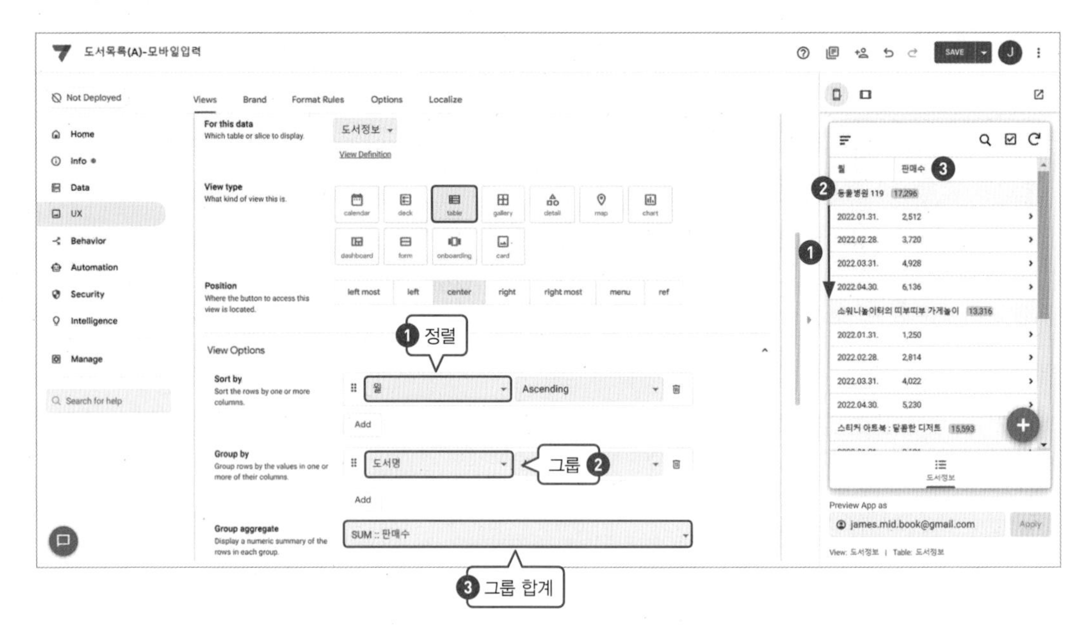

6 · 앱 공유 및 마켓 배포하기

앱시트 역시 다른 구글 앱처럼 우측 상단의 '공유' 아이콘(+👤)을 클릭해 앱 사용자를 지정하여 메일을 보내거나 설치 URL을 전달할 수 있습니다.

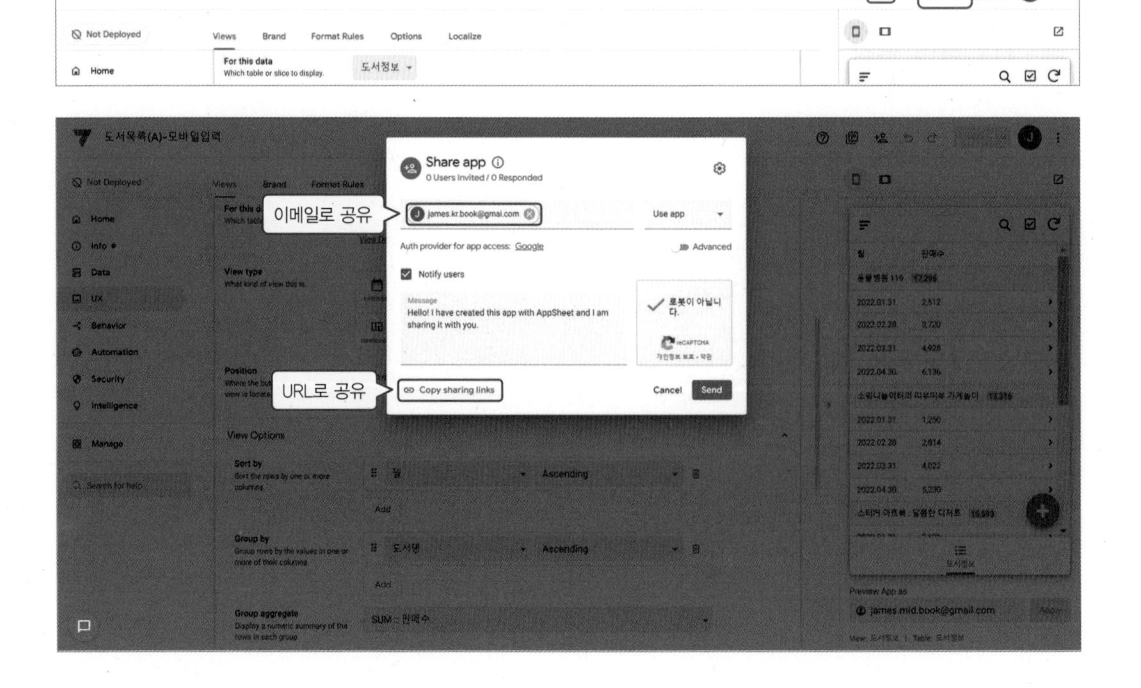

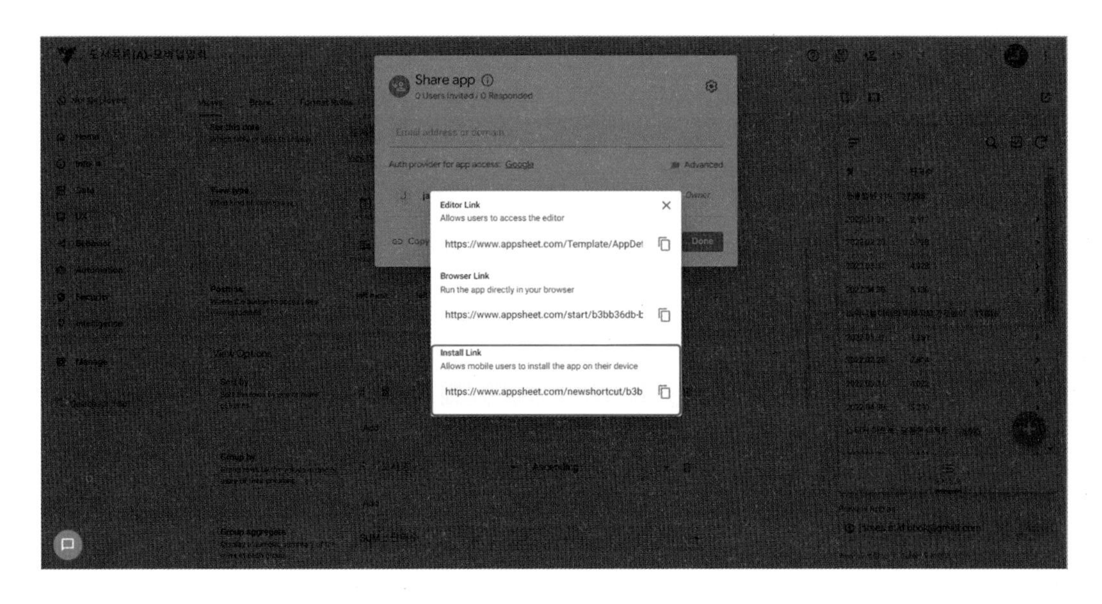

현재 우리가 앱시트로 만든 앱은 프로토타입(Prototype) 앱으로, 10명의 사용자 내에서는 무료로 사용할 수 있습니다. 이후 앱 사용자 수가 늘어나거나 앱시트의 추가 기능을 사용하기 위해서는 라이선스를 구매해야 합니다. 정식 앱으로 사용하기 위해서는 [Manage] – [Deploy]에서 'Deployment Check' 항목을 선택해 진행하며, White-Label를 통해 구글 플레이스토어나 애플 앱스토어에 정식으로 앱을 등록하여 배포할 수도 있습니다.

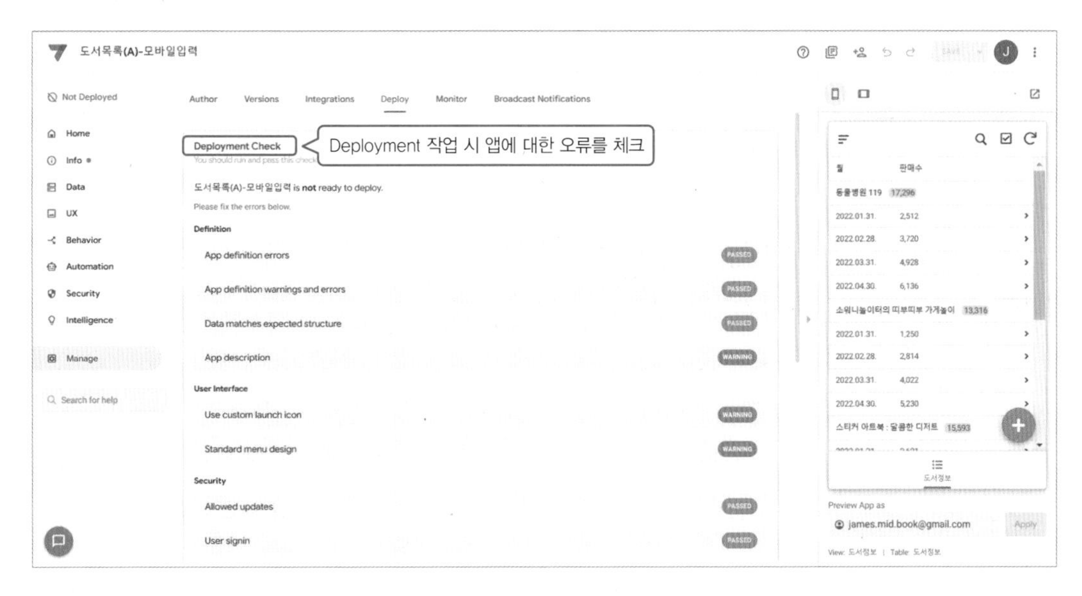

이제 내가 만든 앱을 테스트해 보겠습니다. 앱에서 '추가' 아이콘(⊕)을 클릭하고 '도서명', '월(날짜)', '판매수'를 입력하면 앱은 물론이고 원본 구글 시트 파일에도 데이터가 입력됩니다.

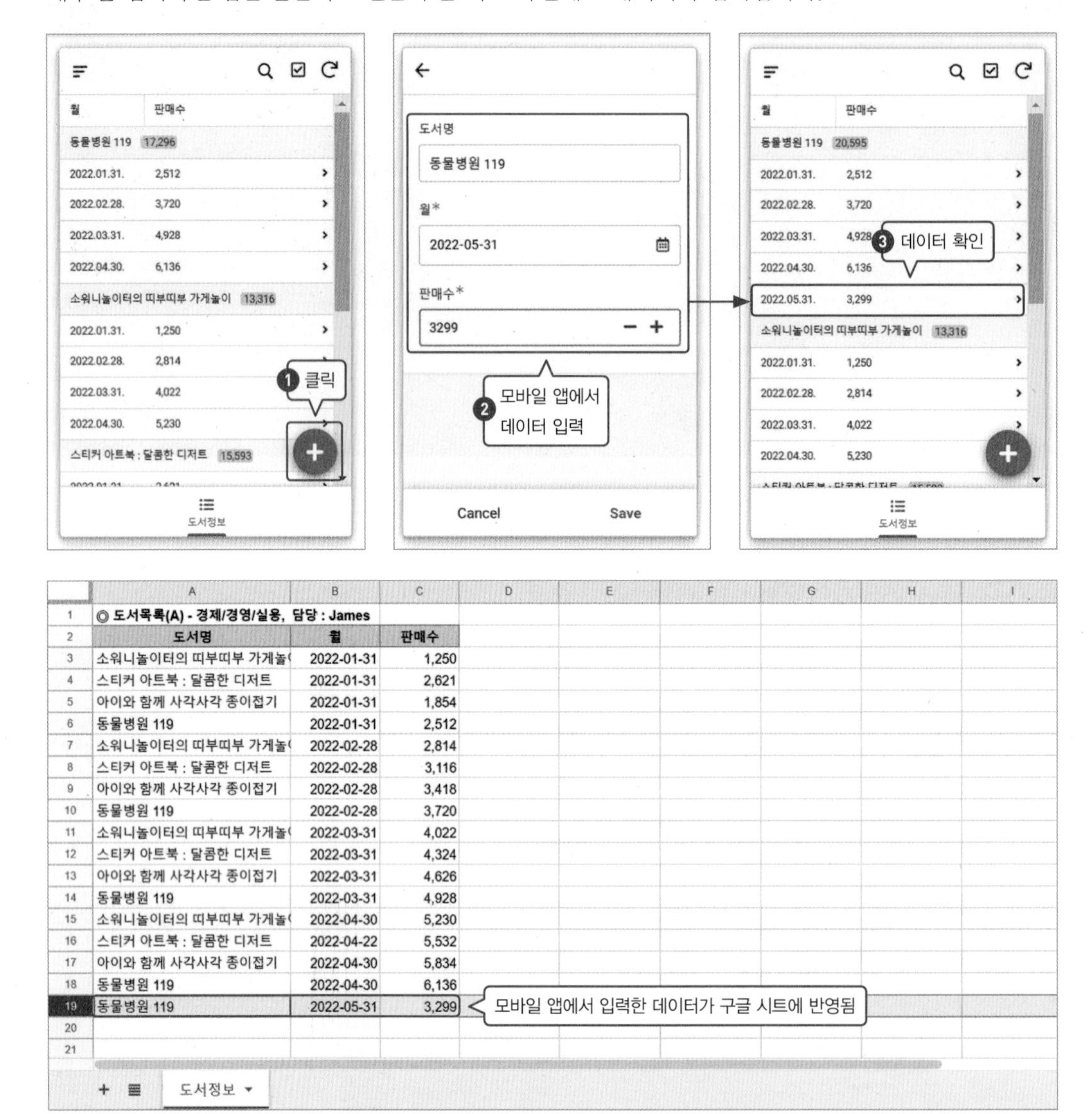

◎ 도서목록(A) - 경제/경영/실용, 담당 : James

도서명	월	판매수
소워니놀이터의 띠부띠부 가게놀(	2022-01-31	1,250
스티커 아트북 : 달콤한 디저트	2022-01-31	2,621
아이와 함께 사각사각 종이접기	2022-01-31	1,854
동물병원 119	2022-01-31	2,512
소워니놀이터의 띠부띠부 가게놀(	2022-02-28	2,814
스티커 아트북 : 달콤한 디저트	2022-02-28	3,116
아이와 함께 사각사각 종이접기	2022-02-28	3,418
동물병원 119	2022-02-28	3,720
소워니놀이터의 띠부띠부 가게놀(	2022-03-31	4,022
스티커 아트북 : 달콤한 디저트	2022-03-31	4,324
아이와 함께 사각사각 종이접기	2022-03-31	4,626
동물병원 119	2022-03-31	4,928
소워니놀이터의 띠부띠부 가게놀(	2022-04-30	5,230
스티커 아트북 : 달콤한 디저트	2022-04-22	5,532
아이와 함께 사각사각 종이접기	2022-04-30	5,834
동물병원 119	2022-04-30	6,136
동물병원 119	2022-05-31	3,299

모바일 앱을 통해 '도서목록(A)' 파일에 데이터가 새로 추가되면, IMPORTRANGE 함수와 QUERY 함수로 '도서목록(A)/(B)'를 취합한 시트와 대시보드를 구성한 시트에도 데이터가 실시간으로 업데이트 됩니다.

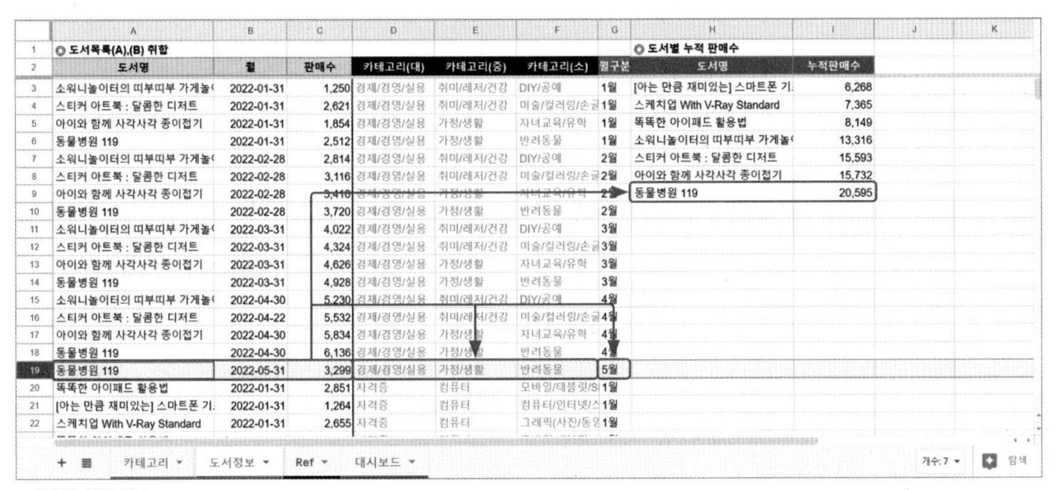

◎ 도서목록(A),(B) 취합

도서명	월	판매수	카테고리(대)	카테고리(중)	카테고리(소)	월구분
소워니놀이터의 띠부띠부 가게놀(	2022-01-31	1,250	경제/경영/실용	취미/레저/건강	DIY/공예	1월
스티커 아트북 : 달콤한 디저트	2022-01-31	2,621	경제/경영/실용	취미/레저/건강	미술/컬러링/손글	1월
아이와 함께 사각사각 종이접기	2022-01-31	1,854	경제/경영/실용	가정/생활	자녀교육/유학	1월
동물병원 119	2022-01-31	2,512	경제/경영/실용	가정/생활	반려동물	1월
소워니놀이터의 띠부띠부 가게놀(	2022-02-28	2,814	경제/경영/실용	취미/레저/건강	DIY/공예	2월
스티커 아트북 : 달콤한 디저트	2022-02-28	3,116	경제/경영/실용	취미/레저/건강	미술/컬러링/손글	2월
아이와 함께 사각사각 종이접기	2022-02-28	3,418	경제/경영/실용	가정/생활	자녀교육/유학	2월
동물병원 119	2022-02-28	3,720	경제/경영/실용	가정/생활	반려동물	2월
소워니놀이터의 띠부띠부 가게놀(	2022-03-31	4,022	경제/경영/실용	취미/레저/건강	DIY/공예	3월
스티커 아트북 : 달콤한 디저트	2022-03-31	4,324	경제/경영/실용	취미/레저/건강	미술/컬러링/손글	3월
아이와 함께 사각사각 종이접기	2022-03-31	4,626	경제/경영/실용	가정/생활	자녀교육/유학	3월
동물병원 119	2022-03-31	4,928	경제/경영/실용	가정/생활	반려동물	3월
소워니놀이터의 띠부띠부 가게놀(	2022-04-30	5,230	경제/경영/실용	취미/레저/건강	DIY/공예	4월
스티커 아트북 : 달콤한 디저트	2022-04-22	5,532	경제/경영/실용	취미/레저/건강	미술/컬러링/손글	4월
아이와 함께 사각사각 종이접기	2022-04-30	5,834	경제/경영/실용	가정/생활	자녀교육/유학	4월
동물병원 119	2022-04-30	6,136	경제/경영/실용	가정/생활	반려동물	4월
동물병원 119	2022-05-31	3,299	경제/경영/실용	가정/생활	반려동물	5월
똑똑한 아이패드 활용법	2022-01-31	2,851	자격증	컴퓨터	모바일/태블릿/S	1월
[아는 만큼 재미있는] 스마트폰 기.	2022-01-31	1,264	자격증	컴퓨터	컴퓨터/인터넷/스	1월
스케치업 With V-Ray Standard	2022-01-31	2,655	자격증	컴퓨터	그래픽(사진/동영	1월

◎ 도서별 누적 판매수

도서명	누적판매수
[아는 만큼 재미있는] 스마트폰 기.	6,268
스케치업 With V-Ray Standard	7,365
똑똑한 아이패드 활용법	8,149
소워니놀이터의 띠부띠부 가게놀(	13,316
스티커 아트북 : 달콤한 디저트	15,593
아이와 함께 사각사각 종이접기	15,732
동물병원 119	20,595

▲ 데이터 취합 시트

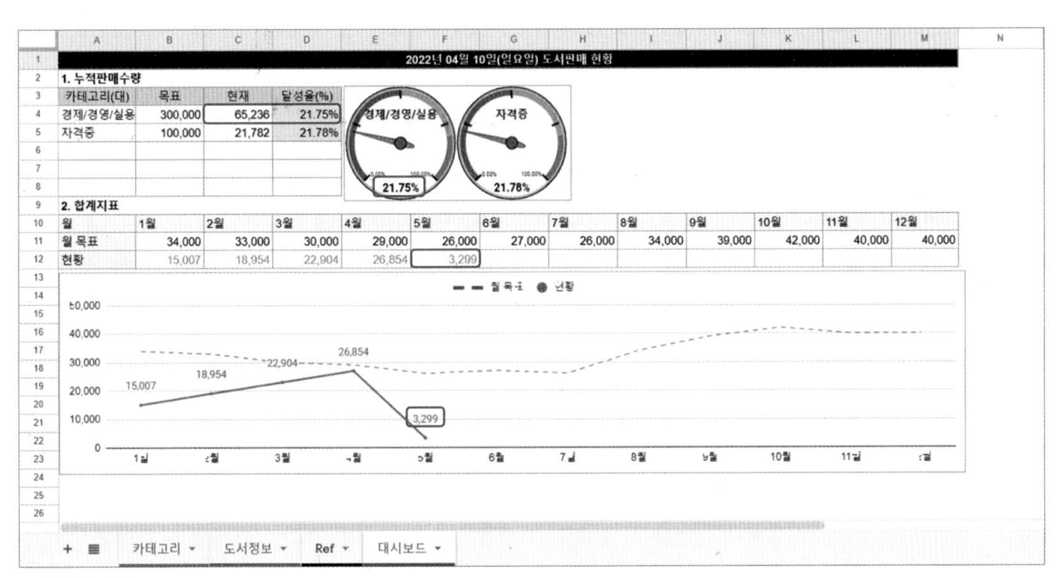

2022년 04월 10일(일요일) 도서판매 현황

1. 누적판매수량

카테고리(대)	목표	현재	달성율(%)
경제/경영/실용	300,000	65,236	21.75%
자격증	100,000	21,782	21.78%

2. 합계지표

월	1월	2월	3월	4월	5월	6월	7월	8월	9월	10월	11월	12월
월 목표	34,000	33,000	30,000	29,000	26,000	27,000	26,000	34,000	39,000	42,000	40,000	40,000
현황	15,007	18,954	22,904	26,854	3,299							

▲ 대시보드 시트

STEP ▸ 2 앱시트의 다양한 기능

구글 시트와 앱시트의 조합으로 일반 사용자들이 코딩을 하지 않아도 모바일 앱을 만들고 다양한 자동화 기능을 사용할 수 있습니다. 앱시트를 통해 어떤 것들을 할 수 있는지 살펴보겠습니다.

1 · 풍부한 데이터 수집

데이터를 효율적으로 수집하여 실행 가능한 통찰력을 더욱 빠르게 얻을 수 있습니다.

| 서명 캡처 |

앱 사용자의 서명을 수집하여 수신, 승인 또는 기타 프로세스 단계를 확인합니다. 또한, 서명을 다단계 승인 워크 플로에 통합하고 PDF에 포함합니다.

| 사진 및 주석 |

사진을 캡처하고 로컬에 저장된 이미지를 업로드한 후, 콘텍스트(Context)를 제공하는 데 도움이 되는 주석을 추가합니다.

| 바코드 및 NFC 태그 스캔 |

바코드, QR코드 및 NFC 태그를 스캔하여 자산 스캔, 재고 관리 또는 장치 검사를 단순화하고 보호합니다.

| 텍스트 추출 |

광학 문자 인식을 통해 이미지에서 텍스트, 손글씨 및 기타 구조화된 정보를 식별합니다. 또한, 종이 기반 시스템에서 디지털 워크 플로를 만들 수 있습니다.

| 날짜 및 시간 |

날짜, 시간, 기간을 수동 또는 자동으로 캡처하여 시간에 민감한 활동을 적절하게 기록하고, 추후 검토를 위해 액세스할 수 있도록 합니다.

| 위치 인식 |

사용자의 위도/경도 좌표를 자동으로 캡처하고, 지도에서 수동으로 지점을 선택하거나 확인된 주소를 수집합니다. 위치 데이터를 통해 타기팅(Targeting)된 앱 콘텐츠를 표시하여 관련 정보를 제공합니다.

■ **풍부한 데이터 수집**

스마트폰을 사용해 GPS 위치, 사진, 서명, 바코드 스캔 정보 및 문자 인식 정보와 같은 중요한 데이터를 추가할 수 있습니다. 데이터 수집을 예측 및 자동화하여 프로세스를 간소화함으로써 업무에 소요되는 시간을 절약하고 데이터 품질을 개선할 수 있습니다.

■ **자동 데이터 수집**

사용자를 대신하여 자동으로 정보를 수집함으로써 프로세스를 단순화하고 각 사용자가 양식 작성에 소요하는 시간을 줄일 수 있습니다. 날짜, 기간, 위치, 이름 및 기타 여러 필드값을 자동으로 입력하는 데 용이합니다.

■ **즉각적인 데이터 동기화**

앱을 통해 수집 및 업데이트된 데이터는 데이터 소스와 자동으로 동기화되기 때문에 다른 사용자와 빠르게 공유할 수 있습니다.

2 · 지도 및 위치 서비스

| GPS 위치 캡처 |

장치 위치 기능을 사용하는 앱을 만들어 보다 풍부한 경험을 제공하고 작업 수행 속도를 높입니다. 지오 펜싱, 위치 캡처, 위치 로그 및 앱 거리 등 GPS 관련 기능을 몇 분 만에 추가할 수 있습니다.

| 사용자 지정 형식 포인트 |

조건부 서식을 사용하여 해당 데이터를 기반으로 업데이트되는 동적 스타일의 지도를 작성합니다.

| 실내 및 실외 지도 |

공개 구글 지도에 위치를 표시하거나 사용자 지정 지도 레이어를 사용하여 건물 또는 프로젝트 사이트 내에 점을 표시합니다.

| 사용자 지정 지도 모양 레이어 |

모든 지도에 KML 레이어를 적용하여 앱 사용자를 위한 콘텍스트 및 참조 지점을 추가합니다.

| 포인트 그룹화 및 필터링 |

스마트 포인트 클러스터링 및 사용자 지정 서식을 사용하면 단일 맵에 여러 개의 포인트를 표시할 수 있습니다. 현장의 모바일 장치와 사무실의 데스크톱에서 손쉽게 사용할 수 있습니다.

| 근접 및 지오 펜싱 |

앱 사용자의 위치에 따라 관련 콘텐츠를 필터링하여 작업을 간소화하고, 우선순위를 추가로 지정할 수 있습니다.

■ 비즈니스 움직임 이해

현장팀이 비즈니스에 정보를 제공할 수 있도록 지도 및 위치 서비스를 지원합니다. 데이터 입력 시 자동으로 위치를 캡처하고 실시간으로 지도에 표시하는 앱을 만들 수 있습니다.

■ 원격 팀 조정

위치 및 지오 펜싱을 통해 적시적소에 사용자에게 가장 관련성이 높은 데이터를 제공합니다.

■ 모든 위치 정보 관리에 적합

위치 정보를 다룰 경우 데이터가 지도에 표시되어야 합니다. 실내 매핑 및 청사진 가이드를 위한 파일과 사용자 지정 지도와 같은 강력한 매핑 기능으로 응용 프로그램을 만들 수 있습니다.

3 · 머신러닝 인텔리전스

스마트 검색 도우미	추세 예측	데이터 추출
자연어를 사용하여 복잡한 쿼리와 명령을 앱에 제공함으로써 데이터와 더 쉽게 상호 작용할 수 있습니다.	기계 학습 알고리즘으로 구동되는 예측 모델은 과거의 앱 데이터를 일반화하여 값과 추세를 예측합니다.	지능형 데이터 추출 표현식을 사용하면 가격, 이메일, 날짜 등 자동 처리를 위한 데이터 포인트를 식별하고 구성합니다. 그 결과 데이터 정리에 필요한 시간을 줄일 수 있습니다.

■ 자연어 처리

자연어를 사용하여 앱을 검색하고 애플리케이션에 명령을 내릴 수 있어 데이터와 더 쉽고 빠르게 상호 작용할 수 있습니다.

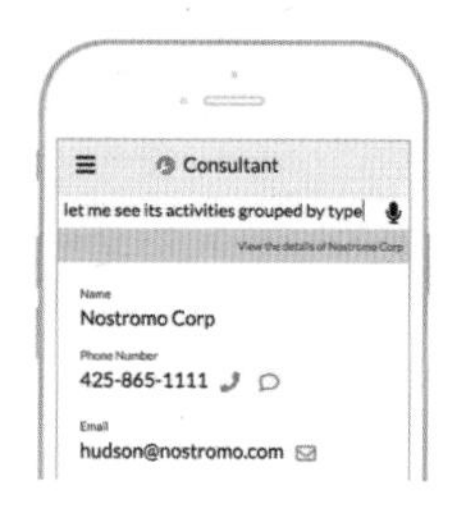

■ 데이터 자동 추출

데이터를 자동으로 추출하여 앱에서 표시하거나 알림으로 보냅니다. 또한, 추출된 데이터를 생성된 문서에 통합할 수 있으며, 공유 데이터 소스를 통해 사용할 수 있는 이미지를 캡처하고 주석을 달 수 있습니다.

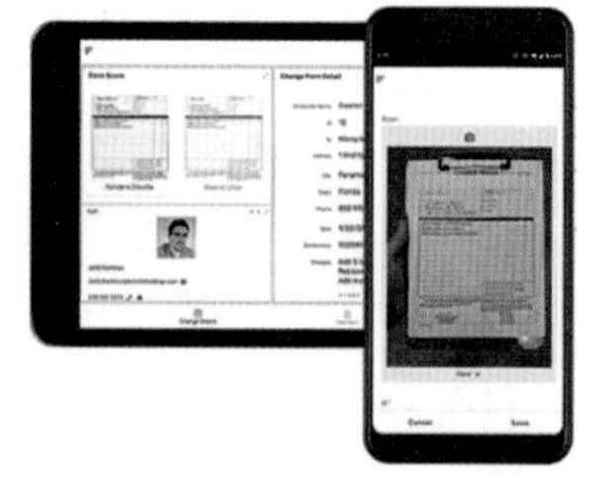

■ 분류 및 예측

기존의 데이터를 일반화하는 방법으로, 경험이 없어도 예측 모델을 구축하여 값과 추세를 예측할 수 있습니다.

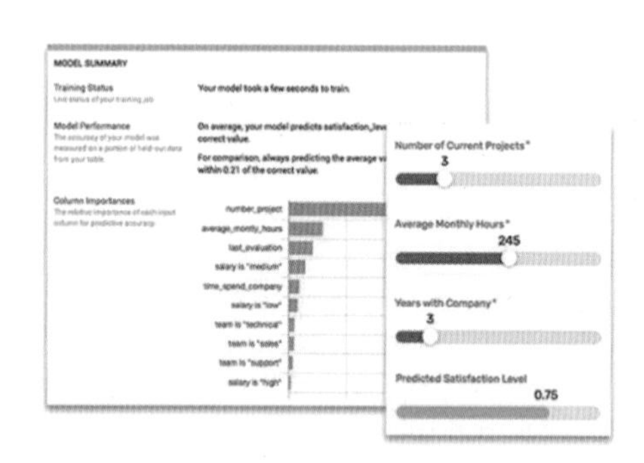

4 · 공정 자동화

| 이메일 워크 플로 |
활동 및 데이터 변경에 따라 앱 사용자에게 동적 이메일 알림 및 캠페인을 제공합니다.

| 문자 메시지 |
활동 및 데이터 변경에 따라 앱 사용자에게 동적 문자 메시지 알림 및 캠페인을 전송합니다.

| 모바일 푸시 알림 |
데이터 또는 앱 활동에 의해 자동으로 트리거(Trigger)되는 앱 사용자 장치에서 기본 푸시 알림을 생성합니다.

| 예약된 보고서 |
앱 데이터로 채워진 동적 필드를 포함하여 정기적으로 예약된 PDF 보고서를 생성 및 제공합니다.

| 파일 생성 |
시간이 지남에 따라 변경되는 앱 데이터를 사용자 지정 형식의 보고서, 문서 및 파일로 자동 생성하고 저장합니다. 이후 관련 사용자에게 보내는 것도 가능합니다.

| 데이터 통합 및 내보내기 |
레거시 소프트웨어와 직접 통합하거나 데이터 내보내기 옵션을 사용하여 앱 데이터를 외부 플랫폼에 내보내기, 백업 또는 동기화합니다.

■ 여러 장치에 알림

실행 가능한 알림 및 이메일을 작성하거나 회의 초대를 보내 승인 프로세스를 시작합니다.

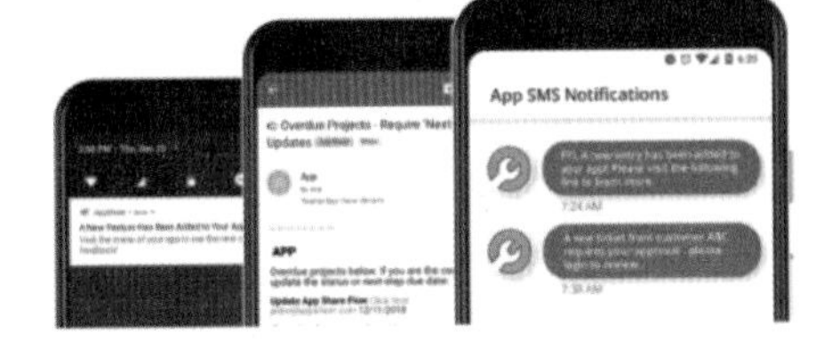

■ 파일 및 보고서 생성

사용자 지정 형식의 보고서 및 문서 파일을 자동으로 생성하고, 저장하여 관련 사용자에게 보냅니다.

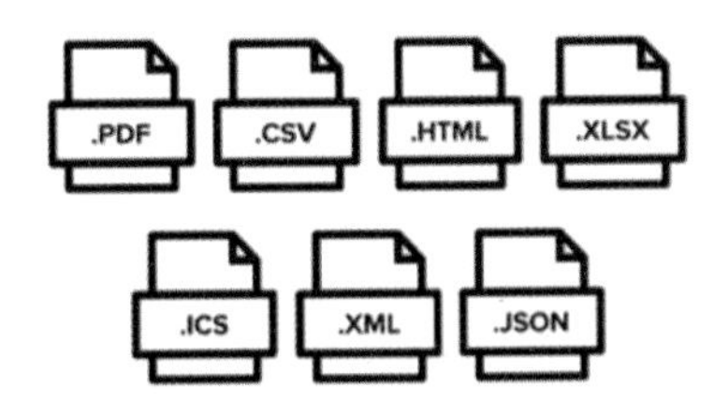

■ 데이터 이동 및 업데이트

레거시 소프트웨어와 직접 통합하거나, 데이터 내보내기 및 웹훅 옵션을 사용하여 앱 데이터를 외부 플랫폼에 내보내기, 백업 또는 동기화할 수 있습니다.

3 구글 스프레드시트의 '연결성' 및 '확장성'

우리가 이 책을 통해 구성한 모바일 앱부터 실시간 대시보드까지 데이터의 입력, 취합, 시각화 과정은 다음과 같습니다. 데이터의 입력과 동시에 대시보드에 실시간으로 반영되는 구조입니다.

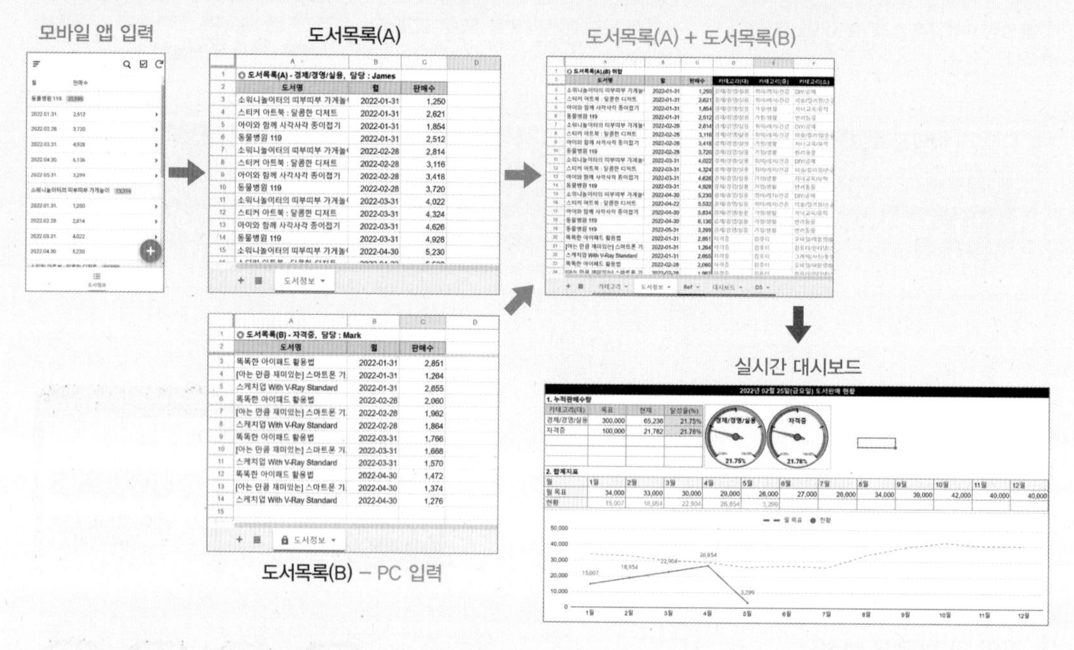

더불어 '데이터 스튜디오'와 '앱시트'에 익숙해진다면 다음과 같이 활용 영역이 확장됩니다.

① 데이터베이스: 구글 시트 또는 엑셀, 구글 캘린더, 클라우드 DB, SQL 서버 등

② 데이터 입력: 구글 시트 또는 모바일 앱, 웹 앱

③ 데이터 계산 및 취합: 구글 시트 또는 모바일 앱, 웹 앱

④ 데이터 시각화: 구글 시트와 데이터 스튜디오, 모바일 앱, 웹 앱에서 대시보드 구성

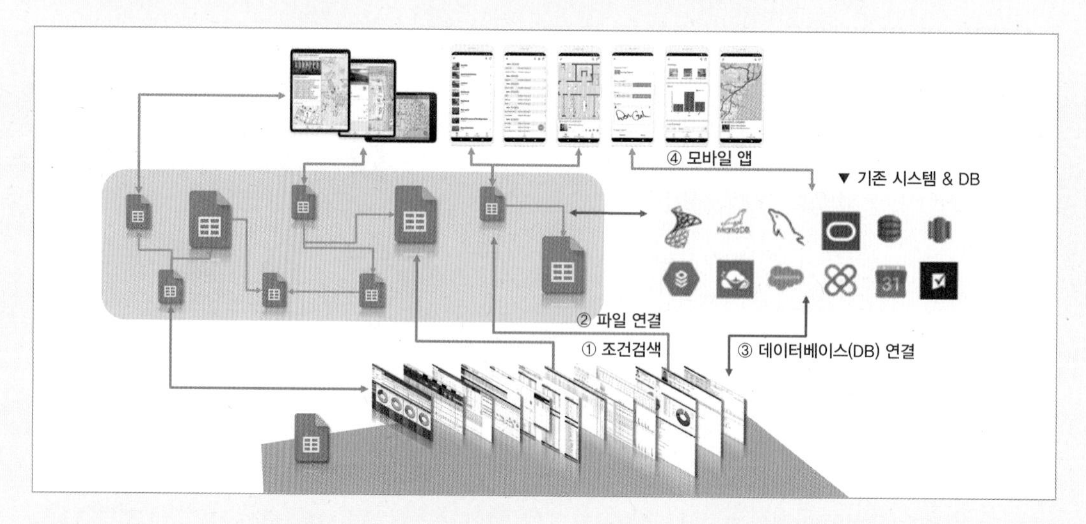

필자가 책의 초반에 설명했던 것처럼 구글 시트라는 업무 도구를 사용하면 데이터의 입력, 계산, 취합, 시각화에 모바일 확장까지, 마치 '레고(LEGO) 블록'처럼 사용자의 활용 여부에 따라 다양한 업무 시스템을 만들 수 있습니다.

☰ 필수 단축키

구글 스프레드시트를 사용하면서 알아 두면 시간을 크게 절약할 수 있는 필수 단축키를 소개합니다. Windows와 Mac은 대부분 Ctrl 키와 Command ⌘ 키, Alt 키와 Option ⌥ 키를 대체로 사용한다는 점에서 차이가 나며, Mac은 특히 기능키(Function Key) 사용 시 Fn 키를 같이 사용해야 한다는 특징이 있습니다. 이외의 단축키는 다음 URL에서 확인할 수 있습니다.

- https://url.kr/suvnbc

기능	Windows 단축키	Mac 단축키
단축키 목록 및 설정	Ctrl + /	⌘ + /
열 선택	Ctrl + Space Bar	⌘ + Space Bar
행 선택	Shift + Space Bar	⇧ + Space Bar
모두 선택	Ctrl + A Ctrl + Shift + Space Bar	⌘ + A ⌘ + ⇧ + Space Bar
실행 취소	Ctrl + Z	⌘ + Z
다시 실행	Ctrl + Y Ctrl + Shift + Z F4	⌘ + Y ⌘ + ⇧ + Z Fn + F4
찾기	Ctrl + F	⌘ + F
찾기 및 바꾸기	Ctrl + H	⌘ + ⇧ + H
인쇄	Ctrl + P	⌘ + P
복사	Ctrl + C	⌘ + C
잘라내기	Ctrl + X	⌘ + X
붙여넣기	Ctrl + V	⌘ + V
값만 붙여넣기	Ctrl + Shift + V	⌘ + ⇧ + V
새 시트 삽입	Shift + F11	⇧ + Fn + F11
배열 수식 삽입 (ARRAYFORMULA 함수)	Ctrl + Shift + Enter	⌘ + ⇧ + Enter
절대/상대참조(수식 입력 시)	F4	Fn + F4
행 또는 열 그룹화	Alt + Shift + →	⌥ + ⇧ + →
행 또는 열 그룹 해제	Alt + Shift + ←	⌥ + ⇧ + ←
그룹화된 행 또는 열 펼치기	Alt + Shift + ↓	⌥ + ⇧ + ↓
그룹화된 행 또는 열 접기	Alt + Shift + ↑	⌥ + ⇧ + ↑
굵게	Ctrl + B	⌘ + B
서식 지우기	Ctrl + ₩	⌘ + ₩
댓글 삽입/수정	Ctrl + Alt + M	⌘ + ⌥ + M

▲ 모바일로 보기

기호

#N/A 229
#VALUE! 229

ㄱ

가중평균 214
개발자 도구 270
개수 203
검색 시스템 303
게이지 차트 378
경고 표시 325
경과시간 170
계산 부하 관리 266
계산 함수 202
고급 검색 70
고급 범위 정렬 옵션 140
공동 작업자 49
공란 83
공백 제거 137
공유 권한 설정 41
공유 문서함 65
공유여부 확인 39
교차 색상 319
구글 Meet 52
권한 수정 41
그룹화 350

ㄴ

나만을 위해 필터링 101
나머지 172
날짜 165, 286
내림차순 289
논리 연산자 284
누적 막대 그래프 368

ㄷ

다중 검색 조건 282
다중 드롭다운 목록 339
다중조건 234
대화형 대시보드 393
댓글 54
데이터 누락 확인 213
데이터 라벨 371
데이터 스튜디오 393
데이터 시각화 362
데이터 정렬 138
데이터 취합 시스템 259
데이터 포인트 서식 지정 371
데이터 확인 321
동적 이메일 57
드롭다운 목록 322
드롭다운 목록 표시 324

ㄹ

링크 92

ㅁ

마켓 플레이스 75
말일 계산 166
맞춤 서식 129
맞춤 수식 315
메모 53
몫 171
문자 검색 300
문자 바꾸기 145, 158
문자열 조합 182
문자 찾기 144, 155
문자 추출 151, 154
미리보기 92

ㅂ

바로가기 65
바코드 195
반올림 172
반환 범위 243
방사형 차트 379
버전 기록 59
번역 353
범위 반환 237, 241
범위 수정 권한 341
범위에서의 목록 323
범위 이름 356
범위 인수 354
범위 정렬 139
변경이력 59
보고서 395
복수파일 취합 255
북마크 68
분석 375
블라인드 149, 159
비교 연산자 282

ㅅ

사용자 추가 41
사용자 칩 92
상대참조 220
색상 스케일 314
색인 236
서식 포맷 125
선 그래프 368
셀 삭제 85
셀 삽입 85
수정 기록 표시 62
스마트워크 26
스마트 입력 147
스칼라 함수 296
스코어 카드 378
슬라이서 105
승패 그래프 368
시간 126, 170, 286
시간 기록 175
시간 형식 126
시계열 차트 396
시트 보호 – 범위 342
시트 보호 – 시트 340
시트 복사 352
시트 정렬 139
시트 합치기 244, 279
실시간 대시보드 380

ㅇ

알림 규칙 63
알림 설정 57
애플리케이션 삭제 75
애플리케이션 추가 75
액세스 허용 253
앱 공유 412
앱 만들기 406
앱스 스크립트 404
앱시트 226, 405
앱시트의 기능 416
업무 승인 347
업무 진행 확인 347
업무 할당 55
업무 협업 도구의 조건 29
엑셀 96
여러 개의 시트 검색하기 233
연결 상태 확인 259
열 고정 348
열 번호 지정 281
열 숨기기 349
열 차트 368
열 통계 118
오름차순 289
오프라인 71
오픈참조 88, 221
와일드 카드 157
요일 테이블 167
워크시트 참조 222
원하는 시점으로 되돌리기 59
웹에 게시 44
웹 크롤링 269
이메일 전송 예약 400
이모지 164
이미지 삽입 186
이중 드롭다운 목록 333
인코딩 193
일괄 변경 146
일괄 삭제 163
입력 거부 325
입력 제한 331
입력 템플릿 264

ㅈ

자동 반복 222
자릿수 127
절대참조 220
정규 표현식 160, 332
정리 제안사항 131
조건검색 228
조건부 서식 310
조건 인수 242
종속된 드롭다운 목록 333
주소록 74
주식 214
중괄호 배열 88, 232
중복값 방지 331
중복값 표시 318
중복 데이터 381
중복 항목 삭제 133
중요 문서함 67
지도 74
집계 차트 372
집계 함수 292

ㅊ

차트 364
차트 게시 374
차트 삽입 375
차트 편집기 370
참조셀 조합 258
채팅 51
체크박스 91
체크박스의 반환값 설정 330

최근 문서함 68
최댓값 205
최솟값 205
측면 패널 73

ㅋ

캘린더 74, 91
컨트롤 추가 398

ㅌ

타임라인 375
타임 스탬프 175
탐색 120, 375
텍스트를 열로 분할 144
통화 형식 127

ㅍ

파일 검색 68
파일명 82
파일 분류 67
파일 용량 191
평균 204
피봇 그룹 114
피봇 테이블 111
필터 만들기 100
필터 보기 101
필터 조건 102

ㅎ

할 일 목록 74
합계 202
항목 목록 322
행 개수 제한 290
행 고정 348
행 숨기기 349
행 추가 84
행 크기 83
헤더 299
형식 규칙 311
혼합참조 221
화상회의 52
확인 도움말 텍스트 표시 326

A

AND 217, 284
Apps Script 404
AppSheet 405
ARRAYFORMULA 222
ASC 289
AUTO COMPUTE 226
AVERAGE 204
AVERAGEIF 210
AVERAGEIFS 210
AVERAGE.WEIGHTED 214, 245

B

BAR CHART 368
BOOKMARK 68

C

chrome= 46
COLUMN CHART 368
CONCATENATE 184
CONTAINS 300
COUNT 203
COUNTA 212
COUNTBLANK 212
COUNTIF 209
COUNTIFS 209
creator: 70

D

DATE 178
DATEDIFF 296
DAY 166, 296
DAYOFWEEK 296
Deployment Check 413
DESC 289
DevTools 270

E

Emoji 164
ENCODEURL 193
ENDS WITH 300
EOMONTH 166

F

FILTER 241

FIND 156
FORMAT 297
from: 70

G

gid= 46
GOOGLETRANSLATE 353
GROUP BY 292, 294

H

headers= 46
HLOOKUP 231
HOUR 296

I

IFERROR 219
IMAGE 188
IMPORT 250
IMPORTHTML 269
IMPORTRANGE 251
IMPORTXML 271
INDEX 153
INDEX(SPLIT) 154
INDIRECT 358

K

KEEP 74
KEY 411

L

LABEL 298, 411
LIKE 300
LIMIT 290
LINE CHART 368
LOWER 297

M

MATCH 236
MATCHES 300
MAX 205
MAXIFS 211
MILLISECOND 296
MIN 205
MINIFS 211
MINUTE 296
MOD 172
MONTH 166, 296
MROUND 173

N

NOT 217, 284
NOW 175, 296
NULL 282

O

OFFSET 237, 291
OR 217, 284
ORDER BY 289
owner: 70

P

PDF 문서 47
pendingowner: 70
PIVOT 111, 294

Q

QR코드 192
QR코드로 공유 48
QR코드 생성 192
QR코드 스캔 195
QUARTER 296
QUERY 276
QUOTIENT 171

R

range= 46
REGEX 160
REGEXEXTRACT 161
REGEXMATCH 162
REGEXREPLACE 162
REPLACE 159
REPT 364
ROUND 172
ROUNDDOWN 172
ROUNDUP 172

S

SEARCH 157
SECOND 296
SELECT 절 278
sharedwith: 70
SLICER 105
SMART CHIPS 92
SORT 141
SPARKLINE 366
SPLIT 152
STARTS WITH 300
SUBSTITUTE 158
SUBTOTAL 108
SUM 202
SUMIF 207
SUMIFS 207

T

TEXT 180
TEXTJOIN 184, 246
TIME 179
Time Stamp 175
to: 70
TODATE 297
TODAY 165
TRANSPOSE 335
TRIM 138

U

UNIQUE 135
UPPER 297
URL 생성 80
URL 주소 79
URL 주소로 공유 42
UX 411

V

VALUE 179
VLOOKUP 229

W

WEEKNUM 166
WHERE 절 278
widget= 46
WINLOSS CHART 368

X

XPath 271

Y

YEAR 166, 296

초보 직장인을 일잘러로 만드는

구글 스프레드시트 활용법

초판 2쇄 발행	2023년 09월 01일
초 판 발 행	2022년 07월 01일
발 행 인	박영일
책 임 편 집	이해욱
저 자	이중용
편 집 진 행	윤은숙
표 지 디 자 인	하연주
편 집 디 자 인	신해니
발 행 처	시대인
공 급 처	(주)시대고시기획
출 판 등 록	제 10-1521호
주 소	서울시 마포구 큰우물로 75 [도화동 538 성지 B/D] 6F
전 화	1600-3600
홈 페 이 지	www.sdedu.co.kr

I S B N	979-11-383-2460-1(13000)
정 가	22,000원

시대인은 종합교육그룹 (주)시대고시기획 · 시대교육의 단행본 브랜드입니다.